La Ilíada
La Odisea

Homero

Incluye diccionario de mitología griega

Edición, ejercicios y anotaciones por Guillermo Cervantes

Lyceum

La iliada, la Odisea + diccionario de mitología griega.
Primera edición, abril 2010

Edición, ejercicios y anotaciones por Guillermo Cervantes ©

Lyceum books
310 S Grama St 2
El Paso, Texas. 79905

ISBN: **9780982707821**

Printed in the USA

Contenido

PREFACIO A LA EDICIÓN ANOTADA

Muy pocos de nuestros jóvenes llegan a las aulas universitarias mexicanas con más de un puñado de libros en su lista de lecturas. Aun más escasos son aquellos que pueden hacer una lectura concienzuda y provechosa.

Ante la problemática que enfrentamos en el aula mexicana, donde el alumno refleja serias dificultades para iniciar la lectura de textos universitarios, y aun mayores dificultades para comprenderlos y criticarlos; surge la idea de crear una serie de textos clásicos que permitan al alumno desarrollar, poco a poco, técnicas de análisis crítico, mediante una serie de ejercicios que desmenucen el texto y le ayuden a identificar los puntos más importantes en cada lectura, y que culminen en el desarrollo de técnicas de estudio más eficientes, que faciliten la asimilación y comprensión de ideas a lo largo de su carrera universitaria y productiva.

Por otro lado, el poder comprender un texto de manera eficiente es solo un primer paso. De poco sirve una lectura no criticada. No basta con comprender la lectura, es preciso juzgarla, ponderar la veracidad y certeza de sus contenidos para posteriormente extraer aquello que de verdad hay en ellos y desechar aquel material dudoso u oscuro. Es necesario que de manera simultánea a La realización de la lectura, el joven vaya construyendo argumentos que le permitan apoyar o refutar las ideas que del texto emanen. En nuestra sociedad necesitamos jóvenes capaces de pensar por sí mismos, capaces de evaluar y juzgar las diferentes opiniones con las que día a día les bombardean los diferentes medios de comunicación y desarrollar opiniones propias. Jóvenes que no crean ciegamente y repitan de manera autómata lo que han escuchado por ahí.

El objetivo de la presente edición es ofrecer a estudiantes universitarios una versión de la obra original que ayude a estimular y desarrollar sus habilidades de estudio y que al mismo tiempo le otorgue herramientas analíticas que le permitan emitir juicios críticos, construir argumentos sólidos y formar un criterio propio y fundamentado.

GC
Cd. Juárcz, 2010.

ILÍADA

CANTO I*

Peste - Cólera

* Después de una corta invocación a la divinidad para que cante "la perniciosa ira de Aquiles", nos refiere el poeta que Crises, sacerdote de Apolo, va al campamento aqueo para rescatar a su hija, que había sido hecha cautiva y adjudicada como esclava a Agamenón; éste desprecia al sacerdote, se niega a darle la hija y lo despide con amenazadoras palabras; Apolo, indignado, suscita una terrible peste en el campamento; Aquiles reúne a los guerreros en el ágora por inspiración de la diosa Hera, y, habiendo dicho al adivino Calcante que hablara sin miedo, aunque tuviera que referirse a Agamenón, se sabe por fin que el comportamiento de Agamenón con el sacerdote Crises ha sido la causa del enojo del dios. Esta declaración irrita al rey, que pide que, si ha de devolver la esclava, se le prepare otra recompensa; y Aquiles le responde que ya se la darán cuando tomen Troya. Así, de un modo tan natural, se origina la discordia entre el caudillo supremo del ejército y el héroe más valiente. La riña llega a tal punto que Aquiles desenvaina la espada y habría matado a Agamenón si no se lo hubiese impedido la diosa Atenea; entonces Aquiles insulta a Agamenón, éste se irrita y amenaza a Aquiles con quitarle la esclava Briseida, a pesar de la prudente amonestación que le dirige Néstor; se disuelve el ágora y Agamenón envía a dos heraldos a la tienda de Aquiles que se llevan a Briseide; Ulises y otros griegos se embarcan con Criseida y la devuelven a su padre; y, mientras tanto, Aquiles pide a su madre Tetis que suba al Olimpo a impetre de Zeus que conceda la victoria a los troyanos para que Agamenón comprenda la falta que ha cometido; Tetis cumple el deseo de su hijo, Zeus accede, y este hecho produce una violenta disputa entre Zeus y Hera, a quienes apacigua su hijo Hefesto; la concordia vuelve a reinar en el Olimpo y los dioses celebran un festín espléndido hasta la puesta del sol, en que se recogen en sus palacios.

1 Canta, oh diosa, la cólera del Pelida Aquiles; cólera funesta que causó infinitos males a los aqueos y precipitó al Hades muchas almas valerosas de héroes, a quienes hizo presa de perros y pasto de aves -cumplíase la voluntad de Zeus- desde que se separaron disputando el Atrida, rey de hombres, y el divino Aquiles.

8 ¿Cuál de los dioses promovió entre ellos la contienda para que pelearan? El hijo de Leto y de Zeus. Airado con el rey, suscitó en el ejército maligna peste, y los hombres perecían por el ultraje que el Atrida infiriera al sacerdote Crises. Éste, deseando redimir a su hija, se había presentado en las veleras naves aqueas con un inmenso rescate y las ínfulas de Apolo, el que hiere de lejos, que pendían de áureo cetro, en la mano; y a todos los aqueos, y particularmente a los dos Atridas, caudillos de pueblos, así les suplicaba:

17 -¡Atridas y demás aqueos de hermosas grebas! Los dioses, que poseen olímpicos palacios, os permitan destruir la ciudad de Príamo y regresar felizmente a la patria! Poned en libertad a mi hija y recibid el rescate, venerando al hijo de Zeus, a Apolo, el que hiere de lejos.

22 Todos los aqueos aprobaron a voces que se respetara al sacerdote y se admitiera el espléndido rescate; mas el Atrida Agamenón, a quien no plugo el acuerdo, le despidió de mal modo y con altaneras voces:

26 -No dé yo contigo, anciano, cerca de las cóncavas naves, ya porque ahora demores tu partida, ya porque vuelvas luego, pues quizás no te valgan el cetro y las ínfulas del dios. A aquélla no la soltaré; antes le sobrevendrá la vejez en mi casa, en Argos, lejos de su patria, trabajando en el telar y aderezando mi lecho. Pero vete; no me irrites, para que puedas irte más sano y salvo.

33 Así dijo. El anciano sintió temor y obedeció el mandato. Fuese en silencio por la orilla del estruendoso mar; y, mientras se alejaba, dirigía muchos ruegos al soberano Apolo, a quien parió Leto, la de hermosa cabellera:

37 -¡Óyeme, tú que llevas arco de plata, proteges a Crisa y a la divina Cila, a imperas en

Ténedos poderosamente! ¡Oh Esminteo! Si alguna vez adorné tu gracioso templo o quemé en tu honor pingües muslos de toros o de cabras, cúmpleme este voto: ¡Paguen los dánaos mis lágrimas con tus flechas!

43 Así dijo rogando. Oyóle Febo Apolo e, irritado en su corazón, descendió de las cumbres del Olimpo con el arco y el cerrado carcaj en los hombros; las saetas resonaron sobre la espalda del enojado dios, cuando comenzó a moverse. Iba parecido a la noche. Sentóse lejos de las naves, tiró una flecha y el arco de plata dio un terrible chasquido. Al principio el dios disparaba contra los mulos y los ágiles perros; mas luego dirigió sus amargas saetas a los hombres, y continuamente ardían muchas piras de cadáveres.

53 Durante nueve días volaron por el ejército las flechas del dios. En el décimo, Aquiles convocó al pueblo al ágora: se lo puso en el corazón Hera, la diosa de los níveos brazos, que se interesaba por los dánaos, a quienes veía morir. Acudieron éstos y, una vez reunidos, Aquiles, el de los pies ligeros, se levantó y dijo:

59 -¡Atrida! Creo que tendremos que volver atrás, yendo otra vez errantes, si escapamos de la muerte; pues, si no, la guerra y la peste unidas acabarán con los aqueos. Mas, ea, consultemos a un adivino, sacerdote o intérprete de sueños -pues también el sueño procede de Zeus-, para que nos diga por qué se irritó tanto Febo Apolo: si está quejoso con motivo de algún voto o hecatombe, y si quemando en su obsequio grasa de corderos y de cabras escogidas, querrá librarnos de la peste.

68 Cuando así hubo hablado, se sentó. Levantóse entre ellos Calcante Testórida, el mejor de los augures -conocía lo presente, lo futuro y lo pasado, y había guiado las naves aqueas hasta Ilio por medio del arte adivinatoria que le diera Febo Apolo-, y benévolo los arengó diciendo:

74 -¡Oh Aquiles, caro a Zeus! Mándasme explicar la cólera de Apolo, del dios que hiere de lejos. Pues bien, hablaré; pero antes declara y jura que estás pronto a defenderme de palabra y de obra, pues temo irritar a un varón que goza de gran poder entre los argivos todos y es obedecido por los aqueos. Un rey es más poderoso que el inferior contra quien se enoja; y, si bien en el

mismo día refrena su ira, guarda luego rencor hasta que logra ejecutarlo en el pecho de aquél. Dime, pues, si me salvarás.

84 Y contestándole, Aquiles, el de los pies ligeros, le dijo:

85 -Manifiesta, deponiendo todo temor, el vaticinio que sabes; pues ¡por Apolo, caro a Zeus; a quien tú, Calcante, invocas siempre que revelas oráculos a los dánaos!, ninguno de ellos pondrá en ti sus pesadas manos, cerca de las cóncavas naves, mientras yo viva y vea la luz acá en la tierra, aunque hablares de Agamenón, que al presente se jacta de ser en mucho el más poderoso de todos los aqueos.

92 Entonces cobró ánimo y dijo el eximio vate:

93 -No está el dios quejoso con motivo de algún voto o hecatombe, sino a causa del ultraje que Agamenón ha inferido al sacerdote, a quien no devolvió la hija ni admitió el rescate. Por esto el que hiere de lejos nos causó males y todavía nos causará otros. Y no librará a los dánaos de la odiosa peste, hasta que sea restituida a su padre, sin premio ni rescate, la joven de ojos vivos, y llevemos a Crisa una sagrada hecatombe. Cuando así le hayamos aplacado, renacerá nuestra esperanza.

101 Dichas estas palabras, se sentó. Levantóse al punto el poderoso héroe Agamenón Atrida, afligido, con las negras entrañas llenas de cólera y los ojos parecidos al relumbrante fuego; y, encarando a Calcante la torva vista, exclamó:

106 -¡Adivino de males! jamás me has anunciado nada grato. Siempre te complaces en profetizar desgracias y nunca dijiste ni ejecutaste nada bueno. Y ahora, vaticinando ante los dánaos, afirmas que el que hiere de lejos les envía calamidades, porque no quise admitir el espléndido rescate de la joven Criseide, a quien anhelaba tener en mi casa. La prefiero, ciertamente, a Clitemnestra, mi legítima esposa, porque no le es inferior ni en el talle, ni en el natural, ni en inteligencia, ni en destreza. Pero, aun así y todo, consiento en devolverla, si esto es lo mejor; quiero que el pueblo se salve, no que perezca. Pero preparadme pronto otra recompensa, para que no sea yo el único argivo que sin ella se quede; lo cual no parecería decoroso. Ved todos que se va a otra parte la que me había correspondido.

121 Replicóle en seguida el celerípede divino Aquiles:

122 -¡Atrida gloriosísimo, el más codicioso de todos! ¿Cómo pueden darte otra recompensa los magnánimos aqueos? No sabemos que existan en parte alguna cosas de la comunidad, pues las del saqueo de las ciudades están repartidas, y no es conveniente obligar a los hombres a que nuevamente las junten. Entrega ahora esa joven al dios, y los aqueos te pagaremos el triple o el cuádruple, si Zeus nos permite algún día tomar la bien murada ciudad de Troya.

130 Y, contestándole, el rey Agamenón le dijo:

131 Aunque seas valiente, deiforme Aquiles, no ocultes así tu pensamiento, pues no podrás burlarme ni persuadirme. ¿Acaso quieres, para conservar tu recompensa, que me quede sin la mía, y por esto me aconsejas que la devuelva? Pues, si los magnánimos aqueos me dan otra conforme a mi deseo para que sea equivalente... Y si no me la dieren, yo mismo me apoderaré de la tuya o de la de Ayante, o me llevaré la de Ulises, y montará en cólera aquél a quien me llegue. Mas sobre esto deliberaremos otro día. Ahora, ea, echemos una negra nave al mar divino, reunamos los convenientes remeros, embarquemos víctimas para una hecatombe y a la misma Criseide, la de hermosas mejillas, y sea capitán cualquiera de los jefes: Ayante, Idomeneo, el divino Ulises o tú, Pelida, el más portentoso de todos los hombres, para que nos aplaques con sacrificios al que hiere de lejos.

148 Mirándolo con torva faz, exclamó Aquiles, el de los pies ligeros:

149 -¡Ah, impudente y codicioso! ¿Cómo puede estar dispuesto a obedecer tus órdenes ni un aqueo siquiera, para emprender la marcha o para combatir valerosamente con otros hombres? No he venido a pelear obligado por los belicosos troyanos, pues en nada se me hicieron culpables -no se llevaron nunca mis vacas ni mis caballos, ni destruyeron jamás la cosecha en la fértil Ftía, criadora de hombres, porque muchas umbrías montañas y el ruidoso mar nos separan-, sino que te seguimos a ti, grandísimo insolente, para darte el gusto de vengaros de los troyanos a Menelao y a ti, ojos de perro. No fijás en esto la atención, ni por ello te tomas ningún cuidado, y aun me amenazas con quitarme la recompensa que por mis grandes fatigas me dieron los aqueos. Jamás

el botín que obtengo iguala al tuyo cuando éstos entran a saco una populosa ciudad de los troyanos: aunque la parte más pesada de la impetuosa guerra la sostienen mis manos, tu recompensa, al hacerse el reparto, es mucho mayor; y yo vuelvo a mis naves, teniéndola pequeña, aunque grata, después de haberme cansado en el combate. Ahora me iré a Ftía, pues lo mejor es regresar a la patria en las cóncavas naves: no pienso permanecer aquí sin honra para procurarte ganancia y riqueza.

172 Contestó en seguida el rey de hombres, Agamenón:

173 -Huye, pues, si tu ánimo a ello te incita; no te ruego que por mí te quedes; otros hay a mi lado que me honrarán, y especialmente el próvido Zeus. Me eres más odioso que ningún otro de los reyes, alumnos de Zeus, porque siempre te han gustado las riñas, luchas y peleas. Si es grande tu fuerza, un dios te la dio. Vete a la patria, llevándote las naves y los compañeros, y reina sobre los mirmidones, no me importa que estés irritado, ni por ello me preocupo, pero te haré una amenaza: Puesto que Febo Apolo me quita a Criseide, la mandaré en mi nave con mis amigos; y encaminándome yo mismo a tu tienda, me llevaré a Briseide, la de hermosas mejillas, tu recompensa, para que sepas bien cuánto más poderoso soy y otro tema decir que es mi igual y compararse conmigo.

188 Así dijo. Acongojóse el Pelida, y dentro del velludo pecho su corazón discurrió dos cosas: o, desnudando la aguda espada que llevaba junto al muslo, abrirse paso y matar al Atrida, o calmar su cólera y reprimir su furor. Mientras tales pensamientos revolvía en su mente y en su corazón y sacaba de la vaina la gran espada, vino Atenea del cielo: envióla Hera, la diosa de los níveos brazos, que amaba cordialmente a entrambos y por ellos se interesaba. Púsose detrás del Pelida y le tiró de la blonda cabellera, apareciéndose a él tan sólo; de los demás, ninguno la veía. Aquiles, sorprendido, volvióse y al instante conoció a Palas Atenea, cuyos ojos centelleaban de un modo terrible. Y hablando con ella, pronunció estas aladas palabras:

202-¿Por qué nuevamente, oh hija de Zeus, que lleva la égida, has venido? ¿Acaso para presenciar el ultraje que me infiere Agamenón Atrida? Pues te diré lo que me figuro que va a ocurrir: Por su insolencia perderá pronto la vida.

206 Díjole a su vez Atenea, la diosa de ojos de lechuza:

207 -Vengo del cielo para apaciguar tu cólera, si obedecieres; y me envía Hera, la diosa de los níveos brazos, que os ama cordialmente a entrambos y por vosotros se interesa. Ea, cesa de disputar, no desenvaines la espada a injúrialo de palabra como te parezca. Lo que voy a decir se cumplirá: Por este ultraje se te ofrecerán un día triples y espléndidos presentes. Domínate y obedécenos.

213 Y, contestándole, Aquiles, el de los pies ligeros, le dijo:

216 -Preciso es, oh diosa, hacer lo que mandáis, aunque el corazón esté muy irritado. Proceder así es lo mejor. Quien a los dioses obedece es por ellos muy atendido.

219 Dijo; y puesta la robusta mano en el argénteo puño, envainó la enorme espada y no desobedeció la orden de Atenea. La diosa regresó al Olimpo, al palacio en que mora Zeus, que lleva la égida, entre las demás deidades.

223 El Pelida, no amainando en su cólera, denostó nuevamente al Atrida con injuriosas voces:

225 -¡Ebrioso, que tienes ojos de perro y corazón de ciervo! Jamás te atreviste a tomar las armas con la gente del pueblo para combatir, ni a ponerte en emboscada con los más valientes aqueos: ambas cosas te parecen la muerte. Es, sin duda, mucho mejor arrebatar los dones, en el vasto campamento de los aqueos, a quien te contradiga. Rey devorador de tu pueblo, porque mandas a hombres abyectos...; en otro caso, Atrida, éste fuera tu último ultraje. Otra cosa voy a decirte y sobre ella prestaré un gran juramento: Sí, por este cetro que ya no producirá hojas ni ramos, pues dejó el tronco en la montaña; ni reverdecerá, porque el bronce lo despojó de las hojas y de la corteza, y ahora lo empuñan los aqueos que administran justicia y guardan las leyes de Zeus (grande será para ti este juramento): algún día los aqueos todos echarán de menos a Aquiles, y tú, aunque te aflijas, no podrás socorrerlos cuando muchos sucumban y perezcan a manos de Héctor, matador de hombres. Entonces desgarrarás tu corazón, pesaroso por no haber honrado al mejor de los aqueos.

245 Así dijo el Pelida; y, tirando a tierra el cetro tachonado con clavos de oro, tomó asiento. El Atrida, en el opuesto lado, iba enfureciéndose. Pero levantóse Néstor, suave en el hablar, elocuente orador de los pilios, de cuya boca las palabras fluían más dulces que la miel -había visto perecer dos generaciones de hombres de voz articulada que nacieron y se criaron con él en la divina Pilos y reinaba sobre la tercera-, y benévolo los arengó diciendo:

254 -¡Oh dioses! ¡Qué motivo de pesar tan grande le ha llegado a la tierra aquea! Alegranánse Príamo y sus hijos, y regocijaríanse los demás troyanos en su corazón, si oyeran las palabras con que disputáis vosotros, los primeros de los dánaos así en el consejo como en el combate. Pero dejaos convencer, ya que ambos sois más jóvenes que yo. En otro tiempo traté con hombres aún más esforzados que vosotros, y jamás me desdeñaron. No he visto todavía ni veré hombres como Pirítoo, Driante, pastor de pueblos, Ceneo, Exadio, Polifemo, igual a un dios, y Teseo Egeida, que parecía un inmortal. Criáronse éstos los más fuertes de los hombres; muy fuertes eran y con otros muy fuertes combatieron: con los montaraces centauros, a quienes exterminaron de un modo estupendo. Y yo estuve en su compañía -habiendo acudido desde Pilos, desde lejos, desde esa apartada tierra, porque ellos mismos me llamaron- y combatí según mis fuerzas. Con tales hombres no pelearía ninguno de los mortales que hoy pueblan la tierra; no obstante lo cual, seguían mis consejos y escuchaban mis palabras. Prestadme también vosotros obediencia, que es lo mejor que podéis hacer. Ni tú, aunque seas valiente, le quites la joven, sino déjasela, puesto que se la dieron en recompensa los magnánimos aqueos; ni tú, Pelida, quieras altercar de igual a igual con el rey, pues jamás obtuvo honra como la suya ningún otro soberano que usara cetro y a quien Zeus diera gloria. Si tú eres más esforzado, es porque una diosa te dio a luz; pero éste es más poderoso, porque reina sobre mayor número de hombres. Atrida, apacigua tu cólera; yo te suplico que depongas la ira contra Aquiles, que es para todos los aqueos un fuerte antemural en el pernicioso combate.

10

285 Y, contestándole, el rey Agamenón le dijo:

286 -Sí, anciano, oportuno es cuanto acabas de decir. Pero este hombre quiere sobreponerse a todos los demás; a todos quiere dominar, a todos gobernar, a todos dar órdenes que alguien, creo, se negará a obedecer. Si los sempiternos dioses le hicieron belicoso, ¿le permiten por esto proferir injurias?

292 Interrumpiéndole, exclamó el divino Aquiles:

293 -Cobarde y vil podría llamárseme si cediera en todo lo que dices; manda a otros, no me des órdenes, pues yo no pienso ya obedecerte. Otra cosa te diré que fijarás en la memoria: No he de combatir con estas manos por la joven ni contigo, ni con otro alguno, pues al fin me quitáis lo que me disteis; pero, de lo demás que tengo junto a mi negra y veloz embarcación, nada podrías llevarte tomándolo contra mi voluntad. Y si no, ea, inténtalo, para que éstos se enteren también; y presto tu negruzca sangre brotará en torno de mi lanza.

304 Después de altercar así con encontradas razones, se levantaron y disolvieron el ágora que cerca de las naves aqueas se celebraba. Fuese el Pelida hacia sus tiendas y sus bien proporcionados bajeles con el Menecíada y otros amigos; y el Atrida echó al mar una velera nave, escogió veinte remeros, cargó las víctimas de la hecatombe para el dios, y, conduciendo a Criseide, la de hermosas mejillas, la embarcó también; fue capitán el ingenioso Ulises.

312 Así que se hubieron embarcado, empezaron a navegar por líquidos caminos. El Atrida mandó que los hombres se purificaran, y ellos hicieron lustraciones, echando al mar las impurezas, y sacrificaron junto a la orilla del estéril mar hecatombes perfectas de toros y de cabras en honor de Apolo. El vapor de la grasa llegaba al cielo, enroscándose alrededor del humo.

318 En tales cosas ocupábanse éstos en el ejército. Agamenón no olvidó la amenaza que en la contienda había hecho a Aquiles, y dijo a Taltibio y Euríbates, sus heraldos y diligentes servidores:

322 -Id a la tienda del Pelida Aquiles, y asiendo de la mano a Briseide, la de hermosas mejillas, traedla acá, y, si no os la diere, iré yo mismo a quitársela, con más gente, y todavía le será más duro.

326 Hablándoles de tal suerte y con altaneras voces, los despidió. Contra su voluntad fuéronse los heraldos por la orilla del estéril mar, llegaron a las tiendas y naves de los mirmidones, y hallaron al rey cerca de su tienda y de su negra nave. Aquiles, al verlos, no se alegró. Ellos se turbaron, y, habiendo hecho una reverencia, paráronse sin decir ni preguntar nada. Pero el héroe lo comprendió todo y dijo:

334 -¡Salud, heraldos, mensajeros de Zeus y de los hombres! Acercaos; pues para mí no sois vosotros los culpables sino Agamenón, que os envía por la joven Briseide. ¡Ea, Patroclo, del linaje de Zeus! Saca la joven y entrégasela para que se la lleven. Sed ambos testigos ante los bienaventurados dioses, ante los mortales hombres y ante ese rey cruel, si alguna vez tienen los demás necesidad de mí para librarse de funestas calamidades porque él tiene el corazón poseído de furor y no sabe pensar a la vez en lo futuro y en lo pasado, a fin de que los aqueos se salven combatiendo junto a las naves.

345 Así dijo. Patroclo, obedeciendo a su amigo, sacó de la tienda a Briseide, la de hermosas mejillas, y la entregó para que se la llevaran. Partieron los heraldos hacia las naves aqueas, y la mujer iba con ellos de mala gana. Aquiles rompió en llanto, alejóse de los compañeros, y, sentándose a orillas del blanquecino mar con los ojos clavados en el ponto inmenso y las manos extendidas, dirigió a su madre muchos ruegos:

352 -¡Madre! Ya que me pariste de corta vida, el olímpico Zeus altitonante debía honrarme y no lo hace en modo alguno. El poderoso Agamenón Atrida me ha ultrajado, pues tiene mi recompensa, que él mismo me arrebató.

357 Así dijo derramando lágrimas. Oyóle la veneranda madre desde el fondo del mar, donde se hallaba junto al padre anciano, a inmediatamente emergió de las blanquecinas ondas como niebla, sentóse delante de aquél, que derramaba lágrimas, acarició con la mano y le habló de esta manera:

362 -¡Hijo! ¿Por qué lloras? ¿Qué pesar te ha llegado al alma? Habla; no me ocultes lo que piensas, para que ambos lo sepamos.

364 Dando profundos suspiros, contestó Aquiles, el de los pies ligeros:

365 -Lo sabes. ¿A qué referirte lo que ya conoces? Fuimos a Teba, la sagrada ciudad de Eetión; la saqueamos, y el botín que trajimos se lo distribuyeron equitativamente los aqueos, separando para el Atrida a Criseide, la de hermosas mejillas. Luego Crises, sacerdote de Apolo, el que hiere de lejos, deseando redimir a su hija, se presentó en las veleras naves aqueas con un inmenso rescate y las ínfulas de Apolo, el que hiere de lejos, que pendían de áureo cetro, en la mano; y suplicó a todos los aqueos, y particularmente a los dos Atridas, caudillos de pueblos. Todos los aqueos aprobaron a voces que se respetase al sacerdote y se admitiera el espléndido rescate; mas el Atrida Agamenón, a quien no plugo el acuerdo, to despidió de mal modo y con altaneras voces. El anciano se fue irritado; y Apolo, accediendo a sus ruegos, pues le era muy querido, tiró a los argivos funesta saeta: morían los hombres unos en pos de otros, y las flechas del dios volaban por todas partes en el vasto campamento de los aqueos. Un adivino bien enterado nos explicó el vaticinio del que hiere de lejos, y yo fui el primero en aconsejar que se aplacara al dios. El Atrida encendióse en ira; y, levantándose, me dirigió una amenaza que ya se ha cumplido. A aquélla los aqueos de ojos vivos la conducen a Crisa en velera nave con presentes para el dios; y a la hija de Briseo, que los aqueos me dieron, unos heraldos se la han llevado ahora mismo de mi tienda. Tú, si puedes, socorre a tu buen hijo; ve al Olimpo y ruega a Zeus, si alguna vez llevaste consuelo a su corazón con palabras o con obras. Muchas veces, hallándonos en el palacio de mi padre, oí que te gloriabas de haber evitado, tú sola entre los inmortales, una afrentosa desgracia al Cronida, el de las sombrías pubes, cuando quisieron atarlo otros dioses olímpicos, Hera, Posidón y Palas Atenea. Tú, oh diosa, acudiste y lo libraste de las ataduras, llamando en seguida al espacioso Olimpo al centímano a quien los dioses nombran Briareo y todos los hombres Egeón, el cual es superior en fuerza a su mismo padre, y se sentó entonces al lado de Zeus, ufano de su gloria; temiéronlo los bienaventurados dioses y desistieron del atamiento. Recuérdaselo, siéntate a su lado y abraza sus rodillas: quizás decida favorecer a los troyanos y acorralar a los aqueos, que serán muertos entre las popas, cerca del mar;

para que todos disfruten de su rey y comprenda el poderoso Agamenón Atrida la falta que ha cometido no honrando al mejor de los aqueos.

413 Respondióle en seguida Tetis, derramando lágrimas:

414 -¡Ay, hijo mío! ¿Por qué te he criado, si en hora aciaga te di a luz? ¡Ojalá estuvieras en las naves sin llanto ni pena, ya que tu vida ha de ser corta, de no larga duración! Ahora eres juntamente de breve vida y el más infortunado de todos. Con hado funesto te parí en el palacio. Yo misma iré al nevado Olimpo y hablaré a Zeus, que se complace en lanzar rayos, por si se deja convencer. Tú quédate en las naves de ligero andar, conserva la cólera contra los aqueos y abstente por entero de combatir. Ayer se marchó Zeus al Océano, al país de los probos etíopes, para asistir a un banquete, y todos los dioses lo siguieron. De aquí a doce días volverá al Olimpo. Entonces acudiré a la morada de Zeus, sustentada en bronce; le abrazaré las rodillas, y espero que lograré persuadirlo.

428 Dichas estas palabras partió, dejando a Aquiles con el corazón irritado a causa de la mujer de bella cintura que violentamente y contra su voluntad le habían arrebatado.

430 En tanto, Ulises llegaba a Crisa con las víctimas para la sagrada hecatombe. Cuando arribaron al profundo puerto, amainaron las velas, guardándolas en la negra nave; abatieron rápidamente por medio de cuerdas el mástil hasta la crujía, y llevaron la nave, a fuerza de remos, al fondeadero. Echaron anclas y ataron las amarras, saltaron a la playa, desembarcaron las víctimas de la hecatombe para Apolo, el que hiere de lejos, y Criseide salió de la nave surcadora del ponto. El ingenioso Ulises llevó la doncella al altar y, poniéndola en manos de su padre, dijo:

442 -¡Oh Crises! Envíame al rey de hombres, Agamenón, a traerte la hija y ofrecer en favor de los dánaos una sagrada hecatombe a Febo, para que aplaquemos a este dios que tan deplorables males ha causado a los argivos.

446 Habiendo hablado así, puso en sus manos la hija amada, que aquél recibió con alegría. Acto continuo, ordenaron la sagrada hecatombe en torno del bien construido altar, laváronse las manos y tomaron la mola. Y Crises oró en alta voz y con las manos levantadas:

451 -¡Óyeme, tú que llevas arco de plata, proteges a Crisa y a la divina Cila a imperas en Ténedos poderosamente! Me escuchaste cuando te supliqué, y, para honrarme, oprimiste duramente al ejército aqueo; pues ahora cúmpleme este voto: ¡Aleja ya de los dánaos la abominable peste!

457 Así dijo rogando, y Febo Apolo lo oyó. Hecha la rogativa y esparcida la mola, cogieron las víctimas por la cabeza, que tiraron hacia atrás, y las degollaron y desollaron; en seguida cortaron los muslos, y, después de pringarlos con gordura por uno y otro lado y de cubrirlos con trozos de carne, el anciano los puso sobre la leña encendida y los roció de vino tinto. Cerca de él, unos jóvenes tenían en las manos asadores de cinco puntas. Quemados los muslos, probaron las entrañas, y, dividiendo lo restante en pedazos muy pequeños, lo atravesaron con pinchos, lo asaron cuidadosamente y lo retiraron del fuego. Terminada la faena y dispuesto el banquete, comieron, y nadie careció de su respectiva porción. Cuando hubieron satisfecho el deseo de beber y de comer, los mancebos coronaron de vino las crateras y lo distribuyeron a todos los presentes después de haber ofrecido en copas las primicias. Y durante todo el día los aqueos aplacaron al dios con el canto, entonando un hermoso peán a Apolo, el que hiere de lejos, que los oía con el corazón complacido.

475 Cuando el sol se puso y sobrevino la noche, durmieron cerca de las amarras de la nave. Mas, así que apareció la hija de la mañana, la Aurora de rosados dedos, hiciéronse a la mar para volver al espacioso campamento aqueo, y Apolo, el que hiere de lejos, les envió próspero viento. Izaron el mástil, descogieron las velas, que hinchó el viento, y las purpúreas olas resonaban en torno de la quilla mientras la nave corría siguiendo su rumbo. Una vez llegados al vasto campamento de los aqueos, sacaron la negra nave a sierra firme y la pusieron en alto sobre la arena, sosteniéndola con grandes maderos. Y luego se dispersaron por las tiendas y los bajeles.

488 El hijo de Peleo y descendiente de Zeus, Aquiles, el de los pies ligeros, seguía irritado en las veleras naves, y ni frecuentaba el ágora donde los varones cobran fama, ni cooperaba a la guerra; sino que consumía su corazón, perma-neciendo en las naves, y echaba de menos la gritería y el combate.

493 Cuando, después de aquel día, apareció la duodécima aurora, los sempiternos dioses volvieron al Olimpo con Zeus a la cabeza. Tetis no olvidó entonces el encargo de su hijo: saliendo de entre las olas del mar, subió muy de mañana al gran cielo y al Olimpo, y halló al largovidente Cronida sentado aparte de los demás dioses en la más alta de las muchas cumbres del monte. Acomodóse ante él, abrazó sus rodillas con la mano izquierda, tocóle la barba con la derecha y dirigió esta súplica al soberano Zeus Cronión:

503 -¡Padre Zeus! Si alguna vez te fui útil entre los inmortales con palabras a obras, cúmpleme este voto: Honra a mi hijo, el héroe de más breve vida, pues el rey de hombres, Agamenón, lo ha ultrajado, arrebatándole la recompensa que todavía retiene. Véngalo tú, próvido Zeus Olímpico, concediendo la victoria a los troyanos hasta que los aqueos den satisfacción a mi hijo y lo colmen de honores.

511 Así dijo. Zeus, que amontona las nubes, nada contestó guardando silencio un buen rato. Pero Tetis, que seguía como cuando abrazó sus rodillas, le suplicó de nuevo:

514 -Prométemelo claramente, asintiendo, o niégamelo -pues en ti no cabe el temor- para que sepa cuán despreciada soy entre todas las deidades.

517 Zeus, que amontona las nubes, díjole afligidísimo:

518-¡Funestas acciones! Pues harás que me malquiste con Hera, cuando me zahiera con injuriosas palabras. Sin motivo me riñe siempre ante los inmortales dioses, porque dice que en las batallas favorezco a los troyanos. Pero ahora vete, no sea que Hera advierta algo; yo me cuidaré de que esto se cumpla. Y si lo deseas, te haré con la cabeza la señal de asentimiento para que tengas confianza. Éste es el signo más seguro, irrevocable y veraz para los inmortales; y no deja de efectuarse aquello a que asiento con la cabeza.

528 Dijo el Cronida, y bajó las negras cejas en señal de asentimiento; los divinos cabellos se agitaron en la cabeza del soberano inmortal, y a su influjo estremecióse el dilatado Olimpo.

531 Después de deliberar así, se separaron: ella saltó al profundo mar desde el resplandeciente Olimpo, y Zeus volvió a su

palacio. Todos los dioses se levantaron al ver a su padre, y ninguno aguardó que llegara, sino que todos salieron a su encuentro. Sentóse Zeus en el trono; y Hera, que, por haberlo visto, no ignoraba que Tetis, la de argénteos pies, hija del anciano del mar, con él había departido, dirigió al momento injuriosas palabras a Zeus Cronida:

540 -¿Cuál de las deidades, oh doloso, ha conversado contigo? Siempre te es grato, cuando estás lejos de mí, pensar y resolver algo secretamente, y jamás te has dignado decirme una sola palabra de to que acuerdas.

544 Respondióle el padre de los hombres y de los dioses:

545 -¡Hera! No esperes conocer todas mis decisiones, pues te resultará difícil aun siendo mi esposa. Lo que pueda decirse, ningún dios ni hombre lo sabrá antes que tú; pero lo que quiera resolver sin contar con los dioses, no lo preguntes ni procures averiguarlo.

551 Replicó en seguida Hera veneranda, la de ojos de novilla:

552 -¡Terribilísimo Cronida, qué palabras proferiste! No será mucho lo que te haya preguntado o querido averiguar, puesto que muy tranquilo meditas cuanto te place. Mas ahora mucho recela mi corazón que te haya seducido Tetis, la de argénteos pies, hija del anciano del mar. A1 amanecer el día sentóse cerca de ti y abrazó tus rodillas; y pienso que le habrás prometido, asintiendo, honrar a Aquiles y causar gran matanza junto a las naves aqueas.

560 Y contestándole, Zeus, que amontona las nubes, le dijo:

561 -¡Ah, desdichada! Siempre sospechas y de ti no me oculto. Nada, empero, podrás conseguir sino alejarte de mi corazón; lo cual todavía te será más duro. Si es cierto lo que sospechas, así debe de serme grato. Pero siéntate en silencio y obedece mis palabras. No sea que no te valgan cuantos dioses hay en el Olimpo, acercándose a ti, cuando te ponga encima mis invictas manos.

569 Así dijo. Temió Hera veneranda, la de ojos de novilla, y, refrenando el coraje, sentóse en silencio. Indignáronse en el palacio de Zeus los dioses celestiales. Y Hefesto, el ilustre artífice, comenzó a arengarlos para consolar a su madre Hera, la de los níveos brazos:

573 -Funesto a insoportable será lo que ocurra, si vosotros disputáis así por los mortales y promovéis alborotos entre los dioses; ni siquiera en el banquete se hallará placer alguno, porque prevalece lo peor. Yo aconsejo a mi madre, aunque ya ella tiene juicio, que obsequie al padre querido, a Zeus, para que no vuelva a reñirla y a turbarnos el festín. Pues, si el Olímpico fulminador quiere echarnos del asiento... nos aventaja mucho en poder. Pero halágalo con palabras cariñosas y en seguida el Olímpico nos será propicio.

584 De este modo habló y, tomando una copa de doble asa, ofrecióla a su madre, diciendo:

586 -Sufre, madre mía, y sopórtalo todo, aunque estés afligida; que a ti, tan querida, no lo vean mis ojos apaleada sin que pueda socorrerte, porque es difícil contrarrestar al Olímpico. Ya otra vez que quise defenderte me asió por el pie y me arrojó de los divinos umbrales. Todo el día fui rodando y a la puesta del sol caí en Lemnos. Un poco de vida me quedaba y los sinties me recogieron tan pronto como hube caído.

595 Así dijo. Sonrióse Hera, la diosa de los níveos brazos; y, sonriente aún, tomó la copa que su hijo le presentaba. Hefesto se puso a escanciar dulce néctar para las otras deidades, sacándolo de la cratera; y una risa inextinguible se alzó entre los bienaventurados dioses viendo con qué afán los servía en el palacio.

601 Todo el día, hasta la puesta del sol, celebraron el festín; y nadie careció de su respectiva porción, ni faltó la hermosa cítara que tañía Apolo, ni las Musas que con linda voz cantaban alternando.

605 Mas, cuando la fúlgida luz del sol llegó al ocaso, los dioses fueron a recogerse a sus respectivos palacios, que había construido Hefesto, el ilustre cojo de ambos pies, con sabia inteligencia. Zeus olímpico, fulminador, se encaminó al lecho donde acostumbraba dormir cuando el dulce sueño le vencía. Subió y acostóse; y a su lado descansó Hera, la de áureo trono.

CANTO II*

Sueño- Beocia o catálogo de las naves

* Para cumplir to prometido a Tetis, Zeus envía un engañoso sueño a Agamenón, y le aconseja que levante el campamento y regrese a casa; Agamenón convoca el consejo de los jefes y luego la asamblea general de todos los

guerreros, que aceptan la propuesta, por lo que Agamenón (bajo la incitación de Atenea) debe intervenir para insuflar coraje y buenas esperanzas a los aqueos. Después de varios incidentes y de enumerar cuantos pueblos formaban los ejércitos griego y troyano, sucédense tres grandes batallas.

1 Las demás deidades y los hombres que en carros combaten, durmieron toda la noche; pero Zeus no probó las dulzuras del sueño, porque su mente buscaba el medio de honrar a Aquiles y causar gran matanza junto a las naves aqueas. Al fin creyó que lo mejor sería enviar un pernicioso sueño al Atrida Agamenón; y, hablándole, pronunció estas aladas palabras:

8 -Anda, ve, pernicioso Sueño, encamínate a las veleras naves aqueas, introdúcete en la tienda de Agamenón Atrida, y dile cuidadosamente lo que voy a encargarte. Ordénale que arme a los melenudos aqueos y saque toda la hueste: ahora podría tomar a Troya, la ciudad de anchas calles, pues los inmortales que poseen olímpicos palacios ya no están discordes, por haberlos persuadido Hera con sus ruegos, y una serie de infortunios amenaza a los troyanos.

16 Así dijo. Partió el Sueño al oír el mandato, llegó en un instante a las veleras naves aqueas, y, hallando dormido en su tienda al Atrida Agamenón -alrededor del héroe habíase difundido el sueño inmortal-, púsose sobre su cabeza, y tomó la figura de Néstor, hijo de Neleo, que era el anciano a quien aquél más honraba. Así transfigurado, dijo el divino Sueño:

23 -¿Duermes, hijo del belicoso Atreo, domador de caballos? No debe dormir toda la noche el príncipe a quien se han confiado los guerreros y a cuyo cargo se hallan tantas cosas. Ahora atiéndeme en seguida, pues vengo como mensajero de Zeus; el cual, aun estando lejos, se interesa mucho por ti y te compadece. Armar te ordena a los melenudos aqueos y sacar toda la hueste: ahora podrías tomar Troya, la ciudad de anchas calles, pues los inmortales que poseen olímpicos palacios ya no están discordes, por haberlos persuadido Hera con sus ruegos, y una serie de infortunios amenaza a los troyanos por la voluntad de Zeus. Graba mis palabras en tu memoria, para que no las olvides cuando el dulce sueño to desampare.

35 Así habiendo hablado, se fue y dejó a Agamenón revolviendo en su ánimo lo que nó debía cumplirse. Figurábase que iba a tomar la ciudad de Troya aquel mismo día. ¡Insensato! No sabía lo que tramaba Zeus, quien había de causar nuevos males y llanto a los troyanos y a los dánaos por medio de terribles peleas. Cuando despertó, la voz divina resonaba aún en torno suyo. Incorporóse, y, habiéndose sentado, vistió la túnica fina, hermosa, nueva; se echó el gran manto, calzó sus nítidos pies con bellas sandalias y colgó del hombro la espada guarnecida con clavazón de plata. Tomó el imperecedero cetro de su padre y se encaminó hacia las naves de los aqueos, de broncíneas corazas.

48 Subía la diosa Aurora al vasto Olimpo para anunciar el día a Zeus y a los demás inmortales, cuando Agamenón ordenó que los heraldos de voz sonora convocaran al ágora a los melenudos aqueos. Convocáronlos aquéllos, y éstos se reunieron en seguida.

53 Pero celebróse antes un consejo de magnánimos próceres junto a la nave del rey Néstor, natural de Pilos. Agamenón los llamó para hacerles una discreta consulta:

56-¡Oíd, amigos! Dormía durante la noche inmortal, cuando se me acercó un Sueño divino muy semejante al ilustre Néstor en la forma, estatura y natural. Púsose sobre mi cabeza y profirió estas palabras: «¿Duermes, hijo del belicoso Atreo, domador de caballos? No debe dormir toda la noche el príncipe a quien se han confiado los guerreros y a cuyo cargo se hallan tantas cosas. Ahora atiéndeme en seguida, pues vengo como mensajero de Zeus; el cual, aun estando lejos, se interesa mucho por ti y te compadece. Armar te ordena a los melenudos aqueos y sacar toda la hueste: ahora podrías tomar Troya, la ciudad de anchas calles, pues los inmortales que poseen olímpicos palacios ya no están discordes, por haberlos persuadido Hera con sus ruegos, y una serie de infortunios amenaza a los troyanos por la voluntad de Zeus. Graba mis palabras en tu memoria.» Habiendo hablado así, fuese volando, y el dulce sueño me desamparó. Mas, ea, veamos cómo podremos conseguir que los aqueos tomen las armas. Para probarlos como es debido, les aconsejaré que huyan en las naves de muchos bancos; y vosotros, hablándoles unos por un lado y otros por el opuesto, procurad detenerlos.

76 Habiéndose expresado en estos términos, se sentó. Seguidamente levantóse Néstor, que era rey de la arenosa Pilos, y benévolo les arengó diciendo:

79 -¡Oh amigos, capitanes y príncipes de los argivos! Si algún otro aqueo nos refiriese el sueño, te creeríamos falso y desconfiaríamos aún más; pero lo ha tenido quien se gloría de ser el más poderoso de los aqueos. Ea, veamos cómo podremos conseguir que los aqueos tomen las armas.

84 Habiendo hablado así, fue el primero en salir del consejo. Los reyes portadores de cetro se levantaron, obedeciendo al pastor de hombres, y la gente del pueblo acudió presurosa. Como de la hendedura de un peñasco salen sin cesar enjambres copiosos de abejas que vuelan arracimadas sobre las flores primaverales y unas revolotean a este lado y otras a aquél; así las numerosas familias de guerreros marchaban en grupos, por la baja ribera, desde las naves y tiendas al ágora. En medio, la Fama, mensajera de Zeus, enardecida, los instigaba a que acudieran, y ellos se iban reuniendo. Agitóse el ágora, gimió la tierra y se produjo tumulto, mientras los hombres tomaron sitio. Nueve heraldos daban voces para que callaran y oyeran a los reyes, alumnos de Zeus. Sentáronse al fin, aunque con dificultad, y enmudecieron tan pronto como ocuparon los asientos. Entonces se levantó el rey Agamenón, empuñando el cetro que Hefesto hizo para el soberano Zeus Cronión -éste lo dio al mensajero Argicida; Hermes lo regaló al excelente jinete Pélope, quien, a su vez, lo entregó a Atreo, pastor de hombres; Atreo al morir lo legó a Tiestes, rico en ganado, y Tiestes lo dejó a Agamenón para que reinara en muchas islas y en todo el país de Argos-, y, descansando el rey sobre el arrimo del cetro, habló así a los argivos:

110 -¡Oh amigos, héroes dánaos, ministros de Ares! En grave infortunio envolvióme Zeus Cronida. ¡Cruel! Me prometió y aseguró que no me iría sin destruir la bien murada Ilio, y todo ha sido funesto engaño; pues ahora me ordena regresar a Argos, sin gloria, después de haber perdido tantos hombres. Así debe de ser grato al prepotente Zeus, que ha destruido las fortalezas de muchas ciudades y aún destruirá otras porque su poder es inmenso. Vergonzoso será para nosotros que lleguen a saberlo los hombres de mañana. ¡Un ejército aqueo tal y tan grande hacer una guerra vana e ineficaz! ¡Combatir contra un número menor de hombres y no saberse aún cuándo la contienda tendrá fin! Pues, si aqueos y troyanos, jurando la paz, quisiéramos contarnos, y reunidos cuantos troyanos hay en sus hogares y agrupados nosotros los aqueos en décadas, cada una de éstas eligiera un troyano para que escanciara el vino, muchas décadas se quedarían sin escanciador. ¡En tanto digo que superan los aqueos a los troyanos que en la ciudad moran! Pero han venido en su ayuda hombres de muchas ciudades, que saben blandir la lanza, me apartan de mi intento y no me permiten, como quisiera, tomar la populosa ciudad de Ilio. Nueve años del gran Zeus transcurrieron ya; los maderos de las naves se han podrido y las cuerdas están deshechas; nuestras esposas e hijitos nos aguardan en los palacios; y aún no hemos dado cima a la empresa para la cual vinimos. Ea, procedamos todos como voy a decir: Huyamos en las naves a nuestra patria tierra, pues ya no tomaremos Troya, la de anchas calles.

142 Así dijo; y a todos los que no habían asistido al consejo se les conmovió el corazón en el pecho. Agitóse el ágora como las grandes olas que en el mar Icario levantan el Euro y el Noto cayendo impetuosos de las nubes amontonadas por el padre Zeus. Como el Céfiro mueve con violento soplo un crecido trigal y se cierne sobre las espigas, de igual manera se movió toda el ágora. Con gran gritería y levantando nubes de polvo, corren hacia los bajeles; exhórtanse a tirar de ellos para echarlos al mar divino; limpian los canales; quitan los soportes, y el vocerío de los que se disponen a volver a la patria llega hasta el cielo.

155 Y efectuárase entonces, antes de lo dispuesto por el destino, el regreso de los argivos, si Hera no hubiese dicho a Atenea:

157 -¡Oh dioses! ¡Hija de Zeus, que lleva la égida! ¡Indómita! ¿Huirán los argivos a sus casas, a su patria tierra por el ancho dorso del mar, y dejarán como trofeo a Príamo y a los troyanos la argiva Helena, por la cual tantos aqueos perecieron en Troya, lejos de su patria? Ve en seguida al ejército de los aqueos de broncíneas corazas,

detén con suaves palabras a cada guerrero y no permitas que echen al mar los corvos bajeles.

166 Así habló. Atenea, la diosa de ojos de lechuza, no fue desobediente. Bajando en raudo vuelo de las cumbres del Olimpo llegó presto a las veloces naves aqueas y halló a Ulises, igual a Zeus en prudencia, que permanecía inmóvil y sin tocar la negra nave de muchos bancos, porque el pesar le llegaba al corazón y al alma. Y poniéndose a su lado, díjole Atenea, la de ojos de lechuza:

173 -¡Laertíada, del linaje de Zeus! ¡Ulises, fecundo en ardides! ¿Así, pues, huiréis a vuestras casas, a la patria tierra, embarcados en las naves de muchos bancos, y dejaréis como trofeo a Príamo y a los troyanos la argiva Helena, por la cual tantos aqueos perecieron en Troya, lejos de su patria? Ve en seguida al ejército de los aqueos y no cejes: detén con suaves palabras a cada guerrero y no permitas que echen al mar los corvos bajeles.

182 Así dijo. Ulises conoció la voz de la diosa en cuanto le habló; tiró el manto, que recogió el heraldo Euríbates de Ítaca, que lo acompañaba; corrió hacia el Atrida Agamenón, para que le diera el imperecedero cetro paterno; y, con éste en la mano, enderezó a las naves de los aqueos, de broncíneas corazas.

188 Cuando encontraba a un rey o a un capitán eximio, parábase y lo detenía con suaves palabras.

190 -¡Ilustre! No es digno de ti temblar como un cobarde. Detente y haz que los demás se detengan también. Aún no conoces claramente la intención del Atrida: ahora nos prueba, y pronto castigará a los aqueos. En el consejo no todos comprendimos lo que dijo. No sea que, irritándose, maltrate a los aqueos; la cólera de los reyes, alumnos de Zeus, es terrible, porque su dignidad procede del próvido Zeus y éste los ama.

198 Cuando encontraba a un hombre del pueblo gritando, dábale con el cetro y lo increpaba de esta manera:

200 -¡Desdichado! Estáte quieto y escucha a los que te aventajan en bravura; tú, débil a inepto para la guerra, no eres estimado ni en el combate ni en el consejo. Aquí no todos los aqueos podemos ser reyes; no es un bien la soberanía de muchos; uno solo sea príncipe, uno solo rey:

aquél a quien el hijo del artero Crono ha dado cetro y leyes para que reine sobre nosotros.

207 -Así Ulises, actuando como supremo jefe, imponía su voluntad al ejército; y ellos se apresuraban a volver de las tiendas y naves al ágora, con gran vocerío, como cuando el oleaje del estruendoso mar brama en la playa anchurosa y el ponto resuena.

211 Todos se sentaron y permanecieron quietos en su sitio, a excepción de Tersites, que, sin poner freno a la lengua, alborotaba. Ése sabía muchas palabras groseras para disputar temerariamente, no de un modo decoroso, con los reyes, y lo que a él le pareciera hacerlo ridículo para los argivos. Fue el hombre más feo que llegó a Troya, pues era bizco y cojo de un pie; sus hombros corcovados se contraían sobre el pecho, y tenía la cabeza puntiaguda y cubierta por rala cabellera. Aborrecíanlo de un modo especial Aquiles y Ulises, a quienes zahería; y entonces, dando estridentes voces, decía oprobios al divino Agamenón. Y por más que los aqueos se indignaban a irritaban mucho contra él, seguía increpándolo a voz en grito:

225 -¡Atrida! ¿De qué te quejas o de qué careces? Tus tiendas están repletas de bronce y en ellas tienes muchas y escogidas mujeres que los aqueos te ofrecemos antes que a nadie cuando tomamos alguna ciudad. ¿Necesitas, acaso, el oro que alguno de los troyanos, domadores de caballos, te traiga de Ilio para redimir al hijo que yo a otro aqueo haya hecho prisionero? ¿O, por ventura, una joven con quien te junte el amor y que tú solo poseas? No es justo que, siendo el caudillo, ocasiones tantos males a los aqueos. ¡Oh cobardes, hombres sin dignidad, aqueas más bien que aqueos! Volvamos en las naves a la patria y dejémoslo aquí, en Troya, para que devore el botín y sepa si le sirve o no nuestra ayuda; ya que ha ofendido a Aquiles, varón muy superior, arrebatándole la recompensa que todavía retiene. Poca cólera siente Aquiles en su pecho y es grande su indolencia; si no fuera así, Atrida, éste sería tu último ultraje.

243 Tales palabras dijo Tersites, zahiriendo a Agamenón, pastor de hombres. En seguida el divino Ulises se detuvo a su lado; y mirándolo con torva faz, lo increpó duramente:

246 -¡Tersites parlero! Aunque seas orador facundo, calla y no quieras tú solo disputar con

los reyes. No creo que haya un hombre peor que tú entre cuantos han venido a Ilio con los Atridas. Por tanto, no tomes en boca a los reyes, ni los injuries, ni pienses en el regreso. No sabemos aún con certeza cómo esto acabará y si la vuelta de los aqueos será feliz o desgraciada. Mas tú denuestas al Atrida Agamenón, porque los héroes dánaos le dan muchas cosas; por esto lo zahieres. Lo que voy a decir se cumplirá: Si vuelvo a encontrarte delirando como ahora, no conserve Ulises la cabeza sobre los hombros, ni sea llamado padre de Telémaco, si no te echo mano, te despojo del vestido (el manto y la túnica que cubren tus partes verendas) y te envío lloroso del ágora a las veleras naves después de castigarte con afrentosos azotes.

265 Así, pues, dijo, y con el cetro diole un golpe en la espalda y los hombros. Tersites se encorvó, mientras una gruesa lágrima caía de sus ojos y un cruento cardenal aparecía en su espalda debajo del áureo cetro. Sentóse, turbado y dolorido; miró a todos con aire de simple, y se enjugó las lágrimas. Ellos, aunque afligidos, rieron con gusto y no faltó quien dijera a su vecino:

272 -¡Oh dioses! Muchas cosas buenas hizo Ulises, ya dando consejos saludables, ya preparando la guerra; pero esto es lo mejor que ha ejecutado entre los argivos: hacer callar al insolente charlatán, cuyo ánimo osado no lo impulsará en lo sucesivo a zaherir con injuriosas palabras a los reyes.

278 -Así hablaba la multitud. Levantóse Ulises, asolador de ciudades, con el cetro en la mano (Atenea, la de ojos de lechuza, que, transfigurada en heraldo, junto a él estaba, impuso silencio para que todos los aqueos, desde los primeros hasta los últimos, oyeran su discurso y meditaran sus consejos), y benévolo los arengó diciendo:

284 -¡Atrida! Los aqueos, oh rey, quieren cubrirte de baldón ante todos los mortales de voz articulada y no cumplen lo que te prometieron al venir de Argos, criador de caballos: que no te irías sin destruir la bien murada Ilio. Cual si fuesen niños o viudas, se lamentan unos con otros y desean regresar a su casa. Y es, en verdad, penoso que hayamos de volver afligidos. Cierto que cualquiera se impacienta al mes de estar separado de su mujer, cuando ve detenida su nave de muchos bancos por las borrascas invernales y el mar alborotado; y nosotros hace ya nueve años, con el presence, que aquí permanecemos. No me enojo, pues, porque los aqueos se impacienten junto a las cóncavas naves; pero sería bochornoso haber estado aquí tanto tiempo y volvernos sin conseguir nuestro propósito. Tened paciencia, amigos, y aguardad un poco más, para que sepamos si fue verídica la predicción de Calcante. Bien grabada la tenemos en la memoria, y todos vosotros, los que no habéis sido arrebatados día tras día por las parcas de la muerte, sois testigos de lo que ocurrió en Áulide cuando se reunieron las naves aqueas que cantos males habían de traer a Príamo y a los troyanos. En sacros altares inmolábamos hecatombes perfectas a los inmortales, junto a una fuente y a la sombra de un hermoso plátano a cuyo pie manaba agua cristalina. Allí se nos ofreció un gran portento. Un horrible dragón de roja espalda, que el mismo Olímpico sacara a la luz, saltó de debajo del altar al plátano. En la rama cimera de éste hallábanse los hijuelos recién nacidos de un ave, que medrosos se acurrucaban debajo de las hojas; eran ocho, y, con la madre que los parió, nueve. El dragón devoró a los pajarillos, que piaban lastimeramente; la madre revoleaba en torno de sus hijos quejándose, y aquél volvióse y la cogió por el ala, mientras ella chillaba. Después que el dragón se hubo comido al ave y a los polluelos, el dios que lo había mostrado obró en él un prodigio: el hijo del artero Crono transformólo en piedra, y nosotros, inmóviles, admirábamos lo que ocurría. De este modo, las grandes y portentosas acciones de los dioses interrumpieron las hecatombes. Y en seguida Calcante, vaticinando, exclamó: «¿Por qué enmudecéis, melenudos aqueos? El próvido Zeus es quien nos muestra ese prodigio grande, tardío, de lejano cumplimiento, pero cuya gloria jamás perecerá. Como el dragón devoró a los polluelos del ave y al ave misma, los cuales eran ocho, y, con la madre que los dio a luz, nueve, así nosotros combatiremos allí igual número de años, y al décimo tomaremos la ciudad de anchas calles.» Tal fue lo que dijo y todo se va cumpliendo. ¡Ea, aqueos de hermosas grebas, quedaos todos hasta que tomemos la gran ciudad de Príamo!

333 Así habló. Los argivos, con agudos gritos que hacían retumbar horriblemente las naves,

aplaudieron el discurso del divino Ulises. Y Néstor, caballero gerenio, los arengó diciendo:

337 -¡Oh dioses! Habláis como niños chiquitos que no están ejercitados en los bélicos trabajos. ¿Qué es de nuestros convenios y juramentos? ¿Se fueron, pues, en humo los consejos, los afanes de los guerreros, los pactos consagrados con libaciones de vino puro y los apretones de manos en que confiábamos? Nos entretenemos en contender con palabras y sin motivo, y en tan largo espacio no hemos podido encontrar un medio eficaz para conseguir nuestro intento. ¡Atrida! Tú, como siempre, manda con firme decisión a los argivos en el duro combate y deja que se consuman uno o dos que en discordancia con los demás aqueos desean, aunque no lograran su propósito, regresar a Argos antes de saber si fue o no falsa la promesa de Zeus, que lleva la égida. Pues yo os aseguro que el prepotente Cronida nos prestó su asentimiento, relampagueando por el diestro lado y haciéndonos favorables señales, el día en que los argivos se embarcaron en las naves de ligero andar para traer a los troyanos la muerte y el destino. Nadie, pues, se dé prisa por volver a su casa, hasta haber dormido con la esposa de un troyano y haber vengado la huida y los gemidos de Helena. Y si alguno tanto anhelare el regreso, toque la negra nave de muchos bancos para que delante de todos sea muerto y cumpla su destino. ¡Oh rey! No dejes de pensar tú mismo y sigue también los consejos que nosotros lo damos. No es despreciable lo que voy a decirte: Agrupa a los hombres, oh Agamenón, por tribus y familias, para que una tribu ayude a otra tribu y una familia a otra familia. Si así lo hicieres y lo obedecieren los aqueos, sabrás pronto cuáles jefes y soldados son cobardes y cuáles valerosos, pues pelearán distintamente; y conocerás si no puedes tomar la ciudad por la voluntad de los dioses o por la cobardía de tus hombres y su impericia en la guerra.

369 Y, respondiéndole, el rey Agamenón le dijo:

370 -De nuevo, oh anciano, superas en el ágora a los aqueos todos. Ojalá, ¡padre Zeus, Atenea, Apolo!, tuviera yo entre los aqueos diez consejeros semejantes; entonces la ciudad del rey Príamo sería pronto tomada y destruida por nuestras manos. Pero Zeus Cronida, que lleva la égida, me envía penas, enredándome en inútiles disputas y riñas. Aquiles y yo peleamos con encontradas razones por una joven, y fui el primero en irritarme; si ambos procediéramos de acuerdo, no se diferiría ni un solo momento la ruina de los troyanos. Ahora, id a comer para que luego trabemos el combate; cada uno afile la lanza, prepare el escudo, dé el pasto a los corceles de pies ligeros a inspeccione el carro, apercibiéndose para la lucha; pues durante todo el día nos pondrá a prueba el horrendo Ares. Ni un breve descanso ha de haber siquiera, hasta que la noche obligue a los valientes guerreros a separarse. La correa del escudo que al combatiente cubre, sudará en torno del pecho; el brazo se fatigará con el manejo de la lanza, y también sudarán los corceles arrastrando los pulimentados carros. Y aquél que se quede voluntariamente en las corvas naves, lejos de la batalla, como yo lo vea, no se librará de los perros y de las aves de rapiña.

394 Así dijo. Los argivos promovían gran clamoreo, como cuando las olas, movidas por el Noto, baten un elevado risco que se adelanta sobre el mar y no to dejan mientras soplan los vientos en contrarias direcciones. Luego, levantándose, se dispersaron por las naves, encendieron lumbre en las tiendas, tomaron la comida y ofrecieron sacrificios, quiénes a uno, quiénes a otro de los sempiternos dioses, para que los librasen de la muerte y del fatigoso trabajo de Ares. Agamenón, rey de hombres, inmoló un pingüe buey de cinco años al prepotente Cronión, habiendo llamado a su tienda a los principales caudillos de los aqueos todos: primeramente a Néstor y al rey Idomeneo, luego a entrambos Ayantes y al hijo de Tideo, y en sexto lugar a Ulises, igual a Zeus en prudencia. Espontáneamente se presentó Menelao, valiente en la pelea, porque sabía lo que su hermano estaba preparando. Colocaronse todos alrededor del buey y tomaron la mola. Y puesto en medio, el poderoso Agamenón oró diciendo:

412 -¡Zeus gloriosísimo, máximo, que amontonas las sombrías nubes y vives en el éter! ¡No se ponga el sol ni sobrevenga la obscuridad antes que yo destruya el palacio de Príamo, entregándolo a las llamas; pegue voraz fuego a las puertas; rompa con mi lanza la coraza de Héctor en su mismo pecho, y vea a muchos de sus

compañeros caídos de cara en el polvo y mordiendo la tierra!

419 Dijo; pero el Cronión no accedió y, aceptando los sacrificios, preparóles no envidiable labor. Hecha la rogativa y esparcida la mola, cogieron las víctimas por la cabeza, que tiraron hacia atrás, y las degollaron y desollaron; cortaron los muslos, y después de pringarlos con gordura por uno y otro lado y de cubrirlos con trozos de carne, los quemaron con leña sin hojas; y atravesando las entrañas con los asadores, las pusieron al fuego. Quemados los muslos, probaron las entrañas; y dividiendo to restante en pedazos muy pequeños, atravesáronlo con pinchos, to asaron cuidadosamente y lo retiraron del fuego. Terminada la faena y dispuesto el festín, comieron y nadie careció de su respectiva porción. Y cuando hubieron satisfecho el deseo de beber y de comer, Néstor, el caballero gerenio, comenzó a decirles:

434 -¡Atrida gloriosísimo, rey de hombres, Agamenón! No nos entretengamos en hablar, ni difiramos por más tiempo la empresa que un dios pone en nuestras manos. Mas, ea, los heraldos de los aqueos, de broncíneas corazas, pregonen que el ejército se reúna cerca de los bajeles, y nosotros recorramos juntos el espacioso campamento para promover cuanto antes un vivo combate.

441 Así dijo; y Agamenón, rey de hombres, no desobedeció. Al momento dispuso que los heraldos de voz sonora llamaran al combate a los melenudos aqueos; hízose el pregón, y ellos se reunieron prontamente. El Atrida y los reyes, alumnos de Zeus, hacían formar a los guerreros, y los acompañaba Atenea, la de ojos de lechuza, llevando la preciosa inmortal égida que no envejece y de la cual cuelgan cien áureos borlones, bien labrados y del valor de cien bueyes cada uno. Con ella en la mano, movíase la diosa entre los aqueos, instigábalos a salir al campo y ponía fortaleza en sus corazones para que pelearan y combatieran sin descanso. Pronto les fue más agradable el combate, que volver a la patria tierra en las cóncavas naves.

455 Cual se columbra desde lejos el resplandor de un incendio, cuando el voraz fuego se propaga por vasta selva en la cumbre de un monte, así el brillo de las broncíneas armaduras de los que se ponían en marcha llegaba al cielo a través del éter.

459 De la suerte que las alígeras aves -gansos, grullas o cisnes cuellilargos- se posan en numerosas bandadas y chillando en la pradera Asia, cerca de la corriente del Caístro, vuelan acá y allá ufanas de sus alas, y el campo resuena; de esta manera las numerosas huestes afluían de las naves y tiendas a la llanura escamandria y la tierra retumbaba horriblemente bajo los pies de los guerreros y de los caballos. Y los que en el florido prado del Escamandrio llegaron a juntarse fueron innumerables; tantos, cuantas son las hojas y Bores que en la primavera nacen.

469 Como enjambres copiosos de moscas que en la primaveral estación vuelan agrupadas por el establo del pastor, cuando la leche llena los tarros, en tan gran número reuniéronse en la llanura los melenudos aqueos, deseosos de acabar con los troyanos.

474 Poníanlos los caudillos en orden de batalla fácilmente, como los pastores separan las cabras de grandes rebaños cuando se mezclan en el pasto; y en medio aparecía el poderoso Agamenón, semejante en la cabeza y en los ojos a Zeus, que se goza en lanzar rayos, en el cinturón, a Ares, y en el pecho, a Posidón. Como en el hato el macho vacuno más excelente es el toro, que sobresale entre las vacas reunidas, de igual manera hizo Zeus que Agamenón fuera aquel día insigne y eximio entre muchos héroes.

484 Decidme ahora, Musas que poseéis olímpicos palacios y como diosas lo presenciáis y conocéis todo, mientras que nosotros oímos tan sólo la fama y nada cierto sabemos, cuáles eran los caudillos y príncipes de los dánaos. A la muchedumbre no podría enumerarla ni nombrarla, aunque tuviera diez lenguas, diez bocas, voz infatigable y corazón de bronce: sólo las Musas olímpicas, hijas de Zeus, que lleva la égida, podrían decir cuántos a Ilio fueron. Pero mencionaré los caudillos y las naves todas.

494 Mandaban a los beocios Penéleo, Leito, Arcesilao, Protoenor y Clonio. Los que cultivaban los campos de Hiria, Áulide pétrea, Esqueno, Escolo, Eteono fragosa, Tespía, Grea y la vasta Micaleso, los que moraban en Harma, Ilesio y Eritras; los que residían en Eleón, Hila, Peteón, Ocálea, Medeón, ciudad bien construida, Copas, Eutresis y Tisbe, abundante en palomas; los que

habítaban en Coronea, Haliarto herbosa, Platea y Glisante; los que poseían la bien edificada ciudad de Hipotebas, la sacra Onquesto, delicioso bosque de Posidón, y las ciudades de Arne, abundante en uvas, Midea, Nisa divina y Antedón fronteriza: todos estos llegaron en cincuenta naves. En cada una se habían embarcado ciento veinte beocios.

511 De los que habitaban en Aspledón y Orcómeno Minieo eran caudillos Ascálafo y Yálmeno, hijos de Ares y de Astíoque, que los había dado a luz en el palacio de Áctor Azida. Astíoque, que era virgen ruborosa, subió al piso superior, y el terrible dios se unió con ella clandestinamente. Treinta cóncavas naves en orden los seguían.

517 Mandaban a los foceos Esquedio y Epístrofo, hijos del magnánimo Ífito Naubólida. Los de Cipariso, Pitón pedregosa, Crisa divina, Dáulide y Panopeo; los que habitaban en Anemoria, Jámpolis y la ribera del divinal río Cefiso; los que poseían la ciudad de Lilea en las fuentes del mismo río: todos éstos habían llegado en cuarenta negras naves. Los caudillos ordenaban entonces las filas de los focios, que en las batallas combatían a la izquierda de los beocios.

527 Acaudillaba a los locrios que vivían en Cino, Opunte, Calíaro, Besa, Escarfe, Augías amena, Tarfe y Tronio, a orillas del Boagrio, el ligero Ayante de Oileo, menor, mucho menor que Ayante Telamonio: era bajo de cuerpo, llevaba coraza de lino y en el manejo de la lanza superaba a todos los helenos y aqueos. Seguíanlo cuarenta negras naves, en las cuales habían venido los locrios que viven más allá de la sagrada Eubea.

536 Los abantes de Eubea, que respiraban valor y residían en Calcis, Eretria, Histiea, abundante en uvas, Cerinto marítima, Dío, ciudad excelsa, Caristo y Estira, eran capitaneados por el magnánimo Elefénor Calcodontíada, vástago de Ares. Con tal caudillo llegaron los ligeros abantes, que dejaban crecer la cabellera en la parte posterior de la cabeza: eran belicosos y deseaban siempre romper con sus lanzas de fresno las corazas en los pechos de los enemigos. Seguíanlo cuarenta negras naves.

546 Los que habitaban en la bien edificada ciudad de Atenas y constituían el pueblo del magnánimo Erecteo, a quien Atenea, hija de Zeus, crió -habíale dado a luz la fértil tierra- y puso en su rico templo de Atenas, donde los jóvenes atenienses ofrecen todos los años sacrificios propiciatorios de toros y corderos a la diosa, tenían por jefe a Menesteo, hijo de Péteo. Ningún hombre de la tierra sabía como ése poner en orden de batalla, así a los que combatían en carros, como a los peones armados de escudos; sólo Néstor competía con él, porque era más anciano. Cincuenta negras naves to seguían.

557 Ayante había partido de Salamina con doce naves, que colocó cerca de las falanges atenienses.

559 Los habitantes de Argos, Tirinto amurallada, Hermíone y Ásine en profundo golfo situadas, Trecén, Eyones y Epidauro, abundante en vides, y los jóvenes aqueos de Egina y Masete, eran acaudillados por Diomedes, valiente en la pelea; Esténelo, hijo del famoso Capaneo, y Euríalo, igual a un dios, que tenía por padre al rey Mecisteo Talayónida. Era jefe supremo Diomedes, valiente en la pelea. Ochenta negras naves los seguían.

569 Los que poseían la bien construida ciudad de Micenas, la opulenta Corinto y la bien edificada Cleonas; los que cultivaban la tierra en Ornías, Aretírea deleitosa y Sición, donde antiguamente reinó Adrasto; los que residían en Hiperesia y Gonoesa excelsa, y los que habitaban en Pelene, Egio, el Egíalo todo y la espaciosa Hélice: todos éstos habían llegado en cien naves a las órdenes del rey Agamenón Atrida. Muchos y valientes varones condujo este príncipe que entonces vestía el luciente bronce, ufano de sobresalir entre todos los héroes por su valor y por mandar a mayor número de hombres.

581 Los de la honda y cavernosa Lacedemonia que residían en Faris, Esparta y Mesa, abundante en palomas; moraban en Brisías o Augías amena; poseían las ciudades de Amiclas y Helos marítima, y habitaban en Laa y Étilo: todos éstos llegaron en sesenta naves al mando del hermano de Agamenón, de Menelao, valiente en el combate, y se armaban formando unidad aparte. Menelao, impulsado por su propio ardor, los animaba a combatir y anhelaba en su corazón vengar la huida y los gemidos de Helena.

591 Los que cultivaban el campo en Pilos, Arene deliciosa, Trío, vado del Alfeo, y la bien edificada Epi, y los que habitaban en Ciparisente,

Anfigenia, Pteleo, Helos y Dorio (donde las Musas, saliéndole al camino a Támiris el tracio, lo privaron de cantar cuando volvía de la casa de Éurito el ecalieo; pues jactóse de que saldría vencedor, aunque cantaran las propias Musas, hijas de Zeus, que lleva la égida, y ellas irritadas lo cegaron, lo privaron del divino canto y le hicieron olvidar el arte de pulsar la cítara) eran mandados por Néstor, caballero gerenio, y habían llegado en noventa cóncavas naves.

603 Los que habitaban en la Arcadia al pie del alto monte de Cilene y cerca de la tumba de Épito, país de belicosos guerreros; los de Féneo, Orcómeno, abundante en ovejas, Ripe, Estratia y Enispe ventosa; y los que poseían las ciudades de Tegea, Mantinea deliciosa, Estínfalo y Parrasia: todos éstos llegaron al mando del rey Agapenor, hijo de Anceo, en sesenta naves. En cada una de éstas se embarcaron muchos arcadios ejercitados en la guerra. El mismo rey de hombres, Agamenón, les facilitó las naves de muchos bancos, para que atravesaran el vinoso ponto; pues ellos no se cuidaban de las cosas del mar.

615 Los que habitaban en Buprasio y en el resto de la divina Élide, desde Hirmina y Mírsino, la fronteriza, por un lado y la roca Olenia y Alesio por el otro, tenían cuatro caudillos y cada uno de éstos mandaba diez veleras naves tripuladas por muchos epeos. De dos divisiones eran respectivamente jefes Anfímaco y Talpio, hijo aquél de Ctéato y éste de Éurito y nietos de Actor; de la tercera, el fuerte Diores Amarincida, y de la cuarta, el deiforme Polixino, hijo del rey Agástenes Augeida.

625 Los de Duliquio y las sagradas islas Equinas, situadas al otro lado del mar frente a la Elide, eran mandados por Meges Filida, igual a Ares, a quien engendró el jinete Fileo, caro a Zeus, cuando por haberse enemistado con su padre emigró a Duliquio. Cuarenta negras naves to seguían.

631 Ulises acaudillaba a los cefalenios de ánimo altivo. Los de ítaca y su frondoso Nérito; los que cultivaban los campos de Crocilea y de la escarpada Egílipe; los que habitaban en Zacinto; los que vivían en Samos y sus alrededores; los que estaban en el continente y los que ocupaban la orilla opuesta: todos ellos obedecían a Ulises, igual a Zeus en prudencia. Doce naves de rojas proas lo seguían.

638 Toante, hijo de Andremón, regía a los etolios que habitaban en Pleurón, Oleno, Pilene, Calcis marítima y Calidón pedregosa. Ya no existían los hijos del magnánimo Eneo, ni éste; y muerto también el rubio Meleagro, diéronse a Toante todos los poderes para que reinara sobre los etolios. Cuarenta negras naves los seguían.

645 Mandaba a los cretenses Idomeneo, famoso por su lanza. Los que vivían en Cnoso, Gortina amurallada, Licto, Mileto, blanca Licasto, Festo y Ritio, ciudades populosas, y los que ocupaban la isla de Creta con sus cien ciudades: todos éstos eran gobernados por Idomeneo, famoso por su lanza, que con Meriones, igual al homicida Enialio, compartía el mando. Seguíanlo ochenta negras naves.

653 Tlepólemo Heraclida, valiente y alto de cuerpo, condujo en nueve buques a los fieros rodios que vivían, divididos en tres pueblos, en Lindo, Yáliso y Camiro la blanca. De éstos era caudillo Tlepólemo, famoso por su lanza, a quien Astioquía concibió del fornido Heracles, cuando el héroe se la llevó de Éfira, de la ribera del río Seleente, después de haber asolado muchas ciudades defendidas por nobles mancebos. Cuando Tlepólemo, criado en el magnífico palacio, hubo llegado a la juventud, mató al anciano tío materno de su padre, a Licimnio, vástago de Ares; y como los demás hijos y nietos del fuerte Heracles lo amenazaron, construyó naves, reunió mucha gente y huyó por el ponto. Errante y sufriendo penalidades pudo llegar a Rodas, y allí se estableció con los suyos, que formaron tres tribus. Se hicieron querer de Zeus, que reina sobre los dioses y los hombres, y el Cronión les dio abundante riqueza.

671 Nireo condujo desde Sime tres naves bien proporcionadas; Nireo, hijo de Aglaya y del rey Cáropo; Nireo, el más hermoso de los dánaos que fueron a Ilio, si exceptuamos al eximio Pelida; pero era tímido, y poca la gente que mandaba.

676 Los que habitaban en Nísiros, Crápato, Caso, Cos, ciudad de Eurípilo, y las islas Calidnas, tenían por jefes a Fidipo y Antifo, hijos del rey Tésalo Heraclida. Treinta cóncavas naves en orden to seguían.

681 Cuantos ocupaban el Argos pelásgico, los que vivían en Alo, Álope y Traquine y los que poseían la Ftía y la Hélade de lindas mujeres, y se llamaban mirmidones, helenos y aqueos, tenían

por capitán a Aquiles y habían llegado en cincuenta naves. Mas éstos no se cuidaban entonces del combate horrísono, por no tener quien los llevara a la pelea: el divino Aquiles, el de los pies ligeros, no salía de las naves, enojado a causa de la joven Briseide, de hermosa cabellera, a la cual había hecho cautiva en Lirneso, cuando después de grandes fatigas destruyó esta ciudad y las murallas de Teba, dando muerte a los belicosos Mines y Epístrofo, hijos del rey Eveno Selepíada. Afligido por ello, se entregaba al ocio; pero pronto había de levantarse.

695 Los que habitaban en Fílace, Píraso florida, que es lugar consagrado a Deméter; Itón, criadora de ovejas; Antrón marítima y Pteleo herbosa, fueron acaudillados por el aguerrido Protesilao mientras vivió, pues ya entonces teníalo en su seno la negra tierra: matólo un dárdano cuando saltó de la nave mucho antes que los demás aqueos, y en Fílace quedaron su desolada esposa y la casa a medio acabar. Con todo, no carecían aquéllos de jefe, aunque echaban de menos al que antes tuvieron, pues los ordenaba para el combate Podarces, vástago de Ares, hijo de Íficlo Filácida, rico en ganado, y hermano menor del animoso Protesilao. Éste era mayor y más valiente. Sus hombres, pues, no estaban sin caudillo; pero sentían soledad de aquél, que tan esforzado había sido. Cuarenta negras naves lo seguían.

711 Los que moraban en Feras situada a orillas del lago Bebeide, Beba, Gláfiras y Yolco bien edificada, habían llegado en once naves al mando de Eumelo, hijo querido de Admeto y de Alcestis, divina entre las mujeres, que era la más hermosa de las hijas de Pelias.

716 Los que cultivaban los campos de Metone y Taumacia y los que poseían las ciudades de Melibea y Olizón fragosa, tuvieron por capitán a Filoctetes, hábil arquero, y llegaron en siete naves: en cada una de éstas se embarcaron cincuenta remeros muy expertos en combatir valerosamente con el arco. Mas Filoctetes se hallaba padeciendo fuertes dolores en la divina isla de Lemnos, donde lo dejaron los aqueos después que lo mordió ponzoñoso reptil. Allí permanecía afligido; pero pronto en las naves habían de acordarse los argivos del rey Filoctetes. No carecían aquéllos de jefe, aunque echaban de menos a su caudillo, pues los

ordenaba para el combate Medonte, hijo bastardo de Oileo, asolador de ciudades, de quien lo tuvo Rena.

729 De los de Trica, Itome de quebrado suelo, y Ecalia, ciudad de Éurito el ecalieo, eran capitanes dos hijos de Asclepio y excelentes médicos: Podalirio y Macaón. Treinta cóncavas naves en orden los seguían.

734 Los que poseían la ciudad de Ormenio, la fuente Hiperea, Asterio y las blancas cimas del Títano, eran mandados por Eurípilo, hijo preclaro de Evemón. Cuarenta negras naves lo seguían.

739 A los de Argisa, Girtone, Orte, Elone y la blanca ciudad de Olosón, los regía el intrépido Polipetes, hijo de Pirítoo y nieto de Zeus inmortal (habíalo dado a luz la ínclita Hipodamía el mismo día en que Pirítoo, castigando a los hirsutos centauros, los echó del Pelio y los obligó a retirarse hacia los éticos). Pero no estaba solo, sino que con él compartía el mando Leonteo, vástago de Ares, hijo del animoso Corono Ceneida. Cuarenta negras naves los seguían.

748 Guneo condujo desde Cifo en veintidós naves a los enienes a intrépidos perebos; aquéllos tenían su morada en Dodona, de fríos inviernos, y éstos cultivaban los campos a orillas del hermoso Titareso, que vierte sus cristalinas aguas en el Peneo de argénteos vórtices; pero no se mezcla con él, sino que sobrenada como aceite, porque es un arroyo del agua de la Éstige, que se invoca en los terribles juramentos.

756 A los magnetes gobernábalos Prótoo, hijo de Tentredón. Los que habitaban a orillas del Peneo y en el frondoso Pelio tenían, pues, por jefe al ligero Prótoo. Cuarenta negras naves lo seguían.

760 Tales eran los caudillos y príncipes de los dánaos. Dime, Musa, cuál fue el mejor de los varones y cuáles los más excelentes caballos de cuantos con los Atridas llegaron.

763 Entre los corceles sobresalían las yeguas del Feretíada, que guiaba Eumelo: eran ligeras como aves, apeladas, y de la misma edad y altura; criólas Apolo, el del arco de plata, en Perea, y llevaban consigo el terror de Ares. De los guerreros el más valiente fue Ayante Telamonio mientras duró la cólera de Aquiles, pues éste lo superaba mucho; y también eran los mejores caballos los que llevaban al eximio Pelión. Mas Aquiles permanecía entonces en las corvas naves

surcadoras del ponto, por estar irritado contra Agamenón Atrida, pastor de hombres; su gente se solazaba en la playa tirando discos, venablos o flechas; los corceles comían loto y apio palustre cerca de los carros de los capitanes que permanecían enfundados en las tiendas, y los guerreros, echando de menos a su jefe, caro a Ares, discurrían por el campamento y no peleaban.

780 Ya los demás avanzaban a modo de incendio que se propagase por toda la comarca; y como la tierra gime cuando Zeus, que se complace en lanzar rayos, airado, la azota en Arimos, donde dicen que está el lecho de Tifoeo; de igual manera gemía grandemente debajo de los que iban andando y atravesaban con ligero paso la llanura.

786 Dio a los troyanos la triste noticia Iris, la de los pies ligeros como el viento, a quien Zeus, que lleva la égida, había enviado como mensajera. Todos ellos, jóvenes y viejos, hallábanse reunidos en los pórticos del palacio de Príamo y deliberaban. Iris, la de los pies ligeros, se les presentó tomando la figura y voz de Polites, hijo de Príamo; el cual, confiando en la agilidad de sus pies, se sentaba como atalaya de los troyanos en la cima del túmulo del anciano Esietes y observaba cuando los aqueos partían de las naves para combatir. Así transfigurada, dijo Iris, la de los pies ligeros:

796- ¡Oh anciano! Te placen los discursos interminables como cuando teníamos paz, y una obstinada guerra se ha promovido. Muchas batallas he presenciado, pero nunca vi un ejército tal y tan grande como el que viene por la llanura a pelear contra la ciudad, formado por tantos hombres cuantas son las hojas o las arenas. ¡Héctor! Te recomiendo encarecidamente que procedas de este modo: Como en la gran ciudad de Príamo hay muchos auxiliares y no hablan una misma lengua hombres de países tan diversos, cada cual mande a aquellos de quienes es príncipe y acaudille a sus conciudadanos, después de ponerlos en orden de batalla.

806 Así dijo; y Héctor, conociendo la voz de la diosa, disolvió el ágora. Apresuráronse a tomar las armas, abriéronse todas las puertas, salió el ejército de infantes y de los que en carros combatían, y se produjo un gran tumulto.

811 Hay en la llanura, frente a la ciudad, una excelsa colina aislada de las demás y accesible por todas partes, a la cual los hombres llaman Batiea y los inmortales tumba de la ágil Mirina: a11í fue donde los troyanos y sus auxiliares se pusieron en orden de batalla.

816 A los troyanos mandábalos el gran Héctor Priámida, el de tremolante casco. Con él se armaban las tropas más copiosas y valientes, que ardían en deseos de blandir las lanzas.

819 De los dardanios era caudillo Eneas, valiente hijo de Anquises, de quien lo tuvo la divina Afrodita después que la diosa se unió con el mortal en un bosque del Ida. Con Eneas compartían el mando dos hijos de Anténor: Arquéloco y Acamante, diestros en toda suerte de pelea.

824 Los ricos troyanos que habitaban en Zelea, al pie del Ida, y bebían el agua del caudaloso Esepo, eran gobernados por Pándaro, hijo ilustre de Licaón, a quien Apolo en persona dio el arco.

828 Los que poseían las ciudades de Adrastea, Apeso, Pitiea y el alto monte de Terea, estaban a las órdenes de Adrasto y Anfio, de coraza de lino: ambos eran hijos de Mérope Percosio, el cual conocía como nadie el arte adivinatoria y no quería que sus hijos fuesen a la homicida guerra; pero ellos no lo obedecieron, impelidos por las parcas de la negra muerte.

835 Los que moraban en Percote, a orillas del Practio, y los que habitaban en Sesto, Abidos y la divina Arisbe eran mandados por Asio Hirtácida, príncipe de hombres, a quien fogosos y corpulentos corceles condujeron desde Arisbe, desde la ribera del río Seleente.

840 Hipótoo acaudillaba las tribus de los valerosos pelasgos que habitaban en la fértil Larisa. Mandábanlos.él y Pileo, vástago de Ares, hijos del pelasgo Leto Teutámida.

844 A los tracios, que viven a orillas del alborotado Helesponto, los regían Acamante y el héroe Píroo.

846 Eufemo, hijo de Treceno Céada, alumno de Zeus, era el capitán de los belicosos cícones.

848 Pirecmes condujo los peonios, de corvos arcos, desde la lejana Amidón, desde la ribera del anchuroso Axio; del Axio, cuyas límpidas aguas se esparcen por la tierra.

851 A los paflagonios, procedentes del país de los énetos, donde se crían las mulas cerriles, los

mandaba Pilémenes, de corazón varonil: aquéllos poseían la ciudad de Citoro, cultivaban los campos de Sésamo y habitaban magníficas casas a orillas del río Partenio, en Cromna, Egíalo y los altos montes Eritinos.

856 Los halizones eran gobernados por Odio y Epístrofo y procedían de lejos: de Álibe, donde hay yacimientos de plata.

858 A los misios los regían Cromis y el augur Énnomo, que no pudo librarse, a pesar de los agüeros, de la negra muerte; pues sucumbió a manos del Eácida, el de los pies ligeros, en el río donde éste mató también a otros troyanos.

862 Forcis y el deiforme Ascanio acaudillaban a los frigios que habían llegado de la remota Ascania y anhelaban entrar en batalla.

864 A los meonios los gobernaban Mestles y Antifo, hijos de Talémenes, a quienes dio a luz la laguna Gigea. Tales eran los jefes de los meonios, nacidos al pie del Tmolo.

867 Nastes estaba al frente de los carios de bárbaro lenguaje. Los que ocupaban la ciudad de Mileto, el frondoso monte Ftirón, las orillas del Meandro y las altas cumbres de Mícale tenían por caudillos a Nastes y Anfímaco, preclaros hijos de Nomión; Nastes y Anfímaco, que iba al combate cubierto de oro como una doncella. ¡Insensato! No por ello se libró de la triste muerte, pues sucumbió en el río a manos del celerípede Eácida del aguerrido Aquiles, el de los pies ligeros; y éste se apoderó del oro.

876 Sarpedón y el eximio Glauco mandaban a los licios, que procedían de la remota Licia, de la ribera del voraginoso Janto.

CANTO III*

Juramentos- Contemplando desde la muralla –

Combate singular de Alejandro y Menelao

* La primera se interrumpe para que se verifique el combate singular de Alejandro y Menelao, que no produce ningún resultado, pues, cuando aquél va a ser vencido, lo arrebata por los aires su madre la diosa Afrodita y lo lleva al lado de Helena.

1 Puestos en orden de batalla con sus respectivos jefes, los troyanos avanzaban chillando y gritando como aves -así profieren sus voces las grullas en el cielo, cuando, para huir del frío y de las lluvias torrenciales, vuelan gruyendo sobre la corriente del Océano y llevan la ruina y la muerte a los pigmeos, moviéndolos desde el aire cruda guerra- y los aqueos marchaban silenciosos, respirando valor y dispuestos a ayudarse mutuamente.

10 Así como el Noto derrama en las cumbres de un monte la niebla tan poco grata al pastor y más favorable que la noche para el ladrón, y sólo se ve el espacio a que alcanza una pedrada; así también, una densa polvareda se levantaba bajo los pies de los que se ponían en marcha y atravesaban con gran presteza la llanura.

15 Cuando ambos ejércitos se hubieron acercado el uno al otro, apareció en la primera fila de los troyanos Alejandro, semejante a un dios, con una piel de leopardo en los hombros, el corvo arco y la espada; y, blandiendo dos lanzas de broncínea punta, desafiaba a los más valientes argivos a que con él sostuvieran terrible combate.

21 Menelao, caro a Ares, violo venir con arrogante paso al frente de la tropa, y, como el león hambriento que ha encontrado un gran cuerpo de cornígero ciervo o de cabra montés, se alegra y tl devora, aunque o persigan ágiles perros y robustos mozos; así Menelao se holgó de ver con sus propios ojos al deiforme Alejandro -figuróse que podría castigar al culpable- y al momento saltó del carro al suelo sin dejar las armas.

30 Pero el deiforme Alejandro, apenas distinguió a Menelao entre los combatientes delanteros, sintió que se le cubría el corazón, y, para librarse de la muerte, retrocedió al grupo de sus amigos. Como el que descubre un dragón en la espesura de un monte, se echa con prontitud hacia atrás, tiémblanle las carnes y se aleja con la palidez pintada en sus mejillas; así el deiforme Alejandro, temiendo al hijo de Atreo, desapareció en la turba de los altivos troyanos.

38 Advirtiólo Héctor y lo reprendió con injuriosas palabras:

39 -¡Miserable Paris, el de más hermosa figura, mujeriego, seductor! Ojalá no te contaras en el número de los nacidos o hubieses muerto célibe. Yo así lo quisiera y te valdría más que ser la vergüenza y el oprobio de los tuyos. Los melenudos aqueos se ríen de haberte considerado como un bravo campeón por tu gallarda figura,

cuando no hay en tu pecho ni fuerza ni valor. Y siendo cual eres, ¿reuniste a tus amigos, surcaste los mares en ligeros buques, visitaste a extranjeros y trajiste de remota tierra una mujer linda, esposa y cuñada de hombres belicosos, que es una gran plaga para tu padre, la ciudad y el pueblo todo, y causa de gozo para los enemigos y de confusión para ti mismo? ¿No esperas a Menelao, caro a Ares? Conocerías de qué varón tienes la floreciente esposa, y no te valdrían la cítara, los dones de Afrodita, la cabellera y la hermosura, cuando rodaras por el polvo. Los troyanos son muy tímidos; pues, si no, ya estarías revestido de una túnica de piedras por los males que les has causado.

58 Respondióle el deiforme Alejandro:

59 -¡Héctor! Con motivo me increpas y no más de lo justo; pero tu corazón es inflexible como el hacha que hiende un leño y multiplica la fuerza de quien la maneja hábilmente para cortar maderas de navío: tan intrépido es el ánimo que en tu pecho se encierra. No me eches en cara los amables dones de la dorada Afrodita, que no son despreciables los eximios presentes de los dioses y nadie puede escogerlos a su gusto. Y si ahora quieres que luche y combata, detén a los demás troyanos y a los aqueos todos, y dejadnos en medio a Menelao, caro a Ares, y a mí para que peleemos por Helena y sus riquezas: el que venza, por ser más valiente, lleve a su casa mujer y riquezas; y, después de jurar paz y amistad, seguid vosotros en la fértil Troya y vuelvan aquéllos a Argos, criadora de caballos, y a la Acaya, de lindas mujeres.

76 Así dijo. Oyólo Héctor con intenso placer, y, corriendo al centro de ambos ejércitos con la lanza cogida por el medio, detuvo las falanges troyanas, que al momento se quedaron quietas. Los melenudos aqueos le arrojaban flechas, dardos y piedras. Pero Agamenón, rey de hombres, gritóles con voz recia:

82 -Deteneos, argivos; no tiréis, jóvenes aqueos; pues Héctor, el de tremolante casco, quiere decirnos algo.

84 Así se expresó. Abstuviéronse de combatir y pronto quedaron silenciosos. Y Héctor, colocándose entre unos y otros, dijo:

86-Oíd de mis labios, troyanos y aqueos de hermosas grebas, el ofrecimiento de Alejandro por quien se suscitó la contienda. Propone que

troyanos y aqueos dejemos las bellas armas en el fértil suelo, y él y Menelao, caro a Ares, peleen en medio por Helena y sus riquezas todas: el que venza, por ser más valiente, llevará a su casa mujer y riquezas, y los demás juraremos paz y amistad.

95 Así dijo. Todos enmudecieron y quedaron silenciosos. Y Menelao, valiente en la pelea, les habló de este modo:

97 -Ahora oídme también a mí. Tengo el corazón traspasado de dolor, y creo que ya, argivos y troyanos, debéis separaros, pues padecisteis muchos males por mi contienda, que Alejandro originó. Aquél de nosotros para quien se hallen aparejados el destino y la muerte perezca; y los demás separaos cuanto antes. Traed un cordero blanco y una cordera negra para la Tierra y el Sol; nosotros traeremos otro para Zeus. Conducid acá a Príamo para que en persona sancione los juramentos, pues sus hijos son soberbios y fementidos: no sea que por alguna transgresión se quebranten los juramentos prestados invocando a Zeus. El alma de los jóvenes es siempre voluble, y el viejo, cuando interviene en algo, tiene en cuenta lo pasado y lo futuro a fin de que se haga lo más conveniente para ambas partes.

111 Así dijo. Gozáronse aqueos y troyanos con la esperanza de que iba a terminar la calamitosa guerra. Detuvieron los corceles en las filas, bajaron de los carros y, dejando la armadura en el suelo, se pusieron muy cerca los unos de los otros. Un corto espacio mediaba entre ambos ejércitos.

116 Héctor despachó dos heraldos a la ciudad para que en seguida le trajeran las víctimas y llamaran a Príamo. El rey Agamenón, por su parte, mandó a Taltibio que se llegara a las cóncavas naves por un cordero. El heraldo no desobedeció al divino Agamenón.

121 Entonces la mensajera Iris fue en busca de Helena, la de níveos brazos, tomando la figura de su cuñada Laódice, mujer del rey Helicaón Antenórida, que era la más hermosa de las hijas de Príamo. Hallóla en el palacio tejiendo una gran tela doble, purpúrea, en la cual entretejía muchos trabajos que los troyanos, domadores de caballos, y los aqueos, de broncíneas corazas, habían padecido por ella por mano de Ares.

Paróse Iris, la de los pies ligeros, junto a Helena, y así le dijo:

130 -Ven acá, ninfa querida, para que presencies los admirables hechos de los troyanos, domadores de caballos, y de los aqueos, de broncíneas corazas. Los que antes, ávidos del funesto combate, llevaban por la llanura al luctuoso Ares unos contra otros, se sentaron -pues la batalla se ha suspendido- y permanecen silenciosos, reclinados en los escudos, con las luengas picas clavadas en el suelo. Alejandro y Menelao, caro a Ares, lucharán por ti con ingentes lanzas, y el que venza to llamará su amada esposa.

139 Cuando así hubo hablado, le infundió en el corazón dulce deseo de su anterior marido, de su ciudad y de sus padres. Y Helena salió al momento de la habitación, cubierta con blanco velo, derramando tiernas lágrimas; sin que fuera sola, pues la acompañaban dos doncellas, Etra, hija de Piteo, y Clímene, la de ojos de novilla. Pronto llegaron a las puertas Esceas.

146 Allí, sobre las puertas Esceas, estaban Príamo, Pántoo, Timetes, Lampo, Clitio, Hicetaón, vástago de Ares, y los prudentes Ucalegonte y Anténor, ancianos del pueblo; los cuales a causa de su vejez no combatían, pero eran buenos arengadores, semejantes a las cigarras que, posadas en los árboles de la selva, dejan oír su aguda voz. Tales próceres troyanos había en la torre. Cuando vieron a Helena, que hacia ellos se encaminaba, dijéronse unos a otros, hablando quedo, estas aladas palabras:

156 -No es reprensible que troyanos y aqueos, de hermosas grebas, sufran prolijos males por una mujer como ésta, cuyo rostro tanto se parece al de las diosas inmortales. Pero, aun siendo así, váyase en las naves, antes de que llegue a convertirse en una plaga para nosotros y para nuestros hijos.

161 Así hablaban. Príamo llamó a Helena y le dijo:

162 -Ven acá, hija querida; siéntate a mi lado para que veas a tu anterior marido y a sus parientes y amigos -pues a ti no te considero culpable, sino a los dioses que promovieron contra nosotros la luctuosa guerra de los aqueos- y me digas cómo se llama ese ingente varón, quién es ese aqueo gallardo y alto de cuerpo. Otros hay de mayor estatura, pero jamás vieron

mis ojos un hombre tan hermoso y venerable. Parece un rey.

171 Contestó Helena, divina entre las mujeres:

172 -Me inspiras, suegro amado, respeto y temor. ¡Ojalá la muerte me hubiese sido grata cuando vine con tu hijo, dejando, a la vez que el tálamo, a mis hermanos, mi hija querida y mis amables compañeras! Pero no sucedió así, y ahora me consumo llorando. Voy a responder a tu pregunta: Ése es el poderosísimo Agamenón Atrida, buen rey y esforzado combatiente, que fue cuñado de esta desvergonzada, si todo no ha sido sueño.

181 Así dijo. El anciano contemplólo con admiración y exclamó:

182 -¡Atrida feliz, nacido con suerte, afortunado! Muchos son los aqueos que lo obedecen. En otro tiempo fui a la Frigia, en viñas abundosa, y vi a muchos de sus naturales -los pueblos de Otreo y de Migdón, igual a un dios- que con los ágiles corceles acampaban a orillas del Sangario. Entre ellos me hallaba, a fuer de aliado, el día en que llegaron las varoniles amazonas. Pero no eran tantos como los aqueos de ojos vivos.

191 Fijando la vista en Ulises, el anciano volvió a preguntar:

192 -Ea, dime también, hija querida, quién es aquél, menor en estatura que Agamenón Atrida, pero más ancho de espaldas y de pecho. Ha dejado en el fértil suelo las armas y recorre las filas como un carnero. Parece un velloso carnero que atraviesa un gran rebaño de cándidas ovejas.

199 Al momento le respondió Helena, hija de Zeus:

200 -Aquél es el hijo de Laertes, el ingenioso Ulises, que se crió en la áspera ítaca; tan hábil en urdir engaños de toda especie, como en dar prudentes consejos.

203 El sensato Anténor replicó al momento:

204 -Mujer, mucha verdad es lo que dices. Ulises vino por ti, como embajador, con Menelao, caro a Ares; yo los hospedé y agasajé en mi palacio y pude conocer la condición y los prudentes consejos de ambos. Entre los troyanos reunidos, de pie, sobresalía Menelao por sus anchas espaldas; sentados, era Ulises más majestuoso. Cuando hilvanaban razones y consejos para todos nosotros, Menelao hablaba de prisa, poco, pero muy claramente: pues no era

verboso, ni, con ser el más joven, se apartaba del asunto; el ingenioso Ulises, después de levantarse, permanecía en pie con la vista baja y los ojos clavados en el suelo, no meneaba el cetro que tenía inmóvil en la mano, y parecía un ignorante: lo hubieras tomado por un iracundo o por un estúpido. Mas tan pronto como salían de su pecho las palabras pronunciadas con voz sonora, como caen en invierno los copos de nieve, ningún mortal hubiese disputado con Ulises. Y entonces ya no admirábamos tanto la figura de héroe.

225 Reparando la tercera vez en Ayante, dijo el anciano:

226 -¿Quién es ese otro aqueo gallardo y alto, que descuella entre los argivos por su cabeza y anchas espaldas?

228 Respondió Helena, la de largo peplo, divina entre las mujeres:

229-Ése es el ingente Ayante, antemural de los aqueos. Al otro lado está Idomeneo, como un dios, entre los cretenses; rodéanlo los capitanes de sus tropas. Muchas veces Menelao, cáro a Ares, lo hospedó en nuestro palacio cuando venía de Creta. Distingo a los demás aqueos de ojos vivos, y me sería fácil reconocerlos y nombrarlos; mas no veo a dos caudillos de hombres, Cástor, domador de caballos, y Pólux, excelente púgil, hermanos carnales que me dio mi madre. ¿Acaso no han venido de la amena Lacedemonia? ¿O llegaron en las naves, surcadoras del ponto, y no quieren entrar en combate para no hacerse partícipes de mi deshonra y de mis muchos oprobios?

243 Así habló. A ellos la fértil tierra los tenía ya consigo, en Lacedemoma, en su misma patria.

243 Los heraldos atravesaban la ciudad con las víctimas para los divinos juramentos, los dos corderos, y el regocijador vino, fruto de la tierra, encerrado en un odre de piel de cabra. El heraldo Ideo llevaba además una reluciente cratera y copas de oro; y, acercándose al anciano, invitólo diciendo:

250 -¡Levántate, Laomedontíada! Los próceres de los troyanos, domadores de caballos, y de los aqueos, de broncíneas corazas, to piden que bajes a la llanura y sanciones los fieles juramentos; pues Alejandro y Menelao, caro a Ares, combatirán con luengas lanzas por la esposa: mujer y riquezas serán del que venza, y, después

de pactar amistad con fieles juramentos, nosotros seguiremos habitando la fértil Troya, y aquéllos volverán a Argos, criador de caballos, y a Acaya, la de lindas mujeres.

259 Así dijo. Estremecióse el anciano y mandó a los amigos que engancharan los caballos. Obedeciéronlo solícitos. Subió Príamo y cogió las riendas; a su lado, en el magnífico carro, se puso Anténor. E inmediatamente guiaron los ligeros corceles hacia la llanura por las puertas Esceas.

264 Cuando hubieron llegado al campo, descendieron del carro al almo suelo y se encaminaron al espacio que mediaba entre los troyanos y los aqueos. Levantóse al punto el rey de hombres, Agamenón, levantóse también el ingenioso Ulises; y los heraldos conspicuos juntaron las víctimas que debían inmolarse para los sagrados juramentos, mezclaron vinos en la cratera y dieron aguamanos a los reyes. El Atrida, con la daga que llevaba junto a la gran vaina de la espada, cortó pelo de la cabeza de los corderos, y los heraldos lo repartieron a los próceres troyanos y aqueos. Y, colocándose el Atrida en medio de todos, oró en alta voz con las manos levantadas:

276 -¡Padre Zeus, que reinas desde el Ida, gloriosísimo, máximo! ¡Sol, que todo lo ves y todo lo oyes! ¡Ríos! ¡Tierra! ¡Y vosotros que en lo profundo castigáis a los muertos que fueron perjuros! Sed todos testigos y guardad los fieles juramentos: Si Alejandro mata a Menelao, sea suya Helena con todas las riquezas y nosotros volvámonos en las naves, surcadoras del ponto; mas si el rubio Menelao mata a Alejandro, devuélvannos los troyanos a Helena y las riquezas todas, y paguen a los argivos la indemnización que sea justa para que llegue a conocimiento de los hombres venideros. Y, si, vencido Alejandro, Príamo y sus hijos se negaren a pagar la indemnización, me quedaré a combatir por ella hasta que termine la guerra.

292 Dijo, cortóles el cuello a los corderos y los puso palpitantes, pero sin vida, en el suelo; el cruel bronce les había quitado el vigor. Llenaron las copas sacando vino de la cratera, y derramándolo oraban a los sempiternos dioses. Y algunos de los aqueos y de los troyanos exclamaron:

298 -¡Zeus gloriosísimo, máximo! ¡Dioses inmortales! Los primeros que obren contra lo

jurado, vean derramárseles a tierra, como este vino, sus sesos y los de sus hijos, y sus esposas caigan en poder de extraños.

302 De esta manera hablaban, pero el Cronión no ratificó el voto. Y Príamo Dardánida les dijo:

304 -¡Oídme, troyanos y aqueos, de hermosas grebas! Yo regresaré a la ventosa Ilio, pues no podría ver con estos ojos a mi hijo combatiendo con Menelao, caro a Ares. Zeus y los demás dioses inmortales saben para cuál de ellos tiene el destino preparada la muerte.

310 Dijo, y el varón igual a un dios colocó los corderos en el carro, subió él mismo y tomó las riendas; a su lado, en el magnífico carro, se puso Anténor. Y al instante volvieron a Ilio.

314 Héctor, hijo de Príamo, y el divino Ulises midieron el campo, y, echando dos suertes en un casco de bronce, lo meneaban para decidir quién sería el primero en arrojar la broncínea lanza. Los hombres oraban y levantaban las manos a los dioses. Y algunos de los aqueos y de los troyanos exclamaron:

320 -¡Padre Zeus, que reinas desde el Ida, gloriosísimo, máximo! Concede que quien tantos males nos causó a unos y a otros, muera y descienda a la morada de Hades, y nosotros disfrutemos de la jurada amistad.

324 Así decían. El gran Héctor, el de tremolante casco, agitaba las suertes volviendo el rostro atrás: pronto saltó la de Paris. Sentáronse los guerreros, sin romper las filas, donde cada uno tenía los briosos corceles y las labradas armas. El divino Alejandro, esposo de Helena, la de hermosa cabellera, vistió una magnífica armadura: púsose en las piernas elegantes grebas ajustadas con broches de plata; protegió el pecho con la coraza de su hermano Licaón, que se le acomodaba bien; colgó del hombro una espada de bronce guarnecida con clavos de plata; embrazó el grande y fuerte escudo; cubrió la robusta cabeza con un hermoso casco, cuyo terrible penacho de crines de caballo ondeaba en la cimera, y asió una fornida lanza que su mano pudiera manejar. De igual manera vistió las armas el aguerrido Menelao.

340 Cuando hubieron acabado de armarse separadamente de la muchedumbre, aparecieron en el lugar que mediaba entre ambos ejércitos, mirándose de un modo terrible; y así los troyanos, domadores de caballos, como los aqueos, de hermosas grebas, se quedaron atónitos al contemplarlos. Encontráronse aquéllos en el medido campo, y se detuvieron blandiendo las lanzas y mostrando el odio que recíprocamente se tenían. Alejandro arrojó el primero la luenga lanza y dio un bote en el escudo liso del Atrida, sin que el bronce lo rompiera: la punta se torció al chocar con el fuerte escudo. Y Menelao Atrida, disponiéndose a acometer con la suya, oró al padre Zeus:

351 -¡Soberano Zeus! Permíteme castigar al divino Alejandro, que me ofendió primero, y hazlo sucumbir a mis manos, para que los hombres venideros teman ultrajar a quien los hospedare y les ofreciere su amistad.

355 Dijo, y blandiendo la luenga lanza, acertó a dar en el escudo liso del Priámida. La ingente lanza atravesó el terso escudo, se clavó en la labrada coraza y rasgó la túnica sobre el ijar. Inclinóse el troyano y evitó la negra muerte. El Atrida desenvainó entonces la espada guarnecida de argénteos clavos; pero, al herir al enemigo en la cimera del casco, se le cayó de la mano, rota en tres o cuatro pedazos. Y el Atrida, alzando los ojos al anchuroso cielo, se lamentó diciendo:

365 -¡Padre Zeus, no hay dios más funesto que tú! Esperaba castigar la perfidia de Alejandro, y la espada se quiebra en mis manos, la lanza es arrojada inútilmente y no consigo vencerlo.

369 Dice, y arremetiendo a Paris, cógelo por el casco adornado con espesas crines de caballo, que retuerce, y lo arrastra hacia los aqueos de hermosas grebas, medio ahogado por la bordada correa que, atada por debajo de la barba para asegurar el casco, le apretaba el delicado cuello. Y se lo hubiera llevado, consiguiendo inmensa gloria, si al punto no lo hubiese advertido Afrodita, hija de Zeus, que rompió la correa hecha del cuero de un buey degollado: el casco vacío siguió a la robusta mano, el héroe lo volteó y arrojó a los aqueos, de hermosas grebas, y sus fieles compañeros lo recogieron. De nuevo asaltó Menelao a Paris para matarlo con la broncínea lanza; pero Afrodita arrebató a su hijo con gran facilidad, por ser diosa, y llevólo, envuelto en densa niebla, al oloroso y perfumado tálamo. Luego fue a llamar a Helena, hallándola en la alta torre con muchas troyanas; tiró suavemente de su perfumado velo, y, tomando la figura de una anciana cardadora que allá en Lacedemonia le

preparaba a Helena hermosas lanas y era muy querida de ésta, díjole la diosa Afrodita:

390 -Ven acá. Te llama Alejandro para que vuelvas a tu casa. Hállase, esplendente por su belleza y sus vestidos, en el torneado lecho de la cámara nupcial. No dirías que viene de combatir, sino que va al baile o que reposa de reciente danza.

395 Así dijo. Helena sintió que en el pecho le palpitaba el corazón; pero, al ver el hermosísimo cuello, los lindos pechos y los refulgentes ojos de la diosa, se asombró y le dijo:

399 -¡Cruel! ¿Por qué quieres engañarme? ¿Me llevarás acaso más allá, a cualquier populosa ciudad de la Frigia o de la Meonia amena donde algún hombre dotado de palabra te sea querido? ¿Vienes con engaños porque Menelao ha vencido al divino Alejandro, y quieres que yo, la odiosa, vuelva a su casa? Ve, siéntate al lado de Paris, deja el camino de las diosas, no te conduzcan tus pies al Olimpo; y llora, y vela por él, hasta que te haga su esposa o su esclava. No iré allá, ¡vergonzoso fuera!, a compartir su lecho; todas las troyanas me lo vituperarían, y ya son muchos los pesares que conturban mi corazón.

413 La divina Afrodita le respondió airada:

414 -¡No me irrites, desgraciada! No sea que, enojándome, te desampare; te aborrezca de modo tan extraordinario como hasta aquí te amé; ponga funestos odios entre troyanos y dánaos, y tú perezcas de mala muerte.

418 Así dijo. Helena, hija de Zeus, tuvo miedo; y, echándose el blanco y espléndido velo, salió en silencio tras la diosa, sin que ninguna de las troyanas lo advirtiera.

421 Tan pronto como llegaron al magnífico palacio de Alejandro, las esclavas volvieron a sus labores, y la divina entre las mujeres se fue derecha a la cámara nupcial de elevado techo. La risueña Afrodita colocó una silla delante de Alejandro; sentóse Helena, hija de Zeus, que lleva la égida, y, apartando la vista de su esposo, lo increpó con estas palabras:

CANTO IV*

Violación de los juramentos

 - *Agamenón revista las tropas*
* Menelao lo busca por el cameo de batalla y recibe en la cintura el impacto de una flecha

428 -¡Vienes de la lucha, y hubieras debido perecer a manos del esforzado varón que fue mi anterior marido! Blasonabas de ser superior a Menelao, caro a Ares, en fuerza, en puños y en el manejo de la lanza; pues provócalo de nuevo a singular combate. Pero no: te aconsejo que desistas, y no quieras pelear ni contender temerariamente con el rubio Menelao; no sea que en seguida sucumbas, herido por su lanza.

437 Respondióle Paris con estas palabras:

438 -Mujer, no me zahieras con amargos baldones. Hoy ha vencido Menelao con el auxilio de Atenea; otro día lo venceré yo, pues también tenemos dioses que nos protegen. Mas, ea, acostémonos y volvamos a ser amigos. Jamás la pasión se apoderó de mi espíritu como ahora; ni cuando, después de robarte, partimos de la amena Lacedemonia en las naves surcadoras del ponto y llegamos a la isla de Cránae, donde me unió contigo amoroso consorcio: con tal ansia te amo en este momento y tan dulce es el deseo que de mí se apodera.

447 Dijo, y empezó a encaminarse al tálamo; y en seguida lo siguió la esposa.

448 Acostáronse ambos en el torneado lecho, mientras el Atrida se revolvía entre la muchedumbre, como una fiera, buscando al deiforme Alejandro. Pero ningún troyano ni aliado ilustre pudo mostrárselo a Menelao, caro a Ares; que no por amistad lo hubiesen ocultado, pues a todos se les había hecho tan odioso como la negra muerte. Y Agamenón, rey de hombres, les dijo:

456 -¡Oíd, troyanos, dárdanos y aliados! Es evidente que la victoria quedó por Menelao, caro a Ares; entregadnos la argiva Helena con sus riquezas y pagad una indemnización, la que sea justa, para que llegue a conocimiento de los hombres venideros.

461 Así dijo el Atrida, y los demás aqueos aplaudieron.

lanzada por Pándaro, que así rompe la tregua covenida por los dos ejércitos antes de empezar el singular desafío. Entonces comienza una encarnizada lucha entre aqueos y troyanos.

1 Sentados en el áureo pavimento junto a Zeus, los dioses celebraban consejo. La venerable Hebe escanciaba néctar, y ellos recibían sucesivamente la copa de oro y contemplaban la ciudad de Troya. Pronto el Cronida intentó zaherir a Hera con mordaces palabras; y, hablando fingidamente, dijo:

7 -Dos son las diosas que protegen a Menelao, Hera argiva y Atenea alalcomenia; pero, sentadas a distancia, se contentan con mirarlo; mientras que Afrodita, amante de la risa, acompaña constantemente al otro y to Libra de Las parcas, y ahora lo acaba de salvar cuando él mismo creía perecer. Pero, comp la victoria quedó por Menelao, caro a Ares, deliberemos sobre sus futuras consecuencias: si conviene promover nuevamente el funesto combate y la terrible pelea, o reconciliar a entrambos pueblos. Si a todos pluguiera y agradara, la ciudad del rey Príamo continuaría poblada y Menelao se llevaría la argiva Helena.

20 Así dijo. Atenea y Hera, que tenían Los asientos contiguos y pensaban en causar daño a Los troyanos, se mordieron Los labios. Atenea, aunque airada contra su padre Zeus y poseída de feroz cólera, guardó silencio y nada dijo; pero a Hera no le cupo la ira en el pecho, y exclamó:

25-¡Crudelísimo Cronida! ¡Qué palabras proferiste! ¿Quieres que sea vano a ineficaz mi trabajo y el sudor que me costó? Mis corceles se fatigaron, cuando reunía el ejército contra Príamo y sus hijos. Haz lo que dices, pero no todos los dioses te lo aprobaremos.

30 Respondióle muy indignado Zeus, que amontona las nubes:

31 -¡Desdichada! ¿Qué graves ofensas te infieren Príamo y sus hijos para que continuamente anheles destruir la bien edificada ciudad de Ilio? Si trasponiendo las puertas de los altos muros, te comieras crudo a Príamo, a sus hijos y a los demás troyanos, quizá tu cólera se apaciguara. Haz lo que te plazca; no sea que de esta disputa se origine una gran riña entre nosotros. Otra cosa voy a decirte que fijarás en la memoria: cuando yo tenga vehemente deseo de destruir alguna ciudad donde vivan amigos tuyos, no retardes mi cólera y déjame hacer lo que quiera, ya que ésta te la cedo espontáneamente, aunque contra los impulsos de mi alma. De las ciudades que los hombres terrestres habitan debajo del sol y del cielo estrellado, la sagrada Ilio era la preferida de mi corazón, con Príamo y su pueblo armado con lanzas de fresno. Mi altar jamás careció en ella del alimento debido, libaciones y vapor de grasa quemada; que tales son los honores que se nos deben.

50 Contestóle en seguida Hera veneranda, la de ojos de novilla:

51 -Tres son las ciudades que más quiero: Argos, Esparta y Micenas, la de anchas calles; destrúyelas cuando las aborrezca tu corazón, y no las defenderé, ni me opondré siquiera. Y si me opusiere y no lo permitiere destruirlas, nada conseguiría, porque tu poder es muy superior. Pero es preciso que mi trabajo no resulte inútil. También yo soy una deidad, nuestro linaje es el mismo y el artero Crono engendróme la más venerable, por mi abolengo y por llevar el nombre de esposa tuya, de ti que reinas sobre los inmortales todos. Transijamos, yo contigo y tú conmigo, y los demás dioses inmortales nos seguirán. Manda presto a Atenea que vaya al campo de la terrible batalla de los troyanos y los aqueos, y procure que los troyanos empiecen a ofender, contra lo jurado, a los envanecidos aqueos.

68 Así dijo. No desobedeció el padre de los hombres y de los dioses; y, dirigiéndose a Atenea, profirió en seguida estas aladas palabras:

70 -Ve muy presto al campo de los troyanos y de los aqueos, y procura que los troyanos empiecen a ofender, contra lo jurado, a los envanecidos aqueos.

73 Con tales voces instigólo a hacer lo que ella misma deseaba; y Atenea bajó en raudo vuelo de las cumbres del Olimpo. Cual fúlgida estrella que, enviada como señal por el hijo del artero Crono a los navegantes o a los individuos de un gran ejército, despide gran número de chispas; de igual modo Palas Atenea se lanzó a la tierra y cayó en medio del campo. Asombráronse cuantos la vieron, así los troyanos, domadores de caballos, como los aqueos, de hermosas grebas, y no faltó quien dijera a su vecino:

82 -O empezará nuevamente el funesto combate y la terrible pelea, o Zeus, árbitro de la guerra humana, pondrá amistad entre ambos pueblos.

85 De esta manera hablaban algunos de los aqueos y de los troyanos. La diosa, transfigurada

en varón -parecíase a Laódoco Antenórida, esforzado combatiente-, penetró por el ejército troyano buscando al deiforme Pándaro. Halló por fin al eximio y fuerte hijo de Licaón en medio de las filas de hombres valientes, escudados, que con él habían llegado de las orillas del Esepo; y, deteniéndose cerca de él, le dijo estas aladas palabras:

93 -¿Querrás obedecerme, hijo valeroso de Licaón? ¡Te atrevieras a disparar una veloz flecha contra Menelao! Alcanzarías gloria entre los troyanos y te lo agradecerían todos, y particularmente el príncipe Alejandro; éste te haría espléndidos presentes, si viera que a Menelao, belicoso hijo de Atreo, lo subían a la triste pira, muerto por una de tus flechas. Ea, tira una saeta al ínclito Menelao, y vota sacrificar a Apolo nacido en Licia, célebre por su arco, una hecatombe perfecta de corderos primogénitos cuando vuelvas a tu patria, la sagrada ciudad de Zelea.

Así dijo Atenea. El insensato se dejó persuadir, y asió en seguida el pulido arco hecho con las astas de un lascivo buco montés, a quien él había acechado y herido en el pecho cuando saltaba de un peñasco: el animal cayó de espaldas en la roca, y sus cuernos de dieciséis palmos fueron ajustados y pulidos por hábil artífice y adornados con anillos de oro. Pándaro tendió el arco, bajándolo a inclinándolo al suelo, y sus valientes amigos lo cubrieron con los escudos, para que los belicosos aqueos no arremetieran contra él antes que Menelao, aguerrido hijo de Atreo, fuese herido. Destapó el carcaj y sacó una flecha nueva, alada, causadora de acerbos dolores; adaptó en seguida a la cuerda del arco la amarga saeta, y votó a Apolo nacido en Licia, el de glorioso arco, sacrificarle una espléndida hecatombe de corderos primogénitos cuando volviera a su patria, la sagrada ciudad de Zelea. Y, cogiendo a la vez las plumas y el bovino nervio, tiró hacia su pecho y acercó la punta de hierro al arco. Armado así, rechinó el gran arco circular, crujió la cuerda y saltó la puntiaguda flecha deseosa de volar sobre la multitud.

127 No se olvidaron de ti, oh Menelao, los felices a inmortales dioses y especialmente la hija de Zeus, que impera en las batallas; la cual, poniéndose delante, desvió la amarga flecha: apartóla del cuerpo como la madre ahuyenta una mosca de su niño que duerme con plácido sueño, y la dirigió al lugar donde los anillos de oro sujetaban el cinturón y la coraza era doble. La amarga saeta atravesó el ajustado cinturón, obra de artífice; se clavó en la magnífica coraza, y, rompiendo la chapa que el héroe llevaba para proteger el cuerpo contra las flechas y que lo defendió mucho, rasguñó la piel y al momento brotó de la herida la negra sangre.

141 Como una mujer meonia o caria tiñe en púrpura el marfil que ha de adornar el freno de un caballo, muchos jinetes desean llevarlo y aquélla lo guarda en su casa para un rey a fin de que sea ornamento para el caballo y motivo de gloria para el caballero; de la misma manera, oh Menelao, se tiñeron de sangre tus bien formados muslos, las piernas, y más abajo los hermosos tobillos.

148 Estremecióse el rey de hombres, Agamenón, al ver la negra sangre que manaba de la herida. Estremecióse asimismo Menelao, caro a Ares; mas, como advirtiera que quedaban fuera el nervio y las plumas, recobró el ánimo en su pecho. Y el rey Agamenón, asiendo de la mano a Menelao, dijo entre hondos suspiros mientras los compañeros gemían:

155 -¡Hermano querido! Para tu muerte celebré el jurado convenio cuando te puse delante de todos a fin de que lucharas por los aqueos, tú solo, con los troyanos. Así te han herido: pisoteando los juramentos de fidelidad. Pero no serán inútiles el pacto, la sangre de los corderos, las libaciones de vino puro y el apretón de manos en que confiábamos. Si el Olímpico no los castiga ahora, lo hará más tarde, y pagarán cuanto hicieron con una gran pena: con sus propias cabezas, sus mujeres y sus hijos. Bien lo conoce mi inteligencia y lo presiente mi corazón: día vendrá en que perezcan la sagrada Ilio, y Príamo, y su pueblo armado con lanzas de Fresno; el excelso Zeus Cronida, que vive en el éter, irritado por este engaño, agitará contra ellos su égida espantosa. Todo esto ha de suceder irremisiblemente. Pero será grande mi pesar, oh Menelao, si mueres y llegas al término fatal de to vida, y he de volver con gran oprobio a la árida Argos; porque los aqueos se acordarán en seguida de su tierra patria, dejaremos como trofeos en poder de Príamo y de los troyanos a la argiva Helena, y tus huesos se pudrirán en Troya

a causa de una empresa no llevada a cumplimiento. Y alguno de los troyanos soberbios exclamará, saltando sobre la tumba del glorioso Menelao: «Así efectúe Agamenón todas sus venganzas como ésta; pues trajo inútilmente un ejército aqueo y regresó a su patria con las naves vacías, dejando aquí al valiente Menelao.» Y cuando esto diga, ábraseme la anchurosa tierra.

183 Para tranquilizarlo, respondió el rubio Menelao:

184 -Ten ánimo y no espantes a los aqueos. La aguda flecha no se me ha clavado en sitio mortal, pues me protegió por fuera el labrado cinturón y por dentro la faja y la chapa que forjaron obreros broncistas.

188 Contestóle el rey Agamenón, diciendo:

189 -¡Ojalá sea así, querido Menelao! Un médico reconocerá la herida y le aplicará drogas que calmen los terribles dolores.

192 Dijo, y en seguida dio esta orden al divino heraldo Taltibio:

193 -¡Taltibio! Llama pronto a Macaón, el hijo del insigne médico Asclepio, para que reconozca al aguerrido Menelao, hijo de Atreo, a quien ha flechado un hábil arquero troyano o licio; gloria para él y llanto para nosotros.

198 Así dijo, y el heraldo al oírlo no desobedeció. Fuese por entre los aqueos, de broncíneas corazas, buscó con la vista al héroe Macaón y lo halló en medio de las fuertes filas de hombres escudados que lo habían seguido desde Trica, criadora de caballos. Y, deteniéndose cerca de él, le dirigió estas aladas palabras:

204 -¡Ven, Asclepíada! Te llama el rey Agamenón para que reconozcas al aguerrido Menelao, caudillo de los aqueos, a quien ha flechado hábil arquero troyano o licio; gloria para él y llanto para nosotros.

208 Así dijo, y Macaón sintió que en el pecho se le conmovía el ánimo. Atravesaron, hendiendo por la gente, el espacioso campamento de los aqueos; y llegando al lugar donde fue herido el rubio Menelao (éste aparecía como un dios entre los principales caudillos que en torno de él se habían congregado), Macaón arrancó la flecha del ajustado cíngulo; pero, al tirar de ella, rompiéronse las plumas, y entonces desató el vistoso cinturón y quitó la faja y la chapa que habían hecho obreros broncistas. Tan pronto como vio la herida causada por la cruel saeta, chupó la

sangre y aplicó con pericia drogas calmantes que a su padre había dado Quirón en prueba de amistad.

220 Mientras se ocupaban en curar a Menelao, valiente en la pelea, llegaron las huestes de los escudados troyanos; vistieron aquéllos la armadura, y ya sólo pensaron en el combate.

223 Entonces no hubieras visto que el divino Agamenón se durmiera, temblara o rehuyera el combate, pues iba presuroso a la lid, donde los varones alcanzan gloria. Dejó los caballos y el carro de broncíneos adornos -Eurimedonte, hijo de Ptolomeo Piraída, se quedó a cierta distancia con los fogosos corceles-, encargó al auriga que no se alejara por si el cansancio se apoderaba de sus miembros, mientras ejercía el mando sobre aquella multitud de hombres y empezó a recorrer a pie las hileras de guerreros. A cuantos veía, de entre los dánaos de ágiles corceles, que se apercibían para la pelea, los animaba diciendo:

234 -¡Argivos! No desmaye vuestro impetuoso valor. El padre Zeus no protegerá a los pérfidos: como han sido los primeros en faltar a lo jurado, sus tiernas carnes serán pasto de buitres y nosotros nos llevaremos en las naves a sus esposas e hijos cuando tomemos la ciudad.

240 A los que veía remisos en marchar al odioso combate, los increpaba con iracundas voces:

241 -¡Argivos que sólo con el arco sabéis pelear, hombres vituperables! ¿No os avergonzáis? ¿Por qué os hallo atónitos como cervatos que, habiendo corrido por espacioso campo, se detienen cuando ningún vigor queda en su pecho? Así estáis vosotros: pasmados y sin combatir. ¿Aguardáis acaso que los troyanos lleguen a la orilla del espumoso mar donde tenemos las naves de lindas popas, para ver si el Cronión extiende su mano sobre vosotros?

250 De tal suerte revistaba, como generalísimo, las filas de guerreros. Andando por entre la muchedumbre, llegó al sitio donde los cretenses vestían las armas con el aguerrido Idomeneo. Éste, semejante a un jabalí por su bravura, se hallaba en las primeras filas, y Meriones enardecía a los soldados de las últimas falanges. Al verlos, el rey de hombres, Agamenón, se alegró y al punto dijo a Idomeneo con suaves voces:

257 -¡Idomeneo! Te honro de un modo especial entre los dánaos, de ágiles corceles, así en la

guerra a otra empresa, como en el banquete, cuando los próceres argivos beben el negro vino de honor mezclado en las crateras. A los demás aqueos de larga cabellera se les da su ración; pero tú tienes siempre la copa llena, como yo, y bebes cuanto te place. Corre ahora a la batalla y muestra el denuedo de que te jactas.

265 Respondióle Idomeneo, caudillo de los cretenses:

266 -¡Atrida! Siempre he de ser tu amigo fiel, como lo aseguré y prometí que lo sería. Pero exhorta a los demás melenudos aqueos, para que cuanto antes peleemos con los troyanos, ya que éstos han roto los pactos. La muerte y toda clase de calamidades les aguardan, por haber sido los primeros en faltar a lo jurado.

272 Así dijo, y el Atrida con el corazón alegre pasó adelante. Andando por entre la muchedumbre llegó al sitio donde estaban los Ayantes. Éstos se armaban, y una nube de infantes los seguía. Como el nubarrón, impelido por el céfiro, camina sobre el mar y se le ve a to lejos negro como la pez y preñado de tempestad, y el cabrero se estremece al divisarlo desde una altura, y, antecogiendo el ganado, lo conduce a una cueva; de igual modo iban al dañoso combate, con los Ayantes, las densas y obscuras falanges de jóvenes ilustres, erizadas de lanzas y escudos. Al verlos, el rey Agamenón se regocijó, y dijo estas aladas palabras:

285 -¡Ayantes, príncipes de los argivos de broncíneas corazas! A vosotros -inoportuno fuera exhortaros- nada os encargo, porque ya instigáis al ejército a que pelee valerosamente. Ojalá, ¡padre Zeus, Atenea, Apolo!, que hubiese el mismo ánimo en todos los pechos, pues pronto la ciudad del rey Príamo sería tomada y destruida por nuestras manos.

292 Cuando así hubo hablado, los dejó y se fue hacia otros. Halló a Néstor, elocuente orador de los pilios, ordenando a los suyos y animándolos a pelear, junto con el gran Pelagonte, Alástor, Cromio, el poderoso Hemón y Biante, pastor de hombres. Ponía delante, con los respectivos carros y corceles, a los que desde aquéllos combatían; detrás, a gran copia de valientes peones que en la batalla formaban como un muro, y en medio, a los cobardes para que mal de su grado tuviesen que combatir. Y, dando instrucciones a los primeros, les encargaba que sujetaran los caballos y no promoviesen confusión entre la muchedumbre:

303 -Nadie, confiando en su pericia ecuestre o en su valor, quiera luchar solo y fuera de las filas con los troyanos; que asimismo nadie retroceda; pues con mayor facilidad seríais vencidos. El que caiga del carro y suba al de otro pelee con la lanza, pues hacerlo así es mucho mejor. Con tal prudencia y ánimo en el pecho destruyeron los antiguos muchas ciudades y murallas.

310 De tal suerte el anciano, diestro desde antiguo en la guerra, los enardecía. Al verlo, el rey Agamenón se alegró, y le dijo estas aladas palabras:

313 -¡Oh anciano! ¡Así como conservas el ánimo en tu pecho, tuvieras ágiles las rodillas y sin menoscabo las fuerzas! Pero te abruma la vejez, que a nadie respeta. Ojalá que otro cargase con ella y tú fueras contado en el número de los jóvenes.

317 Respondióle Néstor, caballero gerenio:

318 -¡Atrida! También yo quisiera ser como cuando maté al divino Ereutalión. Pero jamás las deidades lo dieron todo y a un mismo tiempo a los hombres: si entonces era joven, ya para mí llegó la senectud. Esto no obstante, acompañaré a los que combaten en carros para exhortarlos con consejos y palabras, que tal es la misión de los ancianos. Las lanzas las blandirán los jóvenes, que son más vigorosos y pueden confiar en sus fuerzas.

326 Así dijo, y el Atrida pasó adelante con el corazón alegre. Halló al excelente jinete Menesteo, hijo de Péteo, de pie entre los atenienses ejercitados en la guerra. Estaba cerca de ellos el ingenioso Ulises, y a poca distancia las huestes de los fuertes cefalenios, los cuales, no habiendo oído el grito de guerra -pues así las falanges de los troyanos, domadores de caballos, como las de los aqueos, se ponían entonces en movimiento-, aguardaban que otra columna aquea cerrara con los troyanos y diera principio la batalla. Al verlos, el rey Agamenón los increpó con estas aladas palabras:

338 -¡Hijo del rey Péteo, alumno de Zeus; y tú, perito en malas artes, astuto! ¿Por qué, medrosos, os abstenéis de pelear y esperáis que otros tomen la ofensiva? Debierais estar entre los delanteros y correr a la ardiente pelea, ya que os invito antes que a nadie cuando los aqueos

damos un banquete a los próceres. Entonces os gusta comer carne asada y beber sin tasa copas de dulce vino, y ahora veríais con placer que diez columnas aqueas combatieran delante de vosotros con el cruel bronce.

349 Encarándole la torva vista, exclamó el ingenioso Ulises:

350 -¡Atrida! ¡Qué palabras se te escaparon del cerco de los dientes! ¿Por qué dices que somos remisos en ir al combate? Cuando los aqueos excitemos al feroz Ares contra los troyanos domadores de caballos, verás, si quieres y te importa, cómo el padre amado de Telémaco penetra por las primeras filas de los troyanos, domadores de caballos. Vano y sin fundamento es tu lenguaje.

356 Cuando el rey Agamenón comprendió que el héroe se irritaba, sonrióse y, retractándose dijo:

358 -¡Laertíada, del linaje de Zeus! ¡Ulises, fecundo en ardides! No ha sido mi intento ni reprenderte en demasía, ni darte órdenes. Conozco los benévolos sentimientos del corazón que tienes en el pecho, pues tu modo de pensar coincide con el mío. Pero ve, y si te dije algo ofensivo, luego arreglaremos este asunto. Hagan los dioses que todo se lo lleve el viento.

364 Esto dicho, los dejó allí, y se fue hacia otros. Halló al animoso Diomedes, hijo de Tideo, de pie entre los corceles y los sólidos carros; y a su lado a Esténelo, hijo de Capaneo. En viendo a aquél, el rey Agamenón lo reprendió, profiriendo estas aladas palabras:

370 -¡Ay, hijo del aguerrido Tideo, domador de caballos! ¿Por qué tiemblas? ¿Por qué miras azorado el espacio que de los enemigos nos separa? No solía Tideo temblar de este modo, sino que, adelantándose a sus compañeros, peleaba con el enemigo. Así lo refieren quienes to vieron combatir, pues yo no to presencié ni to vi, y dicen que a todos superaba. Estuvo en Micenas, no para guerrear, sino como huésped, junto con el divino Polinices, cuando ambos reclutaban tropas para dirigirse contra los sagrados muros de Teba. Mucho nos rogaron que les diéramos auxiliares ilustres, y los ciudadanos querían concedérselos y prestaban asenso a lo que se les pedía; pero Zeus, con funestas señales, les hizo variar de opinión. Volviéronse aquéllos; después de andar mucho, llegaron al Asopo, cuyas orillas

pueblan juncales y prados, y los aqueos nombraron embajador a Tideo para que fuera a Teba. En el palacio del fuerte Eteocles encontrábanse muchos cadmeos reunidos en banquete; pero ni allí, siendo huésped y solo entre tantos, se turbó el eximio jinete Tideo: los desafiaba y vencía fácilmente en toda clase de luchas. ¡De tal suerte lo protegía Atenea! Cuando se fue, irritados los cadmeos, aguijadores de caballos, pusieron en emboscada a cincuenta jóvenes al mando de dos jefes: Meón Hemónida, que parecía un inmortal, y Polifonte, intrépido hijo de Autófono. A todos les dio Tideo ignominiosa muerte menos a uno, a Meón, a quien permitió, acatando divinales indicaciones, que volviera a la ciudad. Tal fue Tideo etolio, y el hijo que engendró le es inferior en el combate y superior en el ágora.

401 Así dijo. El fuerte Diomedes oyó con respeto la increpación del venerable rey y guardó silencio, pero el hijo del glorioso Capaneo hubo de replicarle:

404 -¡Atrida! No mientas, pudiendo decir la verdad. Nos gloriamos de ser más valientes que nuestros padres, pues hemos tomado a Teba, la de las siete puertas, con un ejército menos numeroso, que, confiando en divinales indicaciones y en el auxilio de Zeus, reunimos al pie de su muralla, consagrada a Ares; mientras que aquéllos perecieron por sus locuras. No nos consideres, pues, a nuestros padres y a nosotros dignos de igual estimación.

411 Mirándolo con torva faz, le contestó el fuerte Diomedes:

412 -Calla, amigo; obedece mi consejo. Yo no me enfado porque Agamenón, pastor de hombres, anime a los aqueos, de hermosas grebas, antes del combate. Suya será la gloria, si los aqueos rindieren a los troyanos y tomaren la sagrada Ilio; suyo el gran pesar, si los aqueos fueren vencidos. Ea, pensemos tan sólo en mostrar nuestro impetuoso valor.

419 Dijo, saltó del carro al suelo sin dejar las armas, y tan terrible fue el resonar del bronce sobre su pecho, que hubiera sentido pavor hasta un hombre muy esforzado.

422 Como las olas impelidas por el Céfiro se suceden en la ribera sonora, y primero se levantan en alta mar, braman después al romperse en la playa y en los promontorios, su-

ben combándose a to alto y escupen la espuma; así las falanges de los dánaos marchaban sucesivamente y sin interrupción al combate. Los capitanes daban órdenes a los suyos respectivos, y éstos andaban callados (no hubieras dicho que los siguieran a aquéllos tantos hombres con voz en el pecho) y temerosos de sus caudillos. En todos relucían las labradas armas de que iban revestidos.- Los troyanos avanzaban también, y como muchas ovejas balan sin cesar en el establo de un hombre opulento, cuando, al series extraída la blanca leche, oyen la voz de los corderos; de la misma manera elevábase un confuso vocerío en el vasto ejército de aquéllos. No era igual el sonido ni el modo de hablar de todos y las lenguas se mezclaban, porque los guerreros procedían de diferentes países.- A los unos los excitaba Ares; a los otros, Atenea, la de ojos de lechuza, y a entrambos pueblos, el Terror, la Fuga y la Discordia, insaciable en sus furores y hermana y compañera del homicida Ares, la cual al principio aparece pequeña y luego toca con la cabeza el cielo mientras anda sobre la tierra. Entonces la Discordia, penetrando por la muchedumbre, arrojó en medio de ella el combate funesto para todos y aumentó el afán de los guerreros.

446 Cuando los ejércitos llegaron a juntarse, chocaron entre sí los escudos, las lanzas y el valor de los hombres armados de broncíneas corazas, y al aproximarse los abollonados escudos se produjo un gran alboroto. Allí se oían simultáneamente los lamentos de los moribundos y los gritos jactanciosos de los matadores, y la tierra manaba sangre. Como dos torrentes nacidos en grandes manantiales se despeñan por los montes, reúnen las hirvientes aguas en hondo barranco abierto en el valle y producen un estruendo que oye desde lejos el pastor en la montaña, así eran la gritería y el trabajo de los que vinieron a las manos.

457 Fue Antíloco quien primeramente mató a un guerrero troyano, a Equepolo Talisíada, que peleaba valerosamente en la vanguardia: hiriólo en la cimera del penachudo casco, y la broncínea lanza, clavándose en la frente, atravesó el hueso, las tinieblas cubrieron los ojos del guerrero y éste cayó como una torre en el duro combate. Al punto asióle de un pie el rey Elefénor Calcodontíada, caudillo de los bravos abantes, y

lo arrastraba para ponerlo fuera del alcance de los dardos y quitarle la armadura. Poco duró su intento. El magnánimo Agenor lo vio arrastrar el cadáver, e, hiriéndolo con la broncínea lanza en el costado, que al bajarse quedó descubierto junto al escudo, dejóle sin vigor los miembros. De este modo perdió Elefénor la vida y sobre su cuerpo trabaron enconada pelea troyanos y aqueos: como lobos se acometían y unos a otros se mataban.

473 Ayante Telamonio tiróle un bote de lanza a Simoesio, hijo de Antemión, que se hallaba en la flor de la juventud. Su madre habíale dado a luz a orillas del Simoente, cuando bajó del Ida con sus padres para ver las ovejas: por esto le llamaron Simoesio. Mas no pudo pagar a sus progenitores la crianza ni fue larga su vida, porque sucumbió vencido por la lanza del magnánimo Ayante: acometía el troyano, cuando Ayante lo hirió en el pecho junto a la tetilla derecha, y la broncínea punta salió por la espalda. Cayó el guerrero en el polvo como el terso álamo nacido en la orilla de una espaciosa laguna y coronado de ramas que corta el carrero con el hierro reluciente, para hacer las pinas de un hermoso carro, dejando que el tronco se seque en la ribera; de igual modo, Ayante, del linaje de Zeus despojó a Simoesio Antémida.- Antifo Priámida, que iba revestido de labrada coraza, lanzó por entre la muchedumbre su agudo dardo contra Ayante y no lo tocó; pero hirió en la ingle a Leuco, compañero valiente de Ulises, mientras arrastraba el cadáver: desprendióse éste y el guerrero cayó junto al mismo.- Ulises, muy irritado por tal muerte, atravesó las primeras filas cubierto de refulgente bronce, detúvose muy cerca del matador, y, revolviendo el rostro a todas partes, arrojó la brillante lanza. Al verlo, huyeron los troyanos. No fue vano el tiro, pues hirió a Democoonte, hijo bastardo de Príamo, que había venido de Abidos, país de corredoras yeguas: Ulises, irritado por la muerte de su compañero, le envasó la lanza, cuya broncínea punta le entró por una sien y le salió por la otra; la obscuridad cubrió los ojos del guerrero, cayó éste con estrépito y sus armas resonaron.Arredráronse los combatientes delanteros y el esclarecido Héctor; y los argivos dieron grandes voces, retiraron los muertos y avanzaron un buen trecho. Mas Apolo, que desde

Pérgamo lo presenciaba, se indignó y con recios gritos exhortó a los troyanos:

509 -¡Acometed, troyanos domadores de caballos! No cedáis en la batalla a los argivos, porque sus cuerpos no son de piedra ni de hierro para que puedan resistir, si los herís, el tajante bronce; ni pelea Aquiles, hijo de Tetis, la de hermosa cabellera, que se quedó en las naves y allí rumia la dolorosa cólera.

514 Así dijo el terrible dios desde la ciudadela. A su vez, la hija de Zeus, la gloriosísima Tritogenia, recorría el ejército aqueo y animaba a los remisos.

517 Fue entonces cuando el hado echó los lazos de la muerte a Diores Amarincida. Herido en el tobillo derecho por puntiaguda piedra que le tiró Píroo Imbrásida, caudillo de los tracios, que había llegado de Eno -la insolente piedra rompióle ambos tendones y el hueso-, cayó de espaldas en el polvo, y expirante tendía los brazos a sus camaradas cuando el mismo Píroo, que lo había herido, acudió presuroso e hiriólo nuevamente con la lanza junto al ombligo;

derramáronse los intestinos y las tinieblas velaron los ojos del guerrero.

527 Mientras Píroo arremetía, Toante el etolio alanceólo en el pecho, por cima de una tetilla, y el bronce se le clavó en el pulmón. Acercósele Toante, le arrancó del pecho la ingente lanza y, hundiéndole la aguda espada en medio del vientre, le quitó la vida. Mas no pudo despojarlo de la armadura, porque se vio rodeado por los compañeros del muerto, los tracios que dejan crecer la cabellera en lo más alto de la cabeza, quienes le asestaban sus largas picas; y, aunque era corpulento, vigoroso a ilustre, fue rechazado y hubo de retroceder. Así cayeron y se juntaron en el polvo el caudillo de los tracios y el de los epeos, de broncíneas corazas, y a su alrededor murieron otros muchos.

539 Y quien, sin haber sido herido de cerca o de lejos por el agudo bronce, hubiera recorrido el campo, llevado de la mano y protegido de las saetas por Palas Atena, no habría baldonado los hechos de armas; pues aquel día gran número de troyanos y de aqueos yacían, unos junto a otros, caídos de cara al polvo.

CANTO V*

Principalía de Diomedes

* Entre los primeros, los aqueos, destaca Diomedes, siendo capaz de hacer huir a los mismísimos dioses Ares y Afrodita.

1 Entonces Palas Atenea infundió a Diomedes Tidida valor y audacia, para que brillara entre todos los argivos y alcanzase inmensa gloria, a hizo salir de su casco y de su escudo una incesante llama parecida al astro que en otoño luce y centellea después de bañarse en el Océano. Tal resplandor despedían la cabeza y los hombros del héroe, cuando Atenea lo llevó al centro de la batalla, allí donde era mayor el número de guerreros que tumultuosamente se agitaban.

9 Hubo en Troya un varón rico a irreprensible, sacerdote de Hefesto, llamado Dares; y de él eran hijos Fegeo a Ideo, ejercitados en toda especie de combates. Éstos iban en un mismo carro; y, separándose de los suyos, cerraron con Diomedes, que desde tierra y en pie los aguardó.

Cuando se hallaron frente a frente, Fegeo tiró el primero la luenga lanza, que pasó por cima del hombro izquierdo del Tidida sin herirlo; arrojó éste la suya y no fue en vano, pues se la clavó a aquél en el pecho, entre las tetillas, y lo derribó por tierra. Ideo saltó al suelo, desamparando el magnífico carro, sin que se atreviera a defender el cadáver de su hermano -no se hubiese librado de la negra muerte-, y Hefesto lo sacó salvo, envolviéndolo en densa nube, a fin de que el anciano padre no se afligiera en demasía. El hijo del magnánimo Tideo se apoderó de los corceles y los entregó a sus compañeros para que los llevaran a las cóncavas naves. Cuando los altivos troyanos vieron que uno de los hijos de Dares huía y el otro quedaba muerto entre los carros, a todos se les conmovió el corazón. Y Atenea, la de ojos de lechuza, tomó por la mano al furibundo Ares y le habló diciendo:

31 -¡Ares, Ares, funesto a los mortales, manchado de homicidios, demoledor de murallas! ¿No dejaremos que troyanos y aqueos peleen solos -sean éstos o aquéllos a quienes el

padre Zeus quiera dar gloria- y nos retiraremos, para librarnos de la cólera de Zeus?

35 Dicho esto, sacó de la liza al furibundo Ares y lo hizo sentar en la herbosa ribera del Escamandro. Los dánaos pusieron en fuga a los troyanos, y cada uno de sus caudillos mató a un hombre. Empezó el rey de hombres, Agamenón, con derribar del carro al corpulento Odio, caudillo de los halizones; al volverse para huir, envasóle la pica en la espalda, entre los hombros, y la punta salió por el pecho. Cayó el guerrero con estrépito y sus armas resonaron.

43 Idomeneo quitó la vida a Festo, hijo de Boro el meonio, que había llegado de la fértil Tarne, hiriéndolo con la formidable lanza en el hombro derecho, cuando subía al carro: desplomóse Festo, tinieblas horribles to envolvieron y los servidores de Idomeneo lo despojaron de la armadura.

49 El Atrida Menelao mató con la aguda pica a Escamandrio, hijo de Estrofio, ejercitado en la caza. A tan excelente cazador la misma Ártemis le había enseñado a tirar a cuantas fieras crían las selvas de los montes. Mas no le valió ni Ártemis, que se complace en tirar flechas, ni el arte de arrojarlas en que tanto descollaba: tuvo que huir, y el Atrida Menelao, famoso por su lanza, lo hirió con un dardo en la espalda, entre los hombros, y le atravesó el pecho. Cayó de cara y sus armas resonaron.

59 Meriones dejó sin vida a Fereclo, hijo de Tectón Harmónida, que con las manos fabricaba toda clase de obras de ingenio, porque era muy caro a Palas Atenea. Éste, no conociendo los oráculos de los dioses, construyó las naves bien proporcionadas de Alejandro, las cuales fueron la causa primera de todas las desgracias y un mal para los troyanos y para él mismo. Meriones, cuando alcanzó a aquél, lo alanceó en la nalga derecha; y la punta, pasando por debajo del hueso y cerca de la vejiga, salió al otro lado. El guerrero cayó de hinojos, gimiendo, y la muerte lo envolvió.

69 Meges hizo perecer a Pedeo, hijo bastardo de Anténor, a quien Teano, la divina, había criado con igual solicitud que a los hijos propios, para complacer a su esposo. El hijo de Fileo, famoso por su pica, fue a clavarle en la nuca la puntiaguda lanza, y el hierro cortó la lengua y asomó por los dientes del guerrero. Pedeo cayó en el polvo y mordía el frío bronce.

76 Eurípilo Evemónida dio muerte al divino Hipsenor, hijo del animoso Dolopión, que era sacerdote de Escamandro y el pueblo lo veneraba como a un dios. Perseguíalo Eurípilo, hijo preclaro de Evemón; el cual, poniendo mano a la espada, de un tajo en el hombro le cercenó el robusto brazo, que ensangrentado cayó al suelo. La purpúrea muerte y el hado cruel velaron los ojos del troyano.

84 Así se portaban éstos en el reñido combate. En cuanto al Tidida, no hubieras conocido con quiénes estaba, ni si pertenecía a los troyanos o a los aqueos. Andaba furioso por la llanura cual hinchado torrente que en su rápido curso derriba los diques -pues ni los diques más trabados, ni los setos de los floridos campos lo detienen-, y presentándose repentinamente, cuando cae espesa la lluvia de Zeus, destruye muchas hermosas labores de los jóvenes; tal tumulto promovía el Tidida en las densas falanges troyanas que, con ser tan numerosas, no se atrevían a resistirlo.

95 Tan luego como el preclaro hijo de Licaón vio que Diomedes corna furioso por la llanura y desordenaba las falanges, tendió el corvo arco y lo hirió en el hombro derecho, por el hueco de la coraza, mientras aquél acometía. La cruel saeta atravesó el hombro y la coraza y se manchó de sangre. Y el preclaro hijo de Licaón, al notarlo, gritó con voz recia:

102 -¡Arremeted, troyanos de ánimo altivo, aguijadores de caballos! Herido está el más fuerte de los aqueos; y no creo que pueda resistir mucho tiempo la fornida saeta, si fue realmente Apolo, hijo de Zeus, quien me movió a venir aquí desde la Licia.

106 Así dijo gloriándose. Pero la veloz flecha no postró a Diomedes; el cual, retrocediendo hasta el carro y los caballos, se detuvo y dijo a Esténelo, hijo de Capaneo:

109 -Corre, buen hijo de Capaneo, baja del carro y arráncame del hombro la amarga flecha.

111 Así dijo. Esténelo saltó del carro al suelo, se le acercó, y sacóle del hombro la aguda flecha; la sangre chocaba, al salir a borbotones, contra las mallas de la túnica. Y entonces Diomedes, valiente en el combate, hizo esta plegaria:

115 -¡Óyeme, hija de Zeus, que lleva la égida! ¡Indómita! Si alguna vez amparaste benévola a mi padre en la cruel guerra, séme ahora propicia, ¡oh Atenea!, y haz que se ponga a tiro de lanza y reciba la muerte de mi mano quien se me anticipó hiriéndome, y ahora se jacta de que pronto dejaré de contemplar la fúlgida luz del sol.

121 Así dijo rogando. Palas Atenea lo oyó, agilitóle los miembros todos y especialmente los pies y las manos, y poniéndose a su lado pronunció estas aladas palabras:

124 -Cobra ánimo, Diomedes, y pelea con los troyanos; pues ya infundí en tu pecho el paterno intrépido valor que acostumbraba tener el jinete Tideo, agitador del escudo, y aparté la niebla que cubría tus ojos para que en la batalla conozcas bien a los dioses y a los hombres. Si alguno de aquéllos viene a tentarte, no quieras combatir con los inmortales; pero, si se presentara en la lid Afrodita, hija de Zeus, hiérela con el agudo bronce.

133 Dicho esto, fuese Atenea, la de ojos de lechuza. El Tidida volvió a mezclarse con los combatientes delanteros; y, si antes ardía en deseos de pelear contra los troyanos, entonces sintió que se le triplicaba el bno, como un león a quien el pastor hiere levemente en el campo, al asaltar un redil de lanudas ovejas, y no lo mata, sino que lo excita la fuerza: el pastor desiste de rechazarlo y entra en el establo; las ovejas, al verse sin defensa, huyen para caer pronto hacinadas unas sobre otras, y la fiera salta afuera de la elevada cerca. Con tal furia penetró en las filas troyanas el fuerte Diomedes.

144 Entonces hizo morir a Astínoo y a Hipirón, pastor de hombres. Al primero lo hirió con la broncínea lanza encima del pecho; contra Hipirón desnudó la gran espada, y de un tajo en la clavícula separóle el hombro del cuello y la espalda. Dejólos y fue al encuentro de Abante y Polüdo, hijos de Euridamante, que era de provecta edad a intérprete de sus sueños: cuando fueron a la guerra, el anciano no les interpretaría los sueños, pues sucumbieron a manos del fuerte Diomedes, que los despojó de las armas. Enderezó luego los pasos hacia Janto y Toón, hijos de Fénope -éste los había tenido en la triste vejez que lo abrumaba y no engendró otro hijo que heredara sus riquezas-, y a entrambos les quitó la dulce vida, causando llanto y triste pesar al anciano, que no pudo recibirlos de vuelta de la guerra; y más tarde los parientes se repartieron la herencia.

159 En seguida alcanzó a Equemón y a Cromio, hijos de Príamo Dardánida, que iban en el mismo carro. Cual león que, penetrando en la vacada, despedaza la cerviz de una vaca o de una becerra que pace en el soto, así el hijo de Tideo los derribó violentamente del carro, les quitó la armadura y entregó los corceles a sus camaradas para que los llevaran a las naves.

166 Eneas advirtió qué Diomedes destruía las hileras de los troyanos, y fue en busca del divino Pándaro por la liza y entre el estruendo de las lanzas. Halló por fin al fuerte y eximio hijo de Licaón; y deteniéndose a su lado, le dijo:

171 -¡Pándaro! ¿Dónde guardas el arco y las voladoras flechas? ¿Qué es de tu fama? Aquí no tienes rival y en la Licia nadie se gloría de aventajarte. Ea, levanta las manos a Zeus y dispara una flecha contra ese hombre que triunfa y causa males sin cuento a los troyanos -de muchos valientes ha quebrado ya las rodillas-, si por ventura no es un dios airado con los troyanos a causa de los sacrificios, pues la cólera de una deidad es terrible.

179 Respondióle el preclaro hijo de Licaón:

180 -¡Eneas, consejero de los troyanos, de broncíneas túnicas! Parécese por entero al aguerrido Tidida: reconozco su escudo, su casco de alta cimera y agujeros a guisa de ojos y sus corceles, pero no puedo asegurar si es un dios. Si ese guerrero es en realidad el belicoso hijo de Tideo, no se mueve con tal furia sin que alguno de los inmortales lo acompañe, cubierta la espalda con una nube, y desvíe las veloces flechas que hacia él vuelan. Arrojéle una saeta que lo hirió en el hombro derecho, penetrando por el hueco de la coraza; creí enviarle a Aidoneo, y sin embargo de esto no lo maté; sin duda es un dios irritado. No tengo aquí corceles ni carros que me lleven, aunque en el palacio de Licaón quedaron once carros hermosos, sólidos, de reciente construcción, cubiertos con fundas y con sus respectivos pares de caballos que comen blanca cebada y avena. Licaón, el guerrero anciano, entre los muchos consejos que me dio cuando partí del magnífico palacio, me recomendó que en el duro combate mandara a los troyanos subido en un carro; mas yo no me dejé convencer

-mucho mejor hubiera sido seguir su consejo- y rehusé llevarme los corceles por el temor de que, acostumbrados a comer bien, se encontraran sin pastos en una ciudad sitiada. Déjelos, pues, y vine como infante a Ilio, confiando en el arco que para nada me había de servir. Contra dos próceres lo he disparado, el Tidida y el Atrida; a entrambos les causé heridas, de las que manaba verdadera sangre, y sólo conseguí excitarlos más. Con mala suerte descolgué del clavo el corvo arco el día en que vine con mis troyanos a la amena Ilio para complacer al divino Héctor. Si logro regresar y ver con estos ojos mi patria, mi mujer y mi casa espaciosa y de elevado techo, córteme la cabeza un enemigo si no rompo y tiro al relumbrante fuego este arco, ya que su compañía me resulta inútil.

217 Replicóle Eneas, caudillo de los troyanos:

218 -No hables así. Las cosas no cambiarán hasta que, montados nosotros en el carro, acometamos a ese hombre y probemos la suerte de las armas. Sube a mi carro, para que veas cuáles son los corceles de Tros y cómo saben así perseguir acá y acullá de la llanura como huir ligeros; ellos nos llevarán salvos a la ciudad, si Zeus concede de nuevo la victoria a Diomedes Tidida. Ea, coma el látigo y las lustrosas riendas, y bajaré del carro para combatir; o encárgate tú de pelear, y yo me cuidaré de los caballos.

229 Contestó el preclaro hijo de Licaón:

230-¡Eneas! Recoge tú las riendas y guía los corceles, porque tirarán mejor del corvo carro obedeciendo al auriga a que están acostumbrados, si nos pone en fuga el hijo de Tideo. No sea que, echando de menos tu voz, se espanten y desboquen y no quieran sacarnos de la liza, y el hijo del magnánimo Tideo nos embista y mate y se lleve los solípedos caballos. Guía, pues, el carro y los corceles, y yo con la aguda lanza esperaré su acometida.

239 Así hablaron; y, subidos en el labrado carro, guiaron animosamente los briosos corceles en derechura al Tidida. Advirtiólo Esténelo, preclaro hijo de Capaneo, y al punto dijo al Tidida estas aladas palabras:

243 -¡Diomedes Tidida, carísimo a mi corazón! Veo que dos robustos varones, cuya fuerza es grandísima, desean combatir contigo: el uno, Pándaro, es hábil arquero y se jacta de ser hijo de Licaón; el otro, Eneas, se gloría de haber sido en-

gendrado por el magnánimo Anquises y su madre es Afrodita. Ea, subamos al carro, retirémonos, y cesa de revolverte furioso entre los combatientes delanteros para que no pierdas la dulce vida.

251 Mirándolo con torva faz, le respondió el fuerte Diomedes:

252 -No me hables de huir, pues no creo que me persuadas. Sería impropio de mí batirme en retirada o amedrentarme. Mis fuerzas aún siguen sin menoscabo. Desdeño subir al carro, y tal como estoy iré a encontrarlos, pues Palas Atenea no me deja temblar. Sus ágiles corceles no los llevarán lejos de aquí, si por ventura alguno de aquéllos puede escapar. Otra cosa voy a decir que tendrás muy presence: Si la sabia Atenea me concede la gloria de matar a entrambos, sujeta estos veloces caballos, amarrando las bridas al barandal, y no se te olvide de apoderarte de los corceles de Eneas para sacarlos de los troyanos y traerlos a los aqueos de hermosas grebas; pues pertenecen a la raza de aquéllos que el largo-vidente Zeus dio a Tros en pago de su hijo Ganimedes, y son, por canto, los mejores de cuantos viven debajo del sol y la aurora. Anquises, rey de hombres, logró adquirir, a hurto, caballos de esta raza ayuntando yeguas con aquéllos sin que Laomedonte lo advirtiera; naciéronle seis en el palacio, crió cuatro en su pesebre y dio esos dos a Eneas, que pone en fuga a sus enemigos. Si los cogiéramos, alcanzaríamos gloria no pequeña.

274 Así éstos conversaban. Pronto Eneas y Pándaro, picando a los ágiles corceles, se les acercaron. Y el preclaro hijo de Licaón exclamó el primero:

277 -¡Corazón fuerte, hombre belicoso, hijo del ilustre Tideo! Ya que la veloz y dañosa flecha no lo derribó, voy a probar si lo hiero con la lanza.

280 Dijo; y blandiendo la ingente arma, dio un bote en el escudo del Tidida: la broncínea punta atravesó la rodela y llegó muy cerca de la coraza. El preclaro hijo de Licaón gritó en seguida:

284 -Tienes el ijar atravesado de parte a parte, y no creo que resistas largo tiempo. Inmensa es la gloria que acabas de darme.

286 Sin turbarse, le replicó el fuerte Diomedes:

287 -Erraste el golpe, no has acertado; y creo que no dejaréis de combatir, hasta que uno de vosotros caiga y harte de sangre a Ares, el infatigable luchador.

290 Dijo, y le arrojó la lanza que, dirigida por Atenea a la nariz junto al ojo, le atravesó los blancos dientes. El duro bronce cortó la punta de la lengua y apareció por debajo de la barba. Pándaro cayó del carro, sus lucientes y labradas armas resonaron, espantáronse los corceles de ágiles pies, y allí acabaron la vida y el valor del guerrero.

297 Saltó Eneas del carro con el escudo y la larga pica; y, temiendo que los aqueos le quitaran el cadáver, defendíalo como un león que confía en su bravura: púsose delante del muerto enhiesta la lanza y embrazado el liso escudo, y profiriendo horribles gritos se disponía a matar a quien se le opusiera. Mas el Tidida, cogiendo una gran piedra que dos de los hombres actuales no podrían llevar y que él manejaba fácilmente, hirió a Eneas en la articulación del isquion con el fémur que se llama cótila; la áspera piedra rompió la cótila, desgarró ambos tendones y arrancó la piel. El héroe cayó de rodillas, apoyó la robusta mano en el suelo y la noche obscura cubrió sus ojos.

311 Y allí pereciera el rey de hombres Eneas, si al punto no lo hubiese advertido su madre Afrodita, hija de Zeus, que lo había concebido de Anquises, pastor de bueyes. La diosa tendió sus níveos brazos al hijo amado y lo cubrió con un doblez del refulgente manto, para defenderlo de los tiros; no fuera que alguno de los dánaos, de ágiles corceles, clavándole el bronce en el pecho, le quitara la vida.

318 Mientras Afrodita sacaba a Eneas de la liza, el hijo de Capaneo no echó en olvido las órdenes que le diera Diomedes, valiente en el combate: sujetó allí, separadamente de la refriega, sus solípedos caballos, amarrando las bridas al barandal; y, apoderándose de los corceles, de lindas crines, de Eneas, hízolos pasar de los troyanos a los aqueos de hermosas grebas y entrególos a Deípilo, el compañero a quien más honraba entre los de la misma edad a causa de su prudencia, para que los llevara a las cóncavas naves. Acto continuo el héroe subió al carro, asió las lustrosas riendas y guió solícito hacia el Tidida los caballos de duros cascos. El héroe perseguía con el cruel bronce a Cipris, conociendo que era una deidad débil, no de aquéllas que imperan en el combate de los hombres, como Atenea o Enio, asoladora de ciudades. Tan pronto como llegó a alcanzarla por entre la multitud, el hijo del magnánimo Tideo, calando la afilada pica, rasguñó la tierna mano de la diosa: la punta atravesó el peplo divino, obra de las mismas Gracias, y rompió la piel de la palma. Brotó la sangre divina, o por mejor decir, el icor; que tal es lo que tienen los bienaventurados dioses, pues no comen pan ni beben el negro vino, y por esto carecen de sangre y son llamados inmortales. La diosa, dando una gran voz, apartó a su hijo, que Febo Apolo recibió en sus brazos y envolvió en espesa nube; no fuera que alguno de los dánaos, de ágiles corceles, clavándole el bronce en el pecho, le quitara la vida. Y Diomedes, valiente en el combate, dijo a voz en cuello:

348 -¡Hija de Zeus, retírate del combate y la pelea! ¿No te basta engañar a las débiles mujeres? Creo que, si intervienes en la batalla, te dará horror la guerra, aunque te encuentres a gran distancia de donde la haya.

352 Así dijo. La diosa retrocedió turbada y muy afligida; Iris, de pies veloces como el viento, asiéndola por la mano, la sacó del tumulto cuando ya el dolor la abrumaba y el hermoso cutis se ennegrecía; y como aquélla encontrara al furibundo Ares sentado a la izquierda de la batalla, con la lanza y los veloces caballos envueltos en una nube, se hincó de rodillas y pidióle con instancia los corceles de áureas bridas:

359 -¡Querido hermano! Compadécete de mí y dame los caballos para que pueda volver al Olimpo, a la mansión de los inmortales. Me duele mucho la herida que me infirió un hombre, el Tidida, quien sería capaz de pelear con el padre Zeus.

363 Dijo, y Ares le cedió los corceles de áureas bridas. Afrodita subió al carro con el corazón afligido; Iris se puso a su lado, y tomando las riendas avispó con el látigo a aquéllos, que gozosos alzaron el vuelo. Pronto llegaron a la morada de los dioses, al alto Olimpo; y la diligente Iris, la de pies ligeros como el viento, detuvo los caballos, los desunció del carro y les echó un pasto divino. La diosa Afrodita se refugió en el regazo de su madre Dione; la cual, recibiéndola en los brazos y halagándola con la mano, le dijo:

373 -¿Cuál de los celestes dioses, hija querida, de tal modo te maltrató, como si a su presencia hubieses cometido alguna falta?

375 Respondióle al punto Afrodita, amante de la risa:

376 -Hirióme el hijo de Tideo, Diomedes soberbio, porque sacaba de la liza a mi hijo Eneas, carísimo para mí más que otro alguno. La enconada lucha ya no es sólo de troyanos y aqueos, pues los dánaos ya se atreven a combatir con los inmortales.

381 Contestó Dione, divina entre las diosas:

382 -Sufre el dolor, hija mía, y sopórtalo aunque estés afligida; que muchos de los que habitamos olímpicos palacios hemos tenido que tolerar ofensas de los hombres, a quienes excitamos para causarnos, unos dioses a otros, horribles males.- Las toleró Ares cuando Oto y el fornido Efialtes, hijos de Aloeo, lo tuvieron trece meses atado con fuertes cadenas en una cárcel de bronce: allí pereciera el dios insaciable de combate, si su madrastra, la bellísima Eribea, no lo hubiese participado a Hermes, quien sacó furtivamente de la cárcel a Ares casi exánime, pues las crueles ataduras lo agobiaban.- Las toleró Hera cuando el vigoroso hijo de Anfitrión hirióla en el pecho diestro con trifurcada flecha; vehementísimo dolor atormentó entonces a la diosa.- Y las toleró también el ingente Hades cuando el mismo hijo de Zeus, que lleva la égida, disparándole en Pilos veloz saeta, to entregó al dolor entre los muertos: con el corazón afligido, traspasado de dolor, pues la flecha se le había clavado en la robusta espalda y abatía su ánimo, fue el dios al palacio de Zeus, al vasto Olimpo, y, como no había nacido mortal, curólo Peón, esparciendo sobre la herida drogas calmantes. ¡Osado! ¡Temerario! No se abstenía de cometer acciones nefandas y contristaba con el arco a los dioses que habitan el Olimpo.- A ése lo ha excitado contra ti Atenea, la diosa de ojos de lechuza. ¡Insensato! Ignora el hijo de Tideo que quien lucha con los inmortales ni llega a viejo ni los hijos lo reciben, llamándole padre y abrazando sus rodillas, de vuelta del combate y de la terrible pelea. Aunque es valiente, tema el Tidida que le salga al encuentro alguien más fuerte que tú: no sea que luego la prudente Egialea, hija de Adrasto y cónyuge ilustre de Diomedes, domador de caballos, despierte con su llanto a los domésticos por sentir soledad de su legítimo esposo, el mejor de los aqueos todos.

416 Dijo, y con ambas manos restañó el icor; la mano se curó y los acerbos dolores se calmaron. Atenea y Hera, que lo presenciaban, intentaron zaherir a Zeus Cronida con mordaces palabras; y Atenea, la diosa de ojos de lechuza, empezó a hablar de esta manera:

421 -¡Padre Zeus! ¿Te irritarás conmigo por lo que diré? Sin duda Cipris quiso persuadir a alguna aquea de hermoso peplo a que se fuera con los troyanos, que tan queridos le son; y, acariciándola, áureo broche le rasguñó la delicada mano.

426 Así dijo. Sonrióse el padre de los hombres y de los dioses, y llamando a la áurea Afrodita, le dijo:

428 -A ti, hija mía, no te han sido asignadas las acciones bélicas: dedícate a los dulces trabajos del himeneo, y el impetuoso Ares y Atenea cuidarán de aquéllas.

431 Así los dioses conversaban. Diomedes, valiente en el combate, cerró con Eneas, no obstante comprender que el mismo Apolo extendía la mano sobre él; pues, impulsado por el deseo de acabar con el héroe y despojarlo de las magníficas armas, ya ni al gran dios respetaba. Tres veces asaltó a Eneas con intención de matarlo; tres veces agitó Apolo el refulgente escudo. Y cuando, semejante a un dios, atacaba por cuarta vez, Apolo, el que hiere de lejos, lo increpó con aterradoras voces:

440 -¡Tidida, piénsalo mejor y retírate! No quieras igualarte a las deidades, pues jamás fueron semejantes la raza de los inmortales dioses y la de los hombres que andan por la tierra.

443 Así dijo. El Tidida retrocedió un poco para no atraerse la cólera de Apolo, el que hiere de lejos; y el dios, sacando a Eneas del combate, lo llevó al templo que tenía en la sacra Pérgamo: dentro de éste, Leto y Artemis, que se complace en tirar fechas, curaron al héroe y le aumentaron el vigor y la belleza del cuerpo. En tanto Apolo, que lleva arco de plata, formó un simulacro de Eneas y su armadura; y, alrededor del mismo, troyanos y divinos aqueos chocaban las rodelas de cuero de buey y los alados broqueles que protegían sus cuerpos. Y Febo Apolo dijo entonces al furibundo Ares:

455 -¡Ares, Ares, funesto a los mortales, manchado de homicidios, demoledor de

murallas! ¿Quieres entrar en la liza y sacar a ese hombre, al Tidida, que sería capaz de combatir hasta con el padre Zeus? Primero hirió a Cipris en el puño, y luego, semejante a un dios, cerró conmigo.

460 Cuando esto hubo dicho, sentóse en la excelsa Pérgamo. El funesto Ares, tomando la figura del ágil Acamante, caudillo de los tracios, enardeció a los que militaban en las filas troyanas y exhortó a los ilustres hijos de Príamo, alumnos de Zeus:

464 -¡Hijos del rey Príamo, alumno de Zeus! ¿Hasta cuándo dejaréis que el pueblo perezca a manos de los aqueos? ¿Acaso hasta que el enemigo llegue a las sólidas puertas de los muros? Yace en tierra un varón a quien honrábamos como al divino Héctor: Eneas, hijo del magnánimo Anquises. Ea, saquemos del tumulto al valiente amigo.

470 Con estas palabras les excitó a todos el valor y la fuerza. A su vez, Sarpedón reprendía así al divino Héctor:

472 -¡Héctor! ¿Qué se hizo el valor que antes mostrabas? Dijiste que defenderías la ciudad sin tropas ni aliados, solo, con tus hermanos y tus deudos. De éstos a ninguno veo ni descubrir puedo: temblando están como perros en torno de un león, mientras combatimos los que únicamente somos auxiliares. Yo, que figuro como tal, he venido de muy lejos, de Licia, situada a orillas del voraginoso Janto; allí dejé a mi esposa amada, al tierno infante y riquezas muchas que el menesteroso apetece. Mas, sin embargo de esto y de no tener aquí nada que los aqueos puedan llevarse o apresar, animo a los licios y deseo luchar con ese guerrero; y tú estás parado y ni siquiera exhortas a los demás hombres a que resistan al enemigo y defiendan a sus esposas. No sea que, como si hubierais caído en una red de lino que todo lo envuelve, lleguéis a ser presa y botín de los enemigos, y éstos destruyan vuestra populosa ciudad. Preciso es que lo ocupes en ello día y noche y supliques a los caudillos de los auxiliares venidos de lejas tierras, que resistan firmemente y no se hagan acreedores a graves censuras.

493 Así habló Sarpedón. Sus palabras royéronle el ánimo a Héctor, que en seguida saltó del carro al suelo, sin dejar las armas; y, blandiendo un par de afiladas picas, recorrió el ejército, animóle a combatir y promovió una terrible pelea. Los troyanos volvieron la cara a los aqueos para embestirlos, y los argivos sostuvieron apiñados la acometida y no se arredraron. Como en el abaleo, cuando la rubia Deméter separa el grano de la paja al soplo del viento, el aire lleva el tamo por las sagradas eras y los montones de paja blanquean; del mismo modo los aqueos se tornaban blanquecinos por el polvo que levantaban hasta el cielo de bronce los pies de los corceles de cuantos volvían a encontrarse en la refriega. Los aurigas guiaban los caballos al combate y los guerreros acometían de frente con toda la fuerza de sus brazos. El furibundo Ares cubrió el campo de espesa niebla para socorrer a los troyanos y a todas partes iba; cumpliendo así el encargo que le hizo Febo Apolo, el de la áurea espada, de que excitara el ánimo de aquéllos, cuando vio que Palas Atenea, la protectora de los dánaos, se ausentaba.

512 El dios sacó a Eneas del suntuoso templo; e, infundiendo valor al pastor de hombres, le dejó entre sus compañeros, que se alegraron de verlo vivo, sano y revestido de valor; pero no le preguntaron nada, porque no se lo permitía el combate suscitado por el dios del arco de plata, por Ares, funesto a los mortales, y por la Discordia, cuyo furor es insaciable.

519 Ambos Ayantes, Ulises y Diomedes enardecían a los dánaos en la pelea; y éstos, en vez de atemorizarse ante la fuerza y las voces de los troyanos, aguardábanlos tan firmes como las nubes que el Cronida deja inmóviles en las cimas de los montes durante la calma, cuando duermen el Bóreas y demás vientos fuertes que con sonoro soplo disipan los pardos nubarrones; tan firmemente esperaban los dánaos a los troyanos, sin pensar en la fuga. El Atrida bullía entre la muchedumbre y a todos exhortaba:

529 -¡Oh amigos! ¡Sed hombres, mostrad que tenéis un corazón esforzado y avergonzaos de parecer cobardes en el duro combate! De los que sienten este temor, son más los que se salvan que los que mueren; los que huyen ni alcanzan gloria, ni entre sí se ayudan.

533 Dijo, y despidiendo con ligereza el dardo hirió al caudillo Deicoonte Pergásida, compañero del magnánimo Eneas; a quien veneraban los troyanos como a la prole de Príamo, por su arrojo en pelear en las primeras filas. El rey Agamenón

acertó a darle un bote en el escudo, que no logró detener el dardo; éste lo atravesó, y, rasgando el cinturón, clavóse el bronce en el empeine del guerrero. Deicoonte cayó con estrépito y sus armas resonaron.

541 Eneas mató a dos hijos de Diocles, Cretón y Orsíloco, varones valentísimos, cuyo padre vivía en la bien construida Fera abastado de bienes, y era descendiente del anchuroso Alfeo, que riega el país de los pilios. El Alfeo engendró a Ortíloco, que reinó sobre muchos hombres; Ortíloco fue padre del magnánimo Diocles, y de éste nacieron los dos mellizos Cretón y Orsíloco, diestros en toda especie de combates; quienes, apenas llegados a la juventud, fueron en negras naves y junto con los argivos a Ilio, la de hermosos corceles, para vengar a los Atridas Agamenón y Menelao, y allí hallaron su fin, pues los envolvió la muerte. Como dos leones, criados por su madre en la espesa selva de la cumbre de un monte, devastan los establos, robando bueyes y pingües ovejas, hasta que los hombres los matan con afilado bronce; del mismo modo, aquéllos, que parecían altos abetos, cayeron vencidos por las manos de Eneas.

561 Al verlos derribados en el suelo, condolióse Menelao, caro a Ares, y en seguida, revestido de luciente bronce y blandiendo la lanza, se abrió camino por las primeras filas: Ares le excitaba el valor para que sucumbiera a manos de Eneas. Pero Antíloco, hijo del magnánimo Néstor, que lo advirtió, se fue en pos del pastor de hombres temiendo que le ocurriera algo y les frustrara la empresa. Cuando los dos guerreros, deseosos de pelear, calaban las agudas lanzas para acometerse, colocóse Antíloco muy cerca del pastor de hombres; Eneas, al ver a los dos varones que estaban juntos, aunque era luchador brioso, no se atrevió a esperarlos; y ellos pudieron llevarse hacia los aqueos los cadáveres de aquellos infelices, ponerlos en las manos de sus amigos y volver a combatir en el punto más avanzado.

576 Entonces mataron a Pilémenes, igual a Ares, caudillo de los valientes y escudados paflagones: el Atrida Menelao, famoso por su pica, envasóle la lanza junto a la clavícula. Antíloco hirió de una pedrada en el codo al buen escudero Midón Atimníada, cuando éste revolvía los solípedos caballos -las ebúrneas riendas

cayeron de sus manos al polvo-, y, acometiéndolo con la espada, le dio un tajo en las sienes. Midón, anhelante, cayó del bien construido carro: hundióse su cabeza con el cuello y parte de los hombros en la arena que a11í abundaba, y así permaneció un buen espacio hasta que los corceles, pataleando, lo tiraron al suelo; Antíloco se apoderó del carro, picó a los corceles, y se los llevó al campamento aqueo.

590 Héctor atisbó a los dos guerreros en las filas, arremetió a ellos, gritando, y lo siguieron las fuertes falanges troyanas que capitaneaban Ares y la venerable Enio; ésta promovía el horrible tumulto de la pelea; Ares manejaba una lanza enorme, y ya precedía a Héctor, ya marchaba detrás del mismo.

596 Al verlo, estremecióse Diomedes, valiente en el combate. Como el inexperto viajero, después que ha atravesado una gran llanura, se detiene al llegar a un río de rápida corriente que desemboca en el mar, percibe el murmurio de las espumosas aguas y vuelve con presteza atrás, de semejante modo retrocedió el Tidida, gritando a los suyos:

601 -¡Oh amigos! ¿Cómo nos admiramos de que el divino Héctor sea hábil lancero y audaz luchador? A su lado hay siempre alguna deidad para librarlo de la muerte, y ahora es Ares, transfigurado en mortal, quien lo acompaña. Emprended la retirada, con la cara vuelta hacia los troyanos, y no queráis combatir denodadamente con los dioses.

607 Así dijo. Los troyanos llegaron muy cerca de ellos, y Héctor mató a dos varones diestros en la pelea que iban en un mismo carro: Menestes y Anquíalo. Al verlos derribados por el suelo, compadecióse el gran Ayante Telamonio; y, deteniéndose muy cerca del enemigo, arrojó la pica reluciente a Anfio, hijo de Sélago, que moraba en Peso, era riquísimo en bienes y sembrados y había ido -impulsábale el hado- a ayudar a Príamo y sus hijos. Ayante Telamonio acertó a darle en el cinturón, la larga pica se clavó en el empeine, y el guerrero cayó con estrépito. Corrió el esclarecido Ayante a despojarlo de las armas -los troyanos hicieron llover sobre el héroe agudos relucientes dardos, de los cuales recibió muchos el escudo-, y, poniendo el pie encima del cadáver, arrancó la broncínea lanza; pero no pudo quitarle de los hombros la magnífica

armadura, porque estaba abrumado por los tiros. Temió verse encerrado dentro de un fuerte círculo por los arrogantes troyanos, que en gran número y con valentía le enderezaban sus lanzas; y, aunque era corpulento, vigoroso a ilustre, fue rechazado y hubo de retroceder.

627 Así se portaban éstos en el duro combate. El hado poderoso llevó contra Sarpedón, igual a un dios, a Tlepólemo Heraclida, valiente y de gran estatura. Cuando ambos héroes, hijo y nieto de Zeus, que amontona las nubes, se hallaron frente a frente, Tlepólemo fue el primero en hablar y dijo:

633 -¡Sarpedón, príncipe de los licios! ¿Qué necesidad tienes, no estando ejercitado en la guerra, de venir a temblar? Mienten cuantos afirman que eres hijo de Zeus, que lleva la égida, pues desmereces mucho de los varones engendrados en tiempos anteriores por este dios, como dicen que fue mi intrépido padre, el fornido Heracles, que resistía audazmente y tenía el ánimo de un león; el cual, habiendo venido por los caballos de Laomedonte, con seis solas naves y pocos hombres, consiguió saquear la ciudad y despoblar sus calles. Pero tú eres de ánimo apocado, dejas que las tropas perezcan, y no creo que tu venida de la Licia sirva para la defensa de los troyanos por muy vigoroso que seas; pues, vencido por mí, entrarás por las puertas del Hades.

647 Respondióle Sarpedón, caudillo de los licios:

648 -¡Tlepólemo! Aquél destruyó, con efecto, la sacra Ilio a causa de la perfidia del ilustre Laomedonte, que pagó con injuriosas palabras sus beneficios y no quiso entregarle los caballos por los que había venido de tan lejos. Pero yo te digo que la perdición y la negra muerte de mi mano te vendrán; y muriendo, herido por mi lanza, me darás gloria, y a Hades, el de los famosos corceles, el alma.

655 Así dijo Sarpedón, y Tlepólemo alzó la lanza de fresno. Las luengas lanzas partieron a un mismo tiempo de las manos. Sarpedón hirió a Tlepólemo: la dañosa punta atravesó el cuello, y las tinieblas de la noche velaron los ojos del guerrero. Tlepólemo dio con su gran lanza en el muslo izquierdo de Sarpedón y el bronce penetró con ímpetu hasta el hueso; pero todavía su padre lo libró de la muerte.

663 Los ilustres compañeros de Sarpedón, igual a un dios, sacáronlo del combate, con la gran lanza que, al arrastrarse, le pesaba; pues con la prisa nadie advirtió la lanza de Fresno, ni pensó en arrancársela del muslo, para que aquél pudiera subir al carro. Tanta era la fatiga con que to cuidaban.

668 A su vez, los aqueos, de hermosas grebas, se llevaron del campo a Tlepólemo. El divino Ulises, de ánimo paciente, violo, sintió que se le enardecía el corazón, y revolvió en su mente y en su espíritu si debía perseguir al hijo de Zeus tonante o privar de la vida a muchos licios. No le había concedido el hado al magnánimo Ulises matar con el agudo bronce al esforzado hijo de Zeus, y por esto Atenea le inspiró que acometiera a la multitud de los licios. Mató entonces a Cérano, Alástor, Cromio, Alcandro, Halio, Noemón y Prítanis, y aun a más licios hiciera morir el divino Ulises, si no lo hubiese notado muy presto el gran Héctor, el de tremolante casco; el cual, cubierto de luciente bronce, se abrió calle por los combatientes delanteros a infundió terror a los dánaos. Holgóse de su llegada Sarpedón, hijo de Zeus, y profirió estas lastimeras palabras:

684 -¡Priámida! No permitas que yo, tendido en el suelo, llegue a ser presa de los dánaos; socórreme y pierda la vida luego en vuestra ciudad, ya que no he de alegrar, volviendo a mi casa y a la patria tierra, ni a mi esposa querida ni al tierno infante.

689 Así dijo. Héctor, el de tremolante casco, pasó corriendo, sin responderle, porque ardía en deseos de rechazar cuanto antes a los argivos y quitar la vida a muchos guerreros. Los ilustres camaradas de Sarpedón, igual a un dios, lleváronlo al pie de una hermosa encina consagrada a Zeus, que lleva la égida; y el valeroso Pelagonte, su compañero amado, le arrancó del muslo la lanza de fresno. Amortecido quedó el héroe y obscura niebla cubrió sus ojos; pero pronto volvió en su acuerdo, porque el soplo del Bóreas lo reanimó cuando ya apenas respirar podía.

699 Los argivos, al acometerlos Ares y Héctor armado de bronce, ni se volvían hacia las negras naves, ni rechazaban el ataque, sino que se batían en retirada desde que supieron que aquel dios se hallaba con los troyanos.

703 ¿Cuál fue el primero, cuál el último de los que entonces mataron Héctor, hijo de Príamo, y el broncíneo Ares? Teutrante, igual a un dios; Orestes, aguijador de caballos; Treco, lancero etolio; Enómao; Héleno Enópida y Oresbio, el de tremolante mitra, quien, muy ocupado en cuidar de sus bienes, moraba en Hila, a orillas del lago Cefisis, con otros beocios que constituían un opulento pueblo.

711 Cuando Hera, la diosa de níveos brazos, vio que ambos mataban a muchos argivos en el duro combate, dijo a Atenea estas aladas palabras:

714 -¡Oh dioses! ¡Hija de Zeus, que lleva la égida! ¡Indómita! Vana será la promesa que hicimos a Menelao de que no se iría sin destruir la bien murada Ilio, si dejamos que el pernicioso Ares ejerza sus furores. Ea, pensemos en prestar al héroe poderoso auxilio.

719 Dijo; y Atenea, la diosa de ojos de lechuza, no desobedeció. Hera, deidad veneranda hija del gran Crono, aparejó los corceles con sus áureas bridas, y Hebe puso diligentemente en el férreo eje, a ambos lados del carro, las corvas ruedas de bronce que tenían ocho rayos. Era de oro la indestructible pina, de bronce las ajustadas admirables llantas, y de plata los torneados cubos. El asiento descansaba sobre tiras de oro y de plata, y un doble barandal circundaba el carro. Por delante salía argéntea lanza, en cuya punta ató la diosa un hermoso yugo de oro con bridas de oro también; y Hera, que anhelaba el combate y la pelea, unció los corceles de pies ligeros.

733 Atenea, hija de Zeus, que lleva la égida, dejó caer al suelo, en el palacio de su padre, el hermoso peplo bordado que ella misma había tejido y labrado con sus manos; vistió la túnica de Zeus, que amontona las nubes, y se armó para la luctuosa guerra. Suspendió de sus hombros la espantosa égida floqueada que el terror corona: allí están la Discordia, la Fuerza y la Persecución horrenda; a11í la cabeza de la Gorgona, monstruo cruel y horripilante, portento de Zeus, que lleva la égida. Cubrió su cabeza con áureo casco de doble cimera y cuatro abolladuras, apto para resistir a la infantería de cien ciudades. Y, subiendo al flamante carro, asió la lanza ponderosa, larga, fornida, con que la hija del prepotente padre destruye filas enteras de héroes cuando contra ellos monto en cólera. Hera picó con el látigo a los corceles, y de propio impulso abriéronse rechinando las puertas del cielo de que cuidan las Horas -a ellas está confiado el espacioso cielo y el Olimpo- para remover o colocar delante la densa nube. Por a11í, por entre las puertas, dirigieron los corceles dóciles al látigo y hallaron al Cronión, sentado aparte de los otros dioses, en la más alta de las muchas cumbres del Olimpo. Hera, la diosa de los níveos brazos, detuvo entonces los corceles, para hacer esta pregunta al excelso Zeus Cronida:

757 -¡Padre Zeus! ¿No te indignas contra Ares al presenciar sus atroces hechos? ¡Cuántos y cuáles varones aqueos ha hecho perecer temeraria a injustamente! Yo me afijo, y Cipris y Apolo, que lleva arco de plata, se alegran de haber excitado a ese loco que no conoce ley alguna. Padre Zeus, ¿te irritarás conmigo si a Ares le ahuyento del combate causándole funestas heridas?

764 Respondióle Zeus, que amontona las nubes:

765 -Ea, aguija contra él a Atenea, que impera en las batallas, pues es quien suele causarle más vivos dolores.

767 Así dijo. Hera, la diosa de los níveos brazos, le obedeció, y picó a los corceles, que volaron gozosos entre la tierra y el estrellado cielo. Cuanto espacio alcanza a ver el que, sentado en alta cumbre, fija sus ojos en el vinoso ponto, otro tanto salvan de un brinco los caballos, de sonoros relinchos, de los dioses. Tan luego como ambas deidades llegaron a Troya, Hera, la diosa de los níveos brazos, paró el carro en el lugar donde los dos ríos Simoente y Escamandro juntan sus aguas; desunció los corceles, cubriólos de espesa niebla, y el Simoente hizo nacer la ambrosía para que pacieran.

778 Las diosas empezaron a andar, semejantes en el paso a tímidas palomas, impacientes por socorrer a los argivos. Cuando llegaron al sitio donde estaba el fuerte Diomedes, domador de caballos, con los más y mejores de los adalides que parecían carniceros leones o puercos monteses, cuya fuerza es grande, se detuvieron; y Hera, la diosa de los níveos brazos, tomando el aspecto del magnánimo Esténtor, que tenía vozarrón de bronce y gritaba tanto como otros cincuenta, exclamó:

787 -¡Qué vergüenza, argivos, hombres sin dignidad, admirables sólo por la figura! Mientras

el divino Aquiles asistía a las batallas, los troyanos, amedrentados por su formidable pica, no pasaban de las puertas dardanias; y ahora combaten lejos de la ciudad, junto a las cóncavas naves.

792 Con tales palabras les excitó a todos el valor y la fuerza. Atenea, la diosa de ojos de lechuza, fue en busca del Tidida y halló a este príncipe junto a su carro y sus corceles, refrescando la herida que Pándaro con una flecha le había causado. El sudor le molestaba debajo de la ancha abrazadera del redondo escudo, cuyo peso sentía el héroe; y, alzando éste con su cansada mano la correa, se enjugaba la denegrida sangre. La diosa apoyó la diestra en el yugo de los caballos y dijo:

800 -¡Cuán poco se parece a su padre el hijo de Tideo! Era éste de pequeña estatura, pero belicoso. Y aunque no le dejase combatir ni señalarse -como en la ocasión en que, habiendo ido por embajador a Teba, se encontró lejos de los suyos entre multitud de cadmeos y le di orden de que comiera tranquilo en el palacio-, conservaba siempre su espíritu valeroso, y, desafiando a los jóvenes cadmeos, los vencía fácilmente en toda clase de luchas. ¡De tal modo lo protegía! Ahora es a ti a quien asisto y defiendo, exhortándote a pelear animosamente con los troyanos. Mas, o el excesivo trabajo de la guerra ha fatigado tus miembros, o te domina el exánime terror. No, tú no eres el hijo del aguerrido Tideo Enida.

814 Y, respondiéndole, el fuerte Diomedes le dijo:

815 -Te conozco, oh diosa, hija de Zeus, que lleva la égida. Por esto te hablaré gustoso, sin ocultarte nada. No me domina el exánime terror ni flojedad alguna; pero recuerdo todavía las órdenes que me diste. No me dejabas combatir con los bienaventurados dioses; pero, si Afrodita, hija de Zeus, se presentara en la pelea, debía herirla con el agudo bronce, Pues bien: ahora retrocedo y he mandado que todos los argivos se replieguen aquí, porque comprendo que Ares impera en la batalla.

825 Contestóle Atenea, la diosa de ojos de lechuza:

826 -¡Diomedes Tidida, carísimo a mi corazón! No temas a Ares ni a ninguno de los inmortales; tanto te voy a ayudar. Ea, endereza los solípedos

caballos a Ares el primero, hiérele de cerca y no respetes al furibundo dios, a ese loco voluble y nacido para dañar, que a Hera y a mí nos prometió combatir contra los troyanos en favor de los argivos y ahora está con aquéllos y se ha olvidado de sus palabras.

835 Apenas hubo dicho estas palabras, asió de la mano a Esténelo, que saltó diligente del carro a tierra. Montó la enardecida diosa, colocándose al lado del ilustre Diomedes, y el eje de encina recrujió a causa del peso porque llevaba a una diosa terrible y a un varón fortísimo. Palas Atenea, habiendo recogido el látigo y las riendas, guió los solípedos caballos hacia Ares el primero; el cual quitaba la vida al gigantesco Perifante, preclaro hijo de Oquesio y el más valiente de los etolios. A tal varón mataba Ares, manchado de homicidios; y Atenea se puso el casco de Hades para que el furibundo dios no la conociera.

846 Cuando Ares, funesto a los mortales, vio al ilustre Diomedes, dejó al gigantesco Perifante tendido donde le había muerto y se encaminó hacia Diomedes, domador de caballos. Al hallarse a corta distancia, Ares, que deseaba quitar la vida a Diomedes, le dirigió la broncínea lanza por cima del yugo y las riendas; pero Atenea, la diosa de ojos de lechuza, cogiéndola y alejándola del carro, hizo que aquél diera el golpe en vano. A su vez Diomedes, valiente en el combate, atacó a Ares con la broncínea lanza, y Palas Atenea, apuntándola a la ijada del dios, donde el cinturón le ceñía, hirióle, desgarró el hermoso cutis y retiró el arma. El broncíneo Ares clamó como gritarían nueve o diez mil hombres que en la guerra llegaran a las manos; y temblaron, amedrentados, aqueos y troyanos. ¡Tan fuerte bramó Ares, insaciable de combate!

864 Cual vapor sombrío que se desprende de las nubes por la acción de un impetuoso viento abrasador, tal le parecía a Diomedes Tidida el broncíneo Ares cuando, cubierto de niebla, se dirigía al anchuroso cielo. El dios llegó en seguida al alto Olimpo, mansión de las deidades; se sentó, con el corazón afligido, al lado de Zeus Cronión, mostró la sangre inmortal que manaba de la herida, y suspirando dijo estas aladas palabras:

872 -¡Padre Zeus! ¿No te indignas al presenciar tan atroces hechos? Siempre los dioses hemos padecido males horribles que recíprocamente nos causamos para complacer a los hombres;

pero todos estamos airados contigo, porque engendraste una hija loca, funesta, que sólo se ocupa en acciones inicuas. Cuantos dioses hay en el Olimpo, todos te obedecen y acatan; pero a ella no la sujetas con palabras ni con obras, sino que la instigas, por ser tú el padre de esa hija perniciosa que ha movido al insolente Diomedes, hijo de Tideo, a combatir, en su furia, con los inmortales dioses. Primero hirió de cerca a Cipris en el puño, y después, cual si fuese un dios, arremetió contra mí. Si no llegan a salvarme mis ligeros pies, hubiera tenido que sufrir padecimientos durante largo tiempo entre espantosos montones de cadáveres, o quedar inválido, aunque vivo, a causa de las heridas que me hiciera el bronce.

888 Mirándolo con torva faz, respondió Zeus, que amontona las nubes:

889 -¡Inconstante! No te lamentes, sentado junto a mí, pue me eres más odioso que ningún otro de los dioses del Olimpo. Siempre te han gustado las riñas, luchas y peleas, y tienes el espíritu soberbio, que nunca cede, de tu madre Hera a quien apenas puedo dominar con mis palabras. Creo que cuanto te ha ocurrido lo debes a sus consejos. Pero no permitiré que los dolores te atormenten, porque eres de mi linaje y para mí te parió tu madre. Si, siendo tan perverso hubieses nacido de algún otro dios, tiempo ha que estaría en un abismo más profundo que el de los hijos de Urano

899 Dijo, y mandó a Peón que lo curara. Éste lo sanó, aplicándole drogas calmantes; que nada mortal en él había. Como el jugo cuaja la blanca y líquida leche cuando se le mueve rápidamente con ella, con igual presteza curó aquél al furibundo Ares, a quien Hebe lavó y puso lindas vestiduras. Y el dios se sentó al lado de Zeus Cronión, ufano de s gloria.

907 Hera argiva y Atenea alalcomenia regresaron también al palacio del gran Zeus, cuando hubieron conseguido que Ares, funesto a los mortales, de matar hombres se abstuviera.

Ejercicios: Capítulos 1- 5

1- Haz una lista con los personajes que aparecen en el capitulo:

2- Señala los personajes que consideres más importantes, y explica por qué:

_____

_____

_____

_____

_____

_____

_____

_____

_____

_____

_____

_____

_____

3- Escribe una breve reseña biográfica acerca de los personajes que consideraste más importantes:

_____

_____

_____

_____

_____

_____

_____

_____

_____

_____

_____

_____

_____

4- Describe los sucesos y acontecimientos más importantes del capítulo:

_____

_____

_____

_____

_____

_____

_____

_____

_____
_____
_____
_____
_____
_____
_____
_____
_____

5- Si pudieras aconsejar a los personajes, ¿Qué consejos les darías –y por qué?

_____
_____
_____
_____
_____
_____
_____
_____

6- Haz una lista con los puntos que consideras más importantes:

_____
_____
_____
_____
_____
_____
_____
_____
_____

7- ¿Qué diálogos te parecen más interesantes?

_____
_____

_____
_____
_____
_____
_____
_____
_____
_____
_____
_____
_____
_____
_____

8- ¿Qué palabras tuviste que buscar en el diccionario?

_____
_____
_____
_____
_____

9- ¿Cuál es tu opinión personal acerca de esta lectura?

_____
_____
_____
_____
_____
_____
_____
_____
_____

CANTO VI*

Coloquio de Héctor y Andrómaca

* Entre los segundos, los troyanos, Héctor, que ha regresado a Troya para ordenar que las mujeres se congracien con Atenea con plegarias y ofrendas, cuando vuelve al campo de batalla, se encuentra con su esposa y con su hijo, aún de tierna edad. Y se destaca el comportamiento de Héctor, héroe inocente que se sacrifica por Troya, y de Paris, culpable y egoísta, que sólo piensa en él.

1 Quedaron solos en la batalla horrenda troyanos y aqueos, que se arrojaban broncíneas lanzas; y la pelea se extendía, acá y acullá de la llanura, entre las corrientes del Simoente y del Janto.

5 Ayante Telamonio, antemural de los aqueos, rompió el primero la falange troyana a hizo aparecer la aurora de la salvación entre los suyos, hiriendo de muerte al tracio más denodado, al alto y valiente Acamante, hijo de Eusoro. Acertóle en la cimera del casco guarnecido con crines de caballo, la lanza se clavó en la frente, la broncínea punta atravesó el hueso y las tinieblas cubrieron los ojos del guerrero.

12 Diomedes, valiente en el combate, mató a Axilo Teutránida, que, abastado de bienes, moraba en la bien construida Arisbe; y era muy amigo de los hombres, porque en su casa, situada cerca del camino, a todos les daba hospitalidad. Pero ninguno de ellos vino entonces a librarlo de la lúgubre muerte, y Diomedes le quitó la vida a él y a su escudero Calesio, que gobernaba los caballos. Ambos penetraron en el seno de la tierra.

20 Euríalo dio muerte a Dreso y Ofeltio, y fuese tras Esepo y Pédaso, a quienes la náyade Abarbárea había concebido en otro tiempo del eximio Bucolión, hijo primogénito y bastardo del ilustre Laomedonte (Bucolión apacentaba ovejas y tuvo amoroso consorcio con la ninfa, la cual quedó encinta y dio a luz a los dos mellizos): el Mecisteida acabó con el valor de ambos, privó de vigor a sus bien formados miembros y les quitó la armadura de los hombros.

29 El belicoso Polipetes dejó sin vida a Astíalo; Ulises, con la broncínea lanza, a Pidites percosio;

y Teucro, a Aretaón divino. Antíloco Nestórida mató con la pica reluciente a Ablero; Agamenón, rey de hombres, a Élato, que habitaba en la excelsa Pédaso, a orillas del Satnioente, de hermosa corriente; el héroe Leito, a Fílaco mientras huía; y Eurípilo, a Melantio.

37 Menelao, valiente en la pelea, cogió vivo a Adrasto, cuyos caballos, corriendo despavoridos por la llanura, chocaron con las ramas de un tamarisco, rompieron el corvo carro por el extremo del timón, y se fueron a la ciudad con los que huían espantados. El héroe cayó al suelo y dio de boca en el polvo junto a la rueda; acercósele Menelao Atrida con la ingente lanza, y aquél, abrazando sus rodillas, así le suplicaba:

46 -Hazme prisionero, hijo de Atreo, y recibirás digno rescate. Muchas cosas de valor tiene mi opulento padre en casa: bronce, oro, hierro labrado; con ellas te pagaría inmenso rescate, si supiera que estoy vivo en las naves aqueas.

51 Así dijo, y le conmovió el corazón. E iba Menelao a ponerlo en manos del escudero, para que lo llevara a las veleras naves aqueas, cuando Agamenón corrió a su encuentro y lo increpó diciendo:

55 -¡Ah, bondoso! ¡Ah, Menelao! ¿Por qué así te apiadas de estos hombres? ¡Excelentes cosas hicieron los troyanos en tu casa! Ninguno de los que caigan en nuestras manos se libre de tener nefanda muerte, ni siquiera el que la madre lleve en el vientre, ni ése escape! ¡Perezcan todos los de Ilio, sin que sepultura alcancen ni memoria dejen!

61 Así diciendo, cambió la mente de su hermano con la oportuna exhortación. Repelió Menelao al héroe Adrasto, que, herido en el ijar por el rey Agamenón, cayó de espaldas. El Atrida le puso el pie en el pecho y le arrancó la lanza.

66 Néstor, en tanto, animaba a los argivos, dando grandes voces:

67 -¡Oh queridos, héroes dánaos, servidores de Ares! Nadie se quede atrás para recoger despojos y volver, llevando los más que pueda, a las naves; ahora matemos hombres y luego con más tranquilidad despojaréis en la llanura los cadáveres de cuantos mueran.

72 Así diciendo les excitó a todos el valor y la fuerza. Y los troyanos hubieran vuelto a entrar en Ilio, acosados por los belicosos aqueos y vencidos por su cobardía, si Heleno Priámida, el mejor de

52

los augures, no se hubiese presentado a Eneas y a Héctor para decirles:

77 -¡Eneas y Héctor! Ya que el peso de la batalla gravita principalmente sobre vosotros entre los troyanos y los licios, porque sois los primeros en toda empresa, ora se trate de combatir, ora de razonar, quedaos aquí, recorred las filas, y detened a los guerreros antes que se encaminen a las puertas, caigan huyendo en brazos de las mujeres y sean motivo de gozo para los enemigos. Cuando hayáis reanimado todas las falanges, nosotros, aunque estamos muy abatidos, nos quedaremos aquí a pelear con los dánaos porque la necesidad nos apremia. Y tú, Héctor, ve a la ciudad y di a nuestra madre que llame a las venerables matronas; vaya con ellas al templo dedicado a Atenea, la de ojos de lechuza, en la acrópolis; abra con la llave la puerta del sacro recinto; ponga sobre las rodillas de la deidad, de hermosa cabellera, el peplo que mayor sea, más lindo le parezca y más aprecie de cuantos haya en el palacio, y le vote sacrificar en el templo doce vacas de un año, no sujetas aún al yugo, si apiadándose de la ciudad y de las esposas y tiernos niños de los troyanos, aparta de la sagrada Ilio al hijo de Tideo, feroz guerrero, cuya bravura causa nuestra derrota y a quien tengo por el más esforzado de los aqueos todos. Nunca temimos tanto ni al mismo Aquiles, príncipe de hombres, que es, según dicen, hijo de una diosa. Con gran furia se mueve el hijo de Tideo y en valentía nadie te iguala.

102 Así dijo; y Héctor obedeció a su hermano. Saltó del carro al suelo sin dejar las armas; y, blandiendo dos puntiagudas lanzas, recorrió el ejército por todas partes, animólo a combatir y promovió una terrible pelea. Los troyanos volvieron la cara y afrontaron a los argivos; y éstos retrocedieron y dejaron de matar, figurándose que alguno de los inmortales habría descendido del estrellado cielo para socorrer a aquéllos; de tal modo se volvieron. Y Héctor exhortaba a los troyanos diciendo en alta voz:

111 -¡Animosos troyanos, aliados de lejas tierras venidos! Sed hombres, amigos, y mostrad vuestro impetuoso valor, mientras voy a Ilio y encargo a los respetables próceres y a nuestras esposas que oren y ofrezcan hecatombes a los dioses.

116 Dicho esto, Héctor, el de tremolante casco, partió; y la negra piel que orlaba el abollonado escudo como última franja le batía el cuello y los talones.

119 Glauco, vástago de Hipóloco, y el hijo de Tideo, deseosos de combatir, fueron a encontrarse en el espacio que mediaba entre ambos ejércitos. Cuando estuvieron cara a cara, Diomedes, valiente en la pelea, dijo el primero:

123-¿Cuál eres tú, guerrero valentísimo, de los mortales hombres? Jamás te vi en las batallas, donde los varones adquieren gloria, pero al presente a todos los vences en audacia cuando te atreves a esperar mi fornida lanza. ¡Infelices de aquéllos cuyos hijos se oponen a mi furor! Mas si fueses inmortal y hubieses descendido del cielo, no quisiera yo luchar con dioses celestiales. Poco vivió el fuerte Licurgo, hijo de Driante, que contendía con las celestes deidades: persiguió en los sacros montes de Nisa a las nodrizas de Dioniso, que estaba agitado por el delirio báquico, las cuales tiraron al suelo los tirsos al ver que el homicida Licurgo las acometía con la aguijada; el dios, espantado, se arrojó al mar, y Tetis le recibió en su regazo, despavorido y agitado por fuerte temblor por la amenaza de aquel hombre; pero los felices dioses se irritaron contra Licurgo, cególe el hijo de Crono y su vida no fue larga, porque se había hecho odioso a los inmortales todos. Con los bienaventurados dioses no quisiera combatir; pero, si eres uno de los mortales que comen los frutos de la tierra, acércate para que más pronto llegues al término de tu perdición.

144 Respondióle el preclaro hijo de Hipóloco:

145 -¡Magnánimo Tidida! ¿Por qué me interrogas sobre el abolengo? Cual la generación de las hojas, así la de los hombres. Esparce el viento las hojas por el suelo, y la selva, reverdeciendo, produce otras al llegar la primavera: de igual suerte, una generación humana nace y otra perece. Pero ya que deseas saberlo, te diré cuál es mi linaje, de muchos conocido. Hay una ciudad llamada Éfira en el riñón de Argos, criadora de caballos, y en ella vivía Sísifo Eólida, que fue el más ladino de los hombres. Sísifo engendró a Glauco, y éste al eximio Belerofonte, a quien los dioses concedieron gentileza y envidiable valor. Mas Preto, que era muy poderoso entre los argivos,

pues Zeus los había sometido a su cetro, hízole blanco de sus maquinaciones y to echó de la ciudad. La divina Antea, mujer de Preto, había deseado con locura juntarse clandestinamente con Belerofonte; pero no pudo persuadir al prudente héroe, que sólo pensaba en cosas honestas, y mintiendo dijo al rey Preto: «¡Preto! Ojalá te mueras, o mata a Belerofonte, que ha querido juntarse conmigo, sin que yo lo deseara.» Así dijo. El rey se encendió en ira al oírla; y, si bien se abstuvo de matar a aquél por el religioso temor que sintió su corazón, le envió a la Licia; y, haciendo mortíferas señales en una tablita que se doblaba, entrególe los perniciosos signos con orden de que los mostrase a su suegro para que éste lo perdiera. Belerofonte, poniéndose en camino debajo del fausto patrocinio de los dioses, llegó a la vasta Licia y a la corriente del Janto: el rey recibióle con afabilidad, hospedóle durante nueve días y mandó matar otros tantos bueyes; pero, al aparecer por décima vez la Aurora, la de rosáceos dedos, lo interrogó y quiso ver la nota que de su yerno Preto le traía. Y así que tuvo la funesta nota, ordenó a Belerofonte que lo primero de todo matara a la ineluctable Quimera, ser de naturaleza no humana, sino divina, con cabeza de león, cola de dragón y cuerpo de cabra, que respiraba encendidas y horribles llamas; y aquél le dio muerte, alentado por divinales indicaciones. Luego tuvo que luchar con los afamados sólimos, y decía que éste fue el más recio combate que con hombres sostuvo. En tercer lugar quitó la vida a las varoniles amazonas. Y, cuando regresaba a la ciudad, el rey, urdiendo otra dolosa trama, armóle una celada con los varones más fuertes que halló en la espaciosa Licia; y ninguno de éstos volvió a su casa, porque a todos les dio muerte. el eximio Belerofonte. Comprendió el rey que el héroe era vástago ilustre de alguna deidad y lo retuvo allí, lo casó con su hija y compartió con él la dignidad regia; los licios, a su vez, acotáronle un hermoso campo de frutales y sembradío que a los demás aventajaba, para que pudiese cultivarlo. Tres hijos dio a luz la esposa del aguerrido Belerofonte: Isandro, Hipóloco y Laodamia; y ésta, amada por el próvido Zeus, dio a luz al deiforme Sarpedón, que lleva armadura de bronce. Cuando Belerofonte se atrajo el odio de todas las deidades, vagaba solo por los campos de Alea, ro-

yendo su ánimo y apartándose de los hombres; Ares, insaciable de pelea, hizo morir a Isandro en un combate con los afamados sólimos, y Artemis, la que usa riendas de oro, irritada, mató a su hija. A mí me engendró Hipóloco -de éste, pues, soy hijo- y envióme a Troya, recomendándome muy mucho que descollara y sobresaliera siempre entre todos y no deshonrase el linaje de mis antepasados, que fueron los hombres más valientes de Efira y la extensa Licia. Tal alcurnia y tal sangre me glorío de tener.

212 Así dijo. Alegróse Diomedes, valiente en el combate; y, clavando la pica en el almo suelo, respondió con cariñosas palabras al pastor de hombres:

213 -Pues eres mi antiguo huésped paterno, porque el divino Eneo hospedó en su palacio al eximio Belorofonte, le tuvo consigo veinte días y ambos se obsequiaron con magníficos presentes de hospitalidad. Eneo dio un vistoso tahalí teñido de púrpura, y Belerofonte una áurea copa de doble asa, que en mi casa quedó cuando me vine. A Tideo no lo recuerdo; dejóme muy niño al salir para Teba, donde pereció el ejército aqueo. Soy, por consiguiente, tu caro huésped en el centro de Argos, y tú lo serás mío en la Licia cuando vaya a to pueblo. En adelante no nos acometamos con la lanza por entre la turba. Muchos troyanos y aliados ilustres me restan, para matar a quien, por la voluntad de un dios, alcance en la carrera; y asimismo te quedan muchos aqueos, para quitar la vida a quien te sea posible. Y ahora troquemos la armadura, a fin de que sepan todos que de ser huéspedes paternos nos gloriamos.

232 Habiendo hablado así, descendieron de los carros y se estrecharon la mano en prueba de amistad. Entonces Zeus Cronida hizo perder la razón a Glauco; pues permutó sus armas por las de Diomedes Tidida, las de oro por las de bronce, las valoradas en cien bueyes por las que en nueve se apreciaban.

237 Al pasar Héctor por la encina y las puertas Esceas, acudieron corriendo las esposas a hijas de los troyanos y preguntáronle por sus hijos, hermanos, amigos y esposos; y él les encargó que unas tras otras orasen a los dioses, porque para muchas eran inminentes las desgracias.

242 Cuando llegó al magnífico palacio de Príamo, provisto de bruñidos pórticos (en él había cincuenta cámaras de pulimentada piedra,

seguidas, donde dormían los hijos de Príamo con sus legítimas esposas; y enfrente, dentro del mismo patio, otras doce construidas igualmente con sillares, continuas y techadas, donde se acostaban los yernos de Príamo y sus castas mujeres), le salió al encuentro su alma madre que iba en busca de Laódice, la más hermosa de las princesas; y, asiéndole de la mano, le dijo:

254 -¡Hijo! ¿Por qué has venido, dejando el áspero combate? Sin duda los aqueos, de aborrecido nombre, deben de estrecharnos, combatiendo alrededor de la ciudad, y tu corazón lo ha impulsado a volver con el fin de levantar desde la acrópolis las manos a Zeus. Pero, aguarda, traeré vino dulce como la miel para que primeramente lo libes al padre Zeus y a los demás inmortales, y luego te aproveche también a ti, si bebes. El vino aumenta mucho el vigor del hombre fatigado y tú lo estás de pelear por los tuyos.

263 Respondióle el gran Héctor, el de tremolante casco:

264 -No me des vino dulce como la miel, veneranda madre; no sea que me enerves y me prives del valor, y yo me olvide de mi fuerza. No me atrevo a libar el negro vino en honor de Zeus sin lavarme las manos, ni es lícito orar al Cronión, el de las sombrías nubes, cuando uno está manchado de sangre y polvo. Pero tú congrega a las matronas, llévate perfumes, y, entrando en el templo de Atenea, que impera en las batallas, pon sobre las rodillas de la deidad de hermosa cabellera el peplo mayor, más lindo y que más aprecies de cuantos haya en el palacio; y vota a la diosa sacrificar en su templo doce vacas de un año, no sujetas aún al yugo, si, apiadándose de la ciudad y de las esposas y tiernos niños de los troyanos, aparta de la sagrada Ilio al hijo de Tideo, feroz guerrero, cuya valentía causa nuestra derrota. Encamínate, pues, al templo de Atenea, que impera en las batallas, y yo iré a la casa de Paris a llamarlo, si me quiere escuchar. ¡Así la tierra se lo tragara! Criólo el Olímpico como una gran plaga para los troyanos y el magnánimo Príamo y sus hijos. Creo que, si le viera descender al Hades, mi alma se olvidaría de los enojosos pesares.

286 Así dijo. Hécuba, volviendo al palacio, llamó a las esclavas, y éstas anduvieron por la ciudad y congregaron a las matronas; bajó luego al fragante aposento donde se guardaban los peplos bordados, obra de las mujeres que se había llevado de Sidón el deiforme Alejandro en el mismo viaje por el ancho ponto en que se llevó a Helena, la de nobles padres; tomó, para ofrecerlo a Atenea, el peplo mayor y más hermoso por sus bordaduras, que resplandecía como un astro y se hallaba debajo de todos, y partió acompañada de muchas matronas.

297 Cuando llegaron a la acrópolis, abrióles las puertas del templo de Atenea Teano, la de hermosas mejillas, hija de Ciseide y esposa de Anténor, domador de caballos, a la cual habían elegido los troyanos sacerdotisa de Atenea. Todas, con lúgubres lamentos, levantaron las manos a la diosa. Teano, la de hermosas mejillas, tomó el peplo, lo puso sobre las rodillas de Atenea, la de hermosa cabellera, y orando rogó así a la hija del gran Zeus:

305 -¡Veneranda Atenea, protectora de la ciudad, divina entre las diosas! ¡Quiébrale la lanza a Diomedes y concédenos que caiga de pechos en el suelo, ante las puertas Esceas, para que to sacrifiquemos en este templo doce vacas de un año, no sujetas aún al yugo, si de este modo to apiadas de la ciudad y de las esposas y tiernos niños de los troyanos!

311 Así dijo rogando, pero Palas Atenea no accedió. Mientras invocaban de este modo a la hija del gran Zeus, Héctor se encaminó al magnífico palacio que para Alejandro había labrado él mismo con los más hábiles constructores de la fértil Troya; éstos le hicieron una cámara nupcial, una sala y un patio, en la acrópolis, cerca de los palacios de Príamo y de Héctor. A11í entró Héctor, caro a Zeus, llevando una lanza de once codos, cuya broncínea y reluciente punta estaba sujeta por áureo anillo. En la cámara halló a Alejandro que acicalaba las magníficas armas, escudo y coraza, y probaba el corvo arco; y a la argiva Helena, que, sentada entre sus esclavas, ocupábalas en primorosas labores. Y en viendo a aquél, increpólo con injuriosas palabras:

326 -¡Desgraciado! No es decoroso que guardes en el corazón ese rencor. Los hombres perecen combatiendo al pie de los altos muros de la ciudad; el bélico clamor y la lucha se encendieron por tu causa alrededor de nosotros, y tú mismo reconvendrías a quien cejara en la pelea

horrenda. Ea, levántate. No sea que la ciudad llegue a ser pasto de las voraces llamas.

332 Respondióle el deiforme Alejandro:

333 -¡Héctor! Justos y no excesivos son tus baldones, y por lo mismo voy a contestarte. Atiende y óyeme. Permanecía aquí, no tanto por estar airado o resentido con los troyanos, cuanto porque deseaba entregarme al dolor. En este instante mi esposa me exhortaba con blandas palabras a volver al combate; y también a mí me parece preferible, porque la victoria tiene sus alternativas para los guerreros. Ea, pues, aguarda, y visto las marciales armas; o vete y te sigo, y creo que lograré alcanzarte.

342 Así dijo. Héctor, el de tremolante casco, nada contestó. Y Helena hablóle con dulces palabras:

3- -¡Cuñado mío, de esta perra maléfica y abominable! ¡Ojalá que, cuando mi madre me dio a luz, un viento tempestuoso se me hubiese llevado al monte o al estruendoso mar, para hacerme juguete de las olas, antes que tales hechos ocurrieran! Y ya que los dioses determinaron causar estos males, debió tocarme ser esposa de un varón más fuerte, a quien dolieran la indignación y los muchos baldones de los hombres. Éste ni tiene firmeza de ánimo ni la tendrá nunca, y creo que recogerá el debido fruto. Pero entra y siéntate en esta silla, cuñado, que la fatiga te oprime el corazón por mí, perra, y por la falta de Alejandro; a quienes Zeus nos dio mala suerte a fin de que a los venideros les sirvamos de asunto para sus cantos.

359 Respondióle el gran Héctor, el de tremolante casco:

360-No me ofrezcas asiento, Helena, aunque me aprecies, pues no lograrás persuadirme: ya mi corazón desea socorrer a los troyanos que me aguardan con impaciencia. Pero tú haz levantar a ése y él mismo se dé prisa para que me alcance dentro de la ciudad, mientras voy a mi casa y veo a los criados, a la esposa querida y al tierno niño; que ignoro si volveré de la batalla, o los dioses dispondrán que sucumba a manos de los aqueos.

369 Apenas hubo dicho estas palabras, Héctor, el de tremolante casco, se fue. Llegó en seguida a su palacio, que abundaba de gente, mas no encontró a Andrómaca, la de níveos brazos, pues con el niño y la criada de hermoso peplo estaba en la torre llorando y lamentándose. Héctor,

como no hallara dentro a su excelente esposa, detúvose en el umbral y habló con las esclavas:

376 -¡Ea, esclavas, decidme la verdad! ¿Adónde ha ido Andrómaca, la de níveos brazos, desde el palacio? ¿A visitar a mis hermanas o a mis cuñadas de hermosos peplos? ¿O, acaso, al templo de Atenea, donde las troyanas, de lindas trenzas, aplacan a la terrible diosa?

381 Respondióle con estas palabras la fiel despensera:

382 -¡Héctor! Ya que tanto nos mandas decir la verdad, no fue a visitar a tus hermanas ni a tus cuñadas de hermosos peplos, ni al templo de Atenea, donde las troyanas, de lindas trenzas, aplacan a la terrible diosa, sino que subió a la gran torre de Ilio, porque supo que los troyanos llevaban la peor parte y era grande el ímpetu de los aqueos. Partió hacia la muralla, ansiosa, como loca, y con ella se fue la nodriza que lleva el niño.

390 Así habló la despensera, y Héctor, saliendo presuroso de la casa, desanduvo el camino por las bien trazadas calles. Tan luego como, después de atravesar la gran ciudad, llegó a las puertas Esceas -por allí había de salir al campo-, corrió a su encuentro su rica esposa Andrómaca, hija del magnánimo Eetión, que vivía bajo el boscoso Placo, en Teba bajo el Placo, y era rey de los cilicios. Hija de éste era, pues, la esposa de Héctor, de broncínea armadura, que entonces le salió al camino. Acompañábale una sirvienta llevando en brazos al tierno infante, al Hectórida amado, parecido a una hermosa estrella. a quien su padre llamaba Escamandrio y los demás Astianacte, porque sólo por Héctor se salvaba Ilio. Vio el héroe al niño y sonrió silenciosamente. Andrómaca, llorosa, se detuvo a su lado, y asiéndole de la mano le dijo:

407 -¡Desgraciado! Tu valor te perderá. No te apiadas del tierno infante ni de mí, infortunada, que pronto seré tu viuda; pues los aqueos te acometerán todos a una y acabarán contigo. Preferible sería que, al perderte, la tierra me tragara, porque si mueres no habrá consuelo para mí, sino pesares, que ya no tengo padre ni venerable madre. A mi padre matólo el divino Aquiles cuando tomó la populosa ciudad de los cilicios, Teba, la de altas puertas: dio muerte a Eetión, y sin despojarlo, por el religioso temor que le entró en el ánimo, quemó el cadáver con las labradas armas y le erigió un túmulo, a cuyo

alrededor plantaron álamos las ninfas monteses, hijas de Zeus, que lleva la égida. Mis siete hermanos, que habitaban en el palacio, descendieron al Hades el mismo día; pues a todos los mató el divino Aquiles, el de los pies ligeros, entre los flexípedes bueyes y las cándidas ovejas. A mi madre, que reinaba al pie del selvoso Placo, trájola aquél con otras riquezas y la puso en libertad por un inmenso rescate; pero Ártemis, que se complace en tirar flechas, hirióla en el palacio de mi padre. Héctor, tú eres ahora mi padre, mi venerable madre y mi hermano; tú, mi floreciente esposo. Pues, ea, sé compasivo, quédate aquí en la tome -¡no hagas a un niño huérfano y a una mujer viuda!- y pon el ejército junto al cabrahígo, que por allí la ciudad es accesible y el muro más fácil de escalar. Los más valientes -los dos Ayantes, el célebre Idomeneo, los Atridas y el fuerte hijo de Tideo con los suyos respectivos- ya por tres veces se han encaminado a aquel sitio para intentar el asalto: alguien que conoce los oráculos se to indicó, o su mismo arrojo los impele y anima.

440 Contestóle el gran Héctor, el de tremolante casco:

441 Todo esto me da cuidado, mujer, pero mucho me sonrojaría ante los troyanos y las troyanas de rozagantes peplos, si como un cobarde huyera del combate; y tampoco mi corazón me incita a ello, que siempre supe ser valiente y pelear en primera fila entre los troyanos, manteniendo la inmensa gloria de mi padre y de mí mismo. Bien lo conoce mi inteligencia y lo presiente mi corazón: día vendrá en que perezcan la sagrada Ilio, Príamo y el pueblo de Príamo, armad con lanzas de fresno. Pero la futura desgracia de los troyanos, de la misma Hécuba, del rey Príamo y de muchos d mis valientes hermanos que caerán en el polvo a manos d los enemigos, no me importa tanto como la que padecerá tú cuando alguno de los aqueos, de broncíneas corazas, se te lleve llorosa, privándote de libertad, y luego tejas tela e Argos, a las órdenes de otra mujer, o vayas por agua a la fuente Meseide o Hiperea, muy contrariada porque la dura necesidad pesará sobre ti. Y quizás alguien exclame, al verte derramar lágrimas: «Ésta fue la esposa de Héctor, el guerrero que más se señalaba entre los troyanos, domadores de caballos, cuando en torno de Ilio peleaban.» Así dirán, y sentirás un nuevo pesar al verte sin el hombre que pudiera librarte de la esclavitud. Pero ojalá un montón de tierra cubra mi cadáver, antes que oiga tus clamores o presencie tu rapto.

466 Así diciendo, el esclarecido Héctor tendió los brazos su hijo, y éste se recostó, gritando, en el seno de la nodriz de bella cintura, por el terror que el aspecto de su padre le causaba: dábanle miedo el bronce y el terrible penacho crines de caballo, que veía ondear en lo alto del yelmo. Sonriéronse el padre amoroso y la veneranda madre. Héctor se apresuró a dejar el refulgente casco en el suelo, besó y meció en sus manos al hijo amado, y rogó así a Zeus y a los de más dioses:

476-¡Zeus y demás dioses! Concededme que este hijo mío sea, como yo, ilustre entre los troyanos a igualmente esforzado; que reine poderosamente en Ilio; que digan de él cuando vuelva de la batalla: «¡Es mucho más valiente que su padre!»; y que, cargado de cruentos despojos del enemigo quien haya muerto, regocije el alma de su madre.

482 Esto dicho, puso el niño en brazos de la esposa amada, que, al recibirlo en el perfumado seno, sonreía con el rostro todavía bañado en lágrimas. Notólo el esposo y compadecido, acaricióla con la mano y le dijo:

486 -¡Desdichada! No en demasía tu corazón se acongoje, que nadie me enviará al Hades antes de lo dispuesto por el destino; y de su suerte ningún hombre, sea cobarde o valiente, puede librarse una vez nacido. Vuelve a casa, ocúpate en las labores del telar y la rueca, y ordena a las esclavas que se apliquen al trabajo; y de la guerra nos cuidaremos cuantos varones nacimos en Ilio, y yo el primero.

494 Dichas estas palabras, el preclaro Héctor se puso el yelmo adornado con crines de caballo, y la esposa amada regresó a su casa, volviendo la cabeza de cuando en cuando y vertiendo copiosas lágrimas. Pronto llegó Andrómaca al palacio, lleno de gente, de Héctor, matador de hombres; halló en él muchas esclavas, y a todas las movió a lágrimas. Lloraban en el palacio a Héctor vivo aún, porque no esperaban que volviera del combate librándose del valor y de las manos de los aqueos.

503 Paris no demoró en el alto palacio; pues, así que hubo vestido las magníficas armas de labrado bronce, atravesó presuroso la ciudad haciendo gala de sus pies ligeros. Como el corcel avezado a bañarse en la cristalina corriente de un río, cuando se ve atado en el establo, come la cebada del pesebre y rompiendo el ronzal sale trotando por la llanura, yergue orgulloso la cerviz, ondean las crines sobre su cuello, y ufano de su lozanía mueve ligero las rodillas encaminándose a los acostumbrados sitios donde los caballos pacen; de aquel modo, Paris, hijo de Príamo, cuya armadura brillaba como un sol, descendía gozoso de la excelsa Pérgamo por sus ágiles pies llevado. Alejandro alcanzó en seguida a su hermano el divino Héctor cuando éste regresaba del lugar en que había pasado el coloquio con su esposa, y fue el primero en hablar diciendo:

518 -¡Mi buen hermano! Mucho te hice esperar deteniéndote, a pesar de tu impaciencia; pues no he venido oportunamente, como ordenaste.

520 Respondióle Héctor, el de tremolante casco:

521 -¡Querido! Nadie que sea justo reprenderá tu trabajo en el combate, porque eres valiente; pero a veces te complaces en desalentarte y no quieres pelear, y mi corazón se aflige cuando oigo que te baldonan los troyanos que tantos trabajos sufren por ti. Pero. vámonos y luego lo arreglaremos todo, si Zeus nos permite ofrecer en nuestro palacio la cratera de la libertad a los celestes sempiternos dioses, por haber echado de Troya a los aqueos de hermosas grebas.

CANTO VII*

Combate singular de Héctor y Ayante
Levantamiento de los cadáveres
*   *La segunda también se suspende inopinadamente, porque Héctor desafia a los héroes aqueos. Echadas las suertes, le toca a Ayante, y luchan hasta el anochecer. Se pacta una tregua de un día, que los aqueos aprovechan pra enterrar a los muertos y construir un muro en torno al campamento.*

1 Dichas estas palabras, el esclarecido Héctor y su hermano Alejandro traspusieron las puertas, con el ánimo impaciente por combatir y pelear. Como cuando un dios envía próspero viento a navegantes que to anhelan porque están cansados de romper las olas, batiendo los pulidos remos, y tienen relajados los miembros a causa de la fatiga, así, tan deseados, aparecieron aquéllos a los troyanos.

8 Paris mató a Menestio, que vivía en Arna y era hijo del rey Areítoo, famoso por su clava, y de Filomedusa, la de ojos de novilla; y Héctor con la puntiaguda lanza tiró a Eyoneo un bote en la cerviz, debajo del casco de bronce, y dejóle sin vigor los miembros. Glauco, hijo de Hipóloco y príncipe de los licios, arrojó en la reñida pelea un dardo a Ifínoo Dexíada cuando subía al carro de corredoras yeguas, y le acertó en la espalda: Ifínoo cayó al suelo y sus miembros se relajaron.

17 Cuando Atenea, la diosa de ojos de lechuza, vio que aquéllos mataban a muchos argivos en el duro combate, descendiendo en raudo vuelo de las cumbres del Olimpo, se encaminó a la sagrada Ilio. Pero, al advertirlo Apolo desde Pérgamo, fue a oponérsele, porque deseaba que los troyanos ganaran la victoria. Encontráronse ambas deidades junto a la encina; y el soberano Apolo, hijo de Zeus, habló primero diciendo:

24 -¿Por qué, enardecida nuevamente, oh hija del gran Zeus, vienes del Olimpo? ¿Qué poderoso afecto te mueve? ¿Acaso quieres dar a los dánaos la indecisa victoria? Porque de los troyanos no te compadecerías, aunque estuviesen pereciendo. Si quieres condescender con mi deseo -y sería lo mejor-, suspenderemos por hoy el combate y la pelea; y luego volverán a batallar hasta que logren arruinar a Ilio, ya que os place a vosotras, las inmortales, destruir esta ciudad.

33 Respondióle Atenea, la diosa de ojos de lechuza:

34 -Sea así, oh tú que hieres de lejos, con este propósito vine del Olimpo al campo de los troyanos y de los aqueos. Mas ¿por qué medio has pensado suspender la batalla?

37 Contestó el soberano Apolo, hijo de Zeus:

3s -Hagamos que Héctor, de corazón fuerte, domador de caballos, provoque a los dánaos a pelear con él en terrible y singular combate; a indignados los aqueos, de hermosas grebas, susciten a alguien para que luche con el divino Héctor.

43 Así dijo; y Atenea, la diosa de ojos de lechuza, no se opuso. Héleno, hijo amado de Príamo, comprendió al punto lo que era grato a

los dioses, que conversaban, y, llegándose a Héctor, le dirigió estas palabras:

47 -¡Héctor, hijo de Príamo, igual en prudencia a Zeus! ¿Querrás hacer lo que te diga yo, que soy tu hermano? Manda que suspendan la batalla los troyanos y los aqueos todos, y reta al más valiente de éstos a luchar contigo en terrible combate, pues aún no ha dispuesto el hado que mueras y llegues al término fatal de tu vida. He oído sobre esto la voz de los sempiternos dioses.

54 Así dijo. Oyóle Héctor con intenso placer, y, corriendo al centro de ambos ejércitos con la lanza cogida por el medio, detuvo las falanges troyanas, que al momento se quedaron quietas. Agamenón contuvo a los aqueos, de hermosas grebas; y Atenea y Apolo, el del arco de plata, transfigurados en buitres, se posaron en la alta encina del padre Zeus, que lleva la égida, y se deleitaban en contemplar a los guerreros cuyas densas filas aparecían erizadas de escudos, cascos y lanzas. Como el Céfiro, cayendo sobre el mar, encrespa las olas, y el ponto negrea; de semejante modo sentáronse en la llanura las hileras de aqueos y troyanos. Y Héctor, puesto entre unos y otros, dijo:

67 -¡Oídme, troyanos y aqueos, de hermosas grebas, y os diré lo que en el pecho mi corazón me dicta! El excelso Cronida no ratificó nuestros juramentos, y seguirá causándonos males a unos y a otros, hasta que toméis la torreada Ilio o sucumbáis junto a las naves, surcadoras del ponto. Entre vosotros se hallan los más valientes aqueos; aquél a quien el ánimo incite a combatir conmigo adelántese y será campeón con el divino Héctor. Propongo lo siguiente y Zeus sea testigo: Si aquél con su bronce de larga punta consigue quitarme la vida, despójeme de las armas, lléveselas a las cóncavas naves, y entregue mi cuerpo a los míos para que los troyanos y sus esposas lo suban a la pira; y, si yo lo matare a él, por concederme Apolo tal gloria, me llevaré sus armas a la sagrada Ilio, las colgaré en el templo de Apolo, que hiere de lejos, y enviaré el cadáver a las naves de muchos bancos, para que los aqueos, de larga cabellera, le hagan exequias y le erijan un túmulo a orillas del espacioso Helesponto. Y dirá alguno de los futuros hombres, atravesando el vinoso mar en una nave de muchos órdenes de remos: «Ésa es la tumba de un varón que peleaba valerosamente y fue muerto en edad remota por el esclarecido Héctor.» Así hablará, y mi gloria no perecerá jamás.

92 Así dijo. Todos enmudecieron y quedaron silenciosos, pues por vergüenza no rehusaban el desafío y por miedo no se decidían a aceptarlo. Al fin levantóse Menelao, con el corazón afligidísimo, y los apostrofó de esta manera:

96 -¡Ay de mí, hombres jactanciosos; aqueas que no aqueos! Grande y horrible será nuestro oprobio si no sale ningún dánao al encuentro de Héctor. Ojalá os volvierais agua y tierra ahí mismo donde estáis sentados, hombres sin corazón y sin honor. Yo seré quien me arme y luche con aquél, pues la victoria la conceden desde lo alto los inmortales dioses.

103 Esto dicho, empezó a ponerse la magnífica armadura. Entonces, oh Menelao, hubieras acabado la vida en manos de Héctor, cuya fuerza era muy superior, si los reyes aqueos no se hubiesen apresurado a detenerte. El mismo Agamenón Atrida, el de vasto poder, asióle de la diestra exclamando:

109 -¡Deliras, Menelao, alumno de Zeus! Nada te fuerza a cometer tal locura. Domínate, aunque estés afligido, y no quieras luchar por despique con un hombre más fuerte que tú, con Héctor Priámida, que a todos amedrenta y cuyo encuentro en la batalla, donde los varones adquieren gloria, causaba horror al mismo Aquiles, que lo aventaja tanto en bravura. Vuelve a juntarte con tus compañeros, siéntate, y los aqueos harán que se levante un campeón tal, que, aunque aquél sea intrépido a incansable en la pelea, con gusto, creo, se entregará al descanso si consigue escapar de tan fiero combate, de tan terrible lucha.

120 Así dijo; y el héroe cambió la mente de su hermano con la oportuna exhortación. Menelao obedeció; y sus servidores, alegres, quitáronle la armadura de los hombros. Entonces levantóse Néstor, y arengó a los argivos diciendo:

124 -¡Oh dioses! ¡Qué motivo de pesar tan grande le ha llegado a la tierra aquea! ¡Cuánto gemiría el anciano jinete Peleo, ilustre consejero y arengador de los mirmidones, que en su palacio se gozaba con preguntarme por la prosapia y la descendencia de los argivos todos! Si supiera que éstos tiemblan ante Héctor, alzaría las manos a los inmortales para que su alma, separándose del

cuerpo, bajara a la mansión de Hades. Ojalá, ¡padre Zeus, Atenea, Apolo!, fuese yo tan joven como cuando, encontrándose los pilios con los belicosos arcadios al pie de las murallas de Fea, cerca de la corriente del Járdano, trabaron el combate a orillas del impetuoso Celadonte. Entre los arcadios aparecía en primera línea Ereutalión, varón igual a un dios, que llevaba la armadura del rey Areítoo; del divino Areítoo, a quien por sobrenombre llamaban el macero así los hombres como las mujeres de hermosa cintura, porque no peleaba con el arco y la formidable lanza, sino que rompía las falanges con la férrea maza. Al rey Areítoo matólo Licurgo, no empleando la fuerza, sino la astucia, en un camino estrecho, donde la férrea clava no podía librarlo de la muerte: Licurgo se le adelantó, envasóle la lanza en medio del cuerpo, hízolo caer de espaldas, y despojóle de la armadura, regalo del broncíneo Ares, que llevaba en las batallas. Cuando Licurgo envejeció en el palacio, entregó dicha armadura a Ereutalión, su escudero querido, para que la usara; y éste, con tales armas, desafiaba entonces a los más valientes. Todos estaban amedrentados y temblando, y nadie se atrevía a aceptar el reto; pero mi ardido corazón me impulsó a pelear con aquel presuntuoso -era yo el más joven de todos- y combatí con él y Atenea me dio gloria, pues logré matar a aquel hombre gigantesco y fortísimo que tendido en el suelo ocupaba un gran espacio. Ojalá me rejuveneciera tanto y mis fuerzas conservaran su robustez. ¡Cuán pronto Héctor, el de tremolante casco, tendría combate! ¡Pero ni los que sois los más valientes de los aqueos todos, ni siquiera vosotros, estáis dispuestos a it al encuentro de Héctor!

161 De esta manera los increpó el anciano, y nueve por junto se levantaron. Levantóse, mucho antes que los otros, el rey de hombres, Agamenón; luego el fuerte Diomedes Tidida; después, ambos Ayantes, revestidos de impetuoso valor; tras ellos, Idomeneo y su escudero Meriones, que al homicida Enialio igualaba; en seguida Eurípilo, hijo ilustre de Evemón; y, finalmente, Toante Andremónida y el divino Ulises: todos éstos querían pelear con el ilustre Héctor. Y Néstor, caballero gerenio, les dijo:

171 -Echad suertes, y aquél a quien le toque alegrará a los aqueos, de hermosas grebas, y sentirá regocijo en el corazón si logra escapar del fiero combate, de la terrible lucha.

175 Así dijo. Los nueve señalaron sus respectivas tarjas, y seguidamente las metieron en el casco de Agamenón Atrida. Los guerreros oraban y alzaban las manos a los dioses. Y alguno exclamó, mirando al anchuroso cielo:

179 -¡Padre Zeus! Haz que le caiga la suerte a Ayante, al hijo de Tideo, o al mismo rey de Micenas, rica en oro.

181 Así decían. Néstor, caballero gerenio, meneaba el casco, hasta que por fin saltó la tarja que ellos querían, la de Ayante. Un heraldo llevóla por el concurso y, empezando por la derecha, la enseñaba a los próceres aqueos, quienes, al no reconocerla, negaban que fuese suya; pero, cuando llegó al que la había marcado y echado en el casco, al ilustre Ayante, éste tendió la mano, y aquél se detuvo y le entregó la contraseña. El héroe la reconoció, con gran júbilo de su corazón, y, tirándola al suelo, a sus pies, exclamó:

191 -¡Oh amigos! Mi tarja es, y me alegro en el alma porque espero vencer al divino Héctor. ¡Ea! Mientras visto la bélica armadura, orad al soberano Zeus Cronión, mentalmente, para que no lo oigan los troyanos; o en alta voz, pues a nadie tememos. No habrá quien, valiéndose de la fuerza o de la astucia, me ponga en fuga contra mi voluntad; porque no creo que naciera y me criara en Salamina, tan inhábil para la lucha.

200 Tales fueron sus palabras. Ellos oraron al soberano Zeus Cronión, y algunos dijeron, mirando al anchuroso cielo:

202 -¡Padre Zeus, que reinas desde el Ida, gloriosísimo, máximo! Concédele a Ayante la victoria y un brillante triunfo; y, si amas también a Héctor y por él te interesas, dales a entrambos igual fuerza y gloria.

206 Así hablaban. Púsose Ayante la armadura de luciente bronce; y, vestidas las armas en torno de su cuerpo, marchó tan animoso como el terrible Ares cuando se encamina al combate de los hombres, a quienes el Cronión hace venir a las manos por una roedora discordia. Tan terrible se levantó Ayante, antemural de los aqueos, que sonreía con torva faz, andaba a paso largo y blandía enorme lanza. Los argivos se regocijaron

grandemente, así que lo vieron, y un violento temblor se apoderó de los troyanos; al mismo Héctor palpitóle el corazón en el pecho; pero ya no podía manifestar temor ni retirarse a su ejército, porque de él había partido la provocación. Ayante se le acercó con su escudo como una torre, broncíneo, de siete pieles de buey, que en otro tiempo le hiciera Tiquio, el cual habitaba en Hila y era el mejor de los curtidores. Éste formó el manejable escudo con siete pieles de corpulentos bueyes y puso encima, como octava capa, una lámina de bronce. Ayante Telamonio paróse, con el escudo al pecho, muy cerca de Héctor; y, amenazándolo, dijo:

226 -¡Héctor! Ahora sabrás claramente, de solo a solo, cuáles adalides pueden presentar los dánaos, aun prescindiendo de Aquiles, que rompe filas de guerreros y tiene el ánimo de un león. Mas el héroe, enojado con Agamenón, pastor de hombres, permanece en las corvas naves surcadoras del ponto, y somos muchos los capaces de pelear contigo. Pero empiece ya la lucha y el combate.

233 Respondióle el gran Héctor, el de tremolante casco:

234 -¡Ayante Telamonio, del linaje de Zeus, príncipe de hombres! No me tientes cual si fuera un débil niño o una mujer que no conoce las cosas de la guerra. Versado estoy en los combates y en las matanzas de hombres; sé mover a diestro y a siniestro la seca piel de buey que llevo para luchar denodadamente; sé lanzarme a la pelea cuando en prestos carros se batalla, y sé deleitar al cruel Ares en el estadio de la guerra. Pero a ti, siendo cual eres, no quiero herirte con alevosía, sino cara a cara, si puedo conseguirlo.

244 Dijo, y blandiendo la enorme lanza, arrojóla y atravesó el bronce que cubría como octava capa el gran escudo de Ayante formado por siete boyunos cueros: la indomable punta horadó seis de éstos y en el séptimo quedó detenida. Ayante, del linaje de Zeus, tiró a su vez su luenga lanza y dio en el escudo liso del Priámida, y la robusta lanza, pasando por el terso escudo, se hundió en la labrada coraza y rasgó la túnica sobre el ijar; inclinóse el héroe, y evitó la negra muerte. Y arrancando ambos las luengas lanzas de los escudos, acometiéronse como carniceros leones o puercos monteses, cuya fuerza es inmensa. El Priámida hirió con la lanza

el centro del escudo de Ayante, y el bronce no pudo romperlo porque la punta se torció. Ayante, arremetiendo, clavó la suya en el escudo de aquél, a hizo vacilar al héroe cuando se disponía para el ataque; la punta abrióse camino hasta el cuello de Héctor, y en seguida brotó la negra sangre. Mas no por esto cesó de combatir Héctor, el de tremolante casco, sino que, volviéndose, cogió con su robusta mano un pedrejón negro y erizado de puntas que había en el campo; lo tiró, acertó a dar en el bollón central del gran escudo de Ayante, de siete boyunas pieles, a hizo resonar el bronce que lo cubría. Ayante entonces, tomando una piedra mucho mayor, la despidió haciéndola voltear con una fuerza inmensa. La piedra torció el borde inferior del hectóreo escudo, cual pudiera hacerlo una muela de molino, y chocando con las rodillas de Héctor lo hizo caer de espaldas asido al escudo; pero Apolo en seguida lo puso en pie. Y ya se hubieran atacado de cerca con las espadas, si no hubiesen acudido dos heraldos, mensajeros de Zeus y de los hombres, que llegaron respectivamente del campo de los troyanos y del de los aqueos, de broncíneas corazas: Taltibio a Ideo, prudentes ambos. Éstos interpusieron sus cetros entre los campeones, a Ideo, hábil en dar sabios consejos, pronunció estas palabras:

279 -¡Hijos queridos! No peleéis ni combatáis más; a entrambos os ama Zeus, que amontona las nubes, y ambos sois belicosos. Esto lo sabemos todos. Pero la noche comienza ya, y será bueno obedecerla.

282 Respondióle Ayante Telamonio:

283 -¡Ideo! Ordenad a Héctor que lo disponga, pues fue él quien retó a los más valientes. Sea el primero en desistir; que yo obedeceré, si él lo hiciere.

287 Díjole el gran Héctor, el de tremolante casco:

288 -¡Ayante! Puesto que los dioses te han dado corpulencia, valor y cordura, y en el manejo de la lanza descuellas entre los aqueos, suspendamos por hoy el combate y la lucha, y otro día volveremos a pelear hasta que una deidad nos separe, después de otorgar la victoria a quien quisiere. La noche comienza ya, y será bueno obedecerla. Así tú regocijarás, en las naves, a todos los aqueos y especialmente a tus amigos y compañeros; y yo alegraré, en la gran

ciudad del rey Príamo, a los troyanos y a las troyanas, de rozagantes peplos, que habrán ido a los sagrados templos a orar por mí. ¡Ea! Hagámonos magníficos regalos, para que digan aqueos y troyanos: «Combatieron con roedor encono, y se separaron unidos por la amistad.»

303 Cuando esto hubo dicho, entregó a Ayante una espada guarnecida con argénteos clavos, ofreciéndosela con la vaina y el bien cortado ceñidor; y Ayante regaló a Héctor un vistoso tahalí teñido de púrpura. Separáronse luego, volviendo el uno a las tropas aqueas y el otro al ejército de los troyanos. Éstos se alegraron al ver a Héctor vivo, y que regresaba incólume, libre de la fuerza y de las invictas manos de Ayante, cuando ya desesperaban de que se salvara; y lo acompañaron a la ciudad. Por su parte, los aqueos, de hermosas grebas, llevaron a Ayante, ufano de la victoria, a la tienda del divino Agamenón.

313 Así que estuvieron en ella, Agamenón Atrida, rey de hombres, sacrificó al prepotente Cronión un buey de cinco años. Al instante lo desollaron y prepararon, lo partieron todo, lo dividieron con suma habilidad en pedazos muy pequeños, lo atravesaron con pinchos, lo asaron cuidadosamente y lo retiraron del fuego. Terminada la faena y dispuesto el festín, comieron sin que nadie careciese de su respectiva porción; y el poderoso héroe Agamenón Atrida obsequió a Ayante con el ancho lomo. Cuando hubieron satisfecho el deseo de beber y de comer, el anciano Néstor, cuya opinión era considerada siempre como la mejor, comenzó a darles un consejo. Y, arengándolos con benevolencia, así les dijo:

327 -¡Atrida y demás príncipes de los aqueos todos! Ya que han muerto tantos melenudos aqueos, cuya negra sangre esparció el cruel Ares por la ribera del Escamandro de límpida corriente y cuyas almas descendieron a la mansión de Hades, conviene que suspendas los combates, y mañana, reunidos todos al comenzar del día, traeremos los cadáveres en carros tirados por bueyes y mulos, y los quemaremos cerca de los bajeles para llevar sus cenizas a los hijos de los difuntos cuando regresemos a la patria tierra! Erijamos luego con sierra de la llanura, amontonada en torno de la pira, un túmulo común; edifiquemos en seguida a partir del

mismo una muralla con altas torres, que sea un reparo para las naves y para nosotros mismos; dejemos puertas que se cierren con bien ajustadas tablas, para que pasen los carros, y cavemos delante del muro un profundo foso, que detenga a los hombres y a los caballos si algún día no podemos resistir la acometida de los altivos troyanos.

344 Así habló, y los demás reyes aplaudieron. Reuniéronse los troyanos en la acrópolis de Ilio, cerca del palacio de Príamo, y la junta fue agitada y turbulenta. El prudente Anténor comenzó a arengarles de esta manera:

348 -¡Oídme, troyanos, dárdanos y aliados, y os manifestaré lo que en el pecho mi corazón me dicta! Ea, restituyamos la argiva Helena con sus riquezas y que los Atridas se la lleven. Ahora combatimos después de quebrar la fe ofrecida en los juramentos, y no espero que alcancemos éxito alguno mientras no hagamos lo que propongo.

354 Dijo, y se sentó. Levantóse el divino Alejandro, esposo de Helena, la de hermosa cabellera, y, dirigiéndose a aquél, pronunció estas aladas palabras:

357 -¡Anténor! No me place lo que propones y podías haber pensado algo mejor. Si realmente hablas con seriedad, los mismos dioses lo han hecho perder el juicio. Y a los troyanos, domadores de caballos, les diré lo siguiente: Paladinamente lo declaro, no devolveré la mujer, pero sí quiero dar cuantas riquezas traje de Argos y aun otras que añadiré de mi casa.

365 Dijo, y se sentó. Levantóse Príamo Dardánida, consejero igual a los dioses, y les arengó con benevolencia diciendo:

368 -¡Oídme, troyanos, dárdanos y aliados, y os manifestaré lo que en el pecho mi corazón me dicta! Cenad en la ciudad, como siempre; acordaos de la guardia, y vigilad todos; al romper el alba, vaya Ideo a las cóncavas naves; anuncie a los Atridas, Agamenón y Menelao, la proposición de Alejandro, por quien se suscitó la contienda, y háganles esta prudente consulta: Si quieren, que se suspenda el horrísono combate para quemar los cadáveres; y luego volveremos a pelear hasta que una deidad nos separe y otorgue la victoria a quien le plazca.

379 Así dijo; ellos lo escucharon y obedecieron, tomando la cena en el campo sin romper las filas, y, apenas comenzó a alborear, encaminóse Ideo a

las cóncavas naves y halló a los dánaos, servidores de Ares, reunidos en junta cerca de la nave de Agamenón. El heraldo de voz sonora, puesto en medio, les dijo:

385 -¡Atrida y demás príncipes de los aqueos todos! Mándanme Príamo y los ilustres troyanos que os participe, y ojalá os fuera acepta y grata, la proposición de Alejandro, por quien se suscitó la contienda. Ofrece dar cuantas riquezas trajo a Ilio en las cóncavas naves -¡así hubiese perecido antes!- y aun añadir otras de su casa; pero se niega a devolver la legítima esposa del glorioso Menelao, a pesar de que los troyanos se lo aconsejan. Me han ordenado también que os haga esta consulta: Si queréis, que se suspenda el horrísono combate para quemar los cadáveres; y luego volveremos a pelear hasta que una deidad nos separe y otorgue la victoria a quien le plazca.

398 Así habló. Todos enmudecieron y quedaron silenciosos. Pero al fin Diomedes, valiente en la pelea, dijo:

400 -No se acepten ni las riquezas de Alejandro, ni a Helena tampoco; pues es evidente, hasta para el más simple, que la ruina pende sobre los troyanos.

403 Así se expresó; y todos los aqueos aplaudieron, admirados del discurso de Diomedes, domador de caballos. Y el rey Agamenón dijo entonces a Ideo:

406 -¡Ideo! Tú mismo oyes las palabras con que responden los aqueos; ellas son de mi agrado. En cuanto a los cadáveres, no me opongo a que sean quemados, pues ha de ahorrarse toda dilación para satisfacer prontamente a los que murieron, entregando sus cuerpos a las llamas. Zeus tonante, esposo de Hera, reciba el juramento.

412 Dicho esto, alzó el cetro a todos los dioses; a Ideo regresó a la sagrada Ilio, donde lo esperaban, reunidos en junta, troyanos y dárdanos. El heraldo, puesto en medio, dijo la respuesta. En seguida dispusiéronse unos a recoger los cadáveres, y otros a it por leña. A su vez, los argivos salieron de las naves de muchos bancos, unos para recoger los cadáveres, y otros para ir por leña.

421 Ya el sol hería con sus rayos los campos, subiendo al cielo desde la plácida y profunda corriente del Océano, cuando aqueos y troyanos se mezclaron unos con otros en la llanura. Difícil era reconocer a cada varón; pero lavaban con agua las manchas de sangre de los cadáveres y, derramando ardientes lágrimas, los subían a los carros. El gran Príamo no permitía que los troyanos lloraran: éstos, en silencio y con el corazón afligido, hacinaron los cadáveres sobre la pira, los quemaron y volvieron a la sacra Ilio. Del mismo modo, los aqueos, de hermosas grebas, hacinaron los cadáveres sobre la pira, los quemaron y volvieron a las cóncavas naves.

433 Cuando aún no despuntaba la aurora, pero ya la luz del alba se difundía, un grupo escogido de aqueos se reunió en torno de la pira. Erigieron con tierra de la llanura un túmulo común; construyeron a partir del mismo una muralla con altas torres, que sirviese de reparo a las naves y a ellos mismos; dejaron puertas, que se cerraban con bien ajustadas tablas, para que pudieran pasar los carros, y cavaron delante del muro un gran foso profundo y ancho, que defendieron con estacas.

442 De tal suerte trabajaban los melenudos aqueos; y los dioses, sentados junto a Zeus fulminador, contemplaban la grande obra de los aqueos, de broncíneas corazas. Y Posidón, que sacude la tierra, empezó a decirles:

446 -¡Padre Zeus! ¿Cuál de los mortales de la vasta tierra consultará con los dioses sus pensamientos y proyectos? ¿No ves que los melenudos aqueos han construido delante de las naves un muro con su foso, sin ofrecer a los dioses hecatombes perfectas? La fama de este muro se extenderá tanto como la luz de la aurora; y se echará en olvido el que ¡abramos yo y Febo Apolo cuando con gran fatiga construimos la ciudad para el héroe Laomedonte.

454 Zeus, que amontona las nubes, respondió muy indignado:

455 -¡Oh dioses! ¡Tú, prepotente batidor de la tierra, qué palabras proferiste! A un dios muy inferior en fuerza y ánimo podría asustarle tal pensamiento; pero no a ti, cuya fama se extenderá tanto como la luz de la aurora. Ea, cuando los aqueos, de larga cabellera, regresen en las naves a su patria tierra, derriba el muro, arrójalo entero al mar, y enarena otra vez la espaciosa playa para que desaparezca la gran muralla aquea.

464 Así éstos conversaban. Al ponerse el sol los aqueos tenían la obra acabada; inmolaron bueyes y se pusieron a cenar en las respectivas

tiendas, cuando arribaron, procedentes de Lemnos, muchas naves cargadas de vino que enviaba Euneo Jasónida, hijo de Hipsípile y de Jasón, pastor de hombres. El hijo de Jasón mandaba separadamente, para los Atridas, Agamenón y Menelao, mil medidas de vino. Los melenudos aqueos acudieron a las naves; compraron vino, unos con bronce, otros con luciente hierro, otros con pieles, otros con vacas y otros con esclavos; y prepararon un festín espléndido. Toda la noche los melenudos aqueos disfrutaron del banquete, y lo mismo hicieron en la ciudad los troyanos y sus aliados. Toda la noche estuvo el próvido Zeus meditando cómo les causaría males y tronando de un modo horrible: el pálido temor se apoderó de todos, derramaron a tierra el vino de las copas, y nadie se atrevió a beber sin que antes hiciera libaciones al prepotente Cronión. Después se acostaron y el don del sueño recibieron

CANTO VIII*

Batalla interrumpida

* Y la tercera es favorable a los troyanos, que quedan vencedores y pernoctan en el campo en vez de retirarse a la ciudad, y así poder rematar la victoria al día siguiente. Zeus, en asamblea divina había prohibido a los inmonales acudir en socorro de los hombres, y él ha ayudado a los troyanos.

1 La Aurora, de azafranado velo, se esparcía por toda la tierra, cuando Zeus, que se complace en lanzar rayos, reunió el ágora de los dioses en la más alta de las muchas cumbres del Olimpo. Y así les habló, mientras ellos atentamente lo escuchaban:

5 -¡Oídme todos, dioses y diosas, para que os manifieste to que en el pecho mi corazón me dicta! Ninguno de vosotros, sea varón o hembra, se atreva a transgredir mi mandato; antes bien, asentid todos, a fin de que cuanto antes lleve a cabo lo que pretendo. El dios que intente separarse de los demás y socorrer a los troyanos o a los dánaos, como yo lo vea, volverá afrentosamente golpeado al Olimpo; o, cogiéndolo, lo arrojaré al tenebroso Tártaro, muy lejos, en lo más profundo del báratro debajo de la tierra -sus puertas son de hierro, y el umbral, de bronce, y su profundidad desde el Hades como del cielo a la tierra-, y conocerá en seguida cuánto aventaja mi poder al de las demás deidades. Y, si queréis, haced esta prueba, oh dioses, para que os convenzáis. Suspended del cielo áurea cadena, asíos todos, dioses y diosas, de la misma, y no os será posible arrastrar del cielo a la tierra a Zeus, árbitro supremo, por mucho que os fatiguéis; mas, si yo me resolviese a tirar de aquélla, os levantaría con la tierra y el mar, ataría un cabo de la cadena en la cumbre del Olimpo, y todo quedaría en el aire. Tan superior soy a los dioses y a los hombres.

23 Así habló, y todos callaron, asombrados de sus palabras, pues fue mucha la vehemencia con que se expresó. A1 fin, Atenea, la diosa de ojos de lechuza, dijo:

31 -¡Padre nuestro, Cronida, el más excelso de los soberanos! Bien sabemos que es incontrastable tu poder; pero tenemos lástima de los belicosos dánaos, que morirán, y se cumplirá su aciago destino. Nos abstendremos de intervenir en el combate, si nos lo mandas; pero sugeriremos a los argivos consejos saludables, a fin de que no perezcan todos, a causa de tu cólera.

38 Sonriéndose, le contestó Zeus, que amontona las nubes:

39 -Tranquilízate, Tritogenia, hija querida. No hablo con ánimo benigno, pero contigo quiero ser complaciente.

41 Esto dicho, unció los corceles de pies de bronce y áureas crines, que volaban ligeros; vistió la dorada túnica, tomó el látigo de oro y fina labor y subió al carro. Picó a los caballos para que arrancaran; y éstos, gozosos, emprendieron el vuelo entre la tierra y el estrellado cielo. Pronto llegó al Ida, abundante en fuentes y criador de fieras, al Gárgaro, donde tenía un bosque sagrado y un perfumado altar; a11í el padre de los hombres y de los dioses detuvo los corceles, los desenganchó del carro y los cubrió de espesa niebla. Sentóse luego en la cima, ufano de su gloria, y se puso a contemplar la ciudad troyana y las naves aqueas.

53 Los melenudos aqueos se desayunaron apresuradamente en las tiendas, y en seguida tomaron las armas. También los troyanos se armaron dentro de la ciudad; y, aunque eran menos, estaban dispuestos a combatir, obligados

por la cruel necesidad de proteger a sus hijos y mujeres: abriéronse todas las puertas, salió el ejército de infantes y de los que peleaban en carros, y se produjo un gran tumulto.

60 Cuando los dos ejércitos llegaron a juntarse, chocaron entre sí los escudos, las lanzas y el valor de los guerreros armados de broncíneas corazas, y al aproximarse las abollonadas rodelas se produjo un gran tumulto. Allí se oían simultáneamente los lamentos de los moribundos y los gritos jactanciosos de los matadores, y la tierra manaba sangre.

66 Al amanecer y mientras iba aumentando la luz del sagrado día, los dardos alcanzaban por igual a unos y a otros, y los hombres caían. Cuando el sol hubo recorrido la mitad del cielo, el padre Zeus tomó la balanza de oro, puso en ella dos destinos de la muerte que tiende a lo largo -el de los troyanos, domadores de caballos, y el de los aqueos, de broncíneas lorigas-; cogió por el medio la balanza, la desplegó y tuvo más peso el día fatal de los aqueos. Los destinos de éstos bajaron hasta llegar a la fértil tierra, mientras los de los troyanos subían al espacioso cielo. Zeus, entonces, tronó fuerte desde el Ida y envió una ardiente centella a los aqueos, quienes, al verla, se pasmaron, sobrecogidos de pálido temor.

78 Ya no se atrevieron a permanecer en el campo ni Idomeneo, ni Agamenón, ni los dos Ayantes, servidores de Ares; y sólo se quedó Néstor gerenio, protector de los aqueos, contra su voluntad, por tener malparado uno de los corceles, al cual el divino Alejandro, esposo de Helena, la de hermosa cabellera, había herido con una flecha en lo alto de la cabeza, donde las crines empiezan a crecer y las heridas son mortales. El caballo, al sentir el dolor, se encabritó, y la flecha le penetró el cerebro; y, revolcándose para sacudir el bronce, espantó a los demás caballos. Mientras el anciano se daba prisa a cortar con la espada las correas del caído corcel, vinieron por entre la muchedumbre los veloces caballos de Héctor, tirando del carro en que iba tan audaz guerrero. Y el anciano perdiera allí la vida, si al punto no lo hubiese advertido Diomedes, valiente en la pelea; el cual, vociferando de un modo horrible, dijo a Ulises:

93 -¡Laertíada, del linaje de Zeus! ¡Ulises, fecundo en ardides! ¿Adónde huyes, confundido con la turba y volviendo la espalda como un cobarde? Mira que alguien, mientras huyes, no te clave la lanza en el dorso. Pero aguarda y apartaremos del anciano al feroz guerrero.

97 Así dijo, y el paciente divino Ulises pasó sin oírlo, corriendo hacia las cóncavas naves de los aqueos. El Tidida, aunque estaba solo, se abrió paso por las primeras filas; y, deteniéndose ante el carro del viejo Nelida, pronunció estas aladas palabras:

102 -¡Oh anciano! Los guerreros mozos te acosan y te hallas sin fuerzas, abrumado por la molesta senectud; tu escudero tiene poco vigor y tus caballos son tardos. Sube a mi carro para que veas cuáles son los corceles de Tros que quité a Eneas, el que pone en fuga a sus enemigos, y cómo saben tanto perseguir acá y acullá de la llanura, como huir ligeros. De los tuyos cuiden los servidores; y nosotros dirijamos éstos hacia los troyanos, domadores de caballos, para que Héctor sepa con qué furia se mueve la lanza en mis manos.

112 Dijo; y Néstor, caballero gerenio, no desobedeció. Encargáronse de sus yeguas los bravos escuderos Esténelo y Eurimedonte valeroso; y habiendo subido ambos héroes al carro de Diomedes, Néstor cogió las lustrosas riendas y avispó a los caballos, y pronto se hallaron cerca de Héctor. El hijo de Tideo arrojóle un dardo, cuando Héctor deseaba acometerlo, y si bien erró el tiro, hirió en el pecho cerca de la tetilla a Eniopeo, hijo del animoso Tebeo, que, como auriga, gobernaba las riendas: Eniopeo cayó del carro, cejaron los veloces corceles y allí terminaron la vida y el valor del guerrero. Hondo pesar sintió el espíritu de Héctor por tal muerte; pero, aunque condolido del compañero, dejóle en el suelo y buscó otro auriga que fuese osado. Poco tiempo estuvieron los caballos sin conductor, pues Héctor encontróse con el ardido Arqueptólemo Ifítida, y, haciéndole subir al carro de que tiraban los ágiles corceles, le puso las riendas en la mano.

130 Entonces gran estrago e irreparables males se hubieran producido y los troyanos habrían sido encerrados en Ilio como corderos, si al punto no lo hubiese advertido el padre de los hombres y de los dioses. Tronando de un modo espantoso, despidió un ardiente rayo para que cayera en el suelo delante de los caballos de Diomedes; el azufre encendido produjo una

terrible llama; los corceles, asustados, acurrucá-ronse debajo del carro; las lustrosas riendas cayeron de las manos de Néstor, y éste, con miedo en el corazón, dijo a Diomedes:

139 -¡Tidida! Tuerce la rienda a los solípedos caballos y huyamos. ¿No conoces que la protección de Zeus ya no te acompaña? Hoy Zeus Cronida otorga a ése la victoria; otro día, si le place, nos la dará a nosotros. Ningún hombre, por fuerte que sea, puede impedir los propósitos de Zeus, porque el dios es mucho más poderoso.

145 Respondióle Diomedes, valiente en la pelea:

146 -Sí, anciano, oportuno es cuanto acabas de decir, pero un terrible pesar me llega al corazón y al alma. Quizá diga Héctor, arengando a los troyanos: «El Tidida llegó a las naves, puesto en fuga por mi lanza» Así se jactará; y entonces ábraseme la vasta tierra.

151 Replicóle Néstor, caballero gerenio:

152 -¡Ay de mí! ¡Qué dijiste, hijo del belicoso Tideo! Si Héctor te llamare cobarde y flaco, no lo creerán ni los troyanos, ni los dardanios, ni las mujeres de los troyanos magnánimos, escudados, cuyos esposos florecientes derribaste en el polvo.

157 Dichas estas palabras, volvió la rienda a los solípedos caballos, y empezaron a huir por entre la turba. Los troyanos y Héctor, promoviendo inmenso alboroto, hacían llover sobre ellos dañosos tiros. Y el gran Héctor, el de tremolante casco, gritaba con voz recia:

161 -¡Tidida! Los dánaos, de ágiles corceles, te cedían la preferencia en el asiento y te obsequiaban con carne y copas de vino; mas ahora te despreciarán, porque te has vuelto como una mujer. Anda, tímida doncella; ya no escalarás nuestras torres, venciéndome a mí, ni te llevarás nuestras mujeres en las naves, porque antes to daré la muerte.

167 Así dijo. El Tidida estaba indeciso entre seguir huyendo o torcer la rienda a los corceles y volver a pelear. Tres veces se le presentó la duda en la mente y en el corazón, y tres veces el próvido Zeus tronó desde los montes ideos para anunciar a los troyanos que suya sería en aquel combate la inconstante victoria. Y Héctor los animaba, diciendo a voz en grito:

175 -¡Troyanos, licios, dárdanos que cuerpo a cuerpo combatís! Sed hombres, amigos, y mostrad vuestro impetuoso valor. Conozco que el Cronida me concede, benévolo, la victoria y una gloria inmensa y envía la perdición a los dánaos; quienes, oh necios, construyeron esos muros débiles y despreciables que no podrán contener mi arrojo, pues los caballos salvarán fácilmente el cavado foso. Cuando llegue a las cóncavas naves, acordaos de traerme el voraz fuego para que las incendie y mate junto a ellas a los argivos aturdidos por el humo.

184 Dijo, y exhortó a sus caballos con estas palabras:

185 -¿Janto, Podargo, Etón, divino Lampo! Ahora debéis pagarme el exquisito cuidado con que Andrómaca, hija del magnánimo Eetión, os ofrecía el regalado trigo y os mezclaba vinos para que pudieseis, bebiendo, satisfacer vuestro ape-tito antes que a mí, que me glorío de ser su floreciente esposo. Seguid el alcance, esforzaos, para ver si nos apoderamos del escudo de Néstor, cuya fama llega hasta el cielo por ser todo de oro, sin exceptuar las abrazaderas, y le quitamos de los hombros a Diomedes, domador de caballos, la labrada coraza que Hefesto fabricó. Creo que, si ambas cosas consiguiéramos, los aqueos se embarcarían esta misma noche en las veleras naves.

199 Así habló, vanagloriándose. La veneranda Hera, indignada, se agitó en su trono, haciendo estremecer el espacioso Olimpo, y dijo al gran dios Posidón:

201 -¡Oh dioses! ¡Prepotente Posidón que bates la tierra! ¿Tu corazón no se compadece de los dánaos moribundos que tantos y tan lindos presentes lo llevan a Hélice y a Egas? Decídete a darles la victoria. Si cuantos protegemos a los dánaos quisiéramos rechazar a los troyanos y contener al largovidente Zeus, éste se aburriría sentado solo allá en el Ida.

208 Respondióle muy indignado el poderoso dios que sacude la tierra:

209 -¿Qué palabras proferiste, audaz Hera? Yo no quisiera que los demás dioses lucháramos con Zeus Cronión porque nos aventaja mucho en poder.

212 Así éstos conversaban. Cuanto espacio encerraba el foso desde la torre hasta las naves llenóse de carros y hombres escudados que a11í acorraló Héctor Priámida, igual al impetuoso Ares, cuanto Zeus le dio gloria. Y el héroe hubiese pegado ardiente fuego a las naves bien

proporcionadas a no haber sugerido la venerable Hera a Agamenón, aunque éste no se descuidaba, que animara pronto a los aqueos. Fuese el Atrida hacia las tiendas y las naves aqueas con el grande purpúreo manto en el robusto brazo, y subió a la ingente nave negra de Ulises, que estaba en el centro, para que lo oyeran por ambos lados hasta las tiendas de Ayante Telamonio y de Aquiles, los cuales habían puesto sus bajeles en los extremos porque confiaban en su valor y en la fuerza de sus brazos. Y con voz penetrante gritaba a los dánaos:

228 -¡Qué vergüenza, argivos, hombres sin dignidad, admirables sólo por la figura! ¿Qué es de la jactancia con que nos gloriábamos de ser valentísimos, y con que decíais presuntuosamente en Lemnos, comiendo abundante carne de bueyes de erguida cornamenta y bebiendo crateras coronadas de vino, que cada uno haría frente en la batalla a ciento y a doscientos troyanos? Ahora ni con uno podemos, con Héctor, que pronto pegará ardiente fuego a las naves. ¡Padre Zeus! ¿Hiciste sufrir tamaña desgracia y privaste de una gloria tan grande a algún otro de los prepotentes reyes? Cuando vine, no pasé de largo en la nave de muchos bancos por ninguno de tus bellos altares, sino que en todos quemé grasa y muslos de buey, deseoso de asolar la bien murada Troya. Por Canto, oh Zeus, cúmpleme este voto: déjanos escapar y librarnos de este peligro, y no permitas que los troyanos maten a los aqueos.

245 Así dijo. El padre, compadecido de verle derramar lágrimas, le concedió que su pueblo se salvara y no pereciese; y en seguida mandó un águila, la mejor de las aves agoreras, que tenía en las garras el hijuelo de una veloz cierva y lo dejó caer al pie del ara hermosa de Zeus, donde los aqueos ofrecían sacrificios al dios, como autor de los presagios todos. Cuando ellos vieron que el ave había sido enviada por Zeus, arremetieron con más ímpetu contra los troyanos y sólo en combatir pensaron.

253 Entonces ninguno de los dánaos, aunque eran muchos, pudo gloriarse de haber revuelto sus veloces caballos para pasar el foso y resistir el ataque, antes que el Tidida. Fue éste el primero que mató a un guerrero troyano, a Agelao Fradmónida, que, subido en el carro, emprendía la fuga: hundióle la pica en la espalda, entre los hombros, y la punta salió por el pecho; Agelao cayó del carro y sus armas resonaron.

261 Siguieron a Diomedes los Atridas, Agamenón y Menelao; los Ayantes, revestidos de impetuoso valor; Idomeneo y su servidor Meriones, igual al homicida Enialio; Eurípilo, hijo ilustre de Evemón; y en noveno lugar, Teucro, que, con el flexible arco en la mano, se escondía detrás del escudo de Ayante Telamoníada. Éste levantaba el escudo; y Teucro, volviendo el rostro a todos lados, flechaba a uno de la turba que caía mortalmente herido, y al momento tornaba a refugiarse en Ayante (como un niño en su madre), quien to cubría otra vez con el refulgente escudo.

273 ¿Cuál fue el primero, cuál el último de los que entonces mató el eximio Teucro? Orsíloco el primero, Órmeno, Ofelestes, Détor, Cromio, Licofontes igual a un dios, Amopaón Poliemónida y Melanipo. A tantos derribó sucesivamente al almo suelo. El rey de hombres, Agamenón, se holgó de ver que Teucro destruía las falanges troyanas, disparando el fuerte arco; y, poniéndose a su lado, le dijo:

281 -¡Caro Teucro Telamonio, príncipe de hombres! Sigue arrojando flechas, por si acaso llegas a ser la aurora de salvación de los dánaos y honras a to padre Telamón, que te crió cuando eras niño y te educó en su casa, a pesar de tu condición de bastardo; ya que está lejos de aquí, cúbrele de gloria. Lo que voy a decir se cumplirá: Si Zeus, que lleva la égida, y Atenea me permiten destruir la bien édificada ciudad de Ilio, te pondré en la mano, como premio de honor únicamente inferior al mío, o un trípode o dos corceles con su correspondiente carro o una mujer que comparta el lecho contigo.

292 Respondióle el eximio Teucro:

293 -¡Gloriosísimo Atrida! ¿Por qué me instigas cuando ya, solícito, hago lo que puedo? Desde que los rechazamos hacia Ilio mato hombres, valiéndome del arco. Ocho flechas de larga punta tiré, y todas se clavaron en el cuerpo de jóvenes llenos de marcial furor; pero no consigo herir a ese perro rabioso.

300 Dijo; y, apercibiendo el arco, envió otra flecha a Héctor con intención de herirlo. Tampoco acertó, pero la saeta se clavó en el pecho del eximio Gorgitión, valeroso hijo de Príamo y de la bella Castianira, oriunda de Esima,

cuyo cuerpo al de una diosa semejaba. Como en un jardín inclina la amapola su tallo, combándose al peso del fruto o de los aguaceros primaverales, de semejante modo inclinó el guerrero la cabeza que el casco hacía ponderosa.

309 Teucro armó nuevamente el arco, envió otra saeta a Héctor, con ánimo de herirlo, y también erró el tiro, por haberlo desviado Apolo; pero hirió en el pecho cerca de la tetilla a Arqueptólemo, osado auriga de Héctor, cuando se lanzaba a la pelea. Arqueptólemo cayó del carro, cejaron los corceles de pies ligeros, y allí terminaron la vida y el valor del guerrero. Hondo pesar sintió el espíritu de Héctor por tal muerte; pero, aunque condolido del compañero, dejólo y mandó a su propio hermano Cebríones, que se hallaba cerca, que empuñara las riendas de los caballos. Oyóle éste y no desobedeció. Héctor saltó del refulgence carro al suelo, y, vociferando de un modo espantoso, cogió una piedra y encaminóse hacia Teucro con el propósito de herirlo. Teucro, a su vez, sacó del carcaj una acerba flecha, y ya estiraba la cuerda del arco, cuando Héctor, el de tremolante casco, acertó a darle con la áspera piedra cerca del hombro, donde la clavícula separa el cuello del pecho y las heridas son mortales, y le rompió el nervio: entorpecióse el brazo, Teucro cayó de hinojos y el arco se le fue de las manos. Ayante no abandonó al hermano caído en el suelo, sino que, corriendo a defenderlo, lo cubrió con el escudo. Acudieron dos fieles compañeros, Mecisteo, hijo de Equio, y el divino Alástor; y, cogiendo a Teucro, que daba grandes suspiros, to llevaron a las cóncavas naves.

335 El Olímpico volvió a excitar el valor de los troyanos, los cuales hicieron arredrar a los aqueos en derechura al profundo foso. Héctor iba con los delanteros, haciendo gala de su fuerza. Como el perro que acosa con ágiles pies a un jabalí o a un león, lo muerde por detrás, ya los muslos, ya las nalgas, y observa si vuelve la cara; de igual modo perseguía Héctor a los melenudos aqueos, matando al que se rezagaba, y ellos huían espántados. Cuando atravesaron la empalizada y el foso, muchos sucumbieron a manos de los troyanos; los demás no pararon hasta las naves, y allí se animaban los unos a los otros, y con los brazos levantados oraban en voz alta a todas las deidades. Héctor revolvía por todas partes los corceles de hermosas crines; y sus ojos parecían los de Gorgona o los de Ares, peste de los hombres.

350 Hera, la diosa de los níveos brazos, al ver a los aqueos compadeciólos, en seguida dirigió a Atenea estas aladas palabras:

352 -¡Oh dioses! ¡Hija de Zeus, que lleva la égida! ¿No nos cuidaremos de socorrer, aunque tarde, a los dánaos moribundos? Perecerán, cumpliéndose su aciago destino, por el arrojo de un solo hombre, de Héctor Priámida, que se enfurece de intolerable modo y ya ha causado gran estrago.

357 Respondióle Atenea, la diosa de ojos de lechuza:

358 Tiempo ha que ése hubiera perdido fuerza y vida, muerto en su patria tierra por los aqueos; pero mi padre revuelve en su mente funestos propósitos, ¡cruel, siempre injusto, desbaratador de mis planes!, y no recuerda cuántas veces salvé a su hijo abrumado por los trabajos que Euristeo le había impuesto: clamaba al cielo, llorando, y Zeus me enviaba a socorrerlo. Si mi precavida mente hubiese sabido to de ahora, no hubiera escapado el hijo de Zeus de las hondas corrientes de la Éstige, cuando aquél lo mandó que fuera a la mansión de Hades, de sólidas puertas, y sacara del Érebo el horrendo can de Hades. Al presente Zeus me aborrece y cumple los deseos de Tetis, que besó sus rodillas y le tocó la barba, suplicándole que honrase a Aquiles, asolador de ciudades. Día vendrá en que me llame nuevamente su amada hija, la de ojos de lechuza. Pero unce los solípedos corceles, mientras yo, entrando en el palacio de Zeus, que lleva la égida, me armo para el combate; quiero ver si el hijo de Príamo, Héctor, el de tremolante casco, se alegrará cuando aparezcamos en el campo de la batalla. Alguno de los troyanos, cayendo junto a las naves aqueas, saciará con su grasa y con su carne a los perros y a las aves.

381 Dijo; y Hera, la diosa de los níveos brazos, no fue desobediente. La venerable diosa Hera, hija del gran Crono, aprestó solícita los caballos de áureos jaeces. Y Atenea, hija de Zeus, que lleva la égida, dejó caer al suelo el hermoso peplo bordado que ella misma había tejido y labrado con sus manos; vistió la túnica de Zeus, que amontona las nubes, y se armó para la luctuosa guerra. Y subiendo al flamante carro, asió la lanza

ponderosa, larga, fornida, con que la hija del prepotente padre destruye filas entenas de héroes cuando contra ellos monta en cólera. Hera picó con el látigo a los corceles, y abriéronse de propio impulso rechinando las puertas del cielo de que cuidan las Horas -a ellas está confiado el espacioso cielo y el Olimpo-, para remover o colocar delante la densa nube. Por allí, por entre las puertas, dirigieron aquellas deidades los corceles, dóciles al látigo.

397 El padre de Zeus, apenas las vio desde el Ida, se encendió en cólera; y al punto llamó a Iris, la de doradas alas, para que le sirviese de mensajera:

399 -¡Anda, ve, rápida Iris! Haz que se vuelvan y no les dejes llegar a mi presencia, porque ningún beneficio les reportará luchar conmigo. Lo que voy a decir se cumplirá: Encojaréles los briosos corceles; las derribaré del carro, que romperé luego, y ni en diez años cumplidos sanarán de las heridas que les produzca el rayo, para que conozca la de ojos de lechuza que es con su padre contra quien combate. Con Hera no me irrito ni me encolerizo tanto, porque siempre ha solido. oponerse a cuanto digo.

409 De cal modo habló. Iris, la de los pies rápidos como el huracán, se levantó para llevar el mensaje; descendió de los montes ideos; y, alcanzando a las diosas en la entrada del Olimpo, en valles abundoso, hizo que se detuviesen, y les transmitió la orden de Zeus:

413 -¿Adónde corréis? ¿Por qué en vuestro pecho el corazón se enfurece? No consiente el Cronida que se socorra a los argivos. Ved aquí to que hará el hijo de Crono si cumple su amenaza: Os encojará los briosos caballos, os derribará del carro, que romperá luego, y ni en diez años cumplidos sanaréis de las heridas que os produzca el rayo; para que conozcas tú, la de ojos de lechuza, que es con tu padre contra quien combates. Con Hera no se irrita ni se encoleriza tanto, porque siempre ha solido oponerse a cuanto dice. ¡Pero tú, temeraria, perra desvergonzada, si realmente to atrevieras a levantar contra Zeus la formidable lanza...!

425 Cuando esto hubo dicho, fuese Iris, la de los pies ligeros; y Hera dirigió a Atenea estas palabras:

427 -¡Oh dioses! ¡Hija de Zeus, que lleva la égida! Ya no permito que por los mortales

peleemos con Zeus. Mueran unos y vivan otros, cualesquiera que fueren; y aquél sea juez, como le corresponde, y dé a los troyanos y a los dánaos lo que su espíritu acuerde.

432 Esto dicho, torció la rienda a los solípedos caballos. Las Horas desuncieron los corceles de hermosas crines, los ataron a pesebres divinos y apoyaron el carro en el reluciente muro. Y las diosas, que tenían el corazón afligido, se sentaron en áureos tronos mezcladamente con las demás deidades.

438 El padre Zeus, subiendo al carro de hermosas ruedas, guió los caballos desde el Ida al Olimpo y llegó a la mansión de los dioses; y a11í el ínclito dios que sacude la tierra desunció los corceles, puso el carro en el estrado y lo cubrió con un velo de lino. El largovidente Zeus tomó asiento en el áureo trono y el inmenso Olimpo tembló debajo de sus pies. Atenea y Hera, sentadas aparte y a distancia de Zeus, nada le dijeron ni preguntaron; mas él comprendió en su mente to que pensaban, y dijo:

447 -¿Por qué os halláis tan abatidas, Atenea y Hera? No os habréis fatigado mucho en la batalla, donde los varones adquieren gloria, matando troyanos, contra quienes sentís vehemente rencor. Son tales mi fuerza y mis manos invictas, que no me harían cambiar de resolución cuantos diosés hay en el Olimpo. Pero os temblaron los hermosos miembros antes que llegarais a ver el combate y sus terribles hechos. Diré lo que en otro caso hubiera ocurrido: Heridas por el rayo, no hubieseis vuelto en vuestro carro al Olimpo, donde se halla la mansión de los inmortales.

457 Así dijo. Atenea y Hera, que tenían los asientos contiguos y pensaban en causar daño a los troyanos, mordiéronse los labios. Atenea, aunque airada contra su padre y poseída de feroz cólera, guardó silencio y nada dijo; pero a Hera la ira no le cupo en el pecho, y exclamó:

462 -¡Crudelísimo Cronida! ¡Qué palabras proferiste! Bien sabemos que es incontrastable to poder; pero tenemos lástima de los belicosos dánaos, que morirán, y se cumplirá su aciago destino. Nos abstendremos de intervenir en la lucha, si nos lo mandas, pero sugeriremos a los argivos consejos saludables para que no perezcan todos víctimas de tu cólera.

469 Respondióle Zeus, que amontona las nubes:

470 -En la próxima mañana verás, si quieres, oh Hera veneranda, la de ojos de novilla, cómo el prepotente Cronión hace gran riza en el ejército de los belicosos argivos. Y el impetuoso Héctor no dejará de pelear hasta que junto a las naves se levante el Pelida, el de los pies ligeros, el día aquel en que combatan cerca de las popas y en estrecho espacio por el cadáver de Patroclo. Así lo decretó el hado, y no me importa que te irrites. Aunque lo vayas a los confines de la tierra y del mar, donde moran Jápeto y Crono, que no disfrutan de los rayos del Sol Hiperión ni de los vientos, y se hallan rodeados por el profundo Tártaro; aunque, errante, llegues hasta allí, no me importará verte enojada, porque no hay nada más impudente que tú.

484 Así dijo; y Hera, la de los níveos brazos, nada respondió. La brillante luz del sol se hundió en el Océano, trayendo sobre la alma tierra la noche obscura. Contrarió a los troyanos la desaparición de la luz; mas para los aqueos llegó grata, muy deseada, la tenebrosa noche.

489 El esclarecido Héctor reunió a los troyanos en la ribera del voraginoso Janto, lejos de las naves, en un lugar limpio donde el suelo no aparecía cubierto de cadáveres. Aquéllos descendieron de los carros y escucharon a Héctor, caro a Zeus, que arrimado a su lanza de once codos, cuya reluciente broncínea punta estaba sujeta por áureo anillo, así los arengaba:

497 -¡Oídme, troyanos, dárdanos y aliados! En el día de hoy esperaba volver a la ventosa Ilio después de destruir las naves y acabar con todos los aqueos; pero nos quedamos a obscuras, y esto ha salvado a los argivos y a las naves que tienen en la playa. Obedezcamos ahora a la noche sombría y ocupémonos en preparar la cena; desuncid de los carros a los corceles de hermosas crines y echadles el pasto; traed pronto de la ciudad bueyes y pingües ovejas, y de vuestras casas pan y vino, que alegra el corazón; amontonad abundante leña y encendamos muchas hogueras que ardan hasta que despunte la aurora, hija de la mañana, y cuyo resplandor llegue al cielo: no sea que los melenudos aqueos intenten huir esta noche por el ancho dorso del mar. No se embarquen tranquilos y sin ser molestados, sino que alguno tenga que curarse en su casa una lanzada o un flechazo recibido al subir a la nave, para que tema quien ose mover la luctuosa guerra a los troyanos, domadores de caballos. Los heraldos, caros a Zeus, vayan a la población y pregonen que los adolescentes y los ancianos de canosas sienes se reúnan en las torres que fueron construidas por las deidades y circundan la ciudad; que las tímidas mujeres enciendan grandes fogatas en sus respectivas casas, y que la guardia sea continua para que los enemigos no entren insidiosamente en la ciudad mientras los hombres estén fuera. Hágase como os lo encargo, magnánimos troyanos. Dichas quedan las palabras que al presente convienen; mañana os arengaré de nuevo, troyanos domadores de caballos; y espero que, con la protección de Zeus y de las otras deidades, echaré de aquí a esos perros rabiosos, traídos por las parcas en los negros bajeles. Durante la noche hagamos guardia nosotros mismos; y mañana, al comenzar el día, tomaremos las armas para trabar vivo combate junto a las cóncavas naves. Veré si el fuerte Diomedes Tidida me hace retroceder de las naves al muro, o si lo mato con el bronce y me llevo sus cruentos despojos. Mañana probará su valor, si me aguarda cuando lo acometa con la lanza; mas confío en que, así que salga el sol, caerá herido entre los combatientes delanteros, y con él muchos de sus camaradas. Así fuera yo inmortal, no tuviera que envejecer y gozara de los mismos honores que Atenea o Apolo, como este día será funesto para los argivos.

542 De este modo arengó Héctor, y los troyanos lo aclamaron. Desuncieron de debajo del yugo los sudados corceles y atáronlos con correas junto a sus respectivos carros; sacaron pronto de la ciudad bueyes y pingües ovejas, y de las casas pan y vino, que alegra el corazón, y amontonaron abundante leña. Después ofrecieron hecatombes perfectas a los inmortales, y los vientos llevaban de la llanura al cielo el suave olor de la grasa quemada; pero los bienaventurados dioses no quisieron aceptar la ofrenda, porque se les había hecho odiosa la sagrada Ilio y Príamo y su pueblo armado con lanzas de fresno.

553 Así, tan alentados, permanecieron toda la noche en el campo, donde ardían muchos fuegos. Como en noche de calma aparecen las radiantes estrellas en torno de la fulgente luna, y se descubren los promontorios, cimas y valles, por-

que en el cielo se ha abierto la vasta región etérea, vense todos los astros, y al pastor se le alegra el corazón: en tan gran número eran las hogueras que, encendidas por los troyanos, quemaban ante Ilio entre las naves y la corriente del Janto. Mil fuegos ardían en la llanura, y en cada uno se agrupaban cincuenta hombres a la luz de la ardiente llama. Y los caballos, comiendo cerca de los carros avena y blanca cebada, esperaban la llegada de la Aurora, la de hermoso trono.

CANTO IX*

Embajada a Aquiles- Súplicas

Agamenón, arrepentido y lamentando su disputa con Aquiles, por consejo de su anciano asesor Néstor, despacha a Ulises, Ayante y al viejo Fénix como embajadores ante Aquiles, para solicitar su ayuda, con plenos poderes para prometerle la devolución de Briseide y abundantes regalos que compensen la afrenta sufrida. Pero Aquiles se mantiene obstinado a inflexible.

1 Así los troyanos guardaban el campo. De los aqueos habíase enseñoreado la ingente fuga, compañera del glacial terror, y los más valientes estaban agobiados por insufrible pesar. Como conmueven el ponto, en peces abundante, los vientos Bóreas y Céfiro, soplando de improviso desde la Tracia, y las negruzcas olas se levantan y arrojan a la orilla multitud de algas; de igual modo les palpitaba a los aqueos el corazón en el pecho.

9 El Atrida, en gran dolor sumido el corazón, iba de un lado para otro y mandaba a los heraldos de voz sonora que convocaran al ágora, nominalmente y en voz baja, a todos los capitanes, y también él los iba llamando y trabajaba como los más diligentes. Los guerreros acudieron afligidos. Levantóse Agamenón, llorando, como fuente profunda que desde altísimo peñasco deja caer sus aguas sombrías; y, despidiendo hondos suspiros, habló de esta suerte a los argivos:

17 -¡Oh amigos, capitanes y príncipes de los argivos! En grave infortunio envolvióme Zeus Cronida. ¡Cruel! Me prometió y aseguró que no me iría sin destruir la bien murada Ilio y todo ha

sido funesto engaño; pues ahora me manda regresar a Argos, sin gloria, después de haber perdido tantos hombres. Así debe de ser grato al prepotente Zeus, que ha destruido las fortalezas de muchas ciudades y aún destruirá otras, porque su poder es inmenso. Ea, obremos todos como voy a decir: Huyamos en las naves a nuestra patria tierra, pues ya no tomaremos a Troya, la de anchas calles.

29 Así dijo. Enmudecieron todos y permanecieron callados. Largo tiempo duró el silencio de los afligidos aqueos, mas al fin Diomedes, valiente en el combate, dijo:

32 -¡Atrida! Empezaré combatiéndote por tu imprudencia, como es permitido hacerlo, oh rey, en el ágora, pero no te irrites. Poco ha menospreciaste mi valor ante los dánaos, diciendo que soy cobarde y débil, lo saben los argivos todos, jóvenes y viejos. Mas a ti el hijo del artero Crono de dos cosas te ha dado una: te concedió que fueras honrado como nadie por el cetro, y te negó la fortaleza, que es el mayor de los poderes. ¡Desgraciado! ¿Crees que los aqueos son tan cobardes y débiles como dices? Si tu corazón te incita a regresar, parte: delante tienes el camino y cerca del mar gran copia de naves que desde Micenas lo siguieron; pero los demás melenudos aqueos se quedarán hasta que destruyamos la ciudad de Troya. Y, si también éstos quieren irse, huyan en los bajeles a su patria; y nosotros dos, yo y Esténelo, seguiremos peleando hasta que a Ilio le llegue su fin; pues vinimos debajo del amparo de los dioses.

50 Así habló; y todos los aqueos aplaudieron, admirados del discurso de Diomedes, domador de caballos. Y el caballero Néstor se levantó y dijo:

53 -¡Tidida! Luchas con valor en el combate y superas en el consejo a los de tu edad; ningún aqueo osará vituperar ni contradecir tu discurso, pero no has llegado hasta el fin. Eres aún joven -por tus años podrías ser mi hijo menor- y, no obstante, dices cosas discretas a los reyes argivos y has hablado como se debe. Pero yo, que me vanaglorio de ser más viejo que tú, lo manifestaré y expondré todo; y nadie despreciará mis palabras, ni siquiera el rey Agamenón. Sin familia, sin ley y sin hogar debe de vivir quien apetece las horrendas luchas intestinas. Ahora obedezcamos a la negra noche: preparemos la

cena y los guardias vigilen a orillas del cavado foso que corre delante del muro. A los jóvenes se lo encargo; y tú, oh Atrida, mándalo, pues eres el rey supremo. Ofrece después un banquete a los caudillos, que esto es lo que te conviene y lo digno de ti. Tus tiendas están llenas de vino, que las naves aqueas traen continuamente de Tracia por el anchuroso ponto; dispones de cuanto se requiere para recibir a aquéllos, a imperas sobre muchos hombres. Una vez congregados, seguirás el parecer de quien te dé mejor consejo; pues de uno bueno y prudente tienen necesidad los aqueos, ahora que el enemigo enciende tal número de hogueras junto a las naves. ¿Quién lo verá con alegría? Esta noche se decidirá la ruina o la salvación del ejército.

79 Así dijo, y ellos lo escucharon atentamente y lo obedecieron. A1 punto se apresuraron a salir con armas, para encargarse de la guardia, Trasimedes Nestórida, pastor de hombres; Ascálafo y Yálmeno, hijos de Ares; Meriones, Afareo, Deípiro y el divino Licomedes, hijo de Creonte. Siete eran los capitanes de los centinelas, y cada uno mandaba cien mozos provistos de luengas picas. Situáronse entre el foso y la muralla, encendieron fuego, y todos sacaron su respectiva cena.

99 El Atrida llevó a su tienda a los príncipes aqueos, así que se hubieron reunido, y les dio un espléndido banquete. Ellos metieron mano en los manjares que tenían delante, y, cuando hubieron satisfecho el deseo de beber y de comer, el anciano Néstor, cuya opinión era considerada siempre como la mejor, empezó a aconsejarles; y. arengándolos con benevolencia, les dijo:

96 -¡Gloriosísimo Atrida! ¡Rey de hombres, Agamenón! Por ti acabaré y por ti comenzaré también, ya que reinas sobre muchos hombres y Zeus te ha dado cetro y leyes para que mires por los súbditos. Por esto debes exponer tu opinión y oír la de los demás y aun llevarla a cumplimiento cuando cualquiera, siguiendo los impulsos de su ánimo, proponga algo bueno; que es atribución tuya ejecutar lo que se acuerde. Te diré lo que considero más convenience y nadie concebirá una idea mejor que la que tuve y sigo teniendo, oh vástago de Zeus, desde que, contra mi parecer, te llevaste la joven Briseide arrebatándola de la tienda del enojado Aquiles. Gran empeño puse en disuadirte, pero venció to ánimo fogoso y

menospreciaste a un fortísimo varón honrado por los dioses, arrebatándole la recompensa que todavía retienes. Mas veamos todavía si podremos aplacarlo con agradables presentes y dulces palabras.

114 Respondióle el rey de hombres, Agamenón:

115 -No has mentido, anciano, al enumerar mis faltas. Procedí mal, no lo niego; vale por muchos el varón a quien Zeus ama cordialmente; y ahora el dios, queriendo honrar a ése, ha causado la derrota de los aqueos. Mas, ya que le falté, dejándome llevar por la funesta pasión, quiero aplacarlo y le ofrezco la muchedumbre de espléndidos presentes que voy a enumerar: Siete trípodes no puestos aún al fuego, diez talentos de oro, veinte calderas relucientes y doce corceles robustos, premiados, que en la carrera alcanzaron la victoria. No sería pobre ni carecería de precioso oro quien tuviera los premios que estos solípedos caballos lograron. Le daré también siete mujeres lesbias, hábiles en hacer primorosas labores, que yo mismo escogí cuando tomó la bien construida Lesbos y que en hermosura a las demás aventajaban. Con ellas le entregaré la hija de Briseo, que entonces le quité, y juraré solemnemente que jamás subí a su lecho ni me uní con ella, como es costumbre entre hombres y mujeres. Todo esto se le presentará en seguida; mas, si los dioses nos permiten destruir la gran ciudad de Príamo, entre en ella cuando los aqueos partamos el botín, cargue abundantemente de oro y de bronce su nave y elija él mismo las veinte troyanas que más hermosas sean después de la argiva Helena. Y, si conseguimos volver a los fértiles campos de Argos de Acaya, podrá ser mi yerno y tendrá tantos honores como Orestes, mi hijo menor, que se cría con mucho regalo. De las tres hijas que dejé en el alcázar bien construido, Crisótemis, Laódice a Ifianasa, llévese la que quiera, sin dotarla, a la casa de Peleo; que yo la dotaré tan espléndidamente, como nadie haya dotado jamás a su hija: ofrezco darle siete populosas ciudades -Cardámila, Enope, la herbosa Hira, la divina Feras, Antea, la de los hermosos prados, la linda Epea y Pédaso, en viñas abundante-, situadas todas junto al mar, en los confines de la arenosa Pilos, y pobladas de hombres ricos en ganado y en bueyes, que lo honrarán con ofrendas como a una deidad y

pagarán, regidos por su cetro, crecidos tributos. Todo esto haría yo, con tal de que depusiera la cólera. Que se deje ablandar; pues, por ser implacable a inexorable, Hades es para los mortales el más aborrecible de todos los dioses; y ceda a mí, que en poder y edad de aventajarlo me glono.

162 Contestó Néstor, caballero gerenio:

163 -¡Gloriosísimo Atrida! ¡Rey de hombres, Agamenón! No son despreciables los regalos que ofreces al rey Aquiles. Ea, elijamos esclarecidos varones que cuanto antes vayan a la tienda del Pelida. Y, si quieres, yo mismo los designaré y ellos obedezcan: Fénix, caro a Zeus, que será el jefe, el gran Ayante y el divino Ulises, acompañados de los heraldos Odio y Eunbates. Dadnos agua a las manos a imponed silencio, para rogar a Zeus Cronida que se apiade de nosotros.

173 Así dijo, y su discurso agradó a todos. Los heraldos dieron en seguida aguamanos a los caudillos, y los mancebos, coronando de bebida las crateras, distribuyéronla a todos los presentes después de haber ofrecido en copas las primicias. Luego que hicieron libaciones y cada cual bebió cuanto quiso, salieron de la tienda de Agamenón Atrida. Y Néstor, caballero gerenio, fijando sucesivamente los ojos en cada uno de los elegidos, les recomendaba mucho, y de un modo especial a Ulises, que procuraran persuadir al eximio Pelión.

182 Fuéronse éstos por la orilla del estruendoso mar y dirigían muchos ruegos a Posidón, que ciñe y bate la tierra, para que les resultara fácil llevar la persuasión al altivo espíritu del Eácida. Cuando hubieron llegado a las tiendas y naves de los mirmidones, hallaron al héroe deleitándose con una hermosa lira labrada de argénteo puente, que había cogido de entre los despojos cuando destruyó la ciudad de Eetión; con ella recreaba su ánimo, cantando hazañas de los hombres. Patroclo, solo y callado, estaba sentado frente a él y esperaba que el Eácida acabase de cantar. Entraron aquéllos, precedidos por Ulises, y se detuvieron delante del héroe; Aquiles, atónito, se alzó del asiento sin dejar la lira y Patroclo al verlos se levantó también. Aquiles, el de los pies ligeros, tendióles la mano y dijo:

197 -¡Salud, amigos que llegáis! Grande debe de ser la necesidad cuando venís vosotros, que sois para mí, aunque esté irritado, los más queridos de los aqueos todos.

199 En diciendo esto, el divino Aquiles les hizo sentar en sillas provistas de purpúreos tapetes, y en seguida dijo a Patroclo, que estaba cerca de él:

202 -¡Hijo de Menecio! Saca la cratera mayor, llénala del vino más añejo y distribuye copas; pues están debajo de mi techo los hombres que me son más caros.

205 Así dijo, y Patroclo obedeció al compañero amado. En un tajón que acercó a la lumbre puso los lomos de una oveja y de una pingüe cabra y la grasa espalda de un suculento jabalí. Automedonte sujetaba la carne; Aquiles, después de cortarla y dividirla, la espetaba en asadores; y el Menecíada, varón igual a un dios, encendía un gran fuego; y luego, quemada la leña y muerta la llama, extendió las brasas, colocó encima los asadores asegurándolos con piedras y sazonó la carne con la divina sal. Cuando aquélla estuvo asada y servida en la mesa, Patrocio repartió pan en hermosas canastillas; y Aquiles distribuyó la carne, sentóse frente al divino Ulises, de espaldas a la pared, y ordenó a Patroclo, su amigo, que hiciera la ofrenda a los dioses. Patroclo echó las primicias al fuego. Metieron mano a los manjares que tenían delante, y, cuando hubieron satisfecho el deseo de beber y de comer, Ayante hizo una seña a Fénix; y Ulises, al advertirlo, llenó de vino la copa y brindó a Aquiles:

223 -¡Salve, Aquiles! De igual festín hemos disfrutado en la tienda del Atrida Agamenón que ahora aquí, donde podríamos comer muchos y agradables manjares; pero los placeres del delicioso banquete no nos halagan porque tememos, oh alumno de Zeus, que nos suceda una gran desgracia: dudamos si nos será dado salvar o perder las naves de muchos bancos, si tú no lo revistes de valor. Los orgullosos troyanos y sus auxiliares, venidos de lejas tierras, acampan junto a las naves y al muro y han encendido una porción de hogueras; y dicen que, como no podremos resistirlos, asaltarán las negras naves; Zeus Cronida relampaguea haciéndoles favorables señales, y Héctor, envanecido por su bravura y confiando en Zeus, se muestra estupendamente furioso, no respeta a hombres ni a dioses, está poseído de cruel rabia, y pide que aparezca pronto la divina Aurora, asegurando que ha de cortar nuestras elevadas popas,

quemar las naves con ardiente fuego y matar cerca de ellas a los aqueos aturdidos por el humo. Mucho teme mi alma que los dioses cumplan sus amenazas y el destino haya dispuesto que muramos en Troya, lejos de Argos, criadora de caballos. Ea, levántate si deseas, aunque tarde, salvar a los aqueos, que están acosados por los troyanos. A ti mismo te ha de pesar si no lo haces, y no puede repararse el mal una vez causado; piensa, pues, cómo librarás a los dánaos de tan funesto día. Amigo, tu padre Peleo te daba estos consejos el día en que desde Ftía lo envió a Agamenón: «¡Hijo mío! La fortaleza, Atenea y Hera te la darán si quieren; tú refrena en el pecho el natural fogoso- la benevolencia es preferible -y abstente de perniciosas disputas para que seas más honrado por los argivos jóvenes y ancianos.» Así te amonestaba el anciano y tú lo olvidas. Cede ya y depón la funesta cólera; pues Agamenón te ofrece dignos presentes si renuncias a ella. Y si quieres, oye y te referiré cuanto Agamenón dijo en su tienda que te daría: Siete trípodes no puestos aún al fuego, diez talentos de oro, veinte calderas relucientes y doce corceles robustos, premiados, que alcanzaron la victoria en la carrera. No sería pobre ni carecería de precioso oro quien tuviera los premios que estos caballos de Agamenón con sus pies lograron. Te dará también siete mujeres lesbias, hábiles en hacer primorosas labores, que él mismo escogió cuando tomaste la bien construida Lesbos y que en hermosura a las demás aventajaban. Con ellas te entregará la hija de Briseo, que te ha quitado, y jurará solemnemente que jamás subió a su lecho ni se unió con la misma, como es costumbre, oh rey, entre hombres y mujeres. Todo esto se te presentará en seguida; mas, si los dioses nos permiten destruir la gran ciudad de Príamo, entra en ella cuando los aqueos partamos el botín, carga abundantemente de oro y de bronce tu nave y elige tú mismo las veinte troyanas que más hermosas sean después de la argiva Helena. Y, si conseguimos volver a los fértiles campos de Argos de Acaya, podrás ser su yerno y tendrás tantos honores como Orestes, su hijo menor, que se cría con mucho regalo. De las tres hijas que dejó en el palacio bien construido, Crisótemis, Laódice a Ifianasa, llévate la que quieras, sin dotarla, a la casa de Peleo, que él la dotará es-pléndidamente como nadie haya dotado jamás a

su hija: ofrece darte siete populosas ciudades -Cardámila, Énope, la herbosa Hira, la divina Feras, Antea, la de los amenos prados, la linda Epea y Pédaso, en viñas abundante-, situadas todas junto al mar, en los confines de la arenosa Pilos, y pobladas de hombres ricos en ganado y en bueyes, que te honrarán con ofrendas como a un dios y pagarán, regidos por tu cetro, crecidos tributos. Todo esto haría, con tal de que depusieras la cólera. Y, si el Atrida y sus regalos te son odiosos, apiádate de los aqueos todos, que, atribulados como están en el ejército, te venerarán como a un dios y conseguirás entre ellos inmensa gloria. Ahora podrías matar a Héctor, que llevado de su funesta rabia se acercará mucho a ti, pues dice que ninguno de los dánaos que trajeron las naves lo iguala en valor.

307 Respondióle Aquiles, el de los pies ligeros:

308 -¡Laertíada, del linaje de Zeus! ¡Ulises, fecundo en ardides! Preciso es que os manifieste lo que pienso hacer para que dejéis de importunarme unos por un lado y otros por el opuesto. Me es tan odioso como las puertas de Hades quien piensa una cosa y manifiesta otra. Diré, pues, lo que me parece mejor. Creo que ni el Atrida Agamenón ni los dánaos lograrán convencerme, ya que para nada se agradece el combatir siempre y sin descanso contra hombres enemigos. La misma recompensa obtiene el que se queda en su tienda, que el que pelea con bizarría; en igual consideración son tenidos el cobarde y el valiente; y así muere el holgazán como el laborioso. Ninguna ventaja me ha procurado sufrir tantos pesares y exponer mi vida en el combate. Como el ave lleva a los implumes hijuelos la comida que coge, privándose de ella, así yo pasé largas noches sin dormir y días enteros entregado a la cruenta lucha con hombres que combatían por sus esposas. Conquisté doce ciudades por mar y once por tierra en la fértil región troyana; de todas saqué abundantes y preciosos despojos que di al Atrida, y éste, que se quedaba en las veleras naves, recibiólos, repartió unos pocos y se guardó los restantes. Mas las recompensas que Agamenón concedió a los reyes y caudillos siguen en poder de éstos; y a mí, solo entre los aqueos, me quitó la dulce esposa y la retiene aún: que goce durmiendo con ella. ¿Por qué los argivos han tenido que mover guerra a los troyanos?

74

¿Por qué el Atrida ha juntado y traído el ejército? ¿No es por Helena, la de hermosa cabellera? Pues ¿acaso son los Atridas los únicos hombres, de voz articulada, que aman a sus esposas? Todo hombre bueno y sensato quiere y cuida a la suya, y yo apreciaba cordialmente a la mía, aunque la había adquirido por medio de la lanza. Ya que me defraudó, arrebatándome de las manos la recompensa, no me tiente; lo conozco y no me persuadirá. Delibere contigo, Ulises, y con los demás reyes cómo podrá librar a las naves del fuego enemigo. Muchas cosas ha hecho ya sin mi ayuda, pues construyó un muro, abriendo a su pie ancho y profundo foso que defiende una empalizada; mas ni con esto puede contener el arrojo de Héctor, matador de hombres. Mientras combatí por los aqueos, jamás quiso Héctor que la pelea se trabara lejos de la muralla; sólo llegaba a las puertas Esceas y a la encina; y, una vez que allí me aguardó, costóle trabajo salvarse de mi acometida. Y puesto que ya no deseo guerrear contra el divino Héctor mañana, después de ofrecer sacrificios a Zeus y a los demás dioses, echaré al mar los cargados bajeles, y verás, si quieres y te interesa, mis naves surcando el Helesponto, en peces abundoso, y en ellas hombres que remarán gustosos; y, si el glorioso agitador de la tierra me concede una navegación feliz, al tercer día llegará a la fértil Ftía. En ella dejé muchas cosas cuando en mal hora vine y de aquí me llevaré oro, rojizo bronce, mujeres de hermosa cintura y luciente hierro, que por suerte me tocaron; ya que el rey Agamenón Atrida, insultándome, me ha quitado la recompensa que él mismo me diera. Decídselo públicamente, os lo encargo, para que los demás aqueos se indignen, si con su habitual impudencia pretendiese engañar a algún otro dánao. No se atrevería, por desvergonzado que sea, a mirarme cara a cara, con él no deliberaré ni haré cosa alguna, y, si me engañó y ofendió, ya no me embaucará más con sus palabras; séale esto bastante y corra tranquilo a su perdición, puesto que el próvido Zeus le ha quitado el juicio. Sus presentes me son odiosos, y hago tanto caso de él como de un cabello. Aunque me diera diez o veinte veces más de lo que posee o de lo que a poseer llegare, o cuanto entra en Orcómeno, o en la egipcia Teba, cuyas casas guardan muchas riquezas -cien puertas dan ingreso a la ciudad y por cada una pasan diariamente doscientos hombres con caballos y carros-, o tanto, cuantas son las arenas o los granos de polvo, ni aun así aplacaría Agamenón mi enojo, si antes no me pagaba la dolorosa afrenta. No me casaré con la hija de Agamenón Atrida, aunque en hermosura rivalice con la dorada Afrodita y en las labores compita con Atenea, la de ojos de lechuza; ni siendo así me desposaré con ella; elija aquel otro aqueo que le convenga y sea rey más poderoso. Si, salvándome los dioses, vuelvo a mi casa, el mismo Peleo me buscará consorte. Gran número de aqueas hay en la Hélade y en Ftía, hijas de príncipes que gobiernan las ciudades; la que yo quiera será mi mujer. Mucho me aconseja mi corazón varonil que tome legítima esposa, digna cónyuge mía, y goce allá de las riquezas adquiridas por el anciano Peleo; pues no creo que valga lo que la vida ni cuanto dicen que se encerraba en la populosa ciudad de Ilio en tiempo de paz, antes que vinieran los aqueos, ni cuanto contiene el lapídeo templo de Apolo, que hiere de lejos, en la rocosa Pito. Se pueden apresar los bueyes y las pingües ovejas, se pueden adquirir los trípodes y los tostados alazanes; pero no es posible prender ni coger el alma humana para que vuelva, una vez ha salvado la barrera que forman los dientes. Mi madre, la diosa Tetis, de argentados pies, dice que las parcas pueden llevarme al fin de la muerte de una de estas dos maneras: Si me quedo aquí a combatir en torno de la ciudad troyana, no volveré a la patria tierra, pero mi gloria será inmortal; si regreso, perderé la ínclita fama, pero mi vida será larga, pues la muerte no me sorprenderá tan pronto. Yo os aconsejo que os embarquéis y volváis a vuestros hogares, porque ya no conseguiréis arruinar la excelsa Ilio: el largovidente Zeus extendió el brazo sobre ella y sus hombres están llenos de confianza. Vosotros llevad la respuesta a los príncipes aqueos -que ésta es la misión de los legados-, a fin de que busquen otro medio de salvar las cóncavas naves y a los aqueos que hay a su alrededor, pues aquél en que pensaron no puede emplearse mientras subsista mi enojo. Y Fénix quédese con nosotros, acuéstese y mañana volverá conmigo a la patria tierra, si así lo desea, que no he de llevarlo a viva fuerza.

430 Así dijo, y todos enmudecieron, asombrados de oírlo; pues fue mucha la vehemencia con que se negó. Y el anciano jinete Fénix, que sentía gran temor por las naves aqueas, dijo después de un buen rato y saltándole las lágrimas:

434 -Si piensas en el regreso, preclaro Aquiles, y te niegas en absoluto a defender del voraz fuego las veleras naves, porque la ira penetró en tu corazón, ¿cómo podría quedarme solo y sin ti, hijo querido? El anciano jinete Peleo quiso que yo te acompañase el día en que te envió desde Ftía a Agamenón, todavía niño y sin experiencia de la funesta guerra ni del ágora, donde los varones se hacen ilustres; y me mandó que te enseñara a hablar bien y a realizar grandes hechos. Por esto, hijo querido, no querría verme abandonado de ti, aunque un dios en persona me prometiera rasparme la vejez y dejarme tan joven como cuando salí de la Hélade, de lindas mujeres, huyendo de las imprecaciones de Amíntor Orménida, mi padre, que se irritó conmigo por una concubina de hermosa cabellera, a quien amaba con ofensa de su esposa y madre mía. Ésta me suplicaba continuamente, abrazando mis rodillas, que me juntara con la concubina para que aborreciese al anciano. Quise obedecerla y lo hice; mi padre, que no tardó en conocerlo, me maldijo repetidas veces pidió a las horrendas Erinias que jamás pudiera sentarse en sus rodillas un hijo mío, y los dioses -el Zeus subterráneo y la terrible Perséfone -ratificaron sus imprecaciones. [Pensé matar a mi padre con el agudo bronce; mas alguno de los inmortales calmó mi cólera, haciendo que a mi corazón se representara la fama que tendría yo entre los hombres y los muchos baldones que de ellos recibiría, a fin de que no fuese llamado parricida entre los aqueos.] Desde entonces no tuve ánimo para vivir en el palacio con mi padre enojado. Amigos y deudos querían retenerme allí y me dirigían insistentes súplicas: degollaron gran copia de pingües ovejas y flexípedes bueyes de retorcidos cuernos; pusieron a asar muchos puercos grasos sobre la llama de Hefesto; bebióse buena parte del vino que las tinajas del anciano contenían; y nueve noches seguidas durmieron aquéllos a mi lado, vigilándome por turno y teniendo encendidas dos hogueras, una en el pórtico del bien cercado patio y otra en el vestíbulo ante la puerta de la habitación. Al llegar por décima vez la tenebrosa noche, salí del aposento rompiendo las tablas fuertemente unidas de la puerta; salté con facilidad el muro del patio, sin que mis guardianes ni las sirvientas lo advirtieran, y, huyendo por la espaciosa Hélade, llegué a la fértil Ftía, madre de ovejas, a la casa del rey Peleo. Este me acogió benévolo; me amó como debe de amar un padre al hijo unigénito que haya tenido en la vejez, viviendo en la opulencia; enriquecióme y púsome al frente de numeroso pueblo, y desde entonces viví en un confín de la Ftía, reinando sobre los dólopes. Y te crié hasta hacerte cual eres, oh Aquiles semejante a los dioses, con cordial cariño; y tú ni querías it con otro al banquete, ni comer en el palacio, hasta que, sentándote en mis rodillas, te saciaba de carne cortada en pedacitos y te acercaba el vino. ¡Cuántas veces durante la molesta infancia me manchaste la túnica en el pecho con el vino que devolvías! Mucho padecí y trabajé por tu causa, y, considerando que los dioses no me habían dado descendencia, te adopté por hijo, oh Aquiles semejante a los dioses, para que un día me librases del cruel infortunio. Pero, Aquiles, refrena tu ánimo fogoso; no conviene que tengas un corazón despiadado, cuando los dioses mismos se dejan aplacar, no obstante su mayor virtud, dignidad y poder. Con sacrificios, votos agradables, libaciones y vapor de grasa quemada los desenojan cuantos infringieron su ley y pecaron. Pues las Súplicas son hijas del gran Zeus, y aunque cojas, arrugadas y bizcas, cuidan de ir tras de Ofuscación: ésta es robusta, de pies ligeros, y por lo mismo se adelanta, y, recorriendo la tierra, ofende a los hombres: y aquéllas reparan luego el daño causado. Quien acata a las hijas de Zeus cuando se le presentan, consigue gran provecho y es por ellas atendido si alguna vez tiene que invocarlas. Mas si alguien las desatiende y se obstina en rechazarlas, se dirigen a Zeus Cronida y le piden que Ofuscación acompañe siempre a aquél para que con el daño sufra la pena. Concede tú también a las hijas de Zeus, oh Aquiles, la debida consideración, por la cual el espíritu de otros valientes se aplacó. Si el Atrida no te brindara esos presentes, ni te hiciera otros ofrecimientos para lo futuro, y conservara pertinazmente su cólera, no te exhortaría a que, deponiendo la ira, socorrieras a los argivos,

aunque es grande la necesidad en que se hallan. Pero te da muchas cosas, te promete más y te envía, para que por él rueguen, varones excelentes, escogiendo en el ejército aqueo los argivos que te son más caros. No desprecies las palabras de éstos, ni dejes sin efecto su venida, ya que no se te puede reprender que antes estuvieras irritado. Todos hemos oído contar hazañas de los héroes de antaño, y sabemos que, cuando estaban poseídos de feroz cólera, eran placables con dones y exorables a los ruegos. Recuerdo lo que pasó en cierto caso, no reciente, sino antiguo, y os lo voy a referir a vosotros, que sois todos amigos míos. Curetes y bravos etolios combatían en torno de Calidón y unos a otros se mataban, defendiendo los etolios su hermosa ciudad y deseando los curetes asolarla por medio de Ares. Había promovido esta contienda Ártemis, la de áureo trono, enojada porque Eneo no le dedicó los sacrificios de la siega en el fértil campo: los otros dioses regaláronse con las hecatombes, y sólo a la hija del gran Zeus dejó aquél de ofrecerlas, por olvido o por inadvertencia, cometiendo una gran falta. Airada la deidad que se complace en tirar flechas, hizo aparecer un jabalí, de albos dientes, que causó gran destrozo en el campo de Eneo, desarraigando altísimos árboles y echándolos por tierra cuando ya con la llor prometían el fruto. Al fin lo mató Meleagro, hijo de Eneo, ayudado por cazadores y perros de muchas ciudades -pues no era posible vencerlo con poca gente, ¡tan corpulento era!, y ya a muchos los había hecho subir a la triste pira-, y la diosa suscitó entonces una clamorosa contienda entre los curetes y los magnánimos etolios por la cabeza y la hirsuta piel del jabalí. Mientras Meleagro, caro a Ares, combatió, les fue mal a los curetes, que no podían, a pesar de ser tantos, acercarse a los muros. Pero el héroe, irritado con su madre Altea, se dejó dominar por la cólera que perturba la mente de los más cuerdos y se quedó en el palacio con su linda esposa Cleopatra, hija de Marpesa Evenina, la de hermosos tobillos, y de Idas, el más fuerte de los hombres que entonces poblaban la tierra. (Atrevióse Idas a armar el arco contra el soberano Febo Apolo, a causa de la joven de hermosos tobillos, y desde entonces pusiéronle a Cleopatra su padre y su veneranda madre el sobrenombre de Alcíone, porque la

madre, sufriendo la suerte del sufridísimo alción, deshacíase en lágrimas mientras Febo Apolo, que hiere de lejos, se la llevaba.) Retirado, pues, con su esposa, devoraba Meleagro la acerba cólera que le causaron las imprecaciones de su madre; la cual, acongojada por la muerte violenta de un hermano, oraba mucho a los dioses, y, puesta de rodillas y con el seno bañado en lágrimas, golpeaba mucho el fértil suelo invocando a Hades y a la terrible Perséfone para que dieran muerte a su hijo. Erinias, que vaga en las tinieblas y tiene un corazón inexorable, la oyó desde el Érebo, y en seguida creció el tumulto y la gritería ante las puertas de la ciudad, las torres fueron atacadas y los etolios ancianos enviaron a los eximios sacerdotes de los dioses para que suplicaran a Meleagro que saliera a defenderlos, ofreciéndole un rico presente: donde el suelo de la amena Calidón fuera más fértil, escogería él mismo un hermoso campo de cincuenta yugadas, mitad viña y mitad tierra labrantía. Presentóse también en el umbral del alto aposento el anciano jinete Eneo; y, llamando a la puerta, dirigió a su hijo muchas súplicas. Rogáronle asimismo muchas veces sus hermanas y su venerable madre. Pero él se negaba cada vez más. Acudieron sus mejores y más caros amigos, y tampoco consiguieron mover su corazón, ni persuadirlo a que no aguardara, para salir del cuarto, a que llegaran hasta él los enemigos. Y los curetes escalaron las torres y empezaron a pegar fuego a la gran ciudad. Entonces la esposa, de bella cintura, instó a Meleagro llorando y refiriéndole las desgracias que padecen los hombres, cuya ciudad sucumbe: Matan a los varones, le decía; el fuego destruye la ciudad, y son reducidos a la esclavitud los niños y las mujeres de estrecha cintura. Meleagro, al oír estos males, sintió que se le conmovía el corazón; y, dejándose llevar por su ánimo, vistió las lucientes armas y libró del funesto día a los etolios; pero ya no le dieron los muchos y hermosos presentes, a pesar de haberlos salvado de la ruina. Y ahora tú, amigo, no pienses de igual manera, ni un dios te induzca a obrar así; será peor que difieras el socorro para cuando las naves sean incendiadas; ve, pues, por los regalos, y los aqueos te venerarán como a un dios, porque, si intervinieres en la homicida guerra cuando ya no te ofrezcan dones, no alcanzarás tanta honra aunque rechaces a los enemigos.

606 Respondióle Aquiles, el de los pies ligeros:

607 -¡Fénix, anciano padre, alumno de Zeus! Para nada necesito tal honor; y espero que, si Zeus quiere, seré honrado en las cóncavas naves mientras la respiración no falte a mi pecho y mis rodillas se muevan. Otra cosa voy a decirte, que grabarás en tu memoria: No me conturbes el ánimo con llanto y gemidos por complacer al héroe Atrida, a quien no debes querer si deseas que el afecto que te profeso no se convierta en odio; mejor es que aflijas conmigo a quien me aflige. Ejerce el mando conmigo y comparte mis honores. Ésos llevarán la respuesta, tú quédate y acuéstate en blanda cama, y al despuntar la aurora determinaremos si nos conviene regresar a nuestros hogares o quedarnos aquí todavía.

620 Dijo, y ordenó a Patroclo, haciéndole con las cejas silenciosa señal, que dispusiera una mullida cama para Fénix, a fin de que los demás pensaran en salir cuanto antes de la tienda. Y Ayante Telamoníada, igual a un dios, habló diciendo:

624 -¡Laertíada, del linaje de Zeus! ¡Ulises, fecundo en ardides! ¡Vámonos! No espero lograr nuestro propósito por este camino, y hemos de anunciar la respuesta, aunque sea desfavorable, a los dánaos que están aguardando. Aquiles tiene en su pecho un corazón feroz y soberbio. ¡Cruel! En nada aprecia la amistad de sus compañeros, con la cual lo honrábamos en el campamento más que a otro alguno. ¡Despiadado! Por la muerte del hermano o del hijo se recibe una compensación; y, una vez pagada la importante cantidad, el matador se queda en el pueblo, y el corazón y el ánimo airado del ofendido se apaciguan con la compensación recibida, y a ti los dioses te han llenado el pecho de implacable y funesto rencor por una sola joven. Siete excelentes te ofrecemos hoy y otras muchas cosas; séanos tu corazón propicio y respeta tu morada, pues estamos debajo de tu techo, enviados por el ejército dánao, y anhelamos ser para ti los más apreciados y los más amigos de los aqueos todos.

643 Respondióle Aquiles, el de los pies ligeros:

644 -¡Ayante Telamonio, del linaje de Zeus, príncipe de hombres! Creo que has dicho lo que sientes, pero mi corazón se enciende en ira cuando me acuerdo de aquéllos y del menosprecio con que el Atrida me trató en presencia de los argivos, cual si yo fuera un miserable advenedizo. Id y publicad mi respuesta: No me ocuparé en la cruenta guerra hasta que el hijo del aguerrido Príamo, Héctor divino, llegue matando argivos a las tiendas y naves de los mirmidones y las incendie. Creo que Héctor, aunque esté enardecido, se abstendrá de combatir tan pronto como se acerque a mi tienda y a mi negra nave.

656 Así dijo. Cada uno tomó una copa de doble asa; y, hecha la libación, los enviados, con Ulises a su frente, regresaron a las naves. Patroclo ordenó a sus compañeros y a las esclavas que aderezaran al momento una mullida cama para Fénix; y ellas, obedeciendo el mandato, hiciéronla con pieles de oveja una colcha y finísima cubierta del mejor lino. Allí descansó el viejo, aguardando la divina Aurora. Aquiles durmió en lo más retirado de la sólida tienda con una mujer que se había llevado de Lesbos: con Diomede, hija de Forbante, la de hermosas mejillas. Y Patroclo se acostó junto a la pared opuesta, teniendo a su lado a Ifis, la de bella cintura, que le había regalado Aquiles al tomar la excelsa Esciro, ciudad de Enieo.

669 Cuando los enviados llegaron a la tienda del Atrida, los aqueos, puestos en pie, les presentaban áureas copas y les hacían preguntas. Y el rey de hombres, Agamenón, los interrogó diciendo:

673 -¡Ea! Dime, célebre Ulises, gloria insigne de los aqueos. ¿Quiere librar a las naves del fuego enemigo, o se niega porque su corazón soberbio se halla aún dominado por la cólera?

676 Contestó el paciente divino Ulises:

677 -¡Gloriosísimo Atrida, rey de hombres, Agamenón! No quiere aquél deponer la cólera, sino que se enciende aún más su ira y te desprecia a ti y tus dones. Manda que deliberes con los argivos cómo podrás salvar las naves y al pueblo aqueo, dice en son de amenaza que echará al mar sus corvos bajeles, de muchos bancos, al descubrirse la nueva aurora, y aconseja que los demás se embarquen y vuelvan a sus hogares, porque ya no conseguiréis arruinar la excelsa Ilio: el largovidente Zeus extendió el brazo sobre ella, y sus hombres están llenos de confianza. Así dijo, como pueden referirlo éstos que fueron conmigo: Ayante y los dos heraldos, que ambos son prudentes. El anciano Fénix se acostó allí por

orden de aquél, para que mañana vuelva a la patria tierra, si así lo desea, porque no ha de llevarle a viva fuerza.

693 Así habló, y todos callaron, asombrados de sus palabras, pues era muy grave lo que acababa de decir. Largo rato duró el silencio de los afligidos aqueos; mas al fin exclamó Diomedes, valiente en el combate:

697 -¡Gloriosísimo Atrida, rey de hombres, Agamenón! No debiste rogar al eximio Pelión, ni ofrecerle innumerables regalos; ya era altivo, y ahora has dado pábulo a su soberbia. Pero dejémoslo, ya se vaya, ya se quede: volverá a combatir cuando el corazón que tiene en el pecho se lo ordene y un dios le incite. Ea, obremos todos como voy a decir. Acostaos después de satisfacer los deseos de vuestro corazón comiendo y bebiendo vino, pues esto da fuerza y vigor. Y, cuando aparezca la hermosa Aurora de rosáceos dedos, haz que se reúnan junto a las naves los hombres y los carros, exhorta al pueblo y pelea en primera fila.

710 Tales fueron sus palabras, que todos los reyes aplaudieron, admirados del discurso de Diomedes, domador de caballos. Y hechas las libaciones, volvieron a sus respectivas tiendas, acostáronse y el don del sueño recibieron.

CANTO X*

Dolonia

Aqueos y troyanos espían los movimientos del contrario. Ulises y Diomedes apresan a Dolón, del que consiguen información del campamento troyano.

1 Los príncipes aqueos durmieron toda la noche vencidos por plácido sueño; mas no probó sus dulzuras el Atrida Agamenón, pastor de hombres, porque en su mente revolvía muchas cosas. Como el esposo de Hera, la de hermosa cabellera, relampaguea cuando prepara una lluvia torrencial, el granizo o una nevada que cubra los campos, o quiere abrir en alguna parte la boca inmensa de la amarga guerra; así, tan frecuentemente, se escapaban del pecho de Agamenón los suspiros, que salían de lo más hondo de su corazón, a interiormente le temblaban las entrañas. Cuando fijaba la vista en el campo troyano, pasmábanle las muchas hogueras que ardían delante de Ilio, los sones de las flautas y zampoñas y el bullicio de la gente; mas, cuando a las naves y al ejército aqueo la volvía, arrancábase furioso los cabellos, alzando los ojos a Zeus, que mora en lo alto, y su generoso corazón lanzaba grandes gemidos. Al fin, creyendo que la mejor resolución sería acudir primeramente a Néstor Nelida, el más ilustre de los hombres, por si entrambos hallaban un excelente medio que librara de la desgracia a todos los dánaos, levantóse, vistió la túnica, calzó los nítidos pies con hermosas sandalias, echóse una rojiza piel de corpulento y fogoso león, que le llegaba hasta los pies, y asió la lanza.

25 También Menelao estaba poseído de terror y no conseguía que se posara el sueño en sus párpados, temiendo que les ocurriese algún percance a los argivos que por él habían llegado a Troya, atravesando el vasto mar, y promoviendo tan audaz guerra. Cubrió sus anchas espaldas con la manchada piel de un leopardo; púsose luego el casco de bronce, y, tomando en la robusta mano una lanza, fue a despertar a su hermano, que imperaba poderosamente sobre los argivos todos y era venerado por el pueblo como un dios. Hallólo junto a la popa de su nave, vistiendo la magnífica armadura. Grata le fue a éste su venida. Y Menelao, valiente en el combate, habló el primero diciendo:

37 -¿Por qué, hermano querido, tomas las armas? ¿Acaso deseas persuadir a algún compañero para que vaya como explorador al campo de los troyanos? Mucho temo que nadie se ofrezca a prestarte este servicio de ir solo durante la divina noche a espiar al enemigo, porque para ello se requiere un corazón muy osado.

42 Respondióle el rey Agamenón:

43 Tanto yo como tú, oh Menelao, alumno de Zeus, tenemos necesidad de un prudente consejo para defender y salvar a los argivos y las naves, pues la mente de Zeus ha cambiado, y en la actualidad le son más aceptos los sacrificios de Héctor. jamás he visto ni oído decir que un hombre ejecutara en solo un día tantas proezas como ha hecho Héctor, caro a Zeus, contra los aqueos, sin ser hijo de un dios ni de una diosa. Digo que de sus hazañas se acordarán los argivos mucho y largo tiempo. ¡Tanto daño ha causado a los aqueos! Ahora, anda, encamínate corriendo a

las naves y llama a Ayante y a Idomeneo; mientras voy en busca del divino Néstor y le pido que se levante por si quiere ir al sagrado cuerpo de los guardias y darles órdenes. Obedeceránlo a él más que a nadie, puesto que los manda su hijo junto con Meriones, servidor de Idomeneo. A entrambos les hemos confiado de un modo especial esta tarea.

60 Dijo entonces Menelao, valiente en el combate:

61 -¿Cómo me encargas y ordenas que lo haga? ¿Me quedaré con ellos y te aguardaré a11í, o he de volver corriendo cuando les haya participado tu mandato?

64 Contestó el rey de hombres, Agamenón:

65 -Quédate a11í, no sea que luego no podamos encontrarnos, porque son muchas las sendas que hay por entre el ejército. Levanta la voz por donde pasares y recomienda la vigilancia, llamando a cada uno por su nombre paterno y ensalzándolos a todos. No te muestres soberbio. Trabajemos también nosotros, ya que, cuando nacimos, Zeus nos condenó a padecer tamaños infortunios.

72 Esto dicho, despidió al hermano bien instruido ya, y fue en busca de Néstor, pastor de hombres. Hallólo en su tienda, junco a la negra nave, acostado en blanda cama. A un lado veíanse diferentes armas -el escudo, dos lanzas, el luciente yelmo-, y el labrado bálteo con que se ceñía el anciano siempre que, como caudillo de su gente, se armaba para ir al homicida combate, pues aún no se rendía a la triste vejez. Incorporóse Néstor, apoyándose en el codo, alzó la cabeza, y dirigiéndose al Atrida lo interrogó con estas palabras:

82 -¿Quién eres tú que vas solo por el ejército y las naves, durante la tenebrosa noche, cuando duermen los demás mortales? ¿Buscas acaso a algún centinela o compañero? Habla. No te acerques sin responder. ¿Qué deseas?

86 Respondióle el rey de hombres, Agamenón:

87 -¡Néstor Nelida, gloria insigne de los aqueos! Reconoce al Atrida Agamenón, a quien Zeus envía y seguirá enviando sin cesar más trabajos que a nadie, mientras la respiración no le falte a mi pecho y mis rodillas se muevan. Vagando voy; pues, preocupado por la guerra y las calamidades que padecen los aqueos, no consigo que el dulce sueño se pose en mis ojos.

Mucho temo por los dánaos; mi ánimo no está tranquilo, sino sumamente inquieto; el corazón se me arranca del pecho y tiemblan mis robustos miembros. Pero si quieres ocuparte en algo, ya que tampoco conciliaste el sueño, bajemos a ver los centinelas; no sea que, vencidos del trabajo y del sueño, se hayan dormido, dejando la guardia abandonada. Los enemigos se hallan cerca, y no sabemos si habrán decidido acometernos esta noche.

102 Contestó Néstor, caballero gerenio:

103 -¡Gloriosísimo Atrida, rey de hombres, Agamenón! A Héctor no le cumplirá el próvido Zeus todos sus deseos, como él espera; y creo que mayores trabajos habrá de padecer aún, si Aquiles depone de su corazón el enojo funesto. Iré contigo y despertaremos a los demás: al Tidida, famoso por su lanza, a Ulises, al veloz Ayante y al esforzado hijo de Fileo. Alguien podría ir a llamar al deiforme Ayante y al rey Idomeneo, pues sus naves no están cerca, sino muy lejos. Y reprenderé a Menelao por amigo y respetable que sea y aunque te me enojes, y no callaré que duerme y te ha dejado a ti el trabajo. Debía ocuparse en suplicar a los príncipes todos, pues la necesidad que se nos presenta no es llevadera.

119 Dijo el rey de hombres, Agamenón:

120 -¡Oh anciano! Otras veces te exhorté a que le riñeras, pues a menudo es indolente y no quiere trabajar; no por pereza o escasez de talento, sino porque, volviendo los ojos hacia mí, aguarda mi impulso. Mas hoy se levantó mucho antes que yo mismo, presentóseme y te envié a llamar a aquéllos que acabas de nombrar. Vayamos y los hallaremos delante de las puertas con la guardia; pues a11í es donde les dije que se reunieran.

128 Respondió Néstor, caballero gerenio:

129 -De esta manera ninguno de los argivos se irritará contra él, ni lo desobedecerá, cuando los exhorte o les ordene algo.

131 Apenas hubo dicho estas palabras, abrigó el pecho con la túnica, calzó los nítidos pies con hermosas sandalias, y abrochóse un manto purpúreo, doble, amplio, adornado con lanosa felpa. Asió la fuerte lanza, cuya aguzada punta era de bronce, y se encaminó a las naves de los aqueos, de broncíneas corazas. El primero a quien despertó Néstor, caballero gerenio, fue a

Ulises, que en prudencia igualaba a Zeus. Llamólo gritando, y Ulises, al llegarle la voz a los oídos, salió de la tienda y dijo:

141 -¿Por qué andáis vagando así, por las naves y el ejército, solos, durante la noche inmortal? ¿Qué urgente necesidad se ha presentado?

143 Respondió Néstor, caballero gerenio:

144 -¡Laertíada, del linaje de Zeus! ¡Ulises, fecundo en ardides! No te enojes, porque es muy grande el pesar que abruma a los aqueos. Síguenos y llamaremos a quien convenga, para tomar acuerdo sobre si es preciso huir o luchar todavía.

148 Así dijo. El ingenioso Ulises, entrando en la tienda, colgó de sus hombros el labrado escudo y se juntó con ellos. Fueron en busca de Diomedes Tidida, y lo hallaron delante de su pabellón con la armadura puesta, Sus compañeros dormían alrededor de él, con las cabezas apoyadas en los escudos y las lanzas clavadas por el regatón en tierra; el bronce de las puntas lucía a lo lejos como un relámpago del padre Zeus. El héroe descansaba sobre una piel de toro montaraz, teniendo debajo de la cabeza un espléndido tapete. Néstor, caballero gerenio, se detuvo a su lado to movió con el pie para que despertara, y le daba prisa, increpándolo de esta manera:

159 -¡Levántate, hijo de Tideo! ¿Cómo duermes a sueño suelto toda la noche? ¿No sabes que los troyanos acampan en una eminencia de la llanura, cerca de las naves, y que solamente un corto espacio los separa de nosotros?

162 Así dijo. Y Diomedes, recordando en seguida del sueño, profirió estas aladas palabras:

164 -Eres infatigable, anciano, y nunca dejas de trabajar. ¿Por ventura no hay otros aqueos más jóvenes, que vayan por el campo y despierten a los reyes? ¡No se puede contigo, anciano!

168 Respondióle Néstor, caballero gerenio:

169 -Sí, hijo, oportuno es cuanto acabas de decir. Tengo hijos excelentes y muchos hombres que podrían ir a llamarlos, pero es muy grande el peligro en que se hallan los aqueos: en el filo de una navaja están ahora una muy triste muerte y la salvación de todos. Ve y haz levantar al veloz Ayante y al hijo de Fileo, ya que eres más joven y de mí te compadeces.

177 Así dijo. Diomedes cubrió sus hombros con una piel talar de corpulento y fogoso león, tomó la lanza, fue a despertar a aquéllos y se los llevó consigo.

180 Cuando llegaron adonde se hallaban los guardias reunidos, no encontraron a sus jefes durmiendo, pues todos estaban alerta y sobre las armas. Como los canes que guardan las ovejas de un establo y sienten venir del monte, por entre la selva, una terrible fiera con gran clamoreo de hombres y perros, se ponen inquietos y ya no pueden dormir; así el dulce sueño huía de los párpados de los que hacían guardia en tan mala noche, pues miraban siempre hacia la llanura y acechaban si los troyanos iban a atacarlos. El anciano violos, alegróse, y para animarlos profirió estas aladas palabras:

192 -¡Vigilad así, hijos míos! No sea que alguno se deje vencer del sueño y demos ocasión para que el enemigo se regocije.

194 Habiendo hablado así, atravesó el foso. Siguiéronlo los reyes argivos que habían sido llamados al consejo, y además Meriones y el preclaro hijo de Néstor, porque aquéllos los invitaron a deliberar. Pasado el foso, sentáronse en un lugar limpio donde el suelo no aparecía cubierto de cadáveres: allí habíase vuelto el impetuoso Héctor, después de causar gran estrago a los argivos, cuando la noche los cubrió con su manto. Acomodados en aquel sitio, conversaban; y Néstor, caballero gerenio, comenzó a hablar diciendo:

204 -¡Oh amigos! ¿No sabrá nadie que, confiando en su ánimo audaz, vaya al campamento de los troyanos de ánimo altivo? Quizá hiciera prisionero a algún enemigo que ande rezagado, o averiguara, oyendo algún rumor, lo que los tróyanos han decidido: si desean quedarse aquí, cerca de las naves y lejos de la ciudad, o volverán a ella cuando hayan vencido a los aqueos. Si se enterara de esto y regresara incólume, sería grande su gloria debajo del cielo y entre los hombres todos, y tendría una hermosa recompensa: cada jefe de los que mandan en las naves le daría una oveja con su corderito -presente sin igual- y se le admitiría además en todos los banquetes y festines.

218 Así habló. Enmudecieron todos y quedaron silenciosos, hasta que Diomedes, valiente en la pelea, les dijo:

220 -¡Néstor! Mi corazón y ánimo valeroso me incitan a penetrar en el campo de los enemigos

que tenemos cerca, de los troyanos; pero, si alguien me acompañase, mi confianza y mi osadía serían mayores. Cuando van dos, uno se anticipa al otro en advertir lo que conviene; cuando se está solo, aunque se piense, la inteligencia es más tarda y la resolución más difícil.

227 Así dijo, y muchos quisieron acompañar a Diomedes. Deseáronlo los dos Ayantes, servidores de Ares; quísolo Meriones; lo anhelaba el hijo de Néstor; deseólo el Atrida Menelao, famoso por su lanza; y por fin, también el sufrido Ulises quiso penetrar en el ejército troyano, porque el corazón que tenía en el pecho aspiraba siempre a ejecutar audaces hazañas. Y el rey de hombres, Agamenón, dijo entonces:

234 -¡Tidida Diomedes, carísimo a mi corazón! Escoge por compañero al que quieras, al mejor de los presentes; pues son muchos los que se ofrecen. No dejes al mejor y elijas a otro peor, por respeto alguno que sientas en tu alma, ni por consideración al linaje, ni por atender a que sea un rey más poderoso.

240 Habló en estos términos, porque temía por el rubio Menelao. Y Diomedes, valiente en la pelea, replicó:

242 -Si me mandáis que yo mismo designe al compañero, ¿cómo no pensaré en el divino Ulises, cuyo corazón y ánimo valeroso son tan dispuestos para toda suerte de trabajos, y a quien tanto ama Palas Atenea? Con él volveríamos acá aunque nos rodearan abrasadoras llamas, porque su pnidencia es grande.

248 Respondióle el paciente divino Ulises:

249 -¡Tidida! No me alabes en demasía ni me vituperes, puesto que hablas a los argivos de cosas que les son conocidas. Pero, vámonos, que la noche está muy adelantada y la aurora se acerca; los astros han andado mucho, y la noche va ya en las dos partes de su jornada y sólo un tercio nos resta.

254 En diciendo esto, vistieron entrambos las terribles armas. El intrépido Trasimedes dio al Tidida una espada de dos filos -la de éste había quedado en la nave-y un escudo; y le puso un morrión de piel de toro sin penacho ni cimera, que se llama *catétyx* y lo usan los mancebos que se hallan en la flor de la juventud para proteger la cabeza. Meriones procuró a Ulises arco, carcaj y espada, y le cubrió la cabeza con un casco de piel que por dentro se sujetaba con muchas y fuertes correas y por fuera presentaba los blancos dientes de un jabalí, ingeniosamente repartidos, y tenía un mechón de lana colocado en el centro. Este casco era el que Autólico había robado en Eleón a Amíntor Orménida, horadando la pared de su casa, y que luego dio en Escandia a Anfidamante de Citera; Anfidamante to regaló, como presente de hospitaidad, a Molo; éste lo cedió a su hijo Meriones para que lo llevara, y entonces hubo de cubrir la cabeza de Ulises.

272 Una vez revestidos de las terribles armas, partieron y lejaron a11í a todos los príncipes. Palas Atenea envióles una garza, y, si bien no pudieron verla con sus ojos, porque la noche era obscura, oyéronla graznar a la derecha del camino. Ulises se holgó del presagio y oró a Atenea:

278 -¡Oyeme, hija de Zeus, que lleva la égida! Tú que me asistes en todos los trabajos y conoces mis pasos, séme ahora propicia más que nunca, Atenea, y concede que volvamos a las naves cubiertos de gloria por haber realizado una gran hazaña que preocupe a los troyanos.

283 Diomedes, valiente en la pelea, oró luego diciendo:

284 -¡Ahora óyeme también a mí, hija de Zeus! ¡Indómita! Acompáñame como acompañaste a mi padre, el divino Tideo, cuando fue a Teba en representación de los aqueos. Dejando a los aqueos, de broncíneas corazas, a orillas del Asopo, llevó un agradable mensaje a los cadmeos; y a la vuelta ejecutó admirables proezas con tu ayuda, excelente diosa, porque benévola lo socorrías. Ahora, socórreme a mí y préstame tu amparo. E inmolaré en tu honor una ternera de un año, de frente espaciosa, indómita y no sujeta aún al yugo, después de derramar oro sobre sus cuernos.

295 Así dijeron rogando, y los oyó Palas Atenea. Y después de rogar a la hija del gran Zeus, anduvieron en la obscuridad de la noche, como dos leones, por el campo pues tanta carnicería se había hecho, pisando cadáveres, armas y denegrida sangre.

299 Tampoco Héctor dejaba dormir a los valientes troyanos pues convocó a todos los próceres, a cuantos eran caudillos y príncipes de los troyanos, y una vez reunidos les expuso una prudente idea:

303 -¿Quién, por un gran premio, se ofrecerá a llevar a cabo la empresa que voy a decir? La

recompensa será proporcionada. Daré un carro y dos corceles de erguido cuello, los mejores que haya en las veleras naves aqueas, al que tenga la osadía de acercarse a las naves de ligero andar -con ello al mismo tiempo ganará gloria- y averigüe si éstas son guardadas todavía, o los aqueos, vencidos por nuestras manos, piensan en la huida y no quieren velar durante la noche porque el cansancio abrumador los rinde.

313 Así dijo. Enmudecieron todos y quedaron silenciosos. Había entre los troyanos un cierto Dolón, hijo del divino heraldo Eumedes, rico en oro y en bronce; era de feo aspecto, pero de pies ágiles, y el único hijo varón de su familia con cinco hermanas. Éste dijo entonces a los troyanos y a Héctor:

319 -¡Héctor! Mi corazón y mi ánimo valeroso me incitan a acercarme a las naves, de ligero andar, para saberlo. Ea, alza el cetro y jura que me darás los corceles y el carro con adornos de bronce que conducen al eximio Pelión. No te será inútil mi espionaje, ni tus esperanzas se verán defraudadas; pues atravesaré todo el ejército hasta llegar a la nave de Agamenón, que es donde deben de haberse reunido los caudillos para deliberar si huirán o seguirán combatiendo.

328 Así dijo. Y Héctor, tomando en la mano el cetro, prestó el juramento:

329 -Sea testigo el mismo Zeus tonante, esposo de Hera. Ningún otro troyano será llevado por estos corceles, y tú disfrutarás perpetuamente de ellos.

332 Con tales palabras, jurando lo que no había de cumplirse, animó a Dolón. Éste, sin perder momento, colgó del hombro el corvo arco, vistió una pelicana piel de lobo, cubrió la cabeza con un morrión de piel de comadreja, tomó un puntiagudo dardo, y, saliendo del ejército, se encaminó a las naves, de donde no había de volver para darle a Héctor la noticia. Pues ya había dejado atrás la multitud de carros y hombres, y andaba animoso por el camino, cuando Ulises, del linaje de Zeus, advirtiendo que se acercaba a ellos, habló así a Diomedes:

341 -Ese hombre, Diomedes, viene del ejército; pero ignoro si va como espía a nuestras naves o intenta despojar algún cadáver de los que murieron. Dejemos que se adelante un poco más por la llanura, y echándonos sobre él lo cogeremos fácilmente; y si en correr nos aventajase,

apártalo del ejército, acometiéndolo con la lanza, y persíguelo siempre hacia las naves, para que no se guarezca en la ciudad.

349 Dichas estas palabras, tendiéronse entre los muertos, fuera del camino. El incauto Dolón pasó con pie ligero. Mas, cuando estuvo a la distancia a que se extienden los surcos de las mulas -éstas son mejores que los bueyes para tirar de un sólido arado en tierra noval-, Ulises y Diomedes corrieron a su alcance. Dolón oyó ruido y se detuvo, creyendo que algunos de sus amigos venían del ejército troyano a llamarlo por encargo de Héctor. Pero así que aquéllos se hallaron a tiro de lanza o más cerca aún, conoció que eran enemigos y puso su diligencia en los pies huyendo, mientras ellos se lanzaban a perseguirlo. Como dos perros de agudos dientes, adiestrados para cazar, acosan en una selva a un cervato o a una liebre que huye chillando delante de ellos, del mismo modo el Tidida y Ulises, asolador de ciudades, perseguían constantemente a Dolón después que lograron apartarlo del ejército. Ya en su fuga hacia las naves iba el troyano a topar con los guardias, cuando Atenea dio fuerzas al Tidida para que ninguno de los aqueos, de broncíneas corazas, se le adelantara y pudiera jactarse de haber sido el primero en herirlo y él llegase después. El fuerte Diomedes arremetió a Dolón, con la lanza, y le gritó:

370 Tente, o te alcanzará mi lanza; y no creo que puedas evitar mucho tiempo que mi mano te dé una muerte terible.

372 Dijo, y arrojó la lanza; mas de intento erró el tiro, y ésta se clavó en el suelo después de volar por cima del hombro derecho de Dolón. Paróse el troyano dentellando -los dientes crujíanle en la boca-, tembloroso y pálido de miedo; Ulises y Diomedes se le acercaron, jadeantes, y le asieron de las manos, mientras aquél lloraba y les decia:

378 -Hacedme prisionero y yo me redimiré. Hay en casa bronce, oro y hierro labrado: con ellos os pagaría mi padre inmenso rescate, si supiera que estoy vivo en las naves aqueas.

382 Respondióle el ingenioso Ulises:

383 -Tranquilízate y no pienses en la muerte. Ea, habla y dime con sinceridad: ¿Adónde ibas solo, separado de tu ejército y derechamente hacia las naves, en esta noche obscura, mientras

duermen los demás mortales? ¿Acaso a despojar a algún cadáver? ¿Por ventura Héctor te envió como espía a las cóncavas naves? ¿O te dejaste llevar por los impulsos de tu corazón?

390 Contestó Dolón, a quien le temblaban las carnes:

391 -Héctor me hizo salir fuera de juicio con muchas y perniciosas promesas: accedió a darme los solípedos corceles y el carro con adornos de bronce del eximio Pelión, para que, acercándome durante la rápida y obscura noche a los enemigos, averiguase si las veleras naves son guardadas todavía, o los aqueos, vencidos por nuestras manos, piensan en la fuga y no quieren velar porque el cansancio abrumador los rinde.

400 Díjole sonriendo el ingenioso Ulises:

401 -Grande es el presente que tu corazón anhelaba. ¡Los corceles del aguerrido Eácida! Difícil es que ninguno de los mortales los sujete y sea por ellos llevado, fuera de Aquiles, que tiene una madre inmortal. Pero, ea, habla y dime con sinceridad: ¿Dónde, al venir, has dejado a Héctor, pastor de hombres? ¿En qué lugar tiene las marciales armas y los caballos? ¿Cómo se hacen las guardias y de qué modo están dispuestas las tiendas de los troyanos? Cuenta también lo que están deliberando: si desean quedarse aquí cerca de las naves y lejos de la ciudad, o volverán a ella cuando hayan vencido a los aqueos.

412 Contestó Dolón, hijo de Eumedes:

413 -De todo voy a informarte con exactitud. Héctor y sus consejeros deliberan lejos del bullicio, junto a la tumba del divino Ilo; en cuanto a las guardias por que me preguntas, oh héroe, ninguna ha sido designada, para que vele por el ejército ni para que vigile. En torno de cada hoguera los troyanos, apremiados por la necesidad, velan y se exhortan mutuamente a la vigilancia. Pero los auxiliares, venidos de lejas tierras, duermen y dejan a los troyanos el cuidado de la guardia, porque no tienen aquí a sus hijos y mujeres.

423 Volvió a preguntarle el ingenioso Ulises:

424 -¿Éstos duermen mezclados con los troyanos o separadamente? Dímelo para que lo sepa.

426 Contestó Dolón, hijo de Eumedes:

427 -De todo voy a informarte con exactitud. Hacia el mar están los carios, los peonios, armados de corvos arcos, y los léleges, caucones

y divinos pelasgos. El lado de Timbra to obtuvieron por suerte los licios, los arrogantes misios, los frigios, que combaten en carros, y los meonios, que armados de casco combaten en carros. Mas ¿por qué me hacéis esas preguntas? Si deseáis entraros por el ejército troyano, los tracios recién venidos están ahí, en ese extremo, con su rey Reso, hijo de Eyoneo. He visto sus corceles que son bellísimos, de gran altura, más blancos que la nieve y tan ligeros como el viento. Su carro tiene lindos adornos de oro y plata, y sus armas son de oro, magníficas, encanto de la vista, y más propias de los inmortales dioses que de hombres mortales. Pero llevadme ya a las naves de ligero andar, o dejadme aquí, atado con recios lazos, para que vayáis y comprobéis si os hablé como debía.

446 Mirándolo con torva faz, le replicó el fuerte Diomedes:

447 -No esperes escapar de ésta, Dolón, aunque tus noticias son importantes, pues has caído en nuestras manos. Si te dejásemos libre o consintiéramos en el rescate, vendrías de nuevo a las veleras naves de los aqueos a espiar o a combatir contra nosotros; y, si por mi mano pierdes la vida, no serás en adelante una plaga para los argivos.

454 Dijo; y Dolón iba, como suplicante, a tocarle la barba con su robusta mano, cuando Diomedes, de un tajo en medio del cuello, le rompió ambos tendones; y la cabeza cayó en el polvo, mientras el troyano hablaba todavía. Quitáronle el morrión de piel de comadreja, la piel de lobo, el flexible arco y la ingente lanza; y el divino Ulises, cogiéndolo todo con la mano, levantólo para ofrecerlo a Atenea, que preside los saqueos, y oró diciendo:

462 -Huélgate de esta ofrenda, ¡oh diosa! Serás tú la primera a quien invocaremos entre las deidades del Olimpo. Y ahora guíanos hacia los corceles y las tiendas de los tracios.

465 Dichas estas palabras, apartó de sí los despojos y los colgó de un tamarisco, cubriéndolos con cañas y frondosas ramas del árbol, que fueran una señal visible para que no les pasaran inadvertidos, al regresar durante la rápida y obscura noche. Luego pasaron delante por encima de las armas y de la negra sangre, y llegaron al grupo de los tracios que, rendidos de fatiga, dormían con las hermosas armas en el

suelo, dispuestos ordenadamente en tres filas, y un par de caballos junto a cada guerrero. Reso descansaba en el centro, y tenía los ligeros corceles atados con correas a un extremo del carro. Ulises violo el primero y lo mostró a Diomedes:

477 -Éste es el hombre, Diomedes, y éstos los corceles de que nos habló Dolón, a quien matamos. Ea, muestra tu impetuoso valor y no tengas ociosas las armas. Desata los caballos, o bien mata hombres y yo me encargaré de aquéllos.

482 Así dijo, y Atenea, la de ojos de lechuza, infundió valor a Diomedes, que comenzó a matar a diestro y a siniestro: sucedíanse los horribles gemidos de los que daban la vida a los golpes de la espada, y su sangre enrojecía la tierra. Como un mal intencionado león acomete al rebaño de cabras o de ovejas, cuyo pastor está ausente, así el hijo de Tideo se abalanzaba a los tracios, hasta que mató a doce. A cuántos aquél hería con la espada, el ingenioso Ulises, asiéndolos por un pie, los apartaba del camino, para que luego los corceles de hermosas crines pudieran pasar fácilmente y no se asustasen de pisar cadáveres, a lo cual no estaban acostumbrados. Llegó el hijo de Tideo adonde yacía el rey, y fue éste el decimotercio a quien privó de la dulce vida, mientras daba un suspiro; pues en aquella noche el nieto de Eneo aparecíase en desagradable ensueño a Reso, por orden de Atenea. Durante este tiempo el paciente Ulises desató los solípedos caballos, los ligó con las riendas y los sacó del ejército aguijándolos con el arco, porque se le olvidó tomar el magnífico látigo que había en el labrado carro. Y en seguida silbó, haciendo seña al divino Diomedes.

503 Mas éste, quedándose aún, pensaba qué podría hacer que fuese muy arriesgado: si se llevaría el carro con las labradas armas, ya tirando del timón, ya levantándolo en alto; o quitaría la vida a más tracios. En tanto que revolvía tales pensamientos en su espíritu, presentóse Atenea y habló así al divino Diomedes:

509 -Piensa ya en volver a las cóncavas naves, hijo del magnánimo Tideo. No sea que hayas de llegar huyendo, si algún otro dios despierta a los troyanos.

512 Así habló. Diomedes, conociendo la voz de la diosa, montó sin dilación a caballo, y también Ulises, que los aguijó con el arco; y volaron hacia las veleras naves aqueas.

515 Apolo, que lleva arco de plata, estaba en acecho desde que advirtió que Atenea acompañaba al hijo de Tideo; e, indignado contra ella, entróse por el ejército de los troyanos y despertó a Hipocoonte, valeroso caudillo tracio y sobrino de Reso. Como Hipocoonte, recordando del sueño, viera vacío el lugar que ocupaban los caballos y a los hombres horriblemente heridos y palpitantes todavía, comenzó a lamentarse y a llamar por su nombre al querido compañero. Y pronto se promovió gran clamoreo a inmenso tumulto entre los troyanos, que acudían en tropel y admiraban la peligrosa aventura a que unos hombres habían dado cima, regresando luego a las cóncavas naves.

526 Cuando ambos héroes llegaron al sitio en que habían dado muerte al espía de Héctor, Ulises, caro a Zeus, detuvo los veloces caballos; y el Tidida, apeándose, tomó los cruentos despojos que puso en las manos de Ulises, volvió a montar y picó a los corceles. Éstos volaron gozosos hacia las cóncavas naves, pues a ellas deseaban llegar. Néstor fue el primero que oyó las pisadas de los caballos, y dijo:

533 -¡Oh amigos, capitanes y príncipes de los argivos! ¿Me engañaré o será verdad lo que voy a decir? El corazón me ordena hablar. Oigo pisadas de caballos de pies ligeros. Ojalá Ulises y el fuerte Diomedes trajeran del campo troyano solípedos corceles; pero mucho temo que a los más valientes argivos les haya ocurrido algún percance en el ejército troyano.

540 Aún no había acabado de pronunciar estas palabras, cuando aquéllos llegaron y echaron pie a tierra. Todos los saludaban alegremente con la diestra y con afectuosas palabras. Y Néstor, caballero gerenio, les preguntó el primero:

544 -¡Ea, dime, célebre Ulises, gloria insigne de los aqueos! ¿Cómo hubisteis estos caballos: penetrando en el ejército troyano, o recibiéndolos de un dios que os salió al camino? Muy semejantes son a los rayos del sol. Siempre entro por las filas de los troyanos; pues, aunque anciano, no me quedo en las naves, y jamás he visto ni advertido tales corceles. Supongo que los habréis recibido de algún dios que os salió al

encuentro, pues a entrambos os aman Zeus, que amontona las nubes, y su hija Atenea, la de ojos de lechuza.

554 Respondióle el ingenioso Ulises:

555 -¡Néstor Nelida, gloria insigne de los aqueos! Fácil le sería a un dios, si quisiera, dar caballos mejores aún que éstos, pues su poder es muy grande. Los corceles por los que preguntas, anciano, llegaron recientemente y son tracios: el valiente Diomedes mató al dueño y a doce de sus compañeros, todos aventajados. Y cerca de las naves dimos muerte al decimotercio, que era un espía enviado por Héctor y otros troyanos ilustres a explorar este campamento.

564 De este modo habló; y muy ufano, hizo que los solípedos caballos pasaran el foso, y los demás aqueos siguiéronlo alborozados. Cuando estuvieron en la hermosa tienda del Tidida, ataron los corceles con bien cortadas correas al pesebre, donde los caballos de Diomedes comían el trigo dulce como la miel. Ulises dejó en la popa de su nave los cruentos despojos de Dolón, para guardarlos hasta que ofrecieran un sacrificio a Atenea. Ambos entraron en el mar y se lavaron el abundante sudor de sus piernas, cuello y muslos. Cuando las olas les hubieron limpiado el abundante sudor del cuerpo y recreado el corazón, metiéronse en pulimentadas pilas y se bañaron. Lavados ya y ungidos con craso aceite, sentáronse a la mesa, y, sacando de una rebosante cratera vino dulce como la miel, en honor de Atenea to libaron.

Ejercicios: Capítulos 6-10

1- Haz una lista con los personajes que aparecen en el capítulo:

2- Señala los personajes que consideres más importantes, y explica por qué (excluye aquellos que ya hayas descrito en el capitulo anterior):

_____

_____

_____

_____

_____

_____

_____

3- Escribe una breve reseña biográfica acerca de los personajes que consideraste más importantes(excluye aquellos que ya hayas descrito en el capitulo anterior):

_____

_____

_____

_____

_____

_____

_____

_____

_____

_____

_____

_____

_____

_____

_____

_____

_____

4- Describe los sucesos y acontecimientos más importantes del capítulo:

_____

_____

_____

_____

_____

_____

_____

_____

_____

_____

_____

_____

5- Si pudieras aconsejar a los personajes, ¿Qué consejos les darías –y por qué?

_____

_____

_____

_____

_____

_____

_____

_____

_____

_____

_____

_____

6- Haz una lista con los puntos que consideras más importantes:

_____

_____

_____

_____

_____

_____

_____

_____

_____

_____

_____

_____

7- ¿Qué diálogos te parecen más interesantes?

_____

_____

_____

_____

_____

_____

_____

_____

8- ¿Qué palabras tuviste que buscar en el diccionario?

_____
_____
_____
_____
_____

9- ¿De qué manera se relaciona este capítulo con el capitulo anterior?

_____
_____
_____
_____
_____
_____
_____
_____
_____
_____
_____
_____
_____

10- ¿Cuál es tu opinión personal acerca de esta lectura?

_____
_____
_____
_____
_____
_____
_____

CANTO XI*

Principalía de Agamenón

En la batalla entre aqueos y troyanos, aquéllos llevan la peor parte: Agamenón, Diomedes y Ulises resultan heridos. Ante la clara ventaja de los troyanos, Aquiles envía a Patroclo junto a Néstor.

1 La Aurora se levantaba del lecho, dejando al ilustre Titono, para llevar la luz a los dioses y a los hombres, cuando, enviada por Zeus, se presentó en las veleras naves aqueas la cruel Discordia con la señal del combate en la mano. Subió la diosa a la ingente nave negra de Ulises, que estaba en medio de todas, para que lo oyeran por ambos lados hasta las tiendas de Ayante Telamonio y de Aquiles; los cuales habían puesto sus bajeles en los extremos, porque confiaban en su valor y en la fuerza de sus brazos. Desde allí daba aquélla grandes, agudos y horrendos gritos, y ponía mucha fortaleza en el corazón de todos los aqueos, a fin de que pelearan y combatieran sin descanso. Y pronto les fue más agradable batallar que volver a la patria tierra en las cóncavas naves.

15 El Atrida alzó la voz mandando que los argivos se apercibiesen, y él mismo vistió la armadura de luciente bronce. Púsose en torno de las piernas hermosas grebas sujetas con broches de plata, y cubrió su pecho con la coraza que Ciniras le había dado por presente de hospitalidad. Porque hasta Chipre había llegado la noticia de que los aqueos se embarcaban para Troya, y Ciniras, deseoso de complacer al rey, le dio esta córaza que tenía diez filetes de pavonado acero, doce de oro y veinte de estaño, y a cada lado tres cerúleos dragones erguidos hacia el cuello y semejantes al iris que el Cronión fija en las nubes como señal para los hombres dotados de palabra. Luego, el rey colgó del hombro la espada, en la que relucían áureos clavos, con su vaina de plata sujeta por tirantes de oro. Embrazó después el labrado escudo, fuerte y hermoso, de la altura de un hombre, que presentaba diez círculos de bronce en el contorno, tenía veinte bollos de blanco estaño y en el centro uno de negruzco acero, y lo coronaba Gorgona, de ojos horrendos y torva vista, con el Terror y la Fuga a los lados.

Su correa era argentada, y sobre la misma enroscábase cerúleo dragón de tres cabezas entrelazadas, que nacían de un solo cuello. Cubrió en seguida su cabeza con un casco de doble cimera, cuatro abolladuras y penacho de crines de caballo, que al ondear en to alto causaba pavor; y asió dos fornidas lanzas de aguzada broncínea punta, cuyo brillo llegaba hasta el cielo. Y Atenea y Hera tronaron en las alturas para honrar al rey de Micenas, rica en oro.

47 Cada cual mandó entonces a su auriga que tuviera dispuestos el carro y los corceles junto al foso; salieron todos a pie y armados, y levantóse inmenso viento antes que la aurora despuntara. Delante del foso ordenáronse los infantes, y a éstos siguieron de cerca los que combatían en carros. Y el Cronida promovió entre ellos funesto tumulto y dejó caer desde el éter sanguinoso rocío porque había de precipitar al Hades a muchas y valerosas almas.

56 Los troyanos pusiéronse también en orden de batalla en una eminencia de la llanura, alrededor del gran Héctor, del eximio Polidamante, de Eneas, honrado como un dios por el pueblo troyano, y de los tres Antenóridas: Pólibo, el divino Agenor y el joven Acamante, que parecía un inmortal. Héctor, armado de un escudo liso, llegó con los primeros combatientes. Cual astro funesto, que unas veces brilla en el cielo y otras se oculta detrás de las pardas nubes; así Héctor, ya aparecía entre los delanteros, ya se mostraba entre los últimos, siempre dando órdenes y brillando por la armadura de bronce como el relámpago del padre Zeus, que lleva la égida.

67 Como los segadores caminan en direcciones opuestas por los surcos de un campo de trigo o de cebada de un hombre opulento, y los manojos de espigas caen espesos, de la misma manera, troyanos y aqueos se acometían y mataban, sin pensar en la perniciosa fuga. Igual andaba la pelea, y como lobos se embestían. Gozábase en verlos la luctuosa Discordia, única deidad que se hallaba entre los combatientes; pues los demás dioses permanecían quietos en los hermosos palacios que se les había construido en los valles del Olimpo y todos acusaban al Cronida, el dios de las sombrías nubes, porque queria coneeder la victoria a los troyanos. Mas el padre no se cuidaba de ellos; y, sentado aparte, ufano de su

gloria, contemplaba la ciudad troyana, las naves aqueas, el brillo del bronce, a los que mataban y a los que la muerte recibían.

84 Al amanecer y mientras iba aumentando la luz del sagrado día, los tiros alcanzaban por igual a unos y a otros y los hombres caían. Cuando llegó la hora en que el leñador prepara el almuerzo en la espesura del monte, porque tiene los brazos cansados de cortar grandes árboles, siente fatiga en su corazón y el dulce deseo de la comida le ha llegado al alma, los dánaos, exhortándose mutuamente por las filas y peleando con bravura, rompieron las falanges teucras. Agamenón, que fue el primero en arrojarse a ellas, mató primeramente a Biánor, pastor de hombres, y después a su compañero Oileo, hábil jinete. Éste se había apeado del carro para sostener el encuentro, pero el Atrida le hundió en la frente la aguzada pica, que no fue detenida por el casco del duro bronce, sino que pasó a través del mismo y del hueso, conmovióle el cerebro y postró al guerrero cuando contra aquél arremetía. Después de quitarles a entrambos la coraza, Agamenón, rey de hombres, dejólos allí, con el pecho al aire, y fue a dar muerte a Iso y a Antifo, hijos bastardo y legítimo, respectivamente, de Príamo, que iban en el mismo carro. El bastardo guiaba y el ilustre Antifo combatía. En otro tiempo Aquiles, habiéndolos sorprendido en un bosque del Ida, mientras apacentaban ovejas, atólos con tiernos mimbres; y luego, pagado el rescate, los puso en libertad. Mas entonces el poderoso Agamenón Atrida le envainó a Iso la lanza en el pecho, sobre la tetilla, y a Antifo lo hirió con la espada en la oreja y lo derribó del carro. Y, al ir presuroso a quitarles las magníficas armaduras, los reconoció; pues los había visto en las veleras naves cuando Aquiles, el de los pies ligeros, se los llevó del Ida. Bien así corno un león penetra en la guarida de una ágil cierva, se echa sobre los hijuelos y despedazándolos con los fuertes dientes les quita la tierna vida, y la madre no puede socorrerlos, aunque esté cerca, porque le da un gran temblor, y atraviesa, azorada y sudorosa, selvas y espesos encinares, huyendo de la acometida de la terrible fiera; tampoco los troyanos pudieron librar a aquéllos de la muerte, porque a su vez huían delante de los argivos.

122 Alcanzó luego el rey Agamenón a Pisandro y al intrépido Hipóloco, hijos del aguerrido Antímaco (éste, ganado por el oro y los espléndidos regalos de Alejandro, se oponía a que Helena fuese devuelta al rubio Menelao): ambos iban en un carro, y desde su sitio procuraban guiar los veloces corceles, pues habían dejado caer las lustrosas riendas y estaban aturdidos. Cuando el Atrida arremetió contra ellos, cual si fuese un león, arrodilláronse en el carro y así le suplicaron:

131 -Haznos prisioneros, hijo de Atreo, y recibirás digno rescate. Muchas cosas de valor tiene en su casa Antímaco: bronce, oro, hierro labrado; con ellas nuestro padre lo pagaría inmenso rescate, si supiera que estamos vivos en las naves aqueas.

136 Con tan dulces palabras y llorando hablaban al rey, pero fue amarga la respuesta que escucharon:

138 -Pues si sois hijos del aguerrido Antímaco que aconsejaba en el ágora de los troyanos matar a Menelao y no dejarle volver a los aqueos, cuando vino a título de embajador con el deiforme Ulises, ahora pagaréis la insolente injuria que nos infirió vuestro padre.

143 Dijo, y derribó del carro a Pisandro: diole una lanzada en el pecho y lo tumbó de espaldas. De un salto apeóse Hipóloco, y ya en tierra, Agamenón le cercenó con la espada los brazos y la cabeza, que tiró, haciendola rodar como un montero, por entre las filas. El Atrida dejó a éstos, y seguido de otros aqueos, de hermosas grebas, fuese derecho al sitio donde más falanges, mezclándose en montón confuso, combatían. Los infantes mataban a los infantes, que se veían obligados a huir; los que combatían desde el carro daban muerte con el bronce a los enemigos que así peleaban, y a todos los envolvía la polvareda que en la llanura levantaban con sus sonoras pisadas los caballos. Y el rey Agamenón iba siempre adelante, matando troyanos y animando a los argivos. Como al estallar voraz incendio en un boscaje, el viento hace oscilar las llamas y to propaga por todas partes, y los arbustos ceden a la violencia del fuego y caen con sus mismas raíces, de igual manera caían las cabezas de los troyanos puestos en fuga por Agamenón Atrida, y muchos caballos de erguido cuello arrastraban con estrépito por el campo los carros vacíos y

echaban de menos a los eximios conductores; pero éstos, tendidos en tierra, eran ya más gratos a los buitres que a sus propias esposas.

163 A Héctor, Zeus le sustrajo de los tiros, el polvo, la matanza, la sangre y el tumulto; y el Atrida iba adelante, exhortando vehementemente a los dánaos. Los troyanos corrían por la llanura, deseosos de refugiarse en la ciudad, y ya habían dejado a su espalda el sepulcro del antiguo Ilo Dardánida y el cabrahígo; y el Atrida les seguía al alcance, vociferando, con las invictas manos llenas de polvo y sangre. Los que primero llegaron a las puertas Esceas y a la encina detuviéronse para aguardar a sus compañeros, los cuales huían por la llanura como vacas aterrorizadas por un león que, presentándose en la obscuridad de la noche, da cruel muerte a una de ellas, rompiendo su cerviz con los fuertes dientes y tragando su sangre y sus entrañas; del mismo modo el rey Agamenón Atrida perseguía a los troyanos, matando al que se rezagaba, y ellos huían espantados. El Atrida, manejando la lanza con gran furia, derribó a muchos, ya de pechos, ya de espaldas, de sus respectivos carros. Mas cuando le faltaba poco para llegar al alto muro de la ciudad, el padre de los hombres y de los dioses bajó del cielo con el relámpago en la mano, se sentó en una de las cumbres del Ida, abundante en manantiales, y llamó a Iris, la de doradas alas, para que le sirviese de mensajera:

186 -¡Anda, ve, rápida Iris! Dile a Héctor estas palabras: Mientras vea que Agamenón, pastor de hombres, se agita entre los combatientes delanteros y destroza filas de hombres, retírese y ordene al pueblo que combata con los enemigos en la encarnizada batalla. Mas así que aquél, herido de lanza o de flecha, suba al carro, le daré fuerzas para matar enemigos hasta que llegue a las naves de muchos bancos, se ponga el sol y comience la sagrada noche.

195 Así dijo; y la veloz Iris, de pies ligeros como el viento, no dejó de obedecerlo. Descendió de los montes ideos a la sagrada Ilio, y, hallando al divino Héctor, hijo del belicoso Príamo, de pie en el sólido carro, se detuvo a su lado, y le habló de esta manera:

200 -¡Héctor, hijo de Príamo, que en prudencia igualas a Zeus! El padre Zeus me manda para que te diga lo siguiente: Mientras veas que Agamenón, pastor de hombres, se agita entre los combatientes delanteros y destroza sus filas, retírate de la lucha y ordena al pueblo que combata con los enemigos en la encarnizada batalla. Mas así que aquél, herido de lanza o de flecha, suba al carro, te dará fuerzas para matar enemigos hasta que llegues a las naves de muchos bancos, se ponga el sol y comience la sagrada noche.

210 Cuando Iris, la de los pies ligeros, hubo dicho esto, se fue. Héctor saltó del carro al suelo sin dejar las armas; y, blandiendo afiladas picas, recorrió el ejército, animóle a luchar y promovió una terrible pelea. Los troyanos volvieron la cara a los aqueos para embestirlos; los argivos, por su parte, cerraron las filas de las falanges; reanudóse el combate, y Agamenón acometió el primero, porque deseaba adelantarse a todos en la batalla.

218 Decidme ahora, Musas, que poseéis olímpicos palacios, cuál fue el primer troyano o aliado ilustre que a Agamenón se opuso.

221 Fue Ifidamante Antenórida, valiente y alto de cuerpo, que se había criado en la fértil Tracia, madre de ovejas. Era todavía niño cuando su abuelo materno Ciseo, padre de Teano, la de hermosas mejillas, to acogió en su casa; y así que hubo llegado a la gloriosa edad juvenil, lo conservó a su lado, dándole a su hija en matrimonio. Apenas casado, Ifidamante tuvo que dejar el tálamo para ir a guerrear contra los aqueos: llegó por mar hasta Percote, dejó allí las doce corvas naves que mandaba y se encaminó por tierra a Ilio. Tal era quien salió al encuentro de Agamenón Atrida. Cuando ambos se hallaron frente a frente, acometiéronse, y el Atrida erró el tiro, porque la lanza se le desvió; Ifidamante dio con la pica un bote en la cintura de Agamenón, más abajo de la coraza, y, aunque empujó el astil con toda la fuerza de su brazo, no logró atravesar el labrado tahalí, pues la punta al chocar con la lámina de plata se torció como plomo. Entonces el poderoso Agamenón asió de la pica, y tirando de ella con la furia de un león, la arrancó de las manos de Ifidamante, a quien hirió en el cuello con la espada, dejándole sin vigor los miembros. De este modo cayó el desventurado para dormir el sueño de bronce, mientras auxiliaba a los troyanos, lejos de su joven y legítima esposa, cuya gratitud no llegó a conocer después que tanto le había dado: habíale regalado cien bueyes

92

y prometido cien mil cabras y mil ovejas de las innumerables que sus pastores apacentaban. El Atrida Agamenón le quitó la magnífica armadura y se la llevó, abriéndose paso por entre los aqueos.

248 Advirtiólo Coón, varón preclaro a hijo primogénito de Anténor, y densa nube de pesar cubrió sus ojos por la muerte del hermano. Púsose al lado de Agamenón sin que éste to notara, diole una lanzada en medio del brazo, en el codo, y se lo atravesó con la punta de la reluciente pica. Estremecióse el rey de hombres, Agamenón, mas no por esto dejó de luchar ni de combatir; sino que arremetió con la impetuosa lanza a Coón, el cual se apresuraba a retirar, asiéndolo por el pie, el cadáver de Ifidamante, su hermano de padre, y a voces pedía auxilio a los más valientes. Mientras arrastraba el cadáver por entre la turba, cubriéndolo con el abollonado escudo, Agamenón le envasó la broncínea lanza; dejó sin vigor sus miembros, y le cortó la cabeza sobre el mismo Ifidamante. Y ambos hijos de Anténor, cumpliéndose su destino, acabaron la vida a manos del rey Atrida y descendieron a la morada de Hades.

264 Entróse luego Agamenón por las filas de otros guerreros, y combatió con la lanza, la espada y grandes piedras mientras la sangre caliente brotaba de la herida; mas así que ésta se secó y la sangre dejó de correr, agudos dolores debilitaron sus fuerzas. Como los dolores agudos y acerbos que a la parturienta envían las Ilitias, hijas de Hera, las cuales presiden los alumbramientos y disponen de los terribles dolores del parto; tales eran los agudos dolores que debllitaron las fuerzas del Atrida. De un salto subió al carro; con el corazón afligido mandó al auriga que le llevase a las cóncavas naves, y gritando fuerte dijo a los dánaos:

276 -¡Oh amigos, capitanes y príncipes de los argivos! Apartad vosotros de las naves surcadoras del ponto el funesto combate; pues a mí el próvido Zeus no me permite combatir todo el día con los troyanos.

280 Así dijo. El auriga picó con el látigo a los caballos de hermosas crines, dirigiéndolos a las cóncavas naves; ellos volaron gozosos, con el pecho cubierto de espuma, y envueltos en una nube de polvo sacaron del campo de la batalla al fatigado rey.

284 Héctor, al notar que Agamenón se ausentaba, con penetrantes gritos animó a los troyanos y a los licios:

2s6 -¡Troyanos, licios, dárdanos que cuerpo a cuerpo combatís! Sed hombres, amigos, y mostrad vuestro impetuoso valor. El guerrero más valiente se ha ido, y Zeus Cronida me concede una gran victoria. Pero dirigid los solípedos caballos hacia los fuertes dánaos y la gloria que alcanzaréis será mayor.

291 Con estas palabras les excitó a todos el valor y la fuerza. Como un cazador azuza a los perros de blancos dientes contra un montaraz jabalí o contra un león, así Héctor Priámida, igual a Ares, funesto a los mortales, incitaba a los magnánimos troyanos contra los aqueos. Muy alentado, abrióse paso por los combatientes delanteros, y cayó en la batalla como tempestad que viene de to alto y alborota el violáceo ponto.

299 ¿Cuál fue el primero, cuál el último de los que entonces mató Héctor Priámida cuando Zeus le dio gloria?

301 Aseo, el primero, y después Autónoo, Opites, Dólope Clítida, Ofeltio, Agelao, Esimno, Oro y el bravo Hipónoo. A tales caudillos dánaos dio muerte, y además a muchos hombres del pueblo. Como el Céfiro agita y se lleva en furioso torbellino las nubes que el veloz Noto tenía reunidas, y gruesas olas se levantan y la espuma llega a to alto por el soplo del errabundo viento; de esta manera caían delante de Héctor muchas cabezas de gente del pueblo.

310 Entonces gran estrago a irreparables males se hubieran próducido, y los aqueos, dándose a la fuga, no habrían parado hasta las naves, si Ulises no hubiese exhortado al Tidida Diomedes:

313 -¡Tidida! ¿Por qué no mostramos nuestro impetuoso valor? Ea, ven aquí, amigo; ponte a mi lado. Vergonzoso fuera que Héctor, el de tremolante casco, se apoderase de las naves.

316 Respondióle el fuerte Diomedes:

317 -Yo me quedaré y resistiré, aunque será poco el provecho que logremos; pues Zeus, que amontona las nubes, quiere conceder la victoria a los troyanos y no a nosotros.

320 Dijo, y derribó del carro a Timbreo, envasándole la pica en la tetilla izquierda; mientras Ulises hería al escudero del mismo rey, a Molión, igual a un dios. Dejáronlos tan pronto

como los pusieron fuera de combate, y penetrando por la turba causaron confusión y terror, como dos embravecidos jabalíes que acometen a perros de caza. Así, habiendo vuelto a combatir, mataban a los troyanos; y en tanto los aqueos, que huían de Héctor, pudieron respirar placenteramente.

328 Dieron también alcance a dos hombres que eran los más valientes de su pueblo y venían en un mismo carro, a los hijos de Mérope percosio: éste conocía como nadie el arte adivinatoria, y no quería que sus hijos fuesen a la homicida guerra; pero ellos no lo obedecieron, impelidos por las parcas de la negra muerte. Diomedes Tidida, famoso por su lanza, les quitó el alma y la vida y los despojó de las magníficas armaduras. Ulises mató a Hipódamo y a Hipéroco.

336 Entonces el Cronida, que desde el Ida contemplaba la batalla, igualó el combate en que troyanos y aqueos se mataban. El hijo de Tideo dio una lanzada en la cadera al héroe Agástrofo Peónida, que por no tener cerca los corceles no pudo huir, y ésta fue la causa de su desgracia: el escudero tenía el carro algo distante, y él se revolvía furioso entre los combatientes delanteros, hasta que perdió la vida. Atisbó Héctor a Ulises y a Diomedes, los arremetió gritando, y pronto siguieron tras él las falanges de los troyanos. Al verlo, estremecióse el valeroso Diomedes, y dijo a Ulises, que estaba a su lado:

347 -Contra nosotros viene esa calamidad, el impetuoso Héctor. Ea, aguardémosle a pie firme y cerremos con él.

349 Dijo; y apuntando a la cabeza de Héctor, blandió y arrojó la ingente lanza, y no le erró, pues fue a dar en la cima del yelmo; pero el bronce rechazó al bronce, y la punta no llegó al hermoso cutis por impedírselo el casco de tres dobleces y agujeros a guisa de ojos, regalo de Febo Apolo. Héctor entonces retrocedió un buen trecho, y, penetrando por la turba, cayó de rodillas, apoyó la robusta mano en el suelo y obscura noche cubrió sus ojos. Mientras el Tidida atravesaba las primeras filas para recoger la lanza que en el suelo se había clavado, Héctor tornó en su sentido, subió de un salto al carro, y, dirigiéndolo por en medio de la multitud, evitó la negra muerte. Y el fuerte Diomedes, que lanza en mano lo perseguía, exclamó:

362 -¡Otra vez te has librado de la muerte, perro! Muy cerca tuviste la perdición, pero te salvó Febo Apolo, a quien debes de rogar cuando sales al campo antes de oír el estruendo de los dardos. Yo acabaré contigo si más tarde to encuentro y un dios me ayuda. Y ahora perseguiré a los demás que se me pongan al alcance.

368 Dijo; y empezó a despojar el cadáver del Peónida, famoso por su lanza. Pero Alejandro, esposo de Helena, la de hermosa cabellera, que se apoyaba en una columna del sepulcro de Ilo Dardánida, antiguo anciano honrado por el pueblo, armó el arco y lo asestó al hijo de Tideo, pastor de hombres. Y mientras éste quitaba al cadáver del valeroso Agástrofo la labrada coraza, el manejable escudo de debajo del pecho y el pesado casco, aquél tiró del arco y disparó; y la flecha no salió inútilmente de su mano, sino que le atravesó al héroe el empeine del pie derecho y se clavó en tierra. Alejandro salió de su escondite, y con grande y regocijada risa se gloriaba diciendo:

380 -Herido estás; no se perdió el tiro. Ojalá que, acertándote en un ijar, lo hubiese quitado la vida. Así los troyanos tendrían un desahogo en sus males, pues te temen como al león las baladoras cabras.

384 Sin turbarse le respondió el fuerte Diomedes:

385 -¡Flechero, insolente, experto sólo en manejar el arco, mirón de doncellas! Si frente a frente midieras conmigo las armas, no te valdría el arco ni las abundantes flechas. Ahora te alabas sin motivo, pues sólo me rasguñaste el empeine del pie. Tanto me cuido de la herida como si una mujer o un insipiente niño me la hubiese causado, que poco duele la flecha de un hombre vil y cobarde. De otra clase es el agudo dardo que yo arrojo: por poco que penetre deja exánime al que to recibe, y la mujer del muerto desgarra sus mejillas, sus hijos quedan huérfanos, y el cadáver se pudre enrojeciendo con su sangre la tierra y teniendo a su alrededor más aves de rapiña que mujeres.

396 Así dijo. Ulises, famoso por su lanza, acudió y se le puso delante. Diomedes se sentó, arrancó del pie la aguda flecha y un dolor terrible recorrió su cuerpo. Entonces subió al carro y con

el corazón afligido mandó al auriga que lo llevase a las cóncavas naves.

401 Ulises, famoso por su lanza, se quedó solo; ningún argivo permaneció a su lado, porque el terror los poseía a todos. Y gimiendo, a su magnánimo espíritu así le hablaba:

404 -¡Ay de mí! ¿Qué me ocurrirá? Muy malo es huir, temiendo a la muchedumbre, y peor aún que me cojan quedándome solo, pues a los demás dánaos el Cronión los puso en fuga. Mas ¿por qué en tales cosas me hace pensar el corazón? Sé que los cobardes huyen del combate, y quien descuella en la batalla debe mantenerse firme, ya sea herido, ya a otro hiera.

411 Mientras revolvía tales pensamientos en su mente y en su corazón, llegaron las huestes de los escudados troyanos, y, rodeándole, su propio mal entre ellos encerraron. Como los perros y los florecientes mozos cercan y embisten a un jabalí que sale de la espesa selva aguzando en sus corvas mandíbulas los blancos colmillos, y aunque la fiera cruja los dientes y aparezca terrible, resisten firmemente; así los troyanos acometían entonces por todos lados a Ulises, caro a Zeus. Mas él dio un salto y clavó la aguda pica en un hombro del eximio Deyopites; mató luego a Toón y a Ennomo; alanceó en el ombligo por debajo del cóncavo escudo a Quersidamante, que se apeaba del carro y cayó en el polvo y cogió el suelo con las manos; y, dejándolos a todos, envasó la lanza a Cárope Hipásida, hermano carnal del noble Soco. Éste, que parecía un dios, vino a defenderlo, y, deteniéndose cerca de Ulises, hablóle de este modo:

430 -¡Célebre Ulises, varón incansable en urdir engaños y en trabajar! Hoy, o podrás gloriarte de haber muerto y despojado de las armas a ambos Hipásidas, o perderás la vida, herido por mi lanza.

434 Cuando esto hubo dicho, le dio un bote en el liso escudo: la fornida lanza atravesó el luciente escudo, clavóse en la labrada coraza y levantó la piel del costado; pero Palas Atenea no permitió que llegara a las entrañas del varón. Entendió Ulises que por el sitio la herida no era mortal, y retrocediendo dijo a Soco estas palabras:

441 -¡Ah infortunado! Grande es la desgracia que sobre ti ha caído. Lograste que cesara de luchar con los troyanos, pero yo te digo que la perdición y la negra muerte te alcanzarán hoy; y, vencido por mi lanza, me darás gloria, y a Hades, el de los famosos corceles, el alma.

446 Dijo, y como Soco se volviera para huir, clavóle la lanza en el dorso, entre los hombros, y le atravesó el pecho. El guerrero cayó con estrépito, y el divino Ulises se jactó de su obra:

450 -¡Oh Soco, hijo del aguerrido Hípaso, domador de caballos! Te sorprendió la muerte antes de que pudieses evitarla. ¡Ah mísero! A ti, una vez muerto, ni el padre ni la veneranda madre te cerrarán los ojos, sino que te desgarrarán las carnívoras aves cubriéndote con sus tupidas alas; mientras que a mí, si muero, los divinos aqueos me harán honras fúnebres.

456 Así diciendo, arrancó de su cuerpo y del abollonado escudo la ingente lanza que Soco le había arrojado; brotó la sangre y afligióle el corazón. Los magnánimos troyanos, al ver la sangre, se exhortaron mutuamente entre la turba y embistieron todos a Ulises, y éste retrocedió, llamando a voces a sus compañeros. Tres veces gritó cuanto un varón puede hacerlo a voz en cuello; tres veces Menelao, caro a Ares, to oyó, y al punto dijo a Ayante, que estaba a su lado:

465 -¡Ayante Telamonio, del linaje de Zeus, príncipe de hombres! Oigo la voz del paciente Ulises como si los troyanos, habiéndole aislado en la terrible lucha, lo estuviesen acosando. Acudámosle, abriéndonos calle por la turba, pues lo mejor es llevarle socorro. Temo que a pesar de su valentía le suceda alguna desgracia solo entre los troyanos, y que después los dánaos te echen muy de menos.

47z Así diciendo, partió y siguióle Ayante, varón igual a un dios. Pronto dieron con Ulises, caro a Zeus, a quien los troyanos acometían por todos lados como los rojizos chacales circundan en el monte a un cornígero ciervo herido por la flecha que un hombre le disparó con el arco -sálvase el ciervo, merced a sus pies, y huye en tanto que la sangre está caliente y las rodillas ágiles; póstralo luego la veloz saeta, y, cuando carnívoros chacales lo despedazan en la espesura de un monte, trae la fortuna un voraz león que, dispersando a los chacales, devora a aquél-; así entonces muchos y robustos troyanos arremetían al aguerrido y sagaz Ulises; y el héroe, blandiendo la pica, apartaba de sí la cruel muerte. Pero llegó Ayante con su escudo como una torre, se puso al lado de Ulises y los troyanos se espantaron y huyeron a la desbandada. Y el marcial Menelao, asiendo de la mano al héroe, sacólo de la turba mientras el escudero acercaba el carro.

489 Ayante, acometiendo a los troyanos, mató a Doriclo, hijo bastardo de Príamo, a hirió a Pándoco, Lisandro, Píraso y Pilartes. Como el hinchado torrente que acreció la lluvia de Zeus baja rebosante por los montes a la llanura, arrastra muchos pinos y encinas secas, y arroja al mar gran cantidad de cieno, así entonces el ilustre Ayante desordenaba y perseguía por el campo a los enemigos y destrozaba corceles y guerreros. Héctor no lo había advertido, porque peleaba en la izquierda de la batalla, cerca de la orilla del Escamandro: a11í las cabezas caían en mayor número y un inmenso vocerío se dejaba oír alrededor del gran Néstor y del marcial Idomeneo. Entre todos revolvíase Héctor, que, haciendo arduas proezas con su lanza y su habilidad ecuestre, destruía las falanges de jóvenes guerreros. Y los divinos aqueos no retrocedieran aún, si Alejandro, esposo de Helena, la de hermosa cabellera, no hubiese puesto fuera de combate a Macaón, pastor de hombres, mientras descollaba en la pelea, hiriéndolo en la espalda derecha con trifurcada saeta. Los aqueos, aunque respiraban valor, temieron que la lucha se inclinase, y aquél fuera muerto. Y al punto habló Idomeneo al divino Néstor:

511 -¡Oh Néstor Nelida, gloria insigne de los aqueos! Ea, sube al carro, póngase Macaón junto a ti, y dirige presto a las naves los solípedos corceles. Pues un médico vale por muchos hombres, por su pericia en arrancar flechas y aplicar drogas calmantes.

516 Dijo; y Néstor, caballero gerenio, no dejó de obedecerlo. Subió al carro, y tan pronto como Macaón, hijo del eximio médico Asclepio, lo hubo seguido, picó con el látigo a los caballos y éstos volaron de su grado hacia las cóncavas naves, pues les gustaba volver a ellas.

521 Cebríones, que acompañaba a Héctor en el carro, notó que los troyanos eran derrotados, y le dijo:

523 -¡Héctor! Mientras nosotros combatimos aquí con los dánaos en un extremo de la batalla horrísona, los demás troyanos son desbaratados y se agitan en confuso tropel hombres y caballos. Ayante Telamonio es quien los desordena; bien lo conozco por el ancho escudo que cubre sus espaldas. Enderecemos a aquel sitio los corceles del carro, que a11í es más empeñada la pelea, mayor la matanza de peones y de los que combaten en carros, a inmensa la gritería que se levanta.

531 Habiendo hablado así, azotó con el sonoro látigo a los caballos de hermosas crines. Sintieron éstos el golpe y arrastraron velozmente por entre troyanos y aqueos el veloz carro, pisando cadáveres y escudos; el eje tenía la parte inferior cubierta de sangre y los barandales estaban salpicados de sanguinolentas gotas que los cascos de los corceles y las llantas de las ruedas despedían. Héctor, deseoso de penetrar y deshacer aquel grupo de hombres, promovía gran tumulto entre los dánaos, no dejaba la lanza quieta, recorría las filas de aquéllos y peleaba con la lanza, la espada y grandes piedras; solamente evitaba el encuentro con Ayante Telamonio [porque Zeus se irritaba contra él cuando combatía con un guerrero más valiente].

544 El padre Zeus, que tiene su trono en las alturas, infundió temor en Ayante y éste se quedó atónito, se echó a la espalda el escudo formado por siete boyunos cueros, paseó su mirada por la turba, como una fiera, y retrocedió volviéndose con frecuencia y andando a paso lento. Como los canes y los pastores del campo ahuyentan del boíl a un tostado león, y, vigilando toda la noche, no le dejan llegar a los pingües bueyes; y el león, ávido de carne, acomete furioso y nada consigue, porque caen sobre él multitud de venablos arrojados por robustas manos y encendidas teas que le dan miedo, y, cuando empieza a clarear el día, se escapa la fiera con ánimo afligido; así Ayante se alejaba entonces de los troyanos, contrariado y con el corazón entristecido, porque temía mucho por las naves de los aqueos. De la suerte que un tardo asno se acerca a un campo, y venciendo la resistencia de los niños que rompen en sus espaldas muchas varas, penetra en él y destroza las crecidas mieses; los muchachos lo apalean; pero, como su fuerza es poca, sólo consiguen echarlo con trabajo, después que se ha hartado de comer; de la misma manera los animosos troyanos y sus auxiliares, reunidos en gran número, perseguían al gran Ayante, hijo de

Telamón, y le golpeaban el escudo con las lanzas. Ayante unas veces mostraba su impetuoso valor, y revolviendo detenía las falanges de los troyanos, domadores de caballos; otras, tornaba a huir; y, moviéndose con furia entre los troyanos y los aqueos, conseguía que los enemigos no se encaminasen a las veleras naves. Las lanzas que manos audaces despedían se clavaban en el gran escudo o caían en el suelo delante del héroe, antes de llegar a su blanca piel, deseosas de saciarse de su carne.

575 Cuando Eurípilo, preclaro hijo de Evemón, vio que Ayante estaba tan abrumado por los copiosos tiros, se colocó a su lado, arrojó la reluciente lanza y se la clavó en el hígado, debajo del diafragma, a Apisaón Fausíada, pastor de hombres, dejándole sin vigor las rodillas. Corrió en seguida hacia él y se puso a quitarle la armadura. Pero advirtiólo el deiforme Alejandro, y disparando el arco contra Eurípilo logró herirlo en el muslo derecho: la caña de la saeta se rompió, quedó colgando y apesgaba el muslo del guerrero. Éste retrocedió al grupo de sus amigos, para evitar la muerte, y, dando grandes voces, decía a los dánaos:

587 -¡Oh amigos, capitanes y príncipes de los argivos! Deteneos, volved la cara al enemigo, y librad del día cruel a Ayante que está abrumado por los tiros y no creo que escape con vida del horrísono combate. Pero deteneos afrontando a los contrarios, y rodead al gran Ayante, hijo de Telamón.

592 Tales fueron las palabras de Eurípilo al sentirse herido, y ellos se colocaron junto a él con los escudos sobre los hombros y las picas levantadas. Ayante, apenas se juntó con sus compañeros, detúvose y volvió la cara a los troyanos.

596 Siguieron, pues, combatiendo con el ardor de encendido fuego; y, entre tanto, las yeguas de Neleo, cubiertas de sudor, sacaban del combate a Néstor y a Macaón, pastor de pueblos. Reconoció al último el divino Aquiles, el de los pies ligeros, que desde la popa de la ingente nave contemplaba la gran derrota y deplorable fuga, y en seguida llamó, desde la nave, a Patroclo, su compañero: oyólo éste, y, parecido a Ares, salió de la tienda. Tal fue el origen de su desgracia. El esforzado hijo de Menecio habló el primero, diciendo:

606 -¿Por qué me llamas, Aquiles? ¿Necesitas de mí?

607 Respondió Aquiles, el de los pies ligeros:

608 -¡Divino Menecíada, carísimo a mi corazón! Ahora espero que los aqueos vendrán a suplicarme y se postrarán a mis plantas, porque no es llevadera la necesidad en que se hallan. Pero ve Patroclo, caro a Zeus, y pregunta a Néstor quién es el herido que saca del combate. Por la espalda tiene gran semejanza con Macaón el Asclepíada, pero no le vi el rostro; pues las yeguas, deseosas de llegar cuanto antes, pasaron rápidamente por mi lado.

616 Así dijo. Patroclo obedeció al amado compañero y se fue corriendo a las tiendas y naves aqueas.

618 Cuando aquéllos hubieron llegado a la tienda del Nelida, descendieron del carro al almo suelo, y Eurimedonte, servidor del anciano, desunció los corceles. Néstor y Macaón dejaron secar el sudor que mojaba sus corazas, poniéndose al soplo del viento en la orilla del mar; y, penetrando luego en la tienda, se sentaron en sillas. Entonces les preparó una mixtura Hecamede, la de hermosa cabellera, hija del magnánimo Arsínoo, que el anciano se había llevado de Ténedos cuando Aquiles entró a saco en esta ciudad: los aqueos se la adjudicaron a Néstor, que a todos superaba en el consejo. Hecamede acercó una mesa magnífica, de pies de acero, pulimentada; y puso encima una fuente de bronce con cebolla, manjar propio para la bebida, miel reciente y .sacra harina de flor, y una bella copa guarnecida de áureos clavos que el anciano se había llevado de su palacio y tenía cuatro asas -Dada una entre dos palomas de oro- y dos sustentáculos. A otro anciano le hubiese sido difícil mover esta copa cuando después de llenarla se ponía en la mesa, pero Néstor la levantaba sin esfuerzo. En ella la mujer, que parecía una diosa, les preparó la bebida: echó vino de Pramnio, raspó queso de cabra con un rallo de bronce, espolvoreó la mezcla con blanca harina y los invitó a beber así que tuvo compuesto el potaje. Ambos bebieron, y, apagada la abrasadora sed, se entregaron al deleite de la conversación cuando Patroclo, varón igual a un dios, apareció en la puerta. Violo el anciano; y, levantándose del vistoso asiento, le asió de la

mano, le hizo entrar y le rogó que se sentara; pero Patroclo se excusó diciendo:

648 -No puedo sentarme, anciano alumno de Zeus; no lograrás convencerme. Respetable y temible es quien me envía a preguntar a qué guerrero trajiste herido; pero ya lo sé, pues estoy viendo a Macaón, pastor de hombres. Voy a llevar, como mensajero, la noticia a Aquiles. Bien sabes tú, anciano alumno de Zeus, lo violento que es aquel hombre y cuán pronto culparía hasta a un inocente.

655 Respondióle Néstor, caballero gerenio:

656 -¿Cómo es que Aquiles se compadece de los aqueos que han recibido heridas? ¡No sabe en qué aflicción está sumido el ejército! Los más fuertes, heridos unos de cerca y otros de lejos, yacen en las naves. Con arma arrojadiza fue herido el poderoso Tidida Diomedes; con la pica, Ulises, famoso por su lanza, y Agamenón; a Eurípilo flecháronle en el muslo, y acabo de sacar del combate a este otro, herido también por una saeta que un arco despidió. Pero Aquiles, a pesar de su valentía, ni se cura de los dánaos ni se apiada de ellos. ¿Aguarda acaso que las veleras naves sean devoradas por el fuego enemigo en la orilla del mar, sin que los argivos puedan impedirlo, y que unos en pos de otros sucumbamos todos? Ya el vigor de mis ágiles miembros no es el de antes. ¡Ojalá fuese tan joven y mis fuerzas tan robustas como cuando en la contienda levantada entre los eleos y nosotros por el robo de bueyes, maté a Itimoneo, al valiente Hiperóquida, que vivía en la Elide, y tomé represalias! Itimoneo defendía sus vacas, pero cayó en tierra entre los primeros, herido por el dardo que le arrojó mi mano, y los demás campesinos huyeron espantados. En aquel campo logramos un espléndido botín: cincuenta vacadas, otras tantas manadas de ovejas, otras tantas piaras de cerdos, otros tantos rebaños copiosos de cabras y ciento cincuenta yeguas bayas, muchas de ellas con sus potros. Aquella misma noche lo llevamos a Pilos, ciudad de Neleo, y éste se alegró en su corazón de que me correspondiera una gran parte, a pesar de ser yo tan joven cuando fui al combate. Al alborear, los heraldos pregonaron con voz sonora que se presentaran todos aquéllos a quienes se les debía algo en la divina Élide, y los caudillos pilios repartieron el botín. Con muchos de nosotros estaban en deuda los epeos, pues, como en Pilos éramos pocos, nos ofendían; y en años anteriores había venido el fornido Heracles, que nos maltrató y dio muerte a los principales ciudadanos. De los doce hijos del irreprensible Neleo, tan sólo yo quedé con vida; todos los demás perecieron. Engreídos los epeos, de broncíneas corazas, por tales hechos, nos insultaban y urdían contra nosotros inicuas acciones.-El anciano Neleo tomó entonces un rebaño de bueyes y otro grande de cabras, escogiendo trescientas de éstas con sus pastores, por la gran deuda que tenía que cobrar en la divina Élide: había enviado cuatro corceles, vencedores en anteriores juegos, uncidos a un carro, para aspirar al premio de la carrera, el cual consistía en un trípode; y Augías, rey de hombres, se quedó con ellos y despidió al auriga, que se fue triste por lo ocurrido. Airado por tales insultos y acciones, el anciano escogió muchas cosas y dio lo restante al pueblo, encargando que se distribuyera y que nadie se viese privado de su respectiva porción. Hecho el reparto, ofrecimos en la ciudad sacrificios a los dioses.- Tres días después se presentaron muchos epeos con carros tirados por solípedos caballos y toda la hueste reunida; y entre sus guerreros se hallaban ambos Molión, que entonces eran niños y no habían mostrado aún su impetuoso valor. Hay una ciudad llamada Trioesa, en la cima de un monte contiguo al Alfeo, en los confines de la arenosa Pilos: los epeos quisieron destruirla y la sitiaron. Mas así que hubieron atravesado la llanura, Atenea descendió presurosa del Olimpo, cual nocturna mensajera, para que tomáramos las armas, y no halló en Pilos un pueblo indolente, pues todos sentíamos vivos deseos de combatir. A mí Neleo no me dejaba vestir las armas y me escondió los caballos, no teniéndome por suficientemente instruido en las cosas de la guerra. Y con todo eso, sobresalí, siendo infante, entre los nuestros, que combatían en carros; pues fue Atenea la que dispuso de esta suerte el combate. Hay un río nombrado Minieo, que desemboca en el mar cerca de Arene: a11í los caudillos de los pilios aguardamos que apareciera la divina Aurora, y en tanto afluyeron los infantes. Reunidos todos y vestida la armadura, marchamos, llegando al mediodía a la sagrada corriente del Alfeo. Hicimos hermosos

sacrificios al prepotente Zeus, inmolamos un toro al Alfeo, otro a Posidón y una gregal vaca a Atenea, la de ojos de lechuza; cenamos sin romper las filas, y dormimos, con la armadura puesta, a orillas del río. Los magnánimos epeos estrechaban el cerco de la ciudad, deseosos de destruirla; pero antes de lograrlo se les presentó una gran acción de Ares. Cuando el resplandeciente sol apareció en to alto, trabamos la batalla, después de orar a Zeus y a Atenea. Y en la lucha de los pilios con los epeos, fui el primero que mató a un hombre, al belicoso Mulio, cuyos solípedos corceles me llevé. Era éste yerno de Augías, por estar casado con la rubia Agamede, la hija mayor, que conocía cuantas drogas produce la vasta tierra. Y, acercándome a él, le envasé la broncínea lanza, lo derribé en el polvo, salté a su carro y me coloqué entre los combatientes delanteros. Los magnánimos epeos huyeron en desorden, aterrorizados de ver en el suelo al hombre que mandaba a los que combatían en carros y tan fuerte era en la batalla. Lancéme a ellos cual obscuro torbellino; tomé cincuenta carros, venciendo con mi lanza y haciendo morder la tierra a los dos guerreros que en cada uno venían; y hubiera matado a entrambos Molión Actorión, si su padre, el poderoso Posidón, que conmueve la tierra, no los hubiese salvado, envolviéndolos en espesa niebla y sacándolos del combate. Entonces Zeus concedió a los pilios una gran victoria. Perseguimos a los eleos por la espaciosa llanura, matando hombres y recogiendo magníficas armas, hasta que nuestros corceles nos llevaron a Buprasio, fértil en trigo, la roca Olenia y Alesio, al sitio llamado *la colina*, donde Atenea hizo que el ejército se volviera. Allí dejé tendido al último hombre que maté. Cuando desde Buprasio dirigieron los aqueos los rápidos corceles a Pilos, todos daban gracias a Zeus entre los dioses y a Néstor entre los hombres. Tal era yo entre los guerreros, si todo no ha sido un sueño.- Pero del valor de Aquiles sólo se aprovechará él mismo, y creo que ha de ser grandísimo su llanto cuando el ejército perezca. ¡Oh amigo! Menecio to hizo un encargo el día en que to envió desde Ftía a Agamenón, estábamos dentro del palacio yo y el divino Ulises y oímos cuanto aquél to encargó. Nosotros, que entonces reclutábamos tropas en la fértil Acaya, habíamos llegado a la bien habitada casa de Peleo, donde encontramos al héroe Menecio, a ti y a Aquiles. Peleo, el anciano jinete, quemaba dentro del patio pingües muslos de buey en honor de Zeus, que se complace en lanzar rayos; y con una copa de oro vertía el negro vino en la ardiente llama del sacrificio, mientras vosotros preparabais carnes de buey. Nos detuvimos en el vestíbulo; Aquiles se levantó sorprendido, y cogiéndonos de la mano nos introdujo, nos hizo sentar y nos ofreció presentes de hospitalidad, como se acostumbra hacer con los forasteros. Satisficimos de bebida y de comida el apetito, y empecé a exhortaros para que os vinierais con nosotros; ambos to anhelabais y vuestros padres os daban muchos consejos. El anciano Peleo recomendaba a su hijo Aquiles que descollara siempre y sobresaliera entre los demás, y a su vez Menecio, hijo de Áctor, lo aconsejaba así: «¡Hijo mío! Aquiles te aventaja por su abolengo, pero tú le superas en edad; aquél es mucho más fuerte, pero hazle prudentes advertencias, amonéstalo a instrúyelo y te obedecerá para su propio bien.» Así lo aconsejaba el anciano, y tú lo olvidas. Pero aún podrías recordárselo al aguerrido Aquiles y quizás lograras persuadirlo. ¿Quién sabe si con la ayuda de algún dios conmoverías su corazón? Gran fuerza tiene la exhortación de un amigo. Y si se abstiene de combatir por algún vaticinio que su madre, enterada por Zeus, le ha revelado, que a lo menos te envíe a ti con los demás mirmidones, por si llegas a ser la aurora de salvación de los dánaos, y to permita llevar en el combate su magnífica armadura para que los troyanos te confundan con él y cesen de pelear, los belicosos aqueos que tan abatidos están se reanimen, y la batalla tenga su tregua, aunque sea por breve tiempo. Vosotros, que no os halláis extenuados de fatiga, rechazaríais fácilmente de las naves y tiendas hacia la ciudad a esos hombres que de pelear están cansados.

804 Así dijo, y conmovióle el corazón dentro del pecho. Patroclo fuese corriendo por entre las naves para volver a la tienda de Aquiles Eácida. Mas cuando, corriendo, llegó a los bajeles del divino Ulises -allí se celebraba el ágora y se administraba justicia ante los altares erigidos a los dioses- regresaba del combate, cojeando, Eurípilo Evemónida, del linaje de Zeus, que había recibido un flechazo en el muslo: abundante

sudor corría por su cabeza y sus hombros, y la negra sangre brotaba de la grave herida, pero su inteligencia permanecía firme. Violo el esforzado hijo de Menecio, se compadeció de él y, suspirando, dijo estas aladas palabras:

816 -¡Ah infelices caudillos y príncipes de los dánaos! ¡Así debíais en Troya, lejos de los amigos y de la patria tierra, saciar con vuestra blanca grasa a los ágiles perros! Pero dime, héroe Eurípilo, alumno de Zeus: ¿Podrán los aqueos sostener el ataque del ingente Héctor, o perecerán vencidos por su lanza?

822 Respondióle Eurípilo herido:

823 -¡Patroclo, del linaje de Zeus! Ya no habrá defensa para los aqueos que corren a refugiarse en las negras naves. Cuantos fueron hasta aquí los más valientes yacen en sus bajeles, heridos unos de cerca y otros de lejos por mano de los troyanos, cuya fuerza va en aumento. Pero sálvame llevándome a la negra nave, arráncame la flecha del muslo, lava con agua tibia la negra sangre que fluye de la herida y ponme en ella drogas calmantes y salutíferas que, según dicen, te dio a conocer Aquiles, instruido por Quirón, el más justo de los centauros. Pues de los dos médicos, Podalirio y Macaón, el uno creo que está herido en su tienda, y a su vez necesita de un buen médico, y el otro sostiene vivo combate en la llanura troyana.

837 Contestó el esforzado hijo de Menecio:

838 -¿Cómo acabará esto? ¿Qué haremos, héroe Eurípilo? Iba a decir al aguerrido Aquiles to que Néstor gerenio, protector de los aqueos, me encargó; pero no te dejaré así, abrumado por el dolor.

842 Dijo; y, cogiendo al pastor de hombres por el pecho, llevólo a la tienda. El escudero, al verlos venir, extendió en el suelo pieles de buey. Patroclo recostó en ellas a Eurípilo y sacó del muslo, con la daga, la aguda y acerba flecha; y, después de lavar con agua tibia la negra sangre, espolvoreó la herida con una raíz amarga y calmante que previamente había desmenuzado con la mano. La raíz le calmó todos los dolores, secóse la herida y la sangre dejó de correr.

CANTO XII*

Combate en la muralla
* Los troyanos asaltan con éxito la muralla y el foso del campamento aqueo. Héctor, con una gran piedra, derriba la puerta de entrada al campamento y abre una vía de acceso a sus tropas.

1 En tanto que el fuerte hijo de Menecio curaba, dentro de la tienda, a Eurípilo herido, acometíanse confusamente argivos y troyanos. Ya no había de contener a éstos ni el foso ni el ancho muro que al borde del mismo construyeron los dánaos, sin ofrecer a los dioses hecatombes perfectas, para que los defendiera a ellos y las veleras naves y el mucho botín que dentro se guardaba. Levantado el muro contra la voluntad de los inmortales dioses, no debía subsistir largo tiempo. Mientras vivió Héctor, estuvo Aquiles irritado y la ciudad del rey Príamo no fue expugnada, la gran muralla de los aqueos se mantuvo firme. Pero, cuando hubieron muerto los más valientes troyanos, de los argivos unos perecierón y otros se salvaron, la ciudad de Príamo fue destruida en el décimo año, y los argivos se embarcaron para regresar a su patria; Posidón y Apolo decidieron arruinar el muro con la fuerza de los ríos que corren de los montes ideos al mar: el Reso, el Heptáporo, el Careso, el Rodio, el Gránico, el Esepo, el divino Escamandro y el Simoente, en cuya ribera cayeron al polvo muchos cascos, escudos de boyuno cuero y la generación de los hombres semidioses.- Febo Apolo desvió el curso de todos estos ríos y dirigió sus corrientes a la muralla por espacio de nueve días, y Zeus no cesó de llover para que más presto se sumergiese en el mar. Iba al frente de aquéllos el mismo Posidón, que bate la tierra, con el tridente en la mano, y tiró a las olas todos los cimientos de troncos y piedras que con tanta fatiga echaron los aqueos, arrasó la orilla del Helesponto, de rápida corriente, enarenó la gran playa en que estuvo el destruido muro y volvió los ríos a los cauces por donde discurrían sus cristalinas aguas.

34 De tal modo Posidón y Apolo debían proceder más tarde. Entonces ardía el clamoroso combate al pie del bien labrado muro, y las vigas de las torres resonaban al chocar de los dardos. Los argivos, vencidos por el azote de Zeus, encerrábanse en el cerco de las cóncavas naves por miedo a Héctor, cuya valentía les causaba la derrota, y éste seguía peleando y parecía un

torbellino. Como un jabalí o un león se revuelve, orgulloso de su fuerza, entre perros y cazadores que agrupados le tiran muchos venablos -la fiera no siente en su ánimo audaz ni temor ni espanto, y su propio valor la mata- y va de un lado a otro, probando las hileras de los hombres, y se apartan aquéllos hacia los que se dirige, de igual modo agitábase Héctor entre la turba y exhortaba a sus compañeros a pasar el foso. Los corceles, de pies ligeros, no se atrevían a hacerlo, y parados en el borde relinchaban, porque el ancho foso les daba horror. No era fácil, en efecto, salvarlo ni atravesarlo, pues tenía escarpados precipicios a uno y otro lado, y en su parte alta grandes y puntiagudas estacas, que los aqueos clavaron espesas para defenderse de los enemigos. Un caballo tirando de un carro de hermosas ruedas difícilmente hubiera entrado en el foso, y los peones meditaban si podrían realizarlo. Entonces llegóse Polidamante al audaz Héctor, y dijo:

61 -¡Héctor y demás caudillos de los troyanos y sus auxiliares! Dirigimos imprudentemente los veloces caballos al foso, y éste es muy difícil de pasar, porque está erizado de agudas estacas y a lo largo de él se levanta el muro de los aqueos. Allí no podríamos apearnos del carro ni combatir, pues se trata de un sitio estrecho donde temo que pronto seríamos heridos. Si Zeus altitonante, meditando males contra los aqueos, quiere destruirlos completamente para favorecer a los troyanos, deseo que lo realice cuanto antes y que aquéllos perezcan sin gloria en esta tierra, lejos de Argos. Pero si los aqueos se volviesen, y viniendo de las naves nos obligaran a repasar el profundo foso, me figuro que ni un mensajero podría retornar a la ciudad huyendo de los aqueos que nuevamente entraran en combate. Ea, procedamos todos como voy a decir. Los escuderos tengan los caballos en la orilla del foso y nosotros sigamos a Héctor a pie, con armas y todos reunidos; pues los aqueos no resistirán el ataque si sobre ellos pende la ruina.

80 Así dijo Polidamante, y su prudente consejo plugo a Héctor, el cual, en seguida y sin dejar las armas, saltó del carro a tierra. Los demás troyanos tampoco permanecieron en sus carros; pues así que vieron que el divino Héctor lo dejaba, apeáronse todos, mandaron a los aurigas que pusieran los caballos en línea junto al foso, y, habiéndose ordenado en cinco grupos, emprendieron la marcha con los respectivos jefes.

88 Iban con Héctor y Polidamante los más y mejores, que anhelaban romper el muro y pelear cerca de las cóncavas naves; su tercer jefe era Cebríones, porque Héctor había dejado a otro auriga inferior para cuidar del carro. De otro grupo eran caudillos Paris, Alcátoo y Agenor. El tercero lo mandaban Héleno y el deiforme Deífobo, hijos de Príamo, y el héroe Asio Hirtácida, que había venido de Arisbe, de las orillas del río Seleente, en un carro tirado por altos y fogosos corceles. El cuarto lo regía Eneas, valiente hijo de Anquises, y con él Arquéloco y Acamante, hijos de Anténor, diestros en toda suerte de combates. Por último, Sarpedón se puso al frente de los ilustres aliados, eligiendo por compañeros a Glauco y al belicoso Asteropeo, a quienes tenía por los más valientes después de sí mismo, pues él descollaba entre todos. Tan pronto como hubieron embrazado los fuertes escudos y cerrado las filas, marcharon animosos contra los dánaos; y esperaban que éstos, en vez de oponerles resistencia, se refugiarían en las negras naves.

108 Todos los troyanos y sus auxiliares venidos de lejas tierras siguieron el consejo del eximio Polidamante, menos Asio Hirtácida, príncipe de hombres, que, negándose a dejar el carro y al auriga, se acercó con ellos a las veleras naves. ¡Insensato! No había de librarse de las funestas parcas, ni volver, ufano de sus corceles y de su carro, de las naves a la ventosa Ilio; porque su hado infausto lo hizo morir atravesado por la lanza del ilustre Idomeneo Deucálida. Fuese, pues, hacia la izquierda de las naves, al sitio por donde los aqueos solían volver de la llanura con los caballos y carros; hacia aquel lugar dirigió los corceles, y no halló las puertas cerradas y aseguradas con el gran cerrojo, porque unos hombres las tenían abiertas, con el fin de salvar a los compañeros que, huyendo del combate, llegaran a las naves. A aquel paraje enderezó los caballos, y los demás to siguieron dando agudos gritos, porque esperaban que los aqueos, en vez de oponer resistencia, se refugiarían en las negras naves. ¡Insensatos! En las puertas encontraron a dos valentísimos guérreros, hijos gallardos de los belicosos lapitas: el esforzado Polipetes, hijo de Pirítoo, y Leonteo, igual a Ares,

funesto a los mortales. Ambos estaban delante de las altas puertas, como en el monte unas encinas de elevada copa, fijas al suelo por raíces gruesas y extensas, desafían constantemente el viento y la lluvia; de igual manera aquéllos, confiando en sus manos y en su valor, aguardaron la llegada del gran Asio y no huyeron. Los troyanos se encaminaron con gran alboroto al bien construido muro, levantando los escudos de secas pieles de buey, mandados por el rey Asio, Yámeno, Orestes, Adamante Asíada, Toón y Enómao. Polipetes y Leonteo hallábanse dentro a instigaban a los aqueos, de hermosas grebas, a pelear por las naves; mas, así que vieron a los tróyanos atacando la muralla y a los dánaos en clamorosa fuga, salieron presurosos a combatir delante de las puertas, semejantes a montaraces jabalíes que en el monte son terrero de la acometida de hombres y canes, y en curva carrera tronchan y arrancan de raíz las plantas de la selva, dejando oír el crujido de sus dientes, hasta que los hombres, tirándoles venablos, les quitan la vida; de parecido modo resonaba el luciente bronce en el pecho de los héroes a los golpes que recibían, pues peleaban con gran denuedo, confiando en los guerreros de encima de la muralla y en su propio valor. Desde las torres bien construidas los aqueos tiraban para defenderse a sí mismos, las tiendas y las naves de ligero andar. Como caen al suelo los copos de nieve que impetuoso viento, agitando las pardas nubes, derrama en abundancia sobre la fértil tierra, así llovían los dardos que arrojaban aqueos y troyanos, y lbs cascos y abollonados escudos sonaban secamente al chocar con ellos las ingentes piedras. Entonces Asio Hirtácida, dando un gemido y golpeándose el muslo, exclamó indigando:

164 -¡Padre Zeus! Muy falaz te has vuelto, pues yo no esperaba que los héroes aqueos opusieran resistencia a nuestro valor a invictas manos. Como las abejas o las flexibles avispas que han anidado en fragoso camino y no abandonan su hueca morada al acercarse los cazadores, sino que luchan por los hijuelos, así aquéllos, con ser dos solamente, no quieren retirarse de las puertas mientras no perezcan, o la libertad no pierdan.

173 Así dijo; pero sus palabras no cambiaron la mente de Zeus, que deseaba conceder cal gloria a Héctor.

175 Otros peleaban delante de otras puertas, y me sería difícil, no siendo un dios, contarlo todo. Por doquiera ardía el combate al pie del lapídeo muro; los argivos, aunque llenos de angustia, veíanse obligados a defender las naves; y estaban apesarados todos los dioses que en la guerra protegían a los dánaos. Entonces fue cuando los lapitas empezaron el combate y la refriega.

182 El fuerte Polipetes, hijo de Pintoo, hirió a Dámaso con la lanza por el casco de broncíneas carrilleras: el casco de bronce no detuvo a aquélla cuya punta, de bronce también, rompió el hueso; conmovióse el cerebro y el guerrero sucumbió mientras combatía con denuedo. Aquél mató luego a Pilón y a órmeno. Leonteo, hijo de Antímaco y vástago de Ares, arrojó un dardo a Hipómaco y se lo clavó junto al ceñidor; luego desenvainó la aguda espada, y, acometiendo por en medio de la muchedumbre a Antífates, lo hirió y lo tiró de espaldas; y después derribó sucesivamente a Menón, Yámeno y Orestes, que fueron cayendo al almo suelo.

195 Mientras ambos héroes quitaban a los muertos las lucientes armas, adelantaron la marcha con Polidamante y Héctor los más y más valientes de los jóvenes, que sentían un vivo deseo de romper el muro y pegar fuego a las naves. Pero detuviéronse indecisos en la orilla del foso, cuando ya se disponían a atravesarlo, por haber aparecido encima de ellos, y dejando el pueblo, a la izquierda, un ave agorera: un águila de alto vuelo, llevando en las garras un enorme dragón sangriento, vivo, que se estremecía y no se había olvidado de la lucha, pues encorvándose hacia atrás hirióla en el pecho, cerca del cuello. El águila, penetrada de dolor, dejó caer el dragón en medio de la turba; y, chillando, voló con la rapidez del viento. Los troyanos estremeciéronse al ver en medio de ellos la manchada sierpe, prodigio de Zeus, que lleva la égida. Entonces acercóse Polidamante al audaz Héctor, y le dijo:

211 -¡Héctor! Siempre me increpas en las juntas, aunque lo que proponga sea bueno; mas no es decoroso que un ciudadano hable en las reuniones o en la guerra contra lo debido, sólo para acrecentar tu poder. También ahora he de manifestar lo que considero conveniente. No

vayamos a combatir con los dánaos cerca de las naves. Creo que nos ocurrirá lo que diré, si vino realmente para los troyanos, cuando deseaban atravesar el foso, esta ave agorera: un águila de alto vuelo, que dejaba el pueblo a la izquierda y llevaba en las garras un enorme dragón sangriento y vivo, y lo hubo de soltar presto antes de llegar al nido y darlo a sus polluelos. De semejante modo, si con gran ímpetu rompemos ahora las puertas y el muro, y los aqueos retroceden, luego no nos será posible volver de las naves en buen orden por el mismo camino; y dejaremos a muchos troyanos tendidos en el suelo, a los cuales los aqueos, combatiendo en defensa de sus naves, habrán muerto con las broncíneas armas. Así lo interpretaría un augur que, por ser muy entendido en prodigios, mereciera la confianza del pueblo.

230 Encarándole la torva vista, respondió Héctor, el de tremolante casco:

231 -¡Polidamante! No me place lo que propones y podías haber pensado algo mejor. Si realmente hablas con seriedad, los mismos dioses te han hecho perder el juicio; pues me aconsejas que, olvidando las promesas que Zeus tonante me hizo y ratificó luego, obedezca a las aves aliabiertas, de las cuales no me cuido ni en ellas paro mientes, sea que vayan hacia la derecha por donde aparecen la aurora y el sol, sea que se dirijan a la izquierda, al tenebroso ocaso. Confiemos en las promesas del gran Zeus, que reina sobre todos, mortales a inmortales. El mejor agüero es éste: combatir por la patria. ¿Por qué te dan miedo el combate y la pelea? Aunque los demás fuéramos muertos en las naves argivas, no debieras temer por to vida; pues ni tu corazón es belicoso, ni te permite aguardar a los enemigos. Y si dejas de luchar, o con tus palabras logras que otro se abstenga, pronto perderás la vida, herido por mi lanza.

251 Así, habiendo hablado, echó a andar. Siguiéronlo todos con fuerte gritería, y Zeus, que se complace en lanzar rayos, enviando desde los montes ideos un viento borrascoso, levantó gran polvareda en las naves, abatió el ánimo de los aqueos, y dio gloria a los troyanos y a Héctor, que, fiados en las prodigiosas señales del dios y en su propio valor, intentaban romper la gran muralla aquea. Arrancaban las almenas de las torres, demolían los parapetos y derribaban los zócalos salientes que los aqueos habían hecho estribar en el suelo para que sostuvieran las torres. También tiraban de éstas, con la esperanza de romper el muro de los aqueos. Mas los dánaos no les dejaban libre el camino, y, protegiendo los parapetos con boyunas pieles, herían desde allí a los enemigos que al pie de la muralla se encontraban.

265 Los dos Ayantes recorrían las torres, animando a los aqueos y excitando su valor; a todas partes iban, y a uno le hablaban con suaves palabras y a otro le reñían con duras frases porque flojeaba en el combate:

2H -¡Oh amigos, ya entre los argivos seáis los preeminentes, los mediocres o los peores, pues no todos los hombres son iguales en la guema! Ahora el trabajo es común a todos y vosotros mismos to conocéis. Nadie se vuelva atrás, hacia los bajeles, por oír las amenazas de un troyano; id adelante y animaos mutuamente, por si Zeus olímpico, fulminador, nos permite rechazar el ataque y perseguir a los enemigos hasta la ciudad.

277 Dando tales voces animaban a los aqueos para que combatieran. Cuan espesos caen los copos de nieve cuando en un día de invierno Zeus decide nevar, mostrando sus armas a los hombres, y, adormeciendo los vientos, nieva incesantemente hasta que cubre las cimas y los riscos de los montes más altos, las praderas cubiertas de loto y los fértiles campos cultivados por el hombre, y la nieve se extiende por los puertos y playas del espumoso mar, y únicamente la detienen las olas, pues todo lo restante queda cubierto cuando arrecia la nevada de Zeus, así, tan espesas, volaban las piedras por ambos lados, las unas hacia los troyanos y las otras de éstos a los aqueos, y el estrépito se elevaba sobre todo el muro.

290 Mas los troyanos y el esclarecido Héctor no habrían roto aún las puertas de la muralla y el gran cerrojo, si el próvido Zeus no hubiese incitado a su hijo Sarpedón contra los argivos, como a un león contra bueyes de retorcidos cuernos. Sarpedón levantó en seguida el escudo liso, hermoso, protegido por planchas de bronce, obra de un broncista que sujetó muchas pieles de buey con varitas de oro prolongadas por ambos lados hasta el borde circular; alzando, pues, la rodela y blandiendo un par de lanzas, se puso en

103

marcha como el montaraz león que en mucho tiempo no ha probado la carne y su ánimo audaz le impele a acometer un rebaño de ovejas yendo a la alquería sólidamente construida; y, aunque en ella encuentre pastores que, armados con venablos y provistos de perros, guardan las ovejas, no quiere que lo echen del establo sin intentar el ataque, hasta que, saltando dentro, o consigue hacer presa o es herido por un venablo que ágil mano le arroja; del mismo modo, el deiforme Sarpedón se sentía impulsado por su ánimo a asaltar el muro y destruir los parapetos. Y en seguida dijo a Glauco, hijo de Hipóloco:

310 -¡Glauco! ¿Por qué a nosotros nos honran en la Licia con asientos preferentes, manjares y copas de vino, y todos nos miran como a dioses, y poseemos campos grandes y magníficos a orillas del Janto, con viñas y tierras de pan llevar? Preciso es que ahora nos sostengamos entre los más avanzados y nos lancemos a la ardiente pelea, para que diga alguno de los licios, armados de fuertes corazas: «No sin gloria imperan nuestros reyes en la Licia; y si comen pingües ovejas y beben exquisito vino, dulce como la miel, también son esforzados, pues combaten al frente de los licios». ¡Oh amigo! Ojalá que, huyendo de esta batalla, nos libráramos para siempre de la vejez y de la muerte, pues ni yo me batiría en primera fila, ni to llevaría a la lid, donde los varones adquieren gloria; pero, como son muchas las clases de muerte que penden sobre los mortales, sin que éstos puedan huir de ellas ni evitarlas, vayamos y daremos gloria a alguien, o alguien nos la dará a nosotros.

329 Así dijo; y Glauco ni retrocedió ni fue desobediente. Ambos fueron adelante en línea recta, siguiéndoles la numerosa hueste de los iicios. Estremecióse al advertirlo Menesteo, hijo de Péteo, pues se encaminaban hacia su torre, llevando consigo la ruina. Ojeó la cohorte de los aqueos, por si divisaba a algún jefe que librara del peligro a los compañeros, y distinguió a entrambos Ayantes, incansables en el combate, y a Teucro, recién salido de la tienda, que se hallaban cerca. Pero no podía hacerse oír por más que gritara, porque era tanto el estrépito, que el ruido de los escudos al parar los golpes, el de los cascos guarnecidos con crines de caballo, y el de las puertas, llegaba al cielo; todas las puertas se hallaban cerradas, y los troyanos, detenidos por las mismas, intentaban penetrar rompiéndolas a viva fuerza. Y Menesteo decidió enviar a Tootes, el heraldo, para que llamase a Ayante:

343 -Ve, divino Tootes, y llama corriendo a Ayante, o mejor a los dos; esto sería preferible, pues pronto habrá aquí gran estrago. ¡Tal carga dan los caudillos licios, que siempre han sido sumamente impetuosos en las encarnizadas peleas! Y si también a11í se ha promovido recio combate, venga por lo menos el esforzado Ayante Telamonio y sígalo Teucro, excelente arquero.

351 Así dijo; y el heraldo oyólo y no desobedeció. Fuese corriendo a lo largo del muro de los aqueos, de broncíneas corazas, se detuvo cerca de los Ayantes, y les habló en estos términos:

354 -.-¡Ayantes, jefes de los argivos, de broncíneas corazas! El caro hijo de Péteo, alumno de Zeus, os ruega que vayáis a tener parte en la refriega, aunque sea por breve tiempo. Que fuerais los dos, sería preferible; pues pronto habrá a11í gran estrago. ¡Tal carga dan los caudillos licios, que siempre han sido sumamente impetuosos en las encarnizadas peleas! Y si también aquí se ha promovido recio combate, vaya por lo menos el esforzado Ayante Telamonio y sígalo Teucro, excelente arquero.

364 Así habló; y el gran Ayante Telamonio no fue desobediente. En el acto dijo al Oilíada estas aladas palabras:

366 -¡Ayante! Vosotros, tú y el fuerte Licomedes, seguid aquí y alentad a los dánaos para que peleen con denuedo. Yo voy a11á, combatiré con aquéllos, y volveré tan pronto como los haya socorrido.

370 Así habiendo hablado, Ayante Telamonio partió y con él fueron Teucro, su hermano de padre, y Pandión, que llevaba el corvo arco de Teucro. Llegaron a la torre del magnánimo Menesteo, y, penetrando en el muro, se unieron a los defensores que ya se veían acosados; pues los caudillos y esforzados príncipes de los licios asaltaban los parapetos como un obscuro torbellino. Trabaron el combate y se produjo gran vocerío.

378 Fue Ayante Telamonio el primero que mató a un hombre, al magnánimo Epicles, compañero de Sarpedón, arrojándole una piedra grande y áspera que había dentro del muro, en la

parte más alta, cerca del parapeto. Difícilmente habría podido sospesarla con ambas manos uno de los actuales jóvenes, y aquél la levantó y, tirándola desde lo alto a Epicles, rompióle el casco de cuatro abolladuras y aplastóle los huesos de la cabeza; el troyano cayó de la elevada torre como salta un buzo, y el alma separóse de los miembros. Teucro, desde to alto de la muralla, disparó una flecha a Glauco, esforzado hijo de Hipóloco, que valeroso acometía; y, dirigiéndola adonde vio que el brazo aparecía desnudo, to puso fuera de combate. Saltó Glauco y se alejó del muro, ocultándose para que ningún aqueo, al advertir que estaba herido, profiriera jactanciosas palabras. Apesadumbróse Sarpedón al notario; mas no por esto se olvidó de la pelea, pues, habiendo alcanzado a Alcmaón Testórida, le envasó la lanza, que al punto volvió a sacar: el guerrero, siguiendo la lanza, dio de cara en el suelo, y las broncíneas labradas armas resonaron. Después, cogiendo con sus robustas manos un parapeto, tiró del mismo y lo arrancó entero; quedó el muro desguarnecido en su parte superior y con ello se abrió camino para muchos.

400 Pero en el mismo instante acertáronle a Sarpedón Ayante y Teucro: éste atravesó con una flecha el lustroso correón del gran escudo, cerca del pecho; mas Zeus apartó de su hijo las parcas, para que no sucumbiera junto a las naves; Ayante, arremetiendo, dio un bote de lanza en el escudo: la punta no lo atravesó, pero hizo vacilar al héroe cuando se disponía para el ataque. Sarpedón se apartó un poco del parapeto, pero no se retiró del todo, porque en su ánimo deseaba alcanzar gloria. Y volviéndose a los licios, iguales a los dioses, los exhortó diciendo:

409 -¡Oh licios! ¿Por qué se afloja tanto vuestro impetuoso valor? Difícil es que yo solo, aunque haya roto la muralla y sea valiente, pueda abrir camino hasta las naves. Ayudadme todos, pues la obra de muchos siempre resulta mejor.

413 Así habló. Los licios, temiendo la reconvención del rey, junto con éste y con mayores bríos que antes, cargaron a los argivos; quienes, a su vez, cerraron las filas de las falanges dentro del muro, porque era grande la acción que se les presentaba. Y ni los bravos licios, a pesar de haber roto el muro de los dánaos, lograban abrirse paso hasta las naves; ni los belicosos dánaos podían rechazar de la muralla a los licios

desde que a la misma se habían acercado. Como dos hombres altercan, con la medida en la mano, sobre los lindes de campos contiguos y se disputan un pequeño espacio, así, licios y dánaos estaban separados por los parapetos, y por cima de los mismos hacían chocar delante de los pechos las rodelas de boyuno cuero y los ligeros broqueles. Ya muchos combatientes habían sido heridos con el cruel bronce, unos en la espalda, que al volverse dejaron indefensa, otros por entre el mismo escudo. Por doquiera torres y parapetos estaban regados con sangre de troyanos y aqueos. Mas ni aun así los troyanos podían hacer volver la espalda a los aqueos. Como una honrada obrera coge un peso y lana y los pone en los platillos de una balanza, equilibrándolos hasta que quedan iguales, para llevar a sus hijos el miserable salario, así el combate y la pelea andaban iguales para unos y otros, hasta que Zeus quiso dar excelsa gloria a Héctor Priámida, el primero que asaltó el muro aqueo. El héroe, con pujante voz, gritó a los troyanos:

440 -¡Acometed, troyanos domadores de caballos! Romped el muro de los argivos y arrojad a las naves el fuego abrasador.

442 Así dijo para excitarlos. Escucháronlo todos; y reunidos fuéronse derechos al muro, subieron y pasaron por encima de las almenas, llevando siempre en las manos las afiladas lanzas.

445 Héctor cogió entonces una piedra de ancha base y aguda punta que había delante de la puerta: dos de los más forzudos hombres del pueblo, tales como son hoy, con dificultad hubieran podido cargarla en un carro; pero aquél la manejaba fácilmente porque el hijo del artero Crono la volvió liviana. Bien así como el pastor lleva en una mano el vellón de un carnero, sin que el peso lo fatigue, Héctor, alzando la piedra, la conducía hacia las tablas que fuertemente unidas formaban las dos hojas de la alta puerta y estaban aseguradas por dos cerrojos puestos en dirección contraria, que abría y cerraba una sola llave. Héctor se detuvo delante de la puerta, separó los pies, y, estribando en el suelo para que el golpe no fuese débil, arrojó la piedra al centro de aquélla: rompiéronse ambos quiciales, cayó la piedra dentro por su propio peso, recrujieron las tablas, y, como los cerrojos no ofrecieron

bastante resistencia, desuniéronse las hojas y cada una fue por su lado, al impulso de la piedra. El esclarecido Héctor, que por su aspecto a la rápida noche semejaba, saltó al interior: el bronce relucía de un modo terrible en torno de su cuerpo, y en la mano llevaba dos lanzas. Nadie, a no ser un dios, hubiera podido salirle al encuentro y detenerlo cuando traspuso la puerta. Sus ojos brillaban como el fuego. Y volviéndose a la turba, alentaba a los troyanos para que pasaran la muralla. Obedecieron, y mientras unos asaltaban el muro, otros afluían a las bien construidas puertas. Los dánaos refugiáronse en las cóncavas naves y se promovió un gran tumulto.

CANTO XIII*

Batalla junto a las naves

Zeus, cuya voluntad dirigía los acontecimientos, abandona de momento sus planes, y Posidón aprovecha la circunstancia para organizar la resistencia en el bando aqueo. Al sufrir la presión de los troyanos por la izquierda y por el centro, inician el contraataque por la derecha.

1 Cuando Zeus hubo acercado a Héctor y los troyanos a las naves, dejó que sostuvieran el trabajo y la fatiga de la batalla, y, volviendo a otra parte sus ojos refulgentes, miraba a lo lejos la tierra de los tracios, diestros jinetes; de los misios, que combaten de cerca; de los ilustres hipomolgos, que se alimentan con leche; y de los abios, los más justos de los hombres. Y ya no volvió a poner los brillantes ojos en Troya, porque su corazón no temía que inmortal alguno fuera a socorrer ni a los troyanos ni a los dánaos.

10 Pero no en vano el poderoso Posidón, que bate la tierra, estaba al acecho en la cumbre más alta de la selvosa Samotracia contemplando la lucha y la pelea. Desde a11í se divisaba todo el Ida, la ciudad de Príamo y las naves aqueas. En aquel sitio habíase sentado Posidón al salir del mar; y compadecía a los aqueos, vencidos por los troyanos, a la vez que cobraba gran indignación contra Zeus.

17 Pronto Posidón bajó del escarpado monte con ligera planta; las altas colinas y las selvas temblaban debajo de los pies inmortales, mientras el dios iba andando. Dio tres pasos, y al cuarto arribó al término de su viaje, a Egas; a11í, en las profundidades del mar, tenía palacios magníficos, de oro, resplandecientes a indestructibles. Luego que hubo llegado, unció al carro un par de corceles de cascos de bronce y áureas crines que volaban ligeros; y seguidamente envolvió su cuerpo en dorada túnica, tomó el látigo de oro hecho con arte, subió al carro y lo guió por cima de las olas. Debajo saltaban los cetáceos, que salían de sus escondrijos, reconociendo al rey; el mar abría, gozoso, sus aguas, y los ágiles caballos con apresurado vuelo y sin dejar que el eje de bronce se mojara conducían a Posidón hacia las naves de los aqueos.

32 Hay una vasta gruta en lo hondo del profundo mar entre Ténedos y la escabrosa Imbros; y, al llegar a ella, Posidón, que bate la tierra, detuvo los corceles, desunciólos del carro, dioles a comer un pasto divino, púsoles en los pies trabas de oro indestructibles a indisolubles, para que sin moverse de aquel sitio aguardaran su regreso, y se fue al ejército de los aqueos.

39 Los troyanos, enardecidos y semejantes a una llama o a una tempestad, seguían apiñados a Héctor Priámida con alboroto y vocerío; y tenían esperanzas de tomar las naves de los aqueos y matar entre ellas a todos sus caudillos.

43 Mas Posidón, que ciñe y bate la tierra, asemejándose a Calcante en el cuerpo y en la voz infatigable, incitaba a los argivos desde que salió del profundo mar, y dijo a los Ayantes, que ya estaban deseosos de combatir:

47 -¡Ayantes! Vosotros salvaréis a los aqueos si os acordáis de vuestro valor y no de la fuga horrenda. No me ponen en cuidado las audaces manos de los troyanos que asaltaron en tropel la gran muralla, pues a todos resistirán los aqueos, de hermosas grebas; pero es de temer, y mucho, que padezcamos algún daño en esta parte donde aparece a la cabeza de los suyos el rabioso Héctor, semejante a una llama, el cual blasona de ser hijo del prepotente Zeus. Una deidad levante el ánimo en vuestro pecho para resistir firmemente y exhortar a los demás; con esto podríais rechazar a Héctor de las naves, de ligero andar, por furioso que estuviera y aunque fuese el mismo Olímpico quien to instigara.

59 Dijo así Posidón, que ciñe y bate la tierra; y, tocando a entrambos con el cetro, llenólos de fuerte vigor y agilitóles todos los miembros y especialmente los pies y las manos. Y como el gavilán de ligeras alas se arroja, después de elevarse a una altísima y abrupta peña, enderezando el vuelo a la llanura para perseguir a un ave, de aquel modo apartóse de ellos Posidón, que bate la tierra. El primero que le reconoció fue el ágil Ayante de Oileo, quien dijo al momento a Ayante, hijo de Telamón:

68 -¡Ayante! Un dios del Olimpo nos instiga, transfigurado en adivino, a pelear cerca de las naves; pues ése no es Calcante, el inspirado augur: he observado las huellas que dejan sus plantas y su andar, y a los dioses se les reconoce fácilmente. En mi pecho el corazón siente un deseo más vivo de luchar y combatir, y mis manos y pies se mueven con impaciencia.

76 Respondió Ayante Telamonio:

77 -También a mí se me enardecen las audaces manos en torno de la lanza y mi fuerza aumenta y mis pies saltan, y deseo pelear yo solo con Héctor Priámida, cuyo furor es insaciable.

81 Así éstos conversaban, alegres por el bélico ardor que una deidad puso en sus corazones; en tanto, Posidón, que ciñe la tierra, animaba a los aqueos de las últimas filas, que junto a las veleras naves reparaban las fuerzas. Tenían los miembros relajados por el penoso cansancio, y se les llenó el corazón de pesar cuando vieron que los troyanos asaltaban en tropel la gran muralla: contemplábanlo con los ojos arrasados de lágrimas y no creían escapar de aquel peligro. Pero Posidón, que bate la tierra, intervino y reanimó fácilmente las esforzadas falanges. Fue primero a incitar a Teucro, Leito, el héroe Penéleo, Toante, Deípiro, Meriones y Antíloco, aguerridos campeones, y, para alentarlos, les dijo estas aladas palabras:

95 -¡Qué vergüenza, argivos jóvenes adolescentes! Figurábame que peleando conseguiríais salvar nuestras naves; pero, si cejáis en el funesto combate, ya luce el día en que sucumbiremos a manos de los troyanos. ¡Oh dioses! Veo con mis ojos un prodigio grande y terrible que jamás pensé que llegara a realizarse. ¡Venir los troyanos a nuestros bajeles! Parecíanse antes a las medrosas ciervas que vagan por el monte, débiles y sin fuerza para la lucha, y son el pasto de chacales, panteras y lobos; semejantes a ellas, nunca querrán los troyanos afrontar a los aqueos, aunque fuese un instante, ni osaban resistir su valor y sus manos. Y ahora pelean lejos de la ciudad, junto a las naves, por la culpa del caudillo y la indolencia de los hombres que, no obrando de acuerdo con él, se niegan a defender los bajeles, de ligero andar, y reciben la muerte cerca de los mismos. Mas, aunque el héroe Atrida, el poderoso Agamenón, sea el verdadero culpable de todo, porque ultrajó al Pelida de pies ligeros, en modo alguno nos es lícito dejar de combatir. Remediemos con presteza el mal, que la mente de los buenos es aplacable. No es decoroso que decaiga vuestro impetuoso valor, siendo como sois los más valientes del ejército. Yo no increparía a un hombre tímido porque se abstuviera de pelear; pero contra vosotros se enciende en ira mi corazón. ¡Oh cobardes! Con vuestra indolencia haréis que pronto se agrave el mal. Poned en vuestros pechos vergüenza y pundonor, ahora que se promueve esta gran contienda. Ya el fuerte Héctor, valiente en la pelea, combate cerca de las naves y ha roto las puertas y el gran cerrojo.

125 Con tales amonestaciones, el que ciñe la tierra instigó a los aqueos. Rodeaban a ambos Ayantes fuertes falanges que hubieran declarado irreprensibles Ares y Atenea, que enardece a los guerreros, si por ellas se hubiesen entrado. Los tenidos por más valientes aguardaban a los troyanos y al divino Héctor, y las astas y los escudos se tocaban en las cerradas filas: la rodela apoyábase en la rodela, el yelmo en otro yelmo, cada hombre en su vecino, y chocaban los penachos de crines de caballo y los lucientes conos de los cascos cuando alguien inclinaba la cabeza. ¡Tan apiñadas estaban las filas! Cruzábanse las lamas, que blandían audaces manos, y ellos deseaban arremeter a los enemigos y trabar la pelea.

136 Los troyanos acometieron unidos, siguiendo a Héctor, que deseaba ir en derechura a los aqueos. Como la piedra insolente que cae de una cumbre y lleva consigo la ruina, porque se ha desgajado, cediendo a la fuerza de torrencial avenida causada por la mucha lluvia, y desciende dando tumbos con ruido que repercute en el bosque, corre segura hasta el llano, y allí se detiene, a pesar de su ímpetu, de igual modo

Héctor amenazaba con atravesar fácilmente por las tiendas y naves aqueas, matando siempre, y no detenerse hasta el mar; pero encontró las densas falanges, y tuvo que hacer alto después de un violento choque. Los aqueos le afrontaron; procuraron herirlo con las espadas y lanzas de doble filo, y apartáronle de ellos, de suerte que fue rechazado, y tuvo que retroceder. Y con voz penetrante gritó a los troyanos:

150 -¡Troyanos, licios, dárdanos que cuerpo a cuerpo peleáis! Persistid en el ataque; pues los aqueos no me resistirán largo tiempo, aunque se hayan formado en columna cerrada; y creo que mi lanza les hará retroceder pronto, si verdaderamente me impulsa el dios más poderoso, el tonante esposo de Hera.

155 Con estas palabras les excitó a todos el valor y la fuerza. Entre los troyanos iba muy ufano Deífobo Priámida, que se adelantaba ligero y se cubría con el liso escudo. Meriones arrojóle una reluciente lanza, y no erró el tiro: acertó a dar en la rodela hecha de pieles de toro, sin conseguir atravesarla, porque aquélla se rompió en la unión del asta con el hierro. Deífobo apartó de sí el escudo de pieles de toro, temiendo la lanza del aguerrido Meriones; y este héroe retrocedió al grupo de sus amigos, muy disgustado, así por la victoria perdida, como por la rotura del arma, y luego se encaminó a las tiendas y naves aqueas para tomar otra lanza grande de las que en su bajel tenía.

169 Los demás combatían, y una vocería inmensa se dejaba oír. Teucro Telamonio fue el primero que mató a un hombre, al belicoso Imbrio, hijo de Méntor, rico en caballos. Antes de llegar los aqueos, Imbrio moraba en Pedeo con su esposa Medesicasta, hija bastarda de Príamo; mas así que llegaron las corvas naves de los dánaos, volvió a Ilio, descolló entre los troyanos y vivió en el palacio de Príamo, que le honraba como a sus propios hijos. Entonces el hijo de Telamón hirióle debajo de la oreja con la gran lanza, que retiró en seguida; y el guerrero cayó como el fresno nacido en una cumbre que desde lejos se divisa, cuando es cortado por el bronce y vienen al suelo sus tiernas hojas. Así cayó Imbrio, y sus armas, de labrado bronce, resonaron. Teucro acudió corriendo, movido por el deseo de quitarle la armadura; pero Héctor le tiró una reluciente lanza; violo aquél y hurtó el cuerpo, y

la broncínea punta se clavó en el pecho de Anfímaco, hijo de Ctéato Actorión, que acababa de entrar en combate. El guerrero cayó con estrépito, y sus armas resonaron. Héctor fue presuroso a quitarle al magnánimo Anfímaco el casco que llevaba adaptado a las sienes; Ayante levantó, a su vez, la reluciente lanza contra Héctor, y si bien no pudo hacerla llegar a su cuerpo, protegido todo por horrendo bronce, diole un bote en medio del escudo, y rechazó al héroe con gran ímpetu; éste dejó los cadáveres, y los aqueos los retiraron. Estiquio y el divino Menesteo, caudillos atenienses, llevaron a Anfímaco al campamento aqueo; y los dos Ayantes, que siempre anhelaban la impetuosa pelea, levantaron el cadáver de Imbrio. Como dos leones que, habiendo arrebatado una cabra a unos perros de agudos dientes, la llevan en la boca por los espesos matorrales, en alto, levantada de la tierra, así los belicosos Ayantes, alzando el cuerpo de Imbrio, lo despojaron de las armas; y el Oilíada, irritado por la muerte de Anfímaco, le separó la cabeza del tierno cuello y la hizo rodar por entre la turba, cual si fuese una bola, hasta que cayó en el polvo a los pies de Héctor.

206 Entonces Posidón, airado en el corazón porque su nieto había sucumbido en la terrible pelea, se fue hacia las tiendas y naves de los aqueos para reanimar a los dánaos y causar males a los troyanos. Encontróse con él Idomeneo, famoso por su lanza, que volvía de acompañar a un amigo a quien sacaron del combate porque los troyanos le habían herido en la corva con el agudo bronce. Idomeneo, una vez to hubo confiado a los médicos, se encaminaba a su tienda, con intención de volver a la batalla. Y el poderoso Posidón, que bate la tierra, díjole, tomando la voz de Toante, hijo de Andremón, que en Pleurón entera y en la excelsa Calidón reinaba sobre los etolios y era honrado por el pueblo cual si fuese un dios:

219 -¡Idomeneo, príncipe de los cretenses! ¿Qué se hicieron las amenazas que los aqueos hacían a los troyanos?

221 Respondió Idomeneo, caudillo de los cretenses:

222 -¡Oh Toante! No creo que ahora se pueda culpar a ningún guerrero, porque todos sabemos combatir y nadie está poseído del exánime terror,

ni deja por flojedad la funesta batalla; sin duda debe de ser grato al prepotente Cronida que los aqueos perezcan sin gloria en esta tierra, lejos de Argos. Mas, oh Toante, puesto que siempre has sido belicoso y sueles animar al que ves remiso, no dejes de pelear y exhorta a los demás varones.

231 Contestó Posidón, que bate la tierra:

232 -¡Idomeneo! No vuelva desde Troya a su patria y venga a ser juguete de los perros quien en el día de hoy deje voluntariamente de combatir. Ea, toma las armas y ven a mi lado; apresurémonos por si, a pesar de estar solos, podemos hacer algo provechoso. Nace una fuerza de la unión de los hombres, aunque sean débiles; y nosotros somos capaces de luchar con los valientes.

239 Dichas estas palabras, el dios se entró de nuevo por el combate de los hombres; a Idomeneo, yendo a la bien construida tienda, vistió la magnífica armadura, tomó un par de lanzas y volvió a salir, semejante al encendido relámpago que el Cronión agita en su mano desde el resplandeciente Olimpo para mostrarlo a los hombres como señal, tanto centelleaba el bronce en el pecho de Idomeneo mientras éste corría. Encontróse con él, no muy lejos de la tienda, el valiente escudero Meriones, que iba en busca de una lanza; y el fuerte Diomedes dijo:

249 -¡Meriones, hijo de Molo, el de los pies ligeros, mi companero más querido! ¿Por qué vienes, dejando el combate y la pelea? ¿Acaso estás herido y te agobia puntiaguda flecha? ¿Me traes, quizás, alguna noticia? Pues no deseo quedarme en la tienda, sino pelear.

234 Respondióle el prudente Meriones:

Zss -¡Idomeneo, príncipe de los cretenses, de broncíneas corazas! Vengo por una lanza, si la hay en tu tienda; pues la que tenía se ha roto al dar un bote en el escudo del feroz Deífobo.

259 Contestó Idomeneo, caudillo de los cretenses:

260 -Si la deseas, hallarás, en la tienda, apoyadas en el lustroso muro, no una, sino veinte lanzas, que he quitado a los troyanos muertos en la batalla; pues jamás combato a distancia del enemigo. He aquí por qué tengo lanzas, escudos abollonados, cascos y relucientes corazas.

266 Replicó el prudente Meriones:

267 También poseo yo en la tienda y en la negra nave muchos despojos de los troyanos, mas no están cerca para tomarlos; que nunca me olvido de mi valor, y en el combate, donde los hombres se hacen ilustres, aparezco siempre entre los delanteros desde que se traba la batalla. Quizá algún otro de los aqueos de broncíneas corazas no habrá fijado su atención en mi persona cuando peleo, pero no dudo que tú me has visto.

274 Idomeneo, caudillo de los cretenses, díjole entonces:

275 -Sé cuán grande es tu valor. ¿Por qué me refieres estas cosas? Si los más señalados nos reuniéramos junto a las naves para armar una celada, que es donde mejor se conoce la bravura de los hombres y donde fácilmente se distingue al cobarde del animoso -el cobarde se pone demudado, ya de un modo, ya de otro; y, como no sabe tener firme ánimo en el pecho, no permanece tranquilo, sino que dobla las rodillas y se sienta sobre los pies y el corazón le da grandes saltos por el temor de las parcas y los dientes le crujen; y el animoso no se inmuta ni tiembla, una vez se ha emboscado, sino que desea que cuanto antes principie el funesto combate---, ni allí podrían baldonarse to valor y la fuerza de tus brazos. Y, si peleando te hirieran de cerca o de lejos, no sería en la nuca o en la espalda, sino en el pecho o en el vientre, mientras fueras hacia adelante con los guerreros más avanzados. Mas, ea, no hablemos de estas cosas, permaneciendo ociosos como unos simples; no sea que alguien nos increpe duramente. Ve a la tienda y toma la fornida lanza.

295 Así dijo; y Meriones, igual al veloz Ares, entrando en la tienda, cogió en seguida una broncínea lanza y fue en seguimiento de Idomeneo, muy deseoso de volver al combate. Como va a la guerra Ares, funesto a los mortales, acompañado de la Fuga, su hija querida, fuerte a intrépida, que hasta el guerrero valeroso causa espanto; y los dos se arman y saliendo de la Tracia enderezan sus pasos hacia los éfiros y los magnánimos flegis, y no escuchan los ruegos de ambos pueblos, sino que dan la victoria a uno de ellos, de la misma manera, Meriones a Idomeneo, caudillos de hombres, se encaminaban a la batalla, armados de luciente bronce. Y Meriones fue el primero que habló, diciendo:

307 -¡Deucálida! ¿Por dónde quieres que penetremos en la turba: por la derecha del

ejército, por en medio o por la izquierda? Pues no creo que los melenudos aqueos dejen de pelear en parte alguna.

311 Respondióle Idomeneo, caudillo de los cretenses:

312 -Hay en el centro quienes defiendan las naves: los dos Ayantes y Teucro, el más diestro arquero aqueo y esforzado también en el combate a pie firme; ellos se bastan para rechazar a Héctor Priámida por fuerte que sea y por incitado que esté a la batalla. Difícil será, aunque tenga muchos deseos de pelear, que, triunfando del valor y de las manos invictas de aquéllos, llegue a incendiar los bajeles; a no ser que el mismo Cronión arroje una tea encendida en las ligeras naves. El gran Ayante Telamonio no cedería a ningún hombre mortal que coma el fruto de Deméter y pueda ser herido con el bronce o con grandes piedras; ni siquiera se retiraría a vista de Aquiles, que rompe las filas de los guerreros, en un combate a pie firme; pues en la carrera Aquiles no tiene rival. Vamos, pues, a la izquierda del ejército, para ver si presto daremos gloria a alguien, o alguien nos la dará a nosotros.

328 Así dijo; y Meriones, igual al veloz Ares, echó a andar hasta que llegaron al ejército por donde Idomeneo le aconsejaba.

330 Cuando los troyanos vieron a Idomeneo, que por su impetuosidad parecía una llama, y a su escudero, ambos revestidos de labradas armas, animáronse unos a otros por entre la turba y arremetieron todos contra aquél. Y se trabó una refriega, sostenida con igual tesón por ambas partes, junto a las popas de las naves. Como aparecen de repente las tempestades, suscitadas por los sonoros vientos un día en que los caminos están llenos de polvo y se levanta una gran nube del mismo, así entonces unos y otros vinieron a las manos, deseando en su corazón matarse recíprocamente con el agudo bronce por entre la turba. La batalla, destructora de hombres, se presentaba horrible con las largas picas que desgarran la carne y que los guerreros manejaban; cegaba los ojos el resplandor del bronce de los lucientes cascos, de las corazas recientemente bruñidas y de los escudos refulgentes de cuantos iban a encontrarse; y hubiera tenido corazón muy audaz quien al contemplar aquella acción se hubiese alegrado en vez de afligirse.

345 Los dos hijos poderosos de Crono, disintiendo en el modo de pensar, preparaban deplorables males a los héroes. Zeus quería que triunfaran Héctor y los troyanos para glorificar a Aquiles, el de los pies ligeros; mas no por eso deseaba que el ejército aqueo pereciera totalmente delante de Ilio, pues sólo intentaba honrar a Tetis y a su hijo, de ánimo esforzado. Posidón había salido ocultamente del espumoso mar, recorría las filas y animaba a los argivos, porque le afligía que fueran vencidos por los troyanos, y se indignaba mucho contra Zeus. Igual era el origen de ambas deidades y una misma su prosapia, pero Zeus había nacido primero y sabía más, por esto Posidón evitaba el socorrer abiertamente a aquéllos, y, transfigurado en hombre, discurría, sin darse a conocer, por el ejército y le amonestaba. Y los dioses inclinaban alternativamente en favor de unos y de otros la reñida pelea y el indeciso combate; y tendían sobre ellos una cadena inquebrantable a indisoluble que a muchos les quebró las rodillas.

361 Entonces Idomeneo, aunque ya semicano, animó a los dánaos, arremetió contra los troyanos, llenándoles de pavor, y mató a Otrioneo. Éste había acudido de Cabeso a Ilio cuando tuvo noticia de la guerra y pedido en matrimonio a Casandra, la más hermosa de las hijas de Príamo, sin obligación de dotarla; pero ofreciendo una gran cosa: que echaría de Troya a los aqueos. El anciano Príamo accedió y consintió en dársela; y el héroe combatía, confiando en la promesa. Idomeneo tiróle la reluciente lanza y le hirió mientras se adelantaba con arrogante paso, la coraza de bronce que llevaba no resistió, clavóse aquélla en medio del vientre, cayó el guerrero con estrépito, a Idomeneo dijo con jactancia:

374 -¡Otrioneo! Te ensalzaría sobre todos los mortales si cumplieras lo que ofreciste a Príamo Dardánida cuando te prometió a su hija. También nosotros te haremos promesas con intención de cumplirlas: traeremos de Argos la más bella de las hijas del Atrida y te la daremos por mujer, si junto con los nuestros destruyes la populosa ciudad de Ilio. Pero sígueme, y en las naves surcadoras del ponto nos pondremos de acuerdo sobre el casamiento; que no somos malos suegros.

383 Hablóle así el héroe Idomeneo, mientras le asía de un pie y le arrastraba por el campo de la dura batalla; y Asio se adelantó para vengarlo, presentándose como peón delante de su carro, cuyos corceles, gobernados por el auriga, sobre los mismos hombros del guerrero resoplaban. Asio deseaba en su corazón herir a Idomeneo, pero anticipósele éste y le hundió la pica en la garganta, debajo de la barba, hasta que el bronce salió al otro lado. Cayó el troyano como en el monte la encina, el álamo o el elevado pino que unos artífices cortan con afiladas hachas para convertirlo en mástil de navío; así yacía aquél, tendido delante de los corceles y del carro, rechinándole los dientes y cogiendo con las manos el polvo ensangrentado. Turbóse el escudero, y ni siquiera se atrevió a torcer la rienda a los caballos para escapar de las manos de los enemigos. Y el belicoso Antíloco se llegó a él y le atravesó con la lanza, pues la broncínea coraza no pudo evitar que se la clavase en el vientre. El auriga, jadeante, cayó del bien construido carro; y Antíloco, hijo del magnánimo Néstor, sacó los caballos de entre los troyanos y se los llevó hacia los aqueos, de hermosas grebas.

402 Deífobo, irritado por la muerte de Asio, se acercó mucho a Idomeneo y le arrojó la reluciente lanza. Mas Idomeneo advirtiólo y burló el golpe encongiéndose debajo de su liso escudo, que estaba formado por boyunas pieles y una lámina de bruñido bronce con dos abrazaderas, la broncínea lanza resbaló por la superficie del escudo, que sonó roncamente, y no fue lanzada en balde por el robusto brazo de aquél, pues fue a clavarse en el hígado, debajo del diafragma, de Hipsenor Hipásida, pastor de hombres, haciéndole doblar las rodillas. Y Deífobo se jactaba así, dando grandes voces:

414 -Asio yace en tierra, pero ya está vengado. Figúrome que, al descender a la morada de sólidas puertas del terrible Hades, se holgará su espíritu de que le haya procurado un compañero.

417 Así habló. Sus jactanciosas frases apesadumbraron a los argivos y conmovieron el corazón del belicoso Antíloco; pero éste, aunque afligido, no abandonó a su compañero, sino que corriendo se puso cerca de él y le cubrió con el escudo. E introduciéndose por debajo dos amigos fieles, Mecisteo, hijo de Equio, y el divino Alástor,

llevaron a Hipsenor, que daba hondos suspiros, hacia las cóncavas naves.

424 Idomeneo no dejaba que desfalleciera su gran valor y deseaba siempre o sumir a algún troyano en tenebrosa noche, o caer él mismo con estrépito, librando de la ruina a los aqueos. Posidón dejó que sucumbiera a manos de Idomeneo, el hijo querido de Esietes, alumno de Zeus, el héroe Alcátoo (era yerno de Anquises y tenía por esposa a Hipodamía, la hija primogénita, a quien el padre y la veneranda madre amaban cordialmente en el palacio porque sobresalía en hermosura, destreza y talento entre todas las de su edad, y a causa de esto casó con ella el hombre más ilustre de la vasta Troya): el dios ofuscóle los brillantes ojos y paralizó sus hermosos miembros, y el héroe no pudo huir ni evitar la acometida de Idomeneo, que le envainó la lanza en medio del pecho, mientras estaba inmóvil como una columna o un árbol de alta copa, y le rompió la coraza que siempre le había salvado de la muerte, y entonces produjo un sonido ronco al quebrarse por el golpe de la lanza. El guerrero cayó con estrépito; y, como la lanza se había clavado en el corazón, movíanla las palpitaciones de éste; pero pronto el arma impetuosa perdió su fuerza. E Idomeneo con gran jactancia y a voz en grito exclamó:

446-¡Deífobo! Ya que tanto te glorías, ¿no te parece que es una buena compensación haber muerto a tres, por uno que perdimos? Ven, hombre admirable, ponte delante y verás quién es este descendiente de Zeus que aquí ha venido; porque Zeus engendró a Minos, protector de Creta, Minos fue padre del eximio Deucalión, y de éste nací yo, que reino sobre muchos hombres en la vasta Creta y vine en las naves para ser una plaga para ti, para to padre y para los demás troyanos.

455 Así dijo; y Deífobo vacilaba entre retroceder para que se le juntara alguno de los magnánimos troyanos o atacar él solo a Idomeneo. Parecióle lo mejor ir en busca de Eneas, y le halló entre los últimos; pues siempre estaba irritado con el divino Príamo, que no le honraba como por su bravura merecía. Y deteniéndose a su lado, le dijo estas aladas palabras:

463 -¡Eneas, príncipe de los troyanos! Es preciso que defiendas a tu cuñado, si por él

sientes algún interés. Sígueme y vayamos a combatir por tu cuñado Alcátoo, que te crió cuando eras niño y ha muerto a manos de Idomeneo, famoso por su lanza.

468 Así dijo. Eneas sintió que en el pecho se le conmovía el corazón, y se fue hacia Idomeneo con grandes deseos de pelear. Éste no se dejó vencer del temor, cual si fuera un niño, sino que to aguardó como el jabalí que, confiando en su fuerza, espera en un paraje desierto del monte el gran tropel de hombres que se avecina, y con las cerdas del lomo erizadas y los ojos brillantes como ascuas aguza los dientes y se dispone a rechazar la acometida de perros y cazadores, de igual manera Idomeneo, famoso por su lanza, aguardaba sin arredrarse a Eneas, ágil en la lucha, que le salía al encuentro; pero llamaba a sus compañeros, poniendo los ojos en Ascálafo, Afareo, Deípiro, Meriones y Antíloco, aguerridos campeones, y los exhortaba con estas aladas palabras:

481 -Venid, amigos, y ayudadme; pues estoy solo y temo mucho a Eneas, ligero de pies, que contra mí arremete. Es muy vigoroso para matar hombres en el combate, y se halla en la flor de la juventud, cuando mayor es la fuerza. Si con el ánimo que tengo, fuésemos de la misma edad, pronto o alcanzaría él una gran victoria sobre mí, o yo la alcanzana sobre él.

487 Así dijo; y todos con el mismo ánimo en el pecho y los escudos en los hombros se pusieron al lado de Idomeneo. También Eneas exhortaba a sus amigos, echando la vista a Deífobo, Paris y el divino Agenor, que eran asimismo capitanes de los troyanos. Inmediatamente marcharon las tropas detrás de los jefes, como las ovejas siguen al carnero cuando después del pasto van a beber, y el pastor se regocija en el alma; así se alegró el corazón de Eneas en el pecho, al ver el grupo de hombres que tras él seguía.

496 Pronto trabaron alrededor del cadaver de Alcátoo un combate cuerpo a cuerpo, blandiendo grandes picas; y el bronce resonaba de horrible modo en los pechos al darse botes de lanza los unos a los otros. Dos hombres belicosos y señalados entre todos, Eneas a Idomeneo, iguales a Ares, deseaban herirse recíprocamente con el cruel bronce. Eneas arrojó el primero la lanza a Idomeneo; pero, como éste la viera venir, evitó el golpe: la broncínea punta clavóse en tierra,

vibrando, y el arma fue echada en balde por el robusto brazo. Idomeneo hundió la suya en el vientre de Enómao y el bronce rompió la concavidad de la coraza y desgarró las entrañas: el troyano, caído en el polvo, asió el suelo con las manos. Acto continuo, Idomeneo arrancó del cadaver la ingente lanza, pero no le pudo quitar de los hombros la magnífica armadura, porque estaba abrumado por los tiros. Como ya no tenía seguridad en sus pies para recobrar la lanza que había arrojado, ni para librarse de la que le arrojasen, evitaba la cruel muerte combatiendo a pie firme; y, no pudiendo tampoco huir con ligereza, retrocedía paso a paso. Deífobo, que constantemente le odiaba, le tiró la lanza reluciente y erró el golpe, pero hirió a Ascálafo, hijo de Enialio; la impetuosa lanza se clavó en la espalda, y el guerrero, caído en el polvo, asió el suelo con las manos. Y el ruidoso y robusto Ares no se enteró de que su hijo hubiese sucumbido en el duro combate porque se hallaba detenido en la cumbre del Olimpo, debajo de áureas nubes, con otros dioses inmortales por la voluntad de Zeus, el cual no permitía que interviniesen en la batalla.

526 La pelea cuerpo a cuerpo se encendió entonces en torno de Ascálafo, a quien Deífobo logró quitar el reluciente casco, pero Meriones, igual al veloz Ares, dio a Deífobo una lanzada en el brazo y le hizo soltar el casco con agujeros a guisa de ojos, que cayó al suelo produciendo ronco sonido. Meriones, abalanzándose a Deífobo con la celeridad del buitre, arrancóle la impetuosa lanza de la parte superior del brazo y retrocedió hasta el grupo de sus amigos. A Deífobo sacóle del horrísono combate su hermano carnal Polites: abrazándole por la cintura, to condujo adonde tenía los rápidos corceles con el labrado carro, que estaban algo distantes de la lucha y del combate, gobernados por un auriga. Ellos llevaron a la ciudad al héroe, que se sentía agotado, daba hondos suspiros y le manaba sangre de la herida que en el brazo acababa de recibir.

540 Los demás combatían y alzaban una gritería inmensa. Eneas, acometiendo a Afareo Caletórida, que contra él venía, hirióle en la garganta con la aguda lanza: la cabeza se inclinó a un lado, arrastrando el casco y el escudo, y la muerte destructora rodeó al guerrero. Antíloco,

112

como advirtiera que Toón volvía pie atrás, arremetió contra él y le hirió: cortóle la vena que, corriendo por el dorso, llega hasta el cuello, y el troyano cayó de espaldas en el polvo y tendía los brazos a los compañeros queridos. Acudió Antíloco y le quitó de los hombros la armadura, mirando a todos lados, mientras los troyanos iban cercándole ya por éste, ya por aquel lado, a intentaban herirle; mas el ancho y labrado escudo paró los golpes, y ni aun consiguieron rasguñar la tierna piel del héroe con el cruel bronce, porque Posidón, que bate la tierra, defendió al hijo de Néstor contra los muchos tiros. Antíloco no se apartaba nunca de los enemigos, sino que se agitaba en medio de ellos; su lanza, lamas ociosa, siempre vibrante, se volvía a todas partes, y él pensaba en su mente si la arrojaría a alguien, o acometería de cerca.

560 No se le ocultó a Adamante Asíada lo que Antíloco meditaba en medio de la turba; y, acercándosele, le dio con el agudo bronce un bote en medio del escudo; pero Posidón, el de cerúlea cabellera, no permitió que quitara la vida a Antíloco, a hizo vano el golpe rompiendo la lanza en dos partes, una de las cuales quedó clavada en el escudo, como estaca consumida por el fuego, y la otra cayó al suelo. Adamante retrocedió hacia el grupo de sus amigos, para evitar la muerte; pero Meriones corrió tras él y arrojóle la lanza, que penetró por entre el ombligo y las partes verendas, donde son muy peligrosas las heridas que reciben en la guerra los míseros mortales. Allí, pues, se hundió la lanza, y Adamante, cayendo encima de ella, se agitaba como un buey a quien los pastores han atado en el monte con recias cuerdas y llevan contra su voluntad; así aquél, al sentirse herido, se agitó algún tiempo, que no fue de larga duración porque Meriones se le acercó, arrancóle la lanza del cuerpo y las tinieblas velaron los ojos del guerrero.

576 Héleno dio a Deípiro un tajo en una sien con su gran espada tracia, y le rompió el casco. Éste, sacudido por el golpe, cayó al suelo, y rodando fue a parar a los pies de un guerrero aqueo que to alzó de tierra. A Deípiro tenebrosa noche le cubrió los ojos.

581 Gran pesar sintió por ello el Atrida Menelao, valiente en el combate; y, blandiendo la aguda lanza, arremetió, amenazador, contra el héroe y príncipe Héleno, quien, a su vez, armó el arco. Ambos fueron a encontrarse, deseosos el uno de alcanzar al contrario con la aguda lanza, y el otro de herir a su enemigo con una flecha arrojada por el arco. El Priámida dio con la saeta en el pecho de Menelao, donde la coraza presentaba una concavidad; pero la cruel flecha fue rechazada y voló a otra parte. Como en la espaciosa era saltan del bieldo las negruzcas habas o los garbanzos al soplo sonoro del viento y al impulso del aventador, de igual modo, la amarga flecha, repelida por la coraza del glorioso Menelao, voló a to lejos. Por su parte Menelao Atrida, valiente en la pelea, hirió a Héleno en la mano en que llevaba el pulimentado arco: la broncínea lanza atravesó la palma y penetró en el arco. Héleno retrocedió hasta el grupo de sus amigos, para evitar la muerte; y su mano, colgando, arrastraba el asta de fresno. El magnánimo Agenor se la arrancó y le vendó la mano con una honda de lana de oveja, bien tejida, que les facilitó el escudero del pastor de hombres.

601 Pisandro embistió al glorioso Menelao. El hado funesto le llevaba al fin de su vida, empujándole para que fuese vencido por ti, oh Menelao, en la terrible pelea. Así que entrambos se hallaron frente a frente, acometiéronse, y el Atrida erró el golpe porque la lanza se le desvió; Pisandro dio un bote en el escudo del glorioso Menelao, pero no pudo atravesar el bronce: resistió el ancho escudo y quebróse la lanza por el asta cuando aquél se regocijaba en su corazón con la esperanza de salir victorioso. Pero el Atrida desnudó la espada guarnecida de argénteos clavos y asaltó a Pisandro, quien, cubriéndose con el escudo, aferró una hermosa hacha, de bronce labrado, provista de un largo y liso mango de madera de olivo. Acometiéronse, y Pisandro dio un golpe a Menelao en la cimera del yelmo, adornado con crines de caballo, debajo del penacho; y Menelao hundió su espada en la frente del troyano, encima de la nariz: crujieron los huesos, y los ojos, ensangrentados, cayeron en el polvo, a los pies del guerrero, que se encorvó y vino a tierra. El Atrida, poniéndole el pie en el pecho, le despojó de la armadura; y, blasonando del triunfo, dijo:

620 —¡Así dejaréis las naves de los aqueos, de ágiles corceles, oh troyanos soberbios a insaciables de la pelea horrenda! No os basta

haberme inferido una vergonzosa afrenta, infames perros, sin que vuestro corazón temiera la ira terrible del tonante Zeus hospitalario, que algún día destruirá vuestra ciudad excelsa. Os llevasteis, además de muchas riquezas, a mi legítima esposa, que os había recibido amigablemente; y ahora deseáis arrojar el destructor fuego en las naves surcadoras del ponto, y dar muerte a los héroes aqueos; pero quizás os hagamos renunciar al combate, aunque tan enardecidos os mostréis. ¡Padre Zeus! Dicen que superas en inteligencia a los demás dioses y hombres, y todo esto procede de ti. ¿Cómo favoreces a los troyanos, a esos hombres insolentes, de espíritu siempre perverso, y que nunca se pueden hartar de la guerra a todos tan funesta? De todo llega el hombre a saciarse: del sueño, del amor, del dulce canto y de la agradable danza, cosas más apetecibles que la pelea; pero los troyanos no se cansan de combatir.

640 En diciendo esto, el eximio Menelao quitóle al cadáver la ensangrentada armadura; y, entregándola a sus amigos, volvió a pelear entre los combatientes delanteros.

643 Entonces le salió al encuentro Harpalión, hijo del rey Pilémenes, que fue a Troya con su padre a combatir y no había de volver a la patria tierra: el troyano dio un bote de lanza en medio del escudo del Atrida, pero no pudo atravesar el bronce y retrocedió hacia el grupo de sus amigos para evitar la muerte, mirando a todos lados, no fuera alguien a herirlo con el bronce. Mientras él se iba, Meriones le asestó el arco, y la broncínea saeta se hundió en la nalga derecha del troyano, atravesó la vejiga por debajo del hueso y salió al otro lado. Y Harpalión, cayendo allí en brazos de sus amigos, dio el alma y quedó tendido en el suelo como un gusano; de su cuerpo fluía negra sangre que mojaba la tierra. Pusiéronse a su alrededor los magnánimos paflagones, y, colocando el cadáver en un carro, lleváronlo, afligidos, a la sagrada Ilio; el padre iba con ellos derramando lágrimas, y ninguna venganza pudo tomar de aquella muerte.

660 Paris, muy irritado en su espíritu por la muerte de Harpalión, que era su huésped en la populosa Paflagonia, arrojó una broncínea flecha. Había un cierto Euquenor, rico y valiente, que era vástago del adivino Poliido, habitaba en Corinto y se embarcó para Troya, no obstante saber la funesta suerte que allí le aguardaba. El buen anciano Poliido habíale dicho repetidas veces que moriría en penosa dolencia en el palacio o sucumbiría a manos de los troyanos en las naves aqueas, y él, queriendo evitar los baldones de los aqueos y la enfermedad odiosa con sus dolores, decidió it a Ilio. A éste, pues, Paris le clavó la flecha por debajo de la quijada y de la oreja: la vida huyó de los miembros del guerrero, y la obscuridad horrible le envolvió.

673 Así combatían con el ardor de encendido fuego. Héctor, caro a Zeus, aún no se había enterado, a ignoraba por entero que sus tropas fuesen destruidas por los argivos a la izquierda de las naves. Pronto la victoria hubiera sido de los aqueos. ¡De tal suerte Posidón, que ciñe y sacude la tierra, los alentaba y hasta los ayudaba con sus propias fuerzas! Estaba Héctor en el mismo lugar adonde había llegado después que pasó las puertas y el muro y rompió las cerradas filas de los escudados dánaos. Allí, en la playa del espumoso mar, habían sido colocadas las naves de Ayante y Protesilao; y se había levantado para defenderlas un muro bajo, porque los hombres y corceles acampados en aquel paraje eran muy valientes en la guerra.

685 Los beocios, los jonios, de rozagante vestidura, los locrios, los ptiotas y los ilustres epeos detenían al divino Héctor, que, semejante a una llama, porfiaba en su empeño de ir hacia las naves; pero no conseguían que se apartase de ellos. Los atenienses habían sido designados para las primeras filas y los mandaba Menesteo, hijo de Péteo, a quien seguían Fidante, Estiquio y el valeroso Biante. De los epeos eran caudillos Meges Filida, Anfión y Dracio. Al frente de los ptiotas estaban Medonte y el belicoso Podarces: aquél era hijo bastardo del divino Oileo y hermano de Ayante, y vivía en Fílace, lejos de su patria, por haber dado muerte a un hermano de Eriópide, su madrastra y mujer de Oileo; y el otro era hijo de Ificlo Filácida. Ambos se habían armado y puesto al frente de los magnánimos ptiotas, y combatían en unión con los beocios para defender las naves.

701 El ágil Ayante de Oileo no se apartaba un instante de Ayante Telamonio: como en tierra noval dos negros bueyes tiran con igual ánimo del sólido arado, abundante sudor brota en torno de sus cuernos, y sólo los separa el pulimentado

yugo mientras andan por los surcos para abrir el hondo seno de la tierra, así, tan cercanos el uno del otro, estaban los Ayantes. A1 Telamonio seguíanle muchos y valientes hombres, que tomaban su escudo cuando la fatiga y el sudor llegaban a las rodillas del héroe. Mas al Oilíada, de corazón valiente, no le acompañaban los locrios, porque no podían sostener una lucha a pie firme: no llevaban broncíneos cascos, adornados con crines de caballo, ni tenían rodelas ni lanzas de fresno; habían ido a Ilio, confiando en sus arcos y en sus hondas de retorcida lana de oveja, y disparando a menudo destrozaban las falanges teucras. Aquéllos peleaban al frente con Héctor y los suyos; éstos, ocultos detrás, disparaban; y los troyanos apenas pensaban en combatir, porque las flechas los ponían en desorden.

723 Entonces los troyanos hubieran vuelto en deplorable fuga de las naves y tiendas a la ventosa Ilio, si Polidamante no se hubiese acercado al audaz Héctor para decirle:

726 -¡Héctor! Eres reacio en seguir los pareceres ajenos. Porque un dios te ha dado esa superioridad en las cosas de la guerra, ¿crees que aventajas a los demás en prudencia? No es posible que tú solo lo reúnas todo. La divinidad a uno le concede que sobresalga en las acciones bélicas, a otro en la danza, al de más a11á en la cítara y el canto, y el largovidente Zeus pone en el pecho de algunos un espíritu prudente que aprovecha a gran número de hombres, salva las ciudades y to aprecia particularmente quien to posee. Pero voy a decir lo que considero más conveniente. Alrededor de ti arde la pelea por todas partes; pero de los magnánimos troyanos que pasaron la muralla, unos se han retirado con sus armas, y otros, dispersos por las naves, combaten con mayor número de hombres. Retrocede y llama a los más valientes caudillos para deliberar si nos conviene arrojarnos a las naves, de muchos bancos, por si un dios nos da la victoria, o alejarnos de ellas antes que seamos heridos. Temo que los aqueos se desquiten de lo de ayer, porque en las naves hay un varón incansable en la pelea, y me figuro que no se abstendrá de combatir.

748 Así habló Polidamante, y su prudence consejo plugo a Héctor, que saltó en seguida del carro a tierra, sin dejar las armas, y le dijo estas aladas palabras:

751 -¡Polidamante! Reúne tú a los más valientes caudillos, mientras voy a la otra parte de la batalla y vuelvo tan pronto como haya dado las conveniences órdenes.

754 Dijo; y, semejante a un monte cubierto de nieve, partió volando y profiriendo gritos por entre los troyanos y sus auxiliares. Todos los caudillos se encaminaron hacia el bravo Polidamante Pantoida así que oyeron las palabras de Héctor. Éste buscaba en los combatientes delanteros a Deífobo, al robusto rey Héleno, a Adamante Asíada, y a Asio, hijo de Hírtaco; pero no los halló ilesos ni a todos salvados de la muerte: los unos yacían, muertos por los argivos, junto a las naves aqueas; y los demás, heridos, quién de cerca, quién de lejos, estaban dentro de los muros de la ciudad. Pronto se encontró, en la izquierda de la batalla luctuosa, con el divino Alejandro, esposo de Helena, la de hermosa cabellera, que animaba a sus compañeros y les incitaba a pelear; y, deteniéndose a su lado, díjole estas injuriosas palabras:

769 -¡Miserable Paris, el de más hermosa figura, mujeriego, seductor! ¿Dónde están Deífobo, el robusto rey Héleno, Adamante Asíada y Asio, hijo de Hírtaco? ¿Qué es de Otrioneo? Hoy la excelsa Ilio se arruina desde la cumbre; hoy te aguarda a ti horrible muerte.

774 Respondióle a su vez el deiforme Alejandro:

775 -¡Héctor! Ya que tienes intención de culparme sin motivo, quizás otras veces fuí más remiso en la batalla, aunque no del todo pusilánime me dio a luz mi madre. Desde que al frente de los compañeros promoviste el combate junto a las naves, peleamos sin cesar contra los dánaos. Los amigos por quienes preguntas han muerto, menos Deífobo y el robusto rey Héleno; los cuales, heridos en el brazo por ingentes lanzas, se fueron, y el Cronión les salvó la vida. Llévanos adonde el corazón y el ánimo to ordenen; nosotros to seguiremos presurosos, y no han de faltarnos bríos en cuanto lo permitan nuestras fuerzas. Más a11á de lo que éstas permiten, nada es posible hacer en la guerra, por enardecido que uno esté.

115

788 Así diciendo, cambió el héroe la mente de su hermano. Enderezaron al sitio donde era más ardiente el combate y la pelea; allí estaban Cebríones, el eximio Polidamante, Falces, Orteo, Polifetes, igual a un dios, Palmis, Ascanio y Mores, hijos los dos últimos de Hipotión; todos los cuales habían llegado el día anterior de la fértil Ascania para reemplazar a otros, y entonces Zeus les impulsó a combatir. A la manera que un torbellino de vientos impetuosos desciende a la llanura, acompañado del trueno del padre Zeus, y al caer en el mar con ruido inmenso levanta grandes y espumosas olas que se van sucediendo, así los troyanos seguían en filas cerradas a los caudillos, y el bronce de sus armas relucía. Iba a su frente Héctor Priámida, cual si fuese Ares, funesto a los mortales: llevaba por delante un escudo liso, formado por muchas pieles de buey y una gruesa lámina de bronce, y el refulgence casco temblaba en sus sienes. Movíase Héctor, defendiéndose con la rodela, y probaba por codas partes si las falanges cedían, pero no logró turbar el ánimo en el pecho de los aqueos. Entonces Ayante adelantóse con ligero paso y provocóle con estas palabras:

810 -¡Varón admirable! ¡Acércate! ¿Por qué quieres amedrentar de este modo a los argivos? No somos inexpertos en la guerra, sino que los aqueos sucumben debajo del cruel azote de Zeus. Tú esperas destruir las naves, pero nosotros tenemos los brazos prontos para defenderlas; y mucho antes que to consigas, vuestra populosa ciudad será tomada y destruida por nuestras manos. Yo to aseguro que está cerca el momento en que tú mismo, puesto en fuga, pedirás al padre Zeus y a los demás inmortales que tus corceles de hermosas crines sean más veloces que los gavilanes; y los caballos to llevarán a la ciudad, levantando gran polvareda en la llanura.

821 Así que acabó de hablar, pasó por cima de ellos, hacia la derecha, un águila de alto vuelo; y los aqueos gritaron, animados por el agüero. El esclarecido Héctor respondió:

824 -¡Ayante lenguaz y fanfarrón! ¿Qué dijiste? Así fuera yo para siempre hijo de Zeus, que lleva la égida, y me hubiese dado a luz la venerable Hera y gozara de los mismos honores que Atenea o Apolo, como este día será funesto para todos los argivos. Tú también serás muerto entre ellos si tienes la osadía de aguardar mi larga pica: ésta te desgarrará el delicado cuerpo; y tú, cayendo junto a las naves aqueas, saciarás a los perros de los troyanos y a las aves con to grasa y tus carnes.

833 En diciendo esto, pasó adelante; los otros capitanes le siguieron con vocerío inmenso; y detrás las tropas gritaban también. Los argivos movían por su parte gran alboroto y, sin olvidarse de su valor, aguardaban la acometida de los más valientes troyanos. Y el estruendo que producían ambos ejércitos llegaba al éter y a la morada resplandeciente de Zeus.

*CANTO XIV**

Engaño de Zeus

* Zeus, por una atiagaza de Hera, cae rendido por el suerto, y Posidón se pone al frente de los aqueos. Ayante pone fuera de combate a Héctor, y sus hombres tienen que retorceder más allá del muro y del foso del campamento aqueo.

1 Néstor, aunque estaba bebiendo, no dejó de advertir la gritería; y hablando al Asclepíada, pronunció estas aladas palabras:

3 -¿Cómo crees, divino Macaón, que acabarán estas cosas? junto a las naves es cada vez mayor el vocerío de los robustos jóvenes. Tú, sentado aquí, bebe el negro vino, mientras Hecamede, la de hermosas trenzas, pone a calentar el agua del baño y te lava después la sangrienta herida; y yo subiré prestamente a un altozano para ver lo que ocurre.

9 Dijo; y, después de embrazar el labrado escudo de reluciente bronce, que su hijo Trasimedes, domador de caballos, había dejado allí por haberse llevado el del anciano, asió la fuerte lanza de broncínea punta y salió de la tienda. Pronto se detuvo ante el vergonzoso espectáculo que se ofreció a sus ojos: los aqueos eran derrotados por los feroces troyanos y la gran muralla aquea estaba destruida. Como el piélago inmenso empieza a rizarse con sordo ruido y purpúrea, presagiando la rápida venida de los sonoros vientos, pero no mueve las olas hasta que Zeus envía un viento determinado; así el anciano hallábase perplejo entre encaminarse a la turba de los dánaos, de ágiles corceles, o enderezar sus pasos hacia el Atrida Agamenón, pastor de hombres. Parecióle que sería lo mejor ir en busca del Atrida, y así lo hizo; mientras los

demás, combatiendo, se mataban unos a otros, y el duro bronce resonaba alrededor de sus cuerpos a los golpes de las espadas y de las lanzas de doble filo.

27 Encontráronse con Néstor los reyes, alumnos de Zeus, que antes fueron heridos con el bronce -el Tidida, Ulises y el Atrida Agamenón-, y entonces venían de sus naves. Éstas habían sido colocadas lejos del campo de batalla, en la orilla del espumoso mar: sacáronlas a la llanura las primeras, y labraron un muro delante de las popas. Porque la ribera, con ser vasta, no hubiera podido contener todos los bajeles en una sola fila, y además el ejército se hubiera sentido estrecho; y por esto los pusieron escalonados y llenaron con ellos el gran espacio de costa que limitaban altos promontorios. Los reyes iban juntos, con el ánimo abatido, apoyándose en las lanzas, porque querían presenciar el combate y la clamorosa pelea; y, cuando vieron venir al anciano Néstor, se les sobresaltó el corazón en el pecho. Y el rey Agamenón, dirigiéndole la palabra, exclamó:

42 -¡Oh Néstor Nelida, gloria insigne de los aqueos! ¿Por qué vienes, dejando la homicida batalla? Temo que el impetuoso Héctor cumpla la amenaza que me hizo en su arenga a los troyanos: Que no regresaría a Ilio antes de pegar fuego a las naves y matar a los aqueos. Así decía, y todo se va cumpliendo. ¡Oh dioses! Los aqueos, de hermosas grebas, tienen, como Aquiles, el ánimo poseído de ira contra mí y no quieren combatir junto a las naves.

52 Respondió Néstor, caballero gerenio:

53-Patente es lo que dices, y ni el mismo Zeus altitonante puede modificar to que ya ha sucedido. Derribado está el muro que esperábamos fuese indestructible reparo para las veleras naves y para nosotros mismos; y junto a ellas los troyanos sostienen vivo a incesante combate. No conocerías, por más que to miraras, hacia qué parte van los aqueos acosados y puestos en desorden: en montón confuso reciben la muerte, y la gritería llega hasta el cielo. Deliberemos sobre lo que puede ocurrir, por si nuestra mente da con alguna traza provechosa; y no propongo que entremos en combate, porque es imposible que peleen los que están heridos.

64 Díjole el rey de hombres, Agamenón:

65 -¡Néstor! Puesto que ya los troyanos combaten junto a las popas de las naves y de ninguna utilidad ha sido el muro con su foso que los dánaos construyeron con tanta fatiga, esperando que fuese indestructible reparo para las naves y para ellos mismos; sin duda debe de ser grato al prepotente Zeus que los aqueos perezcan sin gloria aquí, lejos de Argos. Antes yo veía que el dios auxiliaba, benévolo, a los dánaos, mas al presente da gloria a los troyanos, cual si fuesen dioses bienaventurados, y encadena nuestro valor y nuestros brazos. Ea, procedamos todos como voy a decir. Arrastremos las naves que se hallan más cerca de la orilla, echémoslas al mar divino y que estén sobre las anclas hasta que vengá la noche inmortal, y, si entonces los troyanos se abstienen de combatir, podremos echar las restantes. No es reprensible evitar una desgracia, aunque sea durante la noche. Mejor es librarse huyendo, que dejarse coger.

82 El ingenioso Ulises, mirándole con torva faz, exclamó:

83-¡Atrida! ¿Qué palabras se te escaparon del cerco de los dientes? ¡Hombre funesto! Debieras estar al frente de un ejército de cobardes y no mandarnos a nosotros, a quienes Zeus concedió llevar al cabo arriesgadas empresas bélicas desde la juventud a la vejez, hasta que perezcamos. ¿Quieres que dejemos la ciudad troyana de anchas calles, después que hemos padecido por ella tantas fatigas? Calla y no oigan los aqueos esas palabras, las cuales no saldrían de la boca de ningún varón que supiera hablar con espíritu prudente, llevara cetro y fuera obedecido por tantos hombres cuanto son los argivos sobre quienes imperas. Repruebo del todo la proposición que hiciste: sin duda nos aconsejas que echemos al mar las naves de muchos bancos durante el combate y la pelea, para que más presto se cumplan los deseos de los troyanos, ya al presente vencedores, y nuestra perdición sea inminente. Porque los aqueos no sostendrán el combate si las naves son echadas al mar; sino que, volviendo los ojos adonde puedan huir, cesarán de pelear, y tu consejo, príncipe de hombres, habrá sido dañoso.

103 Contestó el rey de hombres, Agamenón:

104 -¡Ulises! Tu dura reprensión me ha llegado al alma; pero yo no mandaba que los aqueos arrastraran al mar, contra su voluntad, las naves de muchos bancos. Ojalá que alguien, joven o

viejo, propusiera una cosa mejor, pues le oiría con gusto.

109 Y entonces les dijo Diomedes, valiente en la pelea:

110 -Cerca tenéis a tal hombre -no habremos de buscarle mucho-, si os halláis dispuestos a obedecer; y no me vituperéis ni os irritéis contra mí, recordando que soy más joven que vosotros, pues me glorío de haber tenido por padre al valiente Tideo, cuyo cuerpo está enterrado en Teba. Engendró Porteo tres hijos ilustres que habitaron en Pleurón y en la excelsa Calidón: Agrio, Melas y el caballero Eneo, mi abuelo paterno, que era el más valiente. Eneo quedóse en su país; pero mi padre, después de vagar algún tiempo, se estableció en Argos, porque así to quisieron Zeus y los demás dioses, casó con una hija de Adrasto y vivió en una casa abastada de riqueza: poseía muchos trigales, no pocas plantaciones de árboles en los alrededores y copiosos rebaños, y aventajaba a todos los aqueos en el manejo de la lanza. Tales cosas las habréis oído referir como ciertas que son. No sea que, figurándoos quizás que por mi linaje he de ser cobarde y débil, despreciéis lo bueno que os diga. Ea, vayamos a la batalla, no obstante estar heridos, pues la necesidad apremia; pongámonos fuera del alcance de los tiros para no recibir herida sobre herida; animemos a los demás y hagamos que entren en combate cuantos, cediendo a su ánimo indolente, permanecen alejados y no pelean.

133 Así se expresó, y ellos le escucharon y obedecieron. Echaron a andar, y el rey de hombres, Agamenón, iba delante.

135 El ilustre Posidón, que sacude la tierra, estaba al acecho; y, transfigurándose en un viejo, se dirigió a los reyes, tomó la diestra de Agamenón Atrida y le dijo estas aladas palabras:

139 -¡Atrida! Aquiles, al contemplar la matanza y la derrota de los aqueos, debe de sentir que en el pecho se le regocija el corazón pernicioso, porque está totalmente falto de juicio. ¡Así pereciera y una deidad le cubriese de ignominia! Pero los bienaventurados dioses no se hallan irritados del todo contigo, y los caudillos y príncipes de los troyanos serán puestos en fuga y levantarán nubes de polvo en la llanura espaciosa; tú mismo los verás huir desde las tiendas y naves a la ciudad.

147 Cuando así hubo hablado, dio un gran alarido y empezó a correr por la llanura. Cual es la gritería de nueve o diez mil guerreros al trabarse la contienda de Ares, tan pujante fue la voz que el soberano Posidón, que bate la tierra, arrojó de su pecho. Y el dios infundió valor en el corazón de todos los aqueos para que lucharan y combatieran sin descanso.

153 Hera, la de áureo trono, miró con sus ojos desde la cima del Olimpo, conoció a su hermano y cuñado, que se movía en la batalla donde se hacen ilustres los hombres, y se regocijó en el alma; pero vio a Zeus sentado en la más alta cumbre del Ida, abundante en manantiales, y se le hizo odioso en su corazón. Entonces Hera veneranda, la de ojos de novilla, pensaba cómo podría engañar a Zeus, que lleva la égida. A1 fin parecióle que la mejor resolución sería ataviarse bien y encaminarse al Ida, por si Zeus, abrasándose en amor, quería dormir a su lado y ella lograba derramar dulce y placentero sueño sobre los párpados y el prudente espíritu del dios. Sin perder un instante, fuese a la habitación labrada por su hijo Hefesto -la cual tenía una sólida puerta con cerradura oculta que ninguna otra deidad sabía abrir-, entró, y, habiendo entornado la puerta, lavóse con ambrosía el cuerpo encantador y lo untó con un aceite craso, divino, suave y tan oloroso que, al moverlo en el palacio de Zeus, erigido sobre bronce, su fragancia se difundió por el cielo y la tierra. Ungido el hermoso cutis, se compuso el cabello y con sus propias manos formó los rizos lustrosos, bellos, divinales, que colgaban de la cabeza inmortal. Echóse en seguida el manto divino, adornado con muchas bordaduras, que Atenea le había labrado, y sujetólo al pecho con broche de oro. Púsose luego un ceñidor que tenía cien borlones, y colgó de las perforadas orejas unos pendientes de tres piedras preciosas grandes como ojos, espléndidas, de gracioso brillo. Después, la divina entre las diosas se cubrió con un velo hermoso, nuevo, tan blanco como el sol, y calzó sus nítidos pies con bellas sandalias. Y cuando hubo ataviado su cuerpo con todos los adornos, salió de la estancia, y, llamando a Afrodita aparte de los dioses, hablóle en estos términos:

190 -¿Querrás complacerme, hija querida, en lo que yo te diga, o te negarás, irritada en tu ánimo,

porque yo protejo a los dánaos y tú a los troyanos?

193 Respondióle Afrodita, hija de Zeus:

194 -¡Hera, venerable diosa, hija del gran Crono! Di qué quieres; mi corazón me impulsa a efectuarlo, si puedo hacerlo y ello es factible.

197 Contestóle dolosamente la venerable Hera:

198 -Dame el amor y el deseo con los cuales rindes a todos los inmortales y a los mortales hombres. Voy a los confines de la fértil tierra para ver a Océano, padre de los dioses, y a la madre Tetis, los cuales me recibieron de manos de Rea y me criaron y educaron en su palacio, cuando el largovidente Zeus puso a Crono debajo de la tierra y del mar estéril. Iré a visitarlos para dar fin a sus rencillas. Tiempo ha que se privan del amor y del tálamo, porque la cólera anidó en sus corazones. Si apaciguara con mis palabras su ánimo y lograra que reanudasen el amoroso consorcio, me llamarían siempre querida y venerable.

2,1 Respondió de nuevo la risueña Afrodita:

212 -No es posible ni sería conveniente negarte lo que Aides, pues duermes en los brazos del poderosísimo Zeus.

214 Dijo; y desató del pecho el cinto bordado, de variada labor, que encerraba todos los encantos: hallábanse a11í el amor, el deseo, las amorosas pláticas y el lenguaje seductor que hace perder el juicio a los más prudentes. Púsolo en las manos de Hera, y pronunció estas palabras:

219-Toma y esconde en tu seno el bordado ceñidor donde todo se halla. Yo te aseguro que no volverás sin haber logrado lo que tu corazón desea.

222 Así dijo. Sonrióse Hera veneranda, la de ojos de novilla; y, sonriente aún, escondió el ceñidor en el seno.

224 Afrodita, hija de Zeus, volvió a su morada y Hera dejó en raudo vuelo la cima del Olimpo, y, pasando por la Pieria y la deleitosa Ematia, salvó las altas y nevadas cumbres de las montañas donde viven los jinetes tracios, sin que sus pies tocaran la tierra descendió por el Atos al fluctuoso ponto y llegó a Lemnos, ciudad del divino Toante. Allí se encontró con el Sueño, hermano de la Muerte, y, asiéndole de la diestra, le dijo estas palabras:

233 -¡Sueño, rey de todos los dioses y de todos los hombres! Si en otra ocasión escuchaste mi voz, obedéceme también ahora, y mi gratitud será perenne. Adormece los brillantes ojos de Zeus debajo de sus párpados, tan pronto como, vencido por el amor, se acueste conmigo. Te daré como premio un trono hermoso, incorruptible, de oro; y mi hijo Hefesto, el cojo de ambos pies, te hará un escabel que te sirva para apoyar las nítidas plantas, cuando asistas a los festines.

242 Respondióle el dulce Sueño:

243 -¡Hera, venerable diosa, hija del gran Crono! Fácilmente adormecería a cualquier otro de los sempiternos dioses y aun a las corrientes del río Océano, del cual son oriundos todos, pero no me acercaré ni adormeceré a Zeus Cronión, si él no lo manda. Me hizo cuerdo tu mandato el día en que el muy animoso hijo de Zeus se embarcó en Ilio, después de destruir la ciudad troyana. Entonces sumí en grato sopor la mente de Zeus, que lleva la égida, difundiéndome suave en torno suyo; y tú, que intentabas causar daño a Heracles, conseguiste que los vientos impetuosos soplaran sobre el ponto y lo llevaran a la populosa Cos, lejos de sus amigos. Zeus despertó y encendióse en ira: maltrataba a los dioses en el palacio, me buscaba a mí, y me hubiera hecho desaparecer, arrojándome del éter al ponto, si la Noche, que rinde a los dioses y a los hombres, no me hubiese salvado; lleguéme a ella huyendo, y aquél se contuvo, aunque irritado, porque temió hacer algo que a la rápida Noche desagradara. Y ahora me mandas realizar otra cosa peligrosísima.

263 Respondióle Hera veneranda, la de ojos de novilla:

264 -Oh Sueño, ¿por qué en la mente revuelves tales cosas? ¿Crees que el largovidente Zeus favorecerá tanto a los troyanos, como en la época en que se irritó protegía a su hijo Heracles? Ea, ve y prometo darte, para que te cases con ella y lleve el nombre de esposa tuya, la más joven de las Gracias [Pasitea, de la cual estás deseoso todos los días].

270 Así habló. Alegróse el Sueño, y respondió diciendo:

271 -Ea, jura por el agua inviolable de la Éstige, tocando con una mano la fértil tierra y con la otra el brillante mar, para que sean testigos los dioses de debajo de la tierra que están con Crono, que me darás la más joven de las Gracias, Pasitea, de la cual estoy deseoso todos los días.

277 Así dijo. No desobedeció Hera, la diosa de los níveos brazos, y juró, como se le pedía, nombrando a todos los dioses subtartáreos, llamados Titanes. Prestado el juramento, partieron ocultos en una nube, dejaron atrás a Lemnos y la ciudad de Imbros, y siguiendo con rapidez el camino llegaron a Lecto, en el Ida, abundante en manantiales y criador de fieras; allí pasaron del mar a tierra firme, y anduvieron haciendo estremecer debajo de sus pies la cima de los árboles de la selva. Detúvose el Sueño antes que los ojos de Zeus pudieran verlo, y, encaramándose en un abeto altísimo que había nacido en el Ida y por el aire llegaba al éter, se ocultó entre las ramas como la montaraz ave canora llamada por los dioses *calcis* y por los hombres *cymindis*.

292 Hera subió ligera al Gárgaro, la cumbre más alta del Ida; Zeus, que amontona las nubes, la vio venir; y apenas la distinguió, enseñoreóse de su prudente espíritu el mismo deseo que, cuando gozaron las primicias del amor, acostándose a escondidas de sus padres. Y así que la tuvo delante, le habló diciendo:

298 -¡Hera! ¿Adónde vas, que tan presurosa vienes del Olimpo, sin los caballos y el carro que podrían conducirte?

300- Respondióle dolosamente la venerable Hera:

301- Voy a los confines de la fértil tierra, a ver a Océano, origen de los dioses, y a la madre Tetis, que me recibieron de manos de Rea y me criaron y educaron en su palacio. Iré a visitarlos para dar fin a sus rencillas. Tiempo ha que se privan del amor y del tálamo, porque la cólera invadió sus corazones. Tengo al pie del Ida, abundante en manantiales, los corceles que me llevarán por tierra y por mar, y vengo del Olimpo a participártelo; no fuera que to irritaras si me encaminase, sin decírtelo, al palacio del Océano, de profunda corriente.

312 Contestó Zeus, que amontona las nubes:

313 -¡Hera! Allá se puede ir más tarde. Ea, acostémonos y gocemos del amor. Jamás la pasión por una diosa o por una mujer se difundió por mi pecho, ni me avasalló como ahora: nunca he amado así, ni a la esposa de Ixión, que parió a Pintoo consejero igual a los dioses; ni a Dánae Acrisiona, la de bellos talones, que dio a luz a Perseo, el más ilustre de los hombres; ni a la celebrada hija de Fénix, que fue madre de Minos y de Radamantis igual a un dios; ni a Sémele, ni a Alcmena en Teba, de la que tuve a Heracles, de ánimo valeroso, y de Sémele a Dioniso, alegría de los mortales; ni a Deméter, la soberana de hermosas trenzas; ni a la gloriosa Leto; ni a ti misma: con tal ansia te amo en este momento y tan dulce es el deseo que de mí se apodera.

3-29 Replicóle dolosamente la venerable Hera:

3» -¡Terribilísimo Cronida! ¡Qué palabras proferiste! ¡Quieres acostarte y gozar del amor en las cumbres del Ida, donde todo es patente! ¿Qué ocurriría si alguno de los sempiternos dioses nos viese dormidos y lo manifestara a todas las deidades? Yo no volvería a tu palacio al levantarme del lecho; vergonzoso fuera. Mas, si lo deseas y a tu corazón le es grato, tienes la cámara que tu hijo Hefesto labró, cerrando la puerta con sólidas tablas que encajan en el marco. Vamos a acostarnos allí, ya que el lecho apeteces.

341 Respondióle Zeus, que amontona las nubes:

342 -¡Hera! No temas que nos vea ningún dios ni hombre: te cubriré con una nube dorada que ni el Sol, con su luz, que es la más penetrante de todas, podría atravesar para mirarnos.

346 Dijo, y el hijo de Crono estrechó en sus brazos a la esposa. La divina tierra produjo verde hierba, loto fresco, azafrán y jacinto espeso y tierno para levantarlos del suelo. Acostáronse allí y cubriéronse con una hermosa nube dorada, de la cual caían lucientes gotas de rocío.

352 Tan tranquilamente dormía el padre sobre el alto Gárgaro, vencido por el sueño y el amor y abrazado con su esposa. El dulce Sueño corrió hacia las naves aqueas para llevar la noticia al que ciñe y bate la tierra; y, deteniéndose cerca de él, pronunció estas aladas palabras:

357 -¡Posidón! Socorre pronto a los dánaos y dales gloria, aunque sea breve, mientras duerme Zeus, a quien he sumido en dulce letargo, después que Hera, engañándole, logró que se acostara para gozar del amor.

361 Dicho esto, fuese hacia las ínclitas tribus de los hombres. Y Posidón, más incitado que antes a socorrer a los dánaos, saltó en seguida a las primeras filas y les exhortó diciendo:

364 -¡Argivos! ¿Cederemos nuevamente la victoria a Héctor Priámida, para que se apodere de los bajeles y alcance gloria? Así se lo figura él y

de ello se jacta, porque Aquiles permanece en las cóncavas naves con el corazón irritado. Pero Aquiles no hará gran falta, si los demás procuramos auxiliarnos mutuamente. Pero, ea, procedamos todos como voy a decir. Embrazad los escudos mayores y más fuertes que haya en el ejército, cubríos la cabeza con el refulgente casco, coged las picas más largas, y pongámonos en marcha: yo iré delante, y no creo que Héctor Priámida, por enardecido que esté, se atreva a esperarnos. Y el varón, que siendo bravo, tenga un escudo pequeño para proteger sus hombros, déselo al menos valiente y tome otro mejor.

378 Así dijo, y ellos le escucharon y obedecieron. Los mismos reyes -el Tidida, Ulises y el Atrida Agamenón-, sin embargo de estar heridos, los pusieron en orden de batalla, y, recorriendo las hileras, hacían el cambio de las marciales armas. El esforzado tomaba las más fuertes y daba las peores al que le era inferior. Tan pronto como hubieron vestido el luciente bronce, se pusieron en marcha: precedíales Posidón, que sacude la tierra, llevando en la robusta mano una espada terrible, larga y puntiaguda, que parecía un relámpago; y a nadie le era posible luchar con el dios en el funesto combate, porque el temor se to impedía a todos.

388 Por su parte, el esclarecido Héctor puso en orden a los troyanos. Y Posidón, el de cerúlea cabellera, y el preclaro Héctor, auxiliando éste a los troyanos y aquél a los argivos, extendieron el campo de la terrible pelea. El mar, agitado, llegó hasta las tiendas y naves de los argivos, y los combatientes se embistieron con gran alboroto. No braman tanto las olas del mar cuando, levantadas por el soplo terrible del Bóreas, se rompen en la tierra; ni hace tanto estrépito el ardiente fuego en la espesura del monte, al quemarse una selva; ni suena tanto el viento en las altas copas de las encinas, si arreciando muge; cuánto fue el griterío de troyanos y aqueos en el momento en que, vociferando de un modo espantoso, vinieron a las manos.

402 El preclaro Héctor arrojó el primero la lanza a Ayante, que contra él arremetía, y no le erró; pero acertó a darle en el sitio en que se cruzaban sobre el pecho la correa del escudo y el tahalí de la espada, guarnecida con argénteos clavos, y ambos protegieron el delicado cuerpo. Irritóse Héctor porque la lanza había sido arrojada inútilmente por su mano, y retrocedió hacia el grupo de sus amigos para evitar la muerte. El gran Ayante Telamonio, al ver que Héctor se retiraba, cogió una de las muchas piedras que servían para calzar las naves y rodaban entonces entre los pies de los combatientes, y con ella le hirió en el pecho, por cima del escudo, junto a la garganta; la piedra, lanzada con ímpetu, giraba como un torbellino. Como viene a tierra la encina arrancada de raíz por el. rayo del padre Zeus, despidiendo un fuerte olor de azufre, y el que se halla cerca desfallece, pues el rayo del gran Zeus es formidable, de igual manera, el robusto Héctor dio consigo en el suelo y cayó en el polvo: la pica se le fue de la mano, quedaron encima de él escudo y casco, y la armadura de labrado bronce resonó en torno del cuerpo. Los aqueos corrieron hacia Héctor, dando recias voces, con la esperanza de arrastrarlo a su campo; mas, aunque arrojaron muchas lanzas, no consiguieron herir al pastor de hombres, ni de cerca ni de lejos, porque fue rodeado por los más valientes troyanos -Polidamante, Eneas, el divino Agenor, Sarpedón, caudillo de los licios, y el eximio Glauco-, y los otros tampoco le abandonaron, pues se pusieron delante con sus rodelas. Los amigos de Héctor lo levantaron en brazos, sacáronlo del combate, condujéronle adonde tenía los ágiles corceles con el labrado carro y el auriga, y se lo llevaron hacia la ciudad, mientras daba profundos suspiros.

433 Mas, al llegar al vado del voraginoso Janto, río de hermosa corriente que el inmortal Zeus engendró, bajaron a Héctor del carro y le rociaron el rostro con agua: el héroe cobró los perdidos espíritus, miró a lo alto, y, poniéndose de rodillas, tuvo un vómito de negra sangre; luego cayó de espaldas, y la noche obscura cubrió sus ojos, porque aún tenía débil el ánimo a consecuencia del golpe recibido.

440 Los argivos, cuando vieron que Héctor se ausentaba, arremetieron con más ímpetu a los troyanos, y sólo pensaron en combatir. Entonces el veloz Ayante de Oileo fue el primero que, acometiendo con la puntiaguda lanza, hirió a Satnio Enópida, a quien una náyade había tenido de Énope, mientras éste apacentaba rebaños a orillas del Satnioente; Ayante Oilíada, famoso por su lanza, llegóse a él, le hirió en el ijar y le tumbó de espaldas; y, en torno del cadáver, troyanos y

dánaos trabaron un duro combate. Fue a vengarle Polidamante Pantoida, hábil en blandir la lanza; e hirió en el hombro derecho a Protoenor, hijo de Areílico: la impetuosa lanza atravesó el hombro, y el guerrero, cayendo en el polvo, cogió el suelo con sus manos. Y Polidamante exclamó con gran jactancia y a voz en grito:

454 -No creo que el brazo robusto del valeroso Pantoida haya despedido la lanza en vano; algún argivo la recibió en su cuerpo, y me figuro que le servirá de báculo para apoyarse en ella y descender a la morada de Hades.

458 Así dijo. Sus jactanciosas palabras apesadumbraron a los argivos y conmovieron el corazón del aguerrido Ayante Telamoníada, a cuyo lado cayó Protoenor. En el acto arrojó Ayante una reluciente lanza a Polidamante, que se retiraba; éste dio un salto oblicuo y evitóla, librándose de la negra muerte; pero en cambio la recibió Arquéloco, hijo de Anténor, a quien los dioses habían destinado a morir: la lanza se clavó en la unión de la cabeza con el cuello, en la extremidad de la vértebra, y cortó ambos ligamentos; cayó el guerrero, y cabeza, boca y narices llegaron al suelo antes que las piernas y las rodillas. Y Ayante, vociferando, al eximio Polidamante le decía:

470 -Reflexiona, oh Polidamante, y dime sinceramente: ¿La muerte de ese hombre no compensa la de Protoenor? No parece vil, ni de viles nacido, sino hermano o hijo de Anténor, domador de caballos, pues tiene el mismo aire de familia.

475 Así dijo, porque le conocía bien; y a los troyanos se les llenó el corazón de pesar. Entonces Acamante, que se hallaba junto al cadáver de su hermano para protegerlo, envasó la lanza a Prómaco, el beocio, cuando éste cogía por los pies al muerto a intentaba llevárselo. Y en seguida jactóse Acamante grandemente, dando recias voces:

479 -¡Argivos que sólo con el arco sabéis combatir y nunca os cansáis de proferir amenazas! El trabajo y los pesares no han de ser solamente para nosotros, y algún día recibiréis la muerte de este mismo modo. Mirad a Prómaco, que yace en el suelo, vencido por mi lanza, para que la venganza por la muerte de un hermano no sufra dilación. Por esto el hombre que es víctima de alguna desgracia, anhela dejar un hermano que pueda vengarle.

486 Así dijo. Sus jactanciosas frases apesadumbraron a los argivos y conmovieron el corazón del aguerrido Penéleo, que arremetió contra Acamante; el cual no aguardó la acometida del rey Penéleo. Éste hirió a Ilioneo, hijo único que a Forbante -hombre rico en ovejas y amado sobre todos los troyanos por Hermes, que le dio muchos bienes- su esposa le había parido: la lanza, penetrando por debajo de una ceja, le arrancó la pupila, le atravesó el ojo y salió por la nuca, y el guerrero vino al suelo con los brazos abiertos. Penéleo, desnudando la aguda espada, le cercenó la cabeza, que cayó a tierra con el casco; y, como la fornida lanza seguía clavada en el ojo, cogióla, levantó la cabeza cual si fuese una flor de adormidera, la mostró a los troyanos y, blasonando del triunfo, dijo:

501 -¡Teucros! Decid en mi nombre a los padres del ilustre Ilioneo que le lloren en su palacio; ya que tampoco la esposa de Prómaco Alegenórida recibirá con alegre rostro a su marido cuando, embarcándonos, nos vayamos de Troya los aqueos.

506 Así habló. A todos les temblaban las carnes de miedo, y cada cual buscaba adónde huir para librarse de una muerte espantosa.

508 Decidme ahora, Musas, que poseéis olímpicos palacios, cuál fue el primer aqueo que alzó del suelo cruentos despojos, cuando el ilustre Posidón, que bate la tierra, inclinó el combate en favor de los aqueos.

511 Ayante Telamonio, el primero, hirió a Hirtio Girtíada; Antíloco hizo perecer a Falces y a Mérmero, despojándolos luego de las armas; Meriones mató a Moris a Hipotión; Teucro quitó la vida a Protoón y Perifetes; y el Atrida hirió en el ijar a Hiperenor, pastor de hombres: el bronce atravesó los intestinos, el alma salió presurosa por la herida, y la obscuridad cubrió los ojos del guerrero. Y el veloz Ayante, hijo de Oileo, mató a muchos; porque nadie le igualaba en perseguir a los guerreros aterrorizados, cuando Zeus los ponía en fuga.

CANTO XV*

Nueva ofensiva desde las naves

* Zeus se despierta, y Apolo lleva a los troyanos a las posiciones de antes de la intervención de Posidón: dentro del campamento aqueo. Guiados por Zeus atacan las naves aqueas y les ponen en fuga.

1 Cuando los troyanos hubieron atravesado en su huida el foso y la estacada, muriendo muchos a manos de los dánaos, llegaron al sitio donde tenían los corceles a hicieron alto amedrentados y pálidos de miedo. En aquel instante despertó Zeus en la cumbre del Ida, al lado de Hera, la de áureo trono. Levantóse y vio a los troyanos perseguidos por los aqueos, que los ponían en desorden, y, entre éstos, al soberano Posidón. Vio también a Héctor tendido en la llanura y rodeado de amigos, jadeante, privado de conocimiento, vomitando sangre; que no fue el más débil de los aqueos quien le causó la herida. El padre de los hombres y de los dioses, compadeciéndose de él, miró con torva y terrible faz a Hera, y así le dijo:

14 -Tu engaño, Hera maléfica a incorregible, ha hecho que Héctor dejara de combatir y que sus tropas se dieran a la fuga. No sé si castigarte con azotes, para que seas la primera en gozar de tu funesta astucia. ¿Por ventura no te acuerdas de cuando estuviste colgada en lo alto y puse en tus pies sendos yunques, y en tus manos áureas a inquebrantables esposas? Te hallabas suspendida en medio del éter y de las nubes, los dioses del vasto Olimpo te rodeaban indignados, pero no podían desatarte -si entonces llego a coger a alguno, le arrojo de estos umbrales y llega a la tierra casi sin vida- y yo no lograba echar del corazón el continuo pesar que sentía por el divino Heracles, a quien tú, promoviendo una tempestad con el auxilio del viento Bóreas, arrojaste con perversa intención al mar estéril y llevaste luego a la populosa Cos; a11í le libré de los peligros y le conduje nuevamente a Argos, criadora de caballos, después que hubo padecido muchas fatigas. Te to recuerdo para que pongas fin a tus engaños y sepas si to será provechoso haber venido de la mansión de los dioses a burlarme con los goces del amor.

34 Así dijo. Estremecióse Hera veneranda, la de ojos de novilla, y hablándole pronunció estas aladas palabras:

36 -Sean testigos la Tierra y el anchuroso Cielo y el agua de la Éstige, de subterránea corriente -que es el juramento mayor y más terrible para los bienaventurados dioses-, y tu cabeza sagrada y nuestro tálamo nupcial, por el que nunca juraría en vano: No es por mi consejo que Posidón, el que sacude la tierra, daña a los troyanos y a Héctor y auxilia a los otros; quizás su mismo ánimo le incita a impele, y ha debido compadecerse de los aqueos al ver que son derrotados junto a las naves. Mas yo aconsejana a Posidón que fuera por donde tú, el de las sombrías nubes, le mandaras.

47 Así dijo. Sonrióse el padre de los hombres y de los dioses, y le respondió con estas aladas palabras:

49 -Si tú, Hera veneranda, la de ojos de novilla, cuando te sientas entre los inmortales estuvieras de acuerdo conmigo, Posidón, aunque otra cosa mucho deseara, acomodaría muy pronto su modo de pensar al nuestro. Pero, si en este momento hablas franca y sinceramente, ve a la mansión de los dioses y manda venir a Iris y a Apolo, famoso por su arco; para que aquélla, encaminándose al ejército de los aqueos, de corazas de bronce, diga al soberano Posidón que cese de combatir y vuelva a su palacio; y Febo Apolo incite a Héctor a la pelea, le infunda valor y le haga olvidar los dolores que le oprimen el corazón, a fin de que rechace nuevamente a los aqueos, los cuales llegarán en cobarde fuga a las naves, de muchos bancos, del Pelída Aquiles. Éste enviará a la lid a su compañero Patroclo, que morirá, herido por la lanza del preclaro Héctor, cerca de Ilio, después de quitar la vida a muchos jóvenes, y entre ellos al divino Sarpedón, mi hijo. Irritado por la múerte de Patroclo, el divino Aquiles matará a Héctor. Desde aquel instante haré que los troyanos sean perseguidos continuamente desde las naves, hasta que los aqueos tomen la excelsa Ilio. Y no cesará mi enojo, ni dejaré que ningún inmortal socorra a los dánaos, mientras no se cumpla el voto del Pelida, como lo prometí, asintiendo con la cabeza, el día en que la diosa Tetis abrazó mis rodillas y me suplicó que honrase a Aquiles, asolador de ciudades.

78 Así dijo. Hera, la diosa de los níveos brazos, no fue desobediente, y pasó de los montes ideos al vasto Olimpo. Como corre veloz el pensamiento del hombre que, habiendo viajado por muchas tierras, las recuerda en su reflexivo espíritu, y dice «estuve aquí o allí» y revuelve en la mente muchas cosas, tan rápida y presurosa volaba la venerable Hera, y pronto llegó al excelso Olimpo. Los dioses inmortales, que se hallaban reunidos en el palacio de Zeus, levantáronse al verla y le ofrecieron copas de néctar. Y Hera, rehusando las demás, aceptó la que le presentaba Temis, la de hermosas mejillas, que fue la primera que corrió a su encuentro, y hablándole le dijo estas aladas palabras:

90 -¡Hera! ¿Por qué vienes con esa cara de espanto? Sin duda te atemorizó tu esposo, el hijo de Crono.

92 Respondióle Hera, la diosa de los níveos brazos:

93 -No me lo preguntes, diosa Temis; tú misma sabes cuán soberbio y despiadado es el ánimo de Zeus. Preside tú en el palacio el festín de los dioses, y oirás con los demás inmortales qué desgracias anuncia Zeus; figúrome que nadie, sea hombre o dios, se regocijará en el alma por más alegre que esté en el banquete.

100 Dichas estas palabras, sentóse la venerable Hera. Afligiéronse los dioses en la morada de Zeus. Aquélla, aunque con la sonrisa en los labios, no mostraba alegría en la frente, sobre las negras cejas. E indignada, exclamó:

104 -¡Cuán necios somos los que tontamente nos irritamos contra Zeus! Queremos acercarnos a él y contenerlo con palabras o por medio de la violencia; y él, sentado aparte, ni de nosotros hace caso, ni se le da nada, porque dice que en fuerza y poder es muy superior a todos los dioses inmortales. Por tanto sufrid los infortunios que respectivamente os envíe. Creo que al impetuoso Ares le ha ocurrido ya una desgracia; pues murió en la pelea Ascálafo, a quien amaba sobre todos los hombres y reconocía por su hijo.

113 Así habló. Ares bajó los brazos, golpeóse los muslos, y suspirando dijo:

115 -No os irritéis conmigo, vosotros los que habitáis olímpicos palacios, si voy a las naves de los aqueos para vengar la muerte de mi hijo; iría, aunque el destino hubiese dispuesto que me

cayera encima el rayo de Zeus, dejándome tendido con los muertos, entre sangre y polvo.

119 Dijo, y mandó al Terror y a la Fuga que uncieran los caballos, mientras vestía las refulgentes armas. Mayor y más terrible hubiera sido entonces el enojo y la ira de Zeus contra los inmortales; pero Atenea, temiendo por todos los dioses, se levantó del trono, salió por el vestíbulo y, quitándole a Ares de la cabeza el casco, de la espalda el escudo y de la robusta mano la pica de bronce, que apoyó contra la pared, dirigió al impetuoso dios estas palabras:

128-¡Loco, insensato! ¿Quieres perecer? En vano tienes oídos para oír, o has perdido la razón y la vergüenza. ¿No oyes lo que dice Hera, la diosa de los níveos brazos, que acaba de ver a Zeus olímpico? ¿O deseas, acaso, tener que regresar al Olimpo a viva fuerza, triste y habiendo padecido muchos males, y causar gran daño a los otros dioses? Porque Zeus dejará en seguida a los altivos troyanos y a los aqueos, vendrá al Olimpo a promover tumulto entre nosotros, y castigará así al culpable como al inocente. Por esta razón te exhorto a templar tu enojo por la muerte del hijo. Algún otro superior a él en valor y fuerza ha muerto o morirá, porque es difícil conservar todas las familias de los hombres y salvar a todos los individuos.

142 Dicho esto, condujo a su asiento al furibundo Ares. Hera llamó afuera del palacio a Apolo y a Iris, la mensajera de los inmortales dioses, y les dijo estas aladas palabras:

146 -Zeus os manda que vayáis al Ida lo antes posible y, cuando hubiereis llegado a su presencia, haced lo que os encargue y ordene.

149 La venerable Hera, apenas acabó de hablar, volvió al palacio y se sentó en su trono. Ellos bajaron en raudo vuelo al Ida, abundante en manantiales y criador de fieras, y hallaron al largovidente Cronida sentado en la cima del Gárgaro, debajo de olorosa nube. Al llegar a la presencia de Zeus, que amontona las nubes, se detuvieron; y Zeus, al verlos, no se irritó, porque habían obedecido con presteza las órdenes de la querida esposa. Y, hablando primero con Iris, profirió estas aladas palabras:

158 -¡Anda, ve, rápida Iris! Anuncia esto al soberano Posidón y no seas mensajera falaz: Mándale que, cesando de pelear y combatir, se vaya a la mansión de los dioses o al mar divino. Y

si no quiere obedecer mis palabras y las desprecia, reflexione en su mente y en su corazón si, aunque sea poderoso, se atreverá a esperarme cuando me dirija contra él, pues le aventajo mucho en fuerza y edad, por más que en su ánimo no tema decirse igual a mí, a quien todos temen.

168 Así dijo. La veloz Iris, de pies veloces como el viento, no desobedeció; y bajó de los montes ideos a la sagrada Ilio. Como cae de las nubes la nieve o el helado granizo, a impulso del Bóreas, nacido en el éter; tan rápida y presurosa volaba la ligera Iris; y, deteniéndose cerca del ínclito Posidón, así le dijo:

174 -Vengo, oh Posidón, el de cerúlea cabellera, que ciñes la tierra, a traerte un mensaje de parte de Zeus, que lleva la égida. Te manda que, cesando de pelear y combatir, te vayas a la mansión de los dioses o al mar divino. Y si no quieres obedecer sus palabras y las desprecias, te amenaza con venir a luchar contigo y te aconseja que evites sus manos; porque dice que te supera mucho en fuerza y edad, por más que en tu ánimo no temas decirte igual a él, a quien todos temen.

184 Respondióle muy indignado el ínclito Posidón, que bate la tierra:

183 -¡Oh dioses! Con soberbia habla, aunque sea valiente, si dice que me sujetará por fuerza y contra mi querer a mí, que disfruto de sus mismos honores. Tres somos los hermanos hijos de Crono, a quienes Rea dio a luz: Zeus, yo y el tercero Hades, que reina en los infiernos. Todas las cosas se agruparon en tres porciones, y cada uno de nosotros participó del mismo honor. Yo saqué a la suerte habitar constantemente en el espumoso mar, tocáronle a Hades las tinieblas sombrías, correspondió a Zeus el anchuroso cielo en medio del éter y las nubes; pero la tierra y el alto Olimpo son de todos. Por tanto, no procederé según lo decida Zeus; y éste, aunque sea poderoso, permanezca tranquilo en la tercia parte que le pertenece. No pretenda asustarme con sus manos como si tratase con un cobarde. Mejor fuera que con esas vehementes palabras riñese a los hijos a hijas que engendró, pues éstos tendrían que obedecer necesariamente to que les ordenare.

200 Replicó la veloz Iris, de pies veloces como el viento:

201 -¿He de llevar a Zeus, oh Posidón, de cerúlea cabellera, que ciñes la tierra, una respuesta tan dura y fuerte? ¿No querrías modificarla? La mente de los sensatos es flexible. Ya sabes que las Erinias se declaran siempre por los de más edad.

205 Contestó Posidón, que sacude la tierra:

206 -¡Diosa Iris! Muy oportuno es cuanto acabas de decir. Bueno es que el mensajero comprenda to que es conveniente. Pero el pesar me llega al corazón y al alma, cuando aquél quiere increpar con iracundas voces a quien el hado hizo su igual en suerte y destino. Ahora cederé, aunque estoy irritado. Mas to diré otra cosa y haré una amenaza: Si a despecho de mí, de Atenea, que impera en las batallas, de Hera, de Hermes y del rey Hefesto, conservare la excelsa Ilio a impidiere que, destruyéndola, alcancen los argivos una gran victoria, sepa que nuestra ira será implacable.

218 Cuando esto hubo dicho, el dios que bate la tierra desamparó a los aqueos y se sumergió en el mar; pronto los héroes aqueos le echaron de menos. Entonces Zeus, que amontona las nubes, dijo a Apolo:

221 -Ve ahora, querido Febo, a encontrar a Héctor, el de broncíneo casco. Ya el que ciñe y bate la tierra se fue al mar divino, para librarse de mi terrible cólera; pues hasta los dioses que están en torno de Crono, debajo de la tierra, hubieran oído el estrépito de nuestro combate. Mucho mejor es para mí y para él que, temeroso, haya cedido a mi fuerza, porque no sin sudor se hubiera efectuado la lucha. Ahora, toma en tus manos la égida floqueada, agítala, y espanta a los héroes aqueos, y luego, cuídate, oh tú que hieres de lejos, del esclarecido Héctor a infúndele gran vigor, hasta que los aqueos lleguen, huyendo, a las naves y al Helesponto. Entonces pensaré to que fuere conveniente hacer o decir para que los aqueos respiren de sus cuitas.

236 Así dijo, y Apolo no desobedeció a su padre. Descendió de los montes ideos, semejante al gavilán que mata a las palomas y es la más veloz de las aves, y halló al divino Héctor, hijo del belicoso Príamo, ya no postrado en el suelo, sino sentado: iba cobrando ánimo y aliento, y reconocía a los amigos que le circundaban, porque el ahogo y el sudor habían cesado desde que Zeus, que lleva la égida, decidió animar al

héroe. Apolo, el que hiere de lejos, se detuvo a su lado y le dijo:

244 -¡Héctor, hijo de Príamo! ¿Por qué te encuentro sentado, lejos de los demás y desfallecido? ¿Te abruma algún pesar?

246 Con lánguida voz respondióle Héctor, el de tremolante casco:

247-¿Quién eres tú, oh el mejor de los dioses, que vienes a mi presencia y me interrogas? ¿No sabes que Ayante, valiente en la pelea, me hirió en el pecho con una piedra, mientras yo mataba a sus compañeros junto a las naves de los aqueos, a hizo desfallecer mi impetuoso valor? Figurábame que vena hoy mismo a los muertos y la morada de Hades, porque ya iba a exhalar el alma.

253 Contestó el soberano Apolo, que hiere de lejos:

254-Cobra ánimo. El Cronión te manda desde el Ida como defensor, para asistirte y ayudarte, a Febo Apolo, el de la áurea espada; a mí, que ya antes protegía tu persona y tu excelsa ciudad. Ea, ordena a tus muchos caudillos que guíen los veloces caballos hacia las cóncavas naves; y yo, marchando a su frente, allanaré el camino a los corceles y pondré en fuga a los héroes aqueos.

262 Dijo, a infundió un gran vigor al pastor de hombres. Como el corcel avezado a bañarse en la cristalina corriente de un río, cuando se ve atado en el establo come la cebada del pesebre, y rompiendo el ronzal sale trotando por la llanura, yergue orgulloso la cerviz, ondean las crines sobre su cuello y ufano de su lozanía mueve ligero las rodillas encaminándose al sitio donde los caballos pacen, tan ligeramente movía Héctor pies y rodillas, exhortando a los capitanes, después que oyó la voz de Apolo. Así como, cuando perros y pastores persiguen a un cornígero ciervo o a una cabra montés que se refugia en escarpada roca o umbría selva, porque no estaba decidido por el hado que el animal fuese cogido; si, atraído por la gritería, se presenta un melenudo león, a todos los pone en fuga a pesar de su empeño; así también los dánaos avanzaban en tropel, hiriendo a sus enemigos con espadas y lanzas de doble filo; mas, al notar que Héctor recorna las hileras de los suyos, turbáronse y a todos se les cayó el alma a los pies.

281 Entonces Toante, hijo de Andremón y el más señalado de los etolios -era diestro en arrojar el dardo, valiente en el combate a pie firme y pocos aqueos vencíanle en el ágora cuando los jóvenes contendían sobre la elocuencia-, benévolo les arengó diciendo:

286 -¡Oh dioses! Grande es el prodigio que a mi vista se ofrece. ¡Cómo Héctor, librándose de las parcas, se ha vuelto a levantar! Gran esperanza teníamos de que hubiese sido muerto por Ayante Telamoníada; pero algún dios protegió y salvó nuevamente a Héctor, que ha quebrado las rodillas de muchos dánaos, como ahora volverá a hacerlo también, pues no sin la voluntad de Zeus tonante aparece tan resuelto al frente de sus tropas. Ea, procedamos todos como voy a decir. Ordenemos a la muchedumbre que vuelva a las naves, y cuantos nos gloriamos de ser los más valientes permanezcamos aquí y rechacémosle, yendo a su encuentro con las picas levantadas. Creo que, por embravecido que tenga el corazón, temerá penetrar por entre los dánaos.

300 Así dijo, y ellos le escucharon y obedecieron. Ayante, el rey Idomeneo, Teucro, Meriones y Meges, igual a Ares, llamando a los más valientes, los dispusieron para la batalla contra Héctor y los troyanos; y la turba se retiró a las naves aqueas.

306 Los troyanos acometieron apiñados, siguiendo a Héctor, que marchaba con arrogante paso. Delante del héroe iba Febo Apolo, cubierto por una nube, con la égida impetuosa, terrible, hirsuta, magnífica, que Hefesto, el broncista, diera a Zeus para que llevándola amedrentara a los hombres. Con ella en la mano, Apolo guiaba a las tropas.

311 Los argivos, apiñados también, resistieron el ataque. Levantóse en ambos ejércitos aguda gritería, las flechas saltaban de las cuerdas de los arcos y audaces manos arrojaban buen número de lanzas, de las cuales unas pocas se hundían en el cuerpo de los jóvenes poseídos de marcial furor, y las demás clavábanse en el suelo; entre los dos campos, antes de llegar a la blanca carne de que estaban codiciosas. Mientras Febo Apolo tuvo la égida inmóvil, los tiros alcanzaban por igual a unos y a otros, y los hombres caían. Mas así que la agitó frente a los dánaos, de ágiles corceles, dando un fortísimo grito, debilitó el ánimo en los pechos de los aqueos y logró que se olvidaran de su impetuoso valor. Como ponen en desorden una vacada o un hato de ovejas dos

fieras que se presentan muy entrada la obscura noche, cuando el guardián está ausente, de la misma manera, los aqueos huían desanimados, porque Apolo les infundió terror y dio gloria a Héctor y a los troyanos.

328 Entonces, ya extendida la batalla, cada caudillo troyano mató a un hombre. Héctor dio muerte a Estiquio y a Arcesilao: éste era caudillo de los beocios, de broncíneas corazas; el otro, compañero fiel del magnánimo Menesteo. Eneas hizo perecer a Medonte y a Jaso; de los cuales el primero era hijo bastardo del divino Oileo y hermano de Ayante, y habitaba en Fílace, lejos de su patria, por haber muerto a un hermano de su madrastra Eriópide, y Jaso, caudillo de los atenienses, era conocido como hijo de Esfelo Bucólida. Polidamante quitó la vida a Mecisteo, Polites a Equio al trabarse el combate, y el divino Agenor a Clonio. Y Paris arrojó su lanza a Deíoco, que huía por entre los combatientes delanteros; le hirió en la extremidad del hombro, y el bronce salió al otro lado.

343 En tanto que los troyanos despojaban de las armas a los muertos, los aqueos, arrojándose al foso y a la estacada, huían por todas partes y penetraban en el muro, constreñidos por la necesidad. Y Héctor exhortaba a los troyanos, diciendo a voz en grito:

347 -Arrojaos a las naves y dejad los cruentos despojos. Al que yo encuentre lejos de los bajeles, a11í mismo le daré muerte, y luego sus hermanos y hermanas no le entregarán a las llamas, sino que lo despedazarán los perros fuera de la ciudad.

352 En diciendo esto, azotó con el látigo el lomo de los caballos; y, mientras atravesaba las filas, animaba a los troyanos. Éstos, dando amenazadores gritos, guiaban los corceles de los carros con fragor inmenso; y Febo Apolo, que iba delante, holló con sus pies las orillas del foso profundo, echó la tierra dentro y formó un camino largo y tan ancho como la distancia que media entre el hombre que arroja una lanza para probar su fuerza y el sitio donde la misma cae. Por allí se extendieron en buen orden; y Apolo, que con la égida preciosa iba a su frente, derribaba el muro de los aqueos, con la misma facilidad con que un niño, jugando en la playa, desbarata con los pies y las manos to que de arena había construido. Así tú, Febo, que hieres

de lejos, destruías la obra que había costado a los aqueos muchos trabajos y fatigas, y a ellos los ponías en fuga.

367 Los aqueos no pararon hasta las naves, y a11í se animaban unos a otros, y con los brazos alzados, profiriendo grandes voces, imploraban el auxilio de las deidades. Y especialmente Néstor gerenio, protector de los aqueos, oraba levantando las manos al estrellado cielo:

372 -¡Padre Zeus! Si alguien en Argos, abundante en trigales, quemó en to obsequio pingües muslos de buey o de oveja, y to pidió que lograra volver a su patria, y tú se lo prometiste asintiendo; acuérdate de ello, oh Olímpico, aparta de nosotros el día funesto, y no permitas que los aqueos sucumban a manos de los troyanos.

377 Así dijo rogando. El próvido Zeus atendió las preces del anciano Nelida, y tronó fuertemente.

379 Los troyanos, al oír el trueno de Zeus, que lleva la égida, arremetieron con más furia a los argivos, y sólo en combatir pensaron. Como las olas del vasto mar salvan el costado de una nave y caen sobre ella, cuando el viento arrecia y las levanta a gran altura, así los troyanos pasaron el muro, e, introduciendo los carros, peleaban junto a las popas con lanzas de doble filo; mientras los aqueos, subidos en las negras naves, se defendían con pértigas largas, fuertes, de punta de bronce, que para los combates navales llevaban en aquéllas.

390 Mientras aqueos y troyanos combatieron cerca del muro, lejos de las veleras naves, Patroclo permaneció en la tienda del bravo Eurípilo, entreteniéndole con la conversación y curándole la grave herida con drogas que mitigaron los acerbos dolores. Mas, al ver que los troyanos asaltaban con ímpetu el muro y se producía clamoreo y fuga entre los dánaos, gimió; y, bajando los brazos, golpeóse los muslos, suspiró y dijo:

399 -¡Eurípilo! Ya no puedo seguir aquí, aunque me necesites, porque se ha trabado una gran batalla. Te cuidará el escudero, y yo volveré presuroso a la tienda de Aquiles para incitarle a pelear. ¿Quién sabe si con la ayuda de algún dios conmoveré su ánimo? Gran fuerza tiene la exhortación de un compañero.

405 Dijo, y salió. Los aqueos sostenían firmemente la acometida de los troyanos, pero,

aunque éstos eran menos, no podían rechazarlos de las naves; y tampoco los troyanos lograban romper las falanges de los dánaos y entrar en sus tiendas y bajeles. Como la plomada nivela el mástil de un navío en manos del hábil constructor que conoce bien su arte por habérselo enseñado Atenea, de la misma manera andaba igual el combate y la pelea, y unos luchaban en torno de unas naves y otros alrededor de otras.

415 Héctor fue a encontrar al glorioso Ayante; y, luchando los dos por una nave, ni aquél conseguía arredrar a éste y pegar fuego a los bajeles, ni éste lograba rechazar a aquél, a quien un dios había acercado al campamento. Entonces el esclarecido Ayante dio una lanzada en el pecho a Calétor, hijo de Clito, que iba a echar fuego en un barco: el troyano cayó con estrépito, y la tea desprendióse de su mano. Y Héctor, como viera con sus ojos que su primo caía en el polvo delante de la negra nave, exhortó a troyanos y licios, diciendo a grandes voces:

425 -¡Troyanos, licios, dárdanos, que cuerpo a cuerpo peleáis! No dejéis de combatir en esta angostura; defended el cuerpo del hijo de Clito, que cayó en la pelea junto a las naves, para que los aqueos no lo despojen de las armas.

429 Dichas estas palabras, arrojó a Ayante la luciente pica y erró el tiro; pero, en cambio, hirió a Licofrón de Citera, hijo de Mástor y escudero de Ayante, en cuyo palacio vivía desde que en aquella ciudad mató a un hombre: el agudo bronce penetró en la cabeza por encima de una oreja; y el guerrero, que se hallaba junto a Ayante, cayó de espaldas desde la nave al polvo de la tierra, y sus miembros quedaron sin vigor. Estremecióse Ayante, y dijo a su hermano:

437 -¡Querido Teucro! Nos han muerto al Mastórida, el compañero fiel a quien honrábamos en el palacio como a nuestros padres, desde que vino de Citera. El magnánimo Héctor le quitó la vida. Pero ¿dónde tienes las mortíferas flechas y el arco que to dio Febo Apolo?

442 Así dijo. Oyóle Teucro y acudió corriendo, con el flexible arco y el carcaj lleno de flechas; y una vez a su lado, comenzó a disparar saetas contra los troyanos. E hirió a Clito, preclaro hijo de Pisénor y compañero del ilustre Polidamante Pantoida, que con las riendas en la mano dirigía los corceles adonde más falanges en montón confuso se agitaban, para congraciarse con Héctor y los troyanos; pero pronto ocurrióle la desgracia, de que nadie, por más que lo deseara, pudo librarle: la dolorosa flecha se le clavó en el cuello por detrás; el guerrero cayó del carro, y los corceles retrocedieron arrastrando con estrépito el carro vacío. Al notarlo Polidamante, su dueño, se adelantó y los detuvo; entrególos a Astínoo, hijo de Protiaón, con el encargo de que los tuviera cerca, y se mezcló de nuevo con los combatientes delanteros.

458 Teucro sacó otra flecha para tirarla a Héctor, armado de bronce; y, si hubiese conseguido herirlo y quitarle la vida mientras peleaba valerosamente, con ello diera final al combate que junto a las naves aqueas se sostenía. Mas no dejó de advertirlo en su mente el próvido Zeus, y salvó la vida a Héctor, a la vez que privaba de gloria a Teucro Telamonio, rompiéndole a éste la cuerda del magnífico arco cuando to tendía: la flecha, que el bronce hacía ponderosa, torció su camino, y el arco cayó de las manos del guerrero. Estremecióse Teucro, y dijo a su hermano:

467 -¡Oh dioses! Alguna deidad que quiere frustrar nuestros medios de combate me quitó el arco de la mano y rompió la cuerda recién torcida, que até esta mañana para que pudiera despedir, sin romperse, multitud de flechas.

471 Respondióle el gran Ayante Telamonio:

472 -¡Oh amigo! Deja quieto el arco con las abundantes flechas, ya que un dios lo inutilizó por odio a los dánaos; toma una larga pica y un escudo que cubra tus hombros, pelea contra los troyanos y anima a la tropa. Que aun siendo vencedores, no tomen sin trabajo las naves de muchos bancos. Sólo en combatir pensemos.

478 Así dijo. Teucro dejó el arco en la tienda, colgó de sus hombros un escudo formado por cuatro pieles, cubrió la robusta cabeza con un labrado casco, cuyo penacho de crines de caballo ondeaba terriblemente en la cimera, asió una fuerte lanza de aguzada broncínea punta, salió y volvió corriendo al lado de Ayante.

484 Héctor, al ver que las saetas de Teucro quedaban inútiles, exhortó a los troyanos y a los licios, gritando recio:

486 -¡Troyanos, licios, dárdanos, que cuerpo a cuerpo combatís! Sed hombres, amigos, y mostrad vuestro impetuoso valor junto a las cóncavas naves; pues acabo de ver con mis ojos

que Zeus ha dejado inútiles las flechas de un eximio guerrero. El influjo de Zeus lo reconocen fácilmente así los que del dios reciben excelsa gloria, como aquéllos a quienes abate y no quiere socorrer: ahora debilita el valor de los argivos y nos favorece a nosotros. Combatid juntos cerca de los bajeles; y quien sea herido mortalmente, de cerca o de lejos, cumpliéndose su destino, muera; que será honroso para él morir combatiendo por la patria, y su esposa a hijos se verán salvos, y su casa y hacienda no padecerán menoscabo, si los aqueos regresan en las naves a su patria tierra.

500 Así diciendo les excitó a todos el valor y la fuerza. Ayante, a su vez, exhortó asimismo a sus compañeros:

502 -¡Qué vergüenza, argivos! Ya llegó el momento de morir o de salvarse rechazando de las naves a los troyanos. ¿Esperáis acaso volver a pie a la patria tierra, si Héctor, el de tremolante casco, toma los bajeles? ¿No oís cómo anima a todos los suyos y desea quemar las naves? No les manda que vayan a un baile, sino que peleen. No hay mejor pensamiento o consejo para nosotros que éste: combatir cuerpo a cuerpo y valerosamente con el enemigo. Es preferible morir de una vez o asegurar la vida, a dejarse matar paulatina a infructuosamente en la terrible contienda, junto a las naves, por guerreros que nos son inferiores.

514 Con estas palabras les excitó a todos el valor y la fuerza. Entonces Héctor mató a Esquedio, hijo de Perimedes y caudillo de los focios; Ayante quitó la vida a Laodamante, hijo ilustre de Anténor, que mandaba los peones, y Polidamante acabó con Oto de Cilene, compañero del Filida y jefe de los magnánimos epeos. Meges, al verlo, arremetió con la lanza a Polidamante; pero éste hurtó el cuerpo -Apolo no quiso que el hijo de Pántoo sucumbiera entre los combatientes delanteros-, y aquél hirió en medio del pecho a Cresmo, que cayó con estrépito, y el aqueo le despojó de la armadura que cubría sus hombros. En tanto, Dólope Lampétida, hábil en manejar la lanza (Lampo Laomedontíada había engendrado este hijo bonísimo, que estuvo dotado de impetuoso valor), se lanzó contra el Filida y, acometiéndole de cerca, diole un bote en el centro del escudo; pero el Filida se salvó, gracias a una fuerte coraza que protegía su cuerpo, la cual había sido regalada en otro tiempo a Fileo en Éfira, a orillas del río Seleente, por su huésped el rey Eufetes, para que en la guerra le defendiera de los enemigos, y entonces libró de la muerte a su hijo Meges. Éste, a su vez, dio una lanzada a Dólope en la parte inferior de la cimera del broncíneo casco, adornado con crines de caballo, rompióla y derribó en el polvo el penacho recién teñido de vistosa púrpura. Y mientras Dólope seguía combatiendo con la esperanza de vencer, el belicoso Menelao fue a ayudar a Meges; y, poniéndose a su lado sin ser visto, clavó la lanza en la espalda de aquél: la punta impetuosa salió por el pecho, y el guerrero cayó de cara. Ambos caudillos corrieron a quitarle la broncínea armadura de los hombros; y Héctor exhortaba a todos sus deudos a increpaba especialmente al esforzado Melanipo Hicetaónida; el cual, antes de presentarse los enemigos, apacentaba flexípedes bueyes en Percote, y cuando llegaron los dánaos en las encorvadas naves, fuese a Ilio, sobresalió entre los troyanos y habitó el palacio de Príamo, que le honraba como a sus hijos. A Melanipo, pues, le reprendía Héctor, diciendo:

553 ¿Seremos tan indolentes, Melanipo? ¿No te conmueve el corazón la muerte del primo? ¿No ves cómo tratan de llevarse las armas de Dólope? Sígueme; que ya es necesario combatir de cerca con los argivos, hasta que los destruyamos o arruinen ellos la excelsa Ilio desde su cumbre y maten a los ciudadanos.

559 Habiendo hablado así, echó a andar, y siguióle el varón, que parecía un dios. A su vez, el gran Ayante Telamonio exhortó a los argivos:

561 -¡Oh amigos! ¡Sed hombres, mostrad que tenéis un corazón pundonoroso, y avergonzaos de parecer cobardes en el duro combate! De los que sienten este temor, son más los que se salvan que los que mueren; los que huyen no alcanzan gloria ni socorro alguno.

565 Así dijo; y ellos, que ya antes deseaban derrotar al enemigo, pusieron en su corazón aquellas palabras y cercaron las naves con un muro de bronce. Zeus incitaba a los troyanos contra los aqueos. Y Menelao, valiente en la pelea, exhortó a Antíloco:

569 -¡Antíloco! Ningún aqueo de los presentes es más joven que tú, ni más ligero de pies, ni tan

fuerte en el combate. Si arremetieses a los troyanos a hirieras a alguno...

572 Así dijo, y alejóse de nuevo. Antíloco, animado, saltó más a11á de los combatientes delanteros; y, revolviendo el rostro a todas partes, arrojó la luciente lanza. Al verlo, huyeron los troyanos. No fue vano el tiro, pues hirió en el pecho, cerca de la tetilla, a Melanipo, animoso hijo de Hicetaón, que acababa de entrar en combate: el troyano cayó con estrépito, y la obscuridad cubrió sus ojos. Como el perro se abalanza al cervato herido por una flecha que al saltar de la madriguera le tira un cazador, dejándole sin vigor los miembros, así el belicoso Antíloco se arrojó sobre ti, oh Melanipo, para quitarte la armadura. Mas no pasó inadvertido para el divino Héctor; el cual, corriendo por el campo de batalla, fue al encuentro de Antíloco; y éste, aunque era luchador brioso, huyó sin esperarle, parecido a la fiera que causa algún daño, como matar a un perro o a un pastor junto a sus bueyes, y huye antes que se reúnan muchos hombres; así huyó el Nestórida; y sobre él, los troyanos y Héctor, promoviendo inmenso alboroto hacían llover dolorosos tiros. Y Antíloco, tan pronto como llegó a juntarse con sus compañeros, se detuvo y volvió la cara al enemigo.

592 Los troyanos, semejantes a carniceros leones, asaltaban las naves y cumplían los designios de Zeus, el cual les infundía continuamente gran valor y les excitaba a combatir, y al propio tiempo abatía el ánimo de los argivos, privándoles de la gloria del triunfo, porque deseaba en su corazón dar gloria a Héctor Priámida, a fin de que éste arrojase el abrasador y voraz fuego en las corvas naves, y se efectuara de todo en todo la funesta súplica de Tetis. El próvido Zeus sólo aguardaba ver con sus ojos el resplandor de una nave incendiada, pues desde aquel instante haría que los troyanos fuesen perseguidos desde las naves y dana gloria a los dánaos. Pensando en tales cosas, el dios incitaba a Héctor Priámida, ya de por sí muy enardecido, a encaminarse hacia las cóncavas naves. Como se enfurece Ares blandiendo la lanza, o se embravece el pernicioso fuego en la espesura de poblada selva, así se enfurecía Héctor: su boca estaba cubierta de espuma, los ojos le centelleaban debajo de las torvas cejas y el casco

se agitaba terriblemente en sus sienes mientras peleaba. Y desde el éter Zeus protegía únicamente a Héctor, entre tantos hombres, y le daba honor y gloria; porque el héroe debía vivir poco, y ya Palas Atenea apresuraba la llegada del día fatal en que había de sucumbir a manos del Pelida. Héctor deseaba romper las filas de los combatientes, y probaba por donde veía mayor turba y mejores armas; mas, aunque ponía gran empeño, no pudo conseguirlo, porque los dánaos, dispuestos en columna cerrada, hicieron frente al enemigo. Cual un peñasco escarpado y grande, que en la ribera del espumoso mar resiste el ímpetu de los sonoros vientos y de las ingentes olas que a11í se rompen, así los dánaos aguardaban a pie firme a los troyanos y no huían. Y Héctor, resplandeciente como el fuego, saltó al centro de la turba como la ola impetuosa levantada por el viento cae desde to alto sobre la ligera nave, llenándola de espuma, mientras el soplo terrible del huracán brama en las velas y los marineros tiemblan amedrentados porque se hallan muy cerca de la muerte, de tal modo vacilaba el ánimo en el pecho de los aqueos. Como dañino león acomete un rebaño de muchas vacas que pacen a orillas de extenso lago y son guardadas por un pastor que, no sabiendo luchar con las fieras para evitar la muerte de alguna vaca de retorcidos cuernos, va siempre con las primeras o con las últimas reses; y el león salta al centro, devora una vaca y las demás huyen espantadas, así los aqueos todos fueron puestos en fuga por Héctor y el padre Zeus, pero Héctor mató a uno solo, a Perifetes de Micenas, hijo de aquel Copreo que llevaba los mensajes del rey Euristeo al fornido Heracles. De este padre obscuro nació tal hijo, que superándole en toda clase de virtudes, en la carrera y en el combate, campeó por su talento entre los primeros ciudadanos de Micenas y entonces dio a Héctor gloria excelsa. Pues al volverse tropezó con el borde del escudo que le cubría de pies a cabeza y que llevaba para defenderse de los tiros, y, enredándose con él, cayó de espaldas, y el casco resonó de un modo horrible en torno de las sienes. Héctor to advirtió en seguida, acudió corriendo, metió la pica en el pecho de Perifetes y le mató cerca de sus mismos compañeros que, aunque afligidos, no pudieron socorrerle, pues temían mucho al divino Héctor.

653 Por fin llegaron a las naves. Defendíanse los argivos detrás de las que se habían sacado primero a la playa, y los troyanos fueron a perseguirlos: Aquéllos, al verse obligados a retirarse de las primeras naves, se colocaron apiñados cerca de las tiendas, sin dispersarse por el ejército porque la vergüenza y el temor se to impedían, y mutua a incesantemente se exhortaban. Y especialmente Néstor, protéctor de los aqueos, dirigíase a todos los guerreros, y en nombre de sus padres así les suplicaba:

661 -¡Oh amigos! Sed hombres y mostrad que tenéis un corazón pundonoroso delante de los demás varones. Acordaos de los hijos, de las esposas, de los bienes, y de los padres, vivan aún o hayan fallecido. En nombre de estos ausentes os suplico que resistáis firmemente y no os entreguéis a la fuga.

667 Con estas palabras les excitó a todos el valor y la fuerza. Entonces Atenea les quitó de los ojos la densa y divina nube que los cubría, y apareció la luz por ambos lados, en las naves y en la lid sostenida por los dos ejércitos con igual tesón. Vieron a Héctor, valiente en la pelea, y a sus propios compañeros, así a cuantos estaban detrás de los bajeles y no combatían, como a los que junto a las veleras naves daban batalla al enemigo.

674 No le era grato al corazón del magnánimo Ayante permanecer donde los demás aqueos se habían retirado; y el héroe, andando a paso largo, iba de nave en nave llevando en la mano una gran percha de combate naval que medía veintidós codos y estaba reforzada con clavos. Como un diestro cabalgador escoge cuatro caballos entre muchos, los guía desde la llanura a la gran ciudad por la carretera, muchos hombres y mujeres le admiran, y él salta continuamente y con seguridad del uno al otro, mientras los corceles vuelan; así Ayante, andando a paso seguido, recorría las cubiertas de muchas naves y su voz llegaba al éter. Sin cesar daba horribles gritos, para exhortar a los dánaos a defender naves y tiendas. Tampoco Héctor permanecía en la turba de los troyanos, armados de fuertes corazas: como el águila negra se echa sobre una bandada de alígeras aver -gansos, grullas o cisnes cuellilargos- que están comiendo a orillas de un río; así Héctor corría en derechura a una nave de negra proa, empujado por la mano poderosa de Zeus, y el dios incitaba también a la tropa para que le acompañara.

696 De nuevo se trabó un reñido combate al pie de los bajeles. Hubieras dicho que, sin estar cansado ni fatigados, comenzaban entonces a pelear. ¡Con tal denuedo luchaban! He aquí cuáles eran sus respectivos pensamientos: los aqueos no creían escapar de aquel desastre, sino perecer; los troyanos esperaban en su corazón incendiar las naves y matar a los héroes aqueos. Y con estas ideas asaltábanse unos a otros.

704 Héctor llegó a tocar la popa de una nave surcadora del ponto, bella y de curso rápido; aquélla en que Protesilao llegó a Troya y que luego no había de llevarle otra vez a la patria tierra. Por esta nave se mataban los aqueos y los troyanos: sin aguardar desde lejos los tiros de flechas y dardos, combatían de cerca y con igual ánimo, valiéndose de agudas hachas, segures, grandes espadas y lanzas de doble filo. Muchas hermosas dagas, de obscuro recazo, provistas de mango, cayeron al suelo, ya de las manos, ya de los hombros de los combatientes; y la negra tierra manaba sangre. Héctor, desde que cogió la popa, no la soltaba y, teniendo entre sus manor la parte superior de la misma, animaba a los troyanos:

718 -¡Traed fuego, y todos apiñados, trabad la batalla! Zeus nos concede un día que lo compensa todo, pues vamos a tomar las naves que vinieron contra la voluntad de los dioses y nos han ocasionado muchas calamidades por la cobardía de los viejos, que no me dejaban pelear cerca de aquéllas y detenían al ejército. Mas, si entonces el largovidente Zeus ofuscaba nuestra razón, ahora él mismo nos impele y anima.

726 Así dijo; y ellos acometieron con mayor ímpetu a los argivos. Ayante ya no resistió, porque estaba abrumado por los tiros: temiendo morir, dejó la cubierta, retrocedió hasta un banco de remeros que tenía siete pies, púsose a vigilar, y con la pica apartaba del navío a cuantos llevaban el voraz fuego, en tanto que exhortaba a los dánaos con espantosos gritos:

733 -¡Oh amigos, héroes dánaos, servidores de Ares! Sed hombres y mostrad vuestro impetuoso valor. ¿Creéis, por ventura, que hay a nuestra espalda otros defensores o un muro más sólido que libre a los hombres de la muerte? Cerca de aquí no existe ciudad alguna defendida con

torres, en la que hallemos refugio y cuyo pueblo nos dé auxilio para alcanzar ulterior victoria; sino que nor hallamos en la llanura de los troyanos, de fuertes corazas, a orillas del mar y lejos de la patria tierra. La salvación, por consiguiente, está en los puños; no en ser flojos en la pelea.

742 Dijo, y acometió furioso con la aguda lanza. Y cuantos troyanos, movidos por las excitaciones de Héctor, quisieron llevar ardiente fuego a las cóncavas naves, a todos los hirió Ayante con su larga pica. Doce fueron los que hirió de cerca, delante de los bajeles.

Ejercicios: Capítulo 11-15

1- Haz una lista con los personajes que aparecen en el capítulo:

2- Señala los personajes que consideres más importantes, y explica por qué (excluye aquellos que ya hayas descrito en el capitulo anterior):

_____

_____

_____

_____

_____

_____

_____

_____

_____

3- Escribe una breve reseña biográfica acerca de los personajes que consideraste más importantes(excluye aquellos que ya hayas descrito en el capitulo anterior):

_____

_____

_____
_____
_____
_____
_____
_____
_____
_____
_____
_____
_____
_____
_____
_____
_____

4- Describe los sucesos y acontecimientos más importantes del capítulo:

_____
_____
_____
_____
_____
_____
_____
_____
_____
_____
_____
_____
_____

5- Si pudieras aconsejar a los personajes, ¿Qué consejos les darías –y por qué?

_____

_____
_____
_____
_____
_____
_____
_____
_____
_____
_____

6- Haz una lista con los puntos que consideras más importantes:

_____
_____
_____
_____
_____
_____
_____
_____
_____
_____

7- ¿Qué diálogos te parecen más interesantes?

_____
_____
_____
_____
_____
_____
_____

8- ¿Qué palabras tuviste que buscar en el diccionario?

_____

_____

_____

_____

_____

9- ¿De qué manera se relaciona este capítulo con el capitulo anterior?

_____

_____

_____

_____

_____

_____

_____

_____

_____

_____

_____

10- ¿Cuál es tu opinión personal acerca de esta lectura?

_____

_____

_____

_____

_____

_____

_____

_____

Patroclea

Al advertirlo, Patroclo suplica a Aquiles que rechace al enemigo; y, no consiguiéndolo, le ruega que, por lo menos, le preste sus armas y le permita ponerse al frente de los mirmídones para ahuyentar a los troyanos. Accede Aquiles, y le recomienda que se vuelva atrás cuando los haya echado de las naves, pues el destino no le tiene reservada la gloria de apoderarse de Troya. Mas Patroclo, enardecido por sus hazañas, entre ellas la de dar muerte a Sarpedón, hijo de Zeus, persigue a los troyanos por la llanura hasta que Apolo le desata la coraza. Euforbo lo hiere y Héctor lo mata.

1 Así peleaban por la nave de muchos bancos. Patroclo se presentó a Aquiles, pastor de hombres, derramando ardientes lágrimas como fuente profunda que vierte sus aguas sombrías por escarpada roca. Tan pronto como le vio el divino Aquiles, el de los pies ligeros, compadecióse de él y le dijo estas aladas palabras:

7 -¿Por qué lloras, Patroclo, como una niña que va con su madre y deseando que la tome en brazos, la tira del vestido, la detiene a pesar de que lleva prisa, y la mira con ojos llorosos para que la levante del suelo? Como ella, oh Patrocio, derramas tiernas lágrimas. ¿Vienes a participarnos algo a los mirmidones o a mí mismo? ¿Supiste tú solo alguna noticia de Ftía? Dicen que Menecio, hijo de Áctor, existe aún; vive también Peleo Eácida entre los mirmidones, y es la muerte dé aquél o de éste to que más nos podría afligir. ¿O lloras quizás porque los argivos perecen, cerca de las cóncavas naves, por la injusticia que cometieron? Habla, no me ocultes lo que piensas, para que ambos lo sepamos.

20 Dando profundos suspiros, respondiste así, caballero Patroclo:

21 -¡Oh Aquiles, hijo de Peleo, el más valiente de los aqueos! No te irrites, porque es muy grande el pesar que los abruma. Los que antes eran los más fuertes, heridos unos de cerca y otros de lejos, yacen en las naves -con arma arrojadiza fue herido el poderoso Diomedes Tidida; con la pica Ulises, famoso por su lanza, y Agamenón; a Eurípilo flecháronle en el muslo-, y los médicos, que conocen muchas drogas, ocúpanse en curarles las heridas. Tú, Aquiles, eres implacable. jamás se apodere de mí rencor como el que guardas! ¡Oh tú, que tan mal empleas el valor! ¿A quién podrás ser útil más tarde, si ahora no salvas a los argivos de muerte indigna? ¡Despiadado! No fue tu padre el jinete Peleo, ni Tetis tu madre; el glauco mar o las escarpadas rocas debieron de engendrarte, porque tu espíritu es cruel. Si te abstienes de combatir por algún vaticinio que tu veneranda madre, enterada por Zeus, te haya revelado, envíame a mí con los demás mirmidones, por si llego a ser la aurora de la salvación de los dánaos; y permite que cubra mis hombros con tu armadura para que los troyanos me confundan contigo y cesen de pelear, los belicosos dánaos que tan abatidos están se reanimen y la batalla tenga su tregua, aunque sea por breve tiempo. Nosotros, que no nos hallamos extenuados de fatiga, rechazaríamos fácilmente de las naves y de las tiendas hacia la ciudad a esos hombres que de pelear están cansados.

46 Así le suplicó el muy insensato; y con ello llamaba a la terrible muerte y a la parca. Aquiles, el de los pies ligeros, le contestó muy indignado:

49-¡Ay de mí, Patroclo, del linaje de Zeus, qué dijiste! No me abstengo por ningún vaticinio que sepa y tampoco la veneranda madre me dijo nada de parte de Zeus, sino que se me oprime el corazón y el alma cuando un hombre, porque tiene más poder, quiere privar a su igual de lo que le corresponde y le quita la recompensa. Tal es el gran pesar que tengo, a causa de las contrariedades que mi ánimo ha padecido. La joven que los aqueos me adjudicaron como recompensa y que había conquistado con mi lanza, al tomar una bien murada ciudad, el rey Agamenón Atrida me la quitó como si yo fuera un miserable advenedizo. Mas dejemos lo pasado, no es posible guardar siempre la tra en el corazón, aunque había resuelto no deponer la cólera hasta que la gritería y el combate llegaran a mis bajeles. Cubre tus hombros con mi magnífica armadura, ponte al frente de los belicosos mirmidones y llévalos a la pelea; pues negra nube de troyanos cerca ya las naves con gran ímpetu, y los argivos, acorralados en la orilla del mar, sólo disponen de un corto espacio. Toda la ciudad de los troyanos ha comparecido confiadamente, porque no ven mi reluciente casco. Pronto huirían llenando de muertos los fosos, si el rey Agamenón fuera justo conmigo; mientras que ahora combaten alrededor de nuestro ejército. Ya la mano de Diomedes Tidida no blande furiosamente la lanza para librar a los dánaos de la muerte, ni he oído un solo grito que viniera de la odiosa cabeza del Atrida: sólo resuena la voz de Héctor, matador de hombres, animando a los troyanos, que con voceno ocupan toda la llanura y vencen en la batalla a los aqueos. Pero tú, Patroclo, échate impetuosamente sobre ellos y aparta de las naves esa peste; no sea que, pegando ardiente fuego a los bajeles, nos priven de la deseada vuelta. Haz cuanto te voy a decir, para que me procures mucha honra y gloria ante todos los dánaos, y éstos me devuelvan la muy hermosa joven y me hagan además espléndidos regalos. Tan luego como los alejes de las naves, vuelve atrás; y, aunque el tonante esposo de Hera te dé gloria, no quieras luchar sin mí contra los belicosos troyanos, pues contribuirías a mi deshonra. Y tampoco, estimulado por el combate y la pelea, te encamines, matando enemigos, a Ilio; no sea que alguno de los sempiternos dioses baje del Olimpo, pues a los troyanos los quiere mucho Apolo, el que hiere de lejos. Retrocede tan pronto como hayas hecho brillar la luz de la salvación en las naves, y deja que se siga peleando en la llanura. Ojalá, ¡padre Zeus, Atenea, Apolo!, ninguno de los troyanos ni de los argivos escape de la muerte, y nos libremos de ella nosotros dos, para que podamos derribar las almenas sagradas de Troya.

101 Así éstos conversaban. Ayante ya no resistía: vencíanle el poder de Zeus y los animosos troyanos que le arrojaban dardos; su refulgence casco resonaba de un modo horrible en torno de las sienes, golpeado continuamente en las hermosas abolladuras; y el héroe tenía cansado el hombro derecho de sostener con firmeza el versátil escudo, pero no lograban hacerle mover de su sitio por más tiros que le enderezaban. Ayante estaba abrumado por continuo y fatigoso jadeo, abundance sudor manaba de todos sus miembros y apenas podía respirar: por todas partes a una desgracia sucedía otra.

112 Decidme, Musas, que poseéis olímpicos palacios, cómo por vez primera cayó el fuego en las naves aqueas.

114 Héctor, que se hallaba cerca de Ayante, le dio con la gran espada un golpe en la pica de fresno y se la quebró por la juntura del asta con el hierro. Quiso Ayante blandir la truncada pica, y la broncínea punta cayó a to lejos con gran ruido. Entonces el eximio Ayante reconoció en su espíritu irreprensible la intervención de los dioses, estremecióse porque Zeus altitonante les frustraba todos los medios de combate y quería dar la victoria a los troyanos, y se puso fuera del alcance de los tiros. Los troyanos arrojaron voraz fuego a la velera nave, y pronto se extendió por la misma una llama inextinguible. Así que el fuego rodeó la popa, Aquiles, golpeándose el muslo, dijo a Patroclo:

126 -¡Sus, Patroclo, del linaje de Zeus, hábil jinete! Ya veo en las naves la impetuosa llama del fuego destructor: no sea que se apoderen de ellas, y ni medios para huir tengamos. Apresúrate a vestir las armas, y yo entre tanto reuniré la gente.

130 Así dijo, y Patroclo vistió la armadura de luciente bronce: púsose en las piernas elegantes grebas, ajustadas con broches de plata; protegió su pecho con la coraza labrada, refulgente, del Eácida, de pies ligeros; colgó al hombro una espada de bronce, guarnecida de argénteos clavos; embrazó el grande y fuerte escudo; cubrió la fuerte cabeza con un hermoso casco, cuyo penacho, de crines de caballo, ondeaba terriblemente en la cimera, y asió dos lanzas fuertes que su mano pudiera blandir. Solamente dejó la lanza pesada, grande y fornida del eximio Eácida, porque Aquiles era el único aqueo capaz de manejarla: había sido cortada de un fresno de la cumbre del Pelio y regalada por Quirón al padre de Aquiles, para que con ella matara héroes. Luego, Patroclo mandó a Automedonte -el amigo a quien más honraba después de Aquiles, destructor de hombres. y el más fiel en resistir a su lado la acometida del enemigo en las batallas- que enganchara en seguida los caballos. Automedonte unció debajo del yugo a Janto y Balio, corceles ligeros que volaban como el viento y tenían por madre a la harpía Podarga, la cual, paciendo en una pradera junto a la corriente del Océano, los concibió del Céfiro. Y con ellos puso

al excelente Pédaso, que Aquiles se llevó de la ciudad de Eetión cuando la tomó; corcel que, no obstante su condición de mortal, seguía a los caballos inmortales.

155 Aquiles, recorriendo las tiendas, hacía tomar las armas a todos los mirmidones. Como carniceros lobos dotados de una fuerza inmensa despedazan en el monte un grande cornígero ciervo que han matado y sus mandíbulas aparecen rojas de sangre, luego van en tropel a lamer con las tenues lenguas el agua de un profundo manantial, eructando por la sangre que han bebido, y su vientre se dilata, pero el ánimo permanece intrépido en el pecho, de igual manera los jefes y príncipes de los mirmidones se reunían presurosos alrededor del valiente servidor del Eácida, de pies ligeros. Y en medio de todos el belicoso Aquiles animaba así a los que combatían en carros, como a los peones armados de escudos.

168 Cincuenta fueron las veleras naves en que Aquiles, caro a Zeus, condujo a Ilio sus tropas; en cada una embarcáronse cincuenta hombres; y el héroe nombró cinco jefes para que los rigieran, reservándose el mando supremo. Del primer cuerpo era caudillo Menestio, el de labrada coraza, hijo del río Esperqueo, que las celestiales lluvias alimentan: habíale dado a luz la bella Polidora, hija de Peleo, que siendo mujer se acostó con una deidad, con el infatigable Esperqueo; aunque se creyera que to había tenido de Boro, hijo de Perieres, el cual se desposó públicamente con ella y le constituyó una gran dote.- Mandaba la segunda sección el belicoso Eudoro, nacido de una soltera, de la hermosa Polimela, hija de Filante; de la cual enamoróse el poderoso Argicida al verla con sus ojos entre las que danzaban al son del canto en un coro de Artemis, la diosa que lleva arco de oro y ama el bullicio de la caza; el benéfico Hermes subió en seguida al aposento de la joven, uniéronse clandestinamente y ella le dio un hijo ilustre, Eudoro, ligero en el correr y belicoso. Cuando Ilitía, que preside los partos, sacó a luz al infante y éste vio los rayos del sol, el fuerte Equecles Actórida la tomó por esposa, constituyéndole una gran dote, y el anciano Filante crió y educó al niño con tanto amor como si hubiera sido hijo suyo.- Estaba al frente de la tercera división el belicoso Pisandro Memálida,

que, después del compañero del Pelión, era entre todos los mirmidones quien descollaba más en combatir con la lanza.- La cuarta línea estaba a las órdenes de Fénix, aguijador de caballos; y la quinta tenía por jefe al eximio Alcimedonte, hijo de Laerces. Cuando Aquiles los hubo puesto a todos en orden de batalla con sus respectivos capitanes, les dijo con voz pujante:

200 -¡Mirmidones! Ninguno de vosotros olvide las amenazas que en las veleras naves dirigíais a los troyanos mientras duró mi cólera, ni las acusaciones con que todos me acriminabais: «¡Inflexible hijo de Peleo! Sin duda tu madre te nutrió con hiel. ¡Despiadado, pues retienes a tus compañeros en las naves contra su voluntad! Embarquémonos en las naves surcadoras del ponto y volvamos a la patria, ya que la cólera funesta anidó de tal suerte en to corazón.» Así acostumbrabais hablarme cuando os reuníais. Pues a la vista tenéis la gran empresa del combate que tanto habéis anhelado. Y ahora cada uno pelee con valeroso corazón contra los troyanos.

210 Así diciendo, les excitó a todos el valor y la fuerza; y ellos, al oír a su rey, cerraron más las filas. Como el obrero junta grandes piedras al construir la pared de una elevada casa, para que resista el ímpetu de los vientos, así, tan unidos, estaban los cascos y los abollonados escudos: la rodela se apoyaba en la rodela, el yelmo en el yelmo, cada hombre en su vecino, y los penachos de crines de caballo y los lucientes conos de los cascos se juntaban cuando alguien inclinaba la cabeza. ¡Tan apretadas eran las filas! Delante de todos se pusieron dos hombres armados, Patroclo y Automedonte; los cuales tenían igual ánimo y deseaban combatir al frente de los mirmidones. Aquiles entró en su tienda y alzó la tapa de un arca hermosa y labrada que Tetis, la de argentados pies, había puesto en la nave del héroe después de llenarla de túnicas y mantos, que le abrigasen contra el viento, y de afelpados cobertores. A11í tenía una copa de primorosa labor que no usaba nadie para beber el negro vino ni para ofrecer libaciones a otro dios que al padre Zeus. Sacóla del arca, y, purificándola primero con azufre, la limpió con agua cristalina; acto continuo lavóse las manos, llenó la copa, y, puesto en medio del recinto con los ojos levantados al cielo, libó el negro vino y oró a

Zeus, que se complace en lanzar rayos, sin que al dios le pasara inadvertido:

233 -¡Zeus soberano, Dodoneo, Pelásgico, que vives lejos y reinas en Dodona, de frío invierno, donde moran los selos, tus intérpretes, que no se lavan los pies y duermen en el suelo! Escuchaste mis palabras cuando to invoqué, y para honrarme oprimiste duramente al pueblo aqueo. Pues también ahora cúmpleme este voto: Yo me quedo donde están reunidas las naves y mando al combate a mi compañero con muchos mirmidones: haz que le siga la victoria, largovidente Zeus, a infúndele valor en el corazón para que Héctor vea si mi escudero sabe pelear solo, o si sus manos invictas únicamente se mueven con furia cuando va conmigo a la contienda de Ares. Y cuando haya apartado de los bajeles la gritería y la pelea, vuelva incólume con todas las armas y con los compañeros que de cerca combaten.

249 Así dijo rogando. El próvido Zeus le oyó; y de las dos cosas el padre le otorgó una: concedióle que apartase de las naves el combate y la pelea, y nególe que volviera ileso de la batalla. Hecha la libación y la rogativa al padre Zeus, entró Aquiles en la tienda, dejó la copa en el arca y apareció otra vez delante de la tienda, porque deseaba en su corazón presenciar la terrible lucha de troyanos y aqueos.

257 Los mirmidones seguían con armas y en buen orden al magnánimo Patroclo, hasta que alcanzaron a los troyanos y les arremetieron con grandes bríos, esparciéndose como las avispas que moran en el camino, cuando los muchachos, siguiendo su costumbre de molestarlas, las irritan y consiguen con su imprudencia que dañen a buen número de personas, pues, si algún caminante pasa por a11í y sin querer las mueve, vuelan y defienden con ánimo valeroso a sus hijuelos; con un corazón y ánimo semejantes, se esparcieron los mirmidones desde las naves, y levantóse una gritería inmensa. Y Patroclo exhortaba a sus compañeros, diciendo con voz recia:

269 -¡Mirmidones compañeros del Pelida Aquiles! Sed hombres, amigos, y mostrad vuestro impetuoso valor para que honremos al Pelida, que es el más valiente de cuantos argivos hay en las naves, como to son también sus guerreros, que de cerca combaten; y conozca el poderoso

Atrida Agamenón la falta que cometió no honrando al mejor de los aqueos.

273 Con estas palabras les excitó a todos el valor y la fuerza. Los mirmidones cayeron apiñados sobre los troyanos y en las naves resonaron de un modo horrible los gritos de los aqueos.

278 Cuando los troyanos vieron al esforzado hijo de Menecio y a su escudero, ambos con lucientes armaduras, a todos se les conturbó el ánimo y sus falanges se agitaron. Figurábanse que, junto a las naves, el Pelida, ligero de pies, había renunciado a su cólera y había preferido volver a la amistad. Y cada uno miraba adónde podría huir para librarse de una muerte terrible.

284 Patroclo fue el primero que tiró la reluciente lanza en medio de la pelea, a11í donde más hombres se agitaban en confuso montón, junto a la nave del magnánimo Protesilao; e hirió a Pirecmes, que había conducido desde Amidón, sita en la ribera del Axio de ancha corriente, a los peonios, que combatían en carros: la lanza se clavó en el hombro derecho; el guerrero, dando un gemido, cayó de espaldas en el polvo, y los peonios compañeros suyos huyeron, porque Patroclo les infundió pavor ál matar a su jefe, que tanto sobresalía en el combate. De este modo Patroclo los echó de los bajeles y apagó el ardiente fuego. La nave quedó allí medio quemada, los troyanos huyeron con gran alboroto, los dánaos se dispersaron por las cóncavas naves, y se produjo un gran tumulto. Como cuando Zeus fulminador quita una espesa nube de la elevada cumbre de una gran montaña y aparecen todos los promontorios y las cimas y valles, porque en el cielo se ha abierto la vasta región etérea; así los dánaos respiraron un poco después de librar a las naves del fuego destructor; pero no por eso hubo tregua en el combate. Pues los troyanos no huían a carrera abierta desde las negras naves, perseguidos por los belicosos aqueos; sino que aún resistían, y sólo cediendo a la necesidad se retiraban de las naves.

306 Entonces, ya extendida la batalla, cada jefe mató a un hombre. El esforzado hijo de Menecio, el primero, hirió con la aguda lanza a Areílico, que había vuelto la espalda para huir: el bronce atravesó el muslo y rompió el hueso, y el troyano dio de ojos en el suelo. El belicoso Menelao hirió

a Toante en el pecho, donde éste quedaba sin defensa al lado del escudo, y dejó sin vigor sus miembros. El Filida, observando que Anficlo iba a acometerlo, se le adelantó y logró envasarle la pica en la parte superior de la pierna, donde más grueso es el músculo: la punta desgarró los nervios, y la obscuridad cubrió los ojos del guerrero. De los Nestóridas, Antíloco traspasó con la broncínea lanza a Atimnio, clavándosela en el ijar, y el troyano cayó a sus pies; el hermano de Atimnio, Maris, irritado por tal muerte, se puso delante del cadáver y arremetió con la lanza a Antíloco; y entonces el otro Nestórida, Trasimedes, igual a un dios, le previno y antes que Maris pudiera herir a Antíloco le acertó él en la espalda: la punta desgarró el tendón de la parte superior del brazo y rompió el hueso; el guerrero cayó con estrépito, y la obscuridad cubrió sus ojos. De tal suerte, estos dos esforzados compañeros de Sarpedón, hábiles tiradores, a hijos de Amisodaro, el que alimentó a la indomable Quimera, causa de males para muchos hombres, fueron vencidos por los dos hermanos y descendieron al Érebo.- Ayante Oilíada acometió y cogió vivo a Cleobulo, atropellado por la turba, y le quitó la vida, hiriéndole en el cuello con la espada provista de empuñadura: la hoja entera se calentó con la sangre, y la purpúrea muerte y la parca cruel velaron los ojos del guerrero.- Penéleo y Licón fueron a encontrarse, y, habiendo arrojado sus lanzas en vano, pues ambos erraron el tiro, se acometieron con las espadas: Licaón dio a su enemigo un tajo en la cimera del casco, que adornaban crines de caballo; pero la espada se le rompió junto a la empuñadura; Penéleo hundió la suya en el cuello de Licón, debajo de la oreja, y se lo cortó por entero: la cabeza cayó a un lado, sostenida tan sólo por la piel, y los miembros perdieron su vigor.- Meriones dio alcance con sus ligeros pies a Acamante, cuando subía al carro, y le hirió en el hombro derecho: el troyano cayó en tierra, y las tinieblas cubrieron sus ojos.- A Erimante metióle Idomeneo el cruel bronce por la boca: la lanza atravesó la cabeza por debajo del cerebro, rompió los blancos huesos y conmovió los dientes; los ojos llenáronse con la sangre que fluía de las narices y de la boca abierta, y la muerte, cual si fuese obscura nube, envolvió al guerrero.

351 Cada uno de estos caudillos dánaos mató, pues, a un hombre. Como los voraces lobos acometen a corderos o cabritos, arrebatándolos de un hato que se dispersa en el monte por la impericia del pastor, pues así que aquéllos los ven se los llevan y despedazan por tener los últimos un corazón tímido; así los dánaos cargaban sobre los troyanos, y éstos, pensando en la fuga horrísona, olvidábanse de su impetuoso valor.

358 El gran Ayante deseaba constantemente arrojar su lanza a Héctor, armado de bronce; pero el héroe, que era muy experto en la guerra, cubriendo sus anchos hombros con un escudo de pieles de toro, estaba atento al silbo de las flechas y al ruido de los dardos. Bien conocía que la victoria se inclinaba del lado de los enemigos, pero resistía aún y procuraba salvar a sus compañeros queridos.

364 Como se va extendiendo una nube desde el Olimpo al cielo, después de un día sereno, cuando Zeus prepara una tempestad, así los troyanos huyeron de las naves, dando gritos, y ya no fue con orden como repasaron el foso. A Héctor le sacaron de allí, con sus armas, los corceles de ligeros pies; y el héroe desamparó la turba de los troyanos, a quienes detenía, mal de su grado, el profundo foso. Muchos veloces corceles, rompiendo los carros de los caudillos por el extremo del timón, allí los dejaron.- Patroclo iba adelante, exhortando vehementemente a los dánaos y pensando en causar daño a los troyanos; los cuales, una vez puestos en desorden, llenaban todos los caminos huyendo con gran clamoreo; la polvareda llegaba a to alto debajo de las nubes, y los solípedos caballos volvían a la ciudad desde las naves y las tiendas. Patroclo, donde veía más gente del pueblo desordenada, allí se encaminaba vociferando; los guerreros caían de cara debajo de los ejes de sus carros, y éstos volcaban con gran estruendo. Al llegar al foso, los caballos inmortales que los dioses habían regalado a Peleo como espléndido presente lo salvaron de un salto, deseosos de seguir adelante; y, cuando a Patroclo el ánimo le impulsó a ir hacia Héctor para herirlo, ya los veloces corceles de éste se to habían llevado. Como en el otoño descarga una tempestad sobre la negra tierra, cuando Zeus envía violenta lluvia, irritado contra los hombres que en el foro dan

sentencias inicuas y echan a la justicia, no temiendo la venganza de los dioses; y todos los ríos salen de madre y los torrentes cortan muchas colinas, braman al correr desde lo alto de las montañas al mar purpúreo y destruyen las labores del campo; de semejante modo corrían las yeguas troyanas, dando lastimeros relinchos.

394 Patroclo, cuando hubo separado de los demás enemigos a los que formaban las últimas falanges, les obligó a volver hacia los bajeles, en vez de permitirles que subiesen a la ciudad; y, acometiéndoles entre las naves, el río y el alto muro, los mataba para vengar a muchos de los suyos. Entonces envasóle a Prónoo la brillante lanza en el pecho, donde éste quedaba sin defensa al lado del escudo, y le dejó sin vigor los miembros: el troyano cayó con estrépito. Luego acometió a Téstor, hijo de Enope, que se hallaba encogido en el lustroso asiento y en su turbación había dejado que las riendas se le fuesen de la mano: clavóle desde cerca la lanza en la mejilla derecha, se la hizo pasar por los dientes y to levantó por cima del barandal. Como el pescador sentado en una roca prominente saca del mar un pez enorme, valiéndose de la cuerda y del reluciente bronce, así Patroclo, alzando la brillante lanza, sacó del carro a Téstor con la boca abierta y le arrojó de cara al suelo; el troyano, al caer, perdió la vida.- Después hirió de una pedrada en medio de la cabeza a Erilao, que a acometerle venía, y se la partió en dos dentro del fuerte casco: el troyano dio de manos en el suelo, y le envolvió la destructora muerte.- Y sucesivamente fue derribando en la fértil tierra a Erimante, Anfótero, Epaltes, Tlepólemo Damastórida, Equio, Piris, Ifeo, Evipo y Polimelo Argéada.

419 Sarpedón, al ver que sus compañeros, de corazas sin cintura, sucumbían a manos de Patroclo Menecíada, increpó a los deiformes licios:

422 -¡Qué vergüenza, oh licios! ¿Adónde huís? Sed esforzados. Yo saldré al encuentro de ese hombre, para saber quién es el que así vence y tantos males causa a los troyanos, pues ya a muchos valientes les ha quebrado las rodillas.

426 Dijo; y saltó del carro al suelo sin dejar las armas. A su vez Patroclo, al verlo, se apeó del suyo. Como dos buitres de eorvas uñas y combado pico riñen, dando chillidos, sobre ele-

vada roca; así aquéllos se acometieron vociferando. Violos el hijo del artero Crono; y, compadecido, dijo a Hera, su hermana y esposa:

433 -¡Ay de mí! La parca dispone que Sarpedón, a quien amo sobre todos los hombres, sea muerto por Patroclo Menecíada. Entre dos propósitos vacila en mi pecho el corazón: ¿lo arrebataré vivo de la luctuosa batalla, para llevarlo al opulento pueblo de la Licia, o dejaré que sucumba a manos del Menecíada?

439 Respondióle Hera veneranda, la de ojos de novilla:

440 -¡Terribilísimo Cronida, qué palabras proferiste! ¿Una vez más quieres librar de la muerte horrísona a ese hombre mortal, a quien tiempo ha que el hado condenó a morir? Hazlo, pero no todos los dioses to to aprobaremos. Otra cosa voy a decirte, que fijarás en la memoria: Piensa que, si a Sarpedón le mandas vivo a su palacio, algún otro dios querrá sacar a su hijo del duro combate, pues muchos hijos de los inmortales pelean en torno de la gran ciudad de Príamo, y harás que sus padres se enciendan en terrible ira. Pero, si Sarpedón te es caro y tu corazón le compadece, deja que muera a manos de Patroclo Menecíada en reñido combate; y cuando el alma y la vida le abandonen, ordena a la Muerte y ál dulce Sueño que lo lleven a la vasta Licia, para que sus hermanos y amigos le hagan exequias y le erijan un túmulo y un cipo, que tales son los honores debidos a los muertos.

458 Así dijo. El padre de los hombres y de los dioses no desobedeció, a hizo caer sobre la tierra sanguinolentas gotas para honrar al hijo amado, a quien Patroclo había de matar en la fértil Troya, lejos de su patria.

462 Cuando ambos héroes se hallaron frente a frente, Patrocio arrojó la lanza, y, acertando a dar en el empeine del ilustre Trasimelo, escudero valeroso del rey Sarpedón, dejóle sin vigor los miembros. Sarpedón acometió a su vez; y, despidiendo la reluciente lanza, erró el tiro; pero hirió en el hombro derecho al corcel Pédaso, que relinchó mientras perdía el vital aliento. El caballo cayó en el polvo, y el ánimo voló de su cuerpo. Forcejearon los otros dos corceles por separarse, crujió el yugo y enredáronse las riendas a causa de que el caballo lateral yacía en el polvo. Pero Automedonte, famoso por su lanza, halló el remedio: desenvainando la espada de larga

punta, que llevaba junto al fornido muslo, cortó apresuradamente los tirantes del caballo lateral, y los otros dos se enderezaron y obedecieron a las riendas. Y los héroes volvieron a acometerse con roedor encono.

477 Entonces Sarpedón arrojó otra reluciente lanza y erró el tiro, pues aquélla pasó por cima del hombro izquierdo de Patroclo sin herirlo. Patroclo despidió la suya y no en balde; ya que acertó a Sarpedón y le hirió en el tejido que al denso corazón envuelve. Cayó el héroe como la encina, el álamo o el elevado pino que en el monte cortan con afiladas hachas los artífices para hacer un mástil de navío; así yacía aquél, tendido delante de los corceles y del carro, rechinándole los dientes y cogiendo con las manos el polvo ensangrentado. Como el rojizo y animoso toro, a quien devora un león que se ha presentado entre los fexípedes bueyes, brama al morir entre las mandíbulas del león, así el caudillo de los licios escudados, herido de muerte por Patrocio, se enfurecía; y, llamando al compañero, le hablaba de este modo:

491-¡Caro Glauco, guerrero afamado entre los hombres! Ahora debes portarte como fuerte y audaz luchador; ahora to ha de causar placer la batalla funesta, si eres valiente. Ve por todas partes, exhorta a los capitanes licios a que combatan en torno de Sarpedón y defiéndeme tú mismo con el bronce. Constantemente, todos los días, seré para ti motivo de vergüenza y oprobio, si, sucumbiendo en el recinto de las naves, los aqueos me despojan de la armadura. ¡Pelea, pues, denodadamente y anima a todo el ejército!

502 Así dijo; y el velo de la muerte le cubrió los ojos y las narices. Patroclo, sujetándole el pecho con el pie, le arrancó el asta, con ella siguió el djafragma, y salieron a la vez la punta de la lanza y el alma del guerrero. Y los mirmidones detuvieron los corceles de Sarpedón, los cuales anhelaban y querían huir desde que quedó vacío el carro de sus dueños.

509 Glauco sintió hondo pesar al oír la voz de Sarpedón y se le turbó el ánimo porque no podía socorrerlo. Apretóse con la mano el brazo, pues le abrumaba una herida que Teucro le había causado disparándole una llecha cuando él asaltaba el altó muro y el aqueo defendía a los suyos; y oró de esta suerte a Apolo, el que hiere de lejos:

514 -Oyeme, oh soberano, ya te halles en el opulento pueblo de Licia, ya te encuentres en Troya; pues desde cualquier lugar puedes atender al que está afligido, como lo estoy ahora. Tengo esta grave herida, padezco agudos dolores en el brazo y la sangre no se seca; el hombro se entorpece, y me es imposible manejar firmemente la lanza y pelear con los enemigos. Ha muerto un hombre fortísimo, Sarpedón, hijo de Zeus, el cual ya ni a su prole defiende. Cúrame, oh soberano, la grave herida, adormece mis dolores y dame fortaleza para que mi voz anime a los licios a combatir y yo mismo luche en defensa del cadáver.

527 Así dijo rogando. Oyóle Febo Apolo y en seguida calmó los dolores, secó la negra sangre de la grave herida a infundió valor en el ánimo del troyano. Glauco, al notarlo, se holgó de que el gran dios hubiese escuchado su ruego. En seguida fue por todas partes y exhortó a los capitanes licios para que combatieran en torno de Sarpedón. Después, encaminóse a paso largo hacia los troyanos; buscó a Polidamante Pantoida, al divino Agenor, a Eneas y a Héctor armado de broncé; y, deteniéndose cerca de los mismos, dijo estas aladas palabras:

538 -¡Héctor! Te olvidas del todo de los aliados que por ti pierden la vida lejos de los amigos y de la patria tierra, y ni socorrerles quieres. Yace en tierra Sarpedón, el rey de los licios escudados, que con su justicia y su valor gobernaba a Licia. El broncíneo Ares to ha matado con la lanza de Patroclo. Oh amigos, venid a indignaos en vuestro corazón: no sea que los mirmidones le quiten la armadura a insulten el cadáver, irritados por la muerte de los dánaos, a quienes dieron muerte nuestras picas junto a las veleras naves.

548 Así dijo. Los troyanos sintieron grande a inconsolable pena, porque Sarpedón, aunque forastero, era un baluarte para la ciudad; había llevado a ella a muchos hombres y en la pelea los superaba a todos. Con grandes bríos dirigiéronse aquéllos contra los dánaos, y a su frente marchaba Héctor, irritado por la muerte de Sarpedón. Y Patroclo Menecíada, de corazón valiente, animó a los aqueos; y dijo a los Ayantes, que ya de combatir estaban deseosos:

556 -¡Ayantes! Poned empeño en rechazar al enemigo y mostraos tan valientes como habéis sido hasta aquí o más aún. Yace en tierra

Sarpedón, el que primero asaltó nuestra muralla. ¡Ah, si apoderándonos del cadáver pudiésemos ultrajarlo, quitarle la armadura de los hombros y matar con el cruel bronce a alguno de los compañeros que lo defienden!...

562 Así dijo, aunque ellos ya deseaban rechazar al enemigo. Y troyanos y licios por una parte, y mirmidones y aqueos por otra, cerraron las falanges, vinieron a las manos y empezaron a pelear con horrenda gritería en torno del cadáver. Crujían las armaduras de los guerreros, y Zeus cubrió con una dañosa obscuridad la reñida contienda, para que produjese mayor estrago el combate que por el cuerpo de su hijo se empeñaba.

569 En un principio, los troyanos rechazaron a los aqueos, de ojos vivos, porque fue herido un varón que no era ciertamente el más cobarde de los mirmidones: el divino Epigeo, hijo de Agacles magnánimo; el cual reinó en otro tiempo en la populosa Budeo; luego, por haber dado muerte a su valiente primo, se presentó como suplicante a Peleo y a Tetis, la de argénteos pies, y ellos le enviaron a Ilio, abundante en hermosos corceles, con Aquiles, destructor de las filas de guerreros, para que combatiera contra los troyanos. Epigeo echaba mano al cadáver cuando el esclarecido Héctor le dio una pedrada en la cabeza y se la partió en dos dentro del fuerte casco: el guerrero cayó boca abajo sobre el cuerpo de Sarpedón, y a su alrededor esparcióse la destructora muerte. Apesadumbróse Patroclo por la pérdida del compañero y atravesó al instante las primeras filas, como el veloz gavilán persigue a unos grajos o estorninos: de la misma manera acometiste, oh hábil jinete Patroclo, a los licios y troyanos, airado en to corazón por la muerte del amigo. Y cogiendo una piedra, hirió en el cuello a Estenelao, hijo querido de Itémenes, y le rompió los tendones. Retrocedieron los combatientes delanteros y el esclarecido Héctor. Cuanto espacio recorre el luengo venablo que lanza un hombre, ya en el juego para ejercitarse, ya en la guerra contra los enemigos que la vida quitan, otro tanto se retiraron los troyanos, cediendo al empuje de los aqueos. Glauco, capitán de los escudados licios, fue el primero que volvió la cara y mató al magnánimo Baticles, hijo amado de Calcón, que tenía su casa en la Hélade y se señalaba entre los mirmidones por sus bienes y riquezas: escapábase Glauco, y Baticles iba a darle alcance, cuando aquél se volvió repentinamente y le hundió la pica en medio del pecho. Baticles cayó con estrépito, los aqueos sintieron hondo pesar por la muerte del valiente guerrero, y los troyanos, muy alegres, rodearon en tropel el cadáver; pero los aqueos no se olvidaron de su impetuoso valor y arremetieron denodadamente al enemigo. Entonces Meriones mató a un combatiente troyano, a Laógono, esforzado hijo de Onétor y sacerdote de Zeus Ideo, a quien el pueblo veneraba como a un dios: hirióle debajo de la quijada y de la oreja, la vida huyó de los miembros del guerrero, y la obscuridad horrible le envolvió. Eneas arrojó la broncínea lanza, con el intento de herir a Meriones, que se adelantaba protegido por el escudo. Pero Meriones la vio venir y evitó el golpe inclinándose hacia adelante: la ingente lanza se clavó en el suelo detrás de él y el regatón temblaba; pero pronto la impetuosa arma perdió su fuerza. Penetró, pues, la vibrante punta en la tierra, y la lanza fue echada en vano por el robusto brazo. Eneas, con el corazón irritado, dijo:

617-¡Meriones! Aunque eres ágil saltador, mi lanza to habría apartado para siempre del combate, si to hubiese herido.

619 Respondióle Meriones, célebre por su lanza:

620-¡Eneas! Difícil lo será, aunque seas valiente, aniquilar la fuerza de cuantos hombres salgan a pelear contigo. También tú eres mortal. Si lograra herirte en medio del cuerpo con el agudo bronce, en seguida, a pesar de lo vigor y de la confianza que tienes en to brazo, me darías gloria, y a Hades, el de los famosos corceles, el alma.

626 Así dijo; y el valeroso hijo de Menecio le reprendió, diciendo:

627 -¡Meriones! ¿Por qué, siendo valiente, to entretienes en hablar así? ¡Oh amigo! Con palabras injuriosas no lograremos que los troyanos dejen el cadáver; preciso será que algúno de ellos baje antes al seno de la tierra. Las batallas se ganan con los puños, y las palabras sirven en el consejo. Conviene, pues, no hablar, sino combatir.

632 En diciendo esto, echó a andar y siguióle Meriones, varón igual a un dios. Como el

estruendo que producen los leñadores en la espesura de un monte y que se deja oír a to lejos, tal era el estrépito que se elevaba de la tierra espaciosa al ser golpeados el bronce, el cuero y los bien construidos escudos de pieles de buey por las espadas y las lanzas de doble filo. Y ya ni un hombre perspicaz hubiera conocido al divino Sarpedón, pues los dardos, la sangre y el polvo to cubrían completamente de pies a cabeza. Agitábanse todos alrededor del cadáver como en la primavera zumban las moscas en el establo por cima de las escudillas llenas de leche, cuando ésta hace rebosar los tarros: de igual manera bullían aquéllos en torno del muerto. Zeus no apartaba los refulgentes ojos de la dura contienda; y, contemplando a los guerreros, revolvía en su ánimo muchas cosas acerca de la muerte de Patroclo: vacilaba entre si en la encarnizada contienda el esclarecido Héctor debería matar con el bronce a Patroclo sobre Sarpedón, igual a un dios, y quitarle la armadura de los hombros, o convendría extender la terrible pelea. Y considerando como to más conveniente que el bravo escudero del Pelida Aquiles hiciera arredrar a los troyanos y a Héctor, armado de bronce, hacia la ciudad y quitara la vida a muchos guerreros, comenzó infundiendo timidez primeramente a Héctor, el cual subió al carro, se puso en fuga y exhortó a los demás troyanos a que huyeran, porque había conocido hacia qué lado se inclinaba la balanza sagrada de Zeus. Tampoco los fuertes licios osaron resistir, y huyeron todos al ver a su rey herido en el corazón y echado en un montón de cadáveres; pues cayeron muchos hombres a su alrededor cuando el Cronión avivó el duro combate. Los aqueos quitáronle a Sarpedón la reluciente armadura de bronce y el esforzado hijo de Menecio la entregó a sus compañeros para que la llevaran a las cóncavas naves. Y entonces Zeus, que amontona las nubes, dijo a Apolo:

667 -¡Ea, querido Febo! Ve y después de sacar a Sarpedón de entre los dardos, límpiale la negra sangre, condúcele a un sitio lejano y lávale en la corriente de un río, úngele con ambrosía, ponle vestiduras divinas y entrégalo a los veloces conductores y hermanos gemelos: el Sueño y la Muerte. Y éstos, transportándolo con presteza, lo dejarán en el rico pueblo de la vasta Licia. Allí sus hermanos y amigos le harán exequias y le erigirán un túmulo y un cipo, que tales son los honores debidos a los muertos.

676 Así dijo, y Apolo no desobedeció a su padre. Descendió de los montes ideos a la terrible batalla, y en seguida levantó al divino Sarpedón de entre los dardos, y, conduciéndole a un sitio lejano, lo lavó en la corriente de un río; ungiólo con ambrosía, púsole vestiduras divinas y entrególo a los veloces conductores y hermanos gemelos: el Sueño y la Muerte. Y éstos, transportándolo con presteza, to dejaron en el rico pueblo de la vasta Licia.

684 Patroclo animaba a los corceles y a Automedonte y perseguía a los troyanos y licios, y con ello se atrajo un gran infortunio. ¡Insensato! Si se hubiese atenido a la orden del Pelida, se hubiera visto libre de la funesta parca, de la negra muerte. Pero siempre el pensamiento de Zeus es más eficaz que el de los hombres (aquel dios pone en fuga al varón esforzado y le quita fácilmente la victoria, aunque él mismo le haya incitado a combatir), y entonces alentó el ánimo en el pecho de Patroclo.

692 ¿Cuál fue el primero y cuál el último que mataste, oh Patroclo, cuando los dioses to llamaron a la muerte?

694 Fueron primeramente Adrasto, Autónoo, Equeclo, Périmo Mégada, Epístor y Melanipo; y después, Élaso, Mulio y Pilartes. Mató a éstos, y los demás se dieron a la fuga.

698 Entonces los aqueos habrían tomado Troya, la de altas puertas, por las manos de Patroclo, que manejaba con gran furia la lanza, si Febo Apolo no se hubiese colocado en la bien construida torre para dañar a aquél y ayudar a los troyanos. Tres veces encaminóse Patroclo a un ángulo de la elevada muralla; tres veces rechazóle Apolo, agitando con sus manos inmortales el refulgence escudo. Y cuando, semejante a un dios, atacaba por cuarta vez, increpóle la deidad terriblemente con estas aladas palabras:

707 -¡Retírate, Patroclo del linaje de Zeus! El hado no ha dispuesto que la ciudad de los altivos troyanos sea destruida por to lanza, ni por Aquiles, que tanto te aventaja.

710 Así dijo, y Patroclo retrocedió un gran trecho, para no atraerse la cólera de Apolo, el que hiere de lejos.

712 Héctor se hallaba con el carro y los solípedos corceles en las puertas Esceas, y estaba indeciso entre guiarlos de nuevo hacia la turba y volver a combatir, o mandar a voces que las tropas se refugiasen en el muro. Mientras reflexionaba sobre esto, presentósele Febo Apolo, que tomó la figura del valiente joven Asio, el cual era tío materno de Héctor, domador de caballos, hermano carnal de Hécuba a hijo de Dimante, y habitaba en la Frigia, junto a la corriente del Sangario. Así transfigurado, exclamó Apolo, hijo de Zeus:

721 -¡Héctor! ¿Por qué te abstienes de combatir? No debes hacerlo. Ojalá te superara tanto en bravura, cuanto te soy inferior: entonces te sería funesto el retirarte de la batalla. Mas, ea, guía los corceles de duros cascos hacia Patroclo, por si puedes matarlo y Apolo to da gloria.

726 En diciendo esto, el dios volvió a la batalla. El esclarecido Héctor mandó a Cebríones que picara a los corceles y los dirigiese a la pelea; y Apolo, entrándose por la turba, suscitó entre los argivos funesto tumulto y dio gloria a Héctor y a los troyanos. Héctor dejó entonces a los demás dánaos, sin que fuera a matarlos, y enderezó a Patroclo los caballos de duros cascos. Patroclo, a su vez, saltó del carro a tierra con la lanza en la izquierda; cogió con la diestra una piedra Blanca y erizada de puntas que llenaba la mano; y, estribando en el suelo, la arrojó, hiriendo en seguida a un combatiente, pues el tiro no salió vano: dio la aguda piedra en la frente de Cebríones, auriga de Héctor, que era hijo bastardo del ilustre Príamo, y entonces gobernaba las riendas de los caballos. La piedra se llevó ambas cejas; el hueso tampoco resistió; los ojos cayeron en el polvo a los pies de Cebríones; y éste, cual si fuera un buzo, cayó del asiento bien construido, porque la vida huyó de sus miembros. Y burlándose de él, oh caballero Patroclo, exclamaste:

743 -¡Oh dioses! ¡Muy ágil es el hombre! ¡Cuán fácilmente salta a lo buzo! Si se hallara en el ponto, en peces abundance, ese hombre saltaría de la nave, aunque el mar estuviera tempestuoso, y podría saciar a muchas personas con las ostras que pescara. ¡Con tanta facilidad ha dado la voltereta del carro a la llanura! Es indudable que también los troyanos tienen buzos.

751 En diciendo esto, corrió hacia el héroe con la impetuosidad de un león que devasta los establos hasta que es herido en el pecho y su mismo valor lo mata; de la misma manera, oh Patroclo, te arrojaste enardecido sobre Cebríones. Héctor, por su parte, saltó del carro al suelo sin dejar las armas. Y entrambos luchaban en torno de Cebríones como dos hambrientos leones que en la cumbre de un monte pelean furiosos por el cadáver de una cierva, así los dos aguerridos campeones, Patroclo Menecíada y el esclarecido Héctor, deseaban herirse el uno al otro con el cruel bronce. Héctor había cogido al muerto por la cabeza y no lo soltaba; Patroclo lo asía de un pie, y los demás troyanos y dánaos sostenían encarnizado combate.

765 Como el Euro y el Noto contienden en la espesura de un monte, agitando la poblada selva, y las largas ramas de los fresnos, encinas y cortezudos cornejos chocan entre sí con inmenso estrépito, y se oyen los crujidos de las que se rompen, de semejante modo troyanos y aqueos se acometían y mataban, sin acordarse de la perniciosa fuga. Alrededor de Cebríones se clavaron en tierra muchas agudas lanzas y aladas flechas que saltaban de los arcos; buen número de grandes piedras herían los escudos de los que combatían en torno suyo; y el héroe yacía en el suelo, sobre un gran espacio, envuelto en un torbellino de polvo y olvidado del arte de guiar los carros.

777 Hasta que el sol hubo recorrido la mitad del cielo, los tiros alcanzaban por igual a unos y a otros, y los hombres caían. Cuando aquél se encaminó al ocaso, los aqueos eran vencedores, contra to dispuesto por el destino; y, habiendo arrastrado el cadáver del héroe Cebríones fuera del alcance de los dardos y del tumulto de los troyanos, le quitaron la armadura de los hombros.

783 Patroclo acometió furioso a los troyanos: tres veces los acometió, cual si fuera el rápido Ares, dando horribles voces; tres veces mató nueve hombres. Y cuando, semejante a un dios, arremetiste, oh Patroclo, por cuarta vez, viose claramente que ya llegabas al término de to vida, pues el terrible Febo salió a to encuentro en el duro combate. Mas Patroclo no vio al dios; el cual, cubierto por densa nube, atravesó la turba, se le puso detrás, y, alargando la mano, le dio un

golpe en la espalda y en los anchos hombros. Al punto los ojos del héroe padecieron vértigos. Febo Apolo le quitó de la cabeza el casco con agujeros a guisa de ojos, que rodó con estrépito hasta los pies de los caballos; y el penacho se manchó de sangre y polvo. Jamás aquel casco, adornado con crines de caballo, se había manchado cayendo en el polvo, pues protegía la cabeza y hermosa frente del divino Aquiles. Entonces Zeus permitió también que to llevara Héctor, porque ya la muerte se iba acercando a este caudillo. A Patroclo se le rompió en la mano la pica larga, pesada, grande, fornida, armada de bronce; el ancho escudo y su correa cayeron al suelo, y el soberano Apolo, hijo de Zeus, desató la coraza que aquél llevaba. El estupor se apoderó del espíritu del héroe, y sus hermosos miembros perdieron la fuerza. Patroclo se detuvo atónito, y entonces desde cerca clavóle aguda lanza en la espalda, entre los hombros, el dárdano Euforbo Pantoida; el cual aventajaba a todos los de su edad en el manejo de la pica, en el arte de guiar un carro y en la veloz carrera, y la primera vez que se presentó con su carro para aprender a combatir derribó a veinte guerreros de sus carros respectivos. Éste fue, oh caballero Patroclo, el primero que contra ti despidió su lanza, pero aún no to hizo sucumbir. Euforbo arrancó la lanza de fresno; y, retrocediendo, se mezcló con la turba, sin esperar a Patroclo, aunque le viera desarmado; mientras éste, vencido por el golpe del dios y la lanzada, retrocedía al grupo de sus compañeros para evitar la muerte.

818 Cuando Héctor advirtió que el magnánimo Patroclo se alejaba y que lo habían herido con el agudo bronce, fue en su seguimiento, por entre las filas, y le envainó la lanza en la parte inferior del vientre, que el hierro pasó de parte a parte; y el héroe cayó con estrépito, causando gran aflicción al ejército aqueo. Como el león acosa en la lucha al indómito jabalí cuando ambos pelean arrogantes en la cima de un monte por un escaso manantial donde quieren beber, y el león vence con su fuerza al jabalí, que respira anhelante, así Héctor Priámida privó de la vida, hiriéndolo de cerca con la lanza, al esforzado hijo de Menecio, que a tantos había dado muerte. Y blasonando del triunfo, profirió estas aladas palabras:

830-¡Patroclo! Sin duda esperabas destruir nuestra ciudad, hacer cautivas a las mujeres troyanas y llevártelas en los bajeles a to patria tierra. ¡Insensato! Los veloces caballos de Héctor vuelan al combate para defenderlas; y yo, que en manejar la pica sobresalgo entre los belicosos troyanos, aparto de los míos el día de la servidumbre, mientras que a ti to comerán los buitres. ¡Ah, infeliz! Ni Aquiles, con ser valiente, to ha socorrido. Cuando saliste de las naves, donde él se ha quedado, debió de hacerte muchas recomendaciones, y hablarte de este modo: «No vuelvas a las cóncavas naves, caballero Patroclo, antes de haber roto la coraza que envuelve el pecho de Héctor, matador de hombres, teñida de sangre». Así te dijo, sin duda; y tú, oh necio, te dejaste persuadir.

843 Con lánguida voz le respondiste, caballero Patroclo:

844 ¡Héctor! Jáctate ahora con altaneras palabras, ya que te han dado la victoria Zeus Cronida y Apolo; los cuales me vencieron fácilmente, quitándome la armadura de los hombros. Si. veinte guerreros como tú me hubiesen hecho frente, todos habrían muerto vencidos por mi lanza. Matáronme la parca funesta y el hijo de Leto, y, entre los hombres, Euforbo, y tú llegas el tercero, para despojarme de las armas. Otra cosa voy a decirte, que fijarás en la memoria. Tampoco tú has de vivir largo tiempo, pues la muerte y la parca cruel se te acercan, y sucumbirás a manos del eximio Aquiles Eácida.

855 Apenas acabó de hablar, la muerte le cubrió con su manto: el alma voló de los miembros y descendió al Hades, llorando su suerte porque dejaba un cuerpo vigoroso y joven. Y el esclarecido Héctor le dijo, aunque muerto le veía:

859-¡Patroclo! ¿Por qué me profetizas una muerte terrible? ¿Quién sabe si Aquiles, hijo de Tetis, la de hermosa cabellera, no perderá antes la vida, herido por mi lanza?

862 Dichas estas palabras, puso un pie sobre el cadáver, arrancó la broncínea lanza y lo tumbó de espaldas. Inmediatamente se encaminó, lanza en mano, hacia Automedonte, el deiforme servidor del Eácida, de pies ligeros, pues deseaba herirlo, pero los veloces caballos inmortales, que

a Peleo le dieron los dioses como espléndido presente, ya to sacaban de la batalla.

CANTO XVII*

Principalía de Menelao

* Se entabla un encarnizado combate entre aqueos y troyanos para apoderarse de las arenas y el cadáver de Patroclo. Por fin, Menelao y Meriones, protegidos por los dos Ayante, cargan a sus espaldas con el cadáver de Patroclo y se lo llevan al campamento.

1 No dejó de advertir el Atrida Menelao, caro a Ares, que Patroclo había sucumbido en la lid a manos de los troyanos; y, armado de luciente bronce, se abrió camino por los combatientes delanteros y empezó a moverse en torno del cadáver para defenderlo. Como la vaca primeriza da vueltas alrededor de su becerrillo mugiendo tiernamente, porque antes ignoraba lo que era el parto, de semejante manera bullía el rubio Menelao cerca de Patroclo. Y colocándose delante del muerto, enhiesta la lanza y embrazado el liso escudo, se aprestaba a matar a quien se le opusiera. Tampoco Euforbo, el hábil lancero hijo de Pántoo, se descuidó al ver en el suelo al eximio Patroclo, sino que se detuvo a su lado y dijo a Menelao, caro a Ares:

12 -¡Atrida Menelao, alumno de Zeus, príncipe de hombres! Retírate, suelta el cadáver y desampara estos sangrientos despojos; pues, en la reñida pelea, ninguno de los troyanos ni de los auxiliares ilustres envasó su lanza a Patroclo antes que yo lo hiciera. Déjame alcanzar inmensa gloria entre los troyanos. No sea que, hiriéndote, te quite la dulce vida.

18 Respondióle muy indignado el rubio Menelao:

19-¡Padre Zeus! No es bueno que nadie se vanaglorie con tanta soberbia. Ni la pantera, ni el león, ni el dañino jabalí que tienen gran ánimo en el pecho y están orgullosos de su fuerza se presentan tan osados como los hábiles lanceros hijos de Pántoo. Pero el fuerte Hiperenor, domador de caballos, no siguió gozando de su juventud cuando me aguardó, después de injuriarme diciendo que yo era el más cobarde de los guerreros dánaos, y no creo que haya podido volverse con sus pies para regocijar a su esposa y

a sus venerandos padres. Del mismo modo te quitaré la vida a ti, si osas afrontarme, y te aconsejo que vuelvas a tu ejército y no te pongas delante, pues el necio sólo conoce el mal cuando ya está hecho.

33 Así habló, sin persuadir a Euforbo, que contestó diciendo:

34 -Menelao, alumno de Zeus, ahora pagarás la muerte de mi hermano, de que canto te jactas. Dejaste viuda a su mujer en el reciente tálamo; causaste a nuestros padres llanto y dolor profundo. Yo conseguiría que aquellos infelices cesaran de llorar, si, llevándome to cabeza y tus armas, las pusiera en las manos de Pántoo y de la divina Frontis. Pero no se diferirá mucho tiempo el combate, ni quedará sin decidir quién haya de ser el vencedor y quién el vencido.

43 Dicho esto, dio un bote en el escudo liso del Atrida, pero no pudo romper el bronce, porque la punta se torció al chocar con el fuerte escudo. El Atrida Menelao acometió, a su vez, con la pica, orando al padre Zeus, y, al it Euforbo a retroceder, se la clavó en la parte inferior de la garganta, empujó el asta con la robusta mano y la punta atravesó el delicado cuello. Euforbo cayó con estrépito, resonaron sus armas y se mancharon de sangre sus cabellos, semejantes a los de las Gracias, y los rizos, que llevaba sujetos con anillos de oro y plata. Cual frondoso olivo que, plantado por el Labrador en un lugar solitario donde abunda el agua, crece hermoso, es mecido por vientos de toda clase y se cubre de blancas flores; y, viniendo de repente el huracán, te arranca de la tierra y te tiende en el suelo; así el Atrida Menelao dio muerte a Euforbo, hijo de Pántoo y hábil lancero, y en seguida comenzó a quitarle la armadura.

61 Como un montaraz león, confiado en su fuerza, coge del rebaño que está paciendo la mejor vaca, le rompe la cerviz con los fuertes dientes, y, despedazándola, traga la sangre y todas las entrañas; y así los perros como los pastores gritan mucho a su alrededor, pero de lejos, sin atreverse a it contra la fiera porque el pálido temor los domina, de la misma manera ninguno tuvo bastante ánimo en su pecho para salir al encuentro del glorioso Menelao. Y el Atrida se habría llevado fácilmente las magníficas armas del Pantoida, si no te hubiese impedido Febo Apolo; el cual, tomando la figura de Mentes,

caudillo de los cícones, suscitó contra aquél a Héctor, igual al veloz Ares, con estas aladas palabras:

75 -¡Héctor! Tú corres ahora tras lo que no es posible alcanzar: los corceles del aguerrido Eácida. Difícil es que ninguno ni de los hombres ni de los dioses los sujete y sea por ellos llevado, fuera de Aquiles, que tiene una madre inmortal. Y en tanto, Menelao, belicoso hijo de Atreo, que defiende el cadáver de Patroclo, ha muerto a uno de los más esforzados troyanos, a Euforbo Pantoida, acabando con el impetuoso valor de este caudillo.

82 El dios, habiendo hablado así, volvió a la batalla. Héctor sintió profundo dolor en las negras entrañas, ojeó las hileras y vio en seguida al Atrida que despojaba de la espléndida armadura a Euforbo, y a éste tendido en el suelo y vertiendo sangre por la herida. Acto continuo, armado como se hallaba de luciente bronce y dando agudos gritos, abrióse paso por los combatientes delanteros cual si fuese una llama inextinguible encendida por Hefesto. No le pasó inadvertido al hijo de Atreo, que gimió al oír las voces, y a su magnánimo espíritu así le dijo:

91 -¡Ay de mí! Si abandono estas magníficas armas y a Patrocio, que por vengarme yace aquí tendido, temo que se irritará cualquier dánao que to presencie. Y si por vergüenza peleo con Héctor y Los troyanos, como ellos son muchos y yo estoy solo, quizás me cerquen; pues Héctor, el de tremolaiite casco, trae aquí a todos Los troyanos. Mas ¿por qué el corazón me hace pensar en tales cosas? Cuando, oponiéndose a la divinidad, el hombre lucha con un guerrero protegido por algún dios, pronto le sobreviene grave daño. Así, pues, ninguno de Los dánaos se irritará conmigo porque me vean ceder a Héctor, que combate amparado por Las deidades. Pero, si a mis oídos llegara la voz de Ayante, valiente en la pelea, volvería aquí con él y sólo pensaríamos en luchar, aunque fuese contra un dios, para ver si lográbamos arrastrar el cadáver y entregarlo al Pelida Aquiles. Sería esto to mejor para hacer llevaderos los presentes males.

106 Mientras tales pensamientos revolvía en su mente y en su corazón, llegaron las huestes de los troyanos, acaudilladas por Héctor. Menelao dejó el cadáver y retrocedió, volviéndose de cuando en cuando. Como el melenudo león, a quien alejan del establo los canes y los hombres con gritos y venablos, siente que el corazón audaz se le encoge y abandona de mala gana el redil; de la misma suerte apartábase de Patroclo el rubio Menelao, quien, al juntarse con sus amigos, se detuvo, volvió la cara a los troyanos y buscó con los ojos al gran Ayante, hijo de Telamón. Pronto le distinguió a la izquierda de la batalla, donde animaba a sus compañeros y les incitaba a pelear, pues Febo Apolo les había infundido un gran terror. Corrió a encontrarle; y, poniéndose a su lado, le dijo estas palabras:

120 -¡Ayante! Ven, amigo; apresurémonos a combatir por Patroclo muerto, y quizás podamos llevar a Aquiles el cadáver desnudo, pues las armas las tiene Héctor, el de tremolante casco.

123 Así dijo; y conmovió el corazón del aguerrido Ayante, que atravesó al momento las primeras filas junto con el rubio Menelao. Héctor había despojado a Patroclo de las magníficas armas y se lo llevaba arrastrando, para separarle con el agudo bronce la cabeza de los hombros y entregar el cadáver a los perros de Troya. Pero acercósele Ayante con su escudo como una torre; y Héctor, retrocediendo, llegó al grupo de sus amigos, saltó al carro y entregó las magníficas armas a los troyanos para que las llevaran a la ciudad, donde habían de causarle inmensa gloria. Ayante cubrió con su gran escudo al Menecíada y se mantuvo firme. Como el león anda en torno de sus cachorros cuando llevándolos por el bosque le salen al encuentro los cazadores, y, haciendo gala de su fuerza, baja los párpados ocultando sus ojos, de aquel modo corría Ayante alrededor del héroe Patroclo. En la parte opuesta hallábase el Atrida Menelao, caro a Ares, en cuyo pecho el dolor iba creciendo.

140 Glauco, hijo de Hipóloco, caudillo de los licios, dirigió entonces la torva faz a Héctor, y le increpó con estas palabras:

142 -¡Héctor, el de más hermosa figura, muy falto estás del valor que la guerra demanda! Inmerecida es tu buena fama, cuando solamente sabes huir. Piensa cómo en adelante defenderás la ciudad y sus habitantes, solo y sin más auxilio que los hombres nacidos en Ilio. Ninguno de los licios ha de pelear ya con los dánaos en favor de la ciudad, puesto que para nada se agradece el combatir siempre y sin descanso contra el enemigo. ¿Cómo, oh cruel, salvarás en la turba a

un obscuro combatiente, si dejas que Sarpedón, huésped y amigo tuyo, llegue a ser presa y botín de los argivos? Mientras estuvo vivo, prestó grandes servicios a la ciudad y a ti mismo; y ahora no to atreves a apartar de su cadáver a los perros. Por esto, si los licios me obedecieren, volveríamos a nuestra patria, y la ruina más espantosa amenazaría a Troya. Mas, si ahora tuvieran los troyanos el valor audaz a intrépido que suelen mostrar los que por la patria sostienen contiendas y luchas con los enemigos, pronto arrastraríamos el cadáver de Patroclo hasta Ilio. Y en seguida que el cuerpo de éste fuera retirado del campo y conducido a la gran ciudad del rey Príamo, los argivos nos entregarían, para rescatarlo, las hermosas armas de Sarpedón, y también podríamos llevar a Ilio el cadáver del héroe; pues Patroclo fue escudero del argivo más valiente que hay en las naves, como asimismo to son sus tropas, que combaten cuerpo a cuerpo. Pero tú no osaste esperar al magnánimo Ayante, ni resistir su mirada en la lucha, ni combatir con él, porque to aventaja en fortaleza.

169 Mirándole con torva faz, respondió Héctor, el de tremolante casco:

170 -¡Glauco! ¿Por qué, siendo cual eres, hablas con tanta soberbia? ¡Oh dioses! Te consideraba como el hombre de más seso de cuantos viven en la fértil Licia, y ahora he de reprenderte por to que pensaste y dijiste al asegurar que no puedo sostener la acometida del ingente Ayante. Nunca me espantó la batalla, ni el ruido de los caballos; pero siempre el pensamiento de Zeus, que lleva la égida, es más eficaz que el de los hombres, y el dios pone en fuga al varón esforzado y le quita fácilmente la victoria, aunque él mismo le haya incitado a combatir. Mas, ea, ven acá, amigo, ponte a mi lado, contempla mis hechos, y verás si seré cobarde en la batalla, como has dicho, aunque dure todo el día; o si haré que alguno de los dánaos, no obstante su ardimiento y valor, cese de defender el cadáver de Patroclo.

183 Cuando así hubo hablado, exhortó a los troyanos, dando grandes voces:

184 -¡Troyanos, licios, dánaos, que cuerpo a cuerpo peleáis! Sed hombres, amigos, y mostrad vuestro impetuoso valor, mientras visto las armas hermosas del eximio Aquiles, de que despojé al fuerte Patroclo después de matarlo.

188 Dichas estas palabras, Héctor, el de tremolante casco, salió de la funesta lid, y, corriendo con ligera planta, alcanzó pronto y no muy lejos a sus amigos que llevaban hacia la ciudad las magníficas armas del hijo de Peleo. Allí, fuera del luctuoso combate se detuvo y cambió de armadura: entregó la propia a los belicosos troyanos, para que la dejaran en la sacra Ilio, y vistió las armas divinas del Pelida Aquiles, que los dioses celestiales dieron a Peleo, y éste, ya anciano, cedió a su hijo, quien no había de usarlas tanto tiempo que llegara a la vejez llevándolas todavía.

198 Cuando Zeus, que amontona las nubes, vio que Héctor, apartándose, vestía las armas del divino Pelida, moviendo la cabeza, habló consigo mismo y dijo:

201 «¡Ah, mísero! No piensas en la muerte, que ya se halla cerca de ti, y vistes las armas divinas de un hombre valentísimo a quien todos temen. Has muerto a su amigo, tan bueno como fuerte, y le has quitado ignominiosamente la armadura de la cabeza y de los hombros. Mas todavía dejaré que alcances una gran victoria como compensación de que Andrómaca no recibirá de tus manos, volviendo tú del combate, las magníficas armas del Pelión».

209 Dijo el Cronión, y bajó las negras cejas en señal de asentimiento. La armadura de Aquiles le vino bien a Héctor, apoderóse de éste un terrible furor bélico, y sus miembros se vigorizaron y fortalecieron; y el héroe, dando recias voces, enderezó sus pasos a los aliados ilustres y se les presentó con las resplandecientes armas del magnánimo Pelión. Y acercándose a cada uno para animarlos con sus palabras -a Mestles, Glauco, Medonte, Tersíloco, Asteropeo, Disénor, Hipótoo, Forcis, Cromio y el augur Énnomo-, los instigó con estas aladas palabras:

220 -¡Oíd, tribus innúmeras de aliados que habitáis alrededor de Troya! No ha sido por el deseo ni por la necesidad de reunir una muchedumbre por lo que os he traído de vuestras ciudades, sino para que defendáis animosamente de los belicosos aqueos a las esposas y a los tiernos infantes de los troyanos. Con este pensamiento abrumo a mi pueblo y le exijo dones y víveres para excitar vuestro valor. Ahora cada uno haga frente y embista al enemigo, ya muera, ya se salve, que tales son los lances de

la guerra. Al que arrastre el cadáver de Patrocio hasta las filas de los troyanos, domadores de caballos, y haga ceder a Ayante, le daré la mitad de los despojos, reservándome la otra mitad, y su gloria será tan grande como la mía.

233 Así dijo. Todos arremetieron con las picas levantadas y cargaron sobre los dánaos, pues tenían grandes esperanzas de arrancar el cuerpo de Patroclo de las manos de Ayante Telamoníada. ¡Insensatos! Sobre el mismo cadáver, Ayante hizo perecer a muchos de ellos. Y este héroe dijo entonces a Menelao, valiente en la pelea:

238 -¡Oh amigo, oh Menelao, alumno de Zeus! Ya no espero que salgamos con vida de esta batalla. Ni temo tanto por el cadáver de Patroclo, que pronto saciará en Troya a los perros y aves de rapiña, cuanto por tu cabeza y por la mía; pues el nublado de la guerra, Héctor, todo to cubre, y a nosotros nos espera una muerte cruel. Ea, llama a los más valientes dánaos, por si alguno to oye.

246 Así dijo. Menelao, valiente en la pelea, no desobedeció; y, alzando recio la voz, dijo a los dánaos:

248 -¡Oh amigos, capitanes y príncipes de los argivos, los que bebéis en la tienda de los Atridas Agamenón y Menelao el vino que el pueblo paga, mandáis las tropas y os viene de Zeus el honor y la gloria! Me es difícil ver a cada uno de los caudillos. ¡Tan grande es el combate que aquí se ha empeñado! Pero acercaos vosotros, indignándoos en vuestro corazón de que Patroclo llegue a ser juguete de los perros troyanos.

256 Así dijo. Oyóle en seguida el veloz Ayante de Oileo, y acudió antes que nadie, corriendo a través del campo. Siguiéronle Idomeneo y su escudero Meriones, igual al homicida Enialio. ¿Y quién podría retener en la memoria y decir los nombres de cuantos aqueos fueron llegando para reanimar la pelea?

262 Los troyanos acometieron apinados, con Héctor a su frente. Como en la desembocadura de un río que las celestiales lluvias alimentan, las ingentes olas chocan bramando contra la corriente del mismo, refluyen al mar y las altas orillas resuenan en torno; con una gritería tan grande marchaban los troyanos. Mientras tanto, los aqueos permanecían firmes alrededor del cadáver del Menecíada, conservando el mismo ánimo y defendiéndose con los escudos de bronce; y el Cronión rodeó de espesa niebla sus relucientes cascos, porque nunca había aborrecido al Menecíada mientras vivió y fue servidor del Eácida, y entonces veía con desagrado que el cadáver pudiera llegar a ser juguete de los perros troyanos. Por esto el dios incitaba a los compañeros a que lo defendieran.

274 En un principio, los troyanos rechazaron a los aqueos, de ojos vivos, y éstos, desamparando al muerto, huyeron espantados. Y si bien los altivos troyanos no consiguieron matar con sus lanzas a ningún aqueo, como deseaban, empezaron a arrastrar el cadáver. Poco tiempo debían los aqueos permanecer alejados de éste, pues los hizo volver Ayante; el cual, así por su figura, como por sus obras, era el mejor de los dánaos, después del eximio Pelión. Atravesó el héroe las primeras Filas, y parecido por su bravura al jabalí que en el monte dispersa fácilmente, dando vueltas por los matorrales, a los perros y a los florecientes mancebos, de la misma manera el esclarecido Ayante, hijo del ilustre Telamón, acometió y dispersó las falanges de troyanos que se agitaban en torno de Patroclo con el decidido propósito de llevarlo a la ciudad y alcanzar gloria.

288 Hipótoo, hijo preclaro del pelasgo Leto, había atado una correa a un tobillo de Patroclo, alrededor de los tendones; y arrastraba el cadáver por el pie, a través del reñido combate, para congraciarse con Héctor y los troyanos. Pronto le ocurrió una desgracia, de que nadie, por más que to deseara, pudo librarlo. Pues el hijo de Telamón, acometiéndole por entre la turba, le hirió de cerca por el casco de broncíneas carrilleras: el casco, guarnecido de un penacho de crines de caballo, se quebró al recibir el golpe de la gran lanza manejada por la robusta mano; el cerebro fluyó sanguinolento por la herida, a lo largo del asta; el guerrero perdió las fuerzas, dejó escapar de sus manos al suelo el pie del magnánimo Patroclo, y cayó de pechos, junto al cadáver, lejos de la fértil Larisa; y así no pudo pagar a sus progenitores la crianza, ni fue larga su vida, porque sucumbió vencido por la lanza del magnánimo Ayante. A su vez, Héctor arrojó la reluciente lanza a Ayante, pero éste, al notarlo, hurtó un poco el cuerpo, y la broncínea arma alcanzó a Esquedio, hijo del magnánimo ífito y el más valiente de los focios, que tenía su casa en la célebre Panopeo y reinaba sobre muchos hom-

bres: clavóse la broncínea punta debajo de la clavícula y, atravesándola, salió por la extremidad del hombro. El guerrero cayó con estrépito, y sus armas resonaron.

312 Ayante hirió en medio del vientre al aguerrido Forcis, hijo de Fénope, que defendía el cadáver de Hipótoo; y el bronce rompió la cavidad de la coraza y desgarró las entrañas: el troyano, caído en el polvo, cogió el suelo con las manos. Arredráronse los combatientes delanteros y el esclarecido Héctor; y los argivos dieron grandes voces, retiraron los cadáveres de Forcis y de Hipótoo, y quitaron de sus hombros las respectivas armaduras.

319 Entonces los troyanos hubieran vuelto a entrar en Ilio, acosados por los belicosos aqueos y vencidos por su cobardía; y los argivos hubiesen alcanzado gloria, contra la voluntad de Zeus, por su fortaleza y su valor; pero el mismo Apolo instigó a Eneas, tomando la figura del heraldo Perifante Epítida, que había envejecido ejerciendo de pregonero en la casa del padre del héroe y sabía dar saludables consejos. Así transfigurado, habló Apolo, hijo de Zeus, diciendo:

327 -¡Eneas! ¿De qué modo podríais salvar la excelsa Ilio, hasta si un dios se opusiera? Como he visto hacerlo a otros varones que confiaban en su fuerza y vigor, en su bravura y en la muchedumbre de tropas formadas por un pueblo intrépido. Mas, al presente, Zeus desea que la victoria quede por vosotros y no por los dánaos; y vosotros huís temblando, sin combatir.

333 Así dijo. Eneas, como viera delante de sí a Apolo, el que hiere de lejos, le reconoció, y a grandes voces dijo a Héctor:

335 -¡Héctor y demás caudillos de los troyanos y sus aliados! Es una vergüenza que entremos en Ilio, acosados por los belicosos aqueos y vencidos por nuestra cobardía. Una deidad ha venido a decirme que Zeus, el árbitro supremo, será aún nuestro auxiliar en la batalla. Marchemos, pues, en derechura a los dánaos, para que no se lleven tranquilamente a las naves el cadáver de Patroclo.

342 Así habló; y, saltando mucho más allá de los combatientes delanteros, se detuvo. Los troyanos volvieron la cara y afrontaron a los aqueos. Entonces Eneas dio una lanzada a Leócrito, hijo de Arisbante y compañero valiente

de Licomedes. Al verlo derribado en tierra, compadecióse Licomedes, caro a Ares; y, parándose muy cerca del enemigo, arrojó la reluciente lanza, hirió en el hígado, debajo del diafragma, a Apisaón Hipásida, pastor de hombres, y le dejó sin vigor las rodillas: este guerrero procedía de la fértil Peonia, y era, después de Asteropeo, el que más descollaba en el combate. Vioto caer el belicoso Asteropeo, y, apiadándose, corrió hacia él, dispuesto a pelear con los dánaos. Mas no le fue posible; pues cuantos rodeaban por todas partes a Patroclo se cubrían con los escudos y calaban las lamas. Ayante recorría las filas y daba muchas órdenes: mandaba que ninguno retrocediese, abandonando el cadáver, ni combatiendo se adelantara a los demás aqueos, sino que todos rodearan al muerto y pelearan de cerca. Así se lo encargaba el ingente Ayante. La tierra estaba regada de purpúrea sangre y caían muertos, unos en pos de otros, muchos troyanos, poderosos auxiliares, y dánaos; pues estos últimos no peleaban sin derramar sangre, aunque perecían en mucho menor número porque cuidaban siempre de defenderse recíprocamente en medio de la turba, para evitar la cruel muerte.

366 Así combatían, con el ardor del fuego. No hubieras dicho que aún subsistiesen el sol y luna, pues hallábanse cubiertos por la niebla todos los guerreros ilustres que peleaban alrededor del cadáver del Menecíada. Los restantes troyanos y aqueos, de hermosas grebas, libres de la obscuridad, luchaban al cielo sereno: los vivos rayos del sol herían el campo, sin que apareciera ninguna nube sobre la tierra ni en las montañas, y ellos combatían y descansaban alternativamente, hallándose a gran distancia unos de otros y procurando librarse de los dolorosos tiros que les dirigían los contrarios. Y en tanto, los del centro padecían muchos males a causa de la niebla y del combate, y los más valientes estaban dañados por el cruel bronce. Dos varones insignes, Trasimedes y Antíloco, ignoraban aún que el eximio Patroclo hubiese muerto y creían que, vivo aún, luchaba con los troyanos en la primera fila. Ambos, aunque estaban en la cuenta de que sus compañeros eran muertos o derrotados, peleaban separadamente de los demás; que así se to había ordenado Néstor,

cuando desde las negras naves los envió a la batalla.

384 Todo el día sostuvieron la gran contienda y el cruel combate. Cansados y sudosos tenían las rodillas, las piernas y más abajo los pies, y manchados de polvo las manos y los ojos, cuantos peleaban en torno del valiente servidor del Eácida, de pies ligeros. Como un hombre da a los obreros, para que la estiren, una piel grande de toro cubierta de grasa, y ellos, cogiéndola, se distribuyen a su alrededor, y tirando todos sale la humedad, penetra la grasa y la piel queda perfectamente extendida por todos lados, de la misma manera tiraban aquéllos del cadáver acá y acullá, en un reducido espacio, y tenían grandes esperanzas de arrastrarlo los troyanos hacia Ilio, y los aqueos a las cóncavas naves. Un tumulto feroz se producía alrededor del muerto; y ni Ares, que enardece a los guerreros, ni Atenea por airada que estuviera, habrían hallado nada que baldonar, si to hubiesen presenciado: tare funesto combate de hombres y caballos suscitó Zeus aquel día sobre el cadáver de Patroclo. El divino Aquiles ignoraba aún la muerte del héroe, porque la pelea se había empeñado muy lejos de las veleras naves, al pie del muro de Troya. No se figuraba que hubiese muerto, sino que después de acercarse a las puertas volvería vivo; porque tampoco esperaba que llegara a tomar la ciudad, ni solo, ni con él mismo. Así se to había oído muchas veces a su madre cuando, hablándole separadamente de los demás, le revelaba el pensamiento del gran Zeus. Pero entonces la diosa no le anunció la gran desgracia que acababa de ocurrir: la muerte del compañero a quien más amaba.

412 Los combatientes, blandiendo afiladas lanzas, se acometían continuamente alrededor del cadáver; y unos a otros se mataban. Y hubo quien entre los aqueos, de broncíneas corazas, habló de esta manera:

415 -¡Oh amigos! No sería para nosotros acción gloriosa la de volver a las cóncavas naves. Antes la negra tierra se nos trague a todos; que preferible fuera, si hemos de permitir a los troyanos, domadores de caballos, que arrastren el cadáver a la ciudad y alcancen gloria.

420 Y a su vez alguno de los magnánimos troyanos así decía:

421 -¡Oh amigos! Aunque la parca haya dispuesto que sucumbamos todos junto a ese hombre, nadie abandone la batalla.

423 Con tales palabras excitaban el valor de sus compañeros. Seguía el combate, y el férreo estrépito llegaba al cielo de bronce, a través del infecundo éter.

426 Los corceles de Aquiles lloraban, fuera del campo de la batalla, desde que supieron que su auriga había sido postrado en el polvo por Héctor, matador de hombres. Por más que Automedonte, hijo valiente de Diores, los aguijaba con el flexible látigo y les dirigía palabras, ya suaves, ya amenazadoras; ni querían volver atrás, a las naves y al vasto Helesponto, ni encaminarse hacia los aqueos que estaban peleando. Como la columna se mantiene firme sobre el túmulo de un varón difunto o de una matrona, tan inmóviles permanecían aquéllos con el magnífico carro. Inclinaban la cabeza al suelo, de sus párpados caían a tierra ardientes lágrimas con que lloraban la pérdida del auriga, y las lozanas crines estaban manchadas y caídas a ambos lados del yugo.

441 A1 verlos llorar, el Cronión se compadeció de ellos, movió la cabeza, y, hablando consigo mismo, dijo:

443 «¡Ah, infelices! ¿Por qué os entregamos al rey Peleo, a un mortal, estando vosotros exentos de la vejez y de la muerte? ¿Acaso para que tuvieseis penas entre los míseros mortales? Porque no hay un ser más desgraciado que el hombre, entre cuantos respiran y se mueven sobre la tierra. Héctor Priámida no será llevado por vosotros en el labrado carro; no lo permitiré. ¿Por ventura no es bastante que se haya apoderado de las armas y se gloríe de esta manera? Daré fuerza a vuestras rodillas y a vuestro espíritu, para que llevéis salvo a Automedonte desde la batalla a las cóncavas naves; y concederé gloria a los troyanos, los cuales seguirán matando hasta que lleguen a las naves de muchos bancos, se ponga el sol y la sagrada obscuridad sobrevenga.»

456 Así diciendo, infundió gran vigor a los caballos: sacudieron éstos el polvo de las crines y arrastraron velozmente el ligero carro hacia los troyanos y los aqueos. Automedonte, aunque afligido por la suerte de su compañero, quería combatir desde el carro, y con los corceles se

echaba sobre los enemigos como el buitre sobre los ánsares; y con la misma facilidad huía del tumulto de los troyanos, que arremetía a la gran turba de ellos para seguirles el alcance. Pero no mataba hombres cuando se lanzaba a perseguir, porque, estando solo en el sagrado asiento, no le era posible acometer con la lanza y sujetar al mismo tiempo los veloces caballos. Viole al fin su compañero Alcimedonte, hijo de Laerces Hemónida; y, poniéndose detrás del carro, dijo a Automedonte:

469 -¡Automedonte! ¿Qué dios te ha sugerido tan inútil propósito dentro del pecho y to ha privado de te buen juicio? ¿Por qué, estando solo, combates con los troyanos en la primera fila? Tu compañero recibió la muerte, y Héctor se vanagloria de cubrir sus hombros con las armas del Eácida.

474 Respondióle Automedonte, hijo de Diores:

475 -¡Alcimedonte! ¿Cuál otro aqueo podría sujetar o aguijar estos caballos inmortales mejor que tú, si no fuera Patroclo, consejero igual a los dioses, mientras estuvo vivo? Pero ya la muerte y la parca to alcanzaron. Recoge el látigo y las lustrosas riendas, y yo bajaré del carro para combatir.

481 Así dijo. Alcimedonte, subiendo en seguida al veloz carro, empuñó el látigo y las riendas, y Automedonte saltó a tierra. Advirtiólo el esclarecido Héctor; y al momento dijo a Eneas, que a su lado estaba:

485 -¡Eneas, consejero de los troyanos, de broncíneas corazas! Advierto que los corceles del Eácida, ligero de pies, aparecen nuevamente en la lid guiados por aurigas débiles. Y creo que me apoderaría de los mismos, si tú quisieras ayudarme; pues, arremetiendo nosotros a los aurigas, éstos no se.. atreverán a resistir ni a pelear frente a frente.

491 Así dijo; y el valeroso hijo de Anquises no dejó de obedecerle. Ambos pasaron adelante, protegiendo sus hombros con sólidos escudos de pieles secas de buey, cubiertas con gruesa capa de bronce. Siguiéronles Cromio y el deiforme Areto, que tenían grandes esperanzas de matar a los aurigas y llevarse los corceles de erguido cuello. ¡Insensatos! No sin derramar sangre habían de escapar de Automedonte. Éste, orando al padre Zeus, llenó de fuerza y vigor las negras entrañas; y en seguida dijo a Alcimedonte, su fiel compañero:

501-¡Alcimedonte! No tengas los caballos lejos de mí; sino tan cerca, que sienta su resuello sobre mi espalda. Creo que Héctor Priámida no calmará su ardor hasta que suba al carro de Aquiles y gobierne los corceles de hermosas crines, después de darnos muerte a nosotros y desbaratar las filas de los guerreros argivos; o él mismo sucumba, peleando con los combatientes delanteros.

507 Así habiendo hablado, llamó a los dos Ayantes y a Menelao:

508 -¡Ayantes, caudillos de los argivos! ¡Menelao! Dejad a los más fuertes el cuidado de rodear al muerto y defenderlo, rechazando las haces enemigas; y venid a librarnos del día cruel a nosotros que aún vivimos, pues se dirigen a esta parte, corriendo por el luctuoso combate, Héctor y Eneas, que son los más valientes de los troyanos. En la mano de los dioses está to que haya de ocurrir. Yo arrojaré mi lanza, y Zeus se cuidará del resto.

516 Dijo; y, blandiendo la ingente lanza, acertó a dar en el escudo liso de Areto, que no logró detener a aquélla: atravesólo la punta de bronce, y rasgando el cinturón se clavó en el empeine del guerrero. Como un joven hiere con afilada segur a un buey montaraz por detrás de las astas, le corta el nervio y el animal da un salto y cae, de esta manera el troyano saltó y cayó boca arriba y la lanza aguda, vibrando aún en sus entrañas, dejóle sin vigor los miembros.- Héctor arrojó la reluciente lanza contra Automedonte, pero éste, como la viera venir, evitó el golpe inclinándose hacia adelante: la fornida lanza se clavó en el suelo detrás de él, y el regatón temblaba; pero pronto la impetuosa arma perdió su fuerza. Y se atacaron de cerca con las espadas, si no les hubiesen obligado a separarse los dos Ayantes; los cuales, enardecidos, abriéronse paso por la turba y acudieron a las voces de su amigo. Temiéronlos Héctor, Eneas y el deiforme Cromio, y, retrocediendo, dejaron a Areto, que yacía en el suelo con el corazón traspasado. Automedonte, igual al veloz Ares, despojóle de las armas y, gloriándose, pronunció estas palabras:

538 -El pesar de mi corazón por la muerte del Menecíada se ha aliviado un poco; aunque le es inferior el varón a quien he dado muerte.

540 Así diciendo, tomó y puso en el carro los sangrientos despojos; y en seguida subió al mismo, con los pies y las manos ensangrentados como el león que ha devorado un toro.

543 De nuevo se trabó una pelea encarnizada, funesta, luctuosa, en torno de Patroclo. Excitó la lid a Atenea, que vino del cielo, enviada a socorrer a los dánaos por el largovidente Zeus, cuya mente había cambiado. De la suerte que Zeus tiende en el cielo el purpúreo arco iris, como señal de una guerra o de un invierno tan frío que obliga a suspender las labores del campo y entristece a los rebaños, de este modo la diosa, envuelta en purpúrea nube, penetró por las tropas aqueas y animó a cada guerrero. Primero enderezó sus pasos hacia el fuerte Menelao, hijo de Atreo, que se hallaba cerca; y, tomando la figura y voz infatigable de Fénix, le exhortó diciendo:

556 -Sería para ti, oh Menelao, motivo de vergüenza y de oprobio que los veloces perros despedazaran cerca del muro de Troya el cadáver de quien fue compañero fiel del ilustre Aquiles. ¡Combate denodadamente y anima a todo el ejército!

56o Respondióle Menelao, valiente en la pelea:

561 -¡Padre Fénix, anciano respetable! Ojalá Atenea me infundiese vigor y me librase del ímpetu de los tiros. Yo quisiera ponerme al lado de Patroclo y defenderlo, porque su muerte conmovió mucho mi corazón; pero Héctor tiene la terrible fuerza de una llama, y no cesa de matar con el bronce, protegido por Zeus, que le da gloria.

567 Así dijo. Atenea, la diosa de ojos de lechuza, holgándose de que aquél la invocara la primera entre todas las deidades, le vigorizó los hombros y las rodillas, a infundió en su pecho la audacia de la mosca, la cual, aunque sea ahuyentada repetidas veces, vuelve a picar porque la sangre humana le es agradable; de una audacia semejante llenó la diosa las negras entrañas del héroe. Encaminóse Menelao hacia el cadáver de Patroclo y despidió la reluciente lanza. Hallábase entre los troyanos Podes, hijo de Eetión, rico y valiente, a quien Héctor honraba mucho en la ciudad porque era su compañero querido en los festines; a éste, que ya emprendía la fuga, atravesólo el rubio Menelao con la broncínea lanza que se clavó en el ceñidor, y el troyano cayó con estrépito. A1 punto, el Atrida Menelao arrastró el cadáver desde los troyanos adonde se hallaban sus amigos.

582 Apolo incitó a Héctor, poniéndose a su lado después de tomar la figura de Fénope Asíada; éste tenía la casa en Abides, y era para el héroe el más querido de sus huéspedes. Así transfigurado, dijo Apolo, el que hiere de lejos:

586 -¡Héctor! ¿Cuál otro aqueo te temerá, cuando huyes temeroso ante Menelao, que siempre fue guerrero débil y ahora él solo ha levantado y se lleva fuera del alcance de los troyanos el cadáver de tu fiel amigo a quien mató, del que peleaba con denuedo entre los combatientes delanteros, de Podes, hijo de Eetión?

591 Así dijo, y negra nube de pesar envolvió a Héctor, que en seguida atravesó las primeras filas, cubierto de reluciente bronce. Entonces el Cronida tomó la esplendorosa égida floqueada, cubrió de nubes el Ida, relampagueó y tronó fuertemente, agitó la égida, y die la victoria a los troyanos, poniendo en fuga a los aqueos.

597 El primero que huyó fue Penéleo, el beocio, per haber recibido, vuelto siempre de cara a los troyanos, una herida leve en el hombre; y Polidamante, acercándose a él, le arrojó la lanza, que desgarró la piel y llegó hasta el hueso.- Héctor, a su vez, hirió en la muñeca y dejó fuera de combate a Leito, hijo del magnánimo Alectrión; el cual huyó espantado y mirando en torno suyo, porque ya no esperaba que con la lanza en la mano pudiese combatir con los troyanos.- Contra Héctor, que perseguía a Leito, arrojó Idomeneo su lanza y le dio un bote en el peto de la coraza, junto a la tetilla; pero rompióse aquélla en la unión del asta con el hierro; y los troyanos gritaron. Héctor despidió su lama contra Idomeneo Deucálida, que iba en un carro; y por poco no acertó a herirlo; pero el bronce se clavó en Cérano, escudero y auriga de Meriones, a quien acompañaba desde que partieron de la bien construida Licto. Idomeneo salió aquel día de las corvas naves al campo, como infante; y hubiera procurado a los troyanos un gran triunfo, si no hubiese llegado Cérano guiando los veloces corceles: éste fue su salvador, porque le libró del día cruel al perder la vida a manos de Héctor, matador de hombres. A Cérano, pues, hirióle Héctor debajo de la quijada y de la oreja: la punta

de la lanza hizo saltar los dientes y atravesó la lengua. El guerrero cayó del carro, y dejó que las riendas vinieran al suelo. Meriones, inclinándose, recogiólas, y dijo a Idomeneo:

622 -Aquija con el látigo los caballos hasta que llegues a las veleras naves; pues ya tú mismo conoces que no serán los aqueos quienes alcancen la victoria.

624 Así habló; a Idomeneo fustigó los corceles de hermosas crines, guiándolos hacia las cóncavas naves, porque el temor había entrado en su corazón.

626 No les pasó inadvertido al magnánimo Ayante y a Menelao que Zeus otorgaba a los troyanos la inconstante victoria. Y el gran Ayante Telamonio fue el primero en decir:

629 -¡Oh dioses! Ya hasta el más simple conocería que el padre Zeus favorece a los troyanos. Los tiros de todos ellos, sea cobarde o valiente el que dispara, no yerran el blanco, porque Zeus los encamina; mientras que los nuestros caen al suelo sin dañar a nadie. Ea, pensemos cómo nos será más fácil sacar el cadáver y volvernos, para regocijar a nuestros amigos; los cuales deben de atligirse mirando hacia acá, y sin duda piensan que ya no podemos resistir la fuerza y las invictas manes de Héctor, matador de hombres, y pronto tendremos que caer en las negras naves. Ojalá algún amigo avisara rápidamente al Pelida, pues no creo que sepa la infausta nueva de que ha muerto su compañero amado. Pero no puedo distinguir entre los aqueos a nadie capaz de hacerlo, cubiertos como están por densa niebla hombres y caballos. ¡Padre Zeus! ¡Libra de la espesa niebla a los aqueos, serena el cielo, concede que nuestros ojos vean, y destrúyenos en la luz, ya que así te place!

648 Así dijo; y el padre, compadecido de verle derramar lágrimas, disipó en el acto la obscuridad y apartó la niebla. Brilló el sol y toda la batalla quedó alumbrada. Y entonces dijo Ayante a Menelao, valiente en la pelea:

651 -Mira ahora, Menelao, alumno de Zeus, si ves a Antíloco, hijo del magnánimo Néstor, vivo aún; y envíale para que vaya corriendo a decir al belicoso Aquiles que ha muerto su compañero más amado.

655 Así dijo; y Menelao, valiente en la pelea, obedeció y se fue, como se aleja del establo un león después de irritar a los canes y a los hombres que, vigilando toda la noche, no le han dejado comer los pingües bueyes -el animal, ávido de carne, acomete, pero nada consigue porque audaces manos le arrojan muchos venablos y teas encendidas que le hacen temer, aunque está enfurecido-; y al despuntar la aurora se va con el corazón atligido: de tan mala gana, Menelao, valiente en la pelea, se apartaba de Patroclo, porque sentía gran temor de que los aqueos, vencidos por el fuerte miedo, lo dejaran y fuera presa de los enemigos. Y se lo recomendó mucho a Meriones y a los Ayantes, diciéndoles:

669 -¡Ayantes, caudillos de los argivos! ¡Meriones! Acordaos ahora de la mansedumbre del mísero Patroclo, el cual supo ser amable con todos mientras gozó de vida. Pero ya la muerte y la parca le alcanzaron.

673 Dicho esto, el rubio Menelao partió mirando a todas partes como el águila (el ave, según dicen, de vista más perspicaz entre cuantas vuelan por el cielo), a la cual, aun estando en las alturas, no le pasa inadvertida una liebre de pies ligeros echada debajo de un arbusto frondoso, y se abalanza a ella y en un instante la coge y le quita la vida; del mismo modo, oh Menelao, alumno de Zeus, tus brillantes ojos dirigíanse a todos lados, por la turba numerosa de los compañeros, para ver si podrías hallar vivo al hijo de Néstor. Pronto le distinguió a la izquierda del combate, donde animaba a sus compañeros y les incitaba a pelear. Y deteniéndose a su lado, habióle así el rubio Menelao:

685 -¡Ea, ven acá, Antíloco, alumno de Zeus, y sabrás una infausta nueva que ojalá no debiera darte! Creo que tú mismo conocerás, con sólo tender la vista, que un dios nos manda la derrota a los dánaos y que la victoria es de los troyanos. Ha muerto el más valiente aqueo, Patroclo, y los dánaos le echan muy de menos. Corre hacia las naves aqueas y anúncialo a Aquiles; por si, dándose prisa en venir, puede llevar a su bajel el cadáver desnudo, pues las armas las tiene Héctor, el de tremolante casco.

694 Así dijo. Estremecióse Antíloco al oírle, estuvo un buen rato sin poder hablar, llenáronse de lágrimas sus ojos y la voz sonora se le cortó. Mas no por esto descuidó de cumplir la orden de Menelao: entregó las armas a Laódoco, el eximio

compañero que a su lado regía los solípedos caballos, y echó a correr.

700 Llevado por sus pies fuera del combate, fuese llorando a dar al Pelida Aquiles la triste noticia. Y a ti, oh Menelao, alumno de Zeus, no te aconsejó el ánimo que te quedaras allí para socorrer a los fatigados compañeros de Antíloco, aunque los pilios echaban muy de menos a su jefe. Envióles, pues, el divino Trasimedes; y volviendo a la carrera hacia el cadáver del héroe Patroclo, se detuvo junto a los Ayantes, y en seguida les dijo:

708 -Ya he enviado a aquél a las veleras naves, para que se presente a Aquiles, el de los pies ligeros; pero no creo que Aquiles venga en seguida, por más airado que esté con el divino Héctor, porque sin armas no podrá combatir con los troyanos. Pensemos nosotros mismos cómo nos será más fácil sacar el cadáver y librarnos, en la lucha con los troyanos, de la muerte y la parca.

715 Respondióle el gran Ayante Telamonio:

716 -Oportuno es cuanto dijiste, ínclito Menelao. Tú y Meriones introducíos prontamente, levantad el cadáver y sacadlo de la lid. Y nosotros dos, que tenemos igual ánimo, llevamos el mismo nombre y siempre hemos sostenido juntos el vivo combate, os seguiremos, peleando a vuestra espalda con los troyanos y el divino Héctor.

722 Así dijo. Aquéllos cogieron al muerto y alzáronlo muy alto; y gritó el ejército troyano al ver que los aqueos levantaban el cadáver. Arremetieron los troyanos como los perros que, adelantándose a los jóvenes cazadores, persiguen al jabalí herido; así como éstos corren detrás del jabalí y anhelan despedazarlo, pero, cuando el animal, fiado en su fuerza, se vuelve, retroceden y espantados se dispersan; del mismo modo los troyanos seguían en tropel y herían a los aqueos con las espadas y lanzas de doble filo; pero, cuando los Ayantes volvieron la cara y se detuvieron, a todos se les mudó el color del semblante y ninguno osó adelantarse para disputarles el cadáver.

733 De tal manera ambos caudillos llevaban presurosos el cadáver desde la batalla hacia las cóncavas naves. Tras ellos suscitóse feroz combate: como el fuego que prende en una ciudad, se levanta de pronto y resplandece, y las caws se arruinan entre grandes llamas que el viento, enfurecido, mueve; de igual suerte, un horrísono tumulto de caballos y guerreros acompañaba a los que se iban retirando. Así como mulos vigorosos sacan del monte y arrastran por áspero camino una viga o un gran tronco destinado a mástil de navío, y apresuran el paso, pero su ánimo está abatido por el cansancio y el sudor: de la misma manera ambos caudillos transportaban animosamente el cadáver. Detrás de ellos, los Ayantes contenían a los troyanos como el valladar selvoso extendido por gran parte de la llanura refrena las corrientes perjudiciales de los ríos de curso arrebatado, les hace torcer el camino y les señala el cauce por donde todos han de correr, y jamás los ríos pueden romperlo con la fuerza de sus aguas; de semejante modo, los Ayantes apartaban a los troyanos que les seguían peleando, especialmente Eneas Anquisíada y el preclaro Héctor. Como vuela una bandada de estorninos o grajos, dando horribles chillidos, cuando ven al gavilán que trae la muerte a los pajarillos, así entonces los aqueos, perseguidos por Eneas y Héctor, corrían chillando horriblemente y se olvidaban de combatir. Muchas armas hermosas de los dánaos fugitivos cayeron en el foso o en sus orillas, y la batalla continuaba sin intermisión alguna

CANTO XVIII *

Fabricación de las armas

* Aquiles, al enterarse de la noticia de la muerte de su amigo Patroclo, ansía vengarlo. Su madre, Tetis, pide a Hefesto que fabrique un escudo que reemplace al que Héctor tomó como botín del cadáver de Patroclo.

1 Mientras los troyanos y los aqueos combatían con el ardor de abrasadora llama, Antíloco, mensajero de veloces pies, fue en busca de Aquiles. Hallóle junto alas naves, de altas popas, y ya el héroe presentía lo ocurrido; pues, gimiendo, a su magnánimo espíritu así le hablaba:

6 -¡Ay de mí! ¿Por qué los melenudos aqueos vuelven a ser derrotados, y corren aturdidos por la llanura con dirección a las naves? Temo que los dioses me hayan causado la desgracia cruel para mi corazón, que me anunció mi madre diciendo que el más valiente de los mirmidones dejaría de

ver la luz del sol, a manos de los troyanos, antes de que yo falleciera. Sin duda ha muerto el esforzado hijo de Menecio. ¡Infeliz! Yo le mandé que, tan pronto como apartase el fuego enemigo, regresara a los bajeles y no quisiera pelear valerosamente con Héctor.

15 Mientras tales pensamientos revolvía en su mente y en su corazón, llegó el hijo del ilustre Néstor; y, derramando ardientes lágrimas, diole la triste noticia:

18-¡Ay de mí, hijo del aguerrido Peleo! Sabrás una infausta nueva, una cosa que no hubiera de haber ocurrido. Patroclo yace en el suelo, y troyanos y aqueos combaten en torno del cadáver desnudo, pues Héctor, el de tremolante casco, tiene la armadura.

22 Así dijo; y negra nube de pesar envolvió a Aquiles. El héroe cogió ceniza con ambas manos, derramóla sobre su cabeza, afeó el gracioso rostro y la negra ceniza manchó la divina túnica; después se tendió en el polvo, ocupando un gran espacio, y con las manos se arrancaba los cabellos. Las esclavas que Aquiles y Patroclo habían cautivado salieron afligidas; y, dando agudos gritos, fueron desde la puerta a rodear a Aquiles; todas se golpeaban el pecho y sentían desfallecer sus miembros. Antíloco también se lamentaba, vertía lágrimas y tenía de las manos a Aquiles, cuyo gran corazón deshacíase en suspiros, por el temor de que se cortase la garganta con el hierro. Dio Aquiles un horrendo gemido; oyóle su veneranda madre, que se hallaba en el fondo del mar, junto al padre anciano, y prorrumpió en sollozos; y cuantas diosas nereidas había en aquellas profundidades, todas se congregaron a su alrededor. Allí estaban Glauce, Talía, Cimódoce, Nesea, Espío, Toe, Halia, la de ojos de novilla, Cimótoe, Actea, Limnorea, Mélite, Yera, Anfítoe, Ágave, Doto, Proto, Ferusa, Dinámene, Dexámene, Anfínome, Calianira, Dóride, Pánope, la célebre Galatea, Nemertes, Apseudes, Calianasa, Clímene, Yanira, Yanasa, Mera, Oritía, Amatía, la de hermosas trenzas, y las restantes nereidas que habitan en el hondo del mar. La blanquecina gruta se llenó de ninfas, y todas se golpeaban el pecho. Y Tetis, dando principio a los lamentos, exclamó:

52 -Oíd, hermanas nereidas, para que sepáis cuántas penas sufre mi corazón. ¡Ay de mí, desgraciada! ¡Ay de mí, madre infeliz de un valiente! Parí a un hijo ilustre, fuerte a insigne entre los héroes, que creció semejante a un árbol; le crié como a una planta en terreno fértil y to mandé a Ilio en las corvas naves para que combatiera con los troyanos; y ya no le recibiré otra vez, porque no volverá a mi casa, a la mansión de Peleo. Mientras vive y ve la luz del sol está angustiado, y no puedo, aunque a él me acerque, llevarle socorro. Iré a ver al hijo querido y me dirá qué pesar le aflige ahora que no interviene en las batallas.

65 Así diciendo, salió de la gruta; las nereidas la acompañaron llorosas, y las olas del mar se rompían en torno de ellas. Cuando llegaron a la fértil Troya, subieron todas a la playa donde las muchas naves de los mirmidones habían sido colocadas junto a la del veloz Aquiles. La veneranda madre se acercó al héroe, que suspiraba profundamente; y, rompiendo el aire con agudos clamores, abrazóle la cabeza, y en tono lastimero pronunció estas aladas palabras:

73 -¡Hijo! ¿Por qué lloras? ¿Qué pesar te ha llegado al alma? Habla; no me to ocultes. Zeus ha cumplido lo que tú, levantando las manos, le pediste: que todos los aqueos, privados de ti, fueran acorralados junto a las naves y padecieran vergonzosos desastres.

78 Exhalando profundos suspiros, contestó Aquiles, el de los pies ligeros:

79 -¡Madre mía! El Olímpico, efectivamente, lo ha cumplido; pero ¿qué placer puede producirme, habiendo muerto Patroclo, el fiel amigo a quien apreciaba sobre todos los compañeros y tanto como a mi propia cabeza? Lo he perdido, y Héctor, después de matarlo, le despojó de las armas prodigiosas, encanto de la vista, magníficas, que los dioses regalaron a Peleo, como espléndido presente, el día en que lo colocaron en el tálamo de un hombre mortal. Ojalá hubieras seguido habitando en el mar con las inmortales ninfas, y Peleo hubiese tomado esposa mortal. Mas no sucedió así, para que sea inmenso el dolor de tu alma cuando muera tu hijo, a quien ya no recibirás vuelto a la patria, pues mi ánimo no me incita a vivir, ni a permanecer entre los hombres, si Héctor no pierde la vida, atravesado por mi lanza, recibiendo de este modo la condigna pena por la muerte de Patroclo Meneciada.

94 Respondióle Tetis, derramando lágrimas:

95 -Breve será tu existencia, a juzgar por lo que dices, pues la muerte te aguarda así que Héctor perezca.

97 Contestó muy afligido Aquiles, el de los pies ligeros:

9e -Muera yo en el acto, ya que no pude socorrer al amigo cuando lo mataron: ha perecido lejos de su país y sin tenerme al lado para que le librara de la desgracia. Ahora, puesto que no he de volver a la patria tierra, ni he salvado a Patroclo ni a los muchos amigos que murieron a manos del divino Héctor, permanezco en las naves cual inútil peso de la tierra, siendo tal en la batalla como ninguno de los aqueos, de broncíneas corazas, pues en el ágora otros me superan. Ojalá pereciera la discordia para los dioses y para los hombres, y con ella la ira, que encruelece hasta al hombre sensato cuando más dulce que la miel se introduce en el pecho y va creciendo como el humo. Así me irritó el rey de hombres, Agamenón. Pero dejemos to pasado, aunque afligidos, pues es preciso refrenar el furor del pecho. Iré a buscar al matador del amigo querido, a Héctor; y yo recibiré la muerte cuando lo dispongan Zeus y los demás dioses inmortales. Pues ni el fornido Heracies pudo librarse de ella, con ser carísimo al soberano Zeus Cronida, sino que la parca y la cólera funesta de Hera le hicieron sucumbir. Así yo, si he de tener igual muerte, yaceré en la tumba cuando muera; mas ahora ganaré gloriosa fama y haré que algunas de las matronas troyanas o dardanias, de profundo seno, den fuertes suspiros y con ambas manos se enjuguen las lágrimas de sus tiernas mejillas. Conozcan que durante largo tiempo me he abstenido de combatir. Y tú, aunque me ames, no me prohíbas que pelee, que no lograrás persuadirme.

127 Respondióle Tetis, la de argénteos pies:

128 -Sí, hijo, es justo, y no puede reprobarse que libres a los afligidos compañeros de una muerte terrible; pero to magnífica armadura de luciente bronce la tienen los troyanos, y Héctor, el de tremolante casco, se vanagloria de cubrir con ella sus hombros. Con todo eso, me figuro que no durará mucho su jactancia, pues ya la muerte se le avecina. Tú no penetres en la contienda de Ares hasta que con tus ojos me veas volver; y mañana, al romper el alba, vendré a traerte una hermosa armadura fabricada por Hefesto.

138 Cuando así hubo hablado, dejó a su hijo; y volviéndose a sus hermanas de la mar, les dijo:

140 -Bajad vosotras al anchuroso seno del mar para ver al anciano marino y el palacio del padre, a quien se lo contaréis todo; y yo subiré al elevado Olimpo para que Hefesto, el ilustre artífice, dé a mi hijo una magnífica y reluciente armadura.

14s Así habló. Las nereidas se sumergieron prestamente en las olas del mar, y Tetis, la diosa de argénteos pies, enderezó sus pasos al Olimpo para procurar a su hijo las magníficas armas.

148 Mientras la diosa se encaminaba al Olimpo, los aqueos, de hermosas grebas, huyendo con gritería inmensa a vista de Héctor, matador de hombres, llegaron a las naves y al Helesponto; y ya no podían sacar fuera de los tiros el cadáver de Patroclo, escudero de Aquiles, porque de nuevo los alcanzaron los troyanos con sus carros y Héctor, hijo de Príamo, que por su vigor parecía una llama. Tres veces el esclarecido Héctor asió a Patroclo por los pies a intentó arrastrarlo, exhortando con horrendos gritos a los troyanos; tres veces los dos Ayantes, revestidos de impetuoso valor, le rechazaron. Héctor, confiando en su fuerza, unas veces se arrojaba a la pelea, otras se detenía y daba grandes voces, pero nunca se retiraba del todo. Como los pastores pasan la noche en el campo y no consiguen apartar de la presa a un fogoso león muy hambriento; de semejante modo, los belicosos Ayantes no lograban ahuyentar del cadáver a Héctor Priámida. Y éste to arrastrara, consiguiendo inmensa gloria, si no se hubiese presentado al Pelión, para aconsejarle que tomase las armas, la veloz Iris, de pies ligeros como el viento; a la cual enviaba Hera, sin que to supieran Zeus ni los demás dioses. Colocóse la diosa cerca de Aquiles y pronunció estas aladas palabras:

170 -¡Levántate, Pelida, el más portentoso de los hombres! Ve a defender a Patroclo, por cuyo cuerpo se ha trabado un vivo combate cerca de las naves. Mátanse a11í los aqueos defendiendo el cadáver, y los troyanos acometiendo con el fin de arrastrarlo a la ventosa Ilio. Y el que más empeño tiene en llevárselo es el esclarecido Héctor, porque su ánimo le incita a cortarle la

cabeza del tierno cuello para clavarla en una estaca. Levántate, no yazgas más; avergüéncese tu corazón de que Patroclo llegue a ser juguete de los perros troyanos; pues será para ti motivo de afrenta que el cadáver reciba algún ultraje.

181 Respondióle el divino Aquiles, el de los pies ligeros:

182 -¡Diosa Iris! ¿Cuál de las deidades te envía como mensajera?

183 Díjole la veloz Iris, de pies ligeros como el viento:

184 -Me manda Hera, la ilustre esposa de Zeus, sin que lo sepan el excelso Cronida ni los demás dioses inmortales que habitan el nevado Olimpo.

187 Replicóle Aquiles, el de los pies ligeros:

188 -¿Cómo puedo ir a la batalla? Los troyanos tienen mis armas, y mi madre no me permite entrar en combate hasta que con estos ojos la vea volver, pues aseguró que me traería una hermosa armadura fabricada por Hefesto. Entre tanto no sé de cuál guerrero podría vestir las armas, a no ser que tomase el escudo de Ayante Telamoníada; pero creo que éste se halla entre los combatientes delanteros y pelea con la lanza por el cadáver de Patroclo.

196 Contestóle la veloz Iris, de pies ligeros como el viento:

197 -Bien sabemos nosotros que aquéllos tienen tu magnífica armadura; pero muéstrate a los troyanos en la orilla del foso para que, temiéndote, cesen de pelear; los belicosos aqueos, que tan abatidos están, se reanimen, y la batalla tenga su tregua, aunque sea por breve tiempo.

202 En diciendo esto, fuese Iris, ligera de pies. Aquiles, caro a Zeus, se levantó, y Atenea cubrióle los fornidos hombros con la égida floqueada, y además la divina entre las diosas circundóle la cabeza con áurea nube, en la cual ardía resplandeciente llama. Como se ve desde lejos el humo que, saliendo de una isla donde se halla una ciudad sitiada por los enemigos, llega al éter, cuando sus habitantes, después de combatir todo el día en horrenda batalla, fuera de la ciudad, al ponerse el sol encienden muchos fuegos, cuyo resplandor sube a to alto, para que los vecinos los vean, se embarquen y les libren del apuro, de igual modo el resplandor de la cabeza de Aquiles llegaba al éter. Y acercándose a la orilla del foso, fuera de la muralla, se detuvo, sin mezclarse con los aqueos, porque respetaba el prudente mandato de su madre. Allí dio recias voces y a alguna distancia Palas Atenea vociferó también y suscitó un inmenso tumulto entre los troyanos. Como se oye la voz sonora de la trompeta cuando vienen a cercar la ciudad enemigos que la vida quitan, tan sonora fue entonces la voz del Eácida. Cuando se dejó oír la voz de bronce del héroe, a todos se les conturbó el corazón, y los caballos, de hermosas crines, volvíanse hacia atrás con los carros porque en su ánimo presentían desgracias. Los aurigas se quedaron atónitos al ver el terrible a incesante fuego que en la cabeza del magnánimo Pelión hacía arder Atenea, la diosa de ojos de lechuza. Tres veces el divino Aquiles gritó a orillas del foso, y tres veces se turbaron los troyanos y sus ínclitos auxiliares; y doce de los más valientes guerreros murieron atropellados por sus carros y heridos por sus propias lanzas. Y los aqueos, muy alegres, sacaron a Patroclo fuera del alcance de los tiros y colocáronlo en un lecho. Los amigos le rodearon llorosos, y con ellos iba Aquiles, el de los pies ligeros, derramando ardientes lágrimas, desde que vio al fiel compañero desgarrado por el agudo bronce y tendido en el féretro. Habíale mandado a la batalla con su carro y sus corceles, y ya no podía recibirlo, porque de ella no tornaba vivo.

239 Hera veneranda, la de ojos de novilla, obligó al sol infatigable a hundirse, mal de su grado, en la corriente del Océano. Y una vez puesto, los divinos aqueos suspendieron la enconada pelea y el general combate.

243 Los troyanos, por su parte, retirándose de la dura contienda, desuncieron de los carros los veloces corceles y se reunieron en el ágora antes de preparar la cena. Celebraron el ágora de pie y nadie osó sentarse; pues a todos les hacía temblar el que Aquiles se presentara después de haber permanecido tanto tiempo apartado del funesto combate. Fue el primero en arengarles el prudente Polidamante Pantoida, el único que conocía to futuro y to pasado: era amigo de Héctor, y ambos nacieron en la misma noche; pero Polidamante superaba a Héctor en la elocuencia, y éste descollaba más que él en el manejo de la lanza. Y arengándoles benévolo, así les dijo:

254 -Pensadlo bien, amigos, pues yo os exhorto a volver a la ciudad en vez de aguardar a la

divinal aurora en la llanura, junto a las naves, y tan lejos del muro como al presente nos hallamos. Mientras ese hombre estuvo irritado con el divino Agamenón, fue más fácil combatir contra los aqueos; y también yo gustaba de pernoctar junto a las veleras naves, esperando que acabaríamos tomando los corvos bajeles. Ahora temo mucho al Pelida, de pies ligeros, que con su ánimo arrogante no se contentará con quedarse en la llanura, donde troyanos y aqueos sostienen el furor de Ares, sino que luchará para apoderarse de la ciudad y de las mujeres. Volvamos a la población; seguid mi consejo, antes de que ocurra to que voy a decir. La noche inmortal ha detenido al Pelida, de pies ligeros; pero, si mañana nos acomete armado y nos encuentra aquí, conoceréis quién es, y llegará gozoso a la sagrada Ilio el que logre escapar, pues a muchos de los troyanos se los comerán los perros y los buitres. ¡Ojalá que tal noticia nunca llegue a mis oídos! Si, aunque estéis afligidos, seguís mi consejo, tendremos el ejército reunido en el ágora durante la noche, pues la ciudad queda defendida por las torres y las altas puertas con sus tablas grandes, labradas, sólidamente unidas. Por la mañana, al apuntar la aurora, subiremos armados a las torres; y si aquél viniere de las naves a combatir con nosotros al pie del muro, peor para él; pues habrá de volverse después de cansar a los caballos, de erguido cuello, con carreras de todas clases, llevándolos errantes en torno de la ciudad. Pero no tendrá ánimo para entrar en ella, y nunca podrá destruirla; antes se to comerán los veloces perros.

284 Mirándole con torva faz, exclamó Héctor, el de tremolante casco:

285 -¡Polidamante! No me place lo que propones de volver a la ciudad y encerrarnos en ella. ¿Aún no os cansáis de vivir dentro de los muros? Antes todos los hombres dotados de palabra llamaban a la ciudad de Príamo rica en oro y en bronce, pero ya las hermosas joyas desaparecieron de las casas: muchas riquezas han sido llevadas a la Frigia y a la encantadora Meonia para ser vendidas, desde que Zeus se irritó contra nosotros. Y ahora que el hijo del artero Crono me ha concedido alcanzar gloria junto a las naves y acorralar contra el mar a los aqueos, no des, ¡oh necio!, tales consejos al pueblo. Ningún troyano to obedecerá, porque no

lo permitiré. Ea, procedamos todos como voy a decir. Cenad en el campamento, sin romper las filas; acordaos de la guardia y vigilad todos. Y el troyano que sienta gran temor por sus bienes, júntelos y entréguelos al pueblo para que en común se consuman; pues es mejor que los disfrute éste que no los aqueos. Mañana, al apuntar la aurora, vestiremos la armadura y suscitaremos un reñido combate junto alas cóncavas naves. Y si verdaderamente el divino Aquiles pretende salir del campamento, le pesará tanto más, cuanto más se arriesgue. Porque intento no huir de él, sino afrontarle en la batalla horrísona; y alcanzará una gran victoria, o seré yo quien la consiga. Que Enialio es a todos común y suele causar la muerte del que matar deseaba.

310 Así se expresó Héctor, y los troyanos le aclamaron, ¡oh necios!, porque Palas Atenea les quitó el juicio. ¡Aplaudían todos a Héctor por sus funestos propósitos y ni uno siquiera a Polidamante, que les daba un buen consejo! Tomaron, pues, la cena en el campamento; y los aqueos pasaron la noche dando gemidos y llorando a Patroclo. El Pelida, poniendo sus manos homicidas sobre el pecho del amigo, dio comienzo a las sentidas lamentaciones, mezcladas con frecuentes sollozos. Como el melenudo león a quien un cazador ha quitado los cachorros en la poblada selva, cuando vuelve a su madriguera se aflige y, poseído de vehemente cólera, recorre los valles en busca de aquel hombre, de igual modo, y despidiendo profundos suspiros, dijo Aquiles entre los mirmidones:

324 -¡Oh dioses! Vanas fueron las palabras que pronuncié un día en el palacio para tranquilizar al héroe Menecio, diciendo que a su ilustre hijo le llevaría otra vez a Opunte tan pronto como, tomada Ilio, recibiera su parte de botín. Zeus no les cumple a los hombres todos sus deseos; y el hado ha dispuesto que nuestra sangre enrojezca una misma tierra, aquí en Troya; porque ya no me recibirán en su palacio ni el anciano caballero Peleo, ni Tetis, mi madre, sino que esta tierra me contendrá en su seno. Ahora, ya que tengo de penetrar en la tierra, oh Patroclo, despúes que tú, no to haré las honras fúnebres hasta que traiga las armas y la cabeza de Héctor, tu magnánirno matador. Degollaré ante la pira, para vengar to muerte, doce hijos de ilustres troyanos. Y en tanto permanezcas tendido junto a las corvas

naves, te rodearán, llorando noche y día, las troyanas y dardanias de profundo seno que conquistamos con nuestro valor y la ingente lanza, al entrar a saco opulentas ciudades de hombres de. voz articulada.

343 Cuando esto hubo dicho, el divino Aquiles mandó a sus compañeros que pusieran al fuego un gran trípode para que cuanto antes le lavaran a Patroclo las manchas de sangre. Y ellos colocaron sobre el ardiente fuego una caldera propia para baños, sostenida por un trípode; llenáronla de agua, y metiendo leña debajo la encendieron: el fuego rodeó la caldera y calentó el agua. Cuando ésta hirvió en la caldera de bronce reluciente, lavaron el cadáver, ungiéronlo con pingüe aceite y taparon las heridas con un unguento que tenía nueve años; después, colocándolo en el lecho, lo envolvieron de pies a cabeza en fina tela de lino y lo cubrieron con un velo blanco. Los mirmidones pasaron la noche alrededor de Aquiles, el de los pies ligeros, dando gemidos y llorando a Patroclo. Y Zeus habló de este modo a Hera, su hermana y esposa:

357 -Lograste al fin, Hera veneranda, la de ojos de novilla, que Aquiles, ligero de pies, volviera a la batalla. Sin duda nacieron de ti los melenudos aqueos.

360 Respondió Hera veneranda, la de ojos de novilla:

361 -¡Terribilísimo Cronida! ¡Qué palabras proferiste! Si un hombre, no obstante su condición de mortal y no saber Canto, puede realizar su propósito contra otro hombre, ¿cómo yo, que me considero la primera de las diosas por mi abolengo y por llevar el nombre de esposa tuya, de ti que reinas sobre los inmortales todos, no había de causar males a los troyanos estando irritada contra ellos?

368 Así éstos conversaban. Tetis, la de argénteos pies, llegó al palacio imperecedero de Hefesto, que brlllaba como una estrella, lucía entre los de las deidades, era de bronce y habíalo edificado el cojo en persona. Halló al dios bañado en sudor y moviéndose en torno de los fuelles, pues fabricaba veinte trípodes que debían permanecer arrimados a la pared del bien construido palacio y tenían ruedas de oro en los pies para que de propio impulso pudieran entrar donde los dioses se congregaban y volver a la casa. ¡Cosa admirable! Estaban casi terminados,

faltándoles tan sólo las labradas asas, y el dios preparaba los clavos para pegárselas. Mientras hacía tales obras con sabia inteligencla, llegó Tetis, la diosa de argénteos pies. La bella Caris, que llevaba luciente diadema y era esposa del ilustre cojo, viola venir, salió a recibirla, y, asiéndola por la mano, le dijo:

385 -¿Por qué, oh Tetis, la de largo peplo, venerable y cara, vienes a nuestro palacio? Antes no solías frecuentarlo. Pero sígueme, y to ofreceré los dones de la hospitalidad.

388 Dichas estas palabras, la divina entre las diosas introdujo a Tetis y la hizo sentar en un hermoso trono labrado, tachonado con clavos de plata y provisto de un escabel para los pies. Y, llamando a Hefesto, ilustre artífice, le dijo:

392 -¡Hefesto! Ven acá, pues Tetis to necesita para algo.

393 Respondió el ilustre cojo de ambos pies:

394 -Respetable y veneranda es la diosa que ha venido a este palacio. Fue mi salvadora cuando me tocó padecer, pues vime arrojado del cielo y caí a lo lejos por la voluntad de mi insolente madre, que me quería ocultar a causa de la cojera. Entonces mi corazón hubiera tenido que soportar terribles penas, si no me hubiesen acogido en su seno Eurínome y Tetis; Eurínome, hija del retluente Océano. Nueve años viví con ellas fabricando muchas piezas de bronce -broches, redondos brazaletes, sortijas y collares- en una cueva profunda, rodeada por la inmensa, murmurante y espumosa corriente del Océano. De todos los dioses y los mortales hombres, sólo to sabían Tetis y Eurínome, las mismas que antes me salvaron. Hoy que Tetis, la de hermosas trenzas, viene a mi casa, tengo que pagarle el beneficio de haberme conservado la vida. Sírvele hermosos presentes de hospitalidad, mientras recojo los fuelles y demás herramientas.

410 Dijo; y levantóse de cabe al yunque el gigantesco e infatigable numen que al andar cojeaba arrastrando sus gráciles piernas. Apartó de la llama los fuelles y puso en un arcón de plata las herramientas con que trabajaba; enjugóse con una esponja el sudor del rostro, de las manos, del vigoroso cuello y del velludo pecho, vistió la túnica, tomó el fornido cetro, y salió cojeando, apoyado en dos estatuas de oro que eran semejantes a vivientes jóvenes, pues tenían inteligencia, voz y fuerza, y hallábanse ejercitadas

en las obras propias de los inmortales dioses. Ambas sostenían cuidadosamente a su señor, y éste, andando, se sentó en un trono reluciente cerca de Tetis, asió la mano de la deidad, y le dijo:

424 -¿Por qué, oh Tetis, la de largo peplo, venerable y cara, vienes a nuestro palacio? Antes no solías frecuentarlo. Di qué deseas; mi corazón me impulsa a ejecutarlo, si puedo ejecutarlo y es hacedero.

428 Respondióle Tetis, derramando lágrimas:

429 -¡Hefesto! ¿Hay alguna entre las diosas del Olimpo que haya sufrido en su ánimo tantos y tan graves pesares como a mí me ha enviado el Cronida Zeus? De las ninfas del mar, únicamente a mí me sujetó a un hombre, a Peleo Eácida, y tuve que tolerar, contra toda mi voluntad, el tálamo de un hombre que yace ya en el palacio, rendido a la triste vejez. Ahora me envía otros males: concedióme que pariera y alimentara un hijo insigne entre los héroes, que creció semejante a un árbol, to crié como a una planta en terreno fértil y to mandé a Ilio en las corvas naves, para que combatiera con los troyanos; y ya no le recibiré otra vez, porque no volverá a mi casa, a la mansión de Peleo. Mientras vive y ve la luz del sol está angustiado, y no puedo, aunque a él me acerque, llevarle socorro. Los aqueos le habían asignado, como recompensa, una joven, y el rey Agamenón se la quitó de las manos. Apesadumbrado por tal motivo, consumía su corazón, pero los troyanos acorralaron a los aqueos junto a los bajeles y no les dejaban salir del campamento, y los próceres argivos intercedieron con Aquiles y le ofrecieron espléndidos regalos. Entonces, aunque se negó a librarles de la ruina, hizo que vistiera sus armas Patroclo y envióle a la batalla con muchos hombres. Combatieron todo el día en las puertas Esceas; y los aqueos hubieran destruido la ciudad, a no haber sido por Apolo, el cual mató entre los combatientes delanteros al esforzado hijo de Menecio, que tanto estrago causaba, y dio gloria a Héctor. Y yo vengo a abrazar tus rodillas por si quieres dar a mi hijo, cuya vida ha de ser breve, escudo, casco, hermosas grebas ajustadas con broches, y coraza; pues las armas que tenía las perdió su fiel amigo al morir a manos de los troyanos, y Aquiles yace en tierra con el corazón afligido.

462 Contestóle el ilustre cojo de ambos pies:

463 -Cobra ánimo y no to apures por las armas. Ojalá pudiera ocultarlo a la muerte horrísona cuando el terrible destino se le presente, como tendrá una hermosa armadura que admirarán cuantos la vean.

468 Así habló; y, dejando a la diosa, encaminóse a los fuelles, los volvió hacia la llama y les mandó que trabajasen. Estos soplaban en veinte hornos, despidiendo un aire que avivaba el fuego y era de varias clases: unas veces fuerte, como lo necesita el que trabaja de prisa, y otras al contrario, según Hefesto lo deseaba y la obra to requería. El dios puso al fuego duro bronce, estaño, oro precioso y plata; colocó en el tajo el gran yunque, y cogió con una mano el pesado martillo y con la otra las tenazas.

478 Hizo lo primero de todo un escudo grande y fuerte, de variada labor, con triple cenefa brillante y reluciente, provisto de una abrazadera de plata. Cinco capas tenía el escudo, y en la superior grabó el dios muchas artísticas figuras, con sabia inteligencia.

483 A11í puso la tierra, el cielo, el mar, el sol infatigable y la luna llena; a11í las estrellas que el cielo coronan, las Pléyades, las Híades, el robusto Orión y la Osa, llamada por sobrenombre el Carro, la cual gira siempre en el mismo sitio, mira a Orión y es la única que deja de bañarse en el Océano.

490 Allí representó también dos ciudades de hombres dotados de palabra. En la una se celebraban bodas y festines: las novias salían de sus habitaciones y eran acompañadas por la ciudad a la luz de antorchas encendidas, oíanse repetidos cantos de himeneo, jóvenes danzantes formaban ruedos, dentro de los cuales sonaban flautas y cítaras, y las matronas admiraban el espectáculo desde los vestíbulos de las casas.- Los hombres estaban reunidos en el ágora, pues se había suscitado una contienda entre dos varones acerca de la multa que debía pagarse por un homicidio: el uno, declarando ante el pueblo, afirmaba que ya la tenía satisfecha; el otro negaba haberla recibido, y ambos deseaban terminar el pleito presentando testigos. El pueblo se hallaba dividido en dos bandos, que aplaudían sucesivamente a cada litigante; los heraldos aquietaban a la muchedumbre, y los ancianos, sentados sobre pulimentadas piedras en sagrado círculo, tenían en las manos los cetros de los

heraldos, de voz potente, y levantándose uno tras otro publicaban el juicio que habían formado. En el centro estaban los dos talentos de oro que debían darse al que mejor demostrara la justicia de su causa.

509 La otra ciudad aparecía cercada por dos ejércitos cuyos individuos, revestidos de lucientes armaduras, no estaban acordes: los del primero deseaban arruinar la plaza, y los otros querían dividir en dos partes cuantas riquezas encerraba la agradable población. Pero los ciudadanos aún no se rendían, y preparaban secretamente una emboscada. Mujeres, niños y ancianos subidos en la muralla la defendían. Los sitiados marchaban llevando al frente a Ares y a Palas Atenea, ambos de oro y con áureas vestiduras, hermosos, grandes, armados y distinguidos, coino dioses; pues los hombres eran de estatura menor. Luego en el lugar escogido para la emboscada, que era a orillas de un río y cerca de un abrevadero que utilizaba todo el ganado, sentábanse, cubiertos de reluciente bronce, y ponían dos centinelas avanzados para que les avisaran la llegada de las ovejas y de los bueyes de retorcidos cuernos. Pronto se presentaban los rebaños con dos pastores que se recreaban tocando la zampoña, sin presentir la asechanza. Cuando los emboscados los veían venir, corrían a su encuentro y al punto se apoderaban de los rebaños de bueyes y de los magníficos hatos de blancas ovejas y mataban a los guardianes. Los sitiadores, que se hallaban reunidos en junta, oían el vocerío que se alzaba en torno de los bueyes, y, montando ágiles corceles, acudían presurosos. Pronto se trababa a orillas del río una batalla en la cual heríanse unos a otros con broncíneas lanzas. Allí se agitaban la Discordia, el Tumulto y la funesta Parca, que a un tiempo cogía a un guerrero vivo y recientemente herido y a otro ileso, y arrastraba, asiéndolo de los pies, por el campo de la batalla a un tercero que ya había muerto; y el ropaje que cubría su espalda estaba teñño de sangre humana. Movíanse todos como hombres vivos, peleaban y retiraban los muertos.

541 Representó también una blanda tierra noval, un campo fértil y vasto que se labraba por tercera vez: acá y acullá muchos labradores guiaban las yuntas, y, al llegar al confín del campo, un hombre les salía al encuentro y les daba una copa de dulce vino; y ellos volvían atrás, abriendo nuevos surcos, y deseaban llegar al otro extremo del noval profundo. Y la tierra que dejaban a su espalda negreaba y parecía labrada, siendo toda de oro; to cual constituía una singular maravilla.

550 Grabó asimismo un campo real donde los jóvenes se gaban las mieses con hoces afiladas: muchos manojos caíar al suelo a lo largo del surco, y con ellos formaban gavilla: los atadores. Tres eran éstos, y unos rapaces cogían los manojos y se los llevaban a brazados. En medio, de pie en un surco, estaba el rey sin desplegar los labios, con el corazón alegre y el cetro en la mano. Debajo de una encina, los heraldos preparaban para el banquete un corpulento buey que habían matado. Y las mujeres aparejaban la comida de los trabajadores, haciendo abundantes puches de blanca harina.

561 También entalló una hermosa viña de oro, cuyas cepas, cargadas de negros racimos, estaban sostenidas por rodrigones de plata. Rodeábanla un foso de negruzco acero y un seto de estaño, y conducía a ella un solo camino por donde pasaban los acarreadores ocupados en la vendimia. Doncellas y mancebos, pensando en cosas tiernas, llevaban el dulce fruto en cestos de mimbre; un muchacho tañía suavemente la harmoniosa cítara y entonaba con tenue voz un hermoso lino, y todos le acompañaban cantando, profiriendo voces de júbilo y golpeando con los pies el suelo.

573 Puso luego un rebaño de vacas de erguida cornamenta: los animales eran de oro y estaño, y salían del establo, mugiendo, para pastar a orillas de un sonoro río, junto a un flexible cañaveral. Cuatro pastores de oro guiaban a las vacas y nueve canes de pies ligeros los seguían. Entre las primeras vacas, dos terribles leones habían sujetado y conducían a un toro que daba fuertes mugidos. Perseguíanlos mancebos y perros. Pero los leones lograban desgarrar la piel del corpulento toro y tragaban los intestinos y la negra sangre; mientras los pastores intentaban, aunque inútilmente, estorbario, y azuzaban a los ágiles canes: éstos se apartaban de los leones sin morderlos, ladraban desde cerca y rehuían el encuentro de las fieras.

587 Hizo también el ilustre cojo de ambos pies un gran prado en hermoso valle, donde pacían las

cándidas ovejas, con establos, chozas techadas y apriscos.

590 El ilustre cojo de ambos pies puso luego una danza como la que Dédalo concertó en la vasta Cnoso en obsequio de Ariadna, la de lindas trenzas. Mancebos v doncellas de rico dote, cogidos de las manos, se divertían bailando: éstas llevaban vestidos de sutil lino y bonitas guirnaldas, y aquéllos, túnicas bien tejidas y algo lustrosas, como frotadas con aceite, y sables de oro suspendidos de argénteos tahalíes. Unas veces, moviendo los diestros pies, daban vueltas a la redonda con la misma facilidad con que el alfarero, sentándose, aplica su mano al torno y to prueba para ver si corre, y en otras ocasiones se colocaban por hileras y bailaban separadamente. Gentío inmenso rodeaba el baile y se holgaba en contemplarlo. Entre ellos un divino aedo cantaba, acompañándose con la cítara; y así que se oía el preludio, dos saltadores hacían cabriolas en medio de la muchedumbre.

606 En la orla del sólido escudo representó la poderosa corriente del río Océano.

609 Después que construyó el grande y fuerte escudo, hizo para Aquiles una coraza más reluciente que el resplandor del fuego; un sólido casco, hermoso, labrado, de áurea cimera, y que a sus sienes se adaptara, y unas grebas de dúctil estaño.

614 Cuando el ilustre cojo de ambos pies hubo fabricado todas las armas, entrególas a la madre de Aquiles. Y Tetis saltó, como un gavilán desde el nevado Olimpo, llevando la reluciente armadura que Hefesto había construido.

CANTO XIX*

Renunciamiento de la cólera

Penrechado con la armadura que le había fabricado Hefesto, Aquiles se remncilia con Agamenón. Briseide lamenta la muerte de Patroclo y el ejército aqueo se prepara para la batalla que va a tener lugar.

1 La Aurora, de azafranado velo, se levantaba de la corriente del Océano para llevar la luz a los dioses y a los hombres, cuando Tetis llegó a las naves con la armadura que Hefesto le había entregado. Halló al hijo querido reclinado sobre el cadáver de Patroclo, llorando ruidosamente y en torno suyo a muchos amigos que derramaban lágrimas. La divina entre las diosas se puso en medio, asió la mano de Aquiles y hablóle de este modo:

8 -¡Hijo mío! Aunque estamos afligidos, dejemos que ése yazga, ya que sucumbió por la voluntad de los dioses; y tú recibe la armadura fabricada por Hefesto, tan excelente y bella como jamás varón alguno la haya llevado para proteger sus hombros.

12 La diosa, apenas acabó de hablar, colocó en el suelo delante de Aquiles las labradas armas, y éstas resonaron. A todos los mirmidones les sobrevino temblor; y, sin atreverse a mirarlas de frente, huyeron espantados. Mas Aquiles, así que las vio, sintió que se le recrudecía la cólera; los ojos le centellearon terriblemente, como una llama, debajo de los párpados; y el héroe se gozaba teniendo en las manos el espléndido presente de la deidad. Y, cuando bubo deleitado su ánimo con la contemplación de la labrada armadura, dirigió a su madre estas aladas palabras:

21 -¡Madre mía! El dios te ha dado unas armas como es natural que sean las obras de los inmortales y como ningún hombre mortal las hiciera. Ahora me armaré, pero temo que mientras tanto penetren las moscas por las heridas que el bronce causó al esforzado hijo de Menecio, engendren gusanos, desfiguren el cuerpo -pues le falta la vida- y corrompan todo el cadáver.

28 Respondióle Tetis, la diosa de argénteos pies:

29 -Hijo, no te turbe el ánimo tal pensamiento. Yo procuraré apartar los importunos enjambres de moscas, que se ceban en la carne de los varones muertos en la guerra. Y, aunque estuviera tendido un año entero, su cuerpo se conservaría igual que ahora o mejor todavía. Tú convoca al ágora a los héroes aqueos, renuncia a la cólera contra Agamenón, pastor de pueblos, ármate en seguida para el combate y revístete de valor.

37 Dicho esto, infundióle fortaleza y audacia, y echó unas gotas de ambrosía y rojo néctar en la nariz de Patroclo, para que el cuerpo se hiciera incorruptible.

40 El divino Aquiles se encaminó a la orilla del mar, y, dando horribles voces, convocó a los

héroes aqueos. Y cuantos solían quedarse en el recinto de las naves, y hasta los pilotos que las gobernaban, y como despenseros distribuían los víveres, fueron entonces al ágora, porque Aquiles se presentaba, después de haber permanecido alejado del triste combate durante mucho tiempo. El intrépido Tidida y el divino Ulises, servidores de Ares, acudieron cojeando, apoyándose en el arrimo de la lanza -aún no tenían curadas las graves heridas-, y se sentaron delante de todos. Agamenón, rey de hombres, llegó el último y también estaba herido, pues Coón Antenórida habíale clavado su broncínea pica durante la encarnizada lucha. Cuando todos los aqueos se hubieron congregado, levantándose entre ellos dijo Aquiles, el de los pies ligeros:

56 -¡Atrida! Mejor hubiera sido para entrambos, para ti y para mí, continuar unidos que sostener, con el corazón angustiado, roedora disputa por una joven. Así la hubiese muerto Ártemis en las naves con una de sus flechas el mismo día que la cautivé al tomar a Lirneso; y no habrían mordido el anchuroso suelo tantos aqueos como sucumbieron a manos del enemigo mientras duró mi cólera. Para Héctor y los troyanos fue el beneficio, y me figuro que los aqueos se acordarán largo tiempo de nuestra disputa. Mas dejemos lo pasado, aunque nos hallemos afligidos, puesto que es preciso refrenar el furor del pecho. Desde ahora depongo la cólera, que no sería razonable estar siempre irritado. Mas, ea, incita a los melenudos aqueos a que peleen; y veré, saliendo al encuentro de los troyanos, si querrán pasar la noche junto a los bajeles. Creo que con gusto se entregará al descanso el que logre escapar del feroz combate, puesto en fuga por mi lanza.

74 Así habló; y los aqueos, de hermosas grebas, holgáronse de que el magnánimo Pelión renunciara a la cólera. Y el rey de hombres, Agamenón, les dijo desde su asiento, sin levantarse en medio del concurso:

78 -¡Oh amigos, héroes dánaos, servidores de Ares! Bueno será que escuchéis sin interrumpirme, pues lo contrario molesta hasta al que está ejercitado en hablar. ¿Cómo se podría oír o decir algo en medio del tumulto producido por muchos hombres? Turbaríase el orador aunque fuese elocuente. Yo me dirigiré al Pelida; pero vosotros, los demás argivos, prestadme

atención y cada uno penetre bien mis palabras. Muchas veces los aqueos me han dirigido las mismas palabras, increpándome por lo ocurrido, y yo no soy el culpable, sino Zeus, la Parca y Erinia, que vaga en las tinieblas; los cuales hicieron padecer a mi alma, durante el ágora, cruel ofuscación el día en que le arrebaté a Aquiles la recompensa. Mas, ¿qué podía hacer? La divinidad es quien lo dispone todo. Hija veneranda de Zeus es la perniciosa Ofuscación, a todos tan funesta: sus pies son delicados y no los acerca al suelo, sino que anda sobre las cabezas de los hombres, a quienes causa daño, y se apodera de uno, por lo menos, de los que contienden. En otro tiempo fue aciaga para el mismo Zeus, que es tenido por el más poderoso de los hombres y de los dioses; pues Hera, no obstante ser hembra, le engañó cuando Alcmena había de parir al fornido Heracles en Teba, ceñida de hermosas murallas. El dios, gloriándose, dijo así ante todas las deidades: «Oídme todos, dioses y diosas, para que os manifieste lo que en el pecho mi corazón me dicta. Hoy Ilitia, la que preside los partos, sacará a luz un varón que, perteneciendo a la familia de los hombres engendrados de mi sangre, reinará sobre todos sus vecinos.» Y hablándole con astucia, le replicó la venerable Hera: «Mentirás, y no llevarás al cabo lo que dices. Y si no, ea, Olímpico, jura solemnemente que reinará sobre todos sus vecinos el niño que, perteneciendo a la familia de los hombres engendrados de tu sangre, caiga hoy entre los pies de una mujer.» Así dijo; Zeus, no sospechando el dolo, prestó el gran juramento que tan funesto le había de ser. Pues Hera dejó en raudo vuelo la cima del Olimpo, y pronto llegó a Argos de Acaya, donde vivía la esposa ilustre de Esténelo Persida; y, como ésta se hallara encinta de siete meses cumplidos, la diosa sacó a luz el niño, aunque era prematuro, y retardó el parto de Alcmena, deteniendo a las Ilitias. Y en seguida participóselo a Zeus Cronida, diciendo: «¡Padre Zeus, fulminador! Una noticia tengo que darte. Ya nació el noble varón que reinará sobre los argivos: Euristeo, hijo de Esténelo Persida, descendiente tuyo. No es indigno de reinar sobre aquéllos.» Así dijo, y un agudo dolor penetró el alma del dios, que, irritado en su corazón, cogió a Ofuscación por los nítidos cabellos y prestó solemne juramento de que Ofuscación, tan funesta a todos, jamás volvería al Olimpo y al cielo estrellado. Y, volteándola con la mano, la arrojó del cielo. En seguida llegó Ofuscación a los campos cultivados por los hombres. Y Zeus gemía por causa de ella, siempre que contemplaba a su hijo realizando los penosos trabajos que Euristeo le iba imponiendo. Por esto, cuando el gran Héctor, el de tremolante casco, mataba a los argivos junto a las popas de las naves, yo no podía olvidarme de Ofus cación, cuyo funesto influjo había experimentado. Pero ya que falté y Zeus me hizo perder el juicio, quiero aplacarte y hacerte muchos regalos, y tú ve al combate y anima a los demás guerreros. Voy a darte cuanto ayer lo ofreció en tu tienda el divino Ulises. Y si quieres, aguarda, áunque estés impaciente por combatir, y mis servidores traerán de la nave los presentes para que veas si son capaces de apaciguar tu ánimo los que te brindo.

14s Respondióle Aquiles, el de los pies ligeros:

146 -¡Atrida gloriosísimo, rey de hombres, Agamenón! Luego podrás regalarme estas cosas, como es justo, o retenerlas. Ahora pensemos solamente en la batalla. Preciso es que no perdamos el tiempo hablando, ni difiramos la acción -la gran empresa está aún por acabar-, para que vean nuevamente a Aquiles entre los combatientes delanteros, aniquilando con su broncínea lanza las falanges teucras. Y vosotros pensad también en combatir con los enemigos.

154 Contestó el ingenioso Ulises:

155 -Aunque seas valiente, deiforme Aquiles, no exhortes a los aqueos a que peleen en ayunas con los troyanos, cerca de Ilio; que no durará poco tiempo la batalla cuando las falanges vengan a las manos y la divinidad excite el valor de ambos ejércitos. Ordénales, por el contrario, a los aqueos que en las veleras naves se harten de manjares y vino, pues esto da fuerza y valor. Estando en ayunas no puede el varón combatir todo el día, hasta la puesta del sol, con el enemigo; aunque su corazón lo desee, los miembros se le entorpecen sin que él lo advierta, le rinden el hambre y la sed, y las rodillas se le doblan al andar. Pero el que pelea todo el día con los enemigos, saciado de vino y de manjares, tiene en el pecho un corazón audaz y sus miembros no se cansan hasta que todos se han retirado de la lid. Ea, despide las tropas y manda que preparen el desayuno; el rey de hombres, Agamenón, traiga los regalos en medio del ágora para que los vean todos los aqueos con sus propios ojos y to regocijes en el corazón; jure el Atrida, de pie entre los argivos, que nunca subió al lecho de Briseide ni se juntó con ella, como es costumbre, oh rey, entre hombres y mujeres; y tú, Aquiles, procura tener en el pecho un ánimo benigno. Que luego se te ofrezca en el campamento un espléndido banquete de reconciliación, para que nada falte de lo que se te debe. Y el Atrida sea en adelante más justo con todos; pues no se puede reprender que se apacigue a un rey, a quien primero se injurió.

184 Dijo entonces el rey de hombres, Agamenón:

185 -Con agrado escuché tus palabras, Laertíada, pues en todo lo que narraste y expusiste has sido oportuno. Quiero hacer el juramento; mi ánimo me lo aconseja, y no será para un perjurio mi invocación a la divinidad. Aquiles aguarde, aunque esté impaciente por combatir, y los demás continuad reunidos aquí hasta que traigan de mi tienda los presentes y consagremos con un sacrificio nuestra fiel amistad. A ti mismo lo te encargo y ordeno: escoge entre los jóvenes aqueos los más principales; y, encaminándoos a mi nave, traed cuanto ayer ofrecimos a Aquiles, sin dejar las mujeres. Y Taltibio, atravesando el anchuroso campamento aqueo, vaya a buscar y prepare un jabalí para inmolarlo a Zeus y al Sol.

198 Replicó Aquiles, el de los pies ligeros:

199 -¡Atrida gloriosísimo, rey de hombres, Agamenón! Todo esto debierais hacerlo cuando se suspenda el combate y no sea tan grande el ardor que inflama mi pecho. ¡Yacen insepultos los que mató Héctor Priámida cuando Zeus le dio gloria, y vosotros nos aconsejáis que comamos! Yo mandana a los aqueos que combatieran en ayunas, sin tomar nada; y que a la puesta del sol, después de vengar la afrenta, celebraran un gran banquete. Hasta entonces no han de entrar en mi garganta ni manjares ni bebidas, a causa de la muerte de mi compañero; el cual yace en la tienda, atravesado por el agudo bronce, con los pies hacia el vestíbulo y rodeado de amigos que le lloran. Por esto, aquellas cosas en nada interesan a mi espíritu, sino tan sólo la matanza, la sangre y el triste gemir de los guerreros.

215 Respondióle el ingenioso Ulises:

216 -¡Oh Aquiles, hijo de Peleo, el más valiente de todos los aqueos! Eres más fuerte que yo y me superas no poco en el manejo de la lanza, pero to aventajo mucho en el pensar, porque nací antes y mi experiencia es mayor. Acceda, pues, to corazón a to que voy a decir. Pronto se cansan los hombres de pelear, si, haciendo caer el bronce muchas espigas al suelo, la mies es escasa, porque Zeus, el árbitro de la guerra humana, inclina al otro lado la balanza. No es justo que los aqueos lloren al muerto con el vientre, pues siendo tantos los que sucumben unos en pos de otros todos los días, ¿cuándo podríamos respirar sin pena? Se debe enterrar con ánimo firme al que muere y llorarle un día, y luego cuantos hayan escapado del combate funesto piensen en comer y beber para vestir otra vez el indomable bronce y pelear continuamente y con más tesón aún contra los enemigos. Ningún guerrero deje de salir aguardando otra exhortación, que para su daño la esperará quien se quede junto a las naves argivas. Vayamos todos juntos y excitemos al cruel Ares contra los troyanos, domadores de caballos.

238 Dijo; mandó que le siguiesen los hijos del glorioso Néstor, Meges Filida, Toante, Meriones, Licomedes Creontíada y Melanipo, y encaminóse con ellos a la tienda de Agamenón Atrida. Y apenas hecha la proposición, ya estaba cumplida. Lleváronse de la tienda los siete trípodes que el Atrida había ofrecido, veinte calderas relucientes y doce caballos; a hicieron salir siete mujeres, diestras en primorosas labores, y a Briseide, la de hermosas mejillas, que fue la octava. Al volver, Ulises iba delante con los diez talentos de oro que él mismo había pesado, y le seguían los jóvenes aqueos con los presentes. Pusiéronio todo en medio del ágora; alzóse Agamenón, y al lado del pastor de hombres se puso Taltibio, cuya voz parecía la de una deidad, sujetando con la mano a un jabalí. El Atrida sacó el cuchillo que llevaba colgado junto a la gran vaina de la espada, cortó por primicias algunas cerdas del jabalí y oró, levantando las manos a Zeus; y todos los argivos, sentados en silencio y en buen orden, escuchaban las palabras del rey. Éste, alzando los ojos al anchuroso cielo, hizo esta plegaria:

258 -Sean testigos Zeus, el más excelso y poderoso de los dioses, y luego la Tierra, el Sol y las Erinias que debajo de la tierra castigan a los muertos que fueron perjuros, de que jamás he puesto la mano sobre la joven Briseide para yacer con ella ni para otra cosa alguna, sino que en mi tienda ha permanecido intacta. Y si en algo perjurare, envíenme los dioses los muchísimos males con que castigan al que, jurando, contra ellos peca.

266 Dijo; y con el cruel bronce degolló el jabalí que Taltibio arrojó, haciéndole dar vueltas, a gran abismo del espumoso mar para pasto de los peces. Y Aquiles, levantándose entre los belicosos argivos, habló en estos términos:

270 -¡Zeus padre! Grandes son los infortunios que mandas a los hombres. Jamás el Atrida me hubiera suscitado el enojo en el pecho, ni hubiese tenido poder para arrebatarme la joven contra mi voluntad; pero sin duda quería Zeus que muriesen muchos aqueos. Ahora id a comer para que luego trabemos el combate.

276 Así se expresó; y al momento disolvió el ágora. Cada uno volvió a su respectiva nave. Los magnánimos mirmidones se hicieron cargo de los presentes, y, llevándolos hacia , el bajel del divino Aquiles, dejáronlos en la tienda, dieron sillas a las mujeres, y servidores ilustres guiaron a los caballos al sitio en que los demás estaban.

282 Briseide, que a la áurea Afrodita se asemejaba, cuando vio a Patroclo atravesado por el agudo bronce, se echó sobre el mismo y prorrumpió en fuertes sollozos, mientras con las manos se golpeaba el pecho, el delicado cuello y el f lindo rostro. Y, llorando aquella mujer semejante a una diosa, así decía:

287 -¡Oh Patroclo, amigo carísimo al corazón de esta desventurada! Vivo te dejé al partir de la tienda, y te encuentro difunto al volver, oh príncipe de hombres. ¡Cómo me persigue una desgracia tras otra! Vi al hombre a quien me entregaron mi padre y mi venerable madre, atravesado por el agudo bronce al pie de los muros de la ciudad; y los tres hermanos queridos que una misma madre me diera murieron también. Pero tú, cuando el ligero Aquiles mató a mi esposo y tomó la ciudad del divino Mines, no me dejabas llorar, diciendo que lograrías que yo fuera la mujer legítima del divino Aquiles, que éste me llevaría en su nave a Ftía y que allí, entre los mirmidones, celebraríamos el banquete nupcial. Y ahora que has muerto no me cansaré de llorar por ti, que siempre has sido afable.

301 Así dijo llorando, y las mujeres sollozaron, aparentemente por Patroclo, y en realidad por sus propios males. Los caudillos aqueos se reunieron en torno de Aquiles y le suplicaron que comiera; pero él se negó, dando suspiros:

305 -Yo os ruego, si alguno de mis compañeros quiere obedecerme aún, que no me invitéis a saciar el deseo de comer o de beber; porque un grave dolor se apodera de mí. Aguardaré hasta la puesta del sol y soportaré la fatiga.

309 Así diciendo, despidió a los demás reyes, y sólo se quedaron los dos Atridas, el divino Ulises, Néstor, Idomeneo y el anciano jinete Fénix para distraer a Aquiles, que estaba profundamente afligido. Pero nada podía alegrar el corazón del héroe, mientras no entrara en sangriento combate. Y acordándose de Patroclo, daba hondos y frecuentes suspiros, y así decía:

315 -En otro tiempo, tú, infeliz, el más amado de los compañeros, me servías en esta tienda, diligente y solícito, el agradable desayuno cuando los aqueos se daban prisa por traba el luctuoso combate con los troyanos, domadores de caba llos. Y ahora yaces, atravesado por el bronce, y yo estoy ayuno de comida y de bebida, a pesar de no faltarme, por la soledad que de ti siento. Nada peor me puede ocurrir; ni que supiera que ha muerto mi padre, el cual quizás llora allá en Ftía por no tener a su lado un hijo como yo, mientras peleo con los troyanos en país extranjero a causa de la odiosa Helena; ni que falleciera mi hijo amado que se cría en Esciro, si el deiforme Neoptólemo vive todavía. Antes el corazón abrigaba en mi pecho la esperanza de que sólo yo perecería aquí en Troya, lejos de Argos, criador de caballos, y de que tú, volviendo a Ftía, irías en una veloz nave negra a Esciro, recogerías a mi hijo y le mostrarías todos mis bienes: las posesiones, los esclavos y el palacio de elevado techo. Porque me figuro que Peleo ya no existe; y, si le queda un poco de vida, estará afligido, se verá abrumado por la odiosa vejez y temerá siempre recibir la triste noticia de mi muerte.

338 Así dijo, llorando, y los caudillos gimieron, porque cada uno se acordaba de aquéllos a quienes había dejado en su respectivo palacio. El Cronión, al verlos sollozar, se compadeció de ellos, y al instante dirigió a Atenea estas aladas palabras:

342 -¡Hija mía! Desamparas de todo en todo a ese eximio varón. ¿Acaso tu espíritu ya no se cuida de Aquiles? Hállase junto a las naves de altas popas, llorando a su compañero amado; los demás se fueron a comer, y él sigue en ayunas y sin probar bocado. Ea, ve y derrama en su pecho un poco de néctar y ambrosía para que el hambre no le atormente.

349 Con tales palabras instigóle a hacer to que ella misma deseaba. Atenea emprendió el vuelo, cual si fuese un halcón de anchas alas y aguda voz, desde el cielo a través del éter. Ya los aqueos se armaban en el ejército, cuando la diosa derramó en el pecho de Aquiles un poco de néctar y de ambrosía deliciosa, para que el hambre molesta no hiciera flaquear las rodillas del héroe; y en seguida regresó al sólido palacio del prepotente padre. Los guerreros afluyeron a un lugar algo distante de las veleras naves. Cuan numerosos caen los copos de nieve que envía Zeus y vuelan helados al impulso del Bóreas, nacido en el éter, en tan gran número veíanse salir del recinto de las naves los refulgentes cascos, los abollonados escudos, las fuertes corazas y las lanzas de fresno. El brillo llegaba hasta el cielo; toda la tierra se mostraba risueña por los rayos que el bronce despedía, y un gran ruido se levantaba de los pies de los guerreros. Armábase entre éstos el divino Aquiles: rechinándole los dientes, con los ojos centelleantes como encendida llama y el corazón traspasado por insoportable dolor, lleno de ira contra los troyanos, vestía el héroe la armadura regalo del dios Hefesto, que la había fabricado. Púsose en las piernas elegantes grebas ajustadas con broches de plata; protegió su pecho con la coraza; colgó del hombro una espada de bronce guarnecida con argénteos clavos y embrazó el grande y fuerte escudo cuyo resplandor semejaba desde lejos al de la luna. Como aparece el fuego encendido en un sitio solitario en to alto de un monte a los navegantes que vagan por el mar, abundante en peces, porque las tempestades los alejaron de sus amigos; de la misma manera, el resplandor del hermoso y labrado escudo de Aquiles llegaba al éter. Cubrió después la cabeza con el fornido yelmo de crines de caballo que brillaba como un astro; y a su alrededor ondearon las áureas y espesas crines que Hefesto había colocado en la cimera. El

divino Aquiles probó si la armadura se le ajustaba, y si, llevándola puesta, movía con facilidad los miembros; y las armas vinieron a ser como alas que levantaban al pastor de hombres. Sacó del estuche la lanza paterna, pesada, grande y robusta, que entre todos los aqueos solamente él podía manejar: había sido cortada de un fresno de la cumbre del Pelio y regalada por Quirón al padre de Aquiles para que con ella matara héroes. En tanto, Automedonte y Álcimo se ocupaban en uncir los caballos: sujetáronlos con hermosas correas, les pusieron el freno en la boca y tendieron las riendas hacia atrás, atándolas al fuerte asiento. Sin dilación cogió Automedonte el magnífico látigo y saltó al carro. Aquiles, cuya armadura relucía como el fúlgido Hiperión, subió también y exhortó con horribles voces a los caballos de su padre:

400 -¡Janto y Balio, ilustres hijos de Podarga! Cuidad de traer salvo a la muchedumbre de los dánaos al que hoy os guía cuando nos hayamos saciado de combatir, y no le dejéis muerto allá como a Patroclo.

404 Y Janto, el corcel de ligeros pies, bajó la cabeza -sus crines, cayendo en torno de la extremidad del yugo, llegaban al suelo, y, habiéndole dotado de voz Hera, la diosa de los níveos brazos, respondió desde debajo del yugo:

408 -Hoy te salvaremos aún, impetuoso Aquiles; pero está cercano el día de tu muerte, y los culpables no seremos nosotros, sino un dios poderoso y la Parca cruel. No fue por nuestra lentitud ni por nuestra pereza que los troyanos quitaron la armadura de los hombros de Patroclo; sino que el más fuerte de los dioses, a quien parió Leto, la de hermosa cabellera, matóle entre los combatientes delanteros y dio gloria a Héctor. Nosotros correríamos tan veloces como el soplo del Céfiro, que es tenido por el más rápido. Pero también tú estás destinado a sucumbir a manos de un dios y de un hombre.

418 Dichas estas palabras, las Erinias le cortaron la voz. Y muy indignado, Aquiles, el de los pies ligeros, le dijo:

420 -¡Janto! ¿Por qué me vaticinas la muerte? Ninguna necesidad tienes de hacerlo. Ya sé que mi destino es perecer aquí, lejos de mi padre y de mi madre; mas, con todo eso, no he de descansar hasta que harte de combate a los troyanos.

424 Dijo; y, dando voces, dirigió los solípedos caballos por las primeras filas.

CANTO XX *

Combate de los dioses

* Los dioses, en asamblea extraordinaria, no se ponen de acuerdo sobre a quién había que favorecer. Aquiles, enfurecido, vuelve al combate y mata a tantos troyanos que los cadáveres obstruyen la corriente del río Janto.

1 Mientras los aqueos se armaban junto a los corvos bajeles, alrededor de ti, oh hijo de Peleo, incansable en la batalla, los troyanos se apercibían también para el combate en una eminencia de la llanura.

4 Zeus ordenó a Temis que, partiendo de las cumbres del Olimpo, en valles abundante, convocase al ágora a los dioses, y ella fue de un lado para otro y a todos les mandó que acudieran al palacio de Zeus. No faltó ninguno de los ríos, a excepción del Océano; y de cuantas ninfas habitan los bellos bosques, las fuentes de los nos y los herbosos prados, ninguna dejó de presentarse. Tan luego como llegaban al palacio de Zeus, que amontona las nubes, sentábanse en bruñidos pórticos, que para el padre Zeus había construido Hefesto con sabia inteligencia.

13 Allí, pues, se reunieron. Tampoco el que bate la tierra desobedeció a la diosa, sino que, dirigiéndose desde el mar a los dioses, se sentó en medio de todos y exploró la voluntad de Zeus:

16 -¿Por qué, oh tú que lanzas encendidos rayos, llamas de nuevo a los dioses al ágora? ¿Acaso tienes algún propósito acerca de los troyanos y de los aqueos? El combate y la pelea vuelven a encenderse entre ambos pueblos.

19 Respondióle Zeus, que amontona las nubes:

20 -Entendiste, tú que bates la tierra, el designio que encierra mi pecho y por el cual os he reunido. Me cuido de ellos, aunque van a perecer. Yo me quedaré sentado en la cumbre del Olimpo y recrearé mi espíritu contemplando la batalla; y los demás ¡dos hacia los troyanos y los aqueos y cada uno auxilie a los que quiera. Pues, si Aquiles combatiese sólo con los troyanos, éstos no resistirían ni un instante la acometida del Pelión, el de los pies ligeros. Ya antes huían

espantados al verlo; y temo que ahora, que tan enfurecido tiene el ánimo por la muerte de su compañero, destruya el muro de Troya contra la decisión del hado.

31 Así habló el Cronida y promovió una gran batalla. Los dioses fueron al combate divididos en dos bandos: encamináronse a las naves Hera, Palas Atenea, Posidón, que ciñe la tierra, el benéfico Hermes de prudente espíritu, y con ellos Hefesto, que, orgulloso de su fuerza, cojeaba arrastrando sus gráciles piernas; y enderezaron sus pasos a los troyanos Ares, el de tremolante casco, el intonso Febo, Ártemis, que se complace en tirar flechas, Leto, el Janto y la risueña Afrodita.

41 Mientras los dioses se mantuvieron alejados de los hombres, mostráronse los aqueos muy ufanos porque Aquiles volvía a la batalla después del largo tiempo en que se había abstenido de tener parte en la triste guerra, y los troyanos se espantaron y un fuerte temblor les ocupó los miembros, tan pronto como vieron al Pelión, ligero de pies, que con su reluciente armadura semejaba al dios Ares, funesto a los mortales. Mas, luego que las olímpicas deidades penetraron por entre la muchedumbre de los guerreros, levantóse la terrible Discordia, que enardece a los varones; Atenea daba fuertes gritos, unas veces a orillas del foso cavado al pie del muro, y otras en los altos y sonoros promontorios; y Ares, que parecía un negro torbellino, vociferaba también y animaba vivamente a los troyanos, ya desde el punto más alto de la ciudad, ya corriendo por la Bella Colina, a orillas del Simoente.

54 De este modo los felices dioses, instigando a unos y a otros, los hicieron venir a las manos y promovieron una reñida contienda. El padre de los hombres y de los dioses tronó horriblemente en las alturas; Posidón, por debajo, sacudió la inmensa tierra y las excelsas cumbres de los montes; y retemblaron así las laderas y las cimas del Ida, abundante en manantiales, como la ciudad troyana y las naves aqueas. Asustóse Aidoneo, rey de los infiernos, y saltó del trono gritando; no fuera que Posidón, que sacude la tierra, la desgarrase y se hicieran visibles las mansiones horrendas y tenebrosas que las mismas deidades aborrecen. ¡Tanto estrépito se produjo cuando los dioses entraron en combate! Al soberano Posidón le hizo frente Febo Apolo

con sus aladas flechas; a Enialio, Atenea, la diosa de ojos de lechuza; a Hera, Ártemis, que lleva arco de oro, ama el bullicio de la caza, se complace en tirar saetas y es hermana del que hiere de lejos; a Leto, el poderoso y benéfico Hermes; y a Hefesto, el gran río de profundos vórtices, llamado por los dioses Janto y por los hombres Escamandro.

75 Así los dioses salieron al encuentro los unos de los otros. Aquiles deseaba romper por el gentío en derechura a Héctor Priámida, pues el ánimo le impulsaba a saciar con la sangre del héroe a Ares, infatigable luchador. Mas Apolo, que enardece a los guerreros, movió a Eneas a oponerse al Pelión, infundiéndole gran valor y hablándole así, después de tomar la voz y la figura de Licaón, hijo de Príamo:

83 -¡Eneas, consejero de los troyanos! ¿Qué es de aquellas amenazas hechas por ti en los banquetes de los reyes troyanos, de que saldrías a combatir con el Pelida Aquiles?

86 Y a su vez Eneas le respondió diciendo:

87 -¡Priámida! ¿Por qué me ordenas que luche, sin desearlo mi voluntad, con el animoso Pelión? No fuera la primera vez que me viese frente a Aquiles, el de los pies ligeros: en otro tiempo, cuando vino adonde pacían nuestras vacas y tomó a Lirneso y a Pédaso, persiguióme por el Ida con su lanza; y Zeus me salvó, dándome fuerzas y agilizando mis rodillas. Sin su ayuda hubiese sucumbido a manos de Aquiles y de Atenea, que le precedía, le daba la victoria y le animaba a matar léleges y troyanos con la broncínea lanza. Por eso ningún hombre puede combatir con Aquiles, porque a su lado asiste siempre alguna deidad que le libra de la muerte. En cambio, su lanza vuela recta y no se detiene hasta que ha atravesado el cuerpo de un enemigo. Si un dios igualara las condiciones del combate, Aquiles no me vencería fácilmente; aunque se gloriase de ser todo de bronce.

103 Replicóle el soberano Apolo, hijo de Zeus:

104 -¡Héroe! Ruega tú también a los sempiternos dioses, pues dicen que naciste de Afrodita, hija de Zeus, y aquél es hijo de una divinidad inferior. La primera desciende de Zeus, ésta tuvo por padre al anciano del mar. Levanta el indomable bronce y no to arredres por oír palabras duras o amenazas.

110 Apenas acabó de hablar, infundió grandes bríos al pastor de hombres; y éste, que llevaba una reluciente armadura de bronce, se abrió paso por los combatientes delanteros. Hera, la de los níveos brazos, no dejó de advertir que el hijo de Anquises atravesaba la muchedumbre para salir al encuentro del Pelión; y, llamando a otros dioses, les dijo:

115 -Considerad en vuestra mente, Posidón y Atenea, cómo esto acabará; pues Eneas, armado de reluciente bronce, se encamina en derechura al Pelión por excitación de Febo Apolo. Ea, hagámosle retroceder, o alguno de nosotros se ponga junto a Aquiles, le infunda gran valor y no deje que su ánimo desfallezca; para que conozca que le quieren los inmortales más poderosos, y que son débiles los dioses que en el combate y la pelea protegen a los troyanos. Todos hemos bajado del Olimpo a intervenir en esta batalla, para que Aquiles no padezca hoy ningún daño de parte de los troyanos; y luego sufrirá to que la Parca dispuso, hilando el lino, cuando su madre te dio a luz. Si Aquiles no se entera por la voz de los dioses, sentirá temor cuando en el combate le salga al encuentro alguna deidad; pues los dioses, en dejándose ver, son terribles.

132 Respondióle Posidón, que sacude la tierra:

133 -¡Hera! No te irrites más de to razonable, pues no te es preciso. Ni yo quisiera que nosotros, que somos los más fuertes, promoviéramos la contienda entre los dioses. Vayámonos de este camino y sentémonos en aquella altura, y de la batalla cuidarán los hombres. Y si Ares o Febo Apolo dieren principio a la pelea o detuvieren a Aquiles y no le dejaren combatir, iremos en seguida a luchar con ellos, y me figuro que pronto tendrán que retirarse y volver al Olimpo, a la reunión de los demás dioses, vencidos por la fuerza de nuestros brazos.

144 Dichas estas palabras, el dios de los cerúleos cabellos llevólos al alto terraplén que los troyanos y Palas Atenea habían levantado en otro tiempo para que el divino Heracles se librara de la ballena cuando, perseguido por ésta, pasó de la playa a la llanura. Allí Posidón y los otros dioses se sentaron, extendiendo en derredor de sus hombros una impenetrable nube; y al otro lado, en la cima de la Bella Colina, en torno de ti, oh Febo, que hieres de lejos, y de Ares, que destruye las ciudades, acomodáronse las deidades protectoras de los troyanos.

153 Así unos y otros, sentados en dos grupos, deliberaban y no se decidían a empezar el funesto combate. Y Zeus desde lo alto les incitaba a comenzarlo.

156 Todo el campo, lleno de hombres y caballos, resplandecía con el lucir del bronce; y la tierra retumbaba debajo de los pies de los guerreros que a luchar salían. Dos varones, señalados entre los más valientes, deseosos de combatir, se adelantaron a los suyos para encontrarse entre ambos ejércitos: Eneas, hijo de Anquises, y el divino Aquiles. Presentóse primero Eneas, amenazador, tremolando el sólido casco: protegía el pecho con el fuerte escudo y vibraba broncínea lanza. Y el Pelida desde el otro lado fue a oponérsele como un voraz león, para matar al cual se reúnen los hombres de todo un pueblo; y el león al principio sigue su camino despreciándolos; mas, así que uno de los belicosos jóvenes le hiere con un venablo, se vuelve hacia él con la boca abierta, muestra los dientes cubiertos de espuma, siente gemir en su pecho el corazón valeroso, se azota con la cola muslos y caderas para animarse a pelear, y con los ojos centelleantes arremete fiero hasta que mata a alguien o él mismo perece en la primera fila; así le instigaban a Aquiles su valor y ánimo esforzado a salir al encuentro del magnánimo Eneas. Y tan pronto como se hallaron frente a frente, el divino Aquiles, el de los pies ligeros, habló diciendo:

178 -¡Eneas! ¿Por qué te adelantas tanto a la turba y me aguardas? ¿Acaso el ánimo te incita a combatir conmigo por la esperanza de reinar sobre los troyanos, domadores de caballos, con la dignidad de Príamo? Si me matases, no pondría Príamo en tu mano tal recompensa; porque tiene hijos, conserva entero el juicio y no es insensato. ¿O quizás te han prometido los troyanos acotarte un hermoso campo de frutales y sembradío que a los demás aventaje, para que puedas cultivarlo, si me quitas la vida? Me figuro que te será difícil conseguirlo. Ya otra vez te puse en fuga con mi lanza. ¿No recuerdas que, hallándote solo, te aparté de tus bueyes y te perseguí por el monte Ida corriendo con ligera planta? Entonces huías sin volver la cabeza. Luego te refugiaste en Lirneso y yo tomé la ciudad con la ayuda de Atenea

y del padre Zeus, y me llevé las mujeres haciéndolas esclavas; mas a ti te salvaron Zeus y los demás dioses. No creo que ahora te guarden, como espera tu corazón; y te aconsejo que vuelvas a tu ejército y no te quedes frente a mí, antes que padezcas algún daño; que el necio sólo conoce el mal cuando ha llegado.

199 Y a su vez Eneas le respondió diciendo:

200 -¡Pelida! No creas que con esas palabras me asustarás como a un niño, pues también sé proferir injurias y baldones. Conocemos el linaje de cada uno de nosotros y cuáles fueron nuestros respectivos padres, por haberlo oído contar a los mortales hombres; que ni tú viste a los míos, ni yo a los tuyos. Dicen que eres prole del eximio Peleo y tienes por madre a Tetis, ninfa marina de hermosas trenzas; mas yo me glorío de ser hijo del magnánimo Anquises y mi madre es Afrodita: aquéllos o éstos tendrán que llorar hoy la muerte de su hijo, pues no pienso que nos separemos sin combatir, después de dirigirnos pueriles insultos. Si deseas saberlo, to diré cuál es mi linaje, de muchos conocido. Primero Zeus, que amontona las nubes, engendró a Dárdano, y éste fundó la Dardania al pie del Ida, en manantiales abundoso; pues aún la sacra Ilio, ciudad de hombres de voz articulada, no había sido edificada en la llanura. Dárdano tuvo por hijo al rey Erictonio, que fue el más opulento de los mortales hombres: poseía tres mil yeguas que, ufanas de sus tiernos potros, pacían junto a un pantano.- El Bóreas enamoróse de algunas de las que vio pacer, y, transfigurado en caballo de negras crines, hubo de ellas doce potros que en la fértil tierra saltaban por encima de las mieses sin romper las espigas y en el ancho dorso del espumoso mar corrían sobre las mismas olas.- Erictonio fue padre de Tros, que reinó sobre los troyanos; y éste dio el ser a tres hijos irreprensibles: Ilo, Asáraco y el deiforme Ganimedes, el más hermoso de los hombres, a quien arrebataron los dioses a causa de su belleza para que escanciara el néctar a Zeus y viviera con los inmortales. Ilo engendró al eximio Laomedonte, que tuvo por hijos a Titono, Príamo, Lampo, Clitio a Hicetaón, vástago de Ares. Asáraco engendró a Capis, cuyo hijo fue Anquises. Anquises me engendró a mí, y Príamo al divino Héctor. Tal alcurnia y tal sangre me glorío de tener. Pero Zeus aumenta o disminuye

el valor de los guerreros como le place, porque es el más poderoso. Ea, no nos digamos más palabras como si fuésemos niños, parados así en medio del campo de batalla. Fácil nos sería inferimos tantas injurias, que una nave de cien bancos de remeros no podría llevarlas. Es voluble la lengua de los hombres, y de ella salen razones de todas clases; hállanse muchas palabras acá y allá, y cual hablares tal oirás la respuesta. Mas ¿qué necesidad tenemos de altercar, disputando a injuriándonos, como mujeres irritadas, las cuales, movidas por roedor encono, salen a la calle y se zahieren diciendo muchas cosas, verdaderas unas y falsas otras, que la cólera les dicta? No lograrás con tus palabras que yo, estando deseoso de combatir, pierda el valor antes de que con el bronce y frente a frente peleemos. Ea, acometámonos en seguida con las broncíneas lanzas.

259 Dijo; y, arrojando la fornida lanza, clavóla en el terrible y horrendo escudo de Aquiles, que resonó grandemente en torno de ella. El Pelida, temeroso, apartó el escudo con la robusta mano, creyendo que la luenga lanza del magnánimo Eneas lo atravesaría fácilmente. ¡Insensato! No pensó en su mente ni en su espíritu que los eximios presentes de los dioses no pueden ser destruidos con facilidad por los mortales hombres, ni ceder a sus fuerzas. Y así la pesada lanza de Eneas no perforó entonces la rodela por haberlo impedido la lámina de oro que el dios puso en medio, sino que atravesó dos capas y dejó tres intactas, porque eran cinco las que el dios cojo había reunido: las dos de bronce, dos interiores de estaño, y una de oro, que fue donde se detuvo la lanza de fresno.

273 Aquiles despidió luego la ingente lanza, y acertó a dar en el borde del liso escudo de Eneas, sitio en que el bronce era más delgado y el boyuno cuero más tenue: el fresno del Pelión atravesólo, y todo el escudo resonó. Eneas, amedrentado, se encogió y levantó el escudo; la lanza, deseosa de proseguir su curso, pasóle por cima del hombro, después de romper los dos círculos de la rodela, y se clavó en el suelo; y el héroe, evitado ya el golpe, quedóse inmóvil y con los ojos muy espantados de ver que aquélla había caído tan cerca. Aquiles desnudó la aguda espada; y, profiriendo horribles voces, arremetió contra Eneas; y éste, a su vez, cogió una gran

piedra que dos de los hombres actuales no podrían llevar y que él manejaba fácilmente. Y Eneas tirara la piedra a Aquiles y le acertara en el casco o en el escudo que habría apartado del héroe la triste muerte, y el Pelida privara de la vida a Eneas, hiriéndole de cerca con la espada, si al punto no lo hubiese advertido Posidón, que sacude la tierra, el cual dijo entre los dioses inmortales:

293 -¡Oh dioses! Me causa pesar el magnánimo Eneas, que pronto, sucumbiendo a manos del Pelión, descenderá al Hades por haber obedecido las palabras de Apolo, que hiere de lejos. ¡Insensato! El dios no le librará de la triste muerte. Mas ¿por qué ha de padecer, sin ser culpable, las penas que otros merecen, habiendo ofrecido siempre gratos presentes a los dioses que habitan el anchuroso cielo? Ea, librémosle de la muerte, no sea que el Cronida se enoje si Aquiles lo mata, pues el destino quiere que se salve a fin de que no perezca sin descendencia ni se extinga del todo el linaje de Dárdano, que fue amado por el Cronida con preferencia a los demás hijos que tuvo de mujeres mortales. Ya el Cronión aborrece a los descendientes de Príamo; pero el fuerte Eneas reinará sobre los troyanos, y luego los hijos de sus hijos que sucesivamente nazcan.

309 Respondióle Hera veneranda, la de ojos de novilla:

310 -¡Oh tú que sacudes la tierra! Resuelve tú mismo si has de salvar a Eneas o permitir que, no obstante su valor, sea muerto por el Pelida Aquiles. Pues así Palas Atenea como yo hemos jurado repetidas veces a vista de los Inmortales todos, que jamás libraríamos a los troyanos del día funesto, aunque Troya entera fuese pasto de las voraces llamas por haberla incendiado los belicosos aqueos.

318 Cuando Posidón, que sacude la tierra, oyó estas palabras, fuese; y andando por la liza, entre el estruendo de las lanzas, llegó adonde estaban Eneas y el ilustre Aquiles. Al momento cubrió de niebla los ojos del Pelida Aquiles, arrancó del escudo del magnánimo Eneas la lanza de fresno con punta de bronce que depositó a los pies de aquél, y arrebató al troyano alzándolo de la tierra. Eneas, sostenido por la mano del dios, pasó por cima de muchas filas de héroes y caballos hasta llegar al otro extremo del

impetuoso combate, donde los caucones se armaban para pelear. Y entonces Posidón, que sacude la tierra, se le presentó, y le dijo estas aladas palabras:

332 -¡Eneas! ¿Cuál de los dioses te ha ordenado que cometieras la locura de luchar cuerpo a cuerpo con el animoso Pelión, que es más fuerte que tú y más caro a los inmortales? Retírate cuantas veces le encuentres, no sea que lo haga descender a la morada de Hades antes de lo dispuesto por el hado. Mas, cuando Aquiles haya muerto, por haberse cumplido su destino, pelea confiadamente entre los combatientes delanteros, que no te matará ningún otro aqueo.

340 Así diciendo, dejó a Eneas allí, después que le hubo amonestado y apartó la obscura niebla de los ojos de Aquiles. Éste volvió a ver con claridad, y, gimiendo, a su magnánimo espíritu le decía:

344 -¡Oh dioses! Grande es el prodigio que a mi vista se ofrece: esta lanza yace en el suelo y no veo al varón contra quien la arrojé, con intención de matarle. Ciertamente a Eneas le aman los inmortales dioses; ¡y yo creía que se jactaba de ello vanamente! Váyase, pues; que no tendrá ánimo para medir de nuevo sus fuerzas conmigo, quien ahora huyó gustoso de la muerte. Exhortaré a los belicosos dánaos y probaré el valor de los demás enemigos, saliéndoles al encuentro.

333 Dijo; y, saltando por entre las filas, animaba a los guerreros:

334 -¡No permanezcáis alejados de los troyanos, divínos aqueos! Ea, cada hombre embista a otro y sienta anhelo por pelear. Difícil es que yo solo, aunque sea valiente, persiga a tantos guerreros y con todos luche; y ni a Ares, que es un dios inmortal, ni a Atenea, les sería posible recorrer un campo de batalla tan vasto y combatir en todas panes. En to que puedo hacer con mis manos, mis pies o mi fuerza, no me muestro remiso. Entraré por todos lados en las hileras de las falariges enemigas, y me figuro que no se alegrarán los troyanos que a mi lanza se acerquen.

364 Con estas palabras los animaba. También el esclarecido Héctor exhortaba a los troyanos, dando gritos, y aseguraba que saldría al encuentro de Aquiles:

366 -¡Animosos troyanos! ¡No temáis al Pelión! Yo de palabra combatiría hasta con los

inmortales; pero es difícil hacerlo con la lanza, siendo, como son, mucho más fuertes. Aquiles no llevará al cabo todo cuanto dice, sino que en parte lo cumplirá y en parte lo dejará a medio hacer. Iré a encontrarlo, aunque por sus manos se parezca a la llama; sí, aunque por sus manos se parezca a la llama, y por su fortaleza al reluciente hierro

373 Con tales voces los excitaba. Los troyanos calaron las lanzas; trabóse el combate y se produjo gritería, y entonces Febo Apolo se acercó a Héctor y le dijo:

376 -¡Héctor! No te adelantes para luchar con Aquiles; espera su acometida mezclado con la muchedumbre, confundido con la turba. No sea que consiga herirte desde lejos con arma arrojadiza, o de cerca con la espada.

379 Así habló. Héctor se fue, amedrentado, por entre la multitud de guerreros apenas acabó de oír las palabras del dios. Aquiles, con el corazón revestido de valor y dando horribles gritos, arremetió a los troyanos, y empezó por matar al valeroso Ifitión Otrintida, caudillo de muchos hombres, a quien una ninfa náyade había tenido de Otrinteo, asolador de ciudades, en el opulento pueblo de Hida, al pie del nevado Tmolo: el divino Aquiles acertó a darle con la lanza en medio de la cabeza, cuando arremetía contra él, y se la dividió en dos partes. El troyano cayó con estrépito, y el divino Aquiles se glorió diciendo:

389 -¡Yaces en el suelo, Otrintida, el más portentoso de todos los hombres! En este lugar te sorprendió la muerte; a ti, que habías nacido a orillas del lago Gigeo, donde tienes la heredad paterna, junto al Hilo, abundante en peces, y el Hermo voraginoso.

393 Así dijo jactándose. Las tinieblas cubrieron los ojos de Ifitión, y los carros de los aqueos lo despedazaron con las llantas de sus ruedas en el primer reencuentro. Aquiles hirió, después, en la sien, atravesándole el casco de broncíneas carrilleras, a Demoleonte, valiente adalid en el combate, hijo de Anténor; y el casco de bronce no detuvo la lanza, pues la punta entró y rompió el hueso, conmovióse interiormente el cerebro, y el troyano sucumbió cuando peleaba con ardor. Luego, como Hipodamante saltara del carro y se diese a la fuga, le envasó la pica en la espalda: aquél exhalaba el aliento y bramaba como el toro que los jóvenes arrastran a los altares del soberano Heliconio y el dios que sacude la tierra se goza al verlo; así bramaba Hipodamante cuando el alma valerosa dejó sus huesos. Seguidamente acometió con la lanza al deiforme Polidoro Priámida, a quien su padre no permitía que fuera a las batallas porque era el menor y el predilecto de sus hijos. Nadie vencía a Polidoro en la carrera; y entonces, por pueril petulancia, haciendo gala de la ligereza de sus pies, agitábase el troyano entre los combatientes delanteros, hasta que perdió la vida: al verlo pasar, el divino Aquiles, ligero de pies, hundióle la lanza en medio de la espalda, donde los anillos de oro sujetaban el cinturón y era doble la coraza, y la punta salió al otro lado cerca del ombligo; el joven cayó de rodillas dando lastimeros gritos; obscura nube le envolvió; e, inclinándose, procuraba sujetar con sus manos los intestinos, que le salían por la herida.

419 Tan pronto como Héctor vio a su hermano Polidoro cogiéndose las entrañas y encorvado hacia el suelo, se le puso una nube ante los ojos y ya no pudo combatir a distancia; sino que, blandiendo la aguda lanza a impetuoso como una llama, se dirigió al encuentro de Aquiles. Y éste, al advertirlo, saltó hacia él, y dijo muy ufano estas palabras:

425 -Cerca está el hombre que ha inferido a mi corazón la más grave herida, el que mató a mi compañero amado. Ya no huiremos asustados, el uno del otro, por los senderos del combate.

428 Dijo; y mirando con torva faz al divino Héctor, le gritó:

429 -¡Acércate para que más pronto llegues de tu perdición al término!

430 Sin turbarse, le respondió Héctor, el de tremolante casco:

431 -¡Pelida! No esperes amedrentarme con palabras como a un niño; también yo sé proferir injurias y baldones. Reconozco que eres valiente y que te soy muy inferior. Pero en la mano de los dioses está si yo, siendo inferior, te quitaré la vida con mi lanza; pues también tiene afilada punta.

438 En diciendo esto, blandió y arrojó su lanza; pero Atenea con un tenue soplo apartóla del glorioso Aquiles, y el arma volvió hacia el divino Héctor y cayó a sus pies. Aquiles acometió, dando horribles gritos, a Héctor, con intención de matarlo; pero Apolo arrebató al troyano,

haciéndolo con gran facilidad por ser dios, y to cubrió con densa niebla. Tres veces el divino Aquiles, ligero de pies, atacó con la broncínea lanza, tres veces dio el golpe en el aire. Y cuando, semejante a un dios, arremetía por cuarta vez, increpó el héroe a Héctor con voz terrible, dirigiéndole estas aladas palabras:

449 -¡Otra vez te has librado de la muerte, perro! Muy cerca tuviste la perdición, pero te salvó Febo Apolo, a quien debes de rogar cuando sales al campo antes de oír el estruendo de los dardos. Yo acabaré contigo si más tarde te encuentro y un dios me ayuda. Y ahora perseguiré a los demás que se me pongan al alcance.

453 Así dijo; y con la lanza hirió en medio del cuello a Dríope, que cayó a sus pies. Dejóle, y al momento detuvo a Demuco Filetórida, valeroso y alto, a quien pinchó con la lanza en una rodilla, y luego quitóle la vida con la gran espada. Después acometió a Laógono y a Dárdano, hijos de Biante: habiéndolos derribado del carro en que iban, a aquél le hizo perecer arrojándole la lanza, y a éste hiriéndole de cerca con la espada. También mató a Tros Alastórida, que vino a abrazarle las rodillas por si compadeciéndose de él, que era de la misma edad del héroe, en vez de matarlo le hacía prisionero y to dejaba vivo. ¡Insensato! No conoció que no podría persuadirle, pues Aquiles no era hombre de condición benigna y mansa, sino muy violento. Ya aquél le tocaba las rodillas con intención de suplicarle, cuando le hundió la espada en el hígado: derramóse éste, llenando de negra sangre el pecho, y las tinieblas cubrieron los ojos del troyano, que quedó exánime. Inmediatamente Aquiles se acercó a Mulio; y, metiéndole la lanza en una oreja, la broncínea punta salió por la otra. Más tarde hirió en medio de la cabeza a Equeclo, hijo de Agenor, con la espada provista de empuñadura: la hoja entera se calentó con la sangre, y la purpúrea muerte y la parca cruel velaron los ojos del guerrero. Posteriormente atravesó con la broncínea lanza el brazo de Deucalión, en el sitio donde se juntan los tendones del codo; y el troyano esperóle, con la mano entorpecida y viendo que la muerte se le acercaba: Aquiles le cercenó de un tajo la cabeza, que con el casco arrojó a to lejos, la medula salió de las vértebras y el guerrero quedó tendido en el suelo. Dirigióse acto seguido contra Rigmo, ilustre hijo de Píroo, què había llegado de la fértil Tracia, y le hirió en medio del cuerpo: clavóle la broncínea lanza en el pulmón, y le derribó del carro. Y, como viera que su escudero Areítoo torcía la rienda a los caballos, envasóle la aguda lanza en la espalda, y también le derribó en tierra, mientras los corceles huían espantados.

490 De la suerte que, al estallar abrasador incendio en los hondos valles de árida montaña, arde la poblada selva, y el viento mueve las llamas que giran a todos lados; de la misma manera, Aquiles se revolvía furioso con la lanza, persiguiendo, cual una deidad, a los que estaban destinados a morir; y la negra tierra manaba sangre. Como, uncidos al yugo dos bueyes de ancha frente para que trillen la blanca cebada en una era bien dispuesta, se desmenuzan presto las espigas debajo de los pies de los mugientes bueyes; así los solípedos corceles, guiados por el magnánimo Aquiles, hollaban a un mismo tiempo cadáveres y escudos; el eje del carro tenía la parte inferior cubierta de sangre y los barandales estaban salpicados de sanguinolentas gotas que los casos de los corceles y las llantas de las ruedas despedían. Y el Pelida deseaba alcanzar gloria y tenía las invictas manos manchadas de sangre y polvo.

Ejercicios: Capítulo 16-20

1- Haz una lista con los personajes que aparecen en el capítulo:

2- Señala los personajes que consideres más importantes, y explica por qué (excluye aquellos que ya hayas descrito en el capitulo anterior):

_____

_____

_____

_____

_____

_____

_____

_____

_____

_____

3- Escribe una breve reseña biográfica acerca de los personajes que consideraste más importantes(excluye aquellos que ya hayas descrito en el capitulo anterior):

_____

_____

_____

_____

_____

_____

_____

_____

_____

_____

_____

_____

_____

4- Describe los sucesos y acontecimientos más importantes del capítulo:

_____

_____

_____

_____

_____

_____

_____

_____

_____

_____

_____

_____

_____

5- Si pudieras aconsejar a los personajes, ¿Qué consejos les darías –y por qué?

_____

_____

_____

_____

_____

_____

_____

_____

_____

6- Haz una lista con los puntos que consideras más importantes:

_____

_____

_____
_____
_____
_____
_____
_____

7- ¿Qué diálogos te parecen más interesantes?

_____
_____
_____
_____
_____
_____
_____
_____
_____
_____
_____
_____
_____

8- ¿Qué palabras tuviste que buscar en el diccionario?

_____
_____
_____
_____

9- ¿De qué manera se relaciona este capítulo con el capitulo anterior?

_____
_____
_____
_____

10- ¿Cuál es tu opinión personal acerca de esta lectura?

Batalla junto al río

** Este río pide ayuda al río Simoente y quiere
sumergir a Aquiles, pero el dios Hefesto le obliga
a volver a su cauce. Apolo se transfigure en
troyano y se hace perseguir por el héroe para
que los demás puedan entrar en la ciudad;
conseguido su objeto, el dios se descubre.*

1 Así que los troyanos llegaron al vado del
vortiginoso Janto, río de hermosa corriente a
quien el inmortal Zeus engendró, Aquiles los
dividió en dos grupos. A los del primero echólos
el héroe por la llanura hacia la ciudad, por donde
los aqueos huían espantados el día anterior,
cuando el esclarecido Héctor se mostraba
furioso; por allí se derramaron entonces los
troyanos en su fuga, y Hera, para detenerlos, los
envolvió en una densa niebla. Los otros rodaron
al caudaloso río de argénteos vórtices, y cayeron
en él con gran estrépito: resonaba la corriente,
retumbaban ambas orillas y los troyanos
nadaban acá y acullá, gritando, mientras eran
arrastrados en torno de los remolinos. Como las
langostas acosadas por la violencia de un fuego
que estalla de repente vuelan hacia el río y se
echan medrosas en el agua, de la misma manera
la corriente sonora del Janto de profundos
vórtices se llenó, por la persecución de Aquiles,
de hombres y caballos que en el mismo caían
confundidos.

17 Aquiles, vástago de Zeus, dejó su lanza
arrimada a un tamariz de la orilla, saltó al río,
cual si fuese una deidad, con sólo la espada y
meditando en su corazón acciones crueles, y
comenzó a herir a diestro y a siniestro: al punto
levantóse un horrible clamoreo de los que
recibían los golpes, y el agua bermejeó con la
sangre. Como los peces huyen del ingente delfín,
y, temerosos, llenan los senos del hondo puerto,
porque aquél devora a cuantos coge, de la misma
manera los troyanos iban por la impetuosa
corriente del río y se refugiaban, temblando,
debajo de las rocas. Cuando Aquiles tuvo las
manos cansadas de matar, cogió vivos, dentro del
río, a doce mancebos para inmolarlos más tarde
en expiación de la muerte de Patroclo Meneciada.
Sacólos atónitos como cervatos, les ató las manos

por detrás con las correas bien cortadas que
llevaban en las flexibles túnicas y encargó a los
amigos que los condujeran a las cóncavas naves.
Y el héroe acometió de nuevo a los troyanos, para
hacer en ellos gran destrozo.

34 Allí se encontró Aquiles con Licaón, hijo de
Príamo Dardánida; el cual, huyendo, iba a salir
del río. Ya anteriormente le había hecho
prisionero encaminándose de noche a un campo
de Príamo: Licaón cortaba con el agudo bronce
los ramos nuevos de un cabrahígo para hacer los
barandales de un carro, cuando el divinal Aquiles,
presentándose cual imprevista calamidad, se to
llevó mal de su grado. Transportóle luego en una
nave a la bien construida Lemnos, y allí to puso
en venta: el hijo de Jasón pagó el precio. Después
Eetión de Imbros, que era huésped del troyano,
dio por él un cuantioso rescate y envióle a la
divina Arisbe. Escapóse Licaón, y, volviendo a la
casa paterna, estuvo celebrando con sus amigos
durance once días su regreso de Lemnos; mas, al
duodécimo, un dios le hizo caer nuevamente en
manos de Aquiles, que debía mandarle al Hades,
sin que Licaón to deseara. Como el divino
Aquiles, el de los pies ligeros, le viera inerme -sin
casco, escudo ni lanza, porque todo to había
tirado al suelo- y que salía del río con el cuerpo
abatido por el sudor y las rodillas vencidas por el
cansancio, sorprendióse, y a su magnánimo
espíritu así le habló:

54 -¡Oh dioses! Grande es el prodigio que a mi
vista se ofrece. Ya es posible que los troyanos a
quienes maté resuciten de las sombrías tinieblas;
cuando éste, librándose del día cruel, ha vuelto
de la divina Lemnos, donde fue vendido, y las olas
del espumoso mar que a tantos detienen no han
impedido su regreso. Mas, ea, haré que pruebe la
punta de mi lanza para ver y averiguar si volverá
nuevamente o se quedará en el seno de la fértil
tierra que hasta a los fuertes retiene.

64 Pensando en tales cosas, Aquiles continuaba
inmóvil. Licaón, asustado, se le acercó a tocarle
las rodillas; pues en su ánimo sentía vivo deseo
de lfbrarse de la triste muerte y de la negra
Parca. El divino Aquiles levantó en seguida la
enorme lanza con intención de herirlo, pero
Licaón se encogió y corriendo le abrazó las
rodillas; y aquélla, pasándole por cima del dorso,
se clavó en el suelo, codiciosa de cebarse en el
cuerpo de un hombre. En tanto Licaón suplicaba

a Aquiles; y, abrazando con una mano sus rodillas y sujetándole con la otra la aguda lanza, sin que la soltara, estas aladas palabras le decía:

74 -Te lo ruego abrazado a tus rodillas, Aquiles: respétame y apiádate de mí. Has de tenerme, oh alumno de Zeus, por un suplicante digno de consideración; pues comí en to tienda el fruto de Deméter el día en que me hiciste prisionero en el campo bien cultivado, y, llevándome lejos de mi padre y de mis amigos, me vendiste en Lemnos: cien bueyes te valió mi persona. Ahora te daría el triple por rescatarme. Doce días ha que, habiendo padecido mucho, volví a Ilio; y otra vez el hado funesto me pone en tus manos. Debo de ser odioso al padre Zeus, cuando nuevamente me entrega a ti. Para darme una vida corta, me parió Laótoe, hija del anciano Altes, que reina sobre los belicosos léleges y posee la excelsa Pédaso junto al Satnioente. A la hija de aquél la tuvo Príamo por esposa con otras muchas; de la misma nacimos dos varones y a entrambos nos habrás dado muerte. Ya hiciste sucumbir entre los infantes delanteros al deiforme Polidoro, hiriéndole con la aguda pica; y ahora la desgracia llegó para mí, pues no espero escapar de tus manos después que un dios me ha echado en ellas. Otra cosa to diré que fijarás en la memoria: No me mates; pues no soy del mismo vientre que Héctor, el que dio muerte a to dulce y esforzado amigo.

97 Con tales palabras el preclaro hijo de Príamo suplicaba a Aquiles, pero fue amarga la respuesta que escuchó:

99 -¡Insensato! No me hables del rescate, ni to menciones siquiera. Antes que a Patroclo le llegara el día fatal, me era grato abstenerme de matar a los troyanos y fueron muchos los que cogí vivos y vendí luego; mas ahora ninguno escapará de la muerte, si un dios lo pone en mis manos delante de Ilio y especialmente si es hijo de Príamo. Por Canto, amigo, muere tú también. ¿Por qué te lamentas de este modo? Murió Patroclo, que tanto te aventajaba. ¿No ves cuán gallardo y alto de cuerpo soy yo, a quien engendró un padre ilustre y dio a luz una diosa? Pues también me aguardan la muerte y la Parca cruel. Vendrá una mañana, una tarde o un mediodía en que alguien me quitará la vida en el combate, hiriéndome con la lanza o con una flecha despedida por el arco.

114 Así dijo. Desfallecieron las rodillas y el corazón del troyano que, soltando la lanza, se sentó y tendió ambos brazos. Aquiles puso mano a la tajante espada a hirió a Licaón en la clavícula, junto al cuello: metióle dentro toda la hoja de dos filos, el troyano dio de ojos por el suelo y su sangre fluía y mojaba la tierra. El héroe cogió el cadáver por el pie, arrojólo al río para que la corriente se to llevara, y profirió con jactancia estas aladas palabras:

122 -Yaz ahí entre los peces que tranquilos te lamerán la sangre de la herida. No te colocará tu madre en un lecho para llorarte, sino que serás llevado por el voraginoso Escamandro al vasto seno del mar. Y algún pez, saliendo de las olas a la negruzca y encrespada superficie, comerá la blanca grasa de Licaón. Así perezcáis los demás troyanos hasta que lleguemos a la sacra ciudad de Ilio, vosotros huyendo y yo detrás haciendo gran riza. No os salvará ni siquiera el río de hermosa corriente y argénteos remolinos, a quien desde antiguo sacrificáis muchos toros y en cuyós vórtices echáis vivos los solípedos caballos. Así y todo, pereceréis miserablemente unos en pos de otros, hasta que hayáis expiado la muerte de Patrocio y el estrago y la matanza que hicisteis en los aqueos junto a las naves, mientras estuve alejado de la lucha.

136 Así habló, y el río, con el corazón irritado, revolvía en su mente cómo haría cesar al divinal Aquiles de combatir y libraría de la muerte a los troyanos. En tanto, el hijo de Peleo dirigió su ingente lanza a Asteropeo, hijo de Pelegón, con ánimo de matarlo. A Pelegón le habían engendrado el Axio, de ancha corriente, y Peribea, la hija mayor de Acesámeno; que con ésta se unió aquel río de profundos remolinos. Encaminóse, pues, Aquiles hacia Asteropeo, el cual salió a su encuentro llevando dos lanzas; y el Janto, irritado por la muerte de los jóvenes a quienes Aquiles había hecho perecer sin compasión en la misma corriente, infundió valor en el pecho del troya-no. Cuando ambos guerreros se hallaron frente a frente, el divino Aquiles, el de los pies ligeros, fue el primero en hablar, y dijo:

150 -¿Quién eres tú y de dónde, que osas salirme al encuentro? Infelices de aquéllos cuyos hijos se oponen a mi furor.

152 Respondióle el preclaro hijo de Pelegón:

153 -¡Magnánimo Pelida! ¿Por qué sobre el abolengo me interrogas? Soy de la fértil Peonia, que está lejos; vine mandando a los peonios, que combaten con largas picas, y hace once días que llegué a Ilio. Mi linaje trae su origen del Axio de ancha corriente, del Axio que esparce su hermosísimo raudal sobre la tierra: Axio engendró a Pelegón, famoso por su lanza, y de éste dicen que he nacido. Pero peleemos ya, esclarecido Aquiles.

161 Así habló, en son de amenaza. El divino Aquiles levantó el fresno del Pelión, y el héroe Asteropeo, que era ambidextro, tiróle a un tiempo las dos lanzas: la una dio en el escudo, pero no to atravesó porque la lámina de oro que el dios puso en el mismo la detuvo; la otra rasguñó el brazo derecho del héroe, junto al codo, del cual brotó negra sangre; mas el arma pasó por encimá y se clavó en el suelo, codiciosa de la carne. Aquiles arrojó entonces la lanza, de recto vuelo, a Asteropeo con intención de matarlo, y erró el tiro: la lanza de fresno cayó en la elevada orilla y se hundió hasta la mitad del palo. El Pelida, desnudando la aguda espada que llevaba junto al muslo, arremetió enardecido a Asteropeo, quien con la mano robusta intentaba arrancar del escarpado borde la lanza de Aquiles: tres veces la meneó para arrancarla, y otras tantas careció de fuerza. Y cuando, a la cuarta vez, quiso doblar y romper la lanza de fresno del Eácida, acercósele Aquiles y con la espada le quitó la vida: hiriéle en el vientre, junto al ombligo; derramáronse en el suelo todos los intestinos, y las tinieblas cubrieron los ojos del troyano, que cayó anhelante. Aquiles se abalanzó a su pecho, le quitó la armadura; y, blasonando del triunfo, dijo estas palabras:

184 -Yaz ahí. Difícil era que tú, aunque engendrado por un río, pudieses disputar la victoria a los hijos del prepotente Cronión. Dijiste que to linaje procede de un río de ancha corriente; mas yo me jacto de pertenecer al del gran Zeus. Engendróme un varón que reina sobre muchos mirmidones, Peleo, hijo de Éaco; y este último era hijo de Zeus. Y como Zeus es más poderoso que los nos, que corren al mar, así también los descendientes de Zeus son más fuertes que los de los ríos. A tu lado tienes uno grande, si es que puede auxiharte. Mas no es posible combatir con Zeus Cronión. A éste no le igualan

ni el fuerte Aqueloo, ni el grande y poderoso Océano de profunda corriente del que nacen todos los ríos, todo el mar y todas las fuentes y grandes pozos; pues también el Océano teme el rayo del gran Zeus y el espantoso trueno, cuando retumba desde el cielo.

200 Dijo; arrancó del escarpado borde la broncínea lanza y abandonó a Asteropeo a11í, tendido en la arena, tan pronto como le hubo quitado la vida: el agua turbia bañaba el cadáver, y anguilas y peces acudieron a comer la grasa que cubría los riñones. Aquiles se fue para los peonios que peleaban en carros; los cuales huían por las márgenes del voraginoso río, desde que vieron que el más fuerte caía en el duro combate, vencido por las manos y la espada del Pelida. Éste mató entonces a Tersíloco, Midón, Astípilo, Mneso, Trasio, Enio y Ofelestes. Y a más peonios diera muerte el veloz Aquiles, si el río de profundos remolinos, irritado y transfigurado en hombre, no le hubiese dicho desde uno de los profundos vórtices:

214 -¡Oh Aquiles! Superas a los demás hombres tanto en el valor como en la comisión de acciones nefandas; porque los propios dioses te prestan constantemente su auxilio. Si el hijo de Crono te ha concedido que destruyas a todos los troyanos, apártalos de mí y ejecuta en el llano tus proezas. Mi hermosa corriente está llena de cadáveres que obstruyen el cauce y no me dejan verter el agua en la mar divina; y tú sigues matando de un modo atroz. Pero, ea, cesa ya; pues me tienes asombrado, oh príncipe de hombres.

222 Respondióle Aquiles, el de los pies ligeros:

223 -Se hará, oh Escamandro, alumno de Zeus, como tú lo ordenas; pero no me abstendré de matar a los altivos troyanos hasta que los encierre en la ciudad y, peleando con Héctor, él me mate a mí o yo acabe con él.

227 Esto dicho, arremetió a los troyanos, cual si fuese un dios. Y entonces el río de profundos remolinos dirigióse a Apolo:

229 -¡Oh dioses! Tú, el del arco de plata, hijo de Zeus, no cumples las órdenes del Cronión, el cual to encargó muy mucho que socorrieras a los troyanos y les prestaras to auxilio hasta que, llegada la tarde, se pusiera el sol y quedara a obscuras el fértil campo.

233 Dijo. Aquiles, famoso por su lanza, saltó desde la escarpada orilla al centro del río. Pero

éste le atacó enfurecido: hinchó sus aguas, revolvió la corriente, y, arrastrando muchos cadáveres de hombres muertos por Aquiles, que había en el cauce, arrojólos a la orilla mugiendo como un toro, y en Canto salvaba a los vivos dentro de la hermosa corriente, ocultándolos en los profundos y anchos remolinos. Las revueltas olas rodeaban a Aquiles, la corriente caía sobre su escudo y le empujaba, y el héroe ya no se podía tener en pie. Asióse entonces con ambas manos a un olmo corpulento y frondoso; pero éste, arrancado de raíz, rompió el borde escarpado, oprimió la hermosa corriente con sus muchas ramas, cayó entero al río y se convirtió en un puente. Aquiles, amedrentado, dio un salto, salió del abismo y voló con pie ligero por la llanura. Mas no por esto el gran dios desistió de perseguirlo, sino que lanzó tras él olas de sombría cima con el propósito de hacer cesar al divino Aquiles de combatir y librar de la muerte a los troyanos. El Pelida salvó cerca de un tiro de lanza, dando un brinco con la impetuosidad de la rapaz águila negra, que es la más forzuda y veloz de las aves; parecido a ella, el héroe coma y el bronce resonaba horriblemente sobre su pecho. Aquiles procuraba huir, desviándose a un lado; pero la corriente se iba tras él y le perseguía con gran ruido. Como el fontanero conduce el agua desde el profundo manantial por entre las plantas de un huerto y con un azadón en la mano quita de la reguera los estorbos; y la corriente sigue su curso, y mueve las piedrecitas, pero al llegar a un declive murmura, acelera la marcha y pasa delante del que la guía; de igual modo, la corriente del río alcanzaba continuamente a Aquiles, porque los dioses son más poderosos que los hombres. Cuantas veces el divino Aquiles, el de los pies ligeros, intentaba esperarla, para ver si le perseguían todos los inmortales que tienen su morada en el espacioso cielo, otras tantas, las grandes olas del río, que las celestiales lluvias alimentan, le azotaban los hombros. El héroe, afiigido en su corazón, saltaba; pero el río, siguiéndole con la rápida y tortuosa corriente, le cansaba las rodillas y le robaba el suelo a11í donde ponía los pies. Y el Pelida, levantando los ojos al vasto cielo, gimió y dijo:

273 -¡Zeus padre! ¿Cómo no viene ningún dios a salvarme a mí, miserando, de la persecución del río, y luego sufriré cuanto sea preciso? Ninguna de las deidades del cielo tiene tanta culpa como mi madre, que me halagó con falsas predicciones: dijo que me matarían al pie del muro de los troyanos, armados de coraza, las veloces flechas de Apolo. ¡Ojalá me hubiese muerto Héctor, que es aquí el más bravo! Entonces un valiente hubiera muerto y despojado a otro valiente. Mas ahora quiere el destino que yo perezca de miserable muerte, cercado por un gran río; como el niño pórquerizo a quien arrastran las aguas invernales del torrente que intentaba atravesar.

284 Así se expresó. En seguida Posidón y Atenea, con figura humana, se le acercaron y le asieron de las manos mientras le animaban con palabras. Posidón, que sacude la tierra, fue el primero en hablar y dijo:

288 -¡Pelida! No tiembles, ni te asustes. ¡Tal socorro vamos a darte, con la venia de Zeus, nosotros los dioses, yo y Palas Atenea! Porque no dispone el hado que seas muerto por el río, y éste dejará pronto de perseguirte, como verás tú mismo. Te daremos un prudente consejo, por si quieres obedecer: no descanse to brazo en la batalla funesta hasta haber encerrado dentro de los ínclitos muros de Ilio a cuantos troyanos logren escapar. Y cuando hayas privado de la vida a Héctor, vuelve a las naves; que nosotros to concederemos que alcánces gloria.

298 Dichas estas palabras, ambas deidades fueron a reunirse con los demás inmortales. Aquiles, impelido por el mandato de los dioses, enderezó sus pasos a la llanura inundada por el agua del río, en la cual flotaban cadáveres y hermosas armas de jóvenes muertos en la pelea. El héroe caminabá derechamente, saltando por el agua, sin que el anchuroso río lograse detenerlo; pues Atenea le había dado muchos bríos. Pero el Escamandro no cedía en su furor; sino que, irritándose aún más contra el Pelión, hinchaba y levantaba a to alto sus olas, y a gritos llamaba al Simoente:

308 -¡Hermano querido! Juntémonos para contener la fuerza de ese hombre, que pronto tomará la gran ciudad del rey Príamo, pues los troyanos no le resistirán en la batalla. Ven al momento en mi auxilio: aumenta to caudal con el agua de las fuentes, concita a todos los arroyos, levanta grandes olas y arrastra con estrépito troncos y piedras, para que anonademos a ese feroz guerrero que ahora triunfa y piensa en

hazañas propias de los dioses. Creo que no le valdrán ni su fuerza, ni su hermosura, ni sus magníficas armas, que han de quedar en el fondo de este lago cubiertas de cieno. A él to envolveré en abundante arena, derramando en torno suyo mucho cascajo; y ni siquiera sus huesos podrán ser recogidos por los aqueos: tanto limo amontonaré encima. Y tendrá su túmulo aquí mismo, y no necesitará que los aqueos se to erijan cuando le hagan las exequias.

324 Dijo; y, revuelto, arremetió contra Aquiles, alzándose furioso y mugiendo con la espuma, la sangre y los cadáveres. Las purpúreas ondas del río, que las celestiales lluvias alimentan, se mantenían levantadas y arrastraban al Pelida. Pero Hera, temiendo que el gran río derribara a Aquiles, gritó, y dijo en seguida a Hefesto, su hijo amado:

331 -¡Levántate, estevado, hijo querido; pues creemos que el Janto voraginoso es tu igual en el combate! Socorre pronto a Aquiles, haciendo aparecer inmensa llama. Voy a suscitar con el Céfiro y el veloz Noto una gran borrasca, para que viniendo del mar extienda el destructor incendio y se quemen las cabezas y las armas de los troyanos. Tú abrasa los árboles de las orillas del Janto, métele en el fuego, y no to dejes persuadir ni con palabras dulces ni con amenazas. No cese tu furia hasta que yo te lo diga gritando; y entonces apaga el fuego infatigable.

342 Así dijo; y Hefesto, arrojando una abrasadora llama, incendió primeramente la llanura y quemó muchos cadáveres de guerreros a quienes había muerto Aquiles; secóse el campo, y el agua cristalina dejó de correr. Como el Bóreas seca en el otoño un campo recién inundado y se alegra el que to cultiva, de la misma suerte, el fuego secó la llanura entera y quemó los cadáveres. Luego Hefesto dirigió al río la resplandeciente llama y ardieron, así los olmos, los sauces y los tamariscos, como el loto, el junco y la juncia que en abundancia habían crecido junto a la hermosa corriente. Anguilas y peces padecían y saltaban acá y allá, en los remolinos o en la corriente, oprimidos por el soplo del ingenioso Hefesto. Y el río, quemándose también, así habiaba:

357 -¡Hefesto! Ninguno de los dioses te iguala y no quiero luchar contigo ni con tu llama ardiente. Cesa de perseguirme y en seguida el divino Aquiles arroje de la ciudad a los troyanos. ¿Qué interés tengo en la contienda ni en auxiliar a nadie?

361 Así habló, abrasado por el fuego; y la hermosa corriente hervía. Como en una caldera puesta sobre un gran fuego, la grasa de un puerco cebado se funde, hierve y rebosa por todas partes, mientras la leña seca arde debajo; así la hermosa corriente se quemaba con el fuego y el agua hervía, y, no pudiendo it hacia adelante, paraba su curso oprimida por el vapor que con su arte produjera el ingenioso Hefesto. Y el río, dirigiendo muchas súplicas a Hera, estas aladas palabras le decía:

369 -¡Hera! ¿Por qué tu hijo maltrata mi corriente, atacándome a mí solo entre los dioses? No debo de ser para ti tan culpable como todos los demás que favorecen a los troyanos. Yo desistiré de ayudarlos, si tú lo mandas; pero que éste cese también. Y juraré no librar a los troyanos del día fatal, aunque Troya entera llegue a ser pasto de las voraces llamas por haberla incendiado los belicosos aqueos.

377 Cuando Hera, la diosa de los níveos brazos, oyó estas palabras, dijo en seguida a Hefesto, su hijo amado:

379 -¡Hefesto hijo ilustre! Cesa ya, pues no conviene que, a causa de los mortales, a un dios inmortal atormentemos.

381 Así dijo. Hefesto apagó la abrasadora llama, y las olas retrocedieron a la hermosa corriente.

383 Y tan pronto como el ánimo del Janto fue abatido, ellos cesaron de luchar porque Hera, aunque irritada, los contuvo; pero una reñida y espantosa pelea se suscitó entonces entre los demás dioses: divididos en dos bandos, vinieron a las manos con fuerte estrépito; bramó la vasta tierra, y el gran cielo resonó como una trompeta. Oyólo Zeus, sentado en el Olimpo, y con el corazón alegre reía al ver que los dioses iban a embestirse. Y ya no estuvieron separados largo tiempo; pues el primero Ares, que horada los escudos, acometiendo a Atenea con la broncínea lanza, estas injuriosas palabras le decía:

394 -¿Por qué nuevamente, oh mosca de perro, promueves la contienda entre los dioses con insaciable audacia? ¿Qué poderoso afecto to mueve? ¿Acaso no te acuerdas de cuando incitabas a Diomedes Tidida a que me hiriese, y

cogiendo tú misma la reluciente pica la enderezaste contra mí y me desgarraste el hermoso cutis? Pues me figuro que ahora pagarás cuanto me hiciste.

400 Apenas acabó de hablar, dio un bote en el escudo floqueado, horrendo, que ni el rayo de Zeus rompería, allí acertó a dar Ares, manchado de homicidios, con la ingente lanza. Pero la diosa, volviéndose, aferró con su robusta mano una gran piedra negra y erizada de puntas que estaba en la llanura y había sido puesta por los antiguos como linde de un campo; e, hiriendo con ella al furibundo Ares en el cuello, dejóle sin vigor los miembros. Vino a tierra el dios y ocupó siete yeguadas, el polvo manchó su cabellera y las armas resonaron. Rióse Palas Atenea; y, gloriándose de la victoria, profirió estas aladas palabras:

410-¡Necio! Aún no has comprendido que me jacto de ser mucho más fuerte, puesto que osas oponer tu furor al mío. Así padecerás, cumpliéndose las imprecaciones de tu airada madre que maquina males contra ti porque abandonaste a los aqueos y favoreces a los orgullosos troyanos.

415 Cuando esto hubo dicho, volvió a otra parte los ojos refulgentes. Afrodita, hija de Zeus, asió por la mano a Ares y le acompañaba, mientras el dios daba muchos suspiros y apenas podía recobrar el aliento. Pero la vio Hera, la diosa de los níveos brazos, y al punto dijo a Atenea estas aladas palabras:

420 -¡Oh dioses! ¡Hija de Zeus, que lleva la égida! ¡Indómita! Aquella mosca de perro vuelve a sacar del dañoso combate, por entre el tumulto, a Ares, funesto a los mortales. ¡Anda tras ella!

423 De tal modo habló. Alegrósele el alma a Atenea, que corrió hacia Afrodita, y alzando la robusta mano descargóle un golpe sobre el pecho. Desfallecieron las rodillas y el corazón de la diosa, y ella y Ares quedaron tendidos en la fértil tierra. Y Atenea, vanagloriándose, pronunció estas aladas palabras:

428 -¡Ojalá fuesen tales cuantos auxilian a los troyanos en las batallas contra los argivos, armados de coraza; así, tan audaces y atrevidos como Afrodita que vino a socorrer a Ares desafiando mi furor; y tiempo ha que habríamos puesto fin a la guerra con la toma de la bien construida ciudad de Ilio!

434 Así se expresó. Sonrióse Hera, la diosa de los níveos brazos. Y el soberano Posidón, que sacude la tierra, dijo entonces a Apolo:

436 -¡Febo! ¿Por qué nosotros no luchamos también? No conviene abstenerse, una vez que los demás han dado principio a la pelea. Vergonzoso fuera que volviésemos al Olimpo, a la morada de Zeus erigida sobre bronce, sin haber combatido. Empieza tú, pues eres el menor en edad y no parecería decoroso que comenzara yo que nací primero y tengo más experiencia. ¡Oh necio, y cuán irreflexivo es to corazón! Ya no te acuerdas de los muchos males que en torno de Ilio padecimos los dos, solos entre los dioses, cuando enviados por Zeus trabajamos un año entero para el soberbio Laomedonte; el cual, con la promesa de darnos el salario convenido, nos mandaba como señor. Yo cerqué la ciudad de los troyanos con un muro ancho y hermosísimo, para hacerla inexpugnable; y tú, Febo, pastoreabas los flexípedes bueyes de curvas astas en los bosques y selvas del Ida, en valles abundoso. Mas cuando las alegres horas trajeron el término del ajuste, el soberbio Laomedonte se negó a pagarnos el salario y nos despidió con amenzas. A ti te amenazó con venderte, atado de pies y manos, en lejanas islas; aseguraba además que con el bronce nos cortaría a entrambos las orejas; y nosotros nos fuimos pesarosos y con el ánimo irritado porque no nos dio la paga que había prometido. ¡Y todavía se lo agradeces, favoreciendo a su pueblo, en vez de procurar con nosotros que todos los troyanos perezcan de mala muerte con sus hijos y castas esposas!

461 Contestó el soberano Apolo, que hiere de lejos:

462 -¡Batidor de la tierra! No me tendrías por sensato si combatiera contigo por los míseros mortales que, semejantes a las hojas, ya se hallan florecientes y vigorosos comiendo los frutos de la tierra, ya se quedan exánimes y mueren. Pero abstengámonos en seguida de combatir y peleen ellos entre sí.

468 Así diciendo, le volvió la espalda; pues por respeto no quería llegar a las manos con su tío paterno. Y su hermana, la campestre Ártemis, que de las fieras es señora, lo increpó duramente con injuriosas voces:

472 -¿Huyes ya, tú que hieres de lejos, y das la victoria a Posidón, concediéndole inmerecida

gloria? ¡Necio! ¿Por qué llevas ese arco inútil? No oiga yo que te jactes en el palacio de mi padre, como hasta aquí to hiciste ante los inmortales dioses, de luchar cuerpo a cuerpo con Posidón.

478 Así dijo, y Apolo, que hiere de lejos, nada respondió. Pero la venerable esposa de Zeus, irritada, increpó con injuriosas voces a la que se complace en tirar flechas:

481 -¿Cómo es que pretendes, perra atrevida, oponerte a mí? Difícil to será resistir mi fortaleza, aunque lleves arco y Zeus to haya hecho leona entre las mujeres y te permita matar, a la que te plazca. Mejor es cazar en el monte fieras agrestes o ciervos, que luchar denodadamente con quienes son más poderosos. Y, si quieres probar el combate, empieza, para que sepas bien cuánto más fuerte soy que tú; ya que contra mí quieres emplear tus fuerzas.

489 Dijo; asióla con la mano izquierda por ambas muñecas, quitóle de los hombros, con la derecha, el arco y el carcaj, y riendo se puso a golpear con éstos las orejas de Ártemis, que volvía la cabeza, ora a un lado, ora a otro, mientras las veloces flechas se esparcían por el suelo. Ártemis huyó llorando, como la paloma que perseguida por el gavilán vuela a refugiarse en el hueco de excavada roca, porque no había dispuesto el hado que aquél la cogiese. De igual manera huyó la diosa, vertiendo lágrimas y dejando allí arco y aljaba. Y el mensajero Argicida dijo a Leto:

498 -¡Leto! Yo no pelearé contigo, porque es arriesgado luchar con las esposas de Zeus, que amontona las nubes. Jáctate muy satisfecha, delante de los inmortales dioses, de que me venciste con to poderosa fuerza.

502 Así dijo. Leto recogió el corvo arco y las saetas que habían caído acá y acullá, en medio de un torbellino de polvo; y se fue en pos de su hija. Llegó ésta al Olimpo, a la morada de Zeus erigida sobre bronce; sentóse llorando en las rodillas de su padre, y el divino velo temblaba alrededor de su cuerpo. El padre Cronida cogióla en el regazo; y, sonriendo dulcemente, le preguntó:

509-¿Cuál de los celestes dioses, hija querida, de tal modo te ha maltratado, como si en su presencia hubieses cometido alguna falta?

511 Respondióle Ártemis, que se recrea con el bullicio de la caza y lleva hermosa diadema:

512 -Tu esposa Hera, la de los níveos brazos, me ha maltratado, padre; por ella la discordia y la contienda han surgido entre los inmortales.

514 Así éstos conversaban. En tanto, Febo Apolo entró en la sagrada Ilio, temiendo por el muro de la bien edificada ciudad: no fuera que en aquella ocasión lo destruyesen los dánaos, contra lo ordenado por el destino. Los demás dioses sempiternos volvieron al Olimpo, irritados unos y envanecidos otros por el triunfo; y se sentaron junto a Zeus, el de las sombrías nubes. Aquiles, persiguiendo a los troyanos, mataba hombres y solípedos caballos. De la suerte que cuando una ciudad es presa de las llamas y llega el humo al anchuroso cielo, porque los dioses se irritaron contra ella, todos los habitantes trabajan y muchos padecen grandes males, de igual modo Aquiles causaba a los troyanos fatigas y daños.

526 El anciano Príamo estaba en la sagrada torre; y, como viera al ingente Aquiles, y a los troyanos puestos en confusión, huyendo espantados y sin fuerzas para resistirle, empezó a gemir y bajó de aquélla para exhortar a los ínclitos varones que custodiaban las puertas de la muralla:

531 Abrid las puertas y sujetadlas con la mano hasta que lleguen a la ciudad los guerreros que huyen espantados. Aquiles es quien los estrecha y pone en desorden, y temo que han de ocurrir desgracias. Mas, tan pronto como aquéllos respiren, refugiados dentro del muro, entornad las hojas fuertemente unidas; pues estoy con miedo de que ese hombre funesto entre por el muro.

537 Así dijo. Abrieron las puertas, quitando los cerrojos, y a esto se debió la salvación de las tropas. Apolo saltó fuera del muro para librar de la ruina a los troyanos. Éstos, acosados por la sed y llenos de polvo, huían por el campo en derechura a la ciudad y su alta muralla. Y Aquiles los perseguía impetuosamente con la lanza, teniendo el corazón poseído de violenta rabia y deseando alcanzar gloria.

544 Entonces los aqueos hubieran tomado a Troya, la de altas puertas, si Febo Apolo no hubiese incitado al divino Agenor, hijo ilustre y valiente de Anténor, a esperar a Aquiles. El dios infundióle audacia en el corazón, y, para apartar de él a las crueles Parcas, se quedó a su lado, recostado en una encina y cubierto de espesa niebla. Cuando Agenor vio llegar a Aquiles,

asolador de ciudades, se detuvo, y en su agitado corazón vacilaba sobre el partido que debería tomar. Y gimiendo, a su magnánimo espíritu le decía:

553 -¡Ay de mí! Si huyo del valiente Aquiles por donde los demás corren espantados y en desorden, me cogerá también y me matará sin que me pueda defender. Si dejando que éstos sean derrotados por el Pelida Aquiles, me fuese por la llanura troyana, lejos del muro, hasta llegar a los bosques del Ida, y me escondiera en los matorrales, podría volver a Ilio por la tarde, después de tomar un baño en el río para refrescarme y quitarme el sudor. Mas ¿por qué en tales cosas me hace pensar el corazón? No sea que aquél advierta que me alejo de la ciudad por la llanura, y persiguiéndome con ligera planta me dé alcance; y ya no podré evitar la muerte y las Parcas, porque Aquiles es el más fuerte de todos los hombres. Y si delante de la ciudad le salgo al encuentro... Vulnerable es su cuerpo por el agudo bronce, hay en él una sola alma y dicen los hombres que el héroe es mortal; pero Zeus Cronida le da gloria.

571 Esto, pues, se decía; y, encogiéndose, aguardó a Aquiles, porque su corazón esforzado estaba impaciente por luchar y combatir. Como la pantera, cuando oye el ladrido de los perros, sale de la poblada selva y va al encuentro del cazador, sin que arrebaten su ánimo ni el miedo ni el espanto, y si aquél se le adelanta y la hiere desde cerca o desde lejos, no deja de luchar, aunque esté atravesada por la jabalina, hasta venir con él a las manos o sucumbir, de la misma suerte, el divino Agenor, hijo del preclaro Anténor, no quería huir antes de entrar en combate con Aquiles. Y, cubriéndose con el liso escudo, le apuntaba la lanza, mientras decía con fuertes voces:

583 -Grandes esperanzas concibe tu ánimo, esclarecido Aquiles, de tomar en el día de hoy la ciudad de los altivos troyanos. ¡Insensato! Buen número de males habrán de padecerse todavía por causa de ella. Estamos dentro muchos y fuertes varones que, peleando por nuestros padres, esposas e hijos, salvaremos a Ilio; y tú recibirás aquí mismo la muerte, a pesar de ser un terrible y audaz guerrero.

590 Dijo. Con la robusta mano arrojó el agudo dardo, y no erró el tiro; pues acertó a dar en la pierna del héroe, debajo de la rodilla. La greba de estaño recién construida resonó horriblemente, y el bronce fue rechazado sin que lograra penetrar, porque lo impidió la armadura, regalo del dios. El Pelida arremetió a su vez con Agenor, igual a una deidad; pero Apolo no le dejó alcanzar gloria, pues, arrebatando al troyano, le cubrió de espesa niebla y le mandó a la ciudad para que saliera tranquilo de la batalla.

599 Luego el que hiere de lejos apartó del ejército al Pelión, valiéndose de un engaño. Tomó la figura de Agenor, y se puso delante del héroe, que se lanzó a perseguirlo. Mientras Aquiles iba tras de Apolo, por un campo paniego, hacia el río Escamandro, de profundos vórtices, y corría muy cerca de él, pues el odio le engañaba con esta astucia a fin de que tuviera siempre la esperanza de darle alcance en la carrera, los demás troyanos, huyendo en tropel, llegaron alegres a la ciudad, que se llenó con los que allí se refugiaron. Ni siquiera se atrevieron a esperarse los unos a los otros, fuera de la ciudad y del muro, para saber quiénes habían escapado y quiénes habían muerto en la batalla, sino que afluyeron presurosos a la ciudad cuantos, merced a sus pies y a sus rodillas, lograron salvarse.

CANTO XXII*

Muerte de Héctor

Aquiles, después de decirle que se vengaría de él si pudiera, torna al campo de batalla y delante de las puertas de la ciudad encuentra a Héctor, que le esperaba; huye éste, aquél le persigue y dan tres vueltas a la ciudad de Troya; Zeus coge la balanza de oro y ve que el destino condena a Héctor, el cual, engañado por Atenea se detiene y es vencido y muerto por Aquiles, no obstante saber éste que ha de sucumbir poco después que muera el caudillo troyano.

1 Los troyanos, refugiados en la ciudad como cervatos, se recostaban en los hermosos baluartes, refrigeraban el sudor y bebían para apagar la sed; y en tanto los aqueos se iban acercando a la muralla, con los escudos levantados encima de los hombros. La Parca funesta sólo detuvo a Héctor para que se quedara fuera de Ilio, en las puertas Esceas. Y Febo Apolo dijo al Pelión:

8 -¿Por qué, oh hijo de Peleo, persigues en veloz carrera, siendo tú mortal, a un dios inmortal? Aún no conociste que soy una deidad, y no cesa to deseo de alcanzarme. Ya no te cuidas de pelear con los troyanos, a quienes pusiste en fuga; y éstos han entrado en la población, mientras to extraviabas viniendo aquí. Pero no me matarás, porque el hado no me condenó a morir.

14 Muy indignado le respondió Aquiles, el de los pies ligeros:

15 -¡Oh tú, que hieres de lejos, el más funesto de todos los dioses! Me engañaste, trayéndome acá desde la muralla, cuando todavía hubieran mordido muchos la tierra antes de llegar a Ilio. Me has privado de alcanzar una gloria no pequeña, y has salvado con facilidad a los troyanos, porque no temías que luego me vengara. Y ciertamente me vengaría de ti, si mis fuerzas to permitieran.

21 Dijo y, muy alentado, se encaminó apresuradamente a la ciudad; como el corcel vencedor en la carrera de carros trota veloz por el campo, tan ligeramente movía Aquiles pies y rodillas.

25 El anciano Príamo fue el primero que con sus propios ojos le vio venir por la llanura, tan resplandeciente como el astro que en el otoño se distingue por sus vivos rayos entre muchas estrellas durante la noche obscura y recibe el nombre de "perro de Orión", el cual con ser brillantísimo constituye una señal funesta porque trae excesivo calor a los míseros mortales; de igual manera centelleaba el bronce sobre el pecho del héroe, mientras éste corría. Gimió el viejo, golpeóse la cabeza con las manos levantadas y profirió grandes voces y lamentos, dirigiendo súplicas a su hijo. Héctor continuaba inmóvil ante las puertas y sentía vehemence deseo de combatir con Aquiles. Y el anciano, tendiéndole los brazos, le decía en tono lastimero:

38 -¡Héctor, hijo querido! No aguardes, solo y lejos de los amigos, a ese hombre, para que no mueras presto a manos del Pelión, que es mucho más vigoroso. ¡Cruel! Así fuera tan caro a los dioses, como a mí: pronto se lo comerían, tendido en el suelo, los perros y los buitres, y mi corazón se libraría del terrible pesar. Me ha privado de muchos y valientes hijos, matando a unos y vendiendo a otros en remotas islas. Y ahora que los troyanos se han encerrado en la ciudad, no acierto a ver a mis dos hijos Licaón y Polidoro, que parió Laótoe, ilustre entre las mujeres. Si están vivos en el ejército, los rescataremos con bronce y oro, que todavía to hay en el palacio; pues a Laótoe la dotó espléndidamente su anciano padre, el ínclito Altes. Pero, si han muerto y se hallan en la morada de Hades, el mayor dolor será para su madre y para mí que los engendramos; porque el del pueblo durará menos, si no mueres tú, vencido por Aquiles. Ven adentro del muro, hijo querido, para que salves a los troyanos y a las troyanas; y no quieras procurar inmensa gloria al Pelida y perder tú mismo la existencia. Compadécete también de mí, de este infeliz y desgraciado que aún conserva la razón; pues el padre Cronida me quitará la vida en la senectud y con aciaga suerte, después de presenciar muchas desventuras: muertos mis hijos, esclavizadas mis hijas, destruidos los tálamos, arrojados los niños por el suelo en el terrible combate y las nueras arrastradas por las funestas manos de los aqueos. Y cuando, por fin, alguien me deje sin vida los miembros, hiriéndome con el agudo bronce o con arma arrojadiza, los voraces perros que con comida de mi mesa crié en el palacio para que lo guardasen despedazarán mi cuerpo en la puerta exterior, beberán mi sangre, y, saciado el apetito, se tenderán en el pórtico. Yacer en el suelo, habiendo sido atravesado en la lid por el agudo bronce, es decoroso para un joven, y cuanto de él pueda verse todo es bello, a pesar de la muerte; pero que los perros destrocen la cabeza y la barba encanecidas y las panes verendas de un anciano muerto en la guerra es to más triste de cuanto les puede ocurrir a los míseros mortales.

77 Así se expresó el anciano, y con las manos se arrancaba de la cabeza muchas canas, pero no logró persuadir a Héctor. La madre de éste, que en otro sitio se lamentaba llorosa, desnudó el seno, mostróle el pecho, y, derramando lágrimas, dijo estas aladas palabras:

82 -¡Héctor! ¡Hijo mío! Respeta este seno y apiádate de mí. Si en otro tiempo te daba el pecho para acallar tu lloro, acuérdate de tu niñez, hijo amado; y penetrando en la muralla, rechaza desde la misma a ese enemigo y no salgas a su encuentro. ¡Cruel! Si te mata, no podré llorarte en tu lecho, querido pimpollo a quien parí, y

tampoco podrá hacerlo tu rica esposa, porque los veloces perros te devorarán muy lejos de nosotras, junto a las naves argivas.

90 De esta manera Príamo y Hécuba hablaban a su hijo, llorando y dirigiéndole muchas súplicas, sin que lograsen persuadirle, pues Héctor seguía aguardando a Aquiles, que ya se acercaba. Como silvestre dragón que, habiendo comido hierbas venenosas, espera ante su guarida a un hombre y con feroz cólera echa terribles miradas y se enrosca en la entrada de la cueva, así Héctor, con inextinguible valor, permanecía quieto, desde que arrimó el terso escudo a la torre prominente. Y gimiendo, a su magnánimo espíritu le decía:

99 -¡Ay de mí! Si traspongo las puertas y el muro, el primero en dirigirme baldones será Polidamante, el cual me aconsejaba que trajera el ejército a la ciudad la noche funesta en que el divinal Aquiles decidió volver a la pelea. Pero yo no me dejé persuadir -mucho mejor hubiera sido aceptar su consejo--, y ahora que he causado la ruina del ejército con mi imprudencia temo a los troyanos y a las troyanas, de rozagantes peplos, y que alguien menos valiente que yo exclame: «Héctor, fiado en su pujanza, perdió las tropas». Así hablarán; y preferible fuera volver a la población después de matar a Aquiles, o morir gloriosamente delante de ella. ¿Y si ahora, dejando en el suelo el abollonado escudo y el fuerte casco y apoyando la pica contra el muro, saliera al encuentro del irreprensible Aquiles, le dijera que permitía a los Atridas llevarse a Helena y las riquezas que Alejandro trajo a Ilio en las cóncavas naves, que esto fue to que originó la guerra, y le ofreciera repartir a los aqueos la mitad de lo que la ciudad contiene; y más tarde tomara juramento a los troyanos de que, sin ocultar nada, formarian dos lotes con cuantos bienes existen dentro de esta hermosa ciudad?... Mas ¿por qué en tales cosas me hace pensar el corazón? No, no iré a suplicarle; que, sin tenerme compasión ni respeto, me mataría inerme, como a una mujer, tan pronto como dejara las armas. Imposible es mantener con él, desde una encina o desde una roca, un coloquio, como un mancebo y una doncella; como un mancebo y una dondella suelen mantener. Mejor será empezar el combate cuanto antes, para que veamos pronto a quién el Olímpico concede la victoria.

131 Tales pensamientos revolvía en su mente, sin moverse de aquel sitio, cuando se le acercó Aquiles, igual a Enialio, el impetuoso luchador, con el terrible fresno del Pelión sobre el hombro derecho y el cuerpo protegido por el bronce que brillaba como el resplandor del encendido fuego o del sol naciente. Héctor, al verlo, se puso a temblar y ya no pudo permanecer allí; sino que dejó las puertas y huyó espantado. Y el Pelida, confiando en sus pies ligeros, corrió en seguimiento del mismo. Como en el monte el gavilán, que es el ave más ligera, se lanza con fácil vuelo tras la tímida paloma, ésta huye con tortuosos giros y aquél la sigue de cerca, dando agudos graznidos y acometiéndola repetidas veces, porque su ánimo le incita a cogerla, así Aquiles volaba enardecido y Héctor movía las ligeras rodillas huyendo azorado en torno de la muralla de Troya. Corrían siempre por la carretera, fuera del muro, dejando a sus espaldas la atalaya y el lugar ventoso donde estaba el cabrahígo; y llegaron a los dos cristalinos manantiales, que son las fuentes del Escamandro voraginoso. El primero tiene el agua caliente y lo cubre el humo como si hubiera allí un fuego abrasador; el agua que del segundo brota es en el verano como el granizo, la fría nieve o el hielo. Cerca de ambos hay unos lavaderos de piedra, grandes y hermosos, donde las esposas y las bellas hijas de los troyanos solían lavar sus magníficos vestidos en tiempo de paz, antes que llegaran los aqueos. Por a11í pasaron, el uno huyendo y el otro persiguiéndolo: delante, un valiente huía, pero otro más fuerte le perseguía con ligereza; porque la contienda no era por una víctima o una piel de buey, premios que suelen darse a los vencedores en la carrera, sino por la vida de Héctor, domador de caballos. Como los solípedos corceles que tomán parte en los juegos en honor de un difunto corren velozmente en torno de la meta donde se ha colocado como premio importante un trípode o una mujer, de semejante modo aquéllos dieron tres veces la vuelta a la ciudad de Príamo, corriendo con ligera planta. Todas las deidades los contemplaban. Y Zeus, padre de los hombres y de los dioses, comenzó a decir:

168 -¡Oh dioses! Con mis ojos veo a un caro varón perseguido en torno del muro. Mi corazón se compadece de Héctor, que tantos muslos de

buey ha quemado en mi obsequio en las cumbres del Ida, en valles abundoso, y en la ciudadela de Troya; y ahora el divino Aquiles le persigue con sus ligeros pies en derredor de la ciudad de Príamo. Ea, deliberad, oh dioses, y decidid si lo salvaremos de la muerte ó dejaremos que, a pesar de ser esforzado, sucumba a manos del Pelida Aquiles.

177 Respondióle Atenea, la diosa de ojos de lechuza:

178 -¡Oh padre, que lanzas el ardiente rayo y amontonas las nubes! ¿Qué dijiste? ¿De nuevo quieres librar de la muerte horrísona a ese hombre mortal, a quien tiempo ha que el hado condenó a morir? Hazlo, pero no todos los dioses te lo aprobaremos.

182 Contestó Zeus, que amontona las nubes:

183 Tranquilízate, Tritogenia, hija querida. No hablo con ánimo benigno, pero contigo quiero ser complaciente. Obra conforme a tus deseos y no desistas.

186 Con tales voces instigóle a hacer lo que ella misma deseaba, y Atenea bajó en raudo vuelo de las cumbres del Olimpo.

188 Entre canto; el veloz Aquiles perseguía y estrechaba sin cesar a Héctor. Como el perro va en el monte por valles y cuestas tras el cervatillo que levantó de la cama, y, si éste se esconde, azorado, debajo de los arbustos, corre aquél rastreando hasta que nuevamente lo descubre; de la misma manera, el Pelión, de pies ligeros, no perdía de vista a Héctor. Cuantas veces el troyano intentaba encaminarse a las puertas Dardanias, al pie de las tomes bien construidas, por si desde arriba le socorrían disparando flechas; otras tantas Aquiles, adelantándosele, lo apartaba hacia la llanura, y aquél volaba sin descanso cerca de la ciudad. Como en sueños ni el que persigue puede alcanzar al perseguido, ni éste huir de aquél; de igual manera, ni Aquiles con sus pies podía dar alcance a Héctor, ni Héctor escapar de Aquiles. ¿Y cómo Héctor se hubiera librado entonces de las Parcas de la muerte que le estaba destinada, si Apolo, acercándosele por la postrera y última vez, no le hubiese dado fuerzas y agilizado sus rodillas?

205 El divino Aquiles hacía con la cabeza señales negativas a los guerreros, no permitiéndoles disparar amargas flechas contra Héctor: no fuera que alguien alcanzara la gloria de herir al caudillo y él llegase el segundo. Mas cuando en la cuarta vuelta llegaron a los manantiales, el padre Zeus tomó la balanza de oro, puso en la misma dos suertes de la muerte que tiende a lo largo -la de Aquiles y la de Héctor, domador de caballos-, cogió por el medio la balanza, la desplegó, y tuvo más peso el día fatal de Héctor, que descendió hasta el Hades. Al instante Febo Apolo desamparó al troyano. Atenea, la diosa de ojos de lechuza, se acercó al Pelión, y le dijo estas aladas palabras:

216 -Espero, oh esclarecido Aquiles, caro a Zeus, que nosotros dos procuraremos a los aqueos inmensa gloria, pues al volver a las naves habremos muerto a Héctor, aunque sea infatigable en la batalla. Ya no se nos puede escapar, por más cosas que haga Apolo, el que hiere de lejos, postrándose a los pies del padre Zeus, que lleva la égida. Párate y respira; a iré a persuadir a Héctor para que luche contigo frente a frente.

224 Así habló Atenea. Aquiles obedeció, con el corazón alegre, y se detuvo en seguida, apoyándose en el arrimo de la pica de asta de fresno y broncínea punta. La diosa dejóle y fue a encontrar al divino Héctor. Y tomando la figura y la voz infatigable de Deífobo, llegóse al héroe y pronunció estas aladas palabras:

229 -¡Mi buen hermano! Mucho te estrecha el veloz Aquiles, persiguiéndote con ligero pie alrededor de la ciudad de Príamo. Ea, detengámonos y rechacemos su ataque.

232 Respondióle el gran Héctor, de tremolante casco:

233 -¡Deífobo! Siempre has sido para mí el hermano predilecto entre cuantos somos hijos de Hécuba y de Príamo, pero desde ahora hago cuenta de tenerte en mayor aprecio, porque al verme con tus ojos osaste salir del muro y los demás han permanecido dentro.

238 Contestó Atenea, la diosa de ojos de lechuza:

239 -¡Mi buen hermano! El padre, la venerable madre y los amigos abrazábanme las rodillas y me suplicaban que me quedara con ellos -¡de tal modo tiemblan todos!-, pero mi ánimo se sentía atormentado por grave pesar. Ahora peleemos con brío y sin dar reposo a la pica, para que veamos si Aquiles nos mata y se lleva nuestros

sangrientos despojos a las cóncavas naves, o sucumbe vencido por tu lanza.

246 Así diciendo, Atenea, para engañarlo, empezó a caminar. Cuando ambos guerreros se hallaron frente a frente, dijo el primero el gran Héctor, el de tremolante casco:

250-No huiré más de ti, oh hijo de Peleo, como hasta ahora. Tres veces di la vuelta, huyendo, en torno de la gran ciudad de Príamo, sin atreverme nunca a esperar tu acometida. Mas ya mi ánimo me impele a afrontarte, ora te mate, ora me mates tú. Ea, pongamos a los dioses por testigos, que serán los mejores y los que más cuidarán de que se cumplan nuestros pactos: Yo no te insultaré cruelmente, si Zeus me concede la victoria y logro quitarte la vida; pues tan luego como te haya despojado de las magníficas armas, oh Aquiles, entregaré el cadáver a los aqueos. Pórtate tú conmigo de la misma manera.

260 Mirándole con torva faz, respondió Aquiles, el de los pies ligeros:

261 -¡Héctor, a quien no puedo olvidar! No me hables de convenios. Como no es posible que haya fieles alianzas entre los leones y los hombres, ni que estén de acuerdo los lobos y los corderos, sino que piensan continuamente en causarse daño unos a otros, tampoco puede haber entre nosotros ni amistad ni pactos, hasta que caiga uno de los dos y sacie de sangre a Ares, infatigable combatiente. Revístete de toda clase de valor, porque ahora te es muy preciso obrar como belicoso y esforzado campeón. Ya no te puedes escapar. Palas Atenea te hará sucumbir pronto, herido por mi lanza, y pagarás todos juntos los dolores de mis amigos, a quienes mataste cuando manejabas furiosamente la pica.

273 En diciendo esto, blandió y arrojó la fornida lanza. El esclarecido Héctor, al verla venir, se inclinó para evitar el golpe: clavóse la broncínea lanza en el suelo, y Palas Atenea la arrancó y devolvió a Aquiles, sin que Héctor, pastor de hombres, lo advirtiese. Y Héctor dijo al eximio Pelión:

279 -¡Erraste el golpe, oh Aquiles, semejante a los dioses! Nada te había revelado Zeus acerca de mi destino, como afirmabas; has sido un hábil forjador de engañosas palabras, para que, temiéndote, me olvidara de mi valor y de mi fuerza. Pero no me clavarás la pica en la espalda, huyendo de ti: atraviésame el pecho cuando

animoso y frente a frente to acometa, si un dios te lo permite. Y ahora guárdate de mi broncínea lanza. ¡Ojalá que toda ella penetrara en tu cuerpo! La guerra sería más liviana para los troyanos, si tú murieses; porque eres su mayor azote.

289 Así habló; y, blandiendo la ingente lanza, despidióla sin errar el tiro, pues dio un bote en medio del escudo del Pelida. Pero la lanza fue rechazada por la rodela, y Héctor se irritó al ver que aquélla había sido arrojada inútilmente por su brazo; paróse, bajando la cabeza, pues no tenía otra lanza de fresno; y con recia voz llamó a Deífobo, el de luciente escudo, y le pidió una larga pica. Deífobo ya no estaba a su lado. Entonces Héctor comprendiólo todo, y exclamó:

297 -¡Oh! Ya los dioses me llaman a la muerte. Creía que el héroe Deífobo se hallaba conmigo, pero está dentro del muro, y fue Atenea quien me engañó. Cercana tengo la perniciosa muerte, que ni tardará, ni puedo evitarla. Así les habrá placido que sea, desde hace tiempo, a Zeus y a su hijo, el que hiere de lejos; los cuales, benévolos para conmigo, me salvaban de los peligros. Ya la Parca me ha cogido. Pero no quisiera morir cobardemente y sin gloria, sino realizando algo grande que llegara a conocimiento de los venideros.

306 Esto dicho, desenvainó la aguda espada, grande y fuerte, que llevaba en el costado. Y encogiéndose, se arrojó como el águila de alto vuelo se lanza a la llanura, atravesando las pardas nubes, para arrebatar la tierna corderilla o la tímida liebre; de igual manera arremetió Héctor, blandiendo la aguda espada. Aquiles embistióle, a su vez, con el corazón rebosante de feroz cólera: defendía su pecho con el magnífico escudo labrado, y movía el luciente casco de cuatro abolladuras, haciendo ondear las bellas y abundantes crines de oro que Hefesto había colocado en la cimera. Como el Véspero, que es el lucero más hermoso de cuantos hay en el cielo, se presenta rodeado de estrellas en la obscuridad de la noche, de tal modo brillaba la pica de larga punta que en su diestra blandía Aquiles, mientras pensaba en causar daño al divino Héctor y miraba cuál parte del hermoso cuerpo del héroe ofrecería menos resistencia. Éste lo tenía protegido por la excelente armadura de bronce que quitó a Patroclo después de matarlo, y sólo quedaba descubierto el lugar en que las cla-

vículas separan el cuello de los hombros, la garganta que es el sitio por donde más pronto sale el alma: por allí el divino Aquiles envasóle la pica a Héctor, que ya lo atacaba, y la punta, atravesando el delicado cuello, asomó por la nuca. Pero no le cortó el garguero con la pica de fresno que el bronce hacía ponderosa, para que pudiera hablar algo y responderle. Héctor cayó en el polvo, y el divino Aquiles se jactó del triunfo, diciendo:

331 -¡Héctor! Cuando despojabas el cadáver de Patroclo, sin duda te creíste salvado y no me temiste a mí porque me hallaba ausente. ¡Necio! Quedaba yo como vengador, mucho más fuerte que él, en las cóncavas naves, y te he quebrado las rodillas. A ti los perros y las aves te despedazarán ignominiosamente, y a Patroclo los aqueos le harán honras fúnebres.

336 Con lánguida voz respondióle Héctor, el de tremolante casco:

337 -Te lo ruego por tu alma, por tus rodillas y por tus padres: ¡No permitas que los perros me despedacen y devoren junto a las naves aqueas! Acepta el bronce y el oro que en abundancia te darán mi padre y mi veneranda madre, y entrega a los míos el cadáver para que lo lleven a mi casa, y los troyanos y sus esposas lo entreguen al fuego.

344 Mirándole con torva faz, le contestó Aquiles, el de los pies ligeros:

345 -No me supliques, ¡perro!, por mis rodillas ni por mis padres. Ojalá el furor y el coraje me incitaran a cortar tus carnes y a comérmelas crudas. ¡Tales agravios me has inferido! Nadie podrá apartar de tu cabeza a los perros, aunque me traigan diez o veinte veces el debido rescate y me prometan más, aunque Príamo Dardánida ordene redimirte a peso de oro; ni, aun así, la veneranda madre que te dio a luz te pondrá en un lecho para llorarte, sino que los perros y las aves de rapiña destrozarán to cuerpo.

355 Contestó, ya moribundo, Héctor, el de tremolante casco:

356 -Bien lo conozco, y no era posible que te persuadiese, porque tienes en el pecho un corazón de hierro. Guárdate de que atraiga sobre ti la cólera de los dioses, el día en que Paris y Febo Apolo te darán la muerte, no obstante tu valor, en las puertas Esceas.

361 Apenas acabó de hablar, la muerte le cubrió con su manto: el alma voló de los miembros y descendió al Hades, llorando su suerte, porque dejaba un cuerpo vigoroso y joven. Y el divino Aquiles le dijo, aunque muerto lo viera:

365 -¡Muere! Y yo recibiré la Parca cuando Zeus y los demás dioses inmortales dispongan que se cumpla mi destino.

367 Dijo; arrancó del cadáver la broncínea lanza y, dejándola a un lado, quitóle de los hombros las ensangrentadas armas. Acudieron presurosos los demás aqueos, admiraron todos el continente y la arrogante figura de Héctor y ninguno dejó de herirlo. Y hubo quien, contemplándole, habló así a su vecino:

373 -¡Oh dioses! Héctor es ahora mucho más blando en dejarse palpar que cuando incendió las naves con el ardiente fuego.

375 Así algunos hablaban, y acercándose to herían. El divino Aquiles, ligero de pies, tan pronto como hubo despojado el cadáver, se puso en medio de los aqueos y pronunció estas aladas palabras:

378 -¡Oh amigos, capitanes y príncipes de los argivos! Ya que los dioses nos concedieron vencer a ese guerrero que causó mucho más daño que todos los otros juntos, ea, sin dejar las armas cerquemos la ciudad para conocer cuál es el propósito de los troyanos: si abandonarán la ciudadela por haber sucumbido Héctor, o se atreverán a quedarse todavía a pesar de que éste ya no existe. Mas ¿por qué en tales cosas me hace pensar el corazón? En las naves yace Patroclo muerto, insepulto y no llorado; y no lo olvidaré, mientras me halle entre los vivos y mis rodillas se muevan; y si en el Hades se olvida a los muertos, aun allí me acordaré del compañero amado. Ahora, ea, volvamos cantando el peán a las cóncavas naves, y llevémonos este cadáver. Hemos ganado una gran victoria: matamos al divino Héctor, a quien dentro de la ciudad los troyanos dirigían votos cual si fuese un dios.

395 Dijo; y, para tratar ignominiosamente al divino Héctor, le horadó los tendones de detrás de ambos pies desde el tobillo hasta el talón; introdujo correas de piel de buey, y lo ató al carro, de modo que la cabeza fuese arrastrando; luego, recogiendo la magnífica armadura, subió y picó a los caballos para que arrancaran, y éstos

volaron gozosos. Gran polvareda levantaba el cadáver mientras era arrastrado; la negra cabellera se esparcía por el suelo, y la cabeza, antes tan graciosa, se hundía toda en el polvo; porque Zeus la entregó entonces a los enemigos, para que allí, en su misma patria, la ultrajaran.

405 Así toda la cabeza de Héctor se manchaba de polvo. La madre, al verlo, se arrancaba los cabellos; y, arrojando de sí el blanco velo, prorrumpió en tristísimos sollozos. El padre suspiraba lastimeramente, y alrededor de él y por la ciudad el pueblo gemía y se lamentaba. No parecía sino que toda la excelsa Ilio fuese desde su cumbre devorada por el fuego. Los guerreros apenas podían contener al anciano, que, excitado por el pesar, quería salir por las puertas Dardanias; y, revolcándose en el estiércol, les suplicaba a todos llamando a cada varón por sus respectivos nombres:

416 -Dejadme, amigos, por más intranquilos que estéis; permitid que, saliendo solo de la ciudad, vaya a las naves aqueas y ruegue a ese hombre pernicioso y violento: acaso respete mi edad y se apiade de mi vejez. Tiene un padre como yo, Peleo, el cual le engendró y crió para que fuese una plaga de los troyanos; pero es a mí a quien ha causado más pesares. ¡A cuántos hijos míos mató, que se hallaban en la flor de la juventud! Pero no me lamento tanto por ellos, aunque su suerte me haya afligido, como por uno cuya pérdida me causa el vivo dolor que me precipitará en el Hades: por Héctor, que hubiera debido morir en mis brazos, y entonces nos hubiésemos saciado de llorarle y plañirle la infortunada madre que le dio a luz y yo mismo.

429 Así habló llorando, y los ciudadanos suspiraron. Y Hécuba comenzó entre las troyanas el funeral lamento:

431 -¡Oh hijo! ¡Ay de mí, desgraciada! ¿Por qué, después de haber padecido terribles penas, seguiré viviendo ahora que has muerto tú? Día y noche eras en la ciudad motivo de orgullo para mí y el baluarte de todos, de los troyanos y de las troyanas, que to saludaban como a un dios. Vivo, constituías una excelsa gloria para ellos; pero ya la muerte y la Parca to alcanzaron.

437 Así dijo llorando. La esposa de Héctor nada sabía, pues ningún veraz mensajero le llevó la noticia de que su marido se quedara fuera de las puertas; y en lo más hondo del alto palacio tejía una tela doble y purpúrea, que adornaba con labores de variado color. Había mandado en su casa a las esclavas de hermosas trenzas que pusieran al fuego un trípode grande, para que Héctor se bañase en agua caliente al volver de la batalla. ¡Insensata! Ignoraba que Atenea, la de ojos de lechuza, le había hecho sucumbir muy lejos del baño a manos de Aquiles. Pero oyó gemidos y lamentaciones que venían de la torre, estremeciéronse sus miembros, y la lanzadera le cayó al suelo. Y al instante dijo a las esclavas de hermosas trenzas:

450 -Venid, seguidme dos; voy a ver qué ocurre. Oí la voz de mi venerable suegra; el corazón me salta en el pecho hacia la boca y mis rodillas se entumecen: algún infortunio amenaza a los hijos de Príamo. ¡Ojalá que tal noticia nunca llegue a mis oídos! Pero mucho temo que el divino Aquiles haya separado de la ciudad a mi Héctor audaz, le persiga a él solo por la llanura y acabe con el funesto valor que siempre tuvo; porque jamás en la batalla se quedó entre la turba de los combatientes, sino que se adelantaba mucho y en bravura a nadie cedía.

460 Dicho esto, salió apresuradamente del palacio como una loca, palpitándole el corazón, y dos esclavas la acompañaron. Mas, cuando llegó a la torre y a la multitud de gente que a11í se encontraba, se detuvo, y desde el muro registró el campo; en seguida vio a Héctor arrastrado delante de la ciudad, pues los veloces caballos lo arrastraban despiadadamente hacia las cóncavas naves de los aqueos; las tinieblas de la noche velaron sus ojos, cayó de espaldas y se le desmayó el alma. Arrancóse de su cabeza los vistosos lazos, la diadema, la redecilla, la trenzada cinta y el velo que la áurea Afrodita le había dado el día en que Héctor se la llevó del palacio de Eetión, constituyéndole una gran dote. A su alrededor hallábanse muchas cuñadas y concuñadas suyas, las cuales la sostenían aturdida como si fuera a perecer. Cuando volvió en sí y recobró el aliento, lamentándose con desconsuelo dijo entre las troyanas:

477 -¡Héctor! ¡Ay de mí, infeliz! Ambos nacimos con la misma suerte, tú en Troya, en el palacio de Príamo; yo en Teba, al pie del selvoso Placo, en el alcázar de Eetión, el cual me crió cuando niña para que fuese desventurada como él. ¡Ojalá no me hubiera engendrado! Ahora tú desciendes a la

mansión de Hades, en el seno de la tierra, y me dejas en el palacio viuda y sumida en triste duelo. Y el hijo, aún infante, que engendramos tú y yo, infortunados... Ni tú serás su amparo, oh Héctor, pues has fallecido; ni él el tuyo. Si escapa con vida de la luctuosa guerra de los aqueos, tendrá siempre fatigas y pesares; y los demás se apoderarán de sus campos, cambiando de sitio los mojones. El mismo día en que un niño queda huérfano, pierde todos los amigos; y en adelante va cabizbajo y con las mejillas bañadas en lágrimas. Obligado por la necesidad, diríguese a los amigos de su padre, tirándoles ya del manto, ya de la túnica; y alguno, compadecido, le alarga un vaso pequeño con el cual mojará los labios, pero no llegará a humedecer la garganta. El niño que tiene los padres vivos le echa del festín, dándole puñadas a increpándole con injuriosas voces: "¡Vete, enhoramala!, le dice, que tu padre no come a escote con nosotros". Y volverá a su madre viuda, llorando, el huérfano Astianacte, que en otro tiempo, sentado en las rodillas de su padre, sólo comía medula y grasa pingüe de ovejas, y, cuando se cansaba de jugar y se entregaba al sueño, dormía en blanda cama, en brazos de la nodriza, con el corazón lleno de gozo; mas ahora que ha muerto su padre, mucho tendrá que padecer Astianacte, a quien los troyanos llamaban así porque sólo tú, oh Héctor, defendías las puertas y los altos muros. Y a ti, cuando los perros se hayan saciado con tu carne, los movedizos gusanos te comerán desnudo, junto a las corvas naves, lejos de tus padres; habiendo en el palacio vestiduras finas y hermosas, que las esclavas hicieron con sus manos. Arrojaré todas estas vestiduras al ardiente fuego; y ya que no te aprovechen, pues no yacerás en ellas, constituirán para ti un motivo de gloria a los ojos de los troyanos y de las troyanas.

515 Así dijo llorando, y las mujeres gimieron.

CANTO XXIII *

Juegos en honor de Patroclo

* Luego Aquiles celebra unos espléndidos funerales en honor de Patroclo, mientras ata el cadáver de Hédor por los pies a su carro y se to lleva arrastrándolo por el polvo; y desde entonces todos los días, al aparecer la aurora, to vuelve a arrastrar hasta dar tres vueltas alrededor del túmulo de Patroclo.

1 Así gemían los troyanos en la ciudad. Los aqueos, una vez llegados a las naves y al Helesponto, se fueron a sus respectivos bajeles. Pero a los mirmidones no les permitió Aquiles que se dispersaran; y, puesto en medio de los belicosos compañeros, les dijo:

6 -¡Mirmidones, de rápidos corceles, mis compañeros amados! No desatemos del yugo los solípedos corceles; acerquémonos con ellos y los carros a Patroclo, y llorémoslo, que éste es el honor que a los muertos se les debe. Y cuando nos hayamos saciado de triste llanto, desunciremos los caballos y aquí mismo cenaremos todos.

12 Así habló. Ellos seguían a Aquiles en compacto grupo y gemían con frecuencia. Y sollozando dieron tres vueltas alrededor del cadáver con los caballos de hermoso pelo: Tetis se hallaba entre los guerreros y les excitaba el deseo de llorar. Regadas de lágrimas quedaron las arenas, regadas de lágrimas se veían las armaduras de los hombres. ¡Tal era el héroe, causa de fuga para los enemigos, de quien entonces padecían soledad! Y el Pelida comenzó entre ellos el funeral lamento colocando sus manos homicidas sobre el pecho de su amigo:

19 -¡Alégrate, oh Patroclo, aunque estés en el Hades! Ya voy a cumplirte cuanto te prometiera: he traído arrastrando el cadáver de Héctor, que entregaré a los perros para que lo despedacen cruelmente; y degollaré ante tu pira a doce hijos de troyanos ilustres, por la cólera que me causó tu muerte.

24 Dijo; y, para tratar ignominiosamente al divino Héctor, lo tendió boca abajo en el polvo, cabe al lecho del Menecíada. Quitáronse todos la luciente armadura de bronce, desuncieron los corceles de sonoros relinchos, y sentáronse en gran número cerca de la nave del Eácida, el de los pies ligeros, que les dio un banquete funeral espléndido. Muchos bueyes blancos, ovejas y balantes cabras palpitaban al ser degollados con el hierro; gran copia de grasos puercos, de albos dientes, se asaban, extendidos sobre la llama de Hefesto; y en torno del cadáver la sangre corría en abundancia por todas partes.

33 Los reyes aqueos llevaron al Pelida, el de los pies ligeros, que tenía el corazón afligido por la muerte del compañero, a la tienda de Agamenón Atrida, después de persuadirlo con mucho trabajo; ya en ella, mandaron a los heraldos, de voz sonora, que pusieron al fuego un gran trípode por si lograban que aquél se lavase las manchas de sangre y polvo. Pero Aquiles se negó obstinadamente, a hizo, además, un juramento:

43 -¡No, por Zeus, que es el supremo y más poderoso de los dioses! No es justo que el baño moje mi cabeza hasta que ponga a Patroclo en la pira, le erija un túmulo y me corte la cabellera; porque un pesar tan grande no volveré lamas a sentirlo mi corazón mientras me cuente entre los vivos. Ahora celebremos el triste banquete; y, cuando se descubra la aurora, manda, oh rey de hombres, Agamenón, que traigan leña y la coloquen como conviene a un muerto que baja a la región sombría, para que pronto el fuego infatigable consuma y haga desaparecer de nuestra vista el cadáver de Patroclo, y los guerreros vuelvan a sus ocupaciones.

34 Así dijo; y ellos le escucharon y obedecieron. Dispuesta con prontitud la cena, comieron todos, y nadie careció de su respectiva porción. Mas, después que hubieron satisfecho de comida y de bebida al apetito, se fueron a dormir a sus tiendas. Quedóse el Pelida con muchos mirmidones, dando profundos suspiros, a orillas del estruendoso mar, en un lugar limpio donde las olas bañaban la playa; pero no tardó en vencerlo el sueño, que disipa los cuidados del ánimo, esparciéndose suave en torno suyo; pues el héroe había fatigado mucho sus fornidos miembros persiguiendo a Héctor alrededor de la ventosa Ilio. Entonces vino a encontrarle el alma del mísero Patroclo, semejante en un todo a éste cuando vivía, tanto por su estatura y hermosos ojos, como por las vestiduras que llevaba; y, poniéndose sobre la cabeza de Aquiles, le dijo estas palabras:

69 -¿Duermes, Aquiles, y me tienes olvidado? Te cuidabas de mí mientras vivía, y ahora que he muerto me abandonas. Entiérrame cuanto antes, para que pueda pasar las puertas del Hades; pues las almas, que son imágenes de los difuntos, me rechazan y no me permiten que atraviese el río y me junte con ellas; y de este modo voy errante por los alrededores del palacio, de anchas puertas, de Hades. Dame la mano, te lo pido llorando; pues ya no volveré del Hades cuando hayáis entregado mi cadáver al fuego. Ni ya, gozando de vida, conversaremos separadamente de los amigos; pues me devoró la odiosa muerte que el hado, cuando nací, me deparara. Y tu destino es también, oh Aquiles semejante a los dioses, morir al pie de los muros de los nobles troyanos. Otra cosa te diré y encargaré, por si quieres complacerme. No dejes mandado, oh Aquiles, que pongan tus huesos separados de los míos: ya que juntos nos hemos criado en tu palacio, desde que Menecio me llevó de Opunte a vuestra casa por un deplorable homicidio -cuando encolerizándome en el juego de la taba maté involuntariamente al hijo de Anfidamante-, y el caballero Peleo me acogió en su morada, me crió con regalo y me nombró tu escudero; así también, una misma urna, la ánfora de oro que te dio tu veneranda madre, guarde nuestros huesos.

93 Respondióle Aquiles, el de los pies ligeros:

94 -¿Por qué, cabeza querida, vienes a encargarme estas cosas? Te obedeceré y lo cumpliré todo como lo mandas. Pero acércate y abracémonos, aunque sea por breves instantes, para saciarnos de triste llanto.

99 En diciendo esto, le tendió los brazos, pero no consiguió asirlo: disipóse el alma cual si fuese humo y penetró en la tierra dando chillidos. Aquiles se levantó atónito, dio una palmada y exclamó con voz lúgubre:

103 -¡Oh dioses! Cierto es que en la morada de Hades quedan el alma y la imagen de los que mueren, pero la fuerza vital desaparece por entero. Toda la noche ha estado cerca de mí el alma del mísero Patroclo, derramando lágrimas y despidiendo suspiros, para encargarme to que debo hacer; y era muy semejante a él cuando vivía.

108 Así dijo, y a todos les excitó el deseo de llorar. Todavía se hallaban alrededor del cadáver, sollozando lastimeramente, cuando despuntó la Aurora de rosáceos dedos. Entonces el rey Agamenón mandó que de todas las tiendas saliesen hombres con mulos para ir por leña; y a su frente se puso un varón excelente, Meriones, escudero del valeroso Idomeneo. Los mulos iban delante; tras ellos caminaban los hombres, llevando en sus manos hachas de cortar madera y sogas bien torcidas; y así subieron y bajaron

cuestas, y recorrieron atajos y veredas. Mas, cuando llegaron a los bosques del Ida, abundante en manantiales, se apresuraron a cortar con el afilado bronce encinas de alta copa que caían con estrépito. Los aqueos las partieron en rajas y las cargaron sobre los mulos. En seguida éstos, midiendo con sus pasos la tierra, volvieron atrás por los espesos matorrales, deseosos de regresar a la llanura. Todos los leñadores llevaban troncos, porque así to había ordenado Meriones, escudero del valeroso Idomeneo. Y los fueron dejando sucesivamente en un sitio de la orilla del mar, que Aquiles indicó para que a11í se erigiera el gran túmulo de Patroclo y de sí mismo.

127 Después que hubieron descargado la inmensa cantidad de leña, se sentaron todos juntos y aguardaron. Aquiles mandó en seguida a los belicosos mirmidones que tomaran las armas y uncieran los caballos; y ellos se levantaron, vistieron la armadura, y los caudillos y sus aurigas montaron en los carros. Iban éstos al frente, seguíales la nube de la copiosa infantería, y en medio los amigos llevaban a Patroclo, cubierto de cabello que en su honor se habían cortado. El divino Aquiles sosteníale la cabeza, y estaba triste porque despedía para el Hades al eximio compañero.

138 Cuando llegaron al lugar que Aquiles les señaló, dejaron el cadáver en el suelo, y en seguida amontonaron abundante leña. Entonces el divino Aquiles, el de los pies ligeros, tuvo otra idea: separándose de la pira, se cortó la rubia cabellera, que conservaba espléndida para ofrecerla al río Esperqueo; y exclamó apenado, fijando los ojos en el vinoso ponto:

144 -¡Esperqueo! En vano mi padre Peleo te hizo el voto de que yo, al volver a la tierra patria, me cortaría la cabellera en tu honor y te inmolaría una sacra hecatombe de cincuenta carneros cerca de tus fuentes, donde están el bosque y el perfumado altar a ti consagrados. Tal voto hizo el anciano, pero tú no has cumplido su deseo. Y ahora, como no he de volver a la tierra patria, daré mi cabellera al héroe Patrocio para que se la lleve consigo.

152 Habiendo hablado así, puso la cabellera en las manos del compañero querido, y a todos les excitó el deseo de llorar. Y entregados al llanto los dejara el sol al ponerse, si Aquiles no se hubiese acercado a Agamenón para decirle:

156 -¡Atrida! Puesto que la gente aquea to obedecerá más que a nadie, y tiempo habrá para saciarse de llanto, aparta de la pira a los guerreros y mándales que preparen la cena; y de to que resta nos cuidaremos nosotros, a quienes corresponde de un modo especial honrar al muerto. Quédense tan sólo los caudillos.

161 Al oírlo, el rey de hombres, Agamenón, despidió la gente para que volviera a las naves bien proporcionadas; y los que cuidaban del funeral amontonaran leña, levantaron una pira de cien pies por lado, y, con el corazón alligido, pusieron en lo alto de ella el cuerpo de Patrocio. Delante de la pira mataron y desollaron muchas pingües ovejas y flexípedes bueyes de curvas astas; y el magnánimo Aquiles tomó la grasa de aquéllas y de éstos, cubrió con la misma el cadáver de pies a cabeza, y hacinó alrededor los cuerpos desollados. Llevó también a la pira dos ánforas, llenas respectivamente de miel y de aceite, y las abocó al lecho; y, exhalando profundos suspiros, arrojó a la hoguera cuatro corceles de erguido cuello. Nueve perros tenía el rey que se alimentaban de su mesa, y, degollando a dos, echólos igualmente en la pira. Siguiéronles doce hijos valientes de troyanos ilustres, a quienes mató con el bronce, pues el héroe meditaba en su corazón acciones crueles. Y entregando la pira a la violencia indomable del fuego para que la devorara, gimió y nombró al compañero amado:

179 -¡Alégrate, oh Patroclo, aunque estés en el Hades! Ya te cumplo cuanto te prometí. El fuego devora contigo a doce hijos valientes de troyanos ilustres; y a Héctor Priámida no le entregaré a la hoguera para que to consuma, sino a los perros.

184 Así dijo en son de amenaza. Pero los canes no se acercaron a Héctor. La diosa Afrodita, hija de Zeus, los apartó día y noche, y ungió el cadáver con un divino aceite rosado para que Aquiles no lo lacerase al arrastrarlo. Y Febo Apolo cubrió el espacio ocupado por el muerto con una sombna nube que hizo pasar del cielo a la llanura, a fin de que el ardor del sol no secara el cuerpo, con sus nervios y miembros.

192 En tanto, la pira en que se hallaba el cadáver de Patroclo no ardía. Entonces el divino Aquiles, el de los pies ligeros, tuvo otra idea: apartóse de la pira, oró a los vientos Bóreas y Céfiro y votó ofrecerles solemnes sacrificios; y,

haciéndoles repetidas libaciones con una copa de oro, les rogó que acudieran para que la leña ardiese bien y los cadáveres fueran consumidos prestamente por el fuego. La veloz Iris oyó las súplicas, y fue a avisar a los vientos, que estaban reunidos celebrando un banquete en la morada del impetuoso Céfiro. Iris llegó corriendo y se detuvo en el umbral de piedra. Así que la vieron, levantáronse todos, y cada uno la ¡lamaba a su lado. Pero ella no quiso sentarse, y pronunció estas palabras:

205 -No puedo sentarme; porque voy, por cima de la corriente del Océano, a la tierra de los etíopes, que ahora ofrecen hecatombes a los inmortales, para entrar a la parte en los sacrificios. Aquiles ruega al Bóreas y al estruendoso Céfiro, prometiéndoles solemnes sacrificios, que vayan y hagan arder la pira en que yace Patroclo, por el cual gimen los aqueos todos.

212 Habló así y fuese. Los vientos se levantaron con inmenso ruido, esparciendo las nubes; pasaron por cima del ponto, y las olas crecían al impulso del sonoro soplo, llegaron, por fin, a la fértil Troya, cayeron en la pira y el fuego abrasador bramó grandemente. Durante toda la noche, los dos vientos, soplando con agudos silbidos, agitaron la llama de la pira, durante toda la noche, el veloz Aquiles, sacando vino de una cratera de oro, con una copa de doble asa, to vertió y regó la tierra, a invocó el alma del mísero Patroclo. Como solloza un padre, quemando los huesos del hijo recién casado, cuya muerte ha sumido en el dolor a sus progenitores, de igual modo sollozaba Aquiles al quemar los huesos del amigo; y, arrastrándose en torno de la hoguera, gemía sin cesar.

226 Cuando el lucero de la mañana apareció sobre la tierra anunciando el día, y poco después la aurora, de azafranado velo, se esparció por el mar, apagábase la hoguera y moría la llama. Los vientos regresaron a su morada por el ponto de Tracia, que gemía a causa de la hinchazón de las olas alborotadas, y el Pelida, habiéndose separado un poco de la pira, acostóse, rendido de cansancio, y el dulce sueño le venció. Pronto los caudillos se reunieron en gran número alrededor del Atrida; y el alboroto y ruido que hacían al llegar despertaron a Aquiles. Incorporóse el héroe; y, sentándose, les dijo estas palabras:

236 -¡Atrida y demás príncipes de los aqueos todos! Primeramente apagad con negro vino cuanto de la pira alcanzó la violencia del fuego; recojamos después los huesos de Patroclo Menecíada, distinguiéndolos bien -fácil será reconocerlos, porque el cadáver estaba en medio de la pira y en los extremos se quemaron confundidos hombres y caballos-, y pongámoslos en una urna de oro, cubiertos por doble capa de grasa donde se guarden hasta que yo descienda al Hades. Quiero que le erijáis un túmulo no muy grande, sino cual corresponde al muerto; y más adelante, aqueos, los que estéis vivos en las naves de muchos bancos cuando yo muera, hacedIo anchuroso y alto.

249 Así dijo, y ellos obedecieron al Pelión, de pies ligeros. Primeramente apagaron con negro vino la parte de la pira a que alcanzó la llama, y la ceniza cayó en abundancia; después recogieron, llorando, los blancos huesos del dulce amigo y los encerraron en una urna de oro, cubiertos por doble capa de grasa; dejaron la urna en la tienda, tendiendo sobre la misma un sutil velo; trazaron el ámbito del túmulo en torno de la pira, echaron los cimientos, a inmediatamente amontonaron la tierra que antes habían excavado. Y, erigido el túmulo, volvieron a su sitio. Aquiles detuvo al pueblo y le hizo sentar, formando un gran circo; y al momento sacó de las naves, para premio de los que vencieren en los juegos, calderas, trípodes, caballos, mulos, bueyes de robusta cabeza, mujeres de hermosa cintura y luciente hierro.

262 Empezó exponiendo los premios destinados a los veloces aurigas: el que primero llegara se llevaría una mujer diestra en primorosas labores y un trípode con asas, de veintidós medidas; para el segundo ofreció una yegua de seis años, indómita, que llevaba en su vientre un feto de mulo; para el tercero, una hermosa caldera no puesta al fuego y luciente aún, cuya capacidad era de cuatro medidas; para el cuarto, dos talentos de oro; y para el quinto, un vaso con dos asas no puesto al fuego todavía. Y, estando en pie, dijo a los argivos:

272 -¡Atrida y demás aqueos de hermosas grebas! Estos premios que en medio he colocado son para los aurigas. Si los juegos se celebraran en honor de otro difunto, me llevaría a mi tienda los mejores. Ya sabéis cuánto mis caballos aventajan en ligereza a los demás, porque son

inmortales: Posidón se los regaló a mi padre Peleo, y éste me los ha dado a mí. Pero yo me quedaré, y también los solípedos corceles, porque perdieron al ilustre y benigno auriga que tantas veces derramó aceite sobre sus crines, después de lavarlos con agua pura. Ambos, habiéndose quedado quietos, sienten soledad de él; y con las crines colgando hasta tocar la tierra permanecen en pie y afligidos en su corazón. ¡Adelantaos, pues, los aqueos que confiéis en vuestros corceles y sólidos carros!

287 Así hablo el Pelida, y los veloces aurigas se reunieron. Levantóse mucho antes que nadie el rey de hombres Eumelo, hijo amado de Admeto, que descollaba en el arte de guiar el carro. Presentóse después el fuerte Diomedes Tidida, el cual puso el yugo a los corceles de Tros, que había quitado a Eneas cuando Apolo salvó a este héroe. Alzóse luego el rubio Menelao Atrida, del linaje de Zeus, y unció al carro una yegua y un caballo veloces: Eta, propia de Agamenón, y Podargo, que era suyo. Había dado la yegua a Agamenón, como presente, Equepolo, hijo de Anquises, por no seguirle a la ventosa Ilio y gozar tranquilo en la vasta Sición, donde moraba, de la abundante riqueza que Zeus le había concedido; ésta fue la yegua que Menelao unció al yugo, la cual estaba deseosa de corren- Fue el cuarto en aparejar los corceles de hermoso pelo Antíloco, hijo ilustre del magnánimo rey Néstor Nelida: de su carro tiraban caballos de Pilos, de pies ligeros. Y su padre se le acercó y empezó a darle buenos consejos, aunque no le faltaba inteligencia:

306 -¡Antíloco! Si bien eres joven, Zeus y Posidón to quieren y to han enseñado todo el arte del auriga. No es preciso, por tanto, que yo lo instruya. Sabes perfectamente cómo los caballos deben dar la vuelta en torno de la meta, pero tus corceles son los más lentos en correr, y temo que algún suceso desagradable ha de ocurrirte. Empero, si otros caballos son más veloces, sus conductores no to aventajan en obrar sagazmente. Ea, pues, querido, piensa en emplear toda clase de habilidades para que los premios no se to escapen. El leñador más hace con la habilidad que con la fuerza; con su habilidad el piloto gobierna en el vinoso ponto la veloz nave combatida por los vientos; y con su habilidad puede un auriga vencer a otro. El que confía en sus caballos y en su carro les hace dar vueltas

imprudentemente acá y acullá, y luego los corceles divagan en la carrera y no los puede sujetar, mas el que conoce los arbitrios del arte y guía caballos inferiores clava los ojos continuamente en la meta, da la vuelta cerca de la misma, y no le pasa inadvertido cuándo debe aguijar a aquéllos con el látigo de piel de buey: así los domina siempre, a la vez que observa a quien le precede. La meta de ahora es muy fácil de conocer, y voy a indicártela para que no dejes de verla. Un tronco seco de encina o de pino, que la lluvia no ha podrido aún, sobresale un codo de la tierra; encuéntranse a uno y otro lado del mismo, cuando el camino acaba, sendas piedras blancas; y luego el terreno es llano por todas partes y propio para las carreras de carros: el tronco debe de haber pertenecido a la tumba de un hombre que ha tiempo murió, o fue puesto como mojón por los antiguos; y ahora el divino Aquiles, el de los pies ligeros, to ha elegido por meta. Acércate a ésta y den la vuelta casi tocándola carro y caballos; y tú inclínate en el fuerte asiento hacia la izquierda y anima con imperiosas voces al corcel del otro lado afojándole las riendas. El caballo izquierdo se aproxime tanto a la meta, que parezca que el cubo de la bien construida rueda haya de llegar al tronco, pero guárdate de chocar con la piedra: no sea que hieras a los corceles, rompas el carro y causes el regocijo de los demás y la confusión de ti mismo. Procura, oh querido, ser cauto y prudente. Pero, si aguijando los caballos, logras dar la vuelta a la meta, ya nadie se to podrá anticipar ni alcanzarte siquiera, aunque guíe al divino Arión -el veloz caballo de Adrasto, que descendía de un dios- o sea arrastrado por los corceles de Laomedonte, que se criaron aquí tan excelentes.

349 Así dijo Néstor Nelida, y volvió a sentarse cuando hubo enterado a su hijo de to más importante de cada cosa.

351 Meriones fue el quinto en aparejar los caballos de hermoso pelo. Subieron los aurigas a los carros y echaron suertes en un casco que agitaba Aquiles. Salió primero la de Antíloco Nestórida; después, la del rey Eumelo; luego, la de Menelao Atrida, famoso por su lanza; en seguida, la de Meriones; y por último, la del Tidida, que era el más hábil. Pusiéronse en fila, y Aquiles les indicó la meta a to lejos, en el terreno

llano; y encargó a Fénix, escudero de su padre, que se sentara cerca de aquélla como observador de la carrera, a fin de que, reteniendo en la memoria cuanto ocurriese, les dijese luego la verdad.

362 Todos a un tiempo levantaron el látigo, dejáronlo caer sobre los caballos y los animaron con ardientes voces. Y éstos, alejándose de las naves, corrían por la llanura con suma rapidez; la polvareda que levantaban envolvíales el pecho como una nube o un torbellino, y las crines ondeaban al soplo del viento. Los carros unas veces tocaban al fértil suelo, y otras daban saltos en el aire; los aurigas permanecían en los asientos con el corazón palpitante por el deseo de la victoria; cada cual animaba a sus corceles, y éstos volaban, levantando polvo, por la llanura.

373 Mas, cuando los veloces caballos llegaron a la segunda mitad de la carrera y ya volvían hacia el espumoso mar, entonces se mostró la pericia de cada conductor, pues todos aquéllos empezaron a galopar. Venían delante las yeguas, de pies ligeros, de Eumelo Feretíada. Seguíanlas los caballos de Diomedes, procedentes de los de Tros; y estaban tan cerca del primer carro, que parecía que iban a subir en él: con su aliento calentaban la espalda y anchos hombros de Eumelo, y volaban poniendo la cabeza sobre el mismo. Diomedes le hubiera pasado delante, o por to menos hubiera conseguido que la victoria quedase indecisa si Febo Apolo, que estaba irritado con el hijo de Tideo, no le hubiese hecho caer de las manos el lustroso látigo. Afligióse el héroe, y las lágrimas humedecieron sus ojos al ver que las yeguas corrían más que antes, y en cambio sus caballos aflojaban, porque ya no sentían el azote. No le pasó inadvertido a Atenea que Apolo jugara esta treta al Tidida; y, corriendo hacia el pastor de hombres, devolvióle el látigo, a la vez que daba nuevos bríos a sus caballos. Y la diosa, irritada, se encaminó al momento hacia el hijo de Admeto y le rompió el yugo: cada yegua se fue por su lado, fuera de camino; el timón cayó a tierra, y el héroe vino al suelo, junto a una rueda, hirióse en los codos, boca y narices, se rompió la frente por encima de las cejas, se le arrasaron los ojos de lágrimas, y la voz, vigorosa y sonora, se le cortó. El Tidida guió los solípedos caballos, desviándolos un poco, y se adelantó un gran espacio a todos los demás; porque Atenea

dio vigor a sus corceles y le concedió a él la gloria del triunfo. Seguíale el rubio Menelao Atrida. E inmediato a él iba Antíloco, que animaba a los caballos de su padre:

403 -Corred y alargad el paso cuanto podáis. No os mando que compitáis con aquéllos, con los caballos del aguerrido Tidida, a los cuales Atenea dio ligereza, concediéndole a él la gloria del triunfo. Mas alcanzad pronto a los corceles del Atrida y no os quedéis rezagados para que no os avergüence Eta con ser hembra. ¿Por qué os atrasáis, excelentes caballos? Lo que os voy a decir se cumplirá: se acabarán para vosotros los cuidados en el palacio de Néstor, pastor de hombres, y éste os matará en seguida con el agudo bronce si por vuestra desidia nos llevamos el peor premio. Seguid y apresuraos cuanto podáis. Y yo pensaré cómo, valiéndome de la astucia, me adelanto en el lugar donde se estrecha el camino; no se me escapará la ocasión.

417 Así dijo. Los corceles, temiendo la amenaza de su señor, corrieron más diligentemente un breve rato. Pronto el belicoso Antíloco alcanzó a descubrir el punto más estrecho del camino -había allí una hendedura de la tierra, producida por el agua estancada durante el invierno, la cual robó parte de la senda y cavó el suelo-, y por aquel sitio guiaba Menelao sus corceles, procurando evitar el choque con los demás carros. Pero Antíloco, torciendo la rienda a sus caballos, sacó el carro fuera del camino, y por un lado y de cerca seguía a Menelao. El Atrida temió un choque, y le dijo gritando:

426 -¡Antíloco! De temerario modo guías el carro. Detén los corceles; que ahora el camino es angosto, y en seguida, cuando sea más ancho, podrás ganarme la delantera. No sea que choquen los carros y seas causa de que recibamos daño.

429 Así dijo. Pero Antíloco, como si no le oyese, hacía correr más a sus caballos picándolos con el aguijón. Cuanto espacio recorre el disco que tira un joven desde lo alto de su hombro para probar la fuerza, tanto aquéllos se adelantaron. Las yeguas del Atrida cejaron, y él mismo, voluntariamente, dejó de avivarlas; no fuera que los solípedos caballos, tropezando los unos con los otros, volcaran los fuertes carros, y ellos cayeran en el polvo por el anhelo de alcanzar la

victoria. Y el rubio Menelao, reprendiendo a Antíloco, exclamó:

439 -¡Antíloco! Ningún mortal es más funesto que tú. Ve enhoramala; que los aqueos no estábamos en to cierto cuando to teníamos por sensato. Pero no te llevarás el premio sin que antes jures.

442 Después de hablar así, animó a sus caballos con estas palabras:

443 -No aflojéis el paso, ni tengáis el corazón afligido. A aquéllos se les cansarán los pies y las rodillas antes que a vosotros, pues ya ambos pasaron de la edad juvenil.

446 Así dijo. Los corceles, temiendo la amenaza de su señor, corrieron más diligentemente, y pronto se hallaron cerca de los otros.

448 Los argivos, sentados en el circo, no quitaban los ojos de los caballos; y éstos volaban, levantando polvo por la llanura. Idomeneo, caudillo de los cretenses, fue quien distinguió antes que nadie los primeros corceles que llegaban; pues era el que estaba en el sitio más alto por haberse sentado en un altozano, fuera del circo. Oyendo desde lejos la voz del auriga que animaba a los corceles, la reconoció; y al momento vio que corría, adelantándose a los demás, un caballo magnífico, todo bermejo, con una mancha en la frente, blanca y redonda como la luna. Y poniéndose en pie, dijo estas palabras a los argivos:

457 -¡Oh amigos, capitanes y príncipes de los argivos! ¿Veo los caballos yo solo o también vosotros? Paréceme que no son los mismos de antes los que vienen delanteros, ni el mismo el auriga: deben de haberse lastimado en la llanura las yeguas que poco ha eran vencedoras. Las vi cuando doblaban la meta; pero ahora no puedo distinguirlas, aunque registro con mis ojos todo el campo troyano. Quizá las riendas se le fueron al auriga, y, siéndole imposible gobernar las yeguas al llegar a la meta, no dio felizmente la vuelta: me figuro que habrá caído, el carro estará roto, y las yeguas, dejándose llevar por su ánimo enardecido, se habrán echado fuera del camino. Pero levantaos y mirad, pues yo no lo distingo bien: paréceme que el que viene delante es un varón etolio, el fuerte Diomedes, hijo de Tideo, domador de caballos, que reina sobre los argivos.

473 Y el veloz Ayante de Oileo increpóle con injuriosas voces:

474 -¡Idomeneo! ¿Por qué charlas antes de to debido? Las voladoras yeguas vienen corriendo a lo lejos por la llanura espaciosa. Tú no eres el más joven de los argivos, ni tu vista es la mejor, pero siempre hablas mucho y sin substancia. Preciso es que no seas tan gárrulo, estando presentes otros que to son superiores. Esas yeguas que aparecen las primeras son las de antes, las de Eumelo, y él mismo viene en el carro y tiene las riendas.

482 El caudillo de los cretenses le respondió enojado:

483 -Ayante, valiente en la injuria, detractor; pues en todo lo restante estás por debajo de los argivos a causa de tu espíritu perverso. Apostemos un trípode o una caldera y nombremos árbitro al Atrida Agamenón para que manifieste cuáles son las yeguas que vienen delante y tú lo aprendas perdiendo la apuesta.

488 Así habló. En seguida el veloz Ayante de Oileo se alzó colérico para contestarle con palabras duras. Y la contienda habría pasado más adelante entre ambos, si el propio Aquiles, levantándose, no les hubiese dicho:

492 -¡Ayante a Idomeneo! No alterquéis con palabras duras y pesadas, porque no es decoroso; y vosotros mismos os irritaríais contra el que así to hiciera. Sentaos en el circo y fijad la. vista en los caballos, que pronto vendrán aquí por el anhelo de alcanzar la victoria, y sabréis cuáles corceles argivos son los delanteros y cuáles los rezagados.

499 Así dijo; el Tidida, que ya se había acercado un buen trecho, aguijaba a los corceles, y constantemente les azotaba la espalda con el látigo, y ellos, levantando en alto los pies, recorrían velozmente el camino y rociaban de polvo al auriga. El carro, guarnecido de oro y estaño, corría arrastrado por los veloces caballos y las llantas casi no dejaban huella en el tenue polvo. ¡Con tal ligereza volaban los corceles! Cuando Diomedes llegó al circo, detuvo el luciente carro; copioso sudor corría de la cerviz y del pecho de los corceles hasta el suelo, y el héroe, saltando a tierra, dejó el látigo colgado del yugo. Entonces no anduvo remiso el esforzado Esténelo, sino que al instante tomó el premio y to entregó a los magnánimos compañeros; y mientras éstos conducían la cautiva a la tienda y

se llevaban el trípode con asas, desunció del carro a los corceles.

514 Después de Diomedes llegó Antíloco, descendiente de Neleo, el cual se había anticipado a Menelao por haber usado de fraude y no por la mayor ligereza de su carro; pero, así y todo, Menelao guiaba muy cerca de él los veloces caballos. Cuando el corcel dista de las ruedas del carro en que lleva a su señor por la llanura (las últimas cerdas de la cola tocan la llanta y un corto espacio los separa mientras aquél corre por el campo inmenso): tan rezagado estaba Menelao del eximio Antíloco; pues, si bien al principio se quedó a la distancia de un tiro de disco, pronto volvió a alcanzarle porque el fuerte vigor de la yegua de Agamenón, de Etá, de hermoso pelo, iba aumentando. Y si la carrera hubiese sido más larga, el Atrida se le habría adelantado, sin dejar dudosa la victoria.- Meriones, el buen escudero de Idomeneo, seguía al ínclito Menelao, como a un tiro de lanza; pues sus corceles, de hermoso pelo, eran más tardos y él muy poco diestro en guiar el carro en un certamen.- Presentóse, por último, el hijo de Admeto tirando de su hermoso carro y conduciendo por delante los caballos. Al verlo, el divino Aquiles, el de los pies ligeros, se compadeció de él, y dirigió a los argivos estas aladas palabras:

536 -Viene el último con los solípedos caballos el varón que más descuella en guiarlos. Ea, démosle, como es justo, el segundo premio, y llévese el primero el hijo de Tideo.

539 Así habló y todos aplaudieron lo que proponía. Y le hubiese entregado la yegua -pues los aqueos lo aprobaban-, si Antíloco, hijo del magnánimo Néstor, no se hubiera levantado para decir con razón al Pelida Aquiles:

544 -¡Oh Aquiles! Mucho me irritaré contigo si llevas a cabo to que dices. Vas a quitarme el premio, atendiendo a que recibieron daño su carío y los veloces corceles y él es esforzado, pero tenía que rogar a los inmortales y no habría llegado el último de todos. Si le compadeces y es grato a to corazón, como hay en tu tienda abundante oro y posees bronce, rebaños, esclavas y solípedos caballos, entrégale, tomándolo de estas cosas, un premio aún mejor que éste, para que los aqueos to alaben. Pero la yegua no la daré, y pruebe de quitármela quien desee llegar a las manos conmigo.

555 Así habló. Sonrióse el divino Aquiles, el de los pies figeros, holgándose de que Antíloco se expresara en tales términos, porque era amigo suyo; y en respuesta, díjole estas aladas palabras:

558 -¡Antíloco! Me ordenas que dé a Eumelo otro premio, sacándolo de mi tienda, y así lo haré. Voy a entregarle la coraza de bronce que quité a Asteropeo, la cual tiene en sus orillas una franja de luciente estaño, y constituirá para él un presente de valor.

563 Dijo, y mandó a Automedonte, el compañero querido, que la sacara de la tienda; fue éste y llevósela; y Aquiles la puso en las manos de Eumelo, que la recibió alegremente.

566 Pero levantóse Menelao, afligido en su corazón y muy irritado contra Antíloco. El heraldo le dio el cetro, y ordenó a los argivos que callaran. Y el varón igual a un dios habló diciendo:

570 -¡Antíloco! Tú, que antes eras sensato, ¿qué has hecho? Desluciste mi habilidad y atropellaste mis corceles, haciendo pasar delante a los tuyos, que son mucho peores. ¡Ea, capitanes y príncipes de los argivos! Juzgadnos imparcialmente a entrambos: no sea que alguno de los aqueos, de broncíneas corazas, exclame: "Menelao, violentando con mentiras a Antíloco, ha conseguido llevarse la yegua, a pesar de la inferioridad de sus corceles, por ser más valiente y poderoso." Y si queréis, yo mismo lo decidiré; y creo que ningún dánao me podrá reprender, porque el fallo será justo. Ea, Antíloco, alumno de Zeus, ven aquí y, puesto, como es costumbre, delante de los caballos y el carro, teniendo en la mano el flexible látigo con que los guiabas y tocando los corceles, jura, por el que ciñe y sacude la tierra, que si detuviste mi carro fue involuntariamente y sin dolo.

586 Respondióle el prudente Antíloco:

587 -Perdóname, oh rey Menelao, pues soy más joven y tú eres mayor y más valiente. No te son desconocidas las faltas que comete un mozo, porque su pensamiento es rápido y su juicio escaso. Apacígüese, pues, tu corazón: yo mismo te cedo la yegua que he recibido; y, si de cuanto tengo me pidieras algo de más valor que este premio, preferina dártelo en seguida, oh alumno de Zeus, a perder para siempre tu afecto y ser culpable delante de los dioses.

596 Así habló el hijo del magnánimo Néstor, y, conduciendo la yegua adonde estaba el Atrida, se la puso en la mano. A éste se le alegró el alma: como el rocío cae en torno de las espigas cuando las mieses crecen y los campos se erizan, del mismo modo, oh Menelao, tu espíritu se bañó en gozo. Y, respondiéndole, pronunció estas aladas palabras:

602 -¡Antíloco! Aunque estaba irritado, seré yo quien ceda; porque hasta aquí no has sido imprudente ni ligero y ahora la juventud venció a la razón. Absténte en lo sucesivo de querer engañar a los que to son superiores. Ningún otro aqueo me ablandaría tan pronto, pero has padecido y trabajado mucho por mi causa, y tu padre y tu hermano también; accederé, pues, a tus súplicas y te daré la yegua, que es mía, para que éstos sepan que mi corazón no fue nunca ni soberbio ni cruel.

612 Dijo; entregó a Noemón, compañero de Antíloco, la yegua para que se la llevara, y tomó la reluciente caldera. Meriones, que había llegado el cuarto, recogió los dos talentos de oro. Quedaba el quinto premio, el vaso con dos asas; y Aquiles levantólo, atravesó el circo y lo ofreció a Néstor con estas palabras:

618 -Toma, anciano; sea tuyo este presente como recuerdo de los funerales de Patroclo, a quien no volverás a ver entre los argivos. Te doy el premio porque no podrás ser parte ni en el pugilato, ni en la lucha, ni en el certamen de los dardos, ni en la carrera, que ya to abruma la vejez penosa.

624 Así diciendo, se to puso en las manos. Néstor recibiólo con alegría, y respondió con estas aladas palabras:

626 -Sí, hijo, oportuno es cuanto acabas de decir. Ya mis miembros no tienen el vigor de antes, ni mis pies, ni mis brazos se mueven ágiles a partir de los hombros. Ojalá fuese tan joven y mis fuerzas tan robustas como cuando los epeos enterraron en Buprasio al poderoso Amarinceo, y los hijos de éste sacaron premios para los juegos que debían celebrarse en honor del rey. Allí ninguno de los epeos, ni de los pilios, ni de los magnánimos etolios, pudo igualarse conmigo. Vencí en el pugilato a Clitomedes, hijo de Énope, y en la lucha a Anceo Pleuronio, que osó afrontarme; en la carrera pasé delante de Ificlo, que era robusto; y en arrojar la lanza superé a

Fileo y a Polidoro. Sólo los hijos de Áctor mé dejaron atrás con su carro porque eran dos; y me disputaron la victoria a causa de haberse reservado los mejores premios para este juego. Eran aquéllos hermanos gemelos, y el uno gobernaba con firmeza los caballos, sí, gobernaba con firmeza los caballos, mientras el otro con el látigo los aguijaba. Así era yo en aquel tiempo. Ahora los más jóvenes entren en las luchas; que ya debo ceder a la triste senectud, aunque entonces sobresaliera entre los héroes. Ve y continúa celebrando los juegos fúnebres de tu amigo. Acepto gustoso el presente, y se me alegra el corazón al ver que to acuerdas siempre del buen Néstor y nó dejas de advertir con qué honores he de ser honrado entre los aqueos. Las deidades to concedan por ello abundantes gracias.

651 Así habló; y el Pelida, oído todo el elogio que de él hizo el Nelida, fuese por entre la muchedumbre de los aqueos. En seguida sacó los premios del duro pugilato: condujo al circo y ató en medio de él una mula de seis años, cerril, difícil de domar, que había de ser sufridora del trabajo; y puso para el vencido una copa de doble asa. Y, estando en pie, dijo a los argivos:

658 -¡Atrida y demás aqueos de hermosas grebas! Invitemos a los dos varones que sean más diestros, a que levanten los brazos y combatan a puñadas por estos premios. Aquél a quien Apolo conceda la victoria, reconociéndolo así todos los aqueos, conduzca a su tienda la mula sufridora del trabajo; el vencido se llevará la copa de doble asa.

664 Así habló. Levantóse al instante un varón fuerte, alto y experto en el pugilato: Epeo, hijo de Panopeo. Y, poniendo la mano sobre la mula paciente en el trabajo, dijo:

667 -Acérquese el que haya de llevarse la copa de doble asa, pues no creo que ningún aqueo consiga la mula, si ha de vencerme en el pugilato. Me glorío de mantenerlo mejor que nadie. ¿No basta acaso que sea inferior a otros en la batalla? No es posible que un hombre sea diestro en todo. Lo que voy a decir se cumplirá: al campeón que se me oponga le rasgaré la piel y le aplastaré los huesos; los que de él hayan de cuidar quédense aquí reunidos, para llevárselo cuando sucumba a mis manos.

676 Así se expresó. Todos enmudecieron y quedaron silenciosos. Y tan sólo se levantó para luchar con él Euríalo, varón igual a un dios, hijo del rey Mecisteo Talayónida, el cual fue a Teba cuando murió Edipo y en los juegos fúnebres venció a todos los cadmeos. El Tidida, famoso por su lanza, animaba a Euríalo con razones, pues tenía un gran deseo de que alcanzara la victoria, y le ayudaba a disponerse para la lucha: atóle el cinturón y le dio unas bien cortadas correas de piel de buey salvaje. Ceñidos ambos contendientes, comparecieron en medio del circo, levantaron las robustas manos, acometiéronse y los fornidos brazos se entrelazaron. Crujían de un modo horrible las mandíbulas y el sudor brotaba de todos los miembros. El divino Epeo, arremetiendo, dio un golpe en la mejilla de su rival que le espiaba; y Euríalo no siguió en pie largo tiempo, porque sus hermosos miembros desfallecieron. Como, encrespándose la mar al soplo del Bóreas, salta un pez en la orilla poblada de algas y las negras olas to cubren en seguida, así Euríalo, al recibir el golpe, dio un salto hacia atrás. Pero el magnánimo Epeo, cogiéndole por las manos, lo levantó; rodeáronle los compañeros y se to llevaron del circo -arrastraba los pies, escupía espesa sangre y la cabeza se le inclinaba a un lado; sentáronle entre ellos, desvanecido, y fueron a recoger la copa doble.

700 El Pelida sacó después otros premios para el tercer juego, la penosa lucha, y se los mostró a los dánaos: para el vencedor un gran trípode, apto para ponerlo al fuego, que los aqueos apreciaban en doce bueyes; para el vencido, una mujer diestra en muchas labores y valorada en cuatro bueyes, que sacó en medio de ellos. Y, estando en pie, dijo a los argivos:

707 -Levantaos, los que hayáis de entrar en esta lucha.

708 Así habló. Alzóse en seguida el gran Ayante Telamonio y luego el ingenioso Ulises, fecundo en ardides. Puesto el ceñidor, fueron a encontrarse en medio del circo y se cogieron con los robustos brazos como se enlazan las vigas que un ilustre artífice une, al construir alto palacio, para que resistan el embate de los vientos. Sus espaldas crujían, estrechadas fuertemente por los vigorosos brazos; copioso sudor les brotaba de todo el cuerpo; muchos cruentos cardenales iban apareciendo en los costados y en las espaldas; y

ambos contendientes anhelaban siempre alcanzar la victoria y con ella el bien construido trípode. Pero ni Ulises lograba hacer caer y derribar por el suelo a Ayante, ni éste a aquél, porque la gran fuerza de Ulises se to impedía. Y cuando los aqueos mosas grebas ya empezaban a cansarse de la lucha, dijo el gran Ayante Telamonio:

723 -¡Laertíada, del linaje de Zeus, Ulises, fecundo en ardides! Levántame, o te levantaré yo; y Zeus se cuidará del resto.

725 Habiendo hablado así, lo levantaba; mas Ulises no se olvidó de sus ardides, pues, dándole por detrás un golpe en la corva, dejóle sin vigor los miembros, le hizo venir al suelo, de espaldas, y cayó sobre su pecho: la muchedumbre quedó admirada y atónita al contemplarlo. Luego, el divino y paciente Ulises alzó un poco a Ayante, pero no consiguió sóstenerlo en vilo; porque se le doblaron las rodillas y ambos cayeron al suelo, el uno cerca del otro, y se mancharon de polvo. Levantáronse, y hubieran luchado por tercera vez, si Aquiles, poniéndose en pie, no los hubiese detenido:

735 -No luchéis ya, ni os hagáis más daño. La victoria quedó por ambos. Recibid igual premio y retiraos para que entren en los juegos otros aqueos.

738 Así dijo. Ellos le escucharon y obedecieron; pues en seguida, después de haberse limpiado el polvo, vistieron la túnica.

740 El Pelida sacó otros premios para la velocidad en la carrera. Expuso primero una cratera de plata labrada, que tenía seis medidas de capacidad y superaba en hermosura a todas las de la tierra. Los sidonios, eximios artífices, la fabricaron primorosa; los fenicios, después de llevarla por el sombrío ponto de puerto en puerto, se la regalaron a Toante; más tarde, Euneo Jasónida la dio al héroe Patroclo para rescatar a Licaón, hijo de Príamo; y entonces Aquiles la ofreció como premio, en honor del difunto amigo, al que fuese más veloz en correr con los pies ligeros. Para el que llegase el segundo señaló un buey corpulento y pingüe, y para el último, medio talento de oro. Y estando en pie, dijo a los argivos:

753 -Levantaos, los que hayáis de entrar en esta lucha.

754 Así habló. Levantóse al instante el veloz Ayante de 0ileo, después el ingenioso Ulises, y por fin Antíloco, hijo de Néstor, que en la carrera vencía a todos los jóvenes. Pusiéronse en fila y Aquiles les indicó la meta. Empezaron a correr desde el sitio señalado, y el Oilíada se adelantó a los demás, aunque el divino Ulises le seguía de cerca. Cuanto dista del pecho el huso que una mujer de hermosa cintura revuelve en su mano, mientras devana el hilo de la trama, y tiene constantemente junto al seno, tan inmediato a Ayante corría el divinal Ulises: pisaba las huellas de aquél antes de que el polvo cayera en torno de las mismas y le echaba el aliento a la cabeza, corriendo siempre con suma rapidez. Todos los aqueos aplaudían los esfuerzos que realizaba Ulises por el deseo de alcanzar la victoria, y le animaban con sus voces. Mas cuando les faltaba poco para terminar la carrera, Ulises oró en su corazón a Atenea, la de ojos de lechuza:

770 -Óyeme, diosa, y ven a socorrerme propicia, dando a mis pies más ligereza.

771 Así dijo rogando. Palas Atenea le oyó, y agilitóle los miembros todos y especialmente los pies y las manos. Ya iban a coger el premio, cuando Ayante, corriendo, dio un resbalón -pues Atenea quiso perjudicarle- en el lugar que habían llenado de estiércol los bueyes mugidores sacrificados por Aquiles, el de los pies ligeros, en honor de Patroclo; y el héroe llenóse de boñiga la boca y las narices. El divino y paciente Ulises le pasó delante y se llevó la craters; y el preclaro Ayante se detuvo, tomó el buey silvestre, y, asiéndolo por el asta, mientras escupía el estiércol, habló así a los argivos:

782 -¡Oh dioses! Una diosa me.dañó los pies; aquélla que desde antiguo acorre y favorece a Ulises cual una madre.

784 Así dijo, y todos rieron con gusto. Antíloco recibió, sonriente, el último premio; y dirigió estas palabras a los argivos:

787-Os diré, argivos, aunque todos lo sabéis, que los dioses honran a los hombres de más edad, hasta en los juegos. Ayante es un poco mayor que yo; Ulises pertenece a la generación precedente, a los hombres antiguos, dicen que es ya de edad provecta, pero vigoroso, y contender con él en la carrera es muy difícil para cualquier aqueo que no sea Aquiles.

793 Así dijo, ensalzando al Pelida, de pies ligeros. Aquiles respondióle con estas palabras:

795 -¡Antíloco! No en balde me habrás elogiado, pues añado a tu premio medio talento de oro.

797 Así diciendo, se to puso en la mano, y Antíloco lo recibió con alegría. Acto continuo el Pelida sacó y colocó en el circo una larga pica, un escudo y un casco, que eran las armas que Patroclo había quitado a Sarpedón. Y puesto en pie, dijo a los argivos:

802 Invitemos a los dos varones que sean más esforzados, a que, vistiendo las armas y asiendo el tajante bronce, pongan a prueba su valor ante el concurso. A1 primero que logre tocar el gallardo cuerpo de su adversario, le rasguñe el vientre atravesándole la armadura y le haga brotar la negra sangre, daréle esta magnífica espada tracia, tachonada con clavos de plata, que quité a Asteropeo. Ambos campeones se llevarán las restantes armas y les daremos un espléndido banquete en nuestra tienda.

811 Así dijo. Levantóse en seguida el gran Ayante Telamonio y luego el fuerte Diomedes Tidida. Tan pronto como se hubieron armado, separadamente de la muchedumbre, fueron a encontrarse en medio del circo, deseosos de combatir y mirándose con torva faz; y todos los aqueos se quedaron atónitos. Cuando se hallaron frente a frente, tres veces se acometieron y tres veces procuraron herirse de cerca. Ayante dio un bote en el escudo liso del adversario, peor no pudo llegar a su cuerpo, porque la coraza to impidió. El Tidida intentaba alcanzar con la punta de la luciente lanza el cuello de aquél, por cima del gran escudo. Y los aqueos, temiendo por Ayante, mandaron que cesara la lucha y ambos contendientes se llevaran igual premio; pero el héroe dio al Tidida la gran espada, ofreciéndosela con la vaina y el bien cortado ceñidor.

826 Luego el Pelida sacó la bola de hierro sin bruñir que en otro tiempo lanzaba el forzudo Eetión: el divino Aquiles, el de los pies ligeros, mató a este príncipe y se llevó en las naves la bola con otras riquezas. Y, puesto en pie, dijo a los argivos:

831 -¡Levantaos los que hayáis de entrar en esta lucha! La presente bola procurará al que venciere cuanto hierro necesite durante cinco años, aunque sean muy extensos sus fértiles

campos; y sus pastores y labradores no tendrán que ir por hierro a la ciudad.

836 Así habló. Levantóse en seguida el intrépido Polipetes; después, el vigoroso Leonteo, igual a un dios; luego, Ayante Telamoníada, y, por fin, el divino Epeo. Pusiéronse en fila, y el divino Epeo cogió la bola y la arrojó, después de voltearla, y todos los aqueos se rieron. La tiró el segundo, Leonteo, vástago de Ares. El gran Ayante Telamonio la despidió también, con su robusta mano, y logró pasar las señales de los anteriores tiros. Tomóla entonces el intrépido Polipetes y cuanta es la distancia a que llega el cayado cuando to lanza el pastor y voltea por cima de la vacada, tanto pasó la bola el espacio del circo; aplaudieron los aqueos, y los amigos del esforzado Polipetes, levantándose, llevaron a las cóncavas naves el premio que su rey había ganado.

850 Luego sacó Aquiles azulado hierro para los arqueros, colocando en el circo diez hachas grandes y otras diez pequeñas. Clavó en la arena, a lo lejos, un mástil de navío después de atar en su punta, por el pie y con delgado cordel, una tímida paloma; a invitóles a tirarle saetas, diciendo:

855 -El que hiera a la tímida paloma llévese a su casa Codas las hachas grandes; el que acierte a dar en la cuerda sin tocar al ave, como más inferior, tomará las hachas pequeñas.

859 Así dijo. Levantóse en seguida el robusto caudillo Teucro y luego Meriones, esforzado escudero de Idomeneo. Echaron dos suertes en un casco de bronce, y, agitándolas, salió primero la de Teucro. Éste arrojó al momento y con vigor una flecha, sin ofrecer a Apolo una hecatombe perfecta de corderos primogénitos; y, si bien no tocó al ave -negóselo Apolo-, la amarga saeta rompió el cordel muy cerca de la pata por la cual se había atado a la paloma: ésta voló al cielo, el cordel quedó colgando y los aqueos aplaudieron. Meriones arrebató apresuradamente el arco de las manos de Teucro, acercó a la cuerda la flecha que de antemano tenía preparada, votó a Apolo sacrificarle una hecatombe de corderos primogénitos; y, viendo a la tímida paloma que daba vueltas a11á en lo alto del aire, cerca de las nubes, disparó y le atravesó una de las alas. La flecha vino al suelo, a los pies de Meriones; y el ave, posándose en el mástil del navío de negra proa, inclinó el cuello y abatió las tupidas alas, la vida huyó veloz de sus miembros y aquélla cayó del mástil a lo lejos. La gente lo contemplaba con admiración y asombro. Meriones tomó, por tanto, todas las diez hachas grandes, y Teucro se llevó a las cóncavas naves las pequeñas.

884 Luego el Pelida sacó y colocó en el circo una larga pica y una caldera no puesta aún al fuego, que era del valor de un buey y estaba decorada con flores. Dos hombres diestros en arrojar la lanza se levantaron: el poderoso Agamenón Atrida y Meriones, escudero esforzado de Idomeneo. Y el divino Aquiles, el de los pies ligeros, les dijo:

890 -¡Atrida! Pues sabemos cuánto aventajas a todos y que así en la fuerza como en arrojar la lanza eres el más señalado, toma este premio y vuelve a las cóncavas naves. Y entregaremos la pica al héroe Meriones, si te place lo que te propongo.

895 Así habló. Agamenón, rey de hombres, no dejó de obedecerle. Aquiles dio a Meriones la pica de bronce, y el héroe Atrida tomó el magnífico premio y se lo entregó al heraldo Taltibio.

CANTO XXIV *

Rescate de Héctor

* Los dioses se apiadan de Héctor, y Zeus encarga a Tetis que amoneste a su hijo para que devuelva el cadáver, a la vez que manda a Príamo, por medio de Iris, que con un solo heraldo vaya con magníficos presentes a la tienda de Aquileo para rescatar el cuerpo de Héctor. Príamo obedece y parte con el heraldo ideo y dos carros; antes de llegar al campamento se les aparece Hermes, que los guía hasta la tienda del héroe; entra Príamo y, echándose a los pies de Aquiles, le dirige la súplica más conmovedora; Aquiles entrega el cadáver, los dos ancianos lo conducen a Troya y se celebran con toda solemnidad las honras fúnebres de Héctor, que era el principal sostén de la ciudad asediada.

1 Disolvióse la junta y los guerreros se dispersaron por las veloces naves, tomaron la cena y se regalaron con el dulce sueño. Aquiles lloraba, acordándose del compañero querido, sin que el sueño, que todo to rinde, pudiera vencerlo:

daba vueltas acá y a11á, y con amargura traía a la memoria el vigor y gran ánimo de Patroclo, to que de mancomún con él había llevado al cabo y las penalidades que ambos habían padecido, ora combatiendo con los hombres, ora surcando las temibles ondas. Al recordarlo, prorrumpía en abundantes lágrimas; ya se echaba de lado, ya de espaldas, ya de pechos; y al fin, levantándose, vagaba inquieto por la orilla del mar. Nunca le pasaba inadvertido el despuntar de la aurora sobre el mar y sus riberas: entonces uncía al carro los ligeros corceles y, atando al mismo el cadáver de Héctor, arrastrábalo hasta dar tres vueltas al túmulo del difunto Menecíada; acto continuo volvía a reposar en la tienda, y dejaba el cadáver tendido de cara al polvo. Mas Apolo, apiadándose del varón aun después de muerto, le libraba de toda injuria y lo protegía con la égida de oro para que Aquiles no lacerase el cuerpo mientras lo llevaba por el suelo.

22 De tal manera Aquiles, enojado, insultaba al divino Héctor. Al contemplarlo, compadecíanse los bienaventurados dioses a instigaban al vigilante Argicida a que hurtase el cadáver. A todos les gustaba tal propósito, menos a Hera, a Posidón y a la virgen de ojos de lechuza, que odiaban como antes a la sagrada Ilio, a Príamo y a su pueblo por la injuria que Alejandro había inferido a las diosas cuando fueron a su cabaña y declaró vencedora a la que le había ofrecido funesta liviandad. Cuando, después de la muerte de Héctor, llegó la duodécima aurora, Febo Apolo dijo a los ínmortales:

33 -Sois, oh dioses, crueles y maléficos. ¿Acaso Héctor no quemaba en vuestro honor muslos de bueyes y de cabras escogidas? Ahora, que ha perecido, no os atrevéis a salvar el cadáver y ponerlo a la vista de su esposa, de su madre, de su hijo, de su padre Príamo y del pueblo, que al momento to entregarían a las llamas y le harían honras fúnebres; por el contrario, oh dioses, queréis favorecer al pernicioso Aquiles, el cual concibe pensamientos no razonables, tiene en su pecho un ánimo inflexible y medita cosas feroces, como un león que, dejándose llevar por su gran fuerza y espíritu soberbio, se encamina a los rebaños de los hombres para aderezarse un festín, de igual modo perdió Aquiles la piedad y ni siquiera conserva el pudor que tanto favorece o daña a los varones. Aquél a quien se le muere

un ser amado, como el hermano carnal o el hijo, al fin cesa de llorar y lamentarse, porque las Parcas dieron al hombre un corazón paciente. Mas Aquiles, después que quitó al divino Héctor la dulce vida, ata el cadáver al carro y lo arrastra alrededor del túmulo de su compañero querido; y esto ni a aquél le aprovecha, ni es decoroso. Tema que nos irritemos contra él, aunque sea valiente, porque enfureciéndose insulta a to que tan sólo es ya insensible tierra.

55 Respondióle irritada Hera, la de los níveos brazos:

56 -Sería como dices, oh tú que llevas arco de plata, si a Aquiles y a Héctor los tuvierais en igual estima. Pero Héctor fue mortal y diole el pecho una mujer; mientras que Aquiles es hijo de una diosa a quien yo misma alimenté y crié y casé luego con Peleo, varón cordialmente amado por los inmortales. Todos los dioses presenciasteis la boda; y tú pulsaste la cítara y con los demás tuviste parte en el festín; ¡oh amigo de los malos, siempre pérfido!

64 Replicó Zeus, el que amontona las nubes:

63 -¡Hera! No te irrites tanto contra las deidades. No será el mismo el aprecio en que los tengamos; pero Héctor era para los dioses, y también para mí, el más querido de cuantos mortales viven en Ilio, porque nunca se olvidó de dedicamos agradables ofrendas, jamás mi altar careció ni de libaciones ni de víctimas, que tales son los honores que se nos deben. Desechemos la idea de robar el cuerpo del audaz Héctor: es imposible que se haga a hurto de Aquiles, porque siempre, de noche y de día, le acompaña su madre. Mas, si alguno de los dioses llamase a Tetis para que se me acercara, yo le diría a ésta lo que fuere oportuno para que Aquiles, recibiendo los dones de Príamo, restituyera el cadáver.

77 Así se expresó. Levantóse Iris, de pies rápidos como el huracán, para llevar el mensaje; saltó al negro ponto entre Samos y la escarpada Imbros, y resonó el estrecho. La diosa se lanzó a lo prófundo, como desciende el plomo asido al cuerno de un buey montaraz que lleva la muerte a los voraces peces. En la profunda gruta halló a Tetis y a otras muchas diosas marinas que la rodeaban: la ninfa lloraba, en medio de ellas, la suerte de su hijo irreprensible, que había de perecer en la fértil Troya, lejos de la patria. Y,

acercándosele Iris, la de los pies ligeros, así le dijo:

88 -Ven, Tetis, pues to llama Zeus, el conocedor de los eternales decretos.

89 Respondióle la diosa Tetis, de argénteos pies:

90 -¿Por qué aquel gran dios me ordena que vaya? Me da vergüenza juntarme con los inmortales, pues son muchas las penas que conturban mi corazón. Esto no obstante, iré para que sus palabras no resulten vanas y sin efecto.

93 En diciendo esto, la divina entre las diosas tomó un velo tan obscuro que no había otro que fuese más negro. Púsose en camino, precedida por la veloz Iris, de pies rápidos como el viento, y las olas del mar se abrían al paso de ambas deidades. Salieron éstas a la playa, ascendieron al cielo y hallaron al largovidente Cronida con los demás felices sempiternos dioses congregados en torno suyo. Sentóse Tetis al lado de Zeus, porque Atenea le cedió el sitio, y Hera púsole en la mano una copa de oro y la consoló con palabras. Tetis devolvió la copa después de haber bebido. Y el padre de los hombres y de los dioses comenzó a hablar de esta manera:

104 -Vienes al Olimpo, oh diosa Tetis, afligida y con el ánimo agobiado por vehemente pesar. Lo sé. Pero, aun así y todo, voy a decirte por qué to he llamado. Hace nueve días qué se suscitó entre los inmortales una contienda acerca del cadáver de Héctor, y de Aquiles, asolador de ciudades, a instigaban al vigilante Argicida a que hurtase el muerto, pero yo prefiero dar a Aquiles la gloria de devolverlo, y conservar así tu respeto y amistad. Ve en seguida al ejército y amonesta a tu hijo. Dile que los dioses están muy irritados contra él y yo más indignado que ninguno de los inmortales, porque enfureciéndose retiene a Héctor en las corvas naves y no permite que to rediman; por si, temiéndome, consiente que el cadáver sea rescatado. Y enviaré la diosa Iris al magnánimo Príamo para que vaya a las naves de los aqueos y redima a su hijo, llevando a Aquiles dones que aplaquen su enojo.

120 Así se expresó; y Tetis, la diosa de argénteos pies no fue desobediente. Bajando en raudo vuelo de las cumbres del Olimpo, llegó a la tienda de su hijo: éste gemía sin cesar, y sus compañeros se ocupaban diligentemente en preparar la comida, habiendo inmolado dentro de la tienda una grande y lanuda oveja. La veneranda madre se sentó muy cerca del héroe, le acarició con la mano y hablóle en estos términos.

128 -¡Hijo mío! ¿Hasta cuándo dejarás que el llanto y la tristeza roan tu corazón, sin acordarte ni de la comida ni de la cama? Bueno es que goces del amor con una mujer, pues ya no has de vivir mucho tiempo; la muerte y el hado cruel se te avecinan. Y ahora préstame atención, pues vengo como mensajera de Zeus. Dice que los dioses están muy irritados contra ti, y él más indignado que ninguno de los inmortales, porque enfureciéndote retienes a Héctor en las corvas naves y no permites que lo rediman. Ea, entrega el cadáver y acepta su rescate.

138 Respondióle Aquiles, el de los pies ligeros:

139 -Sea así. Quien traiga el rescate se lleve el muerto, ya que con ánimo benévolo el mismo Olímpico lo ha dispuesto.

141 De este modo, dentro del recinto de las naves, pasaban de madre a hijo muchas aladas palabras. Y en tanto, el Cronida envió a Iris a la sagrada Ilio:

144 -¡Anda, ve, rápida Iris! Deja to asiento del Olimpo, entra en Ilio y di al magnánimo Príamo que se encamine a las naves de los aqueos y rescate al hijo, llevando a Aquiles Bones que aplaquen su enojo. Vaya solo, sin que ningún troyano se le junte, y acompáñele un heraldo más viejo que él, para que guíe los mulos y el carro de hermosas ruedas y conduzca luego a la población el cadáver de aquél a quien mató el divino Aquiles. Ni la idea de la muerte ni otro temor alguno conturbe su ánimo, pues le daremos por guía el Argicida, el cual le llevará hasta muy cerca de Aquiles. Y cuando haya entrado en la tienda del héroe, éste no to matará, a impedirá que los demás to hagan. Pues Aquiles no es insensato, ni temerario ni perverso, y tendrá buen cuidado de respetar a un suplicante.

159 Así dijo. Levantóse Iris, la de pies rápidos como el huracán, para llevar el mensaje; y, en llegando al palacio de Príamo, oyó llantos y alaridos. Los hijos, sentados en el patio alrededor del padre, bañaban sus vestidos con lágrimas, y el anciano aparecía en medio, envuelto en un manto muy ceñido, y tenía en la cabeza y en el cuello abundante estiércol que al revolcarse por el suelo había recogido con sus manos. Las hijas y nueras se lamentaban en el palacio, recordando los

207

muchos varones esforzados que yacían en la llanura por haber dejado la vida en manos de los argivos. Detúvose la mensajera de Zeus cerca de Príamo, y hablándole quedo, mientras al anciano un temblor le ocupaba los miembros, así le dijo:

171 -Cobra ánimo, Príamo Dardánida, y no te espantes; que no vengo a presagiarte males, sino a participarte cosas buenas: soy mensajera de Zeus, que, aun estando lejos, se interesa mucho por ti y te compadece. El Olímpico te manda rescatar al divino Héctor, llevando a Aquiles dones que aplaquen su enojo. Ve solo, sin que ningún troyano se te junte, acompañado de un heraldo más viejo que tú, para que guíe los mulos y el carro de hermosas ruedas, y conduzca luego a la población el cadáver de aquél a quien mató el divino Aquiles. Ni la idea de la muerte ni otro temor alguno conturbe to ánimo, pues tendrás por guía el Argicida, el cual te llevará hasta muy cerca de Aquiles. Y cuando hayas entrado en la tienda del héroe, éste no te matará a impedirá que los demás lo hagan. Pues Aquiles no es insensato, ni temerario, ni perverso, y tendrá buen cuidado de respetar a un suplicante.

188 Cuando esto hubo dicho, fuese Iris, la de los pies ligeros. Príamo mandó a sus hijos que prepararan un carro de mulas, de hermosas ruedas, pusieran encima un arca y la sujetaran con sogas. Bajó después al perfumado tálamo, que era de cedro, tenía elevado techo y guardaba muchas preciosidades; y, llamando a su esposa Hécuba, hablóle en estos términos:

194 -¡Oh infeliz! La mensajera del Olimpo ha venido, por orden de Zeus, a encargarme que vaya a las naves de los aqueos y rescate al hijo, llevando a Aquiles dones que aplaquen su enojo. Ea, dime: ¿qué piensas acerca de esto? Pues mi mente y mi corazón me instigan vivamente a ir a11á, a las naves, al campamento vasto de los aqueos.

200 Así dijo. La mujer prorrumpió en sollozos y respondió diciendo:

201 -¡Ay de mí! ¿Qué es de la prudencia que antes to hizo célebre entre los extranjeros y entre aquéllos sobre los cuales reinas? ¿Cómo quieres ir solo a las naves de los aqueos y presentarte ante los ojos del hombre que te mató tantos y tan valientes hijos? De hierro tienes el corazón. Si ese guerrero cruel y pérfido llega a verte con sus propios ojos y te coge, ni se apiadará de ti, ni te respetará en lo más mínimo. Lloremos a Héctor desde lejos, sentados en el palacio; ya que, cuando le di a luz, el hado poderoso hiló de esta suerte el estambre de su vida: que habría de saciar con su carne a los veloces perros, lejos de sus padres y junto al hombre violento cuyo hígado ojalá pudiera yo comer hincándole los dientes. Entonces quedarían vengados los insultos que ha hecho a mi hijo; que éste, cuando aquél to mató, no se portaba cobardemente, sino que a pie firme defendía a los troyanos y a las troyanas de profundo seno, no pensando ni en huir ni en evitar el combate.

217 Contestó el anciano Príamo, semejante a un dios:

218 -No te opongas a mi resolución, ni me seas ave de mal agüero en el palacio. No me persuadirás. Si me diese la orden uno de los que viven en la tierra, aunque fuera adivino, arúspice o sacerdote, la creeríamos falsa y desconfiaríamos aún más; pero ahora, como yo mismo he oído a la diosa y la he visto delante de mí, iré y no serán ineficaces sus palabras. Y si mi destino es morir en las naves de los aqueos, de broncíneas corazas, to acepto: máteme Aquiles tan luego como abrace a mi hijo y satisfaga el deseo de llorarle.

228 Dijo, y, levantando las hermosas tapas de las arcas, cogió doce magníficos peplos, doce mantos sencillos, doce tapetes, doce palios blancos, y otras tantas túnicas. Pesó luego diez talentos de oro. Y, por fin, sacó dos trípodes relucientes, cuatro calderas y una magnífica copa que los tracios le dieron cuando fue, como embajador, a su país, y era un soberbio regalo; pues el anciano no quiso dejarla en el palacio a causa del vehemente deseo que tenía de rescatar a su hijo. Y volviendo al pórtico, echó afuera a los troyanos, increpándolos con injuriosas palabras:

239 -¡Idos ya, hombres infames y vituperables! ¿Por ventura no hay llanto en vuestra casa, que veníais a afligirme? ¿O creéis que son pocos los pesares que Zeus Cronida me envía, con hacerme perder un hijo valiente? También los probaréis vosotros. Muerto él, será mucho más fácil que los argivos os maten. Pero antes que con estos ojos vea la ciudad tomada y destruida, descienda yo a la mansión de Hades.

247 Dijo, y con el cetro echó a los hombres. Éstos salieron apremiados por el anciano. Y en

seguida Príamo reprendió a sus hijos Héleno, Paris, Agatón divino, Pamón, Antífono, Polites valiente en la pelea, Deífobo, Hipótoo y el conspicuo Dío; a los nueve los increpó y les dio órdenes, diciendo:

253 -¡Daos prisa, malos hijos, ruines! Ojalá que en lugar de Héctor hubieseis muerto todos en las veleras naves. ¡Ay de mí, desventurado, que engendré hijos valentísimos en la vasta Troya, y ya puedo decir que ninguno me queda! Al divino Méstor, a Troilo, que combatía en carro, y a Héctor, que era un dios entre los hombres y no parecía hijo de un mortal, sino de una divinidad, Ares les dio muerte; y restan los que son indignos, embusteros, danzarines, señalados únicamente en los coros y hábiles en robar al pueblo corderos y cabritos. Pero ¿no me preparareis al instante el carro, poniendo en él todas estas cosas, para que emprendamos el camino?

263 Así dijo. Ellos, temiendo la reconvención del padre, sacaron un carro de mulas, de hermosas ruedas, magnífico, recién construido; pusieron encima el arca, que ataron bien; descolgaron del clavo el corvo yugo de madera de boj, provisto de anillos, y tomaron una correa de nueve codos que servía para atarlo. Colgaron después el yugo sobre la parte anterior de la lanza, metieron el anillo en su clavija, y sujetaron a aquél, atándolo con la correa, a la cual hicieron dar tres vueltas a cada lado y cuyos extremos reunieron en un nudo. Luego fueron sacando de la cámara y acomodando en el pulimentado carro los innumerables dones para el rescate de Héctor; uncieron las mulas de tiro, de fuertes cascos, que en otro tiempo habían regalado los misios a Príamo como espléndido presente, y acercaron al yugo dos corceles, a los cuales el anciano en persona daba de comer en pulimentado pesebre.

281 Mientras el heraldo y Príamo, prudentes ambos, uncían los caballos en el alto palacio, acercóseles Hécuba, con ánimo abatido, llevando en su diestra una copa de oro, llena de dulce vino, para que hicieran la libación antes de partir; y, deteniéndose delante del carro, dijo a Príamo:

287 Toma, haz la libación al padre Zeus y suplícale que puedas volver del campamento de los enemigos a to casa; ya que tu ánimo lo incita a ir a las naves contra mi deseo. Ruega, pues, al Cronión Ideo, el dios de las sombrías nubes que desde lo alto contempla a Troya entera, y pídele que haga aparecer a tu derecha su veloz mensajera, el ave que le es más querida y cuya fuerza es inmensa, para que, en viéndola con tus propios ojos, vayas, alentado por el agüero, a las naves de los dánaos, de rápidos corceles. Y si el largovidente Zeus no te enviase su mensajera, yo no te aconsejaría que fueras a las naves de los argivos por mucho que lo desees.

299 Respondióle Príamo, semejante a un dios:

300 -¡Oh mujer! No dejaré de hacer lo que me recomiendas. Bueno es levantar las manos a Zeus, para que de nosotros se apiade.

302 Dijo así el anciano, y mandó a la esclava despensera que le diese agua limpia a las manos. Presentóse la cautiva con una fuente y un jarro. Y Príamo, así que se hubo lavado, recibió la copa de manos de su esposa; oró, de pie, en medio del patio; libó el vino, alzando los ojos al cielo, y pronunció estas palabras:

308 -¡Padre Zeus, que reinas desde el Ida, gloriosísimo, máximo! Concédeme que al llegar a la tienda de Aquiles le sea yo grato y de mí se apiade; y haz que aparezca a mi derecha to veloz mensajera, el ave que to es más querida y cuya fuerza es inmensa, para que después de verla con mis propios ojos vaya, alentado por el agüero, a las naves de los dánaos, de rápidos corceles.

314 Así dijo rogando. Oyóle el próvido Zeus, y al momento envió la mejor de las aves agoreras, un águila rapaz de color obscuro, conocida con el nombre de percnón. Cuanta anchura suele tener en la casa de un rico la puerta de la cámara de alto techo, bien adaptada al marco y asegurada por un cerrojo, tanto espacio ocupaba con sus alas, desde el uno al otro extremo, el águila que apareció volando a la derecha por cima de la ciudad. A1 verla, todos se alegraron y la confianza renació en sus pechos.

322 El anciano subió presuroso al carro y to guió a la calle, pasando por el vestíbulo y el pórtico sonoro. Iban delante las mulas que tiraban del carro de cuatro ruedas, y eran gobernadas por el prudente Ideo; seguían los caballos que el viejo aguijaba con el látigo para que atravesaran prestamente la ciudad; y todos los amigos acompañaban al rey, derramando abundantes lágrimas, como si a la muerte caminara. Cuando hubieron bajado de la ciudad

al campo, hijos y yernos regresaron a Ilio. Mas, al atravesar Príamo y el heraldo la llanura, no dejó de advertirlo el largovidente Zeus, que vio al anciano y se compadeció de él. Y, llamando en seguida a su hijo Hermes, le habló diciendo:

334 -¡Hermes! Puesto que te es grato acompañar a los hombres y oyes las súplicas del que quieres, anda, ve y conduce a Príamo a las cóncavas naves aqueas, de suerte que ningún dánao le vea ni le descubra hasta que haya llegado a la tienda del Pelida.

339 Así habló. El mensajero Argicida no fue desobediente: calzóse al instante los áureos divinos talares que le llevaban sobre el mar y la tierra inmensa con la rapidez del viento, y tomó la vara con la cual adormece los ojos de cuantos quiere o despierta a los que duermen. Llevándola en la mano, el poderoso Argicida emprendió el vuelo, llegó muy pronto a Troya y al Helesponto, y echó a andar, transfigurado en un joven príncipe a quien comienza a salir el bozo y está graciosísimo en la flor de la juventud.

349 Cuando Príamo y el heraldo llegaron más allá del gran túmulo de Ilo, detuvieron las mulas y los caballos para que bebiesen en el río. Ya se iba haciendo noche sobre la tierra. Advirtió el heraldo la presencia de Hermes, que estaba junto a él, y hablando a Príamo dijo:

354 -Atiende, Dardánida, pues el lance que se presenta requiere prudencia. Veo a un hombre y me figuro que al punto nos ha de matar. Ea, huyamos en el carro, o supliquémosle, abrazando sus rodillas, para ver si se compadece de nosotros.

35d Así dijo. Turbósele al anciano la razón, sintió un gran terror, se le erizó el pelo en los flexibles miembros y quedó estupefacto. Entonces el benéfico Hermes se llegó al viejo, tomóle por la mano y le interrogó diciendo:

362 -¿Adónde, padre mío, diriges estos caballos y mulas durante la noche divina, mientras duermen los demás mortales? ¿No temes a los aqueos, que respiran valor, los cuales to son malévolos y enemigos y se hallan cerca de nosotros? Si alguno de ellos to viera conducir tantas riquezas en. esta obscura y rápida noche, ¿qué resolución tomarías? Tú no eres joven, éste que te acompaña es también anciano, y no podríais rechazar a quien os ultrajara. Pero yo no te causaré ningún daño y, además, te defendería de cualquier hombre, porque te encuentro semejante a mi querido padre.

372 Respondióle el anciano Príamo, semejante a un dios:

373 -Así es, como dices, hijo querido. Pero alguna deidad extiende la mano sobre mí, cuando me hace salir al encuentro un caminante de tan favorable augurio como tú, que tienes cuerpo y aspecto dignos de admiración y espíritu prudente, y naciste de padres felices.

378 Díjole a su vez el mensajero Argicida:

379 -Sí, anciano, oportuno es cuanto acabas de decir. Pero, ea, habla y dime con sinceridad: ¿mandas a gente extraña tantas y tan preciosas riquezas a fin de ponerlas en cobro; o ya todos abandonáis, amedrentados, la sagrada Ilio, por haber muerto el varón más fuerte, to hijo, que a ninguno de los aqueos cedía en el combate?

386 Contestóle el anciano Príamo, semejante a un dios:

387 -¿Quién eres, hombre excelente, y cuáles los padres de que naciste, que con tanta oportunidad has mencionado la muerte de mi hijo infeliz?

389 Replicó el mensajero Argicida:

390 -Me quieres probar, oh anciano, y por eso me hablas del divino Héctor. Muchas veces le vieron estos ojos en la batalla, donde los varones se hacen ilustres, y también cuando llegó a las naves matando argivos, a quienes hería con el agudo bronce. Nosotros le admirábamos sin movernos, porque Aquiles estaba irritado contra el Atrida y no nos dejaba pelear. Pues yo soy servidor de Aquiles, con quien vine en la misma nave bien construida; desciendo de mirmidones y tengo por padre a Políctor, que es rico y anciano como tú. Soy el más joven de sus siete hijos y, como lo decidiéramos por suerte, tocóme a mí acompañar al héroe. Y ahora he venido de las naves a la llanura, porque mañana los aqueos, de ojos vivos, presentarán batalla en los contornos de la ciudad: se aburren de estar ociosos, y los reyes aqueos no pueden contener su impaciencia por entrar en combate.

405 Respondióle el anciano Príamo, semejante a un dios:

406 -Si eres servidor del Pelida Aquiles, ea, dime toda la verdad: ¿mi hijo yace aún cerca de las naves, o Aquiles lo ha desmembrado y entregado a sus perros?

410 Contestóle el mensajero Argicida:

411 -¡Oh anciano! Ni los perros ni las aves lo han devorado, y todavía yace junto a la nave de Aquiles, dentro de la tienda. Doce días lleva de estar tendido, y ni el cuerpo se pudre, ni lo comen los gusanos que devoran a los hombres muertos en la guerra. Cuando apunta la divinal aurora, Aquiles lo arrastra sin piedad alrededor del túmulo de su compañero querido; pero ni aun así lo desfigura, y tú mismo, si a él te acercaras, lo admirarías de ver cuán fresco está: la sangre le ha sido lavada, no presenta mancha alguna, y cuantas heridas recibió -pues fueron muchos los que le envasaron el bronce- todas se han cerrado. De tal modo los bienaventurados dioses cuidan de to buen hijo, aun después de muerto, porque era muy caro a su corazón.

424 Así habló. Alegróse el anciano, y respondió diciendo:

425 -¡Oh hijo! Bueno es ofrecer a los inmortales los debidos dones. jamás mi hijo, si no ha sido un sueño que haya existido, olvidó en el palacio a los dioses que moran en el Olimpo, y por esto se acordaron de él en el fatal trance de la muerte. Mas, ea, recibe de mis manos esta linda copa, para que la guardes, y guíame con el favor de los dioses hasta que llegue a la tienda del Pelida.

432 Díjole a su vez el mensajero Argicida:

433 -Quieres tentarme, anciano, porque soy más joven; pero no me persuadirás con tus ruegos a que acepte el regalo sin saberlo Aquiles. Le temo y me da mucho miedo defraudarle: no fuera que después se me siguiese algún daño. Pero te acompañaría cuidadosamente en una velera nave o a pie, aunque fuera hasta la famosa Argos, y nadie osaría acometerte, despreciando al guía.

440 Dijo; y, subiendo el benéfico Hermes al carro, recogió al instante el látigo y las riendas a infundió gran vigor a los corceles y mulas. Cuando llegaron al foso y a las torres que protegían las naves, los centinelas comenzaban a preparar la cena, y el mensajero Argicida los adormeció a todos; en seguida abrió la puerta, descorriendo los cerrojos, a introdujo a Príamo y el carro que llevaba los espléndidos regalos. Llegaron, por fin, a la elevada tienda que los mirmidones habían construido para el rey con troncos de abeto, cubriéndola con un techo inclinado de frondosas cañas que cortaron en la pradera; rodeábala una gran cerca de muchas estacas y tenía la puerta asegurada por una barra de abeto que quitaban o ponían tres aqueos juntos, y sólo Aquiles la descorna sin ayuda. Entonces el benéfico Hermes abrió la puerta a introdujo al anciano y los presentes para el Pelida, el de los pies ligeros. Y apeándose del carro, dijo a Príamo:

460 -¡Oh anciano! Yo soy un dios inmortal, soy Hermes; y mi padre me envió para que fuese tu guía. Me vuelvo antes de llegar a la presencia de Aquiles, pues sería indecoroso que un dios inmortal se tomara públicamente tanto interés por los mortales. Entra tú, abraza las rodillas del Pelida y suplícale por su padre, por su madre de hermosa cabellera y por su hijo, para que conmuevas su corazón.

468 Cuando esto hubo dicho, Hermes se encaminó al vasto Olimpo. Príamo saltó del carro a tierra, dejó a Ideo con el fin de que cuidase de los caballos y mulas, y fue derecho a la tienda en que moraba Aquiles, caro a Zeus. Hallóle dentro y sus amigos estaban sentados aparte; sólo dos de ellos, el héroe Automedonte y Álcimo, vástago de Ares, le servían, pues acababa de cenar; y, si bien ya no comía ni bebía, aun la mesa continuaba puesta. El gran Príamo entró sin ser visto, acercóse a Aquiles, abrazóle las rodillas y besó aquellas manos terribles, homicidas, que habían dado muerte a tantos hijos suyos. Como quedan atónitos los que, hallándose en la casa de un rico, ven llegar a un hombre que, poseído de la cruel Ofuscación, mató en su patria a otro varón y ha emigrado a país extraño, de igual manera asombróse Aquiles de ver al deiforme Príamo; y los demás se sorprendieron también y se miraron unos a otros. Y Príamo suplicó a Aquiles, dirigiéndole estas palabras:

486 Acuérdate de tu padre, Aquiles, semejante a los dioses, que tiene la misma edad que yo y ha llegado al funesto umbral de la vejez. Quizá los vecinos circunstantes le oprimen y no hay quien te salve del infortunio y de la ruina; pero al menos aquél, sabiendo que tú vives, se alegra en su corazón y espera de día en día que ha de ver a su hijo, llegado de Troya. Mas yo, desdichadísimo, después que engendré hijos excelentes en la espaciosa Troya, puedo decir que de ellos ninguno me queda. Cincuenta tenía cuando vinieron los aqueos: diez y nueve procedían de

211

un solo vientre; a los restantes diferentes mujeres los dieron a luz en el palacio. A los más el furibundo Ares les quebró las rodillas; y el que era único para mí, pues defendía la ciudad y sus habitantes, a ése tú lo mataste poco ha, mientras combatía por la patria, a Héctor, por quien vengo ahora a las naves de los aqueos, a fin de redimirlo de ti, y traigo un inmenso rescate. Pero, respeta a los dioses, Aquiles, y apiádate de mí, acordándote de to padre; que yo soy todavía más digno de piedad, puesto que me atreví a lo que ningún otro mortal de la tierra: a llevar a mi boca la mano del hombre matador de mis hijos.

507 Así habló. A Aquiles le vino deseo de llorar por su padre; y, asiendo de la mano a Príamo, apartóle suavemente. Entregados uno y otro a los recuerdos, Príamo, caído a los pies de Aquiles, lloraba copiosamente por Héctor, matador de hombres; y Aquiles lloraba unas veces a su padre y otras a Patroclo; y el gemir de entrambos se alzaba en la tienda. Mas así que el divino Aquiles se hartó de llanto y el deseo de sollozar cesó en su alma y en sus miembros, alzóse de la silla, tomó por la mano al viejo para que se levantara, y, mirando compasivo su blanca cabeza y su blanca barba, díjole estas aladas palabras:

518 -¡Ah, infeliz! Muchos son los infortunios que tu ánimo ha soportado. ¿Cómo osaste venir solo a las naves de los aqueos, a los ojos del hombre que te mató tantos y tan valientes hijos? De hierro tienes el corazón. Mas, ea, toma asiento en esta silla; y, aunque los dos estamos afligidos, dejemos reposar en el alma las penas, pues el triste llanto para nada aprovecha. Los dioses destinaron a los míseros mortales a vivir en la tristeza, y sólo ellos están descuitados. En los umbrales del palacio de Zeus hay dos toneles de dones que el dios reparte: en el uno están los males y en el otro los bienes. Aquél a quien Zeus, que se complace en lanzar rayos, se los da mezclados, unas veces topa con la desdicha y otras con la buena ventura; pero el que tan sólo recibe penas vive con afrenta, una gran hambre le persigue sobre la divina tierra y va de un lado para otro sin ser honrado ni por los dioses ni por los hombres. Así las deidades hicieron a Peleo claros dones desde su nacimiento: aventajaba a los demás hombres en felicidad y riqueza, reinaba sobre los mirmidones, y, siendo mortal, le dieron por mujer una diosa. Pero también la

divinidad le impuso un mal: que no tuviese hijos que reinaran luego en el palacio. Tan sólo engendró uno, a mí, cuya vida ha de ser breve; y no le cuido en su vejez, porque permanezco en Troya, muy lejos de la patria, para contristarte a ti y a tus hijos. Y dicen que también tú, oh anciano, fuiste dichoso en otro tiempo; y que en el espacio que comprende Lesbos, donde reinó Mácar, y más arriba la Frigia hasta el Helesponto inmenso, descollabas entre todos por tu riqueza y por to prole. Mas, desde que los dioses celestiales to trajeron esta plaga, sucédense alrededor de la ciudad las batallas y las matanzas de hombres. Súfrelo resignado y no dejes que de to corazón se apodere incesante pesar, pues nada conseguirás afligiéndote por to hijo, ni lograrás que se levante, antes tendrás que padecer un nuevo mal.

552 Respondió en seguida el anciano Príamo, semejante a un dios:

553 -No me hagas sentar en esta silla, alumno de Zeus, mientras Héctor yace insepulto en la tienda. Entrégamelo cuanto antes para que lo contemple con mis ojos, y tú recibe el cuantioso rescate que te traemos. Ojalá puedas disfrutar de él y volver al patrio suelo, ya que ahora me has dejado vivir y ver la luz del sol.

559 Mirándole con torva faz, le dijo Aquiles, el de los pies ligeros:

560 -¡No me irrites más, oh anciano! Tengo acordado entregarte a Héctor, pues para ello Zeus me envió como mensajera la madre que me dio a luz, la hija del anciano del mar. Comprendo también, oh Príamo, y no se me oculta, que un dios te trajo a las veleras naves de los aqueos; porque ningún mortal, aunque estuviese en la flor de la juventud, se atrevería a venir al ejército, ni entraría sin ser visto por los centinelas, ni desatrancara con facilidad nuestras puertas. Abstente, pues, de exacerbar los dolores de mi corazón; no sea que a ti, oh anciano, no to respete en mi tienda, aunque siendo mi suplicante, y viole las órdenes de Zeus.

571 Así dijo. El anciano sintió temor y obedeció el mandato. El Pelida, saltando como un león, salió de la tienda, y no se fue solo, pues le siguieron dos de sus servidores: el héroe Automedonte y Álcimo, que eran los compañeros a quienes más apreciaba desde que había muerto Patroclo. En seguida desengancharon caballos y mulas, introdujeron el heraldo, vocero del

anciano, haciéndole sentar en una silla, y quitaron del lustroso carro los inmensos rescates de la cabeza de Héctor. Tan sólo dejaron dos mantos y una túnica bien tejida, para envolver el cadáver antes que lo entregara para que lo llevasen a casa. Aquiles llamó entonces a las esclavas y les mandó que lo lavaran y ungieran, trasladándolo a otra parte para que Príamo no viese a su hijo; no fuera que, afligiéndose al verlo, no pudiese reprimir la cólera en su pecho a irritase el corazón de Aquiles, y éste lo matara, quebrantando las órdenes de Zeus. Lavado ya y ungido con aceite, las esclavas lo cubrieron con la túnica y el hermoso palio, después el mismo Aquiles lo levantó y colocó en un lecho, y por fin los compañeros lo subieron al lustroso carro. Y el héroe suspiró y dijo, nombrando a su amigo:

592 -No te enojes conmigo, oh Patroclo, si en el Hades te enteras de que he entregado el divino Héctor a su padre; pues me ha traído un rescate digno, y de él te dedicaré la debida parte.

596 Habló así el divino Aquiles y volvió a la tienda. Sentóse en la silla, labrada con mucho arte, de que antes se había levantado y que se hallaba adosada al muro, y en seguida dirigió a Príamo estas palabras:

599 -Tu hijo, oh anciano, rescatado está, como pedías: yace en un lecho, y al despuntar la aurora podrás verlo y llevártelo. Ahora pensemos en cenar, pues hasta Níobe, la de hermosas trenzas, se acordó de tomar alimento cuando en el palacio murieron sus dos vástagos: seis hijas y seis hijos florecientes. A éstos Apolo, airado contra Níobe, los mató disparando el arco de plata; a aquéllas dioles muerte Ártemis, que se complace en tirar flechas; porque la madre osaba compararse con Leto, la de hermosas mejillas, y decía que ésta sólo había dado a luz dos hijos, y ella había tenido muchos; y los de la diosa, no siendo más que dos, acabaron con todos los de Níobe. Nueve días permanecieron tendidos en su sangre, y no hubo quien los enterrara porque el Cronión a la gente la había vuelto de piedra; pero, al llegar el décimo, los dioses celestiales los sepultaron. Y Níobe, cuando se hubo cansado de llorar, pensó en el alimento. Hállase actualmente en las rocas de los montes yermos de Sípilo, donde, según dice, están las grutas de las ninfas que bailan junto al Aqueloo, y aunque convertida en piedra, devora aún los dolores que las deidades le

causaron. Mas, ea, divino anciano, cuidemos también nosotros de comer, y más tarde, cuando hayas transportado el hijo a Ilio, podrás hacer llanto sobre el mismo, y será por ti muy llorado.

626 En diciendo esto, el veloz Aquiles levantóse y degolló una blanca oveja; sus compañeros la desollaron y prepararon bien como era debido; la descuartizaron con arte, y, cogiendo con pinchos los pedazos, los asaron cuidadosamente y los retiraron del fuego. Automedonte repartió pan en hermosas cestas, y Aquiles distribuyó la carne. Ellos alargaron la diestra a los manjares que tenían delante; y, cuando hubieron satisfecho el deseo de comer y de beber, Príamo Dardánida admiró la estatura y el aspecto de Aquiles, pues el héroe parecía un dios; y, a su vez, Aquiles admiró a Príamo Dardánida, contemplando su noble rostro y escuchando sus palabras. Y, cuando se hubieron deleitado, mirándose el uno al otro, el anciano Príamo, semejante a un dios, dijo el primero:

635 -Mándame ahora, sin tardanza, a la cama, oh alumno de Zeus, para que, acostándonos, gocemos del dulce sueño. Mis ojos no se han cerrado desde que mi hijo murió a tus manos, pues continuamente gimo y devoro innumerables congojas, revolcándome por el estiércol en el recinto del patio. Ahora he probado la comida y rociado con el negro vino la garganta, pues desde entonces nada había probado.

643 Dijo. Aquiles mandó a sus compañeros y a las esclavas que pusieran camas debajo del pórtico, las proveyesen de hermosos cobertores de púrpura, extendiesen sobre ellos tapetes y dejasen encima afelpadas túnicas para abrigarse. Las esclavas salieron de la tienda llevando antorchas en sus manos, y aderezaron diligentemente dos lechos. Y Aquiles, el de los pies ligeros, chanceándose, dijo a Príamo:

650 -Acuéstate fuera de la tienda, anciano querido; no sea que alguno de los caudillos aqueos venga, como suelen, a consultarme sobre sus proyectos; si alguno de ellos lo viera durante la veloz y obscura noche, podría decirlo en seguida a Agamenón, pastor de pueblos, y quizás se diferina la entrega del cadáver. Mas, ea, habla y dime con sinceridad durante cuántos días quieres hacer honras al divino Héctor, para, mientras tanto, permanecer yo mismo quieto y contener el ejército.

659 Respondióle en seguida el anciano Príamo, semejante a un dios:

660 -Si quieres que yo pueda celebrar los funerales del divino Héctor, haciendo lo que voy a decirte, oh Aquiles, me dejarías complacido. Ya sabes que vivimos encerrados en la ciudad; y la leña hay que traerla de lejos, del monte, y los troyanos tienen mucho miedo. Durante nueve días to lloraremos en el palacio, el décimo to sepultaremos y el pueblo celebrará el banquete fúnebre, el undécimo le erigiremos un túmulo y el duodécimo volveremos a pelear, si necesario fuere.

668 Contestóle el divino Aquiles, el de los pies ligeros:

669 -Se hará como dispones, anciano Príamo, y suspenderé la guerra tanto tiempo como me pides.

671 Así, pues, diciendo, estrechó por el puño la diestra del anciano para que no sintiera en su alma temor alguno. El heraldo y Príamo, prudentes ambos, se acostaron, a11í en el vestíbulo de la mansión. Aquiles durmió en el interior de la tienda, sólidamente construida, y a su lado descansó Briseide, la de hermosas mejillas.

677 Las demás deidades y los hombres que combaten en carros durmieron toda la noche, vencidos del dulce sueño; pero éste no se apoderó del benéfico Hermes, que meditaba cómo sacaría del recinto de las naves al rey Príamo sin que lo advirtiesen los sagrados guardianes de las puertas. E, inclinándose sobre la cabeza del rey, así le dijo:

683 -¡Oh anciano! No te inquieta el peligro cuando duermes así, en medio de los enemigos, después que Aquiles te ha respetado. Acabas de rescatar a tu hijo, dando muchos presentes; pero los otros hijos que a11á se quedaron tendrían que dar tres veces más para redimirte vivo, si llegaran a descubrirte Agamenón Atrida y los aqueos todos.

689 Así dijo. El anciano sintió temor y despertó al heraldo. Hermes unció caballos y mulas, y acto continuo los guió por entre el ejército sin que nadie to advirtiera.

692 Mas, al llégar al vado del vorraaginoso Janto, río de hermosa corriente que el inmortal Zeus había engrendrado, Hermes se fue al vasto Olimpo. La Aurora de azafranado velo se esparcía por toda la tierra, cuando ellos, gimiendo y lamentándose, guiaban los corceles hacia la ciudad, y les seguían las mulas con el cadáver. Ningún hombre ni mujer de hermosa cintura los vio llegar antes que Casandra, semejante a la áurea Afrodita; pues, subiendo a Pérgamo, distinguió el carro y en él a su padre y al heraldo, pregonero de la ciudad, y vio detrás a Héctor, tendido en un lecho que las mulas conducían. En seguida prorrumpió en sollozos y fue clamando por toda la ciudad:

704 -Venid a ver a Héctor, troyanos y troyanas, si otras veces os alegrasteis de que volviese vivo del combate; pues era el regocijo de la ciudad y de todo el pueblo.

707 Así dijo, y ningún hombre ni mujer se quedó allí, en la ciudad. Todos sintieron intolerable congoja y fueron a juntarse cerca de las puertas con el que les traía el cadáver. La esposa querida y la veneranda madre, echándose las primeras sobre el carro de hermosas ruedas y tocando con sus manos la cabeza de Héctor, se arrancaban los cabellos; y la turba las rodeaba llorando. Y hubieran permanecido delante de las puertas todo el día, hasta la puesta del sol, derramando lágrimas por Hector, si el anciano no les hubiese dicho desde el carro:

716 -Haceos a un lado para que yo pase con las mulas; y, una vez to haya conducido al palacio, os hartaréis de llanto.

718 Así habló; y ellos, apartándose, dejaron que pasara el carro. Dentro ya del magnífico palacio, pusieron el cadáver en torneado lecho a hicieron sentar a su alrededor cantores que preludiaban el treno: éstos cantaban dolientes querellas, y las mujeres respondían con gemidos. Y en medio de ellas Andrómaca, la de níveos brazos, que sostenía con las manos la cabeza de Héctor, matador de hombres, dio comienzo a las lamentaciones exclamando:

725 -¡Marido! Saliste de la vida cuando aún eras joven, y me dejas viuda en el palacio. El hijo que nosotros ¡infelices! hemos engendrado es todavía infante y no creo que llegue a la mocedad; antes será la ciudad arruinada desde su cumbre, porque has muerto tú que eras su defensor, el que la salvaba, el que protegía a las venerables matronas y a los tiernos infantes. Pronto se las llevarán en las cóncavas naves y a mí con ellas. Y tú, hijo mío, o me seguirás y

tendrás que ocuparte en oficios viles, trabajando en provecho de un amo cruel; o algún aqueo to cogerá de la mano y to arrojará de lo alto de una torre, ¡muerte horrenda!, irritado porque Héctor le matara el hermano, el padre o el hijo; pues muchos aqueos mordieron la vasta tierra a manos de Héctor. No era blando tu padre en la funesta batalla, y por esto le lloran todos en la ciudad. ¡Oh Héctor! Has causado a tus padres llanto y dolor indecibles, pero a mí me aguardan las penas más graves. Ni siquiera pudiste, antes de morir, tenderme los brazos desde el lecho, ni hacerme saludables advertencias que hubiera recordado siempre, de noche y de día, con lágrimas en los ojos.

746 Así dijo llorando, y las mujeres gimieron. Y entre ellas, Hécuba empezó a su vez el funeral lamento:

748 -¡Héctor, el hijo más amado de mi corazón! No puede dudarse de que en vida fueras caro a los dioses, pues no se olvidaron de ti en el fatal trance de la muerte. Aquiles, el de los pies ligeros, a los demás hijos míos que logró coger vendiólos al otro lado del mar estéril, en Samos, Imbros o Lemnos, de escarpada costa; a ti, después de arrancarte el alma con el bronce de larga punta, lo arrastraba muchas veces en torno del sepulcro de su compañero Patroclo, a quien mataste, mas no por esto resucitó a su amigo. Y ahora yaces en el palacio, tan fresco como si acabaras de morir y semejante al que Apolo, el del argénteo arco, mata con sus suaves flechas.

760 Así habló, derramando lágrimas, y excitó en todos vehemente llanto. Y Helena fue la tercera en dar principio al funeral lamento:

762 -¡Héctor, el cuñado más querido de mi corazón! Mi marido, el deiforme Alejandro, me trajo a Troya, ¡ojalá me hubiera muerto antes!; y en los veinte años que van transcurridos desde que vine y abandoné la patria, jamás he oído de to boca una palabra ofensiva o grosera; y si en el palacio me increpaba alguno de los cuñados, de las cuñadas o de las esposas de aquéllos, o la suegra -pues el suegro fue siempre cariñoso como un padre-, contenías su enojo aquietándolos con tu afabilidad y tus suaves palabras. Con el corazón afligido lloro a la vez por ti y por mí, desgraciada; que ya no habrá en la vasta Troya quien me sea benévolo ni amigo, pues todos me detestan.

776 Así dijo llorando, y la inmensa muchedumbre prorrumpió en gemidos. Y el anciano Príamo dijo al pueblo:

778 -Ahora, troyanos, traed leña a la ciudad y no temáis ninguna emboscada por parte de los argivos; pues Aquiles, al despedirme en las negras naves, me prometió no causarnos daño hasta que llegue la duodécima aurora.

782 Así dijo. Pronto la gente del pueblo, unciendo a los carros bueyes y mulas, se reunió fuera de la ciudad. Por espacio de nueve días acarrearon abundante leña; y, cuando por décima vez apuntó la aurora, que trae la luz a los mortales, sacaron llorando el cadáver del audaz Héctor, lo pusieron en lo alto de la pira y le prendieron fuego.

788 Mas, así que se descubrió la hija de la mañana, la Aurora de rosáceos dedos, congregóse el pueblo en torno de la pira del ilustre Héctor. Y cuando todos acudieron y se hubieron reunido, apagaron con negro vino la parte de la pira a que la violencia del fuego había alcanzado; y seguidamente los hermanos y los amigos, gimiendo y corriéndoles las lágrimas por las mejillas, recogieron los blancos huesos y los colocaron en una urna de oro, envueltos en fino velo de púrpura. Depositaron la urna en el hoyo, que cubrieron con muchas y grandes piedras, y erigieron el túmulo. Habían puesto centinelas por todos lados, para no ser sorprendidos si los aqueos, de hermosas grebas, los acometían. Levantado el túmulo, volviéronse; y, reunidos después en el palacio del rey Príamo, alumno de Zeus, celebraron un espléndido banquete fúnebre.

804 Así hicieron las honras de Héctor, domador de caballos.

FIN DE ILÍADA

Ejercicios: Capítulo 21-24

1- Haz una lista con los personajes que aparecen en el capítulo:

2- Señala los personajes que consideres más importantes, y explica por qué (excluye aquellos que ya hayas descrito en el capitulo anterior):

_____
_____
_____
_____
_____
_____
_____
_____
_____
_____
_____

3- Escribe una breve reseña biográfica acerca de los personajes que consideraste más importantes(excluye aquellos que ya hayas descrito en el capitulo anterior):

_____
_____
_____
_____
_____
_____
_____
_____

_____
_____
_____
_____
_____
_____
_____
_____
_____
_____
_____
_____

4- Describe los sucesos y acontecimientos más importantes del capítulo:

_____
_____
_____
_____
_____
_____
_____
_____
_____
_____
_____
_____
_____
_____
_____
_____

5- Si pudieras aconsejar a los personajes, ¿Qué consejos les darías –y por qué?

_____
_____
_____
_____
_____

_____
_____
_____
_____
_____

6- Haz una lista con los puntos que consideras más importantes:

_____
_____
_____
_____
_____
_____
_____

7- ¿Qué diálogos te parecen más interesantes?

_____
_____
_____
_____
_____
_____
_____
_____
_____
_____
_____

8- ¿Qué palabras tuviste que buscar en el diccionario?

_____
_____
_____
_____

9- ¿De qué manera se relaciona este capítulo con el capitulo anterior?

_____
_____
_____
_____
_____
_____
_____
_____
_____

10- ¿Cuál es tu opinión personal acerca de esta lectura?

_____
_____
_____
_____
_____
_____
_____
_____
_____
_____
_____
_____
_____
_____
_____

LA ODISEA

CANTO I

LOS DIOSES DECIDEN EN ASAMBLEA EL RETORNO DE ODISEO

Cuéntame, Musa, la historia del hombre de muchos senderos,que anduvo errante muy mucho después de Troya sagrada asolar; vió muchas ciudades de hombres y conoció su talante, y dolores sufrió sin cuento en el mar tratando de asegurar la vida y el retorno de sus compañeros. Mas no consiguió salvarlos, con mucho quererlo, *pues de su propia insensatez sucumbieron víctimas, ¡locas! de Hiperión Helios las vacas comieron,* y en tal punto acabó para ellos el día del retorno. Diosa, hija de Zeus, también a nosotros, cuéntanos algún pasaje de estos sucesos.

Ello es que todos los demás, cuantos habían escapado a la amarga muerte, estaban en casa, dejando atrás la guerra y el mar. Sólo él estaba privado de regreso y esposa, y lo retenía en su cóncava cueva la ninfa Calipso, divina entre las diosas, deseando que fuera su esposo.

Y el caso es que cuando transcurrieron los años y le llegó aquel en el que los dioses habían hilado que regresara a su casa de Itaca, ni siquiera entonces estuvo libre de pruebas; ni cuando estuvo ya con los suyos. Todos los dioses se compadecían de él excepto Poseidón, quién se mantuvo siempre rencoroso con el divino Odiseo hasta que llegó a su tierra.

Pero había acudido entonces junto a los Etíopes que habitan lejos (los Etíopes que están divididos en dos grupos, unos donde se hunde Hiperión y otros donde se levanta), para asistir a una hecatombe de toros y carneros; en cambio, los demás dioses estaban reunidos en el palacio de Zeus Olímpico. Y comenzó a hablar el padre de hombres y dioses, pues se había acordado del irreprochable Egisto, a quien acababa de matar el afamado Orestes, hijo de Agamenón. Acordóse, pues, de éste, y dijo a los inmortales su palabra:

«¡Ay, ay, cómo culpan los mortales a los dioses!, pues de nosotros, dicen, proceden los males. Pero también ellos por su estupidez soportan dolores más allá de lo que les corresponde. Así, ahora Egisto ha desposado -cosa que no le correspondía- a la esposa legítima del Atrida y ha matado a éste al regresar; y eso que sabía que moriría lamentablemente, pues le habíamos dicho, enviándole a Hermes, al vigilante Argifonte, que no le matara ni pretendiera a su esposa. "Que habrá una venganza por parte de Orestes cuando sea mozo y sienta nostalgia de su tierra." Así le dijo Hermes, mas con tener buenas intenciones no logró persuadir a Egisto. Y ahora las ha pagado todas juntas.»

Y le contestó luego la diosa de ojos brillantes, Atenea:

«Padre nuestro Cronida, supremo entre los que mandan, ¡claro que aquél yace víctima de una muerte justa!, así perezca cualquiera que cometa tales acciones. Pero es por el prudente Odiseo por quien se acongoja mi corazón, por el desdichado que lleva ya mucho tiempo lejos de los suyos y sufre en una isla rodeada de corriente donde está el ombligo del mar. La isla es boscosa y en ella tiene su morada una diosa, la hija de Atlante, de pensamientos perniciosos, el que conoce las profundidades de todo el mar y sostiene en su cuerpo las largas columnas que mantienen apartados Tierra y Cielo. La hija de éste lo retiene entre dolores y lamentos y trata continuamente de hechizarlo con suaves y astutas razones para que se olvide de Itaca; pero Odiseo, que anhela ver levantarse el humo de su tierra, prefiere morir. Y ni aun así se te conmueve el corazón, Olímpico. ¿Es que no te era grato Odiseo cuando en la amplia Troya te sacrificaba víctimas junto a las naves aqueas? ¿Por qué tienes tanto rencor, Zeus?»

Y le contestó el que reúne las nubes, Zeus:

«Hija mía, ¡qué palabra ha escapado del cerco de tus dientes! ¿Cómo podría olvidarme tan pronto del divino Odiseo, quien sobresale entre los hombres por su astucia y más que nadie ha ofrendado víctimas a los dioses inmortales que poseen el vasto cielo? Pero Poseidón, el que conduce su carro por la tierra, mantiene un rencor incesante y obstinado por causa del Cíclope a quien aquél privó del ojo, Polifemo, igual a los dioses, cuyo poder es el mayor entre los Cíclopes. Lo parió la ninfa Toosa, hija de Forcis, el que se cuida del estéril mar, uniéndose a Poseidón en profunda cueva. Por esto, Poseidón, el que sacude la tierra, no mata a Odiseo, pero lo hace andar errante lejos de su tierra patria. Conque, vamos, pensemos todos los aquí presentes sobre su regreso, de forma que vuelva. Y Poseidón depondrá su cólera; que no podrá él solo rivalizar frente a todos los inmortales dioses contra la voluntad de éstos.»

Y le contestó luego la diosa de ojos brillantes, Atenea:

«Padre nuestro Cronida, supremo entre los que mandan, si por fin les cumple a los dioses felices que regrese a casa el muy astuto Odiseo, enviemos enseguida a Hermes, al vigilante Argifonte, para que anuncie inmediatamente a la Ninfa de lindas trenzas nuestra inflexible decisión: el regreso del sufridor Odiseo. Que yo me presentaré en Itaca para empujar a su hijo -y ponerle valor en el pecho- a que convoque en asamblea a los aqueos de largo cabello a fin de que pongan coto a los pretendientes que siempre le andan sacrificando gordas ovejas y cuernitorcidos bueyes de rotátiles

delante y ellos se distribuían carne en abundancia. El primero en ver a Atenea fue Telémaco, semejante a un dios; estaba sentado entre los pretendientes con corazón acongojado y pensaba en su noble padre: ¡ojalá viniera e hiciera dispersarse a los pretendientes por el palacio!, ¡ojalá tuviera él sus honores y reinara sobre sus posesiones! Mientras esto pensaba sentado entre los pretendientes, vió a Atenea. Se fue derecho al pórtico, y su ánimo rebosaba de ira por haber dejado tanto tiempo al forastero a la puerta. Se puso cerca, tomó su mano derecha, recibió su lanza de bronce y le dirigió aladas palabras:

«Bienvenido, forastero, serás agasajado en mi casa. Luego que hayas probado del banquete, dirás qué precisas.»

Así diciendo, la condujo y ella le siguió, Palas Atenea. Cuando ya estaban dentro de la elevada morada, llevó la lanza y la puso contra una larga columna, dentro del pulimentado guardalanzas donde estaban muchas otras del sufridor Odiseo. La condujo e hizo sentar en un sillón y extendió un hermoso tapiz bordado; y bajo sus pies había un escabel. Al lado colocó un canapé labrado lejos de los pretendientes, no fuera que el huésped,

patas. Lo enviaré también a Esparta y a la arenosa Pilos para que indague sobre el regreso de su padre, por si oye algo, y para que cobre fama da valiente entre los hombres.»

Así diciendo, ató bajo sus pies las hermosas sandalias inmortales, doradas, que la suelen llevar sobre la húmeda superficie o sobre tierra firme a la par del soplo del viento. Y tomó una fuerte lanza con la punta guarnecida de agudo bronce, pesada, grande, robusta, con la que domeña las filas de los héroes guerreros contra los que se encoleriza la hija del padre Todopoderoso. Luego descendió lanzándose de las cumbres del Olimpo y se detuvo en el pueblo de Itaca sobre el pórtico de Odiseo, en el umbral del patio. Tenía entre sus manos una lanza de bronce y se parecía a un forastero, a Mentes, caudillo de los tafios.

Y encontró a los pretendientes. Éstos complacían su ánimo con los dados delante de las puertas y se sentaban en pieles de bueyes que ellos mismos habían sacrificado. Sus heraldos y solícitos sirvientes se afanaban, unos en mezclar vino con agua en las cráteras, y los otros en limpiar las mesas con agujereadas esponjas; se las ponían

molesto por el ruido, no se deleitara con el banquete alcanzado por sus arrogancias y para preguntarle sobre su padre ausente. Y una esclava derramó sobre fuente de plata el aguamanos que llevaba en hermosa jarra de oro, para que se lavara, y al lado extendió una mesa pulimentada. Luego la venerable ama de llaves puso comida sobre ella y añadió abundantes piezas escogidas, favoréciéndole entre los que estaban presentes. El trinchante les ofreció fuentes de toda clase de carnes que habían sacado del trinchador y a su lado colocó copas de oro. Y un heraldo se les acercaba a menudo y les escanciaba vino.

Luego entraron los arrogantes pretendientes y enseguida comenzaron a sentarse por orden en sillas y sillones. Los heraldos les derramaron agua sobre las manos, las esclavas amontonaron pan en las canastas y los jóvenes coronaron de vino las cráteras. Y ellos echaron mano de los alimentos que tenían dispuestos delante. Después que habían echado de sí el deseo de comer y beber, ocuparon su pensamiento el canto y la danza, pues éstos son complementos de un banquete; así que un heraldo puso hermosa cítara en manos de Femio, quien cantaba a la fuerza entre los pretendientes, y éste rompió a cantar un bello canto acompañándose de la cítara.

Entonces Telémaco se dirigió a Atenea, de ojos brillantes, y mantenía cerca su cabeza para que no se enteraran los demás:

«Forastero amigo, ¿vas a enfadarte por lo que te diga? Éstos se ocupan de la cítara y el canto -¡y bien fácilmente!-, pues se están comiendo sin pagar unos bienes ajenos, los de un hombre cuyos blancos huesos ya se están pudriendo bajo la acción de la lluvia, tirados sobre el litoral, o los voltean las olas en el mar. ¡Si al menos lo vieran de regreso a Itaca...! Todos desearían ser más veloces de pies que ricos en oro y vestidos. Sin embargo, ahora ya está perdido de aciago destino, y ninguna esperanza nos queda por más que alguno de los terrenos hombres asegure que volverá. Se le ha acabado el día del regreso.

«Pero, vamos, dime esto ---e infórmame con verdad-: ¿quién, de dónde eres entre los hombres?, ¿dónde están tu ciudad y tus padres?, ¿en qué nave has llegado?, ¿cómo te han conducido los marineros hasta Itaca y quiénes se precian de ser? Porque no creo en absoluto que hayas llegado aquí a pie. Dime también con verdad, para que yo lo sepa, si vienes por primera vez o eres huésped de mi padre; que muchos otros han venido a nuestro palacio, ya que también él hacía frecuentes visitas a los hombres.»

Y Atenea, de ojos brillantes, se dirigió a él:

«Claro que te voy a contestar sinceramente a todo esto. Afirmo con orgullo ser Mentes, hijo de Anquíalo, y reino sobre los tafios, amantes del remo. Ahora acabo de llegar aquí con mi nave y compañeros navegando sobre el ponto rojo como el vino hacia hombres de otras tierras; voy a Temesa en busca de bronce y llevo reluciente hierro. Mi nave está atracada lejos de la ciudad en el puerto Reitro, a los pies del boscoso monte Neyo. Tenemos el honor de ser huéspedes por parte de padre; puedes bajar a preguntárselo al viejo héroe Laertes, de quien afirman que ya no viene nunca a la ciudad y sufre penalidades en el campo en compañía de una anciana sierva que le pone comida y bebida cuando el cansancio se apodera de sus miembros, de recorrer penosamente la fructífera tierra de sus productivos viñedos.

«He venido ahora porque me han asegurado que tu padre estaba en el pueblo. Pero puede que los dioses lo hayan detenido en el camino, porque en modo alguno esta muerto sobre la tierra el divino Odiseo, sino que estará retenido, vivo aún, en algún lugar del ancho mar, en alguna isla rodeada de corriente donde lo tienen hombres crueles y salvajes que lo sujetan contra su voluntad.

«Así que te voy a decir un presagio -porque los inmortales lo han puesto en mi pecho y porque creo que se va a cumplir, no porque yo sea adivino ni entienda una palabra de aves de agüero-: ya no estará mucho tiempo lejos de su tierra patria, ni aunque lo retengan ligaduras de hierro. Él pensará cómo volver, que es rico en recursos.

«Pero, vamos, dime -e infórmame con verdad- si tú, tan grande ya, eres hijo del mismo Odiseo. Te pareces a aquél asombrosamente en la cabeza y los lindos ojos; que muy a menudo nos reuníamos antes de embarcar él para Troya, donde otros argivos, los mejores, embarcaron en las cóncavas naves. Desde entonces no he visto a Odiseo, ni él a mí.»

Y Telémaco le contestó discretamente:

«Desde luego, huésped, te voy a hablar sinceramente. Mi madre asegura que soy hijo de él; yo, en cambio, no lo sé; que jamás conoció nadie por sí mismo su propia estirpe. ¡Ojalá fuera yo el hijo dichoso de un hombre al que alcanzara la vejez en medio de sus posesiones! Sin embargo, se ha convertido en el más desdichado de los mortales hombres aquél de quien dicen que yo soy hijo, ya que me lo preguntas.»

Y Atenea, de ojos brillantes, se dirigió a él:

Seguro que los dioses no te han dado linaje sin nombre, puesto que Penélope te ha engendrado tal como eres. Conque, vamos, dime esto -e infórmame con verdad-: ¿qué banquete, qué reunión es ésta y que necesidad tienes de ella? ¿Se trata de un convite o de una boda?, porque seguro que no es una comida a escote: ¡tan irrespetuosos me parece que comen en el palacio, más de lo conveniente! Se irritaría viendo tantas torpezas cualquier hombre con sentido común que viniera.»

Y Telémaco le contestó discretamente:

«Huésped, puesto que me preguntas esto a inquieres, este palacio fue en otro tiempo seguramente rico a irreprochable mientras aquel hombre estaba todavía en casa. Pero ahora los dioses han decidido otra cosa maquinando desgracias; lo han hecho ilocalizable más que al resto de los hombres. No me lamentaría yo tanto por él aunque estuviera muerto, si hubiera sucumbido entre sus compañeros en el pueblo de los troyanos o entre los brazos de los suyos, una vez que hubo cumplido la odiosa tarea de la guerra. En este caso le habría construido una tumba el ejército panaqueo y habría cosechado para el futuro un gran renombre para su hijo. Sin embargo, las Harpías se lo han llevado sin gloria; se ha marchado sin que nadie lo viera, sin que nadie le oyera, y a mí sólo me ha legado dolores y lágrimas.

«Pero no solo lloro y me lamento por aquél; que los dioses me han proporcionado otras malas preocupaciones, pues cuantos nobles reinan sobre las islas -Duliquio, Same y la boscosa Zantez - y cuantos son poderosos en la escarpada Itaca pretenden a mi madre y arruinan mi casa. Ella ni se niega al odioso matrimonio ni es capaz de ponerles coto, y ellos arruinan mi hacienda comiéndosela. Luego acabarán incluso conmigo mismo.»

Y le contestó, irritada, Palas Atenea:

«¡Ay, ay, mucha falta te hace ya el ausente Odiseo!; que pusiera él sus manos sobre los desvergonzados pretendientes. Pues si ahora, ya de regreso, estuviera en pie ante el pórtico del palacio sosteniendo su hacha, su escudo y sus dos lanzas tal como yo le vi por primera vez en nuestro palacio bebiendo y gozando del banquete recién llegado de Efira, del palacio de Mermérida... (había marchado allí Odiseo en rápida nave para buscar veneno homicida con que untar sus broncíneas flechas. Aquél no se lo dió, pues veneraba a los dioses que viven siempre, pero se lo entregó mi padre, pues lo amaba en exceso). ¡Con tal atuendo se enfrentara Odiseo con los pretendientes! Corto el destino de todos sería y amargas sus nupcias. Pero está en las rodillas de los dioses si tomará venganza en su palacio al volver o no.

«En cuanto a ti, te ordeno que pienses la manera de echar del palacio a los pretendientes. Conque, vamos, escúchame y presta atención a mis palabras: convoca mañana en asamblea a los héroes aqueos y hazles a todos manifiesta tu palabra; y que los dioses sean testigos. Ordena a los pretendientes que se dispersen a sus casas, y a tu madre.., si su deseo la impulsa a casarse, que vuelva al palacio de su poderoso padre; le

prepararán unas nupcias y le dispondrán una dote abundante, cuanta es natural que acompañe a una hija querida.

«A ti, sin embargo, te voy a aconsejar sagazmente, por si quieres obedecerme: bota una nave de veinte remos, la mejor, y marcha para informarte sobre tu padre largo tiempo ausente, por si alguno de los mortales pudiera decirte algo o por si escucharas la Voz que viene de Zeus, la que, sobre todas, lleva a los hombres las noticias.

«Primero dirígete a Pilos y pregunta al divino Néstor, y desde allí a Esparta al palacio del rubio Menelao, pues él ha llegado al postrero de los aqueos que visten bronce. Si oyes de tu padre que vive y está de vuelta, soporta todavía otro año, aunque tengas pesar; pero si oyes que ha muerto y que ya no vive, regresa enseguida a tu tierra patria, levanta una tumba en su honor y ofréndale exequias en abundancia, cuantas están bien.

Y entrega tu madre a un marido. Luego que esto hayas concluido, medita en tu mente y en tu corazón la manera de matar a los pretendientes en tu casa con engaño o a las claras.

Y es preciso que no juegues a cosas de niños, pues no eres de edad para hacerlo. ¿No has oído qué fama ha cobrado el divino Orestes entre todos los hombres por haber matado al asesino de su padre, a Egisto fecundo en ardides, porque había quitado la vida a su ilustre padre? También tú, amigo —pues te veo vigoroso y bello—, sé valiente para que alguno de tus descendientes hable bien de ti. Yo me marcho ahora mismo a la rápida nave junto a mis compañeros, que deben estar cansados de tanto esperarme. Tú ocúpate de esto y presta oídos a mis palabras.»

Y le contestó Telémaco discretamente:

«Huésped, en verdad dices esto con sentimientos amigos, como un padre a su hijo, y jamás los echaré a olvido. Mas, vamos, quédate ahora por muy deseoso que estés del camino, para que después de bañarte y gozar en tu pecho marches alegre a la nave portando un presente, un regalo estimable y hermoso que será para ti un tesoro de mí, como los que hospedan dan a sus huéspedes.»

Y contestó luego Atenea, de ojos brillantes:

«No me detengas más, que ya ansío el camino. El regalo que tu corazón te empuje a darme, entrégamelo cuando vuelva otra vez para llevarlo a casa. Escoge uno bueno de verdad y tendrás otro igual en recompensa.»

Así hablando, partió la de ojos brillantes, Atenea, y se remontó como un ave, e infundió audacia en el pecho de Telémaco y valentía. Pero después de reflexionar en su mente quedó estupefacto, pues pensó que era un dios. Y, mortal a los dioses igual, marchó enseguida junto a los pretendientes.

Entre éstos estaba cantando el ilustre aedo, y ellos escuchaban sentados en silencio. Cantaba el regreso de los aqueos que Palas Atenea les había deparado funesto desde Troya. La hija de Icario, la prudente Penélope, acogió en su pecho el inspirado canto desde el piso de arriba y descendió por la elevada escalera de su palacio; mas no sola, que la acompañaban dos siervas. Cuando hubo llegado a los pretendientes la divina entre las mujeres, se detuvo junto al pilar central del techo labrado llevando ante sus mejillas un grueso velo, y a cada lado se puso una fiel sirvienta. Luego habló llorando al divino aedo:

«Femio, sabes otros muchos cantos, hechizo de los mortales, hazañas de hombres y dioses que los aedos hacen famosas. Cántales uno de éstos sentado a su lado y que ellos beban su vino en silencio; mas deja ya ese canto triste que me está dañando el corazón dentro del pecho, puesto que a mí sobre todos me ha alcanzado un dolor inolvidable, pues añoro, acordándome continuamente, la cabeza de un hombre cuyo renombre es amplio en la Hélade y hasta el centro de Argos».

Y Telémaco le dijo discretamente:

«Madre mía, ¿qué reprochas al amable aedo que nos deleite como le impulse su voluntad? No son los aedos culpables, sino en cierto sentido Zeus, el que dota a los hombres que comen grano como quiere a cada uno».

Para éste no habrá castigo porque cante el destino aciago de los dánaos, pues éste es el canto que más celebran los hombres, el que llega más reciente a los oyentes.

«Que tu corazón y tu espíritu soporten escucharlo, pues no sólo Odiseo perdió en Troya el día de su regreso, que también perecieron otros muchos hombres. Conque marcha a tu habitación y cuídate de tu trabajo, el telar y la rueca, y ordena a las esclavas que se ocupen del suyo. La palabra debe ser cosa de hombres, de todos, y sobre todo de mí, de quien es el poder en este palacio.»

Admiróse ella y se encaminó de nuevo a su habitación, pues puso en su interior la palabra discreta de su hijo. Subió al piso de arriba en compañía de las esclavas y luego rompió a llorar a Odiseo su esposo hasta que Atenea, de ojos brillantes, echo dulce sueño sobre sus parpados.

Los pretendientes rompieron a alborotar en el sombrío mégaron y deseaban todos acostarse en su cama al lado de ella. Entonces comenzó a hablarles Telémaco discretamente:

«Pretendientes de mi madre que tenéis excesiva insolencia, gocemos ahora con el banquete y que no haya vocerío, puesto que lo mejor es escuchar a un aedo como éste, semejante en su voz a los dioses».

«Al amanecer marchemos a la plaza y sentemonos todos para que os diga sin empacho que salgáis de mi palacio, os preparéis otros banquetes y comáis vuestros propios bienes invitándoos mutuamente. Pero si os parece lo mejor y más acertado destruir sin pagar la hacienda de un solo hombre, consumidla. Yo clamaré a los dioses, que viven siempre, por si Zeus de algun modo me concede que vuestras obras sean castigadas: pereceréis al punto, sin nadie que os vengue, dentro de este palacio!»

Así habló, y todos clavaron los dientes en sus labios. Estaban admirados de Telémaco porque había hablado audazmente. Y Antínoo, hijo de Eupites, se dirigió a él:

«Telémaco, seguramente los dioses mismos te enseñan a ser ya arrogante en la palabra y a hablar audazmente. ¡Que el hijo de Crono no te haga rey de Itaca, rodeada de mar, cosa que por linaje te corrresponde como herencia paterna! »

Y Telemaco le contestó discretamente:

«Antínoo, aunque te enojes conmigo por lo que voy a decir, esto es precisamente lo que quisiera yo obtener si Zeus me lo concede. ¿O acaso crees que es lo peor entre los hombres? No es nada malo ser rey, no; rapidamente tu palacio se hace rico y tu mismo más respetado. Pero hay muchos otros personajes reales en Itaca, rodeada de mar; que uno de ellos ocupe el trono, muerto el divino Odiseo. Yo seré soberano de mi palacio y de los esclavos que el divino Odiseo tomó para mi como botin. »

Y Eurímaco, hijo de Pólibo, le dijo a su vez:

«Telémaco, en verdad está en las rodillas de los dioses quién de los aqueos va a reinar en Itaca, rodeada de mar; tú harías mejor en conservar tus posesiones y reinar sobre tus esclavos. ¡Cuidado no venga algún hombre que lo prive de tus posesiones por la fuerza, contra tu voluntad, mientras Itaca siga habitada!

«Pero quiero, excelente, preguntarte sobre el forastero de dónde es, de qué tierra se precia de ser y dónde tiene ahora su linaje y heredad paterna. ¿Acaso trae un mensaje de tu padre ausente o ha llegado aquí por algún asunto propio? Cuán rápido se levantó y marchó enseguida sin esperar a que lo conociéramos. Desde luego no parecía en su aspecto un hombre del pueblo.»

Y Telémaco le contestó discretamente:

«Eurímaco, con certeza se ha acabado el regreso de mi padre. No hago ya caso a noticia alguna, venga de donde viniere, ni presto oídos al oráculo de procedencia divina que mi madre pueda comunicarme llamándome al mégaron. Este hombre es huésped paterno mío y afirma con orgullo que es Mentes, hijo del prudence Anquíalo, y reina sobre los Tafios, amantes del remo.»

Así dijo Telémaco, aunque había reconocido a la diosa inmortal en su mente.

Volvieron ellos al baile y al canto para deleitarse y aguardaron al lucero de la tarde y cuando se estaban deleitando les sobrevino éste, así que se pusieron en camino cada uno a su casa deseando acostarse.

Entonces Telémaco se dirigió cavilando hacia el lecho, hacia donde tenía construido su suntuoso dormitorio en el muy hermoso patio, en lugar de amplia visión. Junto a él llevaba teas ardientes la fiel Euriclea, hija de Ope Pisenórida, a la que había comprado en otro tiempo Laertes, cuando todavía era adolescente, por el valor de veinte bueyes; la honraba en el palacio igual que a su casta esposa, pero nunca se unió a ella en la cama por evitar la cólera de su mujer. Ésta era quien llevaba a su lado las ardientes antorchas y lo amaba más que ninguna esclava, pues lo había criado cuando era pequeño.

Abrió Telémaco las puertas del dormitorio, suntuosamente construido, y se sentó en el lecho, se desnudó del suave manto y lo echó sobre las manos de la muy diligente anciana. Ésta estiró y dobló el manto y colgándolo de un clavo junto al lecho agujereado se puso en camino para salir del dormitorio. Tiró de la puerta con una anilla de plata y echó el cerrojo con la correa.

Durante toda la noche, cubierto por el vellón de una oveja, planeaba él en su mente el viaje que le había dispuesto Atenea.

CANTO II

TELÉMACO REÚNE EN ASAMBLEA AL PUEBLO DE ITACA

Y cuando se mostró Eos, la que nace de la mañana, la de dedos de rosa, al punto el amado hijo de Odiseo se levantó del lecho, vistió sus vestidos, colgó de su hombro la aguda espada y bajo sus pies, brillantes como el aceite, calzó hermosas sandalias.

Luego se puso en marcha, salió del dormitorio semejante a un dios en su porte y ordenó a los vocipotentes heraldos que convocaran en asamblea a los aqueos de largo cabello; aquéllos dieron el bando y éstos comenzaron a reunirse con premura. Después, cuando hubieron sido reunidos y estaban ya congregados, se puso en camino hacia la plaza -en su mano una lanza de bronce-; mas no solo, que le seguían dos lebreles de veloces patas. Entonces derramó Atenea sobre él una gracia divina y lo contemplaban admirados todos los ciudadanos; se sentó en el trono de su padre y los ancianos le cedieron el sitio.

A continuación comenzó a hablar entre ellos el héroe Egiptio, quien estaba ya encorvado por la vejez y sabía miles de cosas, pues también su hijo, el lancero Antifo, había embarcado en las cóncavas naves en compañía del divino Odiseo hacia Ilión de buenos potros; lo había matado el salvaje Cíclope en su profunda cueva y lo había preparado como último bocado de su cena. Aún le quedaban tres: uno estaba entre los pretendientes y los otros dos cuidaban sin descanso los bienes paternos. Pero ni aun así se había olvidado de aquél, siempre lamentándose y afligiéndose. Derramando lágrimas por su hijo levantó la voz y dijo:

«Escuchadme ahora a mí, itacenses, lo que voy a deciros. Nunca hemos tenido asamblea ni sesión desde que el divino Odiseo marchó en las cóncavas naves. ¿Quién, entonces, nos convoca ahora de esta manera? ¿A quién ha asaltado tan grande necesidad ya sea de los jóvenes o de los ancianos? ¿Acaso ha oído alguna noticia de que llega el ejército, noticia que quiere revelarnos una vez que él se ha enterado?, ¿o nos va a manifestar alguna otra cosa de interés para el pueblo? A mí me parece que es noble, afortunado. ¡Así Zeus llevara a término lo bueno que él revuelve en su mente!»

Así habló, y el amado hijo de Odiseo se alegró por sus palabras. Con que ya no estuvo sentado por más tiempo y sintió un deseo repentino de hablar. Se puso en pie en mitad de la plaza y le colocó el cetro en la mano el heraldo Pisenor, conocedor de consejos discretos.

Entonces se dirigió primero al anciano y dijo:

«Anciano, no está lejos ese hombre, soy yo el que ha convocado al pueblo (y tú lo sabrás pronto), pues el dolor me ha alcanzado en demasía.. No he escuchado noticia alguna de que llegue el ejército que os vaya a revelar después de enterarme yo, ni voy a manifestaros ni a deciros nada de interés para el pueblo, sino un asunto mío privado que me ha caído sobre el palacio como una peste, o mejor como dos: uno es que he perdido a mi noble padre, que en otro tiempo reinaba sobre vosotros aquí presentes y era bueno como un padre. Pero ahora me ha sobrevenido otra peste aún mayor que está a punto de destruir rápidamente mi casa y me va a perder toda la hacienda: asedian a mi madre, aunque ella no lo quiere, unos pretendientes hijos de hombres que son aquí los más nobles. Estos tienen miedo de ir a casa de su padre Icario para que éste dote a su hija y se la entregue a quien él quiera y encuentre el favor de ella. En cambio vienen todos los días a mi casa y sacrifican bueyes, ovejas y gordas cabras y se banquetean y beben a cántaros el rojo vino. Así que se están perdiendo muchos bienes, pues no hay un hombre como Odiseo que arroje esta maldición de mi casa. Yo todavía no soy para arrojarla, pero ¡seguro que más adelante voy a ser débil y desconocedor del valor! En verdad que yo la rechazaría si me acompañara la fuerza, pues ya no son soportables las acciones que se han cometido y mi casa está perdida de la peor manera. Indignaos también vosotros y avergonzaos de vuestros vecinos, los que viven a vuestro lado. Y temed la cólera de los dioses, no vaya a ser que cambien la situación irritados por sus malas acciones. Os lo ruego por Zeus Olímpico

y por Temis, la que disuelve y reúne las asambleas de los hombres; conteneos, amigos, y dejad que me consuma en soledad, víctima de la triste pena -a no ser que mi noble padre Odiseo alguna vez hiciera mal a los aqueos de hermosas grebas, a cambio de lo cual me estáis dañando rencorosamente y animáis a los pretendientes. Para mí sería más ventajoso que fuerais vosotros quienes consumen mis propiedades y ganado. Si las comierais vosotros algún día obtendría la devolución, pues recorrería la ciudad con mi palabra demandándoos el dinero hasta que me fuera devuelto todo; ahora, sin embargo, arrojáis sobre mi corazón dolores incurables.»

Así habló indignado y arrojó el cetro a tierra con un repentino estallido de lágrimas. Y la lástima se apoderó de todo el pueblo. Quedaron todos en silencio y nadie se atrevió a replicar a Telémaco con palabras duras; sólo Antínoo le dijo en contestación:

«Telémaco, fanfarrón, incapaz de reprimir tu cólera; ¿qué cosa has dicho, cubriéndonos de vergüenza? Desearías cubrirnos de baldón. Sabes que los culpables no son los pretendientes de entre los aqueos, sino tu madre, que sabe muy bien de astucias. Pues ya es éste el tercer año, y con rapidez se acerca el cuarto, desde que aflige el corazón en el pecho de los aqueos. A todos da esperanzas y hace promesas a cada pretendiente enviándole recados; pero su imaginación maquina otras cosas.

«Y ha meditado este otro engaño en su pecho: levantó un gran telar en el palacio y allí tejía, telar sutil a inacabable, y sin dilación nos dijo: "Jóvenes pretendientes míos, puesto que ha muerto el divino Odiseo, aguardad, por mucho que deseéis esta boda conmigo, a que acabe este manto -no sea que se me pierdan inútilmente los hilos-, este sudario para el héroe Laertes, para cuando lo arrebate el destructor destino de la muerte de largos lamentos. Que no quiero que ninguna de las aqueas del pueblo se irrite conmigo si yace sin sudario el que tanto poseyó."

«Así dijo, y nuestro noble ánimo la creyó. Así que durante el día tejía la gran tela y por la noche, colocadas antorchas a su lado, la destejía. Su engaño pasó inadvertido durante tres años y convenció a los aqueos, pero cuando llegó el cuarto año y pasaron las estaciones, una de sus mujeres, que lo sabía todo, nos lo reveló y sorprendimos a ésta destejiendo la brillante tela. Así fue como la terminó, y no voluntariamente, sino por la fuerza.

«Conque ésta es la respuesta que te dan los pretendientes, para que la conozcas tú mismo y la conozcan todos los aqueos: envía por tu madre y ordénala que se case con quien la aconseje su padre y a ella misma agrade. Pero si todavía sigue atormentando mucho tiempo a los hijos de los aqueos ejercitando en su mente las cualidades que la ha concedido Atenea en exceso (ser entendida en trabajos femeninos muy bellos y tener pensamientos agudos y astutos como nunca hemos oído que tuvieran ninguna de las aqueas de lindas trenzas ni siquiera de las que vivieron antiguamente, como Tiro, Alcmena y.Micena de linda corona -ninguna de ellas pensó planes semejantes a los de Penélope-), entonces esto al menos no habrá sido lo más conveniente que haya planeado. Pues tu hacienda y propiedades te serán devoradas mientras ella mantenga semejante decisión que los dioses han puesto ahora en su pecho. Se está creando para sí una gran gloria, pero para ti sólo la añoranza de tu mucha hacienda.

«En cuanto a nosotros, no marcharemos a nuestros trabajos ni a parte alguna hasta que se case con el que quiera de los aqueos.»

Y le respondió Telémaco discretamente:

«Antínoo, no me es posible echar de mi casa contra su voluntad a la que me ha dado a luz, a la que me ha criado, mientras mi padre está en otra parte de la tierra -viva él o esté muerto. Y será terrible para mí devolver a Icario muchas cosas si envío a mi madre por propia iniciativa. Por parte de mi padre sufriré castigo y otros me darán la divinidad, puesto que mi madre conjurará a las diosas Erinias si se marcha de casa, y también por parte de los hombres tendré castigo. Por esto jamás diré yo esa palabra. Conque, si vuestro ánimo se irrita por esto, salid de mi palacio y preparaos otros banquetes comiendo vuestras posesiones e invitándoos en vuestras casas recíprocamente, que yo clamaré a los dioses, que viven siempre, por si Zeus me concede que vuestras obras sean castigadas de algún modo: ¡pereceréis al punto, sin nadie que os vengue, dentro de este palacio!»

Así habló Telémaco, y Zeus que ve a lo ancho, le echó a volar dos águilas desde arriba, desde las cumbres de la montaña. Estas se dirigían volando a la par del soplo del viento cerca una de otra, extendidas las alas. Cuando llegaron al centro de la plaza, donde mucho se habla, comenzaron a dar vueltas batiendo sus espesas alas y llegaron cerca de las cabezas de todos, y en sus ojos brillaba la muerte. Y desgarrándose con las uñas mejillas y cuellos se lanzaron por la derecha a través de las casas y la ciudad de los itacenses. Admiraron éstos aterrados a las aves cuando las vieron con sus ojos, y removían en su corazón qué era lo que iba a cumplirse. Y entre ellos habló el anciano héroe Haliterses Mastorida, pues sólo él aventajaba a los de su edad en conocer los pájaros y explicar presagios. Levantó la voz con buenas intenciones hacia ellos y comenzó a hablar:

«Ahora, itacenses, escuchadme a mí lo que voy a deciros -y es sobre todo a los pretendientes a quienes voy a hacer esta revelación-: sobre ellos anda dando vueltas una gran desgracia, pues Odiseo ya no estará mucho tiempo lejos de los suyos, sino que ya está cerca, en alguna parte, y está sembrando la muerte y el destino para todos éstos. También para otros muchos de los que habitamos Itaca, hermosa al atardecer, habrá desgracias. Pensemos entonces cuanto antes cómo ponerles término o bien que se lo pongan ellos a sí mismos, pues esto será lo que más les conviene. Y yo no vaticino como un inexperto, sino como uno que sabe bien. Os aseguro que todo se está cumpliendo para él como se lo dije cuando los argivos embarcaron para Ilión y con ellos marchó el astuto Odiseo. Le dije que sufriría muchas calamidades, que perdería a todos sus compañeros y que volvería a casa a los veinte años desconocido de todos. Y ya se está cumpliendo todo.»

Y le contestó Eurímaco, hijo de Pólibo:

«Viejo, vete ya a casa a profetizar a tus hijos, no sea que sufran alguna desgracia en el futuro. Estas cosas las vaticino yo mucho mejor que tú. Numerosos son los pájaros que van y vienen bajo los rayos del Sol y no todos son de agüero. Está claro que Odiseo ha muerto lejos -¡ojalá que hubieras perecido tú también con él!; no habrías dicho tantos vaticinios ni habrías incitado al irritado Telémaco esperando ansiosamente un regalo para tu casa, por si te lo daba. Conque voy a hablarte, y esto sí se va a cumplir: si tú, sabedor de muchas y antiguas cosas, incitas con tus palabras a un hombre más joven a que se irrite, para él mismo primero será más penoso -pues nada podrá conseguir con estas predicciones-, y a ti, viejo, te pondremos una multa que te será doloroso pagar. Y tu dolor será insoportable.

En cuanto a Telémaco, yo mismo voy a darle un consejo delante de todos: que ordene a su madre volver a casa de su padre. Ellos le prepararán unas nupcias y le dispondrán una muy abundante dote, cuanta es natural que acompañe a una hija querida. No creo yo que los hijos de los aqueos renuncien a su pretensión laboriosa, pues no tememos a nadie a pesar de todo y no, desde luego, a Telémaco por mucha palabrería que muestre. Tampoco hacemos caso del presagio sin cumplimiento que tú, viejo, nos revelas haciéndotenos todavía más odioso. Igualmente serán devorados tus bienes de mala manera y jamás lo serán compensados, al menos mientras ella entretenga a los aqueos respecto de su boda. Pues nosotros nos mantenemos expectantes todos los días y rivalizamos por causa de su excelencia, y no marchamos tras otras con las que a cada uno nos convendría casar.»

Entonces le contestó Telémaco discretamente:

«Eurímaco y demás ilustres pretendientes: no voy a apelar más a vosotros ni tengo más que decir; ya lo saben los dioses y todos los aqueos. Pero dadme ahora una rápida nave y veinte compañeros que puedan llevar a término conmigo un viaje aquí y allá, pues me voy a Esparta y a la arenosa Pilos para enterarme del regreso de mi padre, largo tiempo ausente, por si alguno de los mortales me lo dice o escucho la Voz que viene de Zeus, la que, sobre todas, lleva a los hombres las noticias. Si oigo que mi padre vive y está de vuelta, soportaré todavía otro año; pero si oigo que ha muerto y que ya no vive, regresaré enseguida a mi tierra patria, levantaré una tumba en su honor y le ofrendaré exequias en abundancia, cuantas está bien, y entregaré mi madre a un marido.»

Así hablando se sentó, y entre ellos se levantó Méntor, que era compañero del irreprochable Odiseo y a quien éste al marchar en las naves había encomendado toda su casa -que obedecieran todos al anciano y que él conservara todo intacto-. Éste levantó la voz con buenos sentimientos hacia ellos y dijo:

«Escuchadme ahora a mí, itacenses, lo que voy a deciros: ¡que de ahora en adelante ningún rey portador de cetro sea benévolo, ni amable, ni bondadoso, y no sea justo en su pensamiento, sino que siempre sea cruel y obre injustamente!, pues del divino Odiseo no se acuerda ninguno de los ciudadanos sobre los que reinó, aunque era tierno como un padre. Mas yo me lamento no de que los esforzados pretendientes cometan acciones violentas por la maldad de su espíritu, pues exponen sus propias cabezas al comerse con violencia la hacienda de Odiseo, asegurando que éste ya no volverá jamás. Me irrito más bien contra el resto del pueblo, de qué modo estáis todos sentados en silencio y, aun siendo muchos, no contenéis a los pretendientes, que son pocos, cercándoles con vuestras palabras.»

Y le contestó Leócrito, el hijo de Evenor:

«Obstinado Méntor, ayuno de sesos; ¿qué has dicho incitándolos a que nos contengan? Difícil sería incluso a hombres más numerosos luchar por un banquete. Pues aunque el itacense Odiseo viniera en persona y maquinara en su mente arrojar del palacio a los nobles pretendientes que se banquetean en su casa, no se alegraría su esposa de que viniera, por mucho que lo desee, sino que allí mismo atraería sobre sí vergonzosa muerte si luchara con hombres más numerosos. Y tú no has hablado como te corresponde. Vamos, ciudadanos, dispersaos cada uno a sus trabajos. A éste le ayudarán para el viaje Méntor y Halitérses, que son compañeros de su padre desde hace mucho tiempo. Aunque sentado por mucho tiempo, creo yo, escuchará las noticias en Itaca y jamás llevará a término tal viaje. »

Así habló y disolvió la asamblea rápidamente. Se dispersaron cada uno a su casa y los pretendientes marcharon al palacio del divino Odiseo.

Telémaco, en cambio, se alejó hacia la orilla del mar, lavó sus manos en el canoso mar y suplicó a Atenea:

«Préstame oídos tú, divinidad que llegaste ayer a mi palacio y me diste la orden de marchar en una nave sobre el brumoso ponto para informarme sobre el regreso de mi padre, largo tiempo ausente. Todo esto lo están retrasando los aqueos, sobre todo los pretendientes, funestamente arrogantes.»

Así habló suplicándole; Atenea se le acercó semejante a Méntor en la figura y voz y se dirigió a él con aladas palabras:

«Telémaco, no serás en adelante cobarde ni estúpido si has heredado el noble corazón de tu padre; ¡cómo era él para realizar obras y palabras! Por esto tu viaje no va a ser infructuoso ni baldío. Pero si no eres hijo de aquél y de Penélope, no tengo esperanza alguna de que lleves a cabo lo que meditas. Pocos, en efecto, son los hijos iguales a su padre; la mayoría son peores y sólo unos pocos son mejores que su padre. Pero puesto que en el futuro no vas a ser cobarde ni estúpido ni te ha abandonado del todo el talento de Odiseo, hay esperanza de que llegues a realizar tal empresa.

«Deja, pues, ahora las intenciones y pensamientos de los enloquecidos pretendientes, pues no son sensatos ni justos; no saben que la muerte y la negra Ker están ya a su lado para matar a todos en un día. El viaje que preparas ya no está tan lejano para ti, y es que yo soy tan buen amigo de tu padre que te voy a aparejar una rápida nave y acompañar en persona.

«Conque marcha ahora a tu casa a reunirte con los pretendientes; prepara provisiones y métalas todas en recipientes, el vino en cántaros, y la harina, sustento de los hombres, en pellejos espesos. Yo voy por el pueblo a reunir voluntarios. Existen numerosas naves en Itaca, rodeada de corriente, nuevas y viejas; veré cuál es la mejor y aparejándola rápidamente la lanzaremos al ancho ponto.»

Así habló Atenea, hija de Zeus, y Telémaco ya no aguardó más, pues había escuchado la voz de un dios. Así que se puso en camino, su corazón acongojado, hacia el palacio y encontró a los altivos pretendientes degollando cabras y asando cerdos en el patio.

Antínoo se encaminó riendo hacia Telémaco, le tomó de la mano, le dijo su palabra y le llamó por su nombre:

«Telémaco, fanfarrón, incapaz de contener tu cólera, que no ocupe tu pecho ninguna acción o palabra mala, sino comer y beber conmigo como antes. Los aqueos te prepararán una nave y remeros elegidos para que llegues con más rapidez a la agradable Pilos en busca de noticias de tu ilustre padre.»

Y le respondió Telémaco discretamente:

«Antínoo, no me es posible comer callado en vuestra arrogante compañía y gozar tranquilamente. ¿O es que no es bastante que me hayáis destruido hasta ahora muchas y buenas cosas de mi propiedad, pretendientes, mientras era todavía un niño? Mas ahora que ya soy grande y que, escuchando la palabra de los demás, comprendo todo y el arrojo me ha crecido en el pecho, intentaré enviaros las funestas Keres, ya sea marchando a Pilos o aquí mismo, en el pueblo.

«Me marcho -y el viaje que os anuncio no será infructuoso- como pasajero, pues no poseo naves ni remeros. Esto os parecía lo más ventajoso para vosotros!»

Así dijo y retiró con rapidez su mano de la mano de Antínoo.

Y los pretendientes se aplicaban al banquete dentro del palacio y se mofaban de él zahiriéndolo con sus palabras.

Así decía uno de los jóvenes arrogantes:

«Seguro que Telémaco nos está meditando la muerte; traerá alguien de la arenosa Pilos para que lo defienda o tal vez de Esparta, pues mucho lo desea. O quizá quiere ir a Efira, tierra fértil, a fin de traer de allí venenos que corrompen la vida y echarlos en la crátera para destruirnos a todos.»

Y otro de los jóvenes arrogantes decía:

¿Quién sabe si, marchando en la cóncava nave, no perece también él vagando lejos de los suyos como Odiseo! Así nos acrecentaría el trabajo, pues repartiríamos todos sus bienes y la casa se la daríamos a su madre y al que con ella casara para que la conservaran.»

Mientras así hablaban descendió Telémaco a la despensa de elevado techo de su padre, espaciosa, donde había oro amontonado en el suelo y bronce, y en arcones vestidos, y oloroso aceite en abundancia. También había allí dispuestas en fila, junto a la pared, tinajas de añejo vino sabroso que contenían sin mezcla la divina bebida por si alguna vez volvía a casa Odiseo después de sufrir dolores sin cuento. Las puertas que allí había se podían cerrar fuertemente ensambladas, eran de dos hojas, y permanecía allí día y noche un ama de llaves que vigilaba todo con la agudeza de su mente, Euriclea, hija de Ope Pisenórida.

A ésta dirigió Telémaco su palabra llamándola a la despensa:

«Vamos, ama, sácame en ánforas sabroso vino, el más preciado después del que tú guardas pensando en aquel desdichado, por si viene algún día Odiseo de linaje divino después de evitar la muerte y las Keres; lléname doce hasta arriba y ajusta todas con tapas. Échame también harina en bien cosidos pellejos, hasta veinte medidas de harina de trigo molido. Sólo tú debes saberlo. Que esté todo preparado, pues lo recogeré por la tarde cuando ya mi madre haya subido al piso de arriba y esté ocupada en acostarse. Me marcho a Esparta y a la arenosa Pilos para enterarme del regreso de mi padre, por si oigo algo.»

Así habló; rompió en lamentos su nodriza Euriclea y dijo llorando aladas palabras:

«¿Por qué, hijo mío, tienes en tu interior este proyecto? ¿Por dónde quieres ir a una tierra tan grande siendo el bienamado hijo único? Ha sucumbido lejos de su patria Odiseo, de linaje divino, en un país desconocido, y éstos te andan meditando la muerte para el mismo momento en que te marches, para que mueras en emboscada. Ellos se lo repartirán todo. Anda, quédate aquí sentado sobre tus cosas; no tienes necesidad ninguna de sufrir penalidades en el estéril ponto ni de andar errante.»

Y Telémaco le contestó discretamente:

«Anímate, ama, puesto que esta decisión me ha venido no sin un dios. Ahora júrame que no dirás esto a mi madre antes de que llegue el día décimo o el duodécimo, o hasta que ella misma me eche de menos y oiga que he partido, para que no afee, desgarrándola, su hermosa piel.»

Así habló, y la anciana juró por los dioses con gran juramento que no lo haría. Cuando hubo jurado y llevado a término este juramento vertió enseguida vino en las ánforas y echó harina en bien cosidos sacos. Y Telémaco se puso en camino hacia las habitaciones de abajo para reunirse con los pretendientes.

Entonces la diosa de ojos brillantes, Atenea, concibió otra idea. Tomando la forma de Telémaco marchó por toda la ciudad y poniéndose cerca de cada hombre les decía su palabra; les ordenaba que se congregaran con el crepúsculo junto a la rápida nave. Después pidió una rápida nave a Noemón, esclarecido hijo de Fronio, y éste se la ofreció de buena gana. Y se sumergió Helios y todos los caminos se llenaron de sombras. Entonces empujó hacia el mar a la rápida nave, puso en ella todas las provisiones que suelen llevar las naves de buenos bancos y la detuvo al final del puerto.

Los valientes compañeros ya se habían congregado en grupo, pues la diosa había movido a cada uno en particular.

Entonces la diosa de ojos brillantes, Atenea, concibió otra idea: se puso en camino hacia el palacio del divino Odiseo y una vez allí derramó

dulce sueño sobre los pretendientes, los hechizó cuando bebían e hizo caer las copas de sus manos. Y éstos se apresuraron por la ciudad para ir a

Entonces Atenea, de ojos brillantes, se dirigió a Telémaco llamándolo desde fuera del palacio, agradable para vivir, asemejándose a Méntor en la figura y timbre de voz:

«Ya tienes sentados al remo a tus compañeros de hermosas grebas y esperan tu partida. Vamos, no retrasemos por más tiempo el viaje.»

Así habló, y lo condujo rápidamente Palas Atenea, y él marchaba en pos de las huellas de la diosa. Cuando llegaron a la nave y al mar encontraron sobre la ribera a los aqueos de largo cabello y entre ellos habló la sagrada fuerza de Telémaco:

«Aquí, los míos, traigamos las provisiones; ya está todo junto en mi palacio. Mi madre no está enterada de nada ni las demás esclavas; sólo una ha oído mi palabra.»

dormir y ya no estuvieron sentados por más tiempo, pues el sueño se posaba sobre sus párpados.

Así habló y los condujo, y ellos le seguían de cerca. Se llevaron todo y lo pusieron en la nave de buenos bancos como había ordenado el querido hijo de Odiseo.

Subió luego Telémaco a la nave; Atenea iba delante y se sentó en la popa, y a su lado se sentó Telémaco.

Los compañeros soltaron las amarras, subieron todos y se sentaron en los bancos. Y Atenea, de ojos brillantes, les envió un viento favorable, el fresco Céfiro que silba sobre el ponto rojo como el vino.

Telémaco animó a sus compañeros, les ordenó que se asieran a las jarcias y éstos escucharon al que les urgía. Levantaron el mástil de abeto y lo colocaron dentro del hueco construido en medio, lo ataron con maromas y extendieron las blancas velas con bien retorcidas correas de piel de buey. El viento hinchó la vela central y las purpúreas olas bramaron a los lados de la quilla de la nave en su marcha, y corría apresurando su camino sobre las olas.

Después ataron los aparejos a la rápida nave y levantaron las cráteras llenas de vino hasta los bordes haciendo libaciones a los inmortales dioses, que han nacido para siempre, y entre todos especialmente a la de ojos brillantes, a la hija de Zeus.

Y la nave continuó su camino toda la noche y durante el amanecer.

CANTO III

TELÉMACO VIAJA A PILOS PARA INFORMARSE SOBRE SU PADRE

Habíase levantado Helios, abandonando el hermosísimo estanque del mar, hacia el broncíneo cielo para alumbrar a los inmortales y a los mortales caducos sobre la Tierra donadora de vida, cuando llegaron a Pilos, la bien construida ciudadela de Neleo.

Los pilios estaban sacrificando sobre la ribera del mar toros totalmente negros en honor del de azuloscura cabellera, el que sacude las tierras. Había nueve asientos y en cada uno estaban sentados quinientos hombres y de cada uno hacían ofrenda de nueve toros. Mientras éstos gustaban las entrañas y quemaban los muslos en honor del dios, los itacenses entraban en el puerto; amainaron las velas de la equilibrada nave, las ataron, fondearon la nave y descendieron.

Entonces descendió Telémaco de la nave y Atenea iba delante. Y a él dirigió sus primeras palabras la diosa de ojos brillantes:

«Telémaco, ya no has de tener vergüenza, ni un poco siquiera, pues has navegado el mar para inquirir dónde oculta la tierra a tu padre y qué suerte ha corrido.

«Conque, vamos, marcha directamente a casa de Néstor, domador de caballos; sepamos qué pensamientos guarda en su pecho. Y suplícale para que te diga la verdad; mentira no te dirá, es muy discreto.»

Y le contestó Telémaco discretamente:

«Méntor, ¿cómo voy a ir a abrazar sus rodillas? No tengo aún experiencia alguna en discursos ajustados. Y además a un hombre joven le da vergüenza preguntar a uno más viejo.»

Y la diosa de ojos brillantes, Atenea, se dirigió de nuevo a él:

«Telémaco, unas palabras las concebirás en tu propia mente y otras te las infundirá la divinidad. Estoy seguro de que tú has nacido y te has criado no sin 1a voluntad de los dioses.»

Así habló y lo condujo con rapidez Palas Atenea, y él siguió en pos de la diosa. Llegaron a la asamblea y a los asientos de los hombres de Pilos, donde Néstor estaba sentado con sus hijos, y en torno a ellos los compañeros asaban la carne y la ensartaban preparando el banquete.

Cuando vieron a los forasteros se reunieron todos en grupo, les tomaron de las manos en señal de bienvenida y les ordenaron sentarse. Pisístrato, el hijo de Néstor, fue el primero que se les acercó: les tomó a ambos de la mano y los hizo sentarse en torno al banquete sobre blandas pieles de ovejas, en las arenas marinas, a la vera de su hermano Trasimedes y de su padre. Luego les dió parte de las entrañas, les vertió vino en copa de oro y dirigió a Palas Atenea, la hija de Zeus, portador de égidas, sus palabras de bienvenida:

«Forastero, eleva tus súplicas al soberano Poseidón, pues en su honor es el banquete con el que os habéis encontrado al llegar aquí. Luego que hayas hecho las libaciones y súplicas como está mandado, entrega también a éste la copa de agradable vino para que haga libación; que también él, creo yo, hace súplicas a los inmortales, pues todos los hombres. necesitan a los dioses. Pero es más joven, de mi misma edad, por eso quiero darte a ti primero la copa de oro.»

Así diciendo, puso en su mano la copa de agradable vino; Atenea dio las gracias al discreto, al cabal hombre, porque le había dado a ella primero la copa de oro y a continuación dirigió una larga plegaria al soberano Poseidón:

«Escúchame, Poseidón, que conduces tu carro por la tierra, y no te opongas por rencor a que los que te suplican llevemos a término esta empresa. Concede a Néstor antes que a nadie, y a sus hijos, honor, y después concede a los demás pilios una recompensa en reconocimiento por su espléndida hecatombe. Concede también a Telémaco y a mí que volvamos después de haber conseguido aquello por lo que hemos venido aquí en veloz, negra nave.»

Así orando, realizó (ritualmente) todo y entregó a Telémaco la hermosa copa doble. Y el querido hijo de Odiseo elevó su súplica de modo semejante.

Cuando habían asado la carne exterior de las víctimas, la sacaron del asador, repartieron las porciones y se aplicaron al magnífico festín. Y después que habían echado de sí el apetito de comer y beber, comenzó a hablarles el de Gerenias, el caballero Néstor:

«Ahora que se han saciado de comida, lo mejor es entablar conversación y preguntar a los forasteros quiénes son. Forasteros, ¿quiénes sois?, ¿de dónde habéis llegado navegando los húmedos senderos? ¿Andáis errantes por algún asunto o sin rumbo como los piratas por la mar, los que andan a la aventura exponiendo sus vidas y llevando la destrucción a los de otras tierras?»

Y Telémaco se llenó de valor y le contestó discretamente -pues la misma Atenea le infundió valor en su interior para que le preguntara sobre su padre ausente y para que cobrara fama de valiente entre los hombres:

«Néstor, hijo de Neleo, gran honra de los aqueos, preguntas de dónde somos y yo te lo voy a exponer en detalle.

«Hemos venido de Itaca, a los pies del monte Neyo, y el asunto de que te voy a hablar es privado, no público. Ando a lo ancho en busca de noticias sobre mi padre -por si las oigo en algún sitio-, de Odiseo el divino, el sufridor, de quien dicen que en otro tiempo arrasó la ciudad de Troya luchando a tu lado. Ya me he enterado dónde alcanzó luctuosa muerte cada uno de cuantos lucharon contra los troyanos, pero su muerte la ha hecho desconocida el hijo de Crono, pues nadie es capaz de decirme claramente dónde está muerto, si ha sucumbido en tierra firme a manos de hombres enemigos o en el mar entre las olas de Anfitrite. Por esto me llego ahora a tus rodillas, por si quieres contarme su luctuosa muerte -la hayas visto con tus propios ojos o hayas escuchado el relato de algún caminante-; ¡digno de lástima lo parió su madre! Y no endulces tus palabras por respeto ni piedad, antes bien

cuéntame detalladamente cómo llegaste a verlo. Te lo suplico si es que alguna vez mi padre, el noble Odiseo, te prometió algo y te lo cumplió en el pueblo de los troyanos donde los aqueos sufríais penalidades. Acuérdate de esto ahora y cuéntame la verdad.»

Y le contestó luego el de Gerenia, el caballero Néstor:

«Hijo mío, puesto que me has recordado los infortunios que tuvimos que soportar en aquel país los hijos de los aqueos de incontenible furia: cuánto vagamos con las naves en el brumoso ponto, a la deriva en busca de botín por donde nos guiaba Aquiles y cuánto combatimos en torno a la gran ciudad del soberano Príamo... Allí murieron los mejores: allí reposa Ayax, hijo de Ares, y allí Aquiles, y allí Patroslo, consejero de la talla de los dioses, y allí mi querido hijo, fuerte a la vez que irreprochable, Antíloco, que sobresalía en la carrera y en el combate. Otros muchos males sufrimos además de éstos. ¿Quién de los mortales hombres podría contar todas aquellas cosas? Nadie, por más que te quedaras a su lado cinco o seis años para preguntarle cuántos males sufrieron allí los aqueos de linaje divino. Antes volverías apesadumbrado a tu tierra patria. Durante nueve años tramamos desgracias contra ellos acechándoles con toda clase de engaños y a duras penas puso término (a la guerra) el hijo de Cronos.

«Jamás quiso nadie igualársele en inteligencia, puesto que el divino Odiseo era muy superior en toda clase de astucias, tu padre, si es que verdaderamente eres descendencia suya. (Al verte se apodera de mí el asombro. En verdad vuestras palabras son parecidas y no se puede decir que un hombre joven hable tan discretamente.)

«Jamás, durante todo el tiempo que estuvimos allí, hablábamos de diferente modo yo y el divino Odiseo ni en la asamblea ni en el consejo, sino que teníamos un solo pensamiento, y con juicio y prudente consejo mostrábamos a los aqueos cómo saldría todo mejor.

«Después, cuando habíamos saqueado la elevada ciudad de Príamo y embarcamos en las naves y la divinidad dispersó a los aqueos, Zeus concibió en su mente un regreso lamentable para los argivos porque no todos eran prudentes ni justos. Así que muchos de éstos fueron al encuentro de una desgraciada muerte por causa de la funesta cólera de la de poderoso padre, de la de ojos brillantes que asentó la Disensión entre ambos atridas. Convocaron éstos en asamblea a todos los aqueos, insensatamente, a destiempo, cuando Helios se sumerge, y los hijos de los aqueos se presentaron pesados por el vino, y les dijeron por qué habían reunido al ejército.

«Allí Menelao aconsejaba a todos los aqueos que pensaran en volver sobre el ancho lomo del mar. Pero no agradó en absoluto a Agamenón, pues quería retener al pueblo y ejecutar sagradas hecatombes para aplacar la tremenda cólera de Atenea. ¡Necio!, no sabía que no iba a persuadirla, que no se doblega rápidamente la voluntad de los dioses que viven siempre. Así que los dos se pusieron en pie y se contestaban con palabras agrias. Y los hijos de los aqueos de hermosas grebas se levantaron con un vocerío sobrehumano: divididos en dos bandos les agradaba una a otra decisión.

«Pasamos la noche removiendo en nuestro interior maldades unos contra otros, pues ya Zeus nos preparaba el azote de la desgracia.

«Al amanecer algunos arrastramos las naves hasta el divino mar y metimos nuestros botines y las mujeres de profundas cinturas. La mitad del ejército permaneció allí, al lado del atrida Agamenón, pastor de su pueblo, pero la otra mitad embarcamos y partimos. Nuestras naves navegaban muy aprisa -una divinidad había calmado el ponto que encierra grandes monstruos- y llegados a Ténedos realizamos sacrificios a los dioses con el deseo de volver a casa. Pero Zeus no se preocupó aún de nuestro regreso. ¡Cruel! Él, que levantó por segunda vez agria disensión: unos dieron la vuelta a sus bien curvadas naves y retornaron con el prudente soberano Odiseo, el de pensamientos complicados, para dar satisfacción al atrida Agamenón, pero yo, con todas mis naves agrupadas, las que me seguían, marché de allí porque barruntaba que la divinidad nos preparaba desgracias.

«También marchó el belicoso hijo de Tideo y arrastró consigo a sus compañeros y más tarde navegó a nuestro lado el rubio Menelao -nos encontró en Lesbos cuando planeábamos el largo regreso: o navegar por encima de la escabrosa Quios en dirección de la isla Psiría dejándola a la izquierda o bien por debajo de Quios junto al ventiscoso Mirnante. Pedimos a la divinidad que nos mostrara un prodigio y enseguida ésta nos lo mostró y nos aconsejó cortar por la mitad del mar en dirección a Eubea, para poder escapar rápidamente de la desgracia. Así que levantó, para que soplara, un sonoro viento y las naves recorrieron con suma rapidez los pecillenos caminos. Durante la noche arribaron a Geresto y ofrecimos a Poseidón muchos muslos de toros por haber recorrido el gran mar. Era el cuarto día cuando los compañeros del tidida Diomedes, el domador de caballos, fondearon sus equilibradas naves en Argos. Después yo me dirigí a Pilos y ya nunca se extinguió el viento desde que al principio una divinidad lo envió para que soplara. Así llegué, hijo mío, sin enterarme, sin saber quiénes se salvaron de los aqueos y quiénes perecieron, pero cuanto he oído sentado en mi palacio lo sabrás -como es justo- y nada te ocultaré. Dicen que han llegado bien los mirmidones famosos por sus lanzas, a los que conducía el ilustre hijo del valeroso Aquiles y que llegó bien Filoctetes, el brillante hijo de Poyante. Idomeneo condujo hasta Creta a todos sus compañeros, los que habían sobrevivido a la guerra, y el mar no se le engulló a ninguno. En cuanto al Atrida, ya habéis oído vosotros mismos, aunque estáis lejos, cómo llegó y cómo Egisto le había preparado una miserable muerte, aunque ya ha pagado lamentablemente. ¡Qué bueno es que a un hombre muerto le quede un hijo! Pues aquél se ha vengado del asesino de su padre, del tramposo Egisto, porque le había asesinado a su ilustre padre. También tú, hijo -pues te veo vigoroso y bello-, sé fuerte para que cualquiera de tus descendientes hable bien de ti.»

Y le contestó Telémaco discretamente:
«Néstor, hijo de Neleo, gran honra de los aqueos, así es, por cierto; aquél se vengó y los aqueos llevarán a lo largo y a lo ancho su fama, motivo de canto para los venideros.

«¡Ojalá los dioses me dotaran de igual fuerza para hacer pagar a los pretendientes por su dolorosa insolencia!, pues ensoberbecidos me preparan acciones malvadas. Pero los dioses no han tejido para mí tal dicha; ni para mi padre ni para mí. Y ahora no hay más remedio que aguantar.»

Y le contestó luego el de Gerenia, el caballero Néstor:

«Amigo -puesto que me has recordado y dicho esto-, dicen que muchos pretendientes de tu madre están cometiendo muchas injusticias en él palacio contra tu voluntad. Dime si cedes de buen gusto o te odia la gente en el pueblo siguiendo una inspiración de la divinidad. ¡Quién sabe si llegará Odiseo algún día y les hará pagar sus acciones violentas, él solo o todos los aqueos. juntos! Pues si la de ojos brillantes, Atenea, quiere amarte del mismo modo que protegía al ilustre Odiseo en aquel entonces en el pueblo de los troyanos donde los aqueos pasamos penalidades (pues nunca he visto que los dioses amen tan a las claras como Palas Atenea le asistía a él), si quiere amarte a ti así y preocuparte de ti en su ánimo, cualquiera de aquéllos se olvidaría del matrimonio.»

Y le contestó Telémaco discretamente:

«Anciano, no creo que esas palabras lleguen a realizarse nunca. Has dicho algo excesivamente grande. El estupor me tiene sujeto. Esas cosas no podrían sucederme por más que lo espere ni aunque los dioses lo quisieran así.»

Y de pronto la diosa de ojos brillantes, Atenea, se dirigió a él:

«¡Telémaco, qué palabra ha escapado del cerco de tus dientes! Es fácil para un dios, si quiere, salvar a un hombre aun desde lejos. Preferiría yo volver a casa aun después de sufrir mucho y ver el día de mi regreso, antes que morir al llegar, en mi propio hogar, como ha perecido Agamenón víctima de una trampa de Egisto y de su esposa. Pero, en verdad, ni siquiera los dioses pueden apartar la muerte, común a todos, de un hombre, por muy querido que les sea, cuando ya lo ha alcanzado el funesto Destino de la muerte de largos lamentos.»

Y le contestó discretamente Telémaco:

«Méntor, no hablemos más de esto aun a pesar de nuestra preocupación. En verdad ya no hay para él regreso alguno, que los dioses le han pensado la muerte y la negra Ker. Ahora quiero hacer otra indagación y preguntarle a Néstor, puesto que él sobresale por encima de los demás en justicia a inteligencia. Pues dicen que ha sido soberano de tres generaciones de hombres, y así me parece inmortal al mirarlo. Néstor, hijo de Neleo -y dime la verdad-, ¿cómo murió el poderoso atrida Agamenón?, ¿dónde estaba Menelao?, ¿qué muerte le preparó el tramposo Egisto, puesto que mató a uno mucho mejor que él? ¿O es que no estaba en Argos de Acaya, sino que andaba errante, en cualquier otro sitio, y Egisto lo mató cobrando valor?»

Y le contestó a continuación el de Gerenia, el caballero Néstor:

«Hijo, te voy a decir toda la verdad. Tú mismo puedes imaginarte qué habría pasado si al volver de Troya el Atrida, el rubio Menelao, hubiera encontrado vivo a Egisto en el palacio. Con seguridad no habrían echado tierra sobre su cadáver, sino que los perros y las aves, tirado en la llanura lejos de la ciudad, lo habrían despedazado sin que lo llorara ninguna de las aqueas: ¡tan gran crimen cometió! Mientras nosotros realizábamos en Troya innumerables pruebas, él estaba tranquilamente en el centro de Argos, criadora de caballos, y trataba de seducir poco a poco a la esposa de Agamenón con sus palabras.

«Esta, al principio, se negaba al vergonzoso hecho, la divina Clitemnestra, pues poseía un noble corazón, y a su lado estaba también el aedo, a quien el Atrida al marchar a Troya había encomendado encarecidamente que protegiera a su esposa. Pero cuando el Destino de los dioses la forzó a sucumbir se llevó al aedo a una isla desierta y lo dejó como presa y botin de las aves. Y Egisto la llevó a su casa de buen grado sin que se opusiera. Luego quemó muchos muslos sobre los sagrados altares de los dioses y colgó muchas ofrendas -vestidos y oro-por haber realizado la gran hazaña que jamás esperó en su ánimo llevar a cabo.

«Nosotros navegábamos juntos desde Troya, el Atrida y yo, con sentimientos comunes de amistad. Pero cuando llegamos al sagrado Sunio, el promontorio de Atenas, Febo Apolo mató al piloto de Menelao alcanzándole con sus suaves flechas cuando tenía entre sus manos el timón de la nave, a Frontis, hijo de Onetor, que superaba a la mayoría de los hombres en gobernar la nave cuando se desencadenaban las tempestades. Asi que se detuvo allí, aunque anhelaba el camino, para enterrar a su compañero y hacerle las honras fúnebres.

«Cuando ya de camino sobre el ponto rojo como el vino alcanzó con sus cóncavas naves la escarpada montaña de Maleas en su carrera, en ese momento el que ve a lo ancho, Zeus, concibió para él un viaje luctuoso y derramó un huracán de silbantes vientos y monstruosas bien nutridas olas semejantes a montes. Allí dividió parte de las naves e impulsó a unas hacia Creta, donde viven los Cidones en torno a la corriente del Jardano. Hay una pelada y elevada roca que se mete en el agua, en el extremo de Górtina, en el nebuloso ponto, donde Noto impulsa las grandes olas hacia el lado izquierdo del saliente, en dirección a Festos, y una pequeña piedra detiene las grandes olas. Allí llegaron las naves y los hombres consiguieron evitar la muerte a duras penas, pero las olas quebraron las naves contra los escollos. Sin embargo, a otras cinco naves de azuloscuras proas el viento y el agua las impulsaron hacia Egipto. Allí reunió éste abundantes bienes y oro, y se dirigió con sus naves en busca de gentes de lengua extraña.

«Y, entre tanto, Egisto planeó estas malvadas acciones en casa, y después de asesinar al Atrida, el pueblo le estaba sometido. Siete años reinó sóbre la dorada Micenas, pero al octavo llegó de vuelta de Atenas el divino Orestes para su mál y mató al asesino de su padre, a Egisto, al inventor de engaños, porque había asesinado a su ilustre padre. Y después de matarlo dió a los argivos un banquete fúnebre por su odiada madre y por el cobarde Egisto.

«Ese mismo día llegó Menelao, de recia voz guerrera, trayendo muchas riquezas, cuantas podían soportar sus naves en peso.

«En cuanto a ti, amigo, no andes errante mucho tiempo lejos de tu casa, dejando tus posesiones y hombres tan arrogantes en tu palacio, no sea que se lo repartan todos tus bienes y se los coman y camines un viaje baldío. Antes bien, te aconsejo y exhorto a que vayas junto a Menelao, pues él está recién llegado de otras regiones, de entre tales hombres de los que nunca soñaría poder regresar aquel a quien los huracanes lo impulsen desde el principio hacia un mar tan grande que ni las aves son capaces de recorrerlo en un año entero, puesto que es grande y terrorífico. Vamos, márchate con la nave y los compañeros, pero si quieres ir por tierra tienes a tu disposición un carro y caballos y a la disposición están mis hijos que te servirán de escolta hasta la divina Lacedemonia, donde está el rubio Menelao.

Ruégale para que te diga la verdad; mentira no te dirá, es muy discreto.»

Así habló, y Helios se sumergió y sobrevino la oscuridad.

Y les dijo la diosa de ojos brillantes, Atenea:

«Anciano, has hablado como te corresponde. Pero, vamos, cortad las lenguas y mezclad el vino para que hagamos libaciones a Poseidón y a los demás inmortales y nos ocupemos de dormir, pues ya es hora. Ya ha descendido la luz a la región de las sombras y no es bueno estar sentado mucho tiempo en un banquete en honor de los dioses, sino regresar.»

Así habló la hija de Zeus y ellos prestaron atención a la que hablaba.

Y los heraldos derramaron agua sobre sus manos y los jóvenes coronaron de vino las cráteras y lo repartieron entre todos haciendo una primera ofrenda, por orden, en las copas. Luego arrojaron las lenguas al fuego y se pusieron en pie para hacer la libación.

Cuando hubieron libado y bebido cuanto su apetito les pedía, Atenea y Telémaco, semejante a un dios, se pusieron en camino para volver a la cóncava nave. Pero Néstor todavía los retuvo tocándolos con sus palabras:

«No permitirán Zeus y los demás dioses inmortales que volváis de mi casa a la rápida nave como de casa de uno que carece por completo de ropas, o de un indigente que no tiene mantas ni abundantes sábanas en casa ni un dormir blando para sí y para sus huéspedes. Que en mi casa hay mantas y sábanas hermosas. No dormirá sobre los maderos de su nave el querido hijo de Odiseo mientras yo viva y aún me queden hijos en el palacio para hospedar a mis huéspedes, quienquiera que sea el que arribe a mi palacio.»

Y la diosa de ojos brillantes, Atenea, le dijo:

«Has hablado bien, anciano amigo. Sería conveniente que Telémaco te hiciera caso. Así, pues, él te seguirá para dormir en tu palacio, pero yo marcharé a la negra nave para animar a los compañeros y darles órdenes, pues me precio de ser el más anciano entre ellos. Y los demás nos siguen por amistad, hombres jóvenes todos, de la misma edad que el valiente Telémaco. Yo dormiré en la cóncava, negra nave, y al amanecer iré junto a los impetuosos caucones, dondé se me debe una deuda no de ahora ni pequeña, desde luego.

«Tú, envíalo con un carro y un hijo tuyo, pues ha llegado a tu casa como huésped. Y dale caballos, los que sean más veloces en la carrera y más excelentes en vigor.».

Así hablando partió la de ojos brillantes, Atenea, tomando la forma del buitre barbado.

Y la admiración atenazó a todos los aqueos. Admiróse el anciano cuando lo vio con sus ojos y tomando la mano de Telémaco le dirigió su palabra y le llamó por su nombre.

«Amigo, no creo que llegues a ser débil ni cobarde si ya, tan joven, lo siguen los dioses como escolta. Pues éste no era otro de entre los que ocupan las mansiones del Olimpo que la hija de Zeus, la rapaz Tritogénia, la que honraba también a tu noble padre entre los argivos. Soberana, séme propicia, dame fama de nobleza a mí mismo, a mis hijos y a mi venerable esposa y a cambio yo te sacrificaré una cariancha novilla de un año, no domada, a la que jamás un hombre haya llevado bajo el yugo. Te la sacrificaré rodeando de oro sus cuernos.»

Así dirigió sus súplicas y Palas Atenea le escuchó. Y el de Gerenia, el caballero Néstor, condujo a sus hijos y yernos hacia sus hermosas mansiones.

Cuando llegaron al palacio de este soberano se sentaron por orden en sillas y sillones y, una vez llegados, el anciano les mezcló una crátera de vino dulce al paladar que el ama de llaves abrió -a los once años de estar cerrada- desatando la cubierta. El anciano mezcló una crátera de este vino y oró a Atenea al hacer la libación, a la hija de Zeus el que lleva la égida.

Después, cuando hubieron hecho la libación y bebido cuanto les pedía su apetito, los parientes marcharon cada uno a su casa para dormir. Pero a Telémaco, el querido hijo del divino Odiseo, lo hizo acostarse allí mismo el de Gerenia, el caballero Néstor, en un lecho taladrado bajo el sonoro pórtico. Y a su lado hizo acostarse a Pisístrato de buena lanza de fresno, caudillo de guerreros, el que de sus hijos permanecía todavía soltero en el palacio.

Néstor durmió en el centro de la elevada mansión y su señora esposa le preparó el lecho y la cama.

Y cuando se mostró Eos, la que nace de la mañana, la de dedos de rosa, se levantó del lecho el de Gerenia, el caballero Néstor. Salió y se sentó sobre las pulimentadas piedras que tenía, blancas, resplandecientes de aceite, delante de las elevadas puertas, sobre las que solía sentarse antes Neleo, consejero de la talla de los dioses. Pero éste había ya marchado a Hades sometido por Ker, y entonces se sentaba Néstor, el de Gerenia, el guardián de los aqueos, el que tenía el cetro.

Y sus hijos se congregaron en torno suyo cuando salieron de sus dormitorios, Equefrón y Estratio, Perseo y Trasímedes semejante a un dios. A continuación llegó a ellos en sexto lugar el héroe Pisístrato, y a su lado sentaron a Telémaco semejante a los dioses.

Y entre ellos comenzó a hablar el de Gerenia, el caballero Néstor:

«Hijos míos, llevad a cabo rápidamente mi deseo para que antes que a los demás dioses propicie a Atenea, la que vino manifiestamente al abundante banquete en honor del dios. Vamos, que uno marche a la llanura a por una novilla de modo que llegue lo antes posible: que la conduzca el boyero; que otro marche a la negra nave del valiente Telémaco y traiga a todos los compañeros dejando sólo dos; que otro ordene que se presente aquí Laerques, el que derrama el oro, para que derrame oro en torno a los cuernos de la novilla. Los demás quedaos aquí reunidos y decid a las esclavas que dispongan un banquete dentro del ilustre palacio; que traigan asientos y leña alrededor y brillante agua.»

Así habló, y al punto todos se apresuraron. Y llegó enseguida la novilla de la llanura y llegaron los compañeros del valiente Telémaco de junto a la equilibrada nave; y llegó el broncero llevando en sus manos las herramientas de bronce, perfección del arte: el yunque y el martillo y las bien labradas tenazas con las que trabajaba el oro. Y llegó Atenea para asistir a los sacrificios.

El anciano, el cabalgador de caballos, Néstor, le entregó oro a Laerques, y éste lo trabajó y derramó por los cuernos de la novilla para que la diosa se alegrara al ver la ofrenda. Y llevaron a la novilla por los cuernos Estratio y el divino Equefrón; y Areto salió de su dormitorio llevándoles el agua-manos en una vasija adornada con flores y en la otra llevaba la cebada tostada dentro de una cesta. Y Trasímedes, el fuerte en la lucha, se presentó con una afilada hacha en la mano para herir a la novilla, y Perseo sostenía el vaso para la sangre.

El anciano, el cabalgador de caballos, Néstor, comenzó las abluciones y la esparsión de la cebada sobre el altar suplicando insitentemente a Atenea mientras realizaba el rito preliminar de arrojar al fuego cabellos de su testuz.

Cuando acabaron de hacer las súplicas y la esparsión de la cebada, el hijo de Néstor, el muy valiente Trasímedes, condujo a la novilla, se colocó cerca, y el hacha segó los tendones del cuello y debilitó la fuerza de la novilla. Y lanzaron el grito ritual las hijas y nueras y la venerable esposa de Néstor, Eurídice, la mayor de las hijas de Climeno.

Luego levantaron a la novilla de la tierra de anchos caminos, la sostuvieron y al punto la degolló Pisístrato, caudillo de guerreros.

Después que la oscura sangre le salió a chorros y el aliento abandonó sus huesos, la descuartizaron enseguida, le cortaron las piernas según el rito, las cubrieron con grasa por ambos lados, haciéndolo en dos capas y pusieron sobre ellas la carne cruda. Entonces el anciano las quemó sobre la leña y por encima vertió rojo vino mientras los jóvenes cerca de él sostenían en sus manos tenedores de cinco puntas.

Después que las piernas se habían consumido por completo y que habían gustado las entrañas cortaron el resto en, pequeños trozos, lo ensartaron y lo asaron sosteniendo los puntiagudos tenedores en sus manos.

Entre tanto, la linda Policasta lavaba a Telémaco, la más joven hija de Néstor, el hijo de Neleo. Después que lo hubo lavado y ungido con aceite le rodeó el cuerpo con una túnica y un manto. Salió Telémaco del baño, su cuerpo semejante a los inmortales, y fue a sentarse al lado de Néstor, pastor de su pueblo. Luego que la parte superior de la carne estuvo asada, la sacaron y se sentaron a comer, y unos jóvenes nobles se levantaron para escanciar el vino en copas de oro.

Después que arrojaron de sí el deseo de comida y bebida, comenzó a hablarles el de Gerenia, el caballero Néstor:

«Hijos míos, vamos, traed a Telémaco caballos de hermosas crines y enganchadlos al carro para que prosiga con rapidez su viaje.»

Así habló, y ellos le escucharon y le hicieron caso, y con diligencia engancharon al carro ligeros corceles. Y la mujer, la ama de llaves, le preparó vino y provisiones como las que comen los reyes a los que alimenta Zeus.

Enseguida ascendió Telémaco al hermoso carro, y a su lado subió el hijo de Néstor, Pisístrato, el caudillo de guerreros. Empuñó las riendas y restalló el látigo para que partieran, y los dos caballos se lanzaron de buena gana a la llanura abandonando la elevada ciudad de Pilos. Durante todo el día agitaron el yugo sosteniéndolo por ambos lados.

Y Helios se sumergió y todos los caminos se llenaron de sombras cuando llegaron a Feras, al palacio de Diocles, el hijo de Ortíloco a quien Alfeo había engendrado. Allí durmieron aquella noche, pues él les ofreció hospitalidad.

Y se mostró Eos, la que nace de la mañana, la de dedos de rosa; engancharon los caballos, subieron al bien trabajado carro y salieron del pórtico y de la resonante galería.

Restalló Pisístrato el látigo para que partieran, y los dos caballos se lanzaron de buena gana, y llegaron a la llanura, a la que produce trigo, poniendo término a su viaje: ¡de tal manera lo llevaban los veloces caballos!

Y se sumergió Helios y todos los caminos se llenaron de sombras.

CANTO IV

TELÉMACO VIAJA A ESPARTA PARA INFORMASE SOBRE SU PADRE

Llegaron éstos a la cóncava y cavernosa Lacedemonia y se encaminaron al palacio del ilustre Menelao. Lo encontraron con numerosos allegados, celebrando con un banquete la boda de su hijo e ilustre hija. A su hija iba a enviarla al hijo de Aquiles, el que rompe las filas enemigas; que en Troya se la ofreció por vez primera y prometió entregarla, y los dioses iban a llevarles a término las bodas. Mandábale ir con caballos y carros a la muy ilustre ciudad de los mirmidones, sobre los cuales reinaba aquél. A su hijo le entregaba como esposa la hija de Alector, procedente de Esparta. El vigoroso Megapentes, su hijo, le había nacido muy querido de una esclava, que los dioses ya no dieron un hijo a Helena luego que le hubo nacido el primer hijo la deseada Hermione, que poseía la hermosura de la dorada Afrodita.

Conque se deleitaban y celebraban banquetes en el gran palacio de techo elevado los vecinos y parientes del ilustre Menelao; un divino aedo les cantaba tocando la cítara, y dos volatineros giraban en medio de ellos, dando comienzo a la danza.

Y los dos jóvenes, el héroe Telémaco y el ilustre hijo de Néstor se detuvieron y detuvieron los caballos a la puerta del palacio. Violos el noble Eteoneo cuando salía, ágil servidor del ilustre Menelao, y echó a andar por el palacio para comunicárselo al pastor de su pueblo. Y poniéndose junto a él le dijo aladas palabras:

«Hay dos forasteros, Menelao, vástago de Zeus, dos mozos semejantes al linaje del gran Zeus. Dime si desenganchamos sus rápidos caballos o les mandamos que vayan a casa de otro que los reciba amistosamente.»

Y el rubio Menelao le dijo muy irritado:

«Antes no eras tan simple, Eteoneo, hijo de Boeto, mas ahora dices sandeces corno un niño. También nosotros llegamos aquí, los dos, después de comer muchas veces por amor de la hospitalidad de otros hombres. ¡Ojalá Zeus nos quite de la pobreza para el futuro! Desengancha los caballos de los forasteros y hazlos entrar para que se les agasaje en la mesa».

Así dijo; salió aquél del palacio y llamó a otros diligentes servidores para que lo acompañaran. Desengancharon los caballos sudorosos bajo el yugo y los ataron a los pesebres, al lado pusieron escanda y mezclaron blanca cebada; arrimaron los carros al muro resplandeciente e introdujeron a los forasteros en la divina morada. Estos, al observarlo, admirábanse del palacio del rey, vástago de Zeus; que había un resplandor como del sol o de la luna en el palacio de elevado techo del glorioso Menelao. Luego que se hubieron saciado de verlo con sus ojos, marcharon a unas bañeras bien pulidas y se lavaron. Y luego que las esclavas los hubieron ungido con aceite, les pusieron ropas de lana y mantos y fueron a sentarse en sillas junto al Atrida Menelao. Y una esclava virtió agua de lavamanos que traía en bello jarro de oro sobre fuente de plata y colocó al lado una pulida mesa. Y la venerable ama de llaves trajo pan y sirvió la mesa colocando abundantes alimentos, favoreciéndoles entre los que estaban presentes. Y el trinchador les sacó platos de carnes de todas clases y puso a su lado copas de oro. Y mostrándoselos, decía el prudente Menelao:

«Comed y alegraos, que luego que os hayáis alimentado con estos manjares os preguntaremos quiénes sois de los hombres. Pues sin duda el linaje de vuestros padres no se ha perdido, sino que sois vástagos de reyes que llevan cetro de linaje divino, que los plebeyos no engendran mozos así.»

Así diciendo puso junto a ellos, asiéndolo con la mano, un grueso lomo asado de buey que le habían ofrecido a él mismo como presente de honor. Echaron luego mano a los alimentos colocados delante, y después que arrojaron el deseo de comida y bebida, Telémaco habló al hijo de Néstor acercando su cabeza para que los demás no se enteraran:

«Observa, Nestórida grato a mi corazón, el resplandor de bronce en el resonante palacio, y el del oro, el eléctro, la plata y el marfil. Seguro que es así por dentro el palacio de Zeus Olímpico. ¡Cuántas cosas inefables!, el asombro me atenaza al verlas.»

El rubio Menelao se percató de lo que decía y habló aladas palabras:

Hijos míos, ninguno de los mortales podría competir con Zeus, pues son inmortales su casa y posesiones; pero de los hombres quizá alguno podría competir conmigo -o quizá no- en riquezas; las he traído en mis naves -y llegué al octavo año- después de haber padecido mucho y andar errante mucho tiempo. Errante anduve por Chipre, Fenicia y Egipto; llegué a los etíopes, a los sidonios, a los erembos y a Libia, donde los corderos enseguida crían cuernos, pues las ovejas paren tres veces en un solo año. Ni amo ni pastor andan allí faltos de queso ni de carne, ni de dulce leche, pues siempre están dispuestas para dar abundante leche. Mientras andaba yo errante por allí, reuniendo muchas riquezas, otro mató a mi hermano a escondidas, sin que se percatara, con el engaño de su funesta esposa. Así que reino sin alegría sobre estas riquezas. Ya habréis oído esto de vuestros padres, quienes quiera que sean, pues sufrí muy mucho y destruí un palacio muy agradable para vivir que contenía muchos y valiosos bienes. ¡Ojalá habitara yo mi palacio aún con un tercio de éstos, pero estuvieran sanos y salvos los hombres que murieron en la ancha Troya lejos de Argos, criadora de caballos. Y aunque lloro y me aflijo a menudo por todos en mi palacio, unas veces deleito mi ánimo con el llanto y otras descanso, que pronto trae cansancio el frío llanto. Mas no me lamento tanto por ninguno, aunque me aflija, como por uno que me amarga el sueño y la comida al recordarlo, pues ninguno de los aqueos sufrió tanto como Odiseo sufrió y emprendió. Para él habían de ser las preocupaciones, para mí el dolor siempre insoportable por aquél, pues está lejos desde hace tiempo y no sabemos si vive o ha muerto. Sin duda lo lloran el anciano Laertes y la discreta Penélope y Telémaco, a quien dejó en casa recién nacido.»

Así dijo y provocó en Telémaco el deseo de llorar por su padre. Cayó a tierra una lágrima de sus párpados al oír hablar de éste, y sujetó ante sus ojos el purpúreo manto con las manos.

Menelao se percató de ello, y dudaba en su mente y en su corazón si dejarle que recordara a su padre o indagar él primero y probarlo en cada cosa en particular. En tanto que agitaba esto en su mente y en su corazón, salió Helena de su perfumada estancia de elevado techo semejante a Afrodita, la de rueca de oro.

Colocó Adrastra junto a ella un sillón bien trabajado, y Alcipe trajo un tapete de suave lana. También trajo Filo la canastilla de plata que le había dado Alcandra, mujer de Pólibo, quien habitaba en Tebas la de Egipto, donde las casas guardan muchos tesoros. (Dio Pólibo a Menelao dos bañeras de plata, dos trípodes y diez talentos de oro. Y aparte, su esposa hizo a Helena bellos obsequios: le regaló una rueca de oro y una canastilla sostenida por ruedas de plata, sus bordes terminados con oro.) Ofreciósela, pues, Filo, llena de hilo trabajado, y sobre él se extendía un huso con lana de color violeta. Y se sentó en la silla y a sus pies tenía un escabel. Y luego preguntó a su esposo, con su palabra, cada detalle:

«¿Sabemos ya, Menelao, vástago de Zeus, quiénes de los hombres se precian de ser éstos que han llegado a nuestra casa? ¿Me engañaré o será cierto lo que voy a decir? El ánimo me lo manda. Y es que creo que nunca vi a nadie tan semejante, hombre o mujer (¡el asombro me atenaza al contemplarlo!), como éste se parece al magnífico hijo de Odiseo, a Telémaco, a quien aquel hombre dejó recién nacido en casa cuando los aqueos marchasteis a Troya por causa de mí, ¡desvergonzada!, para llevar la guerra.»

Y el rubio Menelao le contestó diciendo:

«También pienso yo ahora, mujer, tal como lo imaginas, pues tales eran los pies y las manos de aquél, y las miradas de sus ojos, y la cabeza y por encima los largos cabellos. Así que, al recordarme a Odiseo, he referido ahora cuánto sufrió y se fatigó aquél por mí. Y él vertía espeso llanto de debajo de sus cejas sujetando con las manos el purpúreo manto ante sus ojos.»

Y luego Pisístrato, el hijo de Néstor, le dijo:

«Atrida Menelao, vástago de Zeus, caudillo de tu pueblo, en verdad éste es el hijo de aquél, tal como dices, pero es prudente y se avergüenza en su ánimo de decir palabras descaradas al venir por primera vez ante ti, cuya voz nos cumple como la de un dios.

«Néstor me ha enviado, el caballero de Gerenia, para seguirlo como acompañante, pues deseaba verte a fin de que le sugirieras una palabra o una obra. Pues muchos pesares tiene en palacio el hijo de un padre ausente si no tiene otros defensores como le sucede a Telémaco. Ausentóse su padre y no hay otros defensores entre el pueblo que lo aparten de la desgracia.»

Y el rubio Menelao contestó y dijo a éste:

«¡Ay!, ha venido a mi casa el hijo del querido hombre que por mí padeció muchas pruebas. Pensaba estimarlo por encima de los demás argivos cuando volviera, si es que Zeus Olímpico, el que ve a lo ancho, nos concedía a los dos regresar en las veloces naves. Le habría dado como residencia una ciudad en Argos y le habría edificado un palacio trayéndolo desde Itaca con sus bienes, su hijo y todo el pueblo, después de despoblar una sola ciudad de las que se encuentran en las cercanías y son ahora gobernadas por mí. Sin duda nos habríamos reunido con frecuencia estando aquí y nada nos habría separado en siendo amigos y estando contentos, hasta que la negra nube de la muerte nos hubiera envuelto. Pero debía envidiarlo el dios que ha hecho a aquel desdichado el único que no puede regresar.»

Así dijo y despertó en todos el deseo de llorar. Lloraba la argiva Helena, nacida de Zeus, y lloraba Telémaco y el Atrida Menelao. Tampoco el hijo de

Néstor tenía sus ojos sin llanto, pues recordaba en su interior al irreprochable Antíloco, a quien mató el ilustre hijo de la resplandeciente Eos. Y acordándose de él dijo aladas palabras:

«Atrida, decía el anciano Néstor cuando lo mentábamos en su palacio, y conversábamos entre nosotros, que eres muy sensato entre los mortales. Conque ahora, si es posible, préstame atención. A mí no me cumple lamentarme después de la cena, pero va a llegar Eos, la que nace de la mañana. No me importará entonces llorar a quien de los mortales haya perecido y arrastrado su destino. Esta es la única honra para los miserables mortales, que se corten el cabello y dejen caer las lágrimas por sus mejillas. Pues también murió un mi hermano que no era el peor de los argivos -tú debes saberlo, pues yo ni fui ni lo vi-, y dicen que era Antíloco superior a los demás, rápido en la carrera y luchador.»

Y le contestó y dijo el rubio Menelao:

«Amigo, has hablado como hablaría y obraría un hombre sensato y que tuviera más edad que tú. Eres hijo de tal padre porque también tú hablas prudentemente. Es fácil de reconocer la descendencia del hombre a quien el Cronida concede felicidad cuando se casa o cuando nace, como ahora ha concedido a Néstor envejecer cada día tranquilamente en su palacio y que sus hijos sean prudentes y los mejores con la lanza. Mas dejemos el llanto que se nos ha venido antes y pensemos de nuevo en la cena; y que viertan agua para las manos. Que Telémaco y yo tendremos unas palabras al amanecer para conversar entre nosotros.»

Así dijo, y Asfalión vertió agua sobre sus manos, rápido servidor del ilusre Menelao; y ellos echaron mano de los alimentos que tenían preparados delante.

Entonces Helena, nacida de Zeus, pensó otra cosa: al pronto echó en el vino del que bebían una droga para disipar el dolor y aplacadora de la cólera que hacía echar a olvido todos los males. Quien la tomara después de mezclada en la crátera, no derramaría lágrimas por las mejillas durante un día, ni aunque hubieran muerto su padre y su madre o mataran ante sus ojos con el bronce a su hermano o a su hijo. Tales drogas ingeniosas tenía la hija de Zeus, y excelentes, las que le había dado Polidamna, esposa de Ton, la egipcia, cuya fértil tierra produce muchísimas drogas, y después de mezclarlas muchas son buenas y muchas perniciosas; y allí cada uno es médico que sobresale sobre todos los hombres, pues es vástago de Peón. Así pues, luego que echó la droga ordenó que se escanciara vino de nuevo; y contestó y dijo su palabra:

«Atrida Menelao, vástago de Zeus, y vosotros, hijos de hombres nobles. En verdad el dios Zeus nos concede unas veces bienes y otras males, pues lo puede todo. Comed ahora sentados en el palacio y deleitaos con palabras, que yo voy a haceros un relato oportuno. Yo no podría contar ni enumerar todos los trabajos de Odiseo el sufridor, pero sí esto que realizó y soportó el animoso varón en el pueblo de los troyanos donde los aqueos padecisteis penalidades: infligiéndose a sí mismo vergonzosas heridas y echándose por los hombros ropas miserables, se introdujo como un siervo en la ciudad de anchas calles de sus enemigos. Así que ocultándose, se parecía a otro varón, a un mendigo, quien no era tal en las naves de los aqueos. Y como tal se introdujo en la ciudad de los troyanos, pero ninguno de ellos le hizo caso; sólo yo lo reconocí e interrogué, y él me evitaba con astucia. Sólo cuando lo hube lavado y arreglado con aceite, puesto un vestido y jurado con firme juramento que no lo descubriría entre los troyanos hasta que llegara a las rápidas naves y a las tiendas, me manifestó Odiseo todo el plan de los aqueos. Y después de matar a muchos troyanos con afilado bronce, marchó junto a los argivos llevándose abundante información. Entonces las troyanas rompieron a llorar con fuerza, mas mi corazón se alegraba, porque ya ansiaba regresar rápidamente a mi casa y lamentaba la obcecación que me otorgó Afrodita cuando me condujo allí lejos de mi patria, alejándome de mi hija, de mi cama y de mi marido, que no es inferior a nadie ni en juicio ni en porte.»

Y el rubio Menelao le contestó y dijo:

«Sí, mujer, todo lo has dicho como te corresponde. Yo conocí el parecer y la inteligencia de muchos héroes y he visitado muchas tierras. Pero nunca vi con mis ojos un corazón tal como era el del sufridor Odiseo. ¡Como esto que hizo y aguantó el recio varón en el pulido caballo donde estábamos los mejores de los argivos para llevar muerte y desgracia a los troyanos! Después llegaste tú- debió impulsarte un dios que quería conceder gloria a los troyanos- yo seguía Deífobo semejante a los dioses. Tres veces lo acercaste a palpar la cóncava trampa y llamaste a los mejores dánaos, designando a cada uno por su nombre, imitando la voz de las esposas de cada uno de los argivos. También yo y el hijo de Tideo y el divino Odiseo, sentados en el centro, lo oímos cuando nos llamaste. Nosotros dos tratamos de echar a andar para salir o responder luego desde dentro. Pero Odiseo lo impidió y nos contuvo, aunque mucho lo deseábamos. Así que los demás hijos de los aqueos quedaron en silencio, y sólo Anticlo deseaba contestarte con su palabra. Pero Odiseo apretó su fuerte mano reciamente sobre la boca y salvó a todos los aqueos. Y mientras lo retenía, lo llevó lejos Palas Atenea.»

Y le contestó Telémaco discretamente:

«Atrida Menelao, vástago de Zeus, caudillo de hombres, ello es más doloroso, pues esto no lo apartó de la funesta muerte ni aunque tenía dentro un corazón de hierro. Pero, vamos, envíanos a la cama para que nos deleitemos ya con el dulce sueño.»

Así dijo, y la argiva Helena ordenó a las esclavas colocar camas bajo el pórtico y disponer hermosas mantas de púrpura, extender por encima colchas y sobre ellas ropas de lana para cubrirse. Así que salieron de la sala sosteniendo antorchas en sus manos y prepararon las camas. Y un heraldo condujo a los huéspedes. Acostáronse allí mismo, en el vestíbulo de la casa, el héroe Telémaco y el ilustre hijo de Néstor. El Atrida durmió en el interior del magnífico palacio y Helena, de largo peplo, se acostó junto a él, la divina entre las mujeres.

Y cuando se mostró Eos, la que nace de la mañana , la de dedos de rosa, Menelao, el de recia voz guerrera, se levantó del lecho, vistió sus vestidos, colgó de su hombro la aguda espada y bajo sus pies brillantes como el aceite calzó hermosas sandalias. Luego se puso en marcha, salió del dormitorio semejante de frente a un dios y se sentó junto a Telémaco, le dijo su palabra y le llamó por su nombre:

«¿Qué necesidad lo trajo aquí, héroe Telémaco, a la divina Lacedemonia, sobre el ancho lomo del mar? ¿Es un asunto público o privado? Dímelo sinceramente.»

Y Telémaco le contestó discretamente:

«Atrida Menelao, vástago de Zeus, caudillo de hombre, he venido por si podías darme alguna noticia sobre mi padre. Se consume mi casa y mis ricos campos se pierden; el palacio está lleno de hombres malvados que continuamente degüellan gordas ovejas y cuernitorcidos bueyes de rotátiles patas, los pretendientes de mi madre, que tienen una arrogancia insolente. Por esto me llego ahora a tus rodillas, por si quieres contarme su luctuosa muerte, la hayas visto con tus propios ojos o hayas escuchado el relato de algún caminante; digno de lástima más que nadie lo parió su madre. Y no endulces tus palabras por respeto ni piedad; antes bien, cuéntame detalladamente cómo llegaste a verlo. Te lo suplico, si es que alguna vez mi padre, el noble Odiseo, lo prometió y cumplió alguna palabra o alguna obra en el pueblo de los troyanos, donde los aqueos sufristeis penalidades. Acuérdate de esto ahora y cuéntame la verdad».

Y le contestó irritado el rubio Menelao:

«¡Ay, ay, conque quieren dormir en el lecho de un hombre intrépido quienes son cobardes! Como una cierva acuesta a sus dos recién nacidos cervatillos en la cueva de un fuerte león y mientras sale a buscar pasto en las laderas y los herbosos valles, aquél regresa a su guarida y da vergonzosa muerte a ambos, así Odiseo dará vergonzosa muerte a aquéllos. ¡Padre Zeus, Atenea y Apolo, ojalá que fuera como cuando en la bien construida Lesbos se levantó para disputar y luchó con Filomeleides, lo derribó violentamente y todos los aqueos se alegraron! Ojalá que con tal talante se enfrentara Odiseo con los pretendientes: corto el destino de todos sería y amargas sus nupcias. En cuanto a lo que me preguntas y suplicas, no querría apartarme de la verdad y engañarte. Conque no lo ocultaré ni guardaré secreto sobre lo que me dijo el veraz anciano del mar.

«Los dioses me retuvieron en Egipto, aunque ansiaba regresar aquí, por no realizar hecatombes perfectas; que siempre quieren los dioses que nos acordemos de sus órdenes. Hay una isla en el ponto de agitadas olas delante de Egipto -la llaman Faro-,tan lejos cuanto una cóncava nave puede recorrer en un día si sopla por detrás sonoro viento, y un puerto de buen fondeadero de donde echan al mar las equilibradas naves, luego de sacar negra agua. Retuviéronme allí los dioses veinte días, y no aparecían los vientos que soplan favorables, los que conducen a la naves sobre el ancho lomo del mar. Todos los víveres y el vigor de mis hombres se habría acabado a no ser que una de las diosas se hubiera compadecido y sentido piedad de mí, Idoteas, la hija del valiente Proteo, el anciano de los mares, pues la conmovió el ánimo. Encontróse conmigo cuando vagaba solo lejos de mis compañeros (continuamente vagaban éstos por la isla pescando con curvos anzuelos, pues el hambre retorcía sus estómagos), y acercándose me dijo estas palabras: "¿Eres así de simple y atontado, forastero, o te abandonas de buen grado y gozas padeciendo males?, puesto que permaneces en la isla desde hace tiempo sin poder hallar remedio y se consume el ánimo de tus compañeros." Así dijo, y yo le contesté: "Te diré, quienquiera que seas de las diosas, que no estoy detenido de buen grado; que debo haber faltado a los inmortales que poseen el ancho cielo. Pero dime tú, pues los dioses lo saben todo, quién de ellos me detiene y aparta de mi camino, y cómo llevaré a cabo el regreso a través del ponto rico en peces." Así dije, y ella, la divina entre las diosas, me respondió luego: "Forastero, te voy a informar muy sinceramente. Viene aquí con frecuencia el veraz anciano del mar, el inmortal Proteo egipcio, que conoce las profundidades de todo el mar, siérvo de Poseidón y -dicen que él me engendró y es mi padre. Si tú pudieras apresarlo de alguna manera, poniéndote al acecho, él lo diría el camino, la extensión de la ruta y cómo llevarás a cabo el regreso a través del ponto rico en peces. Y también lo diría, vástago de Zeus, si es que lo deseas, lo bueno y lo malo que ha sucedido en tu palacio después que emprendiste este viaje largo y difícil." Así dijo, y yo le contesté y dije: "Sugiéreme tú misma una emboscada contra el divino anciano a fin de que no me rehúya si me conoce y se da cuenta de ante mano, pues es difícil para un hombre mortal sujetar a un dios." Así dije, y ella, la divina entre las diosas, me respondió luego: "Yo lo diré esto muy sinceramente. Cuando el sol va por el centro del cielo, el veraz anciano marino sale del mar con el soplo de Céfiro, oculto por el negro encrestamiento de las olas. Una vez fuera, se acuesta en honda gruta y a su alrededor duermen apiñadas las focas, descendientes de la hermosa Halosidne, que salen del canoso mar exhalando el amargo olor de las profundidades marinas. Yo lo

conduciré allí al despuntar la aurora, lo acostaré enseguida y escogerás a tres compañeros, a los mejores de tus naves de buenos bancos. Te diré todas las argucias de este anciano: primero contará y pasará revista a las focas y cuando las haya contado y visto todas, se acostará en medio de ellas como el pastor de un rebaño de ovejas. Tan pronto como lo veáis durmiendo, poned a prueba vuestra fuerza y vigor y retenedlo allí mismo, aunque trate de huir ansioso y precipitado. Intentará tornarse en todos los reptiles que hay sobre la tierra, así como en agua y en violento fuego. Pero vosotros retenedlo con firmeza y apretad más fuerte. Y cuando él lo pregunte, volviendo a mostrarse tal como lo visteis durmiendo, abstente de la violencia y suelta al anciano. Y pregúntale cuál de los dioses lo maltrata y cómo llevarás a cabo el regreso a través del ponto rico en peces."

Habiendo hablado así, se sumergió en el ponto alborotado y yo marché hacia las naves que se encontraban en la arena. Y mientras caminaba, mi corazón agitaba muchos pensamientos. Pero una vez que llegué a las naves y al mar, preparamos la cena y se nos vino la divina noche. Entonces nos acostamos en la ribera del mar.

«Tan pronto como apuntó la que nace de la mañana, la de dedos de rosa, me marché luego a la orilla del mar, el de anchos caminos, suplicando mucho a los dioses. Y llevé tres compañeros en los que más fiaba para empresas de toda suerte.

«Entre tanto, Idotea, que se había sumergido en el ancho seno del mar, sacó cuatro pieles de foca del ponto, todas ellas recién desolladas, pues había ideado un engaño contra su padre: había cavado hoyos en la arena del mar y se sentó para esperar. Nosotros llegamos muy cerca de ella, nos acostó en fila y echó sobre cada uno una piel. La emboscada era angustiosa, pues nos atormentaba terriblemente el mortífero olor de las focas criadas en el mar. Pues ¿quién se acostaría junto a un monstruo marino? Pero ella nos salvó y nos dio un gran remedio: colocó a cada uno debajo de la nariz ambrosía que despedía un muy agradable olor y acabó con la fetidez del monstruo. Esperamos toda la mañana con ánimo resignado y las focas salieron del mar apiñadas y se tendieron en fila sobre la ribera. El anciano salió del mar al mediodía y encontró a las rollizas focas, pasó revista a todas y contó el número. Nos contó los primeros entre los monstruos, pero no se percató su ánimo de que había engaño. A continuación se acostó también él. Conque nos lanzamos gritando y le echamos mano. El anciano no se olvidó de sus engañosas artes, y primero se convirtió en melenudo león, en dragón, en pantera, en gran jabalí; también se convirtió en fluida agua y en árbol de frondosa copa, mas nosotros lo reteníamos con fuerte coraje. Y cuando el artero anciano estaba ya fastidiado me preguntó y me dijo: "Quién de los dioses, hijo de Atreo, te aconsejó para que me apresaras contra mi voluntad tendiéndome emboscada? ¿Qué necesitas de mí?" Así dijo, y yo le contesté y dije: "Sabes anciano (¿por qué me dices esto intentando engañarme?) que tiempo ha que estoy retenido en esta isla sin poder hallar remedio y mi corazón se me consume dentro. Pero dime -puesto que los dioses lo saben todo- quién de los inmortales me detiene y aparta de mi camino y cómo llevaré a cabo el regreso a través del ponto rico en peces." Así dije, y al punto me contestó y dijo: "Debieras haber hecho al embarcar hermosos sacrificios a Zeus y a los demás dioses que poseen el ancho cielo para llegar a tu patria navegando sobre el ponto rojo como el vino. No creo que tu destino sea ver a los tuyos y llegar a tu bien edificada casa y a tu patria hasta que vuelvas a recorrer las aguas del Egipto, río nacido de Zeus y sacrifiques sagradas hecatombes a los dioses inmortales que poseen el ancho cielo. Entonces los dioses te concederán el camino que tanto deseas." Así dijo y se me conmovió el corazón, pues me mandaba ir de nuevo a Egipto a través del ponto, sombrío camino, largó y difícil. Pero aun así le contesté y le dije: "Anciano, haré como mandas. Pero, vamos, dime e infórmame con verdad si llegaron sanos y salvos todos los aqueos que Néstor y yo dejamos cuando partimos de Troya o murió alguno de cruel muerte en su nave o a manos de los suyos después de soportar la guerra laboriosa." Así dije, y él me contestó y dijo: "¡Atrida!, ¿por qué me preguntas esto? No te es necesario saberlo ni conocer mi pensamiento. Te aseguro que no estarás mucho tiempo sin llanto luego que te enteres de todo, pues muchos de ellos murieron y muchos han sobrevivido. Sólo dos jefes de los aqueos que visten bronce murieron en el regreso (pues tú mismo asististe a la guerra); y uno que vive aún está retenido en el vasto ponto. Ayante pereció junto con sus naves de largos remos: primero lo arrimó Poseidón a las grandes rocas de Girea y lo salvó del mar, y habría escapado de la muerte, aunque odiado de Atenea, si no hubiera pronunciado una palabra orgullosa y se hubiera obcecado grandemente. Dijo que escaparía al gran abismo del mar contra la voluntad de los dioses. Poseidón le oyó hablar orgullosamente y a continuación, cogiendo con sus manos el tridente, golpeó la roca Girea y la dividió: una parte quedo allí, pero se desplomó en el ponto el trozo sobre el que Ayante, sentado desde el principio, había incurrido en gran cegazón; y lo arrastró hacia el inmenso y alborotado ponto. Así pereció después de beber la salobre agua.

«"También tu hermano escapó a la maldición de Zeus y huyó en las cóncavas naves, pues lo salvó la venerable Hera. Mas cuando estaba a punto de llegar al escarpado monte de Malea, arrebatólo una tempestad que lo llevó gimiendo penosamente por el ponto rico en peces. hasta un extremo del campo donde en otro tiempo habitó Tiestes; mas entonces la habitaba Egisto, el hijo de Tiestes. Así que cuando, una vez allí, le parecía feliz el regreso y los dioses cambiaron el viento y llegaron a sus casas, entonces tu hermano pisó alegre su tierra patria: tocaba y besaba la tierra y le caían muchas ardientes lágrimas cuando contemplaba con júbilo su tierra. Pero lo vio desde una atalaya el vigilante que había puesto allí el tramposo Egisto (le había ofrecido en recompensa dos talentos de oro). Vigilaba éste desde hacía un año, para que no le pasara inadvertido si llegaba y recordara su impetuosa fuerza. Y marchó a palacio para dar la noticia al pastor de su pueblo. Y enseguida Egisto tramó una engañosa trampa: eligiendo los veinte mejores hombres entre el pueblo, los puso en emboscada y luego mandó preparar un banquete en otra parte, y marchó a llamar a Agamenón, pastor de su pueblo, con caballos y carros meditando obras indignas. Condújolo, desconocedor de su muerte, y mientras lo agasajaba lo mató como se mata a un buey en el pesebre. No quedó vivo ninguno de los compañeros del Atrida que lo acompañaban, ni ninguno de Egisto, que todos fueron muertos en el palacio."

«Así dijo, y se me conmovió el corazón; lloraba sentado en la arena, y mi corazón no quería vivir ya ni ver la luz del sol. Y después que me harté de llorar y agitarme me dijo el veraz anciano del mar: "No llores, hijo de Atreo, mucho tiempo y sin cesar, puesto que así no hallaremos ningún remedio. Conque trata de volver a tu patria rápidamente, pues o lo encontrarás aún vivo o bien Orestes lo habrá matado adelantándose y tú puedes estar presente a sus funerales." Así dijo, y mi corazón y ánimo valeroso se caldearon de nuevo en mi pecho, aunque estaba afligido. Y le hablé y le dije aladas palabras: "De éstos ya sé ahora. Nómbrame, pues, al tercer hombre, el que, aún vivo, está retenido en el vasto ponto o está ya muerto. Pues aunque afligido quiero oírlo." Así le dije, y él al punto me contestó y me dijo: "El hijo de Laertes que habita en Itaca. Lo vi en una isla derramando abundante llanto, en el palacio de la ninfa Calipso, que lo retiene por la fuerza. No puede regresar a su tierra, pues no tiene naves provistas de remos ni compañeros que lo acompañen por el ancho lomo del mar. Respecto a ti, Menelao, vástago de Zeus, no está determinado por los dioses que mueras en Argos, criadora de caballos, enfrentándote con tu destino, sino que los inmortales lo enviarán a la llanura Elisia, al extremo de la tierra, donde está el rubio Radamanto. Allí la vida de los hombres es más cómoda, no hay nevadas y el invierno no es largo; tampoco hay lluvias, sino que Océano deja siempre paso a los soplos de Céfiro que sopla sonoramente para refrescar a los hombres. Porque tienes por esposa a Helena y para ellos eres yerno de Zeus."

«Y hablando así, se sumergió en el alborotado ponto. Yo enfilé hacia las naves con mis divinos compañeros, y mientras caminaba, mi corazón agitaba muchas cosas; y luego que llegamos a la nave y al mar, preparamos la cena y se nos echó encima la divina noche; así que nos acostamos en la ribera del mar.

«Y cuando apareció Eos, la que nace de la mañana, la de dedos de rosa, en primer lugar lanzamos al mar divino las naves y colocamos los mástiles y velas en las proporcionadas naves y todos se fueron a sentar en los bancos; y sentados en fila, batían el canoso mar con los remos.

«Detuve las naves en el Egipto, río nacido de Zeus, e hice perfectas hecatombes. Y cuando había puesto fin a la cólera de los dioses que existen siempre, levanté un túmulo a Agamenón para que su gloria sea inextinguible.

«Acabado esto, partí, y los inmortales me concedieron viento favorable y rápidamente me devolvieron a mi tierra. Pero, vamos, permanece ahora en mi palacio, hasta que llegue el undécimo o el duodécimo día. Entonces te despediré y te daré como espléndidos regalos tres caballos y un carro bien trabajado; también te daré una hermosa copa para que hagas libaciones a los dioses inmortales y te acuerdes de mí todos los días.»

Y a su vez, Telémaco le contestó discretamente:

«¡Atrida!, no me retengas aquí durante mucho tiempo, pues yo permanecería un año junto a ti sin que me atenazara la nostalgia de mi casa ni de mis padres, que me cumple sobremanera escuchar tus relatos y palabras. Pero ya mis compañeros estarán disgustados en la divina Pilos y tú me retienes aquí hace tiempo. Que el regalo que me des sea un objeto que se pueda conservar. Los caballos no los llevaré a Itaca, te los dejaré aquí como ornato, pues tú reinas en una llanura vasta en la que hay mucho loto, juncia, trigo, espelta y blanca cebada que cría el campo. En Itaca no hay recorridos extensos ni prado; es tierra criadora de cabras y más encantadora que la criadora de caballos. Pues ninguna de las islas que se reclinan sobre el mar es apta para el paso de caballos ni rica en prados, a Itaca menos que ninguna.»

Así dijo, y Menelao, de recia voz guerrera, sonrió y lo acarició con la mano; le llamó por su nombre y le dijo su palabra:

«Hijo querido, eres de sangre noble, según hablas. Te cambiaré el regalo, pues puedo. Y de cuantos objetos hay en mi palacio que se pueden conservar, te daré el más hermoso y el de más precio. Te daré una crátera bien trabajada, de plata toda ella y con los bordes pulidos en oro. Es obra de Hefesto; me la dio el héroe Fedimo, rey de los sidonios, cuando me alojó en su casa al regresar. Esto es lo que quiero regalarte.»

Mientras departían entre sí iban llegando los invitados al palacio del divino rey. Unos traían ovejas, otros llevaban confortante vino, y las esposas de lindos velos les enviaban el pan. Así preparaban comida en el palacio.

Entre tanto, los pretendientes se complacían arrojando discos y venablos ante el palacio de Odiseo, en el sólido pavimento donde acostumbraban, llenos de arrogancia.

Hallábanse sentados Antínoo y Eurímaco, semejantes a los dioses, los jefes de los pretendientes y los mejores con preferencia por su valor. Y acercándoseles el hijo de Fronio, Noemón, le preguntó y dijo a Antínoo su palabra:

«Antínoo, ¿sabemos cuándo vendrá Telémaco de la arenosa Pilos o no? Se fue llevándose mi nave y preciso de ella para pasar a la espaciosa Elide, donde tengo doce yeguas y mulos no domados, buenos para el laboreo; si traigo alguno de estos podría domarlo.»

Así dijo, y ellos quedaron atónitos, pues no pensaban que Telémaco hubiera marchado a Pilos de Neleo, sino que se encontraba en el campo con las ovejas o con el porquerizo.

Mas, al fin, Antínoo, hijo de Eupites, contestóle diciendo:

«Háblame sinceramente. ¿Cuándo se fue y qué mozos lo acompañaban? ¿Los mejores de Itaca o sus obreros y criados? Que también pudo hacerlo así. Dime también con verdad, para que yo lo sepa, si te quitó la negra nave por la fuerza y contra tu voluntad o se la diste de buen grado, luego de suplicarte una y otra vez.»

Y Noemón, el hijo de Fronio, le contestó:

«Yo mismo se la di de buen grado. ¿Qué se podría hacer si te la pide un hombre como él, con el ánimo lleno de preocupaciones? Sería difícil negársela. Los jóvenes que le acompañaban son los que sobresalen entre nosotros en el pueblo. También vi embarcando como jefe a Méntor, o a un dios, pues así parecía en todo. Lo que me extraña es que vi ayer por la mañana al divino Méntor aquí, y eso que entonces se embarcó para Pilos.»

Cuando así hubo hablado marchó hacia la casa de su padre, y a éstos se les irritó su noble ánimo. Hicieron sentar a los pretendientes todos juntos y detuvieron sus juegos. Y entre ellos habló irritado Antínoo, hijo de Eupites; su corazón rebosaba negra cólera y sus ojos se asemejaban al resplandeciente fuego: «¡Ay, ay, buen trabajo ha realizado Telémaco arrogantemente con este viaje; y decíamos que no lo llevaría a cabo! Contra la voluntad de tantos hombres un crío se ha marchado sin más, después de botar una nave y elegir los mejores entre el pueblo. Enseguida comenzará a ser un azote. ¡Así Zeus le destruya el vigor antes de que llegue a la plenitud de la juventud Conque, ea, dadme una rápida nave y veinte compañeros para ponerle emboscada y esperarle cuando vuela en el estrecho entre Itaca y la escarpada Same. Para que el viaje que ha emprendido por causa de su padre le resulte funesto.»

Así dijo, y todos aprobaron sus palabras y lo apremiaban.

Así que se levantaron y se pusieron en camino hacia el palacio de Odiseo.

Penélope no tardó mucho en enterarse de los planes que los prentendientes meditaban en secreto. Pues se los comunicó el heraldo Medonte, que escuchó sus decisiones aunque estaba fuera del patio cuando éstos las urdían dentro. Y se puso en camino por el palacio para cómunicárselo a Penélope. Cuando atravesaba el umbral le dijo ésta:

«Heraldo, ¿a qué te mandan los ilustres pretendientes? ¿Acaso para que ordenes a las esclavas del divino Odiseo que dejen sus labores y les preparen comida? ¡Ojalá dejaran de cortejarme y de reunirse y cenaran su última y definitiva cena! Con tanto reuniros aquí estáis acabando con muchos bienes, con las posesiones del prudence Telémaco. ¿No habéis oído contar a vuestros padres cuando erais niños cómo era Odiseo con ellos, que ni hizo ni dijo nada injusto en el pueblo? Este es el proceder habitual de los divinos reyes: a un hombre le odian mientras que a otro le aman. Pero aquél jamás hizo injusticia a hombre alguno. Así que han quedado al descubierto vuestro ánimo a injustas obras, y no tenéis agradecimiento por sus beneficios.»

Y a su vez le dijo Medonte, de pensamientos prudentes:

«Reina, ¡ojalá fuera ésta el mayor mal! Pero los pretendientes meditan otro mucho mayor y más penoso que ojalá no cumpla el Cronida! Desean ardientemente matar a Telémaco con el agudo bronce cuando vuelva a casa, pues partió a la augusta Pilos y a la divina Lacedemonia en busca de noticias dé su padre.»

Así dijo. Flaqueáronle a Penélope las rodillas y el corazón, el estupor le arrebató las palabras por largo tiempo, y los ojos se le llenaron de lágrimas, y la vigorosa voz se le quedó detenida. Más tarde le contestó y dijo:

«¡Heraldo! ¿Por qué se ha marchado mi hijo? No precisaba embarcar en las naves que navegan veloces, que son para los hombres caballos en la mar y atraviesan la abundante humedad. ¿Acaso lo hizo para que no quede ni siquiera su nombre entre los hombres?» Y le contestó a continuación Medonte, conocedor de prudencia:

«No sé si lo impulsó algún dios o su propio ánimo a ir a Pilos para indagar acerca del regreso de su padre o del destino con el que se ha enfrentado.»

Cuando hubo hablado así, se fue por el palacio de Odiseo. Envolvió a Penélope una pena mortal y no soportó estar sentada en la silla, de las que había abundancia en la casa, sino que se sentó en el muy trabajado umbral de su aposento, quejándose de manera lamentable. Y a su alrededor gemían todas las criadas, cuantas había en el palacio, jóvenes y viejas. Y Penélope les dijo, llorando agudamente:

«Escuchadme, amigas, pues el Olímpico me ha concedido dolores por encima de las que nacieron o se criaron conmigo: perdí primero a un esposo noble de corazón de león y que se distinguía entre los dánaos por excelencias de todas clases, un noble varón cuya vasta gloria se extiende por la Hélade y hasta el centro de Argos.

«Y ahora las tempestades han arrebatado sin gloria del palacio a mi amado hijo. No me enteré cuándo marchó. Desdichadas, tampoco a vosotras se os ocurrió levantarme de la cama, aunque bien sabíais cuándo partió aquél en la cóncava y negra nave; pues si hubiera barruntado que pensaba en este viaje, se habría quedado aquí por más que lo ansiara o me habría tenido que dejar muerta en el palacio. Vamos, que llame alguna al anciano Dolio, mi esclavo, el que me dio mi padre cuando vine aquí y cuida mi huerto abundante en árboles, para que vaya cerca de Laertes lo antes posible a contarle todo esto, por si urdiendo alguna astucia en su mente sale a quejarse a los ciudadanos que desean destruir el linaje de Odiseo, semejante a un dios.»

Y a su vez le dijo su nodriza Euriclea:

«¡Hija mía!, mátame con implacable bronce o déjame en palacio, mas no te ocultaré mi palabra; yo sabía todo esto y le di cuanto ordenó, pan y dulce vino, y me tomó un solemne juramento: que no te lo dijera antes de que llegara el duodécimo día o tú misma lo echaras de menos y escucharas que se había marchado, para que no afearas llorando tu hermosa piel.

«Vamos, báñate, toma vestidos limpios para tu cuerpo y -sube al piso superior con las esclavas. Y suplica a Atenea, hija de Zeus, portador de égida, pues ella, en efecto, lo salvará de la muerte. No hagas desgraciado a un pobre anciano, pues no creo en absoluto que el linaje del hijo de Arcisio sea odiado por los bienaventurados dioses; que alguno sobrevivirá que ocupe el palacio de elevado techo y posea en la lejanta los fértiles campos.»

Así diciendo, calmóse y cerró sus ojos al llanto.

Y luego de bañarse y coger vestidos limpios para su cuerpo, subió al piso superior con las criadas y colocó en una cesta granos de cebada. E imploró a Atenea:

«Escúchame, hija de Zeus, portador de égida, Atritona; si alguna vez el muy hábil Odiseo quemó en el palacio gordos muslos de buey o de oveja, acuérdate de ellos ahora, salva a mi hijo y aleja a los muy orgullosos pretendientes.»

Cuando hubo hablado así lanzó el grito ritual y la diosa escuchó su oración. Los pretendientes alborotaban en la sombría sala, y uno de los jóvenes orgullosos decía así:

«La reina muy solicitada por nosotros prepara sus nupcias sin saber que ha sido fabricada la muerte para su hijo.»

Así decía uno, ignorando lo que había ocurrido. Y entre ellos habló Antínoo y dijo:

«Desgraciados, evitad toda palabra arrogante, no sea que alguien se la vaya a comunicar. Mas, vamos, levantémonos y ejecutemos en silencio ese plan que a todos nos cumple.»

Cuando hubo dicho así, escogió a los veinte mejores y se dirigió hacia la rápida nave y a la orilla del mar. Arrastráronla primero al profundo mar y colocaron el mástil y las velas a la negra nave. Prepararon luego los remos con estrobos de cuero todo como corresponde, desplegaron las blancas velas y los audaces sirvientes les trajeron las armas. Anclaron la nave en aguas profundas y luego que hubieron desembarcado comieron allí y esperaron a que cayera la tarde.

Entre tanto, la discreta Penélope yacía en ayunas en el piso superior sin tomar comida ni bebida, cavilando si su ilustre hijo escaparía a la muerte o sucumbiría a manos de los soberbios pretendientes. Y le sobrevino el dulce sueño mientras meditaba lo que suele meditar un león entre una muchedumbre de hombres cuando lo llevan acorralado en engañoso círculo. Dormía reclinada y todos sus miembros se aflojaron.

En esto, tramó otro plan la diosa de ojos brillantes, Atenea: construyó una figura semejante al cuerpo de una mujer, de Iftima, hija del magnánimo Icario, a la que había desposado Eumelo, que tenía su casa en Feras, y envióla al palacio del divino Odiseo para que aliviara del llanto y los gemidos a Penélope, que se lamentaba entre sollozos. Entró en el dormitorio por la correa del pasador, se colocó sobre la cabeza de Penélope y le dijo su palabra:

«Penélope, ¿duermes afligida en tu corazón? No, los dioses que viven fácilmente no van a permitir que llores ni te aflijas, pues tu hijo ya está en su camino de vuelta, que en nada es culpable a los ojos de los dioses.»

Y le contestó luego la discreta Penélope, durmiendo plácidamente en las mismas puertas del sueño:

«Hermana, ¿por qué has venido? No sueles venir con frecuencia, al menos hasta ahora, ya que vives muy lejos.

«Así que me mandas dejar los lamentos y los numerosos dolores que se agitan en mi interior, a mí que ya he perdido mi marido noble y valiente como un león, dotado de toda clase de virtudes entre los dánaos, cuya fama de nobleza es extensa en la Hélade y hasta el centro de Argos. Ahora de nuevo mi hijo amado ha partido en cóncava nave, mi hijo inocente desconocedor de obras y palabras. Es por éste por quien me lamento más que por aquél. Por éste tiemblo y temo no le vaya a pasar algo, sea por obra de los del pueblo a donde ha marchado o sea en el mar. Pues muchos enemigos traman contra él deseando matarlo antes de que llegue a su tierra patria.»

Y le contestó la imagen invisible:

«Ánimo, no temas ya nada en absoluto. Ésta es quien le acompaña como guía, Palas Atenea -pues puede-, a quien cualquier hombre desearía tener a su lado. Se ha compadecido de tus lamentos y me ha enviado ahora para que te comunique esto.»

Y le contestó a su vez la prudente Penélope:

«Si de verdad eres una diosa y has oído la voz de un dios, vamos, háblame también de aquel desdichado, si vive aún y contempla la luz del sol o ya ha muerto y está en el Hades.»

Y le contestó y dijo la imagen invisible:

«De aquél no te voy a decir de fijo si vive o ha muerto, que es malo hablar cosas vanas.»

Así diciendo, desapareció en el viento por la cerradura de la puerta. Y ella se desperezó del sueño, la hija de Icario. Y su corazón se calmó, porque en lo más profundo de la noche se le había presentado un claro sueño.

Conque los pretendientes embarcaron y navegaban los húmedos caminos removiendo en su interior la muerte para Telémaco.

Hay una isla pedregosa en mitad del mar entre Itaca y la escarpada Same, la isla de Asteris. No es grande, pero tiene puertos de doble entrada que acogen a las naves. Así que allí se emboscaron los aqueos y esperaban a Telémaco.

CANTO V

ODISEO LLEGA A ESQUERIA DE LOS FEACIOS

En esto, Eos se levantó del lecho, de junto al noble Titono, para llevar la luz a los inmortales y a los mortales. Los dioses se reunieron en asamblea, y entre ellos Zeus, que truena en lo alto del cielo, cuyo poder es el mayor. Y Atenea les recordaba y relataba las muchas penalidades de Odiseo. Pues se interesaba por éste, que se encontraba en el palacio de la ninfa:

«Padre Zeus y demás bienaventurados dioses inmortales, que ningún rey portador de cetro sea benévolo ni amable ni bondadoso y no sea justo en su pensamiento, sino que siempre sea cruel y obre injustamente, ya que no se acuerda del divino Odiseo ninguno de los ciudadanos entre los que reinaba y era tierno como un padre. Ahora éste se encuentra en una isla soportando fuertes penas en el palacio de la ninfa Calipso y no tiene naves provistas de remos ni compañeros que lo acompañen por el ancho lomo del mar. Y, encima, ahora desean matar a su querido hijo cuando regrese a casa, pues ha marchado a la sagrada Pilos y a la divina Lacedemonia en busca de noticias de su padre».

Y le contestó y dijo Zeus, el que amontona las nubes:

«Hija mía, ¡qué palabra ha escapado del cerco de tus dientes! ¿Pues no concebiste tú misma la idea de que Odiseo se vengara de aquéllos cuando llegara? Tú acompaña a Telémaco diestramente, ya que puedes, para que regrese a su patria sano y salvo, y que los pretendientes regresen en la nave.»

Y luego se dirigió a Hermes, su hijo, y le dijo:

«Hermes, puesto que tú eres el mensajero en lo demás, ve a comunicar a la ninfa de lindas trenzas nuestra firme decisión: la vuelta de Odiseo el sufridor, que regrese sin acompañamiento de dioses ni de hombres mortales. A los veinte días llegará en una balsa de buena trabazón a la fértil Esqueria, después de padecer desgracias, a la tierra de los feacios, que son semejantes a los dioses, quienes lo honrarán como a un dios de todo corazón y lo enviarán a su tierra en una nave dándole bronce, oro en abundancia y ropas, tanto como nunca Odiseo hubiera sacado de Troya si hubiera llegado indemne habiendo obtenido parte del botín. Pues su destino es que vea a los suyos, llegue a su casa de alto techo y a su patria.»

Así dijo, y el mensajero Argifonte no desobedeció. Conque ató, luego a sus pies hermosas sandalias, divinas, de oro, que suelen llevarlo igual por el mar que por la ilimitada tierra a la par del soplo del viento. Y cogió la varita con la que hechiza los ojos de los hombres que quiere y los despierta cuando duermen. Con ésta en las manos echó a volar el poderoso Argifonte y llegado a Pieria cayó desde el éter en el ponto, y se movía sobre el oleaje semejante a una gaviota que, pescando sobre los terribles senos del estéril ponto, empapa sus espesas alas en el agua del mar. Semejante a ésta se dirigía Hermes sobre las numerosas olas.

Pero cuando llegó a la isla lejana salió del ponto color violeta y marchó tierra adentro hasta que llegó a la gran cueva en la que habitaba la ninfa de lindas trenzas. Y la encontró dentro. Un gran fuego ardía en el hogar y un olor de quebradizo cedro y de incienso se extendía al arder a lo largo de la isla. Calipso tejía dentro con lanzadera de oro y cantaba con hermosa voz mientras trabajaba en el telar. En torno a la cueva había nacido un florido bosque de alisos, de chopos negros y olorosos cipreses, donde anidaban las aves de largas alas, los búhos y halcones y las cornejas marinas de afilada lengua que se ocupan de las cosas del mar.

Había cabe a la cóncava cueva una viña tupida que abundaba en uvas, y cuatro fuentes de agua clara que corrían cercanas unas de otras, cada una hacia un lado, y alrededor, suaves y frescos prados de violetas y apios. Incluso un inmortal que allí llegara se admiraría y alegraría en su corazón.

El mensajero Argifonte se detuvo allí a contemplarlo; y, luego que hubo admirado todo en su ánimo, se puso en camino hacia la ancha cueva. Al verlo lo reconoció Calipso, divina entre las diosas, pues los dioses no se desconocen entre sí por más que uno habite lejos. Pero no encontró dentro al magnánimo Odiseo, pues éste, sentado en la orilla, lloraba donde muchas veces, desgarrando su ánimo con lágrimas, gemidos y pesares, solía contemplar el estéril mar. Y Calipso, la divina entre las diosas, preguntó a Hermes haciéndolo sentar en una silla brillante, resplandeciente:

«¿Por qué has venido, Hermes, el de vara de oro, venerable y querido? Pues antes no venías con frecuencia. Di lo que piensas, mi ánimo me empuja a cumplirlo si puedo y es posible realizarlo. Pero antes sígueme para que te ofrezca los dones de hospitalidad.»

Habiendo hablado así, la diosa colocó delante una mesa llena de ambrosía y mezcló rojo néctar. El mensajero bebió y comió, y después que hubo cenado y repuesto su ánimo con la comida, le dijo su palabra:

«Me preguntas tú, una diosa, por qué he venido yo, un dios.

Pues bien, voy a decir con sinceridad mi palabra, pues lo mandas. Zeus me ordenó que viniera aquí sin yo quererlo. ¿Quién atravesaría de buen grado tanta agua salada, indecible? Además, no hay ninguna ciudad de mortales en la que hagan sacrificios a los dioses y perfectas hecatombes.

«Pero no le es posible a ningún dios rebasar o dejar sin cumplir la voluntad de Zeus, el que lleva la égida. Dice que se encuentra contigo un varón, el más desgraciado de cuantos lucharon durante nueve años en derredor de la ciudad de Príamo. Al décimo regresaron a sus casas, después de destruir la ciudad, pero en el regreso faltaron contra Atenea, y ésta les levantó un viento contrario. Allí perecieron todos sus fieles compañeros, pero a él el viento y grandes olas lo acercaron aquí. Ahora te ordena que lo devuelvas lo antes posible, que su destino no es morir lejos de los suyos, sino ver a los suyos y regresar a su casa de elevado techo y a su patria.»

Así dijo, y Calipso, divina entre las diosas, se estremeció, habló y le dijo palabras aladas:

«Sois crueles, dioses, y envidiosos más que nadie, ya que os irritáis contra las diosas que duermen abiertamente con un hombre si lo han hecho su amante. Así, cuando Eos, de rosados dedos, arrebató a Orión, os irritasteis los dioses que vivís con facilidad, hasta que la casta Artemis de trono de oro lo mató en Ortigia, atacándole con dulces dardos. Así, cuando Deméter, de hermosas trenzas, cediendo a su impulso, se unió en amor y lecho con Jasión en campo tres veces labrado. No tardó mucho Zeus en enterarse, y lo mató alcanzándolo con el resplandeciente rayo. Así ahora os irritáis contra mí, dioses, porque está conmigo un mortal. Yo lo salvé, que Zeus le destrozó la rápida nave arrojándole el brillante rayo en medio del ponto rojo como el vino. Allí murieron todos sus nobles compañeros, pero a él el viento y las olas lo acercaron aquí. Yo lo traté como amigo y lo alimenté y le prometí hacerlo inmortal y sin vejez para siempre. Pero puesto que no es posible a ningún dios rebasar ni dejar sin cumplir la voluntad de Zeus, el que lleva la égida, que se vaya por el mar estéril si aquél lo impulsa y se lo manda. Mas yo no te despediré de cualquier manera, pues no tiene naves provistas de remos ni compañeros que lo acompañen sobre el ancho lomo del mar. Sin embargo, le aconsejaré benévola y nada le ocultaré para que llegue a su tierra sano y salvo.»

Y el mensajero, el Argifonte, le dijo a su vez:
«Entonces despídele ahora y respeta la cólera de Zeus, no sea que se irrite contigo y sea duro en el futuro.»

Cuando hubo hablado así partió el poderoso Argifonte.

Y la soberana ninfa acercóse al magnánimo Odiseo luego que hubo escuchado el mensaje de Zeus. Lo encontró sentado en la orilla. No se habían secado sus ojos del llanto, y su dulce vida se consumía añorando el regreso, puesto que ya no le agradaba la ninfa, aunque pasaba las noches por la fuerza en la cóncava cueva junto a la que lo amaba sin que él la amara. Durante el día se sentaba en las piedras de la orilla desgarrando su ánimo con lágrimas, gemidos y dolores, y miraba al estéril mar derramando lágrimas.

Y deteniéndose junto a él le dijo la divina entre las diosas:

«Desdichado, no te me lamentes más ni consumas tu existencia, que te voy a despedir no sin darte antes buenos consejos. ¡Hala!, corta unos largos maderos y ensambla una amplia balsa con el bronce. Y luego adapta a ésta un elevado tablazón para que te lleve sobre el brumoso ponto, que yo te pondré en ella pan y agua y rojo vino en abundancia que alejen de ti el hambre. También te daré ropas y te enviaré por detrás un viento favorable de modo que llegues a tu patria sano y salvo, si es que lo permiten los dioses que poseen el ancho cielo, quienes son mejores que yo para hacer proyectos y cumplirlos.»

Así habló; estremecióse el sufridor, el divino Odiseo, y hablando le dirigió aladas palabras:

«Diosa, creo que andas cavilando algo distinto de mi marcha, tú que me apremias a atravesar el gran abismo del mar en una balsa, cosa difícil y peligrosa; que ni siquiera las bien equilibradas naves de veloz proa lo atraviesan animadas por el favorable viento de Zeus. No, yo no subiría a una balsa mal que te pese, si no aceptas jurarme con gran juramento, diosa, que no maquinarás contra mí desgracia alguna.»

Así habló; sonrió Calipso, divina entre las diosas, le acarició la mano y le dijo su palabra, llamándole por su nombre:

«Eres malvado a pesar de que no piensas cosas vanas, pues te has atrevido a decir tales palabras. Sépalo ahora la Tierra, y desde arriba el ancho Cielo y el agua que fluye de la Estige -éste es el mayor y el más terrible juramento para los bienaventurados dioses- que no maquinaré contra ti desgracia alguna. Esto es lo que yo pienso y te voy a aconsejar, cuanto para mí misma pensaría cuando me acuciara tal necesidad. Mi proyecto es justo, y no hay en mi pecho un ánimo de hierro, sino compasivo.»

Hablando así la divina entre las diosas marchó luego delante y él marchó tras las huellas de la diosa. Y llegaron a la profunda cueva la diosa y el varón. Éste se sentó en el sillón de donde se había levantado Hermes, y la ninfa le ofreció toda clase de comida para comer y beber, cuantas cosas suelen yantar los mortales hombres. Sentóse ella frente al divino Odiseo y las siervas le colocaron néctar y ambrosía. Echaron mano a los alimentos preparados que tenían delante y después que se saciaron de comida y bebida empezó a hablar Calipso, divina entre las diosas:

«Hijo de Laertes, de linaje divino, Odiseo, rico en ardides, ¿así que quieres marcharte enseguida a tu casa y a tu tierra patria? Vete enhorabuena. Pero si supieras cuántas tristezas te deparará el destino antes de que arribes a tu patria, te quedarías aquí conmigo para guardar esta morada y serías inmortal por más deseoso que estuvieras de ver a tu esposa, a la que continuamente deseas todos los días. Yo en verdad me precio de no ser inferior a aquélla ni en el porte ni en el natural, que no conviene a las mortales jamás competir con las inmortales ni en porte ni en figura.»

Y le dijo el muy astuto Odiseo:

«Venerable diosa, no te enfades conmigo, que sé muy bien cuánto te es inferior la discreta Penélope en figura y en estátura al verla de frente, pues ella es mortal y tú inmortal sin vejez. Pero aun así quiero y deseo todos los días marcharme a mi casa y ver el día del regreso. Si alguno de los dioses me maltratara en el ponto rojo como el vino, lo soportaré en mi pecho con ánimo paciente; pues ya soporté muy mucho sufriendo en el mar y en la guerra. Que venga esto después de aquello.»

Así dijo. El sol se puso y llegó el crepusculo. Así que se dirigieron al interior de la cóncava cueva a deleitarse con el amor en mutua compañía.

Y cuando se mostró Eos, la que nace de la mañana, la de dedos de rosa, Odiseo se vistió de túnica y manto, y ella, la ninfa, vistió una gran túnica blanca, fina y graciosa, colocó alrededor de su talle hermoso cinturón de oro y un velo sobre la cabeza, y a continuación se ocupó de la partida del magnánimo Odiseo. Le dio una gran hacha de bronce bien manejable, aguzada por ambos lados y con un hermoso mango de madera de olivo bien ajustado. A continuación le dio una azuela bien pulimentada, y emprendió el camino hacia un extremo de la isla donde habían crecido grandes árboles, alisos y álamos negros y abetos que suben hasta el cielo, secos desde hace tiempo, resecos, que podían flotar ligeros. Luego que le hubo mostrado dónde crecían los árboles, marchó hacia el palacio Calipso, divina entre las diosas, y él empezó a cortar troncos y llevó a cabo rápidamente su trabajo. Derribó veinte en total y los cortó con el bronce, los pulió diestramente y los enderezó con una plomada mientras Calipso, divina entre las diosas, le llevaba un berbiquí. Después perforó todos, los unió unos con otros y los ajustó con clavos y junturas. Cuanto un hombre buen conocedor del arte de construir redondearía el fondo de una amplia nave de carga, así de grande hizo Odiseo la balsa. Plantó luego postes, los ajustó con vigas apiñadas y construyó una cubierta rematándola con grandes tablas. Hizo un mástil y una antena adaptada a él y construyó el timón para gobernarla. Cubrióla después con cañizos de mimbre a uno y otro lado para que fuera defensa contra el oleaje y puso encima mucha madera. Entre tanto, le trajo Calipso, divina entre las diosas, tela para hacer las velas, y él las fabricó con habilidad. Ató en ellas cuerdas, cables y bolinas y con estacas la echó al divino mar.

Era el cuarto día y ya tenía todo preparado. Y al quinto lo dejó marchar de la isla la divina Calipso después de lavarlo y ponerle ropas perfumadas. Entrególe la diosa un odre de negro vino, otro grande de agua y un saco de víveres, y le añadió abundantes golosinas. Y le envió un viento próspero y cálido.

Así que el divino Odiseo desplegó gozoso las velas al viento y sentado gobernaba el timón con habilidad. No caía el sueño sobre sus párpados contemplando las Pléyades y el Bootes, que se pone tarde, y la Osa, que llaman carro por sobrenombre, que gira allí y acecha a Orión y es la única privada de los baños de Océano. Pues le había ordenado Calipso, divina entre las diosas, que navegase teniéndola a la mano izquierda. Navegó durante diecisiete días atravesando el mar, y al decimoctavo aparecieron los sombríos montes del país de los feacios, por donde éste le quedaba más cerca y parecía un escudo sobre el brumoso ponto.

El poderoso, el que sacude la tierra, que volvía de junto a los etiopes, lo vio de lejos, desde los montes Sólymos, pues se le apareció surcando el mar. Irritóse mucho en su corazón, y moviendo la cabeza habló a su ánimo:

«¡Ay!, seguro que los dioses han cambiado de resolución respecto a Odiseo mientras yo estaba entre los etíopes, que ya está cerca de la tierra de los feacios, donde es su destino escapar del extremo de las calamidades que le llegan. Pero creo que aún le han de alcanzar bastantes desgracias.»

Cuando hubo hablado así, amontonó las nubes y agitó el mar, sosteniendo el tridente entre sus manos, e hizo levantarse grandes tempestades de vientos de todas clases, y ocultó con las nubes al mismo tiempo la tierra y el ponto. Y la noche surgió del cielo. Cayeron Euro y Noto, Céfiro de soplo violento y Bóreas que nace en cielo despejado levantando grandes olas. Entonces las rodillas y el corazón de Odiseo desfallecieron, e irritado dijo a su magnánimo espíritu:

«Ay de mí, desgraciado, ¿qué me sucederá por fin ahora? Mucho temo que todo lo que dijo la diosa sea verdad; me aseguró que sufriría desgracias en el ponto antes de regresar a mi patria, y ahora todo se está cumpliendo. ¡Con qué nubes ha cerrado Zeus el vasto cielo y agitado el ponto, y las tempestades de vientos de todas clases se lanzan con ímpetu!

«Seguro que ahora tendré una terrible muerte. ¡Felices tres y cuatro veces los dánaos que murieron en la vásta Troya por dar satisfacción a los Atridas! Ojalá hubiera muerto yo y me hubiera enfrentado con mi destino el día en que cantos troyanos lanzaban contra mí broncíneas lanzas alrededor del Pelida muerto! Allí habría obtenido honores fúnebres y los aqueos celebrarían mi gloria, pero ahora está determinado que sea sorprendido por una triste muerte.»

Cuando hubo dicho así, le alcanzó en lo más alto una gran ola que cayó terriblemente y sacudió la balsa. Odiseo se precipitó fuera de la balsa soltando las manos del timón, y un terrible huracán de mezclados vientos le rompió el mástil por la mitad. Cayeron al mar, lejos, la vela y la antena, y a él lo tuvo largo tiempo sumergido sin poder salir con presteza por el ímpetu de la ingente ola, pues le pesaban los vestidos que le había dado la divina Calipso.

Al fin emergió mucho después y escupió de su boca la amarga agua del mar que le caía en abundancia, con ruido, desde la cabeza. Pero ni aun así se olvidó de la balsa, aunque estaba agotado, sino que lanzándose entre las olas se apoderó de ella. El gran oleaje la arrastraba con la corriente aquí y allá. Como cuando el otoñal

Bóreas arrastra por la llanura los espinos y se enganchan espesos unos con otros, así los vientos la llevaban por el mar por aquí y por allá. Unas veces Noto la lanzaba a Bóreas para que se la llevase, y otras Euro la cedía a Céfiro para perseguirla.

Pero lo vio Ino Leucotea, la de hermosos tobillos, la hija de Cadmo que antes era mortal dotada de voz, mas ahora participaba del honor de los dioses en el fondo del mar. Compadecióse de Odiseo, que sufría pesares a la deriva, y emergió volando del mar semejante a una gaviota; se sentó sobre la balsa y le dijo:

«¡Desgraciado! ¿Por qué tan acerbamente se ha encolerizado contigo Poseidón, el que sacude la tierra, para sembrarte tantos males? No te destruirá por mucho que lo desee. Conque obra del modo siguiente, pues paréceme que eres discreto: quítate esos vestidos, deja que la balsa sea arrastrada por los vientos, y trata de alcanzar nadando la tierra de los feacios, donde es tu destino que te salves. Toma, extiende este velo inmortal bajo tu pecho, y no temas padecer ni morir. Mas cuando alcances con tus manos tierra firme, suéltalo enseguida y arrójalo al ponto rojo como el vino, muy lejos de tierra, y apártate lejos.»

Cuando hubo hablado así la diosa, le dió el velo, y con presteza se sumergió en el alborotado ponto, semejante a una gaviota, y una negra ola la ocultó. El divino Odiseo, el sufridor, dio en cavilar y habló irritado a su magnánimo corazón:

«¡Ay de mí! ¡No vaya a ser que alguno de los inmortales urde contra mí una trampa, cuando me ordena abandonar la balsa! Mas no obedeceré, que yo vi a lo lejos con mis propios ojos la tierra donde me dijo que tendría asilo. Más bien, pues me parece mejor, obraré así: mientras los maderos sigan unidos por las ligazones permaneceré aquí y aguantaré sufriendo males, pero una vez que las olas desencajen la balsa me pondré a nadar, pues no se me alcanza prevision mejor.»

Mientras esto agitaba en su mente, y en su corazón, Poseidon, el que sacude la tierra, levantó una gran ola, terrible y penosa, abovedada, y lo arrastró. Como el impetuoso viento agita un montón de pajas secas que dispersa acá y allá, así dispersó los grandes maderos de la balsa. Pero Odiseo montó en un madero como si cabalgase sobre potro de carrera y se quitó los vestidos que le había dado la divina Calipso. Y al punto extendió el velo por su pecho y púsose boca abajo en el mar, extendidos los brazos, ansioso de nadar.

Y el poderoso, el que sacude la tierra, lo vio, y moviendo la cabeza, habló a su ánimo:

. «Ahora que has padecido muchas calamidades vaga por el ponto hasta que llegues a esos hombres vástagos de Zeus. Pero ni aun así creo que estimarás pequeña tu desgracia.»

Cuando hubo hablado así, fustigó a los caballos de hermosas crines y enfiló hacia Egas, donde tiene ilustre morada.

Pero Atenea, la hija de Zeus decidió otra cosa: cerró el camino a todos los vientos y mandó que todos cesaran y se calmaran; levantó al rápido Bóreas y quebró las olas hasta que Odiseo, movido por Zeus, llegara a los feacios, amantes del remo, escapando a la muerte y al destino.

Así que anduvo éste a la deriva durante dos noches y dos días por las sólidas olas, y muchas veces su corazón presintió la muerte. Pero cuando Eos, de lindas trenzas, completó el tercer día, cesó el viento y se hizo la calma, y Odiseo vio cerca la tierra oteando agudamente desde lo alto de una gran ola. Como cuando parece agradable a los hijos la vida de un padre que yace enfermo entre grandes dolores, consumiéndose durante mucho tiempo, pues le acomete un horrible demón y los dioses le libran felizmente del mal, así de agradable le parecieron a Odiseo la tierra y el bosque, y nadaba apresurándose por poner los pies en tierra firme. Pero cuando estaba a tal distancia que se le habría oído al gritar, sintió el estrépito del mar en las rocas. Grandes olas rugían estrepitosamente al romperse con estruendo contra tierra firme, y todo se cubría de espuma marina, pues no había puertos, refugios de las naves, ni ensenadas, sino acantilados, rocas y escollos. Entonces se aflojaron las rodillas y el corazón de Odiseo y decía afligido a su magnánimo corazón:

«¡Ay de mí! Después que Zeus me ha concedido inesperadamente ver tierra y he terminado de surcar este abismo, no encuentro por dónde salir del canoso mar. Afuera las rocas son puntiagudas, y alrededor las olas se levantan estrepitosamente, y la roca se yergue lisa y el mar es profundo en la orilla, sin que sea posible poner allí los pies y escapar del mal. Temo que al salir me arrebate una gran ola y me lance contra pétrea roca, y mi esfuerzo sería inútil. Y si sigo nadando más allá por si encuentro una playa donde rompe el mar oblicuamente o un puerto marino, temo que la tempestad me arrebate de nuevo y me lleve al ponto rico en peces mientras yo gimo profundamente, o una divinidad lance contra mí un gran monstruo marino de los que cría a miles la ilustre Anfitrite. Pues sé que el ilustre, el que sacude la tierra, está irritado conmigo.»

Mientras meditaba esto en su mente y en su corazón, lo arrastró una gran ola contra la escarpada orilla, y allí se habría desgarrado la piel y roto los huesos si Atenea, la diosa de ojos brillantes, no le hubiese inspirado a su ánimo lo siguiente: lanzóse, asió la roca con ambas manos y se mantuvo en ella gimiendo hasta que pasó una gran ola. De este modo consiguió evitarla, pero al refluir ésta lo golpeó cuando se apresuraba y lo lanzó a lo lejos en el ponto. Como cuando al sacar a un pulpo de su escondrijo se pegan infinitas piedrecitas a sus tentáculos, así se desgarró en la roca la piel de sus robustas manos.

Luego lo cubrió una gran ola, y allí habría muerto el desgraciado Odiseo contra lo dispuesto por el destino si Atenea, la diosa de ojos brillantes, no le hubiera inspirado sensatez. Así que emergiendo del oleaje que rugía en dirección a la costa, nadó dando cara a la tierra por si encontraba orillas batidas por las olas o puertos de mar. Y cuando llegó nadando a la boca de un río de hermosa corriente, aquél le pareció el mejor lugar, libre de piedras y al abrigo del viento. Y al advertir que fluía le suplicó en su ánimo:

«Escucha, soberano, quienquiera que seas; llego a ti, muy deseado, huyendo del ponto y de las amenazas de Poseidón. Incluso los dioses inmortales respetan al hombre que llega errante como yo llego ahora a tu corriente y a tus rodillas después de sufrir mucho. Compadécete, soberano, puesto que me precio de ser tu suplicante.»

Así dijo; hizo éste cesar al punto su corriente, retirando las olas, e hizo la calma delante de él, llevándolo salvo a la misma desembocadura. Y dobló Odiseo ambas rodillas y los robustos brazos, pues su corazón estaba sometido por el mar. Tenía todo el cuerpo hinchado, y de su boca y nariz fluía mucha agua salada: así que cayó sin aliento y sin voz y le sobrevino un terrible cansancio. Mas cuando respiró y se recuperó su ánimo, desató el velo de la diosa y lo echó al río que fluye hacia el mar, y al punto se lo llevó una gran ola con la corriente y luego la recibió Ino en sus manos. Alejóse del río, se echó delante de una junquera y besó la fértil tierra. Y, afligido, decía a su magnánimo corazón:

«¡Ay de mí! ¿Qué me va a suceder? ¿Qué me sobrevendrá por fin? Si velo junto al río durante la noche inspiradora de preocupaciones, quizá la dañina escarcha y el suave rocío venzan al tiempo mi agonizante ánimo a causa de mi debilidad, pues una brisa fría sopla antes del alba desde el río. Pero si subo a la colina y umbría selva y duermo entre las espesas matas, si me dejan el frío y el cansancio y me viene el dulce sueño, temo convertirme en botín y presa de las fieras.».

Después de pensarlo, le pareció que era mejor así, y echó a andar hacia la selva y la encontró cerca del agua en lugar bien visible; y se deslizó debajo de dos matas que habían nacido del mismo lugar, una de aladierma y otra de olivo. No llegaba a ellos el húmedo soplo de los vientos ni el resplandeciente sol los hería con sus rayos, ni la lluvia los atravesaba de un extremo a otro (tan apretados crecían entrelazados uno con el otro). Bajo ellos se introdujo Odiseo, y luego preparó ancha cama con sus manos, pues había un gran montón de hojarasca como para acoger a dos o tres hombres en el invierno por riguroso que fuera. A1 verla se alegró el divino Odiseo, el sufridor, y se acostó en medio y se echó encima un montón de hojas. Como el que esconde un tizón en negra ceniza en el extremo de un campo (y no tiene vecinos) para conservar un germen de fuego y no tener que ir a encenderlo a otra parte, así se cubrió Odiseo con las hojas y Atenea vertió sobre sus ojos el sueño para que se le calmara rápidamente el penoso cansancio, cerrándole los párpados.

Ejercicios: Capítulo 1-5

1- Haz una lista con los personajes que aparecen en el capítulo:

2- Señala los personajes que consideres más importantes, y explica por qué :

_____
_____
_____
_____
_____
_____
_____
_____
_____
_____
_____
_____
_____
_____
_____
_____

3- Escribe una breve reseña biográfica acerca de los personajes que consideraste más importantes(excluye aquellos que ya hayas descrito en el capitulo anterior):

_____
_____
_____
_____
_____
_____
_____

_____
_____
_____
_____
_____
_____
_____
_____
_____
_____
_____
_____
_____
_____
_____
_____
_____

4- Describe los sucesos y acontecimientos más importantes del capítulo:

_____
_____
_____
_____
_____
_____
_____
_____
_____
_____
_____
_____
_____

5- Si pudieras aconsejar a los personajes, ¿Qué consejos les darías –y por qué?

_____
_____
_____
_____
_____
_____

_____
_____
_____
_____

6- Haz una lista con los puntos que consideras más importantes:

_____
_____
_____
_____
_____
_____
_____
_____
_____
_____
_____
_____
_____

7- ¿Qué diálogos te parecen más interesantes?

_____
_____
_____
_____
_____
_____
_____
_____
_____
_____
_____

8- ¿Qué palabras tuviste que buscar en el diccionario?

_____
_____
_____
_____
_____
_____
_____
_____

9- ¿Cuál es tu opinión personal acerca de esta lectura?

_____
_____
_____
_____
_____
_____
_____
_____
_____

CANTO VI

ODISEO Y NAUSÍCAA

Aí es como dormía allí el sufridor, el divino Odiseo, agotado por el sueño y el cansancio.

En tanto marchó Atenea al país y a la ciudad de los hombres feacios que antes habitaban la espaciosa Hiperea cerca de los Cíclopes, hombres soberbios que los dañaban continuamente, pues eran superiores en fuerza. Sacándolos de allí los condujo Nausítoo, semejante a un dios, y los asentó en Esqueria, lejos de los hombres industriosos; rodeó la ciudad con un muro, construyó casas a hizo los templos de los dioses y repartió los campos. Pero éste, vencido ya por Ker, había marchado a Hades, y entonces gobernaba Alcínoo, inspirado en sus designios por los dioses.

Al palacio de éste se encaminó Atenea, la de ojos brillantes, planeando el regreso para el magnánimo Odiseo. Llegó a la muy adornada estancia en la que dormía una joven igual a las diosas en su porte y figura, Nausícaa, hija del magnánimo Alcínoo. Y dos sirvientas que poseían la belleza de las Gracias estaban a uno y otro lado de la entrada, y las suntuosas puertas estaban cerradas. Apresuróse Atenea como un soplo de viento hacia la cama de la joven, y se puso sobre su cabeza y le dirigió su palabra tomando la apariencia de la hija de Dimante, famoso por sus naves, pues era de su misma edad y muy grata a su ánimo.

Asemejándose a ésta, le dijo Atenea, la de ojos brillantes:

«Nausícaa, ¿por qué tan indolente te parió tu madre? Tienes descuidados los espléndidos vestidos, y eso que está cercana tu boda, en que es preciso que vistas tus mejores galas y se las proporciones también a aquellos que lo acompañen. Pues de cosas así resulta buena fama a los hombres y se complacen el padre y la venerable madre.

Conque marchemos a lavar tan pronto como despunte la aurora; también yo ire contigo como compañera para que dispongas todo enseguida, porque ya no vas a estar soltera mucho tiempo, que te pretenden los mejores de los feacios en el pueblo donde también tú tienes tu linaje. Así que, anda, pide a tu ilustre padre que prepare antes de la aurora mulas y un carro que lleve los cinturones, las túnicas y tu espléndida ropa. Es para ti mucho mejor ir así que a pie, pues los lavaderos están muy lejos de la ciudad.»

Cuando hubo hablado así se marchó Atenea, la de los brillantes, al Olimpo, donde dicen que está la morada siempre segura de los dioses, pues no es azotada por los vientos ni mojada por las lluvias, ni tampoco la cubre la nieve. Permanece siempre un cielo sin nubes y una resplandeciente claridad la envuelve. Allí se divierten durante todo el día los felices dioses. Hacia allá marchó la de ojos brillantes cuando hubo aconsejado a la joven.

Al punto llegó Eos, la de hermoso trono, que despertó a Nausícaa; de lindo pelo, y asombrada del sueño echó a correr por el palacio para contárselo a sus progenitores, a su padre y a su madre. Y encontró dentro a los dos; ella estaba sentada junto al hogar con sus siervas hilando copos de lana teñidos con púrpura marina; a él lo encontró a las puertas cuando marchaba con los ilustres reyes al Consejo, donde lo reclamaban los nobles feacios.

Así que se acercó a su padre y le dijo:

«Querido papá, ¿no podrías aparejarme un alto carro de buenas ruedas para que lleve a lavar al río los vestidos que tengo sucios? Que también a ti conviene, cuando estás entre los principales, participar en el Consejo llevando sobre tu cuerpo vestidos limpios. Además, tienes cinco hijos en el palacio, dos casados ya, pero tres solteros en la flor de la edad, y éstos siempre quieren ir al baile con los vestidos bien limpios, y todo esto está a mi cargo.»

Así dijo, pues se avergonzaba de mentar el floreciente matrimonio a su padre. Pero él comprendió todo y le respondió con estas palabras:

«No te voy a negar las mulas, hija, ni ninguna otra cosa. Ve; al momento los criados lo prepararán un alto carro de buenas ruedas con una cesta ajustada a él.»

Cuando hubo dicho así, daba órdenes a sus criados y éstos al momento le obedecieron. Prepararon fuera el carro mulero de buenas ruedas, trajeron mulas y las uncieron al yugo. La joven sacó de la habitación un lujoso vestido y lo colocó en el bien pulido carro, y la madre puso en un capacho abundante y rica comida, así como golosinas, y en un odre de cuero de cabra vertió vino. La joven subió al carro, y todavía le dió en un recipiente de oro aceite húmedo para que se ungiera con sus sirvientas. Tomó Nausícaa el látigo y las resplandecientes riendas y lo restalló para que partieran. Y se dejó sentir el batir de las mulas, y mantenían una tensión incesante llevando los vestidos y a ella misma; mas no sola, que con ella marchaban sus esclavas. Así que hubieron llegado a la hermosísima corriente del río donde estaban los lavaderos perennes (manaba un caudal de agua muy hermosa para lavar incluso la ropa más sucia), soltaron las mulas del carro y las arrearon hacia el río de hermosos torbellinos para que comieran la fresca hierba suave como la miel. Tomaron ellas en sus manos los vestidos, los llevaron a la oscura agua y los pisoteaban con presteza en las pilas, emulándose unas a otras.

Una vez que limpiaron y lavaron toda la suciedad, extendieron la ropa ordenadamente a la orilla del mar precisamente donde el agua devuelve a la tierra los guijarros más limpios.

Y después de bañarse y ungirse con el grasiento aceite, tomaron el almuerzo junto a la orilla del río y aguardaban a que la ropa se secara con el resplandor del sol.

Apenas habían terminado de disfrutar el almuerzo, las criadas y ella misma se pusieron a jugar con una pelota, despojándose de sus velos. Y Nausícaa, de blancos brazos, dio comienzo a la danza. Como Artemis va por los montes, la Flechadora, ya sea por el Taigeto muy espacioso o por el Erimanto, mientras disfruta con los jabalíes y ligeros ciervos, y con ella las ninfas agrestes, hijas de Zeus portador de la égida, participan en los juegos y disfruta en su pecho Leto... (de todas ellas tiene por encima la cabeza y el rostro, así que es fácilmente reconocible, aunque todas son bellas), así se distinguía entre todas sus sirvientas la joven doncella.

Pero cuando ya se disponían a regresar de nuevo a casa, después de haber uncido las mulas y doblado los bellos vestidos, la diosa de ojos brillantes, Atenea, dispuso otro plan: que Odiseo se despertara y viera a la joven de hermosos ojos que lo conduciría a la ciudad de los feacios. Conque la princesa tiró la pelota a una sirvienta y no la acertó; arrojóla en un profundo remolino y ellas gritaron con fuerza. Despertó el divino Odiseo, y sentado meditaba en su mente y en su corazón:

«¡Ay de mí! ¿De qué clase de hombres es la tierra a la que he llegado? ¿Son soberbios, salvajes y carentes de justicia o amigos de los forasteros y con sentimientos de piedad hacia los dioses?. Y es el caso que me rodea un griterío femenino como de doncellas, de ninfas que poseen las elevadas cimas de los montes, las fuentes de los ríos y los prados cubiertos de hierba. ¿O es que estoy cerca de hombres dotados de voz articulada? Pero, ea, yo mismo voy a comprobarlo a intentaré verlo.»

Cuando hubo dicho así, salió de entre los matorrales el divino Odiseo, y de la cerrada selva cortó con su robusta mano una rama frondosa para cubrirse alrededor las vergüenzas. Y se puso en camino como un león montaraz que, confiado en su fuerza, marcha empapado de lluvia y contra el viento y le arden los ojos; entonces persigue a bueyes o a ovejas o anda tras los salvajes ciervos; pues su vientre lo apremia a entrar en un recinto bien cerrado para atacar a los ganados. Así iba a mezclarse Odiseo entre las doncellas de lindas trenzas, aun estando desnudo, pues la necesidad lo alcanzaba. Y apareció ante ellas terriblemente afeado por la salmuera.

Temblorosas se dispersan cada una por un lado hacia las salientes riberas. Sola la hija de Alcínoo se quedó, pues Atenea le infundió valor en su pecho y arrojó el miedo de sus miembros. Y permaneció a pie firme frente a Odiseo. Éste dudó entre suplicar a la muchacha de lindos ojos abrazado a sus rodillas o pedirle desde lejos, con dulces palabras, que le señalara su ciudad y le entregara ropas. Y mientras esto cavilaba, le pareció mejor suplicar desde lejos con dulces palabras, no fuera que la doncella se irritara con él al abrazarle las rodillas. Así que pronunció estas dulces y astutas palabras:

«A ti suplico, soberana. ¿Eres diosa o mortal? Si eres una divinidad de las que poseen el espacioso cielo, yo te comparo a Arternis, la hija del gran Zeus, en belleza, talle y distinción, y si eres uno de los mortales que habitan la tierra, tres veces felices tu padre y tu venerable madre; tres veces felices también tus hermanos, pues bien seguro que el ánimo se les ensancha por tu causa viendo entrar en el baile a tal retoño; y con mucho el más feliz de todos en su corazón aquel que venciendo con sus presentes te lleve a su casa. Que jamás he visto con mis ojos semejante mortal, hombre o mujer. Al mirarte me atenaza el asombro. Una vez en Delos vi que crecía junto al altar de Apolo un retoño semejante de palmera (pues también he ido allí y me seguía un numeroso ejército en expedición en que me iban a suceder funestos males.) Así es que contemplando aquello quedé entusiasmado largo tiempo, pues nunca árbol tal había crecido de la tierra.

«Del mismo modo te admiro a ti, mujer, y te contemplo absorto al tiempo que temo profundamente abrazar tus rodillas. Pero me alcanza un terrible pesar. Ayer escapé del ponto, rojo como el vino, después de veinte días. Entretanto me han zarandeado sin cesar el oleaje y turbulentas tempestades desde la isla Ogigia, y ahora por fin me ha arrojado aquí algún demón, sin duda para que sufra algún contratiempo; pues no creo que éstos vayan a cesar, sino que todavía los dioses me preparan muchas desventuras.

«Pero tú, sobrerana, ten compasión, pues es a ti a quien primero encuentro después de haber soportado muchas desgracias, que no conozco a ninguno de los hombres que poseen esta tierra y ciudad. Muéstrame la ciudad y dame algo de ropa para cubrirme si al venir trajiste alguna para envoltura de tus vestidos. ¡Que los dioses te concedan cuantas cosas anhelas en tu corazón: un marido, una casa, y te otorguen también una feliz armonía! Seguro que no hay nada más bello y mejor que cuando un hombre y una mujer gobiernan la casa con el mismo parecer; pesar es para el enemigo y alegría para el amigo, y, sobre todo, ellos consiguen buena fama. »

Y le respondió luego Nausícaa, la de blancos brazos:

«Forastero, no pareces hombre plebeyo ni insensato. El mismo Zeus Olímpico reparte la felicidad entre los hombres tanto a nobles como a plebeyos, según quiere a cada uno. Sin duda también a ti te ha concedido esto, y es preciso que lo soportes con firmeza hasta el fin.

«Ahora que has llegado a nuestra ciudad y a nuestra tierra, no te verás privado de vestidos ni de ninguna otra cosa de las que son propias del desdichado suplicante que nos sale al encuentro. Te mostraré la ciudad y te diré los nombres de sus gentes. Los feacios poseen esta ciudad y esta tierra; yo soy la hija del magnánimo Alcínoo, en quien descansa el poder y la fuerza de los feacios.»

Así dijo, y ordenó a las doncellas de lindas trenzas:

«Deteneos, siervas. ¿A dónde huís por ver a este hombre? ¿Acaso creéis que es un enemigo? No existe viviente ni puede nacer hombre que llegue con ánimo hostil al país de los feacios, pues somos muy queridos de los dioses y habitamos lejos en el agitado ponto, los más apartados, y ningún otro mortal tiene trato con nosotros.

«Peró éste ha llegado aquí como un desdichado después de andar errante, y ahora es preciso atenderle. Que todos los huéspedes y mendigos proceden de Zeus, y para ellos una dádiva pequeña es querida. ¡Vamos!, dadle de comer y de beber y lavadlo en el río donde haya un abrigo contra el viento. »

Así dijo; ellas se detuvieron y se animaron unas a otras, hicieron sentar a Odiseo en lugar resguardado, según lo había ordenado Nausícaa, hija del magnánimo Alcínoo, le proporcionáron un manto y una túnica como vestido, le entregaron aceite húmedo en una ampolla de oro y lo apremiaban para que se bañara en las corrientes del río.

Entonces, por fin, dijo el divino Odiseo a las siervas:

«Siervas, deteneos ahí lejos mientras me quito de los hombros la salmuera y me unjo con aceite, pues ya hace tiempo que no hay grasa sobre mi cuerpo; que no me lavaré yo frente a vosotras, pues me avergüenzo de permanecer desnudo entre doncellas de lindas trenzas. »

Así dijo y ellas se alejaron y se lo contaron a la muchacha. Cónque el divino Odiseo púsose a lavar su cuerpo en las aguas del río y a quitarse la salmuera que cubría sus anchas espaldas y sus hombros, y limpió de su cabeza la espuma de la mar infatigable. Después que se hubo lavado y ungido con aceite, se vistió las ropas que le proporcionara la no sometida doncella. Entonces le concedió, Atenea, la hija de Zeus, aparecer más apuesto y robusto e hizo caer de su cabeza espesa cabellera, semejante a la flor del jacinto. Así como derrama oro sobre plata un diestro orfebre a quien Hefesto y Palas Atenea han enseñado toda clase de artes y termina graciosos trabajos, así Atenea vertió su gracia sobre la cabeza y hombros de Odiseo. Fuese entonces a sentar a lo lejos junto a la orilla del mar, resplandeciente de belleza y de gracia, y la muchacha lo contemplaba.

Por fin dijo a las siervas de lindas trenzas:
«Esuchadme, siervas de blancos brazos, mientras os hablo; no en contra de la voluntad de todos los dioses, los que poseen el Olimpo, tiene trato este hombre con los feacios semejantes a los dioses. Es verdad que antes me pareció desagradable, pero ahora es semejante a los dioses, los que poseen el amplio cielo. ¡Ojalá semejante varón fuera llamado esposo mío habitando aquí y le cumpliera permanecer con nosotros! Vamos, siervas, dad al huésped comida y bebida.»

Así dijo; ellas la escucharon y al punto realizaron sus deseos: pusieron comida y bebida junto a Odiseo y verdad es que comía y bebía con voracidad el sufridor, el divino Odiseo, pues durante largo tiempo estuvo ayuno de comida.

De pronto Nausícaa, de blancos brazos, cambió de parecer. Después de haber plegado sus vestidos los colocó en el hermoso carro, unció las mulas de fuertes cascos y ascendió ella misma. Animó a Odiseo, le llamó por su nombre y le dirigió su palabra:

«Forastero, levántate ahora para ir a la ciudad y para que yo te acompañe a casa de mi prudente padre, donde te aseguro que verás a los más excelentes de todos los feacios. Pero ahora cuidate de obrar así -ya que no me pareces insensato-: mientras vayamos por los campos y las labores de los hombres, marcha presto con las sirvientas tras las mulas y el carro y yo seré guía. Pero cuando subamos a la ciudad... a ésta la rodea una elevada muralla; hay un hermoso puerto a ambos lados de la ciudad y es estrecha la entrada, y las curvadas naves son arrastradas por el camino, pues todos ellos tienen refugios para sus naves. También tienen en torno al hermoso templo de Poseidón el ágora construida con piedras gigantescas que hunden sus raíces en la tierra. Aquí se ocupan los hombres de los aparejos de sus negras naves, cables y velas, y aquí afilan sus remos. Pues los feacios no se ocupan de arco y carcaj, sino de mástiles y remos, y de proporcionadas naves con las que recorren orgullosos el canoso mar. De éstos quiero evitar el amargo comentario, no sea que alguno murmure por detrás, pues muchos son

los soberbios en el pueblo, y quizá alguno, el más vil, diga al salirnos al encuentro: "¿Quién es este hermoso y apuesto forastero que sigue a Nausícaa?, ¿dónde lo encontró? Quizá llegue a ser su esposo, o quizá es algún navegante al que, errante en su nave, le dio hospitalidad, de los hombres que viven lejos, ya que nadie vive cerca de aquí. O quizá un dios le ha bajado del cielo tras invocarlo y lo va a tener con ella para siempre. Mejor si ha encontrado por ahí un esposo de fuera, pues desdeña a los demás feacios en el pueblo, aunque son muchos y nobles los que la pretenden." Así dirán, y para mí estas palabras serán odiosas. Pero yo también me indignaría con otra que hiciera cosas semejantes contra la voluntad de su padre y de su madre y se uniera con hombres antes que celebre público matrimonio.

«Conque, forastero, haz caso de mi palabra para que consigas pronto de mi padre escolta y regreso.

«Encontrarás un espléndido bosque de Atenea junto al camino, de álamos negros; allí mana una fuente y alrededor hay un prado; allí está el cercado de mi padre y la florida viña, tan cerca de la ciudad que se oye al gritar. Espera un poco allí sentado para que nosotras alcancemos la ciudad y lleguemos a casa de mi padre, y cuando supongas que hemos llegado al palacio, dispone entonces a marchar a la ciudad de los feacios y pregunta por la casa de mi padre, el magnánimo Alcínoo. Es fácilmente reconocible y hasta un niño pequeño te puede conducir, pues no es nada semejante a las casas de los demás feacios: ¡tal es el palacio del héroe Alcínoo! Y una vez que te cobijen la casa y el patio, cruza rápidamente el mégaron para llegar hasta mi madre; ella está sentada en el hogar a la luz del fuego, hilando copos purpúreos -¡una maravilla para verlos!- apoyada en la columna. Y sus esclavas se sientan detrás de ella. Allí también está el trono de mi padre apoyado contra la columna, en el que se sienta a beber su vino como un dios inmortal. Pásalo de largo y arrójate a abrazar con tus manos las rodillas de mi madre, a fin de que consigas pronto el día del regreso, para tu felicidad, aunque seas de lejana tierra. Pues si ella te guarda sentimientos amigos en su corazón, podrás cumplir el deseo de ver a los tuyos, tu bien construida casa y tu tierra patria.»

Hablando así golpeó con su brillante látigo a las mulas y éstas abandonaron veloces las corrientes del río: trotaban muy bien y cruzaban bien las patas. Y ella llevaba las riendas para que pudieran seguirle a pie las sirvientas y Odiseo; así es que manejaba el látigo con tiento.

Y se sumergió Helios y al punto llegaron al famoso bosquecillo sagrado de Atenea, donde se sentó el divino Odiseo:

Y se puso a invocar a la hija del gran Zeus:

«Escúchame, hija de Zeus, portador de égida, Atritona, escúchame en este momento, ya que antes no me escuchaste cuando sufrí naufragio, cuando me golpeó el famoso, el que sacude la tierra. Concédeme llegar a la tierra de los feacios como amigo y digno de lástima.»

Así dijo suplicando y le escuchó Palas Atenea.

Pero no le salió al encuentro, pues respetaba al hermano de su padre que mantenía su cólera violenta contra Odiseo, semejante a un dios, hasta que llegara a su patria.

CANTO VII

ODISEO EN EL PALACIO DE ALCÍNOO

Y mientras así rogaba el sufridor, el divino Odiseo, el vigor de las mulas llevaba a la doncella a la ciudad. Cuando al fin llegó a la famosa morada de su padre, se detuvo ante las puertas y la rodearon sus hermanos, semejantes a los inmortales, quienes desuncieron las mulas del carro y llevaron adentro las ropas. Ella se dirigió a su habitación y le encendió fuego una anciana de Apira, la camarera Eurimedusa, a la que trajeron desde Apira las curvadas naves. Se la habían elegido a Alcínoo como recompensa, porque reinaba sobre todos los feacios y el pueblo lo escuchaba como a un dios. Ella fue quien crió a Nausícaa, la de blancos brazos, en el mégaron; ella le avivaba el fuego y le preparaba la cena.

Entonces Odiseo se dispuso a marchar a la ciudad, y Atenea, siempre preocupada por Odiseo, derramó en torno suyo una gran nube, no fuera que alguno de los magnánimos feacios, saliéndole al encuentro, le molestara de palabra y le preguntara quién era. Conque cuando estaba ya a punto de penetrar en la agradable ciudad, le salió al encuentro la diosa Atenea, de ojos brillantes, tomando la apariencia de una niña pequeña con un cántaro, y se detuvo delante de él, y le preguntó luego el divino Odiseo:

«Pequeña, ¿querrías llevarme a casa de Alcínoo, el que gobierna entre estos hombres? Pues yo soy forastero y después de muchas desventuras he llegado aquí desde lejos, de una tierra apartada; por esto no conozco a ninguno de los hombres que poseen esta ciudad y estas tierras de labor.»

Y le respondió luego Atenea, la diosa de ojos brillantes:

«Yo te mostraré, padre forastero, la casa que me pides, ya que vive cerca de mi irreprochable padre. Anda, ven en silencio y te mostraré el camino, pero no mires ni preguntes a ninguno de los hombres, pues no soportan con agrado a los forasteros ni agasajan con gusto al que llega de otra parte. Confiados en sus rápidas naves surcan el gran abismo del mar, pues así se lo ha encomendado el que sacude la tierra, y sus naves son tan ligeras como las alas o como el pensamiento.»

Hablando así le condujo rápidamente Palas Atenea y él marchaba tras las huellas de la diosa. Pero no lo vieron los feacios, famosos por sus naves, mientras marchaba entre ellos por su ciudad, ya que no lo permitía Atenea, de lindas trenzas, la terrible diosa que preocupándose por él en su ánimo le había cubierto con una nube divina.

Odiseo iba contemplando con admiración los puertos y las proporcionadas naves, las ágoras de ellos, de los héroes y las grandes murallas elevadas, ajustadas con piedras, maravilla de ver. Y cuando al fin llegó a la famosa morada del rey, Atenea, de ojos brillantes, comenzó a hablar:

«Ese es, padre forastero, el palacio que me pedías que te mostrara; encontrarás a los reyes, vástagos de Zeus, celebrando un banquete. Tú pasa adentro y no te turbes en tu ánimo, pues un hombre con arrojo resulta ser el mejor en toda acción, aunque llegue de otra tierra. Primero encontrarás a la reina en el mégaron; su nombre es Arete y desciende de los mismos padres que engendraron a Alcínoo. A Nausítoo lo engendraron primero Poseidón, el que sacude la tierra, y Peribea, la más excelente de las mujeres en su porte, hija menor del magnánimo Eurimedonte, que entonces gobernaba sobre los soberbios Gigantes -éste hizo perecer a su arrogante pueblo, pereciendo también él-; con ella se unió Poseidón y engendró a su hijo, el magnánimo Nausítoo, que reinó entre los feacios. Nausítoo fue el padre de Rexenor y Alcínoo. A aquél lo alcanzó Apolo, el del arco de plata, recién casado y sin hijos varones y en la casa dejó a una niña sola, a Arete, a la que Alcínoo hizo su ésposa y honró como jamás ninguna otra ha sido honrada de cuantas mujeres gobiernan una casa sometidas a su esposo. Así ella ha sido honrada en su corazón y lo sigue siendo por sus hijos y el mismo Alcínoo y por su pueblo que la contempla como a una diosa, y la saludan con agradables palabras cuando pasea por la ciudad, que no carece tampoco ella de buen juicio y resuelve los litigios, incluso a los hombres por los que siente amistad. Si ella te recibe con sentimientos amigos puedes tener la esperanza de ver a los tuyos, regresar a tu casa de alto techo y a tu tierra patria.»

Cuando hubo hablado así marchó Atenea, de ojos brillantes, por el estéril ponto y abandonó la agradable Esqueria. Llegó así a Maratón y a Atenas, de anchas calles, y penetró en la sólida morada de Erecteo.

Entretanto, Odiseo caminaba hacia la famosa morada de Alcínoo, y su corazón removía diversos pensamientos cuando se detuvo antes de alcanzar el broncíneo umbral. Pues hay un resplandor como de sol o de luna en el elevado palacio del magnánimo Alcínoo; a ambos lados se extienden muros de bronce desde el umbral hasta el fondo y en su torno un azulado friso; puertas de oro cierran por dentro la sólida estancia; las jambas sobre el umbral son de plata y de plata el dintel, y el tirador, de oro. A uno y otro lado de la puerta había perros de oro y plata que había esculpido Hefesto con la habilidad de su mente para custodiar la morada del magnánimo Alcínoo perros que son inmortales y no envejecen nunca. A lo largo de la pared y a ambos lados, desde el umbral hasta el fondo, había tronos cubiertos por ropajes hábilmente tejidos, obra de mujeres. En ellos se sentaban los señores feacios mientras bebían y comían; y los ocupaban constantemente. Había también unos jovenes de oro en pie sobre pedestales perfectamente construidos, portando en sus manos antorchas encendidas, los cuales alumbraban los banquetes nocturnos del palacio. Tiene cincuenta esclavas en su mansión: unas muelen el dorado fruto, otras tejen telas y sentadas hacen funcionar los husos, semejantes a las hojas de un esbelto álamo negro, y del lino teji-

do gotea el húmedo aceite. Tanto como los feacios son más expertos que los demás hombres en gobernar su rápida nave sobre el ponto, así son sus mujeres en el telar. Pues Atenea les ha concedido en grado sumo el saber realizar brillantes labores y buena cabeza.

Fuera del patio, cerca de las puertas, hay un gran huerto de cuatro yugadas y alrededor se extiende un cerco a ambos lados. Allí han nacido y florecen árboles: perales y granados, manzanos de espléndidos frutos, dulces itigueras y verdes olivos; de ellos no se pierde el fruto ni falta nunca en invierno ni en verano: son perennes. Siempre que sopla Céfiro, unos nacen y otros maduran. La pera envejece sobre la pera, la manzana sobre la manzana, la uva sobre la uva y también el higo sobre el higo. Allí tiene plantada una viña muy fructífera, en la que unas uvas se secan al sol en lugar abrigado, otras las vendimian y otras las pisan: delante están las vides que dejan salir la flor y otras hay también que apenas negrean. Allí también, en el fondo del huerto, crecen liños de verduras de todas clases siempre lozanas. También hay allí dos fuentes, la una que corre por todo el huerto, la otra que va de una parte a otra bajo el umbral del patio hasta la elevada morada a donde van por agua los ciudadanos. Tales eran las brillantes dádivas de los dioses en la mansión de Alcínoo.

Allí estaba el divino Odiseo, el sufridor, y lo contemplaba con admiración. Conque una vez que hubo contemplado todo boquiabierto cruzó el umbral con rapidez para entrar en la casa. Y encontró a los jefes y señores de los feacios que hacían libación con sus copas al vigilante Argifonte, a quien solían ofrecer libación en último lugar, cuando ya sentían necesidad del lecho. Así que el sufridor, el divino Odiseo, echó a andar por la casa envuelto en la espesa niebla que le había derramado Atenea, hasta que llegó ante Arete y el rey Alcínoo.

Abrazó Odiseo las rodillas de Arete y entonces, por fin, se disipó la divina nube. Quedaron todos en silencio al ver a un hombre en el palacio y se llenaron de asombro al contemplarle. Y Odiseo suplicaba de esta guisa:

«Arete, hija de Rexenor, semejante a un inmortal, me he llegado a tu esposo, a tus rodillas y ante éstos tus invitados, después de sufrir muchas desventuras. ¡Ojalá los dioses concedan a éstos vivir en la abundancia; que cada uno pueda legar a sus hijos los bienes de su hacienda y las prerrogativas que les ha concedido el pueblo. En cuanto a mí, proporcionadme escolta para llegar rápidamente a mi patria. Pues ya hace tiempo que padezco pesares lejos de los míos.»

Así diciendo se sentó entre las cenizas junto al fuego del hogar. Todos ellos permanecían inmóviles en silencio. Al fin tomó la palabra un anciano héroe, Equeneo, que era el más anciano entre los feacios y sobresalía por su palabra, pues era conocedor de muchas y antiguas cosas. Este les habló y dijo con sentimientos de amistad:

«Alcínoo, no me parece lo mejor, ni está bien, que el huésped permanezca sentado en el suelo entre las cenizas del hogar. Estos permanecen callados esperando únicamente tu palabra. Anda, haz que se levante y siéntalo en un trono de clavos de plata. Ordena también a los heraldos que mezclen vino para que hagamos libaciones a Zeus, el que goza con el rayo, el que asiste a los venerables suplicantes. En fin, que el ama de llaves proporcione al forastero alguna vianda de las que hay dentro.»

Cuando hubo escuchado esto, la sagrada fuerza de Alcínoo asiendo de la mano a Odiseo, prudente y hábil en astucias, lo hizo levantar del hogar y lo asentó en su brillante trono, después de haber levantado a su hijo, al valeroso Laodamante, que solía sentarse a su lado y al que sobre todos quería. Una sirvienta trajo aguamanos en hermoso jarro de oro y la vertió sobre una jofaina de plata para que se lavara. A su lado extendió una pulimentada mesa. La venerable ama de llaves le proporcionó pan y le dejó allí toda clase de manjares, favoreciéndole gustosa entre los presentes. En tanto que comía y bebía el sufridor, divino Odiseo, la fuerza de Alcínoo dijo a un heraldo:

«Pontónoo, mezcla vino en la crátera y repártelo a todos en la casa para que ofrezcamos libaciones a Zeus, el que goza con el rayo, el que asiste siempre a los venerables suplicantes.»

Así dijo; Pontónoo mezcló el dulce vino y lo repartió entre todos, haciendo una primera ofrenda, por orden, en las copas. Una vez que hicieron las libaciones y bebieron cuanto quiso su ánimo, habló entre ellos Alcínoo y dijo:

«Escuchadme, jefes y señores de los feacios, para que os diga lo que mi corazón me ordena en el pecho. Dad ahora fin al banquete y marchad a acostaros a vuestra casa. Y a la aurora, después de convocar al mayor número de ancianos, ofreceremos hospitalidad al forastero, haremos hermosos sacrificios a los dioses y después trataremos de su escolta para que el forastero alcance su tierra patria sin fatiga ni esfuerzo con nuestra escolta - la que recibirá contento- por muy lejana que sea, y para que no sufra ningún daño antes de desembarcar en su tierra. Una vez allí sufrirá cuantas desventuras le tejieron con el hilo en su nacimiento, cuando lo parió su madre, la Aisa y las graves Hilanderas. Pero si fuera uno de los inmortales que ha venido desde el cielo, alguna otra cosa nos preparan los dioses, pues hasta ahora siempre se nos han mostrado a las claras, cuando les ofrecemos magníficas hecatombes y participan con nosotros del banquete sentados allí donde nos sentamos nosotros. Y si algún caminante solitario se topa con ellos, no se le ocultan, y es que somos semejantes a ellos tanto como los Cíclopes y la salvaje raza de los Gigantes.»

Y le respondió y dijo el muy astuto Odiseo:

«Alcínoo, deja de preocuparte por esto, que yo en verdad en nada me asemejo a los inmortales que poseen el ancho cielo, ni en continente ni en porte, sino a los mortales hombres; quien vosotros sepáis que ha soportado más desventuras entre los hombres mortales, a éste podría yo igualarme en pesares. Y todavía podría contar desgracias mucho mayores, todas cuantas soporté por la voluntad de los dioses. Pero dejadme cenar, por más angustiado que yo esté, pues no hay cosa más inoportuna que el maldito estómago que nos incita por fuerza a acordarnos de él, y aun al que está muy afligido y con un gran pesar en las mientes, como yo ahora tengo el mío, lo fuerza a comer y beber. También a mí me hace olvidar todos los males, que he padecido; y me ordena llenarlo.

«Vosotros, en cuanto apunte la aurora, apresuraos a dejarme a mí, desgraciado, en mi tierra patria, a pesar de lo que he sufrido. Que me abandone la vida una vez que haya visto mi hacienda, mis siervos y mi gran morada de elevado techo.»

Así dijo; todos aprobaron sus palabras y aconsejaban dar escolta al forastero, ya que había hablado como le correspondía.

Una vez que hicieron las libaciones y bebieron cuanto su ánimo quiso, cada uno marchó a su casa para acostarse. Así que quedó sólo en el mégaron el divino Odiseo y a su lado se sentaron Arete y Alcínoo, semejante a un dios. Las siervas se llevaron los útiles del banquete.

Y Arete, de blancos brazos, comenzó a hablar, pues, al verlos, reconoció el manto, la túnica y los hermosos ropajes que ella misma había tejido con sus siervas. Y le habló y le dijo aladas palabras:

«Huésped, seré yo la primera en preguntarte: ¿quién eres?, ¿de dónde vienes?, ¿quién te dio esos vestidos?, ¿no dices que has llegado aquí después de andar errante por el ponto?»

Y le respondió y dijo el muy astuto Odiseo:

Es doloroso, reina, que enumere uno a uno mis padecimientos, que los dioses celestes me han otorgado muchos. Pero con todo te contestaré a lo que me preguntas a inquieres. Lejos, en el mar, está la isla de Ogigia, donde vive la hija de Atlante, la engañosa Calipso de lindas trenzas, terrible diosa; ninguno de los dioses ni de los hombres mortales tienen trato con ella. Sólo a mí, desventurado, me llevó como huésped un demón después que Zeus, empujando mi rápida nave, la incendió con un brillante rayo en medio del ponto rojo como el vino. Todos mis demás valientes compañeros perecieron, pero yo, abrazado a la quilla de mi curvada nave, aguanté durante nueve días; y al décimo, en negra noche, los dioses me echaron a la isla Ogigia, donde habita Calipso de lindas trenzas, la terrible diosa que acogiéndome gentilmente me alimentaba y no dejaba de decir que me haría inmortal y libre de vejez para siempre; pero no logró convencer a mi corazón dentro del pecho. Allí permanecí, no obstante, siete años regando sin cesar con mis lágrimas las inmortales ropas que me había dado Calipso. Pero cuando por fin cumplió su curso el año octavo, me apremió e incitó a que partiera ya sea por mensaje de Zeus o quizá porque ella misma cambió de opinión. Despidióme en una bien trabada balsa y me proporcionó abundante pan y dulce vino, me vistió inmortales ropas y me envió un viento próspero y cálido.

Diecisiete días navegué por el ponto, hasta que el decimoctavo aparecieron las sombrías montañas de vuestras tierras. Conque se me alegró el corazón, ¡desdichado de mí!, pues aún había de verme envuelto en la incesante aflicción que me proporcionó Poseidón, el que sacude la tierra, quien impulsando los vientos me cerró el camino, sacudió el mar infinito y el oleaje no permitía que yo, mientras gemía incesantemente, avanzara en mi balsa; después la destruyó la tempestad. Fue entonces cuando surqué nadando el abismo hasta que el viento y el agua me acercaron a vuestra tierra; y cuando trataba de alcanzar la orilla, habríame arrojado violentamente el oleaje contra las grandes rocas, en lugar funesto; pero retrocedí de nuevo nadando, hasta que llegué al río, allí donde me pareció el mejor lugar, limpio de piedras y al abrigo del viento. Me dejé caer allí para recobrar el aliento y se me echó encima la noche divina. Alejéme del río nacido de Zeus y entre los matorrales acomodé mi lecho amontonando alrededor muchas hojas; y un dios me vertió profundo sueño. Allí, entre las hojas, dormí con el corazón afligido toda la noche, la aurora y hasta el mediodía. Se ponía el Sol cuando me abandonó el dulce sueño. Vi jugando en la orilla a las siervas de tu hija; y ella era semejante a las diosas. Le supliqué y no estuvo ayuna de buen juicio, como no se podría esperar que obrara una joven que se encuentra con alguien. Pues con frecuencia los jóvenes son sandios. Me entregó pan suficiente y oscuro vino, me lavó en el río y me proporcionó esta ropa. Aun estando apesadumbrado te he contado toda la verdad.»

Y le respondió Alcínoo y dijo:

«Huésped, en verdad mi hija no tomó un acuerdo sensato al no traerte a nuestra casa con sus siervas. Y sin embargo fue ella la primera a quien dirigiste tus súplicas.»

Y le respondió y dijo el muy astuto Odiseo:

«¡Héroe! No reprendas por esto a tu irreprochable hija; ella me aconsejó seguirla con sus siervas, pero yo no quise por vergüenza, y temiendo que al verme pudieras disgustarte. Que la raza de los hombres sobre la tierra es suspicaz.»

Y le respondió Alcínoo y dijo:

«¡Huésped! El corazón que alberga mi pecho no es tal como para irritarse sin motivo, pero todo es mejor si es ajustado. ¡Zeus padre, Atenea y Apolo, ojalá que siendo como eres y pensando las mismas cosas que yo pienso, tomases a mi hija por esposa y permaneciendo aquí pudiese llamarte mi yerno!; que yo te daría casa y hacienda si permanecieras aquí de buen grado. Pero ninguno de los feacios te retendrá contra tu voluntad, no sea que esto no fuera grato a Zeus. Yo te anuncio, para que lo sepas bien, tu viaje para mañana. Mientras tú descansas sometido por el sueño, ellos remarán por el mar encalmado hasta que llegues a tu patria y a tu casa, o a donde quiera que te sea grato, por distance que esté (aunque más lejos que Eubea, la más lejana según dicen los que la vieron de nuestros soldados cuando llevaron allí al rubio Radamanto para que visitara a Ticio, hijo de la Tierra. Allí llegaron y, sin cansancio, en un solo día, llevaron a cabo el viaje y regresaron a casa). Tú mismo podrás observar qué excelentes son mis navíos y mis jóvenes en golpear el mar con el remo.»

Así dijo y se alegró el divino Odiseo, el sufridor, y suplicando dijo su palabra y lo llamó por su nombre:

«Padre Zeus, ¡ojalá cumpla Alcínoo cuanto ha prometido! Que su fama jamás se extinga sobre la nutricia tierra y que yo llegue a mi tierra patria.»

Mientras ellos cambiaban estas palabras, Arete, de blancos brazos, ordenó a las mujeres colocar lechos bajo el portico y disponer las más bellas mantas de púrpura y extender encima las colchas y sobre ellas ropas de lana para cubrirse.

Así que salieron las siervas de la sala con hachas ardiendo, y una vez que terminaron de hacer diligentemente la cama, dirigiéronse a Odiseo y lo invitaron con estas palabras:

«Huésped, levántate y ven a dormir, tienes hecha la cama.»

Así hablaron y a él le plugo marchar a acostarse. Así que allí durmió debajo del sonoro pórtico el sufridor, el divino Odiseo, en lecho taladrado. Luego se acostó Alcínoo en el interior de la alta morada; le había dispuesto su esposa y señora el lecho y la cama.

CANTO VIII

ODISEO AGASAJADO POR LOS FEACIOS

Y cuando se mostró Eos, la que nace de la mañana, la de dedos de rosa, se levantó del lecho la sagrada fuerza de Alcínoo y se levantó Odiseo del linaje de Zeus, el destructor de ciudades. La sagrada fuerza de Alcínoo los conducía al ágora que los feacios tenían construida cerca de las naves. Y cuando llegaron se sentaron en piedras pulimentadas, cerca unos de otros.

Y recorría la ciudad Palas Atenea, que tomó el aspecto del heraldo del prudente Alcínoo, preparando el regreso a su patria para el valeroso Odiseo. La diosa se colocaba cerca de cada hombre y le decía sú palabra:

«¡Vamos, caudillos y señores de los feacios! Id al ágora para que os informéis sobre el forastero que ha llegado recientemente a casa del prudente Alcínoo después de recorrer el ponto, semejante en su cuerpo a los inmortales.»

Así diciendo movía la fuerza y el ánimo de cada uno. Bien pronto el ágora y los asientos se llenaron de hombres que se iban congregando y muchos se admiraron al ver al prudente hijo de Laertes; que Atenea derramaba una gracia divina por su cabeza y hombros e hizo que pareciese más alto y más grueso: así sería grato a todos los feacios y temible y venerable, y llevaría a término muchas pruebas, las que los feacios iban a poner a Odiseo. Cuando se habían reunido y estaban ya congregados, habló entre ellos Alcínoo y dijo:

«Oídme, caudillos y señores de los feacios, para que os diga lo que mi ánimo me ordena dentro del pecho. Este forastero -y no sé quién es- ha llegado errante a mi palacio bien de los hombres de Oriente o de los de Occidente; nos pide una escolta y suplica que le sea asegurada. Apresuremos nosotros su escolta como otras veces, que nadie que llega a mi casa está suspirando mucho tiempo por ella.

«Vamos, echemos al mar divino una negra nave que navegue por primera vez, y que sean escogidos entre el pueblo cincuenta y dos jóvenes, cuantos son siempre los mejores. Atad bien los remos a los bancos y salid. Preparad a continuación un convite al volver a mi palacio, que a todos se lo ofreceré en abundancia. Esto es lo que ordeno a los jóvenes. Y los demás, los reyes que lleváis cetro, venid, a mi hermosa mansión para que honremos en el palacio al forastero. Que nadie se niegue. Y llamad al divino aedo Demódoco, a quien la divinidad há otorgado el canto para deleitar siempre que su ánimo lo empuja a cantar.»

Así habló y los condujo y ellos le siguieron, los reyes que llevan cetro. El heraldo fue a llamar al divino aedo y los cincuenta y dos jóyenes se dirigieron, como les había ordenado, á la ribera del mar estéril. Cuando llegaron a la negra nave y al mar echaron la nave al abismo del mar y pusieron el mástil y las velas y ataron los remos con correas, todo según correspondía. Extendieron hacia arriba las blancás velas, anclaron a la nave en aguas profundas y se pusieron en camino para ir a la gran casa del prudente Alcínoo. Y los pórticos, el recinto de los patios y las habitaciones se llenaron de hombres que se congregaban, pues eran muchos, jóvenes y ancianos. Para ellos sacrificó Alcínoo doce ovejas y ocho cerdos albidentes y dos bueyes de rotátiles patas. Los desollaron y prepararon a hicieron un agradable banquete.

Y se acercó el heraldo con el deseable aedo a quien Musa amó mucho y le había dado lo bueno y lo malo: le privó de los ojos, pero le concedió el dulce canto. Pontónoo le puso un sillón de clavos de plata en medio de los comensales, apoyándolo a una elevada columna, y el heraldo le colgó de un clavo la sonora cítara sobre su cabeza. y le mostró cómo tomarla con las manos. También le puso al lado un canastillo y una linda mesa y una copa de vino para beber siempre que su ánimo le impulsara.

Y ellos echaron mano de las viándas qúe tenían delante. Y cuando hubieron arrojado el deseo de comida y bebida, Musa empujó al aedo a que cantara la gloria de los guerreros con un canto cuya fama llegaba entonces al ancho cielo: la disputa de Odiseo y del Pelida Aquiles, cómo en cierta ocasión discutieron en el suntuoso banquete de los dioses con horribles palabras. Y el soberano de hombres; Agamenón, se alegraba en su ánimó de que riñeran los mejores de los aqueos. Así se lo había dicho con su oráculo Febo Apolo en la divina Pitó cuando sobrépasó el umbral de piedra para ir a consultarle; en aquel momento comenzó a desarrollarse el principio de la calamidad para teucros y dánaos por los designios del gran Zeus. Esta cantaba el muy ilustre aedo. Entonces Odiseo tomó con sus pesadas manos su grande, purpúrea manta; se lo echó par encima de la cabeza y cubrió su hermoso rostro; le daba vergüenza déjar caer lágrimas bajo sus párpados delanté de los feacios. Siempre que el divino aedo dejaba de cantar se enjugaba las lágrimas y retiraba el manto de su cabeza y, tomando una copa doble, hacía libaciones a los dioses.

Pero cuando comenzaba otra vez -lo impulsaban a cantar los más nobles de los feacios porque gozaban con sus versos-, Odiseo se cubría nuevamente la cabeza y lloraba. A los demás les pasó inadvertido que derramaba lágrimas. Sólo Alcínoo lo advirtió y observó, pues estaba sentado al lado y le oía gemir gravemente. Entonces dijo el soberano a los feacios amantes del remo:

«¡Oídme, caudillós y señores de los feacios! Ya hemos gozado del bien distribuido banquete y de la cítara que es compañera del festín espléndido; salgamos y -probemos toda clase de juegos. Así también el huésped contará a los suyos al volver a casa cuánto superamos a los demás en el pugilato, en la lucha, en el salto y en la carrera.»

Así habló y los condujo y ellos les siguieron. El heraldo colgó del clavo la sonora cítara y tomó de la mano a Demódoco; lo sacó del mégaron y lo conducía por el mismo camino que llevaban los mejores de los feacios para admirar los juegos,. Se pusieron en camino para ir al ágora y los seguía una gran multitud, miles. Y se pusieron en pie muchos y vigorosos jóvenes, se levantó Acroneo, y Ocíalo, y Elatreo, y Nauteo, y Primneo, y Anquíalo, y Eretmeo, y Ponteo, y Poreo, y Toón, y Anabesineo, y Anfíalo, hijo de Polineo Tectónida. Se levantó también Eurfalo, semejante a Ares, funesto para los mortales, el que más sobresalía en cuerpo y hermosura de todos los feacios después del irreprochable Laodamante. También se pusieron en pie tres hijos del egregio Alcínoo: Laodamante, Halio y Élitoneo, parecido a un dios. Éstos hicieron la primera prueba con los pies. Desde la línea de salida se les extendía la pista y volaban velozmente por la llanura levantando polvo. Entre ellos fue con mucho el mejor en el correr el irreprochable Clitoneo; cuanto en un campo noval es el alcance de dos mulas, tanto se les adelantó llegando a la gente mientras los otros se quedaron atrás. Luego hicieron la prueba de la fatigosa lucha y en ésta venció Euríalo a todos los mejores. Y en el salto fue Anfíalo el mejor, y en el disco fue Elatreo el mejor de todos con mucho, y en el pugilato Laodamante, el noble hijo de Alcínoo. Y cuando todos hubieron deleitado su ánimo con los juegos, entre ellos habló Laodamante, el hijo de Alcínoo:

«Aquí, amigos, preguntemos al huésped si conoce y ha aprendido algún juego. Que no es vulgar en su natural: en sus músculos y piernas, en sus dos brazos, en su robusto cuello y en su gran vigor. Y no carece de vigor juvenil, sino que está quebrantado por numerosos males; que no creo yo que haya cosa peor que el mar para abatir a un hombre por fuerte que sea.»

Y Euríalo le contestó y dijo:

«Has hablado como te corresponde. Ve tú mismo a desafiarlo y manifiéstale tu palabra.»

Cuando le oyó se adelantó el noble hijo de Alcínoo, se puso en medio y dijo a Odiseo:

«Ven aquí, padre huésped, y prueba tú también los juegos si es que has aprendido alguno. Es natural que los conozcas, pues no hay gloria mayor para el hombre mientras vive que lo que hace con sus pies o con sus manos. Vamos, pues, haz la prueba y arroja de tu ánimo las penas, pues tu viaje no se diferirá por más tiempo; ya la nave te ha sido botada y tienes preparados unos acompañantes.»

Y le respondió y dijo el muy astuto Odiseo:

«¡Laodamante! ¿Por qué me ordenáis tal cosa por burlaros de mí? Las perlas ocupan mi interior más que los juegos. Yo he sufrido antes mucho y mucho he soportado. Y ahora estoy sentado en vuestra asamblea necesitando el regreso, suplicando al rey y a todo el pueblo.»

Entonces, Euríalo le contestó y le echó en cara:

«No, huésped, no te asemejas a un hombre entendido en juegos, cuantos hay en abundancia entre los hombres, sino al que está siempre en una nave de muchos bancos, a un comandante de marinos mercantes que cuida de la carga y vigíla las mercancías y las ganancias debidas al pillaje. No tienes traza de atleta.»

Y lo miró torvamente y le contestó el muy astuto Odiseo:

«¡Huésped! No has hablado bien y me pareces un insensato. Los dioses no han repartido de igual modo a todos sús ámables dones de hermosura, inteligencia y elocuencia. Un hombre es inferior por su aspecto, pero la divinidad lo corona con la hermosura de la palabra y todos miran hacia él complacidos. Les habla con firmeza y con suavidad respetuosa y sobresale entre los congregados, y lo contemplan como a un dios cuando anda por la ciudad.

«Otro, por el contrario, se parece a los inmortales en su porte, pero no lo corona la gracia cuando habla.

«Así tu aspecto es distinguido y ni un dios lo habría formado de otra guisa, mas de inteligencia eres necio. Me has movido el ánimo dentro del pecho al hablar inconvenientemente. No soy desconocedor de los juegos como tú aseguras, antes bién, creo que estaba entre los primeros mientras confiaba en mi juventud y mis brazos. Pero ahora estóy poseído por la adversidad y los dolores, pues he soportado mucho guerreando con los hombres y atravesando las dolorosas olas. Pero aun así, aunque haya padecido muchos males, probaré en los juegos: tu palabra ha mordido mi corazón y me has provocado al hablar.»

Dijo, y con su mismo vestido se levantó, tomó un disco mayor y más ancho y no poco más pesado que con el que solían competir entre sí los feacios. Le dio vueltas, lo lanzó de su pesada mano y la piedra resonó. Echáronse a tierra los feacios de largos remos, hombres ilustres por sus naves, por el ímpetu de la piedra, y ésta sobrevoló todas las señales al salir velozmente de su mano. Atenea le puso la señal tomando la forma de un hombre, le dijo su palabra y lo llamó por su nombre:

«Incluso un ciego, forastero, distinguiría a tientas la señal, pues no está mezclada entre la multitud sino mucho más adelante; confía en esta prueba; ninguno de los feacios la alcanzará ni sobrepasará.»

Así habló, y se alegró el sufridor, el divino Odiseo gozoso porque había visto en la competición un compañero a su favor. Y entonces habló más suavemente a los feacios:

«Alcanzad esta señal, jóvenes; en breve lanzaré, creo yo, otra piedra tan lejos o aún más. Y aquél entre los demás feacios, salvo Laodamante, a quien su corazón y su ánimo le impulse, que venga acá, que haga la prueba -puesto que me habéis irritado en exceso- en el pugilato o en la lucha o en la carrera; a nada me niego. Pues Laodamante es mi huésped: ¿Quién lucharía con el que lo honra como huésped? Es hombre loco y de poco precio el que propone rivalizar en los juegos a quien le da hospitalidad en tierra extranjera, pues se cierra a sí mismo la puerta. Pero de los demás no rechazo a ninguno ni lo desprecio, sino que quiero verlo y ejecutar las pruebas frente a él. Que no soy malo en todas las competiciones cuantas hay entre los hombres. Sé muy bien tender el arco bien pulimentado; sería el primero en tocar a un hombre enviando mi dardo entre una multitud de enemigos aunque lo rodearan muchos compañeros y lanzaran flechas contra los hombres. Sólo Filoctetes me superaba en el arco en el pueblo de los troyanos cuando disparábamos los aqueos. De los demás os aseguro que yo soy el mejor con mucho, de cuantos mortales hay sobre la tierra que comen pan. Aunque no pretendo rivalizar con hombres antepasados como Heracles y Eurito Ecaliense, los que incluso con los inmortales rivalizaban en el arco. Por eso murió el gran Eurito y no llegó a la vejez en su palacio, pues Apolo lo mató irritado porque le había desafiado a tirar con el arco.

«También lanzo la jabalina a donde nadie llegaría con una flecha. Sólo temo a la carrera, no sea que uno de los feacios me sobrepase; que fui excesivamente quebrantado en medio del abundante oleaje, puesto que no había siempre provisiones en la nave y por esto mis miembros están flojos.»

Así habló, y todos enmudecieron en silencio. Sólo Alcínoo contestó y dijo:

«Huésped, puesto que esto que dices entre nosotros no es desagradable, sino que quieres mostrar la valía que te acompaña, irritado porque este hombre se ha acercado a injuriarte en el certamen -pues no pondría en duda tu valía cualquier mortal que supiera en su interior decir cosas apropiadas- . ...Pero, vamos, atiende a mi palabra para que a tu vez se lo comuniques a cualquiera de los héroes, cuando comas en tu palacio junto a tu esposa y tus hijos, acordándote de nuestra valía: qué obras nos concede Zeus también a nosotros continuamente ya desde nuestros antepasados. No somos irreprochables púgiles ni luchadores, pero corremos velozmente con los pies y somos los mejores en la navegación; continuamente tenemos agradables banquetes y cítara y bailes y vestidos mudables y baños calientes y camas.

«Conque, vamos, bailarines de los feacios, cuantos sois los mejores, danzad; así podrá también decir el huésped a los suyos cuando regrese a casa cuánto superamos a los demás en la náutica y en la carrera y en el baile y en el canto. Que alguien vaya a llevar a Demódoco la sonora cítara que yace en algún lugar de nuestro palacio.»

Así habló Alcínoo semejante a un dios, y se levantó un heraldo para llevar la curvada cítara de la habitación del rey. También se levantaron árbitros elegidos, nueve en total -los que organizaban bien cada cosa en los concursos-, allanaron el piso y ensancharon la hermosa pista. Se acercó el heraldo trayendo la sonora cítara a Demódoco y éste enseguida salió al centro. A su alrededor se colocaron unos jóvenes adolescentes conocedores de la danza y batían la divina pista con los pies. Odiseo contemplaba el brillo de sus pies y quedó admirado en su ánimo.

Y Demódoco, acompañándose de la cítara, rompió a cantar bellamente sobre los amores de Ares y de la de linda corona, Afrodita: cómo se unieron por primera vez a ocultas en el palacio de Hefesto. Ares le hizo muchos regalos y deshonró el lecho y la cama de Hefesto, el soberano. Entonces se lo fue a comunicar Helios, que los había visto unirse en amor. Cuando oyó Hefesto la triste noticia, se puso en camino hacia su fragua meditando males en su interior; colocó sobre el tajo el enorme yunque y se puso a forjar unos hilos irrompibles, indisolubles, para que se quedaran allí firmemente.

Y cuando había construido su trampa irritado contra Ares, se puso en camino hacia su dormitorio, donde tenía la cama, y extendió los hilos en círculo por todas partes en torno a las patas de la cama; muchos estaban tendidos desde arriba, desde el techo, como suaves hilos de araña, hilos que no podría ver nadie, ni siquiera los dioses felices, pues estaban fabricados con mucho engaño. Y cuando toda su trampa estuvo extendida alrededor de la cama, simuló marcharse a Lemnos, bien edificada ciudad, la que le era más querida de todas las tierras.

Ares, el que usa riendas de oro, no tuvo un espionaje ciego, pues vio marcharse lejos a Hefesto, al ilustre herrero, y se puso en camino hacia el palacio del muy ilustre Hefesto deseando el amor de la diosa de linda corona, de la de Citera. Estabá ella sentada, recién venida de junto a su padre, el poderoso hijo de Cronos. Y él entró en el palacio y la tomó de la mano y la llamó por su nombre:

«Ven acá, querida, vayamos al lecho y acostémonos, pues Hefesto ya no está entre nosotros, sino que se ha marchado a Lemnos, junto a los sintias, de salvaje lengua.»

Así habló, y a ella le pareció deseable acostarse. Y los dos marcharon a la cama y se acostaron. A su alrededor se extendían los hilos fabricados del prudence Hefesto y no les era posible mover los miembros ni levantarse. Entonces se dieron cuenta que no había escape posible. Y llegó a su lado el muy ilustre cojo de ambos pies, pues había vuelto antes de llegar a tierra de Lemnos; Helios mantenía la vigilancia y le dio la noticia y se puso en camino hacia su palacio, acongojado su corazón. Se detuvo en el pórtico y una rabia salvaje se apoderó de él, y gritó estrepitosamente haciéndose oír de todos los dioses:

«Padre Zeus y los demás dioses felices que vivís siempre, venid aquí para que veáis un acto ridículo y vergonzoso: cómo Afrodita, la hija de Zeus, me deshonra continuamente porque soy cojo y se entrega amorosamente al pernicioso Ares; que él es hermoso y con los dos pies, mientras que yo soy lisiado. Pero ningún otro es responsable, sino mis dos padres: ¡no me debían haber engendrado! Pero mirad dónde duermen estos dos en amor; se han metido en mi propia cama. Los estoy viendo y me lleno de dolor, pues nunca esperé ni por un instante que iban a dormir así por mucho que se amaran. Pero no van a desear ambos seguir durmiendo, que los sujetará mi trampa y las ligaduras hasta que mi padre me devuelva todos mis regalos de esponsales, cuantos le entregué por la muchacha de cara de perra. Porque su hija era bella, pero incapaz de contener sus deseos.»

Así habló, y los dioses se congregaron junto a la casa de piso de bronce. Llegó Poseidón, el que conduce su carro por la tierra; llegó el subastador, Hermes, y llegó el soberano que dispara desde lejos, Apolo. Pero las hembras, las diosas, se quedaban por vergüenza en casa cada una de ellas.

Se apostaron los dioses junto a los pórticos, los dadores de bienes, y se les levantó inextinguible la risa al ver las artes del prudente Hefesto. Y al verlo, decía así uno al que tenía más cerca:

«No prosperan las malas acciones; el lento alcanza al veloz. Así, ahora, Hefesto, que es lento, ha cogido con sus artes a Ares, aunque es el más veloz de los dioses que ocupan el Olimpo, cojo como es. Y debe la multa por adulterio.»

Así decían unos a otros. Y el soberano, hijo de Zeus, Apolo, se dirigió a Hermes:

«Hermes, hijo de Zeus, Mensajero, dador de bienes, ¿te gustaría dormir en la cama junto a la dorada Afrodita sujeto por fuertes ligaduras?»

Y le contestó el mensajero el Argifonte:

«¡Así sucediera esto, soberano disparador de lejos, Apolo! ¡Que me sujetaran interminables ligaduras tres veces más que ésas y que vosotros me mirarais, los dioses y todas las diosas!»

Así dijo y se les levantó la risa a los inmortales dioses. Pero a Poseidón no le sujetaba la risa y no dejaba de rogar a Hefesto, al insigne artesano, que liberara a Ares. Y le habló y le dirigió aladas palabras:

«Suéltalo y te prometo, como ordenas, que te pagaré todo lo que es justo entre los inmortales dioses.»

Y le contestó el insigne cojo de ambos pies:

«No, Poseidón, que conduces tu carro por la tierra, no me ordenes eso; sin valor son las fianzas que se toman por gente sin valor. ¿Cómo iba yo a requerirte entre los inmortales dioses si Ares se escapa evitando la deuda y las ligaduras?»

Y le respondió Poseidón, el que sacude la tierra:

«Hefesto, si Ares se escapa huyendo sin pagar la deuda, yo mismo te la pagaré.»

Y le contestó el muy insigne cojo de ambos pies:

«No es posible ni está bien negarme a tu palabra.»

Así hablando los liberó de las ligaduras la fuerza de Hefesto. Y cuando se vieron libres de las ligaduras, aunque eran muy fuertes, se levantaron enseguida: él marchó a Tracia y ella se llegó a Chipre, Afrodita, la que ama la risa. Allí la lavaron las Gracias y la ungieron con aceite inmortal, cosas que aumentan el esplendor de los dioses que viven siempre y la vistieron deseables vestidos, una maravilla para verlos.

Esto cantaba el muy insigne aedo. Odiseo gozaba en su interior al oírlo y también los demás feacios que usan largos remos, hombres insignes por sus naves.

Alcínoo ordenó a Halio y Laodamante que danzaran solos, pues nadie rivalizaba con ellos. Así que tomaron en sus manos una hermosa pelota de púrpura (se la había hecho el sabio Pólibo); el uno la lanzaba hacia las sombrías nubes doblándose hacia atrás y el otro saltando hacia arriba la recibía con facilidad antes de tocar el suelo con sus pies.

Después; cuando habían hecho la prueba de lanzar la pelota en línea recta, danzaban sobre la tierra nutricia cambiando a menudo sus posiciones; los demás jóvenes aplaudían en pie entre la concurrencia y gradualmente se levantaba un gran murmullo.

Fue entonces cuando el divino Odiseo se dirigió a Alcínoo:

«Alcínoo, poderoso, el más insigne de todo tu pueblo, con razón me asegurabas que erais los mejores bailarines. Se ha presentado esto como un hecho cumplido, la admiración se apodera de mí al verlo.»

Así habló, y se alegró la sagrada fuerza de Alcínoo. Y enseguida dijo a los feacios amantes del remo:

«Escuchad, caudillos y señores de los feacios. El huésped me parece muy discreto. Vamos, démosle un regalo de hospitalidad, como es natural. Puesto que gobiernan en el pueblo doce esclarecidos reyes -yo soy el decimotercero-, cada uno de éstos entregadle un vestido bien lavado y un manto y un talento de estimable oro. Traigámoslo enseguida todos juntos para que el huésped, con ello en sus manos, se acerque al banquete con ánimo gozoso. Y que Euríalo lo aplaque con sus palabras y con un regalo, que no dijo su palabra como le correspondía.»

Así dijo, y todos aprobaron sus palabras y se lo aconsejaron a Euríalo. Y cada uno envió un heraldo para que trajera los regalos.

Entonces, Euríalo le contestó y dijo:

«Alcínoo poderoso, el más señalado de todo el pueblo, aplacaré al huésped como tú ordenas. Le regalaré esta espada Coda de bronce, cuya empuñadura es de plata y cuya vaina está rodeada de marfil recién cortado. Y le será de mucho valor.»

Así dijo, y puso en manos de Odiseo la espada de clavos de plaza; le habló y le dirigió aladas palabras:

«Salud, padre huésped, si alguna palabra desagradable ha sido dicha, que la arrebaten los vendavales y se la lleven. Y a ti, que los dioses te concedan ver a tu esposa y llegar a to patria, pues sufres penalidades largo tiempo ya lejos de los tuyos.»

Y le contestó y dijo el muy astuto Odiseo:

«También a ti, amigo, salud y que los dioses te concedan felicidad, y que después no sientas nostalgia de la espada ésta que ya me has dado aplacándome con tus palabras.»

Así dijo, y colocó la espada de clavos de plata en torno a sus hombros.

Cuando se sumergió Helios ya tenía él a su lado los insignes regalos; los ilustres heraldos los llevaban al palacio de Alcínoo y los hijos del irreprochable Alcínoo los recibieron y colocaron los muy hermosos regalos junto a su venerable madre.

Ante ellos marchaba la sagrada fuerza de Alcínoo y al llegar se sentaron en elevados sillones.

Entonces se dirigió a Arete la fuerza de Alcínoo:

«Trae acá, mujer, un arcón insigne, el que sea mejor. Y en él coloca un vestido bien lavado y un manto. Calentadle un caldero de bronce con fuego alrededor y templad el agua para que se lave y vea bien puestos todos los regalos que le han traído aquí los irreprochables feacios, y goce con el banquete escuchando también la música de una tonada. También yo le entregaré esta copa mía hermosísima, de oro, para qua se acuerde de mí todos los días al hacer libaciones en su palacio a Zeus y a los demás dioses.»

Así dijo, y Arete ordenó a sus. esclavas que colocaran al fuego un gran trípode lo antes posible. Ellas colocaron al fuego ardiente una bañera de tres patas, echaron agua, pusieron leña y la encendieron debajo. Y el fuego lamía el vientre de la bañera y se calentaba el agua.

Entretanto Arete traía de su tálamo un arcón hermosísimo para el huésped en él había colocado los lindos regalos, vestidos y oro, que los feacios le habían dado. También había colocado en el arcón un hermoso vestido y un manto y le habló y le dirigió aladas palabras:

«Mira tú mismo esta tapa y échale enseguida un nudo, no sea que alguien la fuerce en el viaje cuando duermas dulce sueño al marchar en la negra nave.»

Cuando escuchó esto el sufridor, el divino Odiseo, adaptó la tapa y le echó enseguida un bien trabado nudo, el que le había enseñado en otro tiempo la soberana Circe.

Acto seguido el ama de llaves ordenó que lo lavaran una vez metido en la bañera, y él vio con gusto el baño caliente, pues no se había cuidado a menudo de él desde que había abandonado la morada de Calipso, la de lindas trenzas. En aquella época le estaba siempre dispuesto el baño como para un dios.

Cuando las esclavas lo habían lavado y ungido con aceite y le habían puesto túnica y manto, salió de la bañera y fue hacia los hombres que bebían vino. Y Nausícaa, que tenía una hermosura dada por los dioses se detuvo junto a un pilar del bien fabricado techo. Y admiraba a Odiseo al verlo en sus ojos; y le habló y le dijo aladas palabras:

«Salud, huésped, acuérdate de mí cuando estés en tu patria, pues es a mí la primera a quien debes la vida.»

Y le contestó y le dijo el muy astuto Odiseo:

«Nausícaa, hija del valeroso Alcínoo, que me conceda Zeus, el que truena fuerte, el esposo de Hera, volver a mi casa y ver el día del regreso. Y a ti, incluso allí te haré súplicas como a una diosa, pues tú, muchacha, me has devuelto la vida.»

Dijo, y se sentó en su sillón junto al rey Alcínoo.

Y ellos ya estaban repartiendo las porciones y mezclando el vino.

Y un heraldo se acercó conduciendo al deseable aedo, a Demódoco, honrado en el pueblo, y le hizo sentar en medio de los comensales apoyándolo junto a una enorme columna.

Entonces se dirigió al heraldo el muy inteligente Odiseo, mientras cortaba el lomo -pues aún sobraba mucho- de un albidente cerdo (y alrededor había abundante grasa):

«Heraldo, van acá, entrega esta carne a Demódoco para que lo coma, que yo le mostraré cordialidad por triste que esté. Pues entre todos los hombres terrenos los aedos participan de la honra y del respeto, porque Musa les ha enseñado el canto y ama a la raza de los aedos.»

Así dijo, el heraldo lo llevó y se lo puso en las manos del héroe Demódoco, y éste lo recibió y se alegró en su ánimo. Y ellos echaban mano de las viandas que tenían delante.

Cuando hubieron arrojado lejos de sí el deseo de bebida y de comida, ya entonces se dirigió a Demódoco el muy inteligente Odiseo:

«Demódoco, muy por encima de todos los mortales te alabo: seguro que te han enseñado Musa, la hija de Zeus, o Apolo. Pues con mucha belleza cantas el destino de los aqueos -cuánto hicieron y sufrieron y cuánto soportaron- como si tú mismo lo hubieras presenciado o lo hubieras escuchado de otro allí presente!

«Pero, vamos, pasa a otro tema y canta la estratagema del caballo de madera que fabricó Epeo con la ayuda de Atenea; la emboscada que en otro tiempo condujo el divino Odiseo hasta la Acrópolis, llenándola de los hombres que destruyeron Ilión.

«Si me narras esto como te corresponde, yo diré bien alto a todos los hombres que la divinidad te ha concedido benigna el divino canto.»

Así habló, y Demódoco, movido por la divinidad, inició y mostró su cánto desde el momento en que los argivos se embarcaron en las naves de buenos bancos y se dieron a la mar después de incendíar las tiendas de campaña. Ya estaban los emboscados con el insigne Odiseo en el ágora de los troyanos, ocultos dentro del caballo, pues los mismos troyanos lo habían arrastrado hasta la Acrópolis.

Así estaba el caballo, y los troyanos deliberaban en medio de una gran incertidumbre sentados alrededor de éste. Y les agradaban tres decisiones: rajar la cóncava madera con el mortal bronce, arrojarlo por las rocas empujándolo desde to alto, o dejar que la gran estatua sirviera para aplacar a los dioses. Esta última decisión es la que iba a cumplirse. Pues era su Destino que perecieran una vez que la ciudad encerrara el gran caballo de madera donde estaban sentados todos los mejores de los argivos portando la muerte y Ker para los troyanos. Y cantaba cómo los hijos de los aqueos asolaron la ciudad una vez que salieron del caballo y abandonaron la cóncava emboscada. Y cantaba que unos por un lado y otros por otro iban devastando la elevada ciudad, pero que Odiseo marchó semejante a Ares en compañía del divino Menelao hacia el palacio de Deífobo.

Y dijo que, una vez allí, sostuvo el más terrible combate y que al fin venció con la ayuda de la valerosa Atenea.

Esto es lo que cantaba el insigne aedo, y Odiseo se derretía: el llanto empapaba sus mejillas deslizándose de sus párpados.

Como una mujer llora a su marido arrojándose sobre él caído ante su ciudad y su pueblo por apartar de ésta y de sus hijos el día de la muerte

-ella lo contempla moribundo y palpitante, y tendida sobre él llora a voces; los enemigos cortan con sus lanzas la espalda y los hombros de los ciudadanos y se los llevan prisioneros para soportar el trabajo y la pena, y las mejillas de ésta se consumen en un dolor digno de lástima-, así Odiseo destilaba bajo sus párpados un llanto digno de lástima.

A los demás les pasó desapercibido que derramaba lágrimas, y sólo Alcínoo lo advirtió y observó sentado como estaba cerca de él y le oyó gemir pesadamente.

Entonces dijo al punto a los feacios amantes del remo:

«Escuchad, caudillos y señores de los feacios. Que Demódoco detenga su cítara sonora, pues no agrada a todos al cantar esto. Desde que estamos cenando y comenzó el divino aedo, no ha dejado el huésped un momento el lamentable llanto. El dolor le rodea el ánimo.

«Varnos, que se detenga para que gocemos todos por igual, los que le damos hospitalidad y el huésped, pues así será mucho mejor. Que por causa del venerable huésped se han preparado estas cosas, la escolta y amables regalos, cosas que le entregamos como muestra de afecto. Como un hermano es el huésped y el suplicante para el hombre que goce de sensatez por poca que sea. Por ello, tampoco tú escondas en tu pensamiento astuto lo que voy a preguntarte, pues lo mejor es hablar. Dime tu nombre, el que te llamaban allí tu madre y tu padre y los demás, los que viven cerca de ti. Pues ninguno de los hombres carece completamente de nombre, ni el hombre del pueblo ni el noble, una vez que han nacido. Antes bien, a todos se lo ponen sus padres una vez que lo han dado a luz.

Dime también tu tierra, tu pueblo y tu ciudad para que te acompañen allí las naves dotadas de inteligencia. Pues entre los feacios no hay pilotos ni timones en sus naves, cosas que otras naves tienen. Ellas conocen las intenciones y los pensamientos de los hombres y conocen las ciudades y los fértiles campos de todos los hombres. Recorren velozmente el abismo del mar aunque estén cubiertas por la oscuridad y la niebla, y nunca tienen miedo de sufrir daño ni de ser destruidas. Pero yo he oído decir en otro tiempo a mi padre Nausítoo que Poseidón estaba celoso de

nosotros porque acompañamos a todos sin daño. Y decía que algún día destruiría en el nebuloso ponto a una bien fabricada nave de los feacios al volver de una escolta y nos bloquearía la ciudad con un gran monte. Así decía el anciano; que la divinidad cumpla esto o lo deje sin cumplir, como sea agradable a su ánimo.

«Pero, vamos, dime -e infórmame en verdad.-, por dónde has andado errante y a qué regiones de hombres has llegado. Háblame de ellos y de sus bien habitadas ciudades, los que son duros y salvajes y no justos, y los que son amigos de los forasteros y tienen sentimientos de veneración hacia los dioses. Dime también por qué lloras y te lamentas en tu ánimo al oír el destino de los argivos, de los dánaos y de Ilión. Esto lo han hecho los dioses y han urdido la perdición para esos hombres, para que también sea motivo de canto pará los venideros. ¿Es que ha perecido ante Ilión algún pariente tuyo..., un noble yerno, o suegro, los que son más objeto de preocupación después de nuestra propia sangre y linaje? ¿O un noble amigo de sentimientos agradables? Pues no es inferior a un hermano el amigo que tiene pensamientos discretos.»

CANTO IX

ODISEO CUENTA SUS AVENTURAS: LOS CICONES, LOS LOTÓFAGOS, LOS CÍCLOPES

Y le contestó y dijo el muy astuto Odiseo:

«Poderoso Alcínoo, el más noble de todo tu pueblo, en verdad es agradable escuchar al aedo, tal como es, semejante a los dioses en su voz. No creo yo que haya un cumplimiento más delicioso que cuando el bienestar perdura en todo el pueblo y los convidados escuchan a lo largo del palacio al aedo sentados en orden, y junto a ellos hay mesas cargadas de pan y carne y un escanciador trae y lleva vino que ha sacado de las cráteras y lo escancia en las copas. Esto me parece lo más bello.

«Tu ánimo se ha decidido a preguntar mis penalidades a fin de que me lamente todavía más en mi dolor. Porque, ¿qué voy a narrarte lo primero y qué en último lugar?, pues son innumerables los dolores que los dioses, los hijos de Urano, me han proporcionado. Conque lo primero qué voy a decir es mi nombre para que lo conozcáis y para que yo después de escapar del día cruel continúe manteniendo con vosotros relaciones de hospitalidad, aunque el palacio en que habito esté lejos.

«Soy Odiseo, el hijo de Laertes, el que está en boca de todos los hombres por toda clase de trampas, y mi fama llega hasta el cielo. Habito en Itaca, hermosa al atardecer. Hay en ella un monte, el Nérito de agitado follaje, muy sobresaliente, y a su alrededor hay muchas islas habitadas cercanas unas de otras, Duliquio y Same, y la poblada de bosques Zante. Itaca se recuesta sobre el mar con poca altura, la más remota hacia el Occidente, y las otras están más lejos hacia Eos y Helios. Es áspera, pero buena criadora de mozos.

«Yo en verdad no soy capaz de ver cosa alguna más dulce que la tierra de uno. Y eso que me retuvo Calipso, divina entre las diosas, en profunda cueva deseando que fuera su esposo, e igualmente me retuvo en su palacio Circe, la hija de Eeo, la engañosa, deseando que fuera su esposo.

«Pero no persuadió a mi ánimo dentro de mi pecho, que no hay nada más dulce que la tierra de uno y de sus padres, por muy rica que sea la casa donde uno habita en tierra extranjera y lejos de los suyos.

«Y ahora os voy a narrar mi atormentado regreso, el qúe Zeus me ha dado al venir de Troya. El viento que me traía de Ilión me empujó hacia los Cicones, hacia Ismaro. Allí asolé la ciudad, a sus habitantes los pasé a cuchillo, tomamos de la ciudad a las esposas y abundante botín y lo repartimos de manera que nadie se me fuera sin su parte correspondiente. Entonces ordené a los míos que huyeran con rápidos pies, pero ellos, los muy estúpidos, no rne hicieron caso. Así que bebieron mucho vino y degollaron muchas ovejas junto a la ribera y cuernitorcidos bueyes de rotátiles patas.

«Entre tanto, los Cicones, que se hábían marchado, lanzaron sus gritos de ayuda a otros Cicones que, vecinos suyos, eran a la vez más numerosos y mejores, los que habitaban tierra adentro, bien entrenados en luchar con hombres desde el carro y a pie, donde sea preciso. Y enseguida llegaron tan numerosos como nacen en primavera las hojas y las flores, veloces.

«Entonces la funesta Aisa de Zeus se colocó junto a nosotros, de maldito destino, para que sufriéramos dolores en abundancia; lucharon pie a sierra junto a las veloces naves, y se herían unos a otros con sus lanzas de bronce. Mientras Eos duró y crecía el sagrado día, los aguantamos rechazándoles aunque eran más numerosos. Pero cuando Helios se dirigió al momento de desuncir los bueyes, los Cicones nos hicieron retroceder venciendo a los aqueos y sucumbieron seis compañeros de buenas grebas de cada nave. Los demás escapamos de la muerte y de nuestro destino, y desde allí proseguimos navegando hacia adelante con el corazón apesadumbrado, escapando gustosos de la muerte aunque habíamos perdido a los compañeros. Pero no prosiguieron mis curvadas naves, que cada uno llamamos por tres veces a nuestros desdichados compañeros, los que habían muerto en la llanura a manos de los Cicones.

«Entonces el que reúne las nubes, Zeus; levantó el viento Bóreas junto con una inmensa tempestad, y con las nubes ocultó la tierra y a la vez el ponto. Y la noche surgió del cielo. Las naves eran arrastradas transversalmente y el ímpetu del viento rasgó sus velas en tres y cuatro trozos. Las colocamos sobre cubierta por terror a la muerte, y haciendo grandes esfuerzos nos dirigimos a remo hacia tierra.

«Allí estuvimos dos noches y dos días completos, consumiendo nuestro ánimo por el cansancio y el dolor.

«Pero cuando Eos, de lindas trenzas, completó el tercer día, levantamos los mástiles, extendimos las blancas velas y nos sentamos en las naves, y el viento y los pilotos las conducían. En ese momento habría llegado ileso a mi tierra patria, pero el oleaje, la corriente y Bóreas me apartaron al doblar las Maleas y me hicieron vagar lejos de Citera. Así que desde allí fuimos arrastrados por fuertes vientos durante nueve días sobre el ponto abundante en peces, y al décimo arribamos a la tierra de los Lotófagos, los que comen flores de alimento. Descendimos a tierra, hicimos provisión de agua y al punto mis compañeros tomaron su comida junto a las veloces naves. Cuando nos habíamos hartado de comida y bebida, yo envié delante a unos compañeros para que fueran a indagar qué clase de hombres, de los que se alimentan de trigo, había en esa región; escogí a dos, y como tercer hombre les envié a un heraldo. Y marcharon enseguida y se encontraron con los Lotófagos. Éstos no decidieron matar a nuestros compañeros, sino que les dieron a comer loto, y el que de ellos comía el dulce fruto del loto ya no quería volver a informarnos ni regresar, sino que preferían quedarse allí con los Lotófagos, arrancando loto, y olvidándose del regreso. Pero yo los conduje a la fuerza, aunque lloraban, y en las cóncavas naves los arrastré y até bajo los bancos. Después ordené a mis demás leales compañeros que se apresuraran a embarcar en las rápidas naves, no fuera que alguno comiera del loto y se olvidara del regreso. Y rápidamente embarcaron y se sentaron sobre los bancos, y, sentados en fila, batían el canoso mar con los remos.

«Desde allí proseguimos navegando con el corazón acongojado, y llegamos a la tierra de los Cíclopes, los soberbios, los sin ley; los que, obedientes a los inmortales, no plantan con sus manos frutos ni labran la tierra, sino que todo les nace sin sembrar y sin arar: trigo y cebada y viñas que producen vino de gordos racimos; la lluvia de Zeus se los hace crecer. No tienen ni ágoras donde se emite consejo ni leyes; habitan las cumbres de elevadas montañas en profundas cuevas y cada uno es legislador de sus hijos y esposas, y no se preocupan unos de otros.

«Más allá del puerto se extiende una isla llana, no cerca ni lejos de la tierra de los Cíclopes, llena de bosques. En ella se crían innumerables cabras salvajes, pues no pasan por allí hombres que se lo impidan ni las persiguen los cazadores, los que sufren dificultades en el bosque persiguiendo las crestas de los montes. La isla tampoco está ocupada por ganados ni sembrados, sino que, no sembrada ni arada, carece de cultivadores todo el año y alimenta a las baladoras cabras. No disponen los Cíclopes de naves de rojas proas, ni hay allí armadores que pudieran trabajar en construir bien entabladas naves; éstas tendrían como término cada una de las ciudades de mortales a las que suelen llegar los hombres atravesando con sus naves el mar, unos en busca de otros, y los Cíclopes se habrían hecho una isla bien fundada. Pues no es mala y produciría todos los frutos estacionales; tiene prados junto a las riberas del canoso mar, húmedos, blandos. Las viñas sobre todo producirían constantemente, y las tierras de pan llevar son llanas. Recogerían siempre las profundas mieses en su tiempo oportuno, ya que el subsuelo es fértil. También hay en ella un puerto fácil para atracar, donde no hay necesidad de cable ni de arrojar las anclas ni de atar las amarras. Se puede permanecer allí, una vez arribados, hasta el día en que el ánimo de los marineros les impulse y soplen los vientos.

«En la parte alta del puerto corre un agua resplandeciente, una fuente que surge de la profundidad de una cueva, y en torno crecen álamos. Hacia allí navegamos y un demón nos conducía a través de la oscura noche. No teníamos luz para verlo, pues la bruma era espesa en torno a las naves y Selene no irradiaba su luz desde el cielo y era retenida por las nubes; así que nadie vio la isla con sus ojos ni vimos las enormes olas que rodaban hacia tierra hasta que arrastramos las naves de buenos bancos. Una vez arrastradas, recogimos todas las velas y descendimos sobre la orilla del mar y esperamos a la divina Eos durmiendo allí.

«Y cuando se mostró Eos, la que nace de la mañana, la de dedos de rosa, deambulamos llenos de admiración por la isla.

«Entonces las ninfas, las hijas de Zeus, portador de égida, agitaron a las cabras montafaces para que comieran mis compañeros. Así que enseguida sacamos de las naves los curvados arcos y las lanzas de largas puntas, y ordenados en tres grupos comenzamos a disparar, y pronto un dios nos proporcionó abundante caza. Me seguían doce naves, y a cada una de ellas tocaron en suerte nueve cabras, y para mí solo tomé diez. Así estuvimos todo el día hasta el sumergirse de Helios, comiendo innumerables trozos de carne y dulce vino; que todavía no se había agotado en las naves el dulce vino, sino que aún quedaba, pues cada uno había guardado mucho en las ánforas cuando tomamos la sagrada ciudad de los Cicones.

«Echamos un vistazo a la tierra de los Cíclopes que estaban cerca y vimos el humo de sus fogatas y escuchamos el vagido de sus ovejas y cabras. Y cuando Helios se sumergió y sobrevino la oscuridad, nos echamos a dormir sobre la ribera del mar.

«Cuando se mostró Eos, la que nace de la mañana, la de dedos de rosa, convoqué asamblea y les dije a todos:

«"Quedaos ahora los demás, mis fieles compañeros, que yo con mi nave y los que me acompañan voy a llegarme a esos hombres para saber quiénes son, si soberbios, salvajes y carentes de justicia o amigos de los forasteros y con sentimientos de piedad para con los dioses."

«Así dije, y me embarqué y ordené a mis compañeros que embarcaran también ellos y soltaran amarras. Embarcaron éstos sin tardanza y se sentaron en los bancos, y sentados batían el canoso mar con los remos. Y cuando llegamos a un lugar cercano, vimos una cueva cerca del mar, elevada, techada de laurel. Allí pasaba la noche abundante ganado -ovejas y cabras-, y alrededor había una alta cerca construida con piedras hundidas en tierra y con enormes pinos y encinas de elevada copa. Allí habitaba un hombre monstruoso que apacentaba sus rebaños, solo, apartado, y no frecuentaba a los demás, sino que vivía alejado y tenía pensamientos impíos. Era un monstruo digno de admiración: no se parecía a un hombre, a uno que come trigo, sino a una cima cubierta de bosque de las elevadas montañas que aparece sola, destacada de las otras. Entonces ordené al resto de mis fieles compañeros que se quedaran allí junto a la nave y que la botaran.

«Yo escogí a mis doce mejores compañeros y me puse en camino. Llevaba un pellejo de cabra con negro, agradable vino que me había dado Marón, el hijo de Evanto, e1 sacerdote de Apolo protector de Ismaro, porque lo había yo salvado junto con su hijo y esposa respetando su techo. Habitaba en el bosque arbolado de Febo Apolo y me había donado regalos excelentes: me dio siete talentos de oro bien trabajados y una crátera toda de plata, y, además vino en doce ánforas que llenó, vino agradable, no mezclado, bebida divina. Ninguna de las esclavas ni de los esclavos de palacio conocían su existencia, sino sólo él y su esposa y solamente la despensera. Siempre que bebían el rojo, agradable vino llenaba una copa y vertía veinte medidas de agua, y desde la crátera se esparcía un olor delicioso, admirable; en ese momento no era agradable alejarse de allí. De este vino me llevé un gran pellejo lleno y también provisiones en un saco de cuero, porque mi noble ánimo barruntó que marchaba en busca de un hombre dotado de gran fuerza, salvaje, desconocedor de la justicia y de las leyes.

«Llegamos enseguida a su cueva y no lo encontramos dentro, sino que guardaba sus gordos rebaños en el pasto. Conque entramos en la cueva y echamos un vistazo a cada cosa: los canastos se inclinaban bajo el peso de los quesos, y los establos estaban llenos de corderos y cabritillos. Todos estaban cerrados por separado: a un lado los lechales, a otro los medianos y a otro los recentales.

«Y todos los recipientes rebosaban de suero --colodras y jarros bien construidos, con los que ordeñaba.

«Entonces mis compañeros me rogaron que nos apoderásemos primero de los quesos y regresáramos, y que sacáramos luego de los establos cabritillos y corderos y, conduciéndolos a la rápida nave, diéramos velar sobre el agua salada. Pero yo no les hice caso -aunque hubiera sido más ventajoso-, para poder ver al monstruo y por si me daba los dones de hospitalidad. Pero su aparición no iba a ser deseable para mis compañeros.

«Así que, encendiendo una fogata, hicimos un sacrificio, repartimos quesos, los comimos y aguardamos sentados dentro de la cueva hasta que llegó conduciendo el rebaño. Traía el Cíclope una pesada carga de leña seca para su comida y la tiró dentro con gran ruido. Nosotros nos arrojamos atemorizados al fondo de la cueva, y él a continuación introdujo sus gordos rebaños, todos cuantos solía ordeñar, y a los machos -a los carneros y cabrones- los dejó a la puerta, fuera del profundo establo. Después levantó una gran roca y la colocó arriba, tan pesada que no la habrían levantado del suelo ni veintidós buenos carros de cuatro ruedas: ¡tan enorme piedra colocó sobre la puerta! Sentóse luego a ordeñar las ovejas y las baladoras cabras, cada una en su momento, y debajo de cada una colocó un recental. Enseguida puso a cuajar la mitad de la blanca leche en cestas bien entretejidas y la otra mitad la colocó en cubos, para beber cuando comiera y le sirviera de adición al banquete.

Cuando hubo realizado todo su trabajo prendió fuego, y al vernos nos preguntó:

«"Forasteros, ¿quiénes sois? ¿De dónde venís navegando los húmedos senderos? ¿Andáis errantes por algún asunto, o sin rumbo como los piratas por la mar, los que andan a la aventura exponiendo sus vidas y llevando la destrucción a los de otras tierras?".

«Así habló, y nuestro corazón se estremeció por miedo a su voz insoportable y a él mismo, al gigante. Pero le contesté con mi palabra y le dije:

«Somos aqueos y hemos venido errantes desde Troya, zarandeados por toda clase de vientos sobre el gran abismo del mar, desviados por otro rumbo, por otros caminos, aunque nos dirigimos de vuelta a casa. Así quiso Zeus proyectarlo. Nos preciamos de pertenecer al ejército del Atrida Agamenón, cuya fama es la más grande bajo el cielo: ¡tan gran ciudad ha devastado y tantos hombres ha hecho sucumbir! Conque hemos dado contigo y nos hemos llegado a tus rodillas por si nos ofreces hospitalidad y nos das un regalo, como es costumbre entre los huéspedes. Ten respeto, excelente, a los dioses; somos tus suplicantes y Zeus es el vengador de los suplicantes y de los huéspedes, Zeus Hospitalario, quien acompaña a los huéspedes, a quienes se debe respeto."

«Así hablé, y él me contestó con corazón cruel:

«"Eres estúpido, forastero, o vienes de lejos, tú que me ordenas temer o respetar a los dioses, pues los Cíclopes no se cuidan de Zeus, portador de égida, ni de los dioses felices. Pues somos mucho más fuertes. No te perdonaría ni a ti ni a tus compañeros, si el ánimo no me lo ordenara, por evitar la enemistad de Zeus.

«"Pero dime dónde has detenido tu bien fabricada nave al venir, si al final de la playa o aquí cerca, para que lo sepa."

«Así habló para probarme, y a mí, que sé mucho, no me pasó esto desapercibido. Así que me dirigí a él con palabras engañosas:

«"La nave me la ha destrozado Poseidón, el que conmueve la tierra; la ha lanzado contra los escollos en los confines de vuestro país, conduciéndola hasta un promontorio, y el viento la arrastró del ponto. Por ello he escapado junto con éstos de la dolorosa muerte."

«Así hablé, y él no me contestó nada con corazón cruel, mas lanzóse y echó mano a mis compañeros. Agarró a dos a la vez y los golpeó contra el suelo como a cachorrillos, y sus sesos se esparcieron por el suelo empapando la tierra. Cortó en trozos sus miembros, se los preparó como cena y se los comió, como un león montaraz, sin dejar ni sus entrañas ni sus carnes ni sus huesos llenos de meollo.

«Nosotros elevamos llorando nuestras manos a Zeus, pues veíamos acciones malvadas, y la desesperación se apoderó de nuestro ánimo.

«Cuando el Cíclope había llenado su enorme vientre de carne humana y leche no mezclada, se tumbó dentro de la cueva, tendiéndose entre los rebaños. Entonces yo tomé la decisión en mi magnánimo corazón de acercarme a éste, sacar la aguda espada de junto a mi muslo y atravesarle el pecho por donde el diafragma contiene el hígado y la tenté con mi mano. Pero me contuvo otra decisión, pues allí hubiéramos perecido también nosotros con muerte cruel: no habríamos sido capaces de retirar de la elevada entrada la piedra que había colocado. Así que llorando esperamos a Eos divina. Y cuando se mostró Eos, la que nace de la mañana, la de dedos de rosa, se puso a encender fuego y a ordeñar a sus insignes rebaños, todo por orden, y bajo cada una colocó un recental. Luego que hubo realizado sus trabajos, agarró a dos compañeros a la vez y se los preparó como desayuno. Y cuando había desayunado, condujo fuera de la cueva a sus gordos rebaños retirando con facilidad la gran piedra de la entrada. Y la volvió a poner como si colocara la tapa a una aljaba. Y mientras el Cíclope encaminaba con gran estrépito sus rebaños hacia el monte, yo me quedé meditando males en lo profundo de mi pecho: ¡si pudiera vengarme y Atenea me concediera esto que la suplico...!

«Y ésta fue la decisión que me pareció mejor. Junto al establo yacía la enorme clava del Cíclope, verde, de olivo; la había cortado para llevarla cuando estuviera seca. Al mirarla la comparábamos con el mástil de una negra nave de veinte bancos de remeros, de una nave de transporte amplia, de las que recorren el negro abismo: así era su longitud, así era su anchura al mirarla. Me acerqué y corté de ella como una braza, la coloqué junto a mis compañeros y les ordené que la afilaran. Éstos la alisaron y luego me acerqué yo, le agucé el extremo y después la puse al fuego para endurecerla. La coloqué bien cubriéndola bajo el estiércol que estaba extendido en abundancia por la cueva. Después ordené que sortearan quién se atrevería a levantar la estaca conmigo y a retorcerla en su ojo cuando le llegara el dulce sueño, y eligieron entre ellos a cuatro, a los que yo mismo habría deseado escoger. Y yo me conté entre ellos como quinto.

Llegó el Cíclope por la tarde conduciendo sus ganados de hermosos vellones e introdujo en la amplia cueva a sus gordos rebaños, a todos, y no dejó nada fuera del profundo establo, ya porque sospechara algo o porque un dios así se lo aconsejó. Después colocó la gran piedra que hacía de puerta, levantándola muy alta, y se sentó a ordeñar las ovejas y las baladoras cabras, todas por orden, y bajo cada una colocó un recental. Luego que hubo realizado sus trabajos agarró a dos compañeros a La vez y se los preparó como cena. Entonces me acerqué y le dije al Cíclope sosteniendo entre mis manos una copa de negro vino:

«"¡Aquí, Cíclope! Bebe vino después que has comido carne humana, para que veas qué bebida escondía nuestra nave. Te lo he traído como libación, por si te compadesces de mí y me enviabas a casa, pues estás enfurecido de forma ya intolerable. ¡Cruel¡, ¿cómo va a llegarse a ti en adelante ninguno de los numerosos hombres? Pues no has obrado como lo corresponde."

«Así hablé, y él la tomó, bebió y gozó terriblemente bebiendo la dulce bebida. Y me pidió por segunda vez:

«"Dame más de buen grado y dime ahora ya tu nombre para que te ofrezca el don de hospitalidad con el que te vas a alegrar. Pues también la donadora de vida, la Tierra, produce para los Cíclopes vino de grandes uvas y la lluvia de Zeus se las hace crecer. Pero esto es una catarata de ambrosia y néctar."

«Así habló, y yo le ofrecí de nuevo rojo vino. Tres veces se lo llevé y tres veces bebió sin medida. Después, cuando el rojo vino había invadido la mente del Cíclope, me dirigí a él con dulces palabras:

«"Cíclope, ¿me preguntas mi célebre nombre? Te to voy a decir, mas dame tú el don de hospitalidad como me has prometido. Nadie es mi nombre, y Nadie me llaman mi madre y mi padre y todos mis compañeros."

«Así hablé, y él me contestó con corazón cruel:

«"A Nadie me lo comeré el último entre sus compañeros, y a los otros antes. Este será tu don de hospitalidad."

«Dijo, y reclinándose cayó boca arriba. Estaba tumbadó con su robusto cuello inclinado a un lado, y de su garganta saltaba vino y trozos de carne humana; eructaba cargado de vino.

«Entonces arrimé la estaca bajo el abundante rescoldo para que se calentara y comencé a animar con mi palabra a todos los compañeros, no fuera que alguien se me escapara por miedo. Y cuando en breve la estaca estaba a punto de arder en el fuego, verde como estaba, y .resplandecía terriblemente, me acerqué y la saqué del fuego, y mis compañeros me rodearon, pues sin duda un demón les infundiá gran valor. Tomaron la aguda estaca de olivo y se la clavaron arriba en el ojo, y yo hacía fuerza desde arriba y le daba vueltas. Como cuando un hombre taladra con un trépano la madera destinada a un navío -otros abajo la atan a ambos lados con una correa y la madera gira continua, incesantemente-, así hacíamos dar vueltas, bien asida, a la estaca de punta de fuego en el ojo del Cíclope, y la sangre corría por la estaca caliente. Al arder la pupila, el soplo del fuego le quemó todos los párpados, y las cejas y las raíces crepitaban por el fuego. Como cuando un herrero sumerge una gran hacha o una garlopa en agua fría para templarla y ésta estride grandemente -pues éste es el poder del hierro-, así estridía su ojo en torno a la estaca de olivo. Y lanzó un gemido grande, horroroso, y la piedra retumbó en torno, y nosotros nos echamos a huir aterrorizados.

«Entonces se extrajo del ojo la estaca empapada en sangre y, enloquecido, la arrojó de sí con las manos. Y al punto se puso a llamar a grandes voces a los Cíclopes que habitaban en derredor suyo, en cuevas por las ventiscosas cumbres. Al oír éstos sus gritos, venían cada uno de un sitio y se colocaron alrededor de su cueva y le preguntaron qué le afligía:

«"¿Qué cosa tan grande sufres, Polifemo, para gritar de esa manera en la noche inmortal y hacernos abandonar el sueño? ¿Es que alguno de los mortales se lleva tus rebaños contra tu voluntad o te está matando alguien con engaño o con sus fuerzas?"

«Y les contestó desde la cueva el poderoso Polifemo:

«"Amigos, Nadie me mata con engaño y no con sus propias fuerzas."

«Y ellos le contestaron y le dijeron aladas palabras:

«"Pues si nadie te ataca y estás solo... es imposible escapar de la enfermedad del gran Zeus, pero al menos suplica a tu padre Poseidón, al soberano."

«Así dijeron, y se marcharon. Y mi corazón rompió a reír: ¡cómo los había engañado mi nombre y mi inteligencia irreprochable!

«El Cíclope gemía y se retorcía de dolor, y palpando con las manos retiró la piedra de la entrada. Y se sentó a la puerta, las manos extendidas, por si pillaba a alguien saliendo afuera entre las ovejas. ¡Tan estúpido pensaba en su mente que era yo! Entonces me puse a deliberar cómo saldrían mejor las cosas -¡si encontrará el medio de liberar a mis compañeros y a mí mismo de la muerte..! Y me puse a entretejer toda clase de engaños y planes, ya que se trataba de mi propia vida . Pues un gran mal estaba cercano. Y me pareció la mejor ésta decisión: los carneros estaban bien alimentados, con densos vellones, hermosos y grandes, y tenían una lana color violeta. Conque los até en silencio, juntándolos de tres en tres, con mimbres bien trenzadas sobre las que dormía el Cíclope, el monstruo de pensamientos impíos; el carnero del medio llevaba a un hombre, y los otros dos marchaban a cada lado, salvando a mis compañeros. Tres carneros llevaban a cada hombre.

»Entonces yo... había un carnero; el mejor con mucho de todo su rebaño. Me apoderé de éste por el lomo y me coloqué bajo su velludo vientre hecho un ovillo, y me mantenía con ánimo paciente agarrado con mis manos a su divino vellón. Así aguardamos gimiendo a Eos divina, y cuando se mostró la que nace de la mañana, la de dedos de rosa, sacó a pastar a los machos de su ganado. Y las hembras balaban por los corrales sin ordeñar, pues sus ubres rebosaban. Su dueño, abatido por funestos dolores, tentaba el lomo de todos sus carneros, que se mantenían rectos. El inocente no se daba cuenta de que mis compañeros estaban sujetos bajo el pecho de las lanudas ovejas. El último del rebaño en salir fue el carnero cargado con su lana y conmigo, que pensaba muchas cosas. El poderoso Polifemo lo palpó y se dirigió a él:

«"Carnero amigo, ¿por qué me sales de la cueva el último del rebaño? Antes jamás marchabas detrás de las ovejas, sino que, a grandes pasos, llegabas el primero a pastar las tiernas flores del prado y llegabas el primero a las corrientes de los ríos y el primero deseabas llegar al establo por la tarde. Ahora en cambio, eres el último de todos. Sin duda echas de menos el ojo de tu soberano, el que me ha cegado un hombre villano con la ayuda de sus miserables compañeros, sujetando mi mente con vino, Nadie, quien todavía no ha escapado --te lo aseguro- de la muerte. ¡Ojalá tuvieras sentimientos iguales a los míos y estuvieras dotado de voz para decirme dónde se ha escondido aquél de mi furia! Entonce sus sesos, cada uno por un lado, reventarían contra el suelo por la cueva, herido de muerte, y mi corazón se repondría de los males que me ha causado el vil Nadie."

«Así diciendo alejó de sí al carnero. Y cuando llegamos un poco lejos de la cueva y del corral, yo me desaté el primero de debajo del carnero y liberé a mis compañeros. Entonces hicimos volver rápidamente al ganado de finas patas, gordo por la grasa, abundante ganado, y lo condujimos hasta llegar a la nave.

«Nuestros compañeros dieron la bienvenida a los que habíamos escapado de la muerte, y a los otros los lloraron entre gemidos. Pero yo no permití que lloraran, haciéndoles señas negativas con mis cejas, antes bien, les di órdenes de embarcar al abundante ganado de hermosos vellones y de navegar el salino mar.

«Embarcáronlo enseguida y se sentaron sobre los bancos, y, sentados, batían el canoso mar con los remos.

«Conque cuando estaba tan lejos como para hacerme oír si gritaba, me dirigí al Cíclope con mordaces palabras:

«"Cíclope, no estaba privado de fuerza el hombre cuyos compañeros ibas a comerte en la cóncava cueva con tu poderosa fuerza. Con razón te tenían que salir al encuentro tus malvadas acciones, cruel, pues no tuviste miedo de comerte a tus huéspedes en tu propia casa. Por ello te han castigado Zeus y los demás dioses."

«Así hablé, y él se irritó más en su corazón. Arrancó la cresta de un gran monte, nos la arrojó y dio detrás de la nave de azuloscura proa, tan cerca que faltó poco para que alcanzara lo alto del timón. El mar se levantó por la caída de la piedra, y el oleaje arrastró en su reflujo, la nave hacia el litoral y la impulsó hacia tierra. Entonces tomé con mis manos un largo botador y la empujé hacia fuera, y di órdenes a mis compañeros de que se lanzaran sobre los remos para escapar del peligro, haciéndoles señas con mi cabeza. Así que se inclinaron hacia adelante y remaban. Cuando en nuestro recorrido estábamos alejados dos veces la distancia de antes, me dirigí al Cíclope, aunque mis compañeros intentaban impedírmelo con dulces palabras a uno y otro lado:

«"Desdichado, ¿por qué quieres irritar a un hombre salvaje?, un hombre que acaba de arrojar un proyectil que ha hecho volver a tierra nuestra nave y pensábamos que íbamos a morir en el sitio. Si nos oyera gritar o hablar machacaría nuestras cabezas y el madero del navío, tirándonos una roca de aristas resplandecientes, ¡tal es la longitud de su tiro!"

«Así hablaron, pero no doblegaron mi gran ánimo y me dirigí de nuevo a él airado:

«"Cíclope, si alguno de los mortales hombres te pregunta por la vergonzosa ceguera de tu ojo, dile que lo ha dejado ciego Odiseo, el destructor de ciudades; el hijo de Laertes que tiene su casa en Ítaca."

«Así hablé, y él dio un alarido y me contestó con su palabra:

«"¡Ay, ay, ya me ha alcanzado el antiguo oráculo! Había aquí un adivino noble y grande, Telemo Eurímida, que sobresalía por sus dotes de adivino y envejeció entre los Cíclopes vaticinando. Éste me dijo que todo esto se cumpliría en el futuro, que me vería privado de la vista a manos de Odiseo. Pero siempre esperé que llegara aquí un hombre grande y bello, dotado de un gran vigor; sin embargo, uno que es pequeño, de poca valía y débil me ha cegado el ojo después de sujetarme con vino. Pero ven acá, Odiseo, para que te ofrezca los dones de hospitalidad y exhorte al ínclito, al que conduce su carro por la tierra, a que te dé escolta, pues soy hijo suyo y él se gloría de ser mi padre. Sólo él, si quiere, me sanará, y ningún otro de los dioses felices ni de los mortales hombres."

«Así habló, y yo le contesté diciendo:

«"¡Ojalá pudiera privarte también de la vida y de la existencia y enviarte a la mansión de Hades! Así no te curaría el ojo ni el que sacude la tierra."

«Así dije, y luego hizo él una súplica a Poseidón soberano, tendiendo su mano hacia el cielo estrellado:

«"Escúchame tú, Poseidón, el que abrazas la tierra, el de cabellera azuloscura. Si de verdad soy hijo tuyo -y tú te precias de ser mi padre-, concédeme que Odiseo, el destructor de ciudades, no llegue a casa, el hijo de Laertes que tiene su morada en Ítaca. Pero si su destino es que vea a los suyos y llegue a su bien edificada morada y a su tierra patria, que regrese de mala manera: sin sus compañeros, en nave ajena, y que encuentre calamidades en casa."

«Así dijo suplicando, y le escuchó el de azuloscura cabellera. A continuación levantó de nuevo una piedra mucho mayor y la lanzó dando vueltas. Hizo un esfuerzo inmenso y dio detrás de la nave de azuloscura proa, tan cerca que faltó poco para que alcanzara lo alto del timón. Y el mar se levantó por la caída de la piedra, y el oleaje arrastró en su reflujo la nave hacia el litoral y la impulsó hacia tierra.

«Conque por fin llegamos a la isla donde las demás naves de buenos bancos nos aguardaban reunidas. Nuestros compañeros estaban sentados llorando alrededor, anhelando continuamente nuestro regreso. Al llegar allí, arrastramos la nave sobre la arena y desembarcamos sobre la ribera del mar. Sacamos de la cóncava nave los ganados del Cíclope y los repartimos de modo que nadie se fuera sin su parte correspondiente.

«Mis compañeros, de hermosas grebas, me dieron a mí solo, al repartir el ganado, un carnero de más, y lo sacrifiqué sobre la playa en honor de Zeus, el que reúne las nubes, el hijo de Crono, el que es soberano de todos, y quemé los muslos. Pero no hizo caso de mi sacrificio, sino que meditaba el modo de que se perdieran todas mis naves de buenos bancos y mis fieles compañeros.

«Estuvimos sentados todo el día comiendo carne sin parar y bebiendo dulce vino, hasta el sumergirse de Helios. Y cuando Helios se sumergió y cayó la oscuridad, nos echamos a dormir sobre la ribera del mar.

«Cuando se mostró Eos, la que nace de la mañana, la de dedos de rosa, di orden a mis compañeros de que embarcaran y soltaran amarras, y ellos embarcaron, se sentaron sobre los bancos y, sentados, batían el canoso mar con los remos.

«Así que proseguimos navegando desde allí, nuestro corazón acongojado, huyendo con gusto de la muerte, aunque habíamos perdido a nuestros compañeros.»

CANTO X

LA ISLA DE EOLO, EL PALACIO DE CIRCE LA HECHICERA

Arribamos a la isla Eolia, isla flotante donde habita Eolo Hipótada, amado de los dioses inmortales. Un muro indestructible de bronce la rodea, y se yergue como roca pelada.

«Tiene Eolo doce hijos nacidos en su palacio, seis hijas y seis hijos mozos, y ha entregado sus hijas a sus hijos como esposas. Siempre están ellos de banquete en casa de su padre y su venerable madre, y tienen a su alcance alimentos sin cuento. Durante el día resuena la casa, que huele a carne asada, con el sonido de la flauta, y por la noche duermen entre colchas y sobre lechos taladrados junto a sus respetables esposas. Conque llegamos a la ciudad y mansiones de éstos. Durante un mes me agasajó y me preguntaba detalladamente por Ilión, por las naves de los argivos y por el regreso de los aqueos, y yo le relaté todo como me correspondía. Y cuando por fin le hablé de volver y le pedí que me despidiera, no se negó y me proporcionó escolta. Me entregó un pellejo de buey de nueve años que él había desollado, y en él ató las sendas de mugidores vientos, pues el Cronida le había hecho despensero de vientos, para que amainara o impulsara al que quisiera. Sujetó el odre a la curvada nave con un brillante hilo de plata para que no escaparan ni un poco siquiera, y me envió a Céfiro para que soplara y condujera a las naves y a nosotros con ellas. Pero no iba a cumplirlo, pues nos vimos perdidos por nuestra estupidez.

«Navegamos tanto de día como de noche durante nueve días, y al décimo se nos mostró por fin la tierra patria y pudimos ver muy cerca gente calentándose al fuego. Pero en ese momento me sobrevino un dulce sueño; cansado como estaba, pues continuamente gobernaba yo el timón de la nave que no se lo encomendé nunca a ningún compañero, a fin de llegar más rápidamente a la tierra patria.

«Mis compañeros conversaban entre sí y creían que yo llevaba a casa oro y plata, regalo del magnánimo Eolo Hipótada.

Y decía así uno al que tenía al lado:

«"¡Ay, ay, cómo quieren y honran a éste todos los hombres a cuya ciudad y tierra llega! De Troya se trae muchos y buenos tesoros como botín; en cambio, nosotros, después de llevar a cabo la misma expedición, volvemos a casa con las manos vacías. También ahora Eolo le ha entregado esto correspondiendo a su amistad. Conque, vamos, examinemos qué es, veamos cuánto oro y plata se encierra en este odre."

«Así hablaban, y prevaleció la decisión funesta de mis compañeros: desataron el odre y todos los vientos se precipitaron fuera, mientras que a mis compañeros los arrebataba un huracán y los llevó llorando de nuevo al ponto lejos de la patria. Entonces desperté yo y me puse a cavilar en mi irreprochable ánimo si me arrojaría de la nave para perecer en el mar o soportaría en silencio y permanecería todavía entre los vivientes. Conque aguanté y quedéme y me eché sobre la nave cubriendo mi cuerpo. Y las naves eran arrastradas de nuevo hacia la isla Eolia por una terrible tempestad de vientos, mientras mis compañeros se lamentaban.

«Por fin pusimos pie en tierra, hicimos provisión de agua y enseguida comenzaron mis compañeros a comer junto a las rápidas naves. Cuando nos habíamos hartado de comida y bebida tomé como acompañantes al heraldo y a un compañero y me encaminé a la ínclita morada de Eolo, y lo encontré banqueteando en compañía de su esposa e hijos. Cuando llegamos a la casa nos sentamos sobre el umbral junto a las puertas, y ellos se levantaron admirados y me preguntaron:

«"¿Cómo es que has vuelto, Odiseo? ¿Qué demón maligno ha caído sobre ti? Pues nosotros te despedimos gentilmente para que llegaras a tu patria y hogar a donde quiera que te fuera grato."

«Así dijeron, y yo les contesté con el corazón acongojado:

«"Me han perdido mis malvados compañeros y, además, el maldito sueño. Así que remediadlo, amigos, pues está en vuestras manos."

«Así dije, tratando de calmarlos con mis suaves palabras, pero ellos quedaron en silencio, y por fin su padre me contestó:

«"Márchate enseguida de esta isla, tú, el más reprobable de los vivientes, que no me es lícito acoger ni despedir a un hombre que resulta odioso a los dioses felices. ¡Fuera!, ya que has llegado aquí odiado por los inmortales."

«Así diciendo, me arrojó de su casa entre profundos lamentos. Así que continuamos nagevando con el corazón acongojado, y el vigor de mis hombres se gastaba con el doloroso remar, pues debido a nuestra insensatez ya no se nos presentaba medio de volver.

«Navegamos tanto de día como de noche durante seis días, y al séptimo arribamos a la escarpada ciudadela de Lamo, a Telépilo de Lestrigonia, donde el pastor que entra llama a voces al que sale y éste le contesta; donde un hombre que no duerma puede cobrar dos jomales, uno por apacentar vacas y otro por conducir blancas ovejas, pues los caminos del día y de la noche son cercanos.

«Cuando llegamos a su excelente Puerto -lo rodea por todas partes roca escarpada, y en su boca sobresalen dos acantilados, uno frente a otro, por lo que la entrada es estrecha-, todos mis compañeros amarraron dentro sus curvadas naves, y éstas quedaron atadas, muy juntas, dentro del Puerto, pues no se hinchaban allí las olas ni mucho ni poco, antes bien había en torno una blanca bonanza. Sólo yo detuve mi negra nave fuera del Puerto, en el extremo mismo, sujeté el cable a la roca y subiendo a un elevado puesto de observación me quedé allí: no se veía labor de bueyes ni de hombres, sólo humo que se levantaba del suelo.

«Entonces envié a mis compañeros para que indagaran qué hombres eran de los que comen pan sobre la tierra, eligiendo a dos hombres y dándoles como tercer compañero a un heraldo. Partieron éstos y se encaminaron por una senda llana por donde los carros llevaban leña a la ciudad desde los altos montes. Y se toparon con una moza que tomaba agua delante de la ciudad, con la robusta hija de Antifates Lestrigón. Había bajado hasta la fuente Artacia de bella corriente, de donde solían llevar agua a la ciudad. Acercándose mis compañeros se dirigieron a ella y le pregtmtaron quién era el rey y sobre quiénes reinaba, Y enseguida les mostró el elevado palacio de su padre. Apenas habían entrado, encontraron a la mujer del rey, grande como la cima de un monte, y se atemorizaron ante ella. Hizo ésta venir enseguida del ágora al ínclito Antifates, su esposo, quien tramó la triste muerte para aquéllos. Así que agarró a uno de mis compañeros y se lo preparó como almuerzo, pero los otros dos se dieron a la fuga y llegaron a las naves. Entonces el rey comenzó a dar grandes voces por la ciudad, y los gigantescos Lestrígones que lo oyeron empezaron a venir cada uno de un sitio, a miles, y se parecían no a hombres, sino a gigantes. Y desde las rocas comenzaron a arrojarnos peñascos grandes como hombres, así que junto a las naves se elevó un estruendo de hombres que morían y de navíos que se quebraban. Además, ensartábanlos como si fueran peces y se los llevaban como nauseabundo festín.

«Conque mientras mataban a éstos dentro del profundo Puerto, saqué mi aguda espada de junto al muslo y corté las amarras de mi nave de azuloscura proa. Y, apremiando a mis compañeros, les ordené que se inclinaran sobre los remos para poder escapar de la desgracia. Y todos a un tiempo saltaron sobre ellos, pues temían morir.

«Así que mi nave evitó de buena gana las elevadas rocas en dirección al ponto, mientras que las demás se perdían allí todas juntas. Continuamos navegando con el corazón acongojado, huyendo de la muerte gozosos, aunque habíamos perdido a los compañeros.

«Y llegamos a la isla de Eea, donde habita Circe, la de lindas trenzas, la terrible diosa dotada de voz, hermana carnal del sagaz Eetes: ambos habían nacido de Helios, el que lleva la luz a los mortales, y de Perses, la hija de Océano.

«Allí nos dejamos llevar silenciosamente por la nave a lo largo de la ribera hasta un puerto acogedor de naves y es que nos conducía un dios. Desembarcamos y nos echamos a dormir durante dos días y dos noches, consumiendo nuestro ánimo por motivo del cansancio y el dolor. Pero cuando Eos, de lindas trenzas, completó el tercer día, tomé ya mi lanza y aguda espada y, levantándome de junto a la nave, subí a un puesto de observación por si conseguía divisar labor de hombres y oír voces. Cuando hube subido a un puesto de observación, me detuve y ante mis ojos ascendía humo de la tierra de anchos caminos a través de unos encinares y espeso bosque, en el palacio de Circe. Asi que me puse a cavilar en mi interior si bajaría a indagar, pues había visto humo enrojecido.

«Mientras así cavilaba me pareció lo mejor dirigirme primero a la rápida nave y a la ribera del mar para distribuir alimentos a mis compañeros, y enviarlos a que indagaran ellos. Y cuando ya estaba cerca de la curvada nave, algún dios se compadeció de mí -solo como estaba-, pues puso en mi camino un enorme ciervo de elevada cornamenta. Bajaba éste desde el pasto del bosque a beber al río, pues ya lo tenía agobiado la fuerza del sol. Así que en el momento en que salía lo alcancé en medio de la espalda, junto al espinazo. Atravesólo mi lanza de bronce de lado a lado y se desplomó sobre el polvo chillando -y su vida se le escapó volando. Me puse sobre él, saqué de la herida la lanza de bronce y lo dejé tirado en el suelo. Entre tanto, corté mimbres y varillas y, trenzando una soga como de una braza, bien torneada por todas partes, até los pies del terrible monstruo. Me dirigí a la negra nave con el animal colgando de mi cuello y apoyado en mi lanza, pues no era posible llevarlo sobre el hombro con una sola mano -y es que la bestia era descomunal. Arrojéla por fin junto a la nave y desperté a mis compañeros, dirigiéndome a cada uno en particular con dulces palabras:

«"Amigos, no descenderemos a la morada de Hades -por muy afligidos que estemos-, hasta que nos llegue el día señalado. Conque, vamos, mientras tenemos en la rápida nave comida y bebida, pensemos en comer y no nos dejemos consumir por el hambre."

«Así dije, y pronto se dejaron persuadir por mis palabras. Se quitaron de encima las ropas, junto a la ribera del estéril mar, y contemplaron con admiración al ciervo -y es que la bestia era descomunal. Así que cuando se hartaron de verlo con sus ojos, lavaron sus manos y se prepararon espléndido festín.

«Así pasamos todo el día, hasta que se puso el sol, dándonos a comer abundante carne y delicioso vino. Y cuando se puso el sol y cayó la oscuridad nos echamos a dormir junto a la ribera del mar.

«Cuando se mostró Eos, la que nace de la mañana, la de dedos de rosa los reuní en asamblea y les comuniqué mi palabra:

«"Escuchad mis palabras, compañeros, por muchas calamidades que hayáis soportado. Amigos, no sabemos dónde cae el Poniente ni dónde el Saliente, dónde. se oculta bajo la tierra Helios, que alumbra a los mortales, ni dónde se levanta. Conque tomemos pronto una resolución, si es que todavía es posible, que yo no lo creo. Al subir a un elevado puesto de observación he visto una isla a la que rodea, como corona, el ilimitado mar. Es isla de poca altura, y he podido ver con mis ojos, en su mismo centro, humo a través de unos encinares y espeso bosque."

«Así dije, y a mis compañeros se les quebró el corazón cuando recordaron las acciones de Antifates Lestrigón y la violencia del magnánimo Cíclope, el comedor de hombres. Lloraban a gritos y derramaban abundante llanto; pero nada conseguían con lamentarse. Entonces dividí en dos grupos a todos mis compañeros de buenas grebas y di un jefe a cada grupo. A unos los mandaba yo y a los otros el divino Euríloco. Enseguida agitamos unos guijarros en un casco de bronce y saltó el guijarro del magnánimo Euríloco. Conque se puso en camino y con él veintidós compañeros que lloraban, y nos dejaron atrás a nosotros gimiendo también.

«Encontraron en un valle la morada de Circe, edificada con piedras talladas, en lugar abierto. La rodeaban lobos montaraces y leones, a los que había hechizado dándoles brebajes maléficos, pero no atacaron a mis hombres, sino que se levantaron y jugueteaban alrededor moviendo sus largas colas. Como cuando un rey sale del banquete y le rodean sus perros moviendo la cola -pues siempre lleva algo que calme sus impulsos-, así los lobos de poderosas uñas y los leones rodearon a mis compañeros, moviendo la cola. Pero éstos se echaron a temblar cuando vieron las terribles bestias. Detuviéronse en el pórtico de la diosa de lindas trenzas y oyeron a Circe que cantaba dentro con hermosa voz, mientras se aplicaba a su enorme e inmortal telar -¡y qué suaves, agradables y brillantes son las labores de las diosas! Entonces comenzó a hablar Polites, caudillo de hombres, mi más preciado y valioso compañero:

«"Amigos, alguien -no sé si diosa o mujer- está dentro cantando algo hermoso mientras se aplica a su gran telar -que todo el piso se estremece con el sonido-. Conque hablémosle enseguida."

«Así dijo, y ellos comenzaron a llamar a voces. Salió la diosa enseguida, abrió las brillantes puertas y los invitó a entrar. Y todos la siguieron en su ignorancia, pero Euríloco se quedó allí barruntando que se trataba de una trampa. Los introdujo, los hizo sentar en sillas y sillones, y en su presencia mezcló queso, harina y rubia miel con vino de Pramnio. Y echó en esta pócima brebajes maléficos para que se olvidaran por completo de su tierra patria.

«Después que se lo hubo ofrecido y lo bebieron, golpeólos con su varita y los encerró en las pocilgas. Quedaron éstos con cabeza, voz, pelambre y figura de cerdos, pero su mente permaneció invariable, la misma de antes. Así quedaron encerrados mientras lloraban; y Circe les echó de comer bellotas, fabucos y el fruto del cornejo, todo lo que comen los cerdos que se acuestan en el suelo.

«Conque Euríloco volvió a la rápida, negra nave para informarme sobre los compañeros y su amarga suerte, pero no podía decir palabra -con desearlo mucho-, porque tenía atravesado el corazón por un gran dolor: sus ojos se llenaron de lágrimas y su ánimo barruntaba el llanto. Cuando por fin le interrogamos todos llenos de admiración, comenzó a contarnos la pérdida de los demás compañeros:

«"Atravesamos los encinares como ordenaste, ilustre Odiseo, y encontramos en un valle una hermosa mansión edificada con piedras talladas, en lugar abierto. Allí cantaba una diosa o mujer mientras se aplicaba a su enorme telar; los compañeros comenzaron a llamar a voces; salió ella, abrió las brillantes puertas y nos invitó a entrar. Y todos la siguieron en su ignorancia, pero yo no me quedé por barruntar que se trataba de una trampa. Así que desaparecieron todos juntos y no volvió a aparecer ninguno de ellos, y eso que los esperé largo tiempo sentado."

«Así habló; entonces me eché al hombro la espada de clavos de plata, grande, de bronce, y el arco en bandolera, y le ordené que me condujera por el mismo camino, pero él se abrazó a mis rodillas y me suplicaba, y, lamentándose, me dirigía aladas palabras:

« "No me lleves allí a la fuerza, Odiseo de linaje divino; déjame aquí, pues sé que ni volverás tú ni traerás a ninguno de tus compañeros. Huyamos

rápidamente con éstos, pues quizá podamos todavía evitar el día funesto".

«Así habló, pero yo to contesté diciendo:

«"Euríloco, quédate tú aquí comiendo y bebiendo junto a la negra nave, que yo me voy. Me ha venido una necesidad imperiosa."

«Así diciendo, me alejé de la nave y del mar. Y cuando en mi marcha por el valle iba ya a llegar a la mansión de Circe, la de muchos brebajes, me salió al encuentro Hermes, el de la varita de oro, semejante a un adolescente, con el bozo apuntándole ya y radiante de juventud. Me tomó de la mano y, llamándome por mi nombre, dijo:

«"Desdichado, ¿cómo es que marchas solo por estas lomas, desconocedor como eres del terreno? Tus compañeros están encerrados en casa de Circe, como cerdos, ocupando bien construidas pocilgas. ¿Es que vienes a rescatarlos? No creo que regreses ni siquiera tú mismo, sino que te quedarás donde los demás. Así que, vamos, te voy a librar del mal y a salvarte. Mira, toma este brebaje benéfico, cuyo poder te protegerá del día funesto, y marcha a casa de Circe. Te voy a manifestar todos los malvados propósitos de Circe: te preparará una poción y echará en la comida brebajes, pero no podrá hechizarte, ya que no lo permitirá este brebaje benéfico que te voy a dar. Te aconsejaré con detalle: cuando Circe trate de conducirte con su larga varita, saca de junto a tu muslo la aguda espada y lánzate contra ella como queriendo matarla. Entonces te invitará, por miedo, a acostarte con ella. No réchaces por un momento el lecho de la diosa, a fin de que suelte a tus compañeros y te acoja bien a ti. Pero debes ordenarla que jure con el gran juramento de los dioses felices que no va a meditar contra ti maldad alguna ni te va a hacer cobarde y poco hombre cuando te hayas desnudado".

«Así diciendo, me entregó el Argifonte una planta que había arrancado de la tierra y me mostró su propiedades: de raíz era negra, pero su flor se asemejaba a la leche. Los dioses la llaman *moly*, y es difícil a los hombres mortales extraerla del suelo, pero los dioses lo pueden todo.

«Luego marchó Hermes al lejano Olimpo a través de la isla boscosa y yo me dirigí a la mansión de Circe. Y mientras marchaba, mi corazón revolvía muchos pensamientos. Me detuve ante las puertas de la diosa de lindas trenzas, me puse a gritar y la diosa oyó mi voz. Salió ésta, abrió las brillantes puertas y me invitó a entrar. Entonces yo la seguí con el corazón acongojado. Me introdujo e hizo sentar en un sillón de clavos de plata, hermoso, bien trabajado, y bajo mis pies había un escabel. Preparóme una pócima en copa de oro, para que la bebiera, y echó en ella un brebaje, planeando maldades en su corazón.

«Conque cuando me lo hubo ofrecido y lo bebí -aunque no me había hechizado-, tocóme con su varita y, llamándome por mi nombre, dijo:

«"Marcha ahora a la pocilga, a tumbarte en compañía de tus amigos."

«Así dijo, pero yo, sacando mi aguda espada de junto al muslo, me lancé sobre Circe, como deseando matarla. Ella dió un fuerte grito y corriendo se abrazó a mis rodillas y, lamentándose, me dirigió aladas palabras:

«"¿Quién y de dónde eres? ¿Dónde tienes tu ciudad y tus padres? Estoy sobrecogida de admiración, porque no has quedado hechizado a pesar de haber bebido estos brebajes. Nadie, ningún otro hombre ha podido soportarlos una vez que los ha hebido y han pasado el cerco de sus dientes. Pero tú tienes en el pecho un corazón imposible de hechizar. Así que seguro que eres el asendereado Odiseo, de quien me dijo el de la varita de oro, el Argifonte que vendría al volver de Troya en su rápida, negra nave. Conque, vamos, vuelve tu espada a la vaina y subamos los dos a mi cama, para que nos entreguemos mutuamente unidos en amor y lecho."

«Así dijo, pero yo me dirigí a ella y le contesté:

«"Circe, ¿cómo quieres que sea amoroso contigo? A mis compañeros los has convertido en cerdos en tu palacio, y a mí me retienes aquí y, con intenciones perversas, me invitas a subir a tu aposento y a tu cama para hacerme cobarde y poco hombre cuando esté desnudo. No desearía ascender a tu cama si no aceptaras al menos, diosa, jurarme con gran juramento que no vas a meditar contra mí maldad alguna."

«Así dije, y ella al punto juró como yo le había dicho. Conque, una vez que había jurado y terminado su promesa, subí a la hermosa cama de Circe.

«Entre tanto, cuatro siervas faenaban en el palacio, las que tiene como asistentas en su morada. Son de las que han nacido de fuentes, de bosques y de los sagrados ríos que fluyen al mar. Una colocaba sobre los sillones cobertores hermosos y alfombras debajo; otra extendía mesas de plata ante los sillones, y sobre ellas colocaba canastillas de oro; la tercera mezclaba delicioso vino en una crátera de plata y distribuía copas de oro, y la cuarta traía agua y encendía abundante fuego bajo un gran trípode y así se calentaba el agua. Cuando el agua comenzó a hervir en el brillante bronce, me senté en la bañera y me lavaba con el agua del gran trípode, vertiéndola agradable sobre mi cabeza y hombros, a fin de quitar de mis miembros el cansancio que come el vigor. Cuando me hubo lavado, ungido con aceite y vestido hermosa túnica y manto, me condujo e hizo sentar sobre un sillón de clavos de plata, hermoso, bien trabajado y bajo mis pies había un escabel. Una sierva derramó sobre fuente de plata el aguamanos que llevaba en hermosa jarra de oro, para que me lavara, y al lado extendió una mesa pulimentada. La venerable ama de llaves puso comida sobre ella y añadió abundantes piezas escogidas, favoreciéndome entre los presentes. Y me invitaba a que comiera, pero esto no placía a mi ánimo y estaba sentado con el pensamiento en otra parte, pues mi ánimo presentía la desgracia. Cuando Circe me vio sentado sin echar mano a la comida y con fuerte pesar, colocóse a mi lado y me dirigió aladas palabras:

«"¿Por qué, Odiseo, permaneces sentado como un mudo consumiendo tu ánimo y no tocas siquiera la comida y la bebida? Seguro que andas barruntando alguna otra desgracia, pero no tienes nada que temer, pues ya te he jurado un poderoso juramento."

«Así habló, y entonces le contesté diciendo:

«"Circe, ¿qué hombre como es debido probaría comida o bebida antes de que sus compañeros quedaran libres y él los viera con sus ojos? Conque, si me invitas con buena voluntad a beber y comer, suelta a mis fieles compañeros para que pueda verlos con mis ojos."

«Así dije; Circe atravesó el mégaron con su varita en las manos, abrió las puertas de las pocilgas y sacó de allí a los que parecían cerdos de nueve años. Después se colocaron enfrente, y Circe, pasando entre ellos, untaba a cada uno con otro brebaje. Se les cayó la pelambre que había producido el maléfico brebaje que les diera la soberana Circe y se convirtieron de nuevo en hombres aún más jóvenes que antes y más bellos y robustos de aspecto. Y me reconocieron y cada uno me tomaba de la mano. A todos les entró un llanto conmovedor -toda la casa resonaba que daba pena-, y hasta la misma diosa se compadeció de ellos. Así que se vino a mi lado y me dijo la divina entre las diosas:

«"Hijo de Laertes, de linaje divino, Odiseo rico en ardides, marcha ya a tu rápida nave junto a la ribera del mar. Antes que nada, arrastrad la nave hacia tierra, llevad vuestras posesiones y armas todas a una gruta y vuelve aquí después con tus fieles compañeros."

«Así dijo, mi valeroso ánimo se dejó persuadir y me puse en camino hacia la rápida nave junto a la ribera del mar. Conque encontré junto a la rápida nave a mis fieles compañeros que lloraban lamentablemente derramando abundante llanto. Como las terneras que viven en el campo salen todas al encuentro y retozan en torno a las vacas del rebaño que vuelven al establo después de hartarse de pastar (pues ni los cercados pueden ya retenerlas y, mugiendo sin cesar corretean en torno a sus madres), así me rodearon aquéllos, llorando cuando me vieron con sus ojos. Su ánimo se imaginaba que era como si hubieran vuelto a su patria y a la misma ciudad de Itaca, donde se habían criado y nacido. Y, lamentándose, me decían aladas palabras:

«"Con tu vuelta, hijo de los dioses, nos hemos alegrado lo mismo que si hubiéramos llegado a nuestra patria Itaca. Vamos, cuéntanos la pérdida de los demás compañeros."

«Así dijeron, y yo les hablé con suaves palabras:

«"Antes que nada, empujaremos la rápida nave a tierra y llevaremos hasta una gruta nuestras posesiones y armas todas. Luego, apresuraos a seguirme todos, para que veáis a vuestros compañeros comer y beber en casa de Circe, pues tienen comida sin cuento."

«Así dije, y enseguida obedecieron mis ordenes. Sólo Euríloco trataba de retenerme a todos los compañeros y, hablándoles, decía aladas palabras:

«"Desgraciados, ¿a dónde vamos a ir? ¿Por qué deseáis vuestro daño bajando a casa de Circe, que os convertirá a todos en cerdos, lobos o leones para que custodiéis por la fuerza su gran morada,

como ya hizo el Cíclope cuando nuestros compañeros llegaron a su establo y con ellos el audaz Odiseo? También aquéllos perecieron por la insensatez de éste."

«Así habló; entonces dudé si sacar la larga espada de junto a mi robusto muslo y, cortándole la cabeza, arrojarla contra el suelo, aunque era pariente mío cercano. Pero mis compañeros me lo impidieron, cada uno de un lado, con suaves palabras:

«"Hijo de los dioses, dejaremos aquí a éste, si tú así lo ordenas, para que se quede junto a la nave y la custodie. Y a nosotros llévanos a la sagrada mansión de Circe."

«Así diciendo, se alejaron de la nave y del mar. Pero Euríloco no se quedó atrás, junto a la cóncava nave, sino que nos siguió, pues temía mis terribles amenazas.

«Entre tanto, Circe lavó gentilmente a mis otros compañeros que estaban en su morada, los ungió con brillante aceite y los vistió con túnicas y mantos. Y los encontramos cuando se estaban banqueteando en el palacio. Cuando se vieron unos a otros y se contaron todo, rompieron a llorar entre lamentos, y la casa toda resonaba. Así que la divina entre las diosas se vino a mi lado y dijo:

«"Hijo de Laertes, de linaje divino, Odiseo rico en ardides, no excitéis más el abundance llanto, pues también yo conozco los trabajos que habéis sufrido en el ponto lleno de peces y los daños que os han causado en tierra firme hombres enemigos. Conque, vamos, comed vuestra comida y bebed vuestro vino hasta que recobréis las fuerzas que teníais el día que abandonasteis la tierra patria de la escarpada Itaca; que ahora estáis agotádos y sin fuerzas; con el duro vagar siempre en vuestras mientes. Y vuestro ánimo no se llena de pensamientos alegres, pues ya habéis sufrido mucho."

«Así dijo, y nuestro valeroso ánimo se dejó persuadir. Allí nos quedamos un año entero -día tras dia-, dándonos a comer carne en abundancia y delicioso vino. Pero cuando se cumplió el año y volvieron las estaciones con el transcurrir de los meses -ya habían pasado largos días-, me llamaron mis fieles compañeros y me dijeron:

«"Amigo, piensa ya en la tierra patria, si es que tu destino es que te salves y llegues a tu bien edificada morada y a tu tierra patria."

«Así dijeron, y mi valeroso ánimo se dejó persuadir. Estuvimos todo un día, hasta la puesta del sol, comiendo carne en abundancia y delicioso vino. Y cuando se puso el sol y cayó la oscuridad, mis compañeros se acostaron en el sombrío palacio. Pero yo subí a la hermosa cama de Circe y, abrazándome a sus rodillas, la supliqué, y la diosa escuchó mi voz. Y hablándole, decía aladas palabras:

«"Circe, cúmpleme la promesa que me hiciste de enviarme a casa, que mi ánimo ya está impaciente y el de mis compañeros, quienes, cuando tú estás lejos, me consumen el corazón llorando a mi alrededor."

«Así dije, y al punto contestó la divina entre las diosas:

«"Hijo de Laertes, de linaje divino, Odiseo rico en ardides, no permanezcáis más tiempo en mi palacio contra vuestra voluntad. Pero antes tienes que llevar a cabo otro viaje; tienes que llegarte a la mansión de Hades y la terrible Perséfone para pedir oráculo al alma del tebano Tiresias, el adivino ciego, cuya mente todavía está inalterada. Pues sólo a éste, incluso muerto, ha concedido Perséfone tener conciencia; que los demás revolotean como sombras."

«Así dijo, y a mí se me quebró el corazón. Rompí a llorar sobre el lecho, y mi corazón ya no quería vivir ni volver a contemplar la luz del sol.

«Cuando me había hartado de llorar y de agitarme, le dije, contestándole:

«"Circe, ¿y quién iba a conducirme en este viaje? Porque a la mansión de Hades nunca ha llegado nadie en negra nave."

«Así dije, y al punto me contestó la divina entre las diosas:

«"Hijo de Laertes, de linaje divino, Odiseo rico en ardides, no sientas necesidad de guía en tu nave. Coloca el mástil, extiende las blancas velas y siéntate. El soplo de Bóreas la llevará, y cuando hayas atravesado el Océano y llegues a las planas riberas y al bosque de Perséfone -esbeltos álamos negros y estériles cañaverales-, amarra la nave allí mismo, sobre el Océano de profundas corrientes, y dirígete a la espaciosa morada de Hades. Hay un lugar donde desembocan en el Aqueronte el Piriflegetón y el Kotyto, difluente de la laguna Estigia, y una roca en la confluencia de los dos sonoros ríos. Acércate allí, héroe -así te lo aconsejo-, y,

cavando un hoyo como de un codo por cada lado, haz una libación en honor de todos los muertos, primero con leche y miel, luego con delicioso vino y en tercer lugar, con agua. Y esparce por encima blanca harina. Suplica insistentemente a las inertes cabezas de los muertos y promete que, cuando vuelvas a Itaca, sacrificarás una vaca que no haya parido, la mejor, y llenarás una pira de obsequios y que, aparte de esto, sólo a Tiresias le sacrificarás una oveja negra por completo, la que sobresalga entre vuestro rebaño. Cuando hayas suplicado a la famosa rata de los difuntos, sacrifica allí mismo un carnero y una borrega negra, de cara hacia el Erebo; y vuélvete para dirigirte a las corrientes del río, donde se acercarán muchas almas de difuntos. Entonces ordena a tus compañeros que desuellen las víctimas que yacen en tierra atravesadas por el agudo bronce, que las quemen después de desollarlas y que supliquen a los dioses, al tremendo Hades y a la terrible Perséfone. Y tú saca de junto al muslo la aguda espada y siéntate sin permitir que las inertes cabezas de los muertos se acerquen a la sangre antes de que hayas preguntado a Tiresias. Entonces llegará el adivino, caudillo de hombres, que te señalará el viaje, la longitud del camino y el regreso, para que marches sobre el ponto lleno de peces."

«Así dijo, y enseguida apareció Eos, la del trono de oro. Me vistió de túnica y manto, y ella; la ninfa, se puso una túnica grande, sutil y agradable, echó un hermoso ceñidor de oro a su cintura y sobre su cabeza puso un velo. Entonces recorrí el palacio apremiando a mis compañeros con suaves palabras, poniéndome al lado de cada hombre:

«"Ya no durmáis más tiempo con dulce sueño; marchémonos, que la soberana Circe me ha revelado todo."

«Así dije, y su valeroso ánimo se dejó persuadir. Pero ni siquiera de allí pude llevarme sanos y salvos a mis compañeros. Había un tal Elpenor, el más joven de todos, no muy brillante en la guerra ni muy dotado de mientes, que, por buscar la fresca, borracho como estaba, se había echado a dormir en el sagrado palacio de Circe, lejos de los compañeros. Cuando oyó el ruido y el tumulto, levantóse de repente y no reparó en volver para bajar la larga escalera, sino que cayó justo desde el techo. Y se le quebraron las vértebras del cuello y su alma bajó al Hades.

«Cuando se acercaron los demás les dije mi palabra:

«"Seguro que pensáis que ya marchamos a casa, a la querida patria, pero Circe me ha indicado otro viaje a las mansiones de Hades y la terrible Perséfone para pedir oráculo al tebano Tiresias."

«A sí dije, y el corazón se les quebró; sentáronse de nuevo a llorar y se mesaban los cabellos. Pero nada consiguieron con lamentarse.

«Y cuándo ya partíamos acongojados hacia la nave y la ribera del mar derramando abundante llanto, acercóse Circe a la negra nave y ató un carnero y una borrega negra, marchando inadvertida. ¡Con facilidad!, pues ¿quién podría ver con sus ojos a un dios comiendo aquí o allá si éste no quíere?»

Ejercicios: Capítulo 6-10

1- Haz una lista con los personajes que aparecen en el capítulo:

2- Señala los personajes que consideres más importantes, y explica por qué (excluye aquellos que ya hayas descrito en el capitulo anterior):

_____
_____
_____
_____
_____
_____
_____
_____
_____
_____

3- Escribe una breve reseña biográfica acerca de los personajes que consideraste más importantes(excluye aquellos que ya hayas descrito en el capitulo anterior):

_____
_____
_____
_____
_____
_____
_____
_____
_____
_____
_____
_____
_____
_____
_____
_____
_____
_____
_____
_____

4- Describe los sucesos y acontecimientos más importantes del capítulo:

_____
_____
_____
_____
_____
_____
_____
_____
_____
_____
_____
_____
_____
_____

5- Si pudieras aconsejar a los personajes, ¿Qué consejos les darías –y por qué?

_____
_____
_____
_____
_____
_____
_____
_____
_____
_____

6- Haz una lista con los puntos que consideras más importantes:

_____
_____
_____
_____
_____
_____
_____
_____
_____
_____
_____
_____

7- ¿Qué diálogos te parecen más interesantes?

_____
_____
_____
_____
_____
_____
_____
_____
_____

8- ¿Qué palabras tuviste que buscar en el diccionario?

_____

_____

_____

_____

_____

9- ¿De qué manera se relaciona este capítulo con el capitulo anterior?

_____

_____

_____

_____

_____

_____

_____

_____

_____

_____

_____

_____

10- ¿Cuál es tu opinión personal acerca de esta lectura?

_____

_____

_____

_____

_____

_____

CANTO XI

DESCENSUS AD INFEROS

«Y cuando habíamos llegado a la nave y al mar, antes que nada empujamos la nave hacia el mar divino y colocamos el mástil y las velas a la negra nave. Embarcamos también ganados que habíamos tomado, y luego ascendimos nosotros llenos de dolor, derramando gruesas lágrimas. Y Circe, la de lindas trenzas, la terrible diosa dotada de voz, nos envió un viento que llenaba las velas, buen compañero detrás de nuestra nave de azuloscura proa. Colocamos luego el aparejo, nos sentamos a lo largo de la nave y a ésta la dirigían el viento y el piloto. Durante todo el día estuvieron extendidas las velas en su viaje a través del ponto.

«Y Helios se sumergió, y todos los caminos se llenaron de sombras. Entonces llegó nuestra nave a los confines de Océano de profundas corrientes, donde está el pueblo y la ciudad de los hombres Cimerios cubiertos por la oscuridad y la niebla. Nunca Helios, el brillante, los mira desde arriba con sus rayos, ni cuando va al cielo estrellado ni cuando de nuevo se vuelve a la tierra desde el cielo, sino que la noche se extiende sombría sobre estos desgraciados mortales. Llegados allí, arrastramos nuestra nave, sacamos los ganados y nos pusimos en camino cerca de la corriente de Océano, hasta que llegamos al lugar que nos había indicado Circe. Allí Perimedes y Euríloco sostuvieron las víctimas y yo saqué la aguda espada de junto a mi muslo e hice una fosa como de un codo por uno y otro lado. Y alrededor de ella derramaba las libaciones para todos los difuntos, primero con leche y miel, después con delicioso vino y, en tercer lugar, con agua. Y esparcí por encima blanca harina.

«Y hacía abundantes súplicas a las inertes cabezas de los muertos, jurando que, al volver a Itaca, sacrificaría en mi palacio una vaca que no hubiera parido, la que fuera la mejor, y que llenaría una pira de obsequios y que, aparte de esto, sacrificaría a sólo Tiresias una oveja negra por completo, la que sobresaliera entre nuestros rebaños.

«Luego que hube suplicado al linaje de los difuntos con promesas y súplicas, yugulé los ganados que había llevado junto a la fosa y fluía su negra sangre. Entonces se empezaron a congregar desde el Erebo las almas de los difuntos, esposas y solteras; y los ancianos que tienen mucho que soportar; y tiernas doncellas con el ánimo afectado por un dolor reciente; y muchos alcanzados por lanzas de bronce, hombres muertos en la guerra con las armas ensangrentadas. Andaban en grupos aquí y allá, a uno y otro lado de la fosa, con un clamor sobrenatural, y a mí me atenazó el pálido terror.

«A continuación di órdenes a mis compañeros, apremiándolos a que desollaran y asaran las víctimas que yacían en el suelo atravesadas por el cruel bronce, y que hicieran súplicas a los dioses, al tremendo Hades y a la terrible Perséfone. Entonces saqué la aguda espada de junto a mi muslo, me senté y no dejaba que las inertes cabezas de los muertos se acercaran a la sangre antes de que hubiera preguntado a Tiresias.

«La primera en llegar fue el alma de mi compañero Elpenor. Todavía no estaba sepultado bajo la tierra, la de anchos caminos, pues habíamos abandonado su cadáver, no llorado y no sepulto, en casa de Circe, que nos urgía otro trabajo. Contemplándolo entonces, lo lloré y compadecí en mi ánimo, y, hablándole, decía aladas palabras:

« "Elpenor, ¿cómo has bajado a la nebulosa oscuridad? ¿Has llegado antes a pie que yo en mi negra nave?"

«Así le dije, y él, gimiendo, me respondió con su palabra:

«"Hijo de Laertes, de linaje divino, Odiseo rico en ardides, me enloqueció el Destino funesto de la divinidad y el vino abundante. Acostado en el palacio de Circe, no pensé en descender por la larga escalera, sino que caí justo desde el techo y mi cuello se quebró por la nuca. Y mi alma descendió a Hades.

«Ahora te suplico por aquellos a quienes dejaste detrás de ti, por quienes no están presentes; te suplico por tu esposa y por tu padre, el que te nutrió de pequeño, y por Telémaco, el hijo único a quien dejaste en tu palacio: sé que cuando marches de aquí, del palacio de Hades, fondearás tu bien fabricada nave en la isla de Eea. Te pido, soberano, que te acuerdes de mí allí, que no te alejes dejándome sin llorar ni sepultar, no sea que me convierta para ti en una maldición de los dioses. Antes bien, entiérrame con mis armas, todas cuantas tenga, y acumula para mí un túmulo sobre la ribera del canoso mar -¡desgraciado de mí!- para que te sepan también los venideros. Cúmpleme esto y clava en mi tumba el remo con el que yo remaba cuando estaba vivo, cuando estaba entre mis compañeros."

«Así habló, y yo, respondiéndole, dije:

«" Esto lo cumpliré, desdichado, y realizaré."

«Así permanecíamos sentados, contestándonos con palabras tristes; yo sostenía mi espada sobre la sangre y, enfrente, hablaba largamente el simulacro de mi compañero.

«También llegó el alma de mi difunta madre, la hija del magnánimo Autólico, Anticlea, a quien había dejado viva cuando marché a la sagrada Ilión. Mirándola la compadecí en mi ánimo, pero ni aun así la permití, aunque mucho me dolía, acercarse a la sangre antes de interrogar a Tiresias.

«Y llegó el alma del Tebano Tiresias -en la mano su cetro de oro-, y me reconoció, y dijo:

«"Hijo de Laertes, de linaje divino, Odiseo rico en ardides, ¿por qué has venido, desgraciado, abandonando la luz de Helios, para ver a los muertos y este lugar carente de goces? Apártate de la fosa y retira tu aguda espada para que beba de la sangre y te diga la verdad."

«Así dijo; yo entonces volví a guardar mi espada de clavos de plata, la metí en la vaina, y sólo cuando hubo bebido la negra sangre se dirigió a mí con palabras el irreprochable adivino:

«"Tratas de conseguir un dulce regreso, brillante Odiseo; sin embargo, la divinidad te lo hará difícil, pues no creo que pases desapercibido al que sacude la tierra. Él ha puesto en su ánimo el resentimiento contra ti, airado porque le cegaste a su hijo. Sin embargo, llegaréis, aun sufriendo muchos males, si es que quieres contener tus impulsos y los de tus compañeros cuando acerques tu bien construida nave a la isla de Trinaquía, escapando del ponto de color violeta, y encontréis unas novillas paciendo y unos gordos ganados, los de Helios, el que ve todo y todo lo oye. Si dejas a éstas sin tocarlas y piensas en el regreso, llegaréis todavía a Itaca, aunque después de sufrir mucho; pero si les haces daño, entonces te predigo la destrucción para la nave y para tus compañeros. Y tú mismo, aunque escapes, volverás tarde y mal, en nave ajena, después de perder a todos tus compañeros. Y encontrarás desgracias en tu casa: a unos hombres insolentes que te comen tu comida, que pretenden a tu divina esposa y le entregan regalos de esponsales.

«"Pero, con todo, vengarás al volver las violencias de aquéllos. Después de que hayas matado a los pretendientes en tu palacio con engaño o bien abiertamente con el agudo bronce, toma un bien fabricado remo y ponte en camino hasta que llegues a los hombres que no conocen el mar ni comen la comida sazonada con sal; tampoco conocen éstos naves de rojas proas ni remos fabricados a mano, que son alas para las naves. Conque te voy a dar una señal manifiesta y no te pasará desapercibida: cuando un caminante te salga al encuentro y te diga que llevas un bieldo sobre tu espléndido hombro, clava en tierra el remo fabricado a mano y, realizando hermosos sacrificios al soberano Poseidón -un carnero, un toro y un verraco semental de cerdas- vuelve a casa y realiza sagradas hecatombes a los dioses inmortales, los que ocupan el ancho cielo, a todos por orden. Y entonces te llegará la muerte fuera del mar, una muerte muy suave que te consuma agotado bajo la suave vejez. Y los ciudadanos serán felices a tu alrededor. Esto que te digo es verdad."

«Así habló, y yo le contesté diciendo:

«"Tiresias, esto lo han hilado los mismos dioses. Pero, vamos, dime esto e infórmame con verdad: veo aquí el alma de mi madre muerta; permanece en silencio cerca de la sangre y no se atreve a mirar a su hijo ni hablarle. Dime, soberano, de qué modo reconocería que soy su hijo.",

«Así hablé y él me respondió diciendo:

«"Te voy a decir una palabra fácil y la voy a poner en tu mente. Cualquiera de los difuntos a quien permitas que se acerque a la sangre te dirá la verdad, pero al que se lo impidas se retirará."

«Así habló, y marchó a la mansión de Hades el alma del soberano Tiresias después de decir sus vaticinios.

«En cambio, yo permanecí allí constante hasta que llegó mi madre y bebió la negra sangre. Al pronto me reconoció y, llorando, me dirigió aladas palabras:

«"Hijo mío, cómo has bajado a la nebulosa oscuridad si estás vivo? Les es difícil a los vivos contemplar esto, pues hay en medio grandes ríos y terribles corrientes, y, antes que nada, Océano, al que no es posible atravesar a pie si no se tiene una fabricada nave. ¿Has llegado aquí errante desde Troya con la nave y los compañeros después de largo tiempo? ¿Es que no has llegado todavía a Itaca y no has visto en el palacio a tu esposa?"

«Así habló, y yo le respondí diciendo:

«"Madre mía, la necesidad me ha traído a Hades para pedir oráculo al alma del tebano Tiresias. Todavía no he llegado cerca de Acaya ni he tocado nuestra tierra en modo alguno, sino que ando errante en continuas dificultades desde al día en que seguí al divino Agamenón a Ilión, la de buenos potros, para luchar con los troyanos.

«"Pero, vamos, dime esto e infórmame con verdad: ¿Qué Ker de la terrible muerte te dominó? ¿Te sometió una larga enfermedad o te mató Artemis, la que goza con sus saetas, atacándote con sus suaves dardos? Háblame de mi padre y de mi hijo, a quien dejé; dime si mi autoridad real sigue en su poder o la posee otro hombre, pensando que ya no volveré más. Dime también la resolución y las intenciones de mi esposa legítima, si todavía permanece junto al niño y conserva todo a salvo o si ya la ha desposado el mejor de los aqueos."

«Así dije, y al pronto me respondió mi venerable madre:

«"Ella permanece todavía en tu palacio con ánimo afligido, pues las noches se le consumen entre dolores y los días entre lágrimas. Nadie tiene todavía tu hermosa autoridad, sino que Telémaco cultiva tranquilamente tus campos y asiste a banquetes equitativos de los que está bien que se ocupe un administrador de justicia, pues todos le invitan.

«"Tu padre permanece en el campo, y nunca va a la ciudad, y no tiene sábanas en la cama ni cobertores ni colchas espléndidas, sino que en invierno duerme como los siervos en el suelo, cerca del hogar -y visten su cuerpo ropas de mala calidad-, mas cuando llega el verano y el otoño... tiene por todas partes humildes lechos formados por hojas caídas, en la parte alta de su huerto fecundo en vides. Ahí yace doliéndose, y crece en su interior una gran aflicción añorando tu regreso, pues ya ha llegado a la molesta vejez.

«"En cuanto a mí, así he muerto y cumplido mi destino: no me mató Artemis, la certera cazadora, en mi palacio, acercándose con sus suaves dardos, ni me invadió enfermedad alguna de las que suelen consumir el ánimo con la odiosa podredumbre de los miembros, sino que mi nostalgia y mi preocupación por ti, brillante Odiseo, y tu bondad me privaron de mi dulce vida."

«Así dijo, y yo, cavilando en mi mente, quería abrazar el alma de mi difunta madre. Tres veces me acerqué -mi ánimo me impulsaba a abrazarla-, y tres veces voló de mis brazos semejante a una sombra o a un sueño.

«En mi corazón nacía un dolor cada vez más agudo, y, hablándole, le dirigí aladas palabras:

«"Madre mía, ¿por qué no te quedas cuando deseo tomarte para que, rodeándonos con nuestros brazos, ambos gocemos del frío llanto, aunque sea en Hades? ¿Acaso la ínclita Perséfone me ha enviado este simulacro para que me lamente y llore más todavía?"

«Así dije, y al pronto me contestó mi soberana madre:

«"¡Ay de mí, hijo mío, el más infeliz de todos los hombres! De ningún modo te engaña Perséfone, la hija de Zeus, sino que ésta es la condición de los mortales cuando uno muere: los nervios ya no sujetan la carne ni los huesos, que la fuerza poderosa del fuego ardiente los consume tan pronto como el ánimo ha abandonado los blancos huesos, y el alma anda revoloteando como un sueño. Conque dirígete rápidamente a la luz del día y sabe todo esto para que se lo digas a tu esposa después."

«Así nos contestábamos con palabras. Y se acercaron -pues las impulsaba la ínclita Perséfone- cuantas mujeres eran esposas e hijas de nobles. Se congregaban amontonándose alrededor de la negra sangre y yo cavilaba de qué modo preguntaría a cada una. Y ésta me pareció la mejor determinación: saqué la aguda espada de junto a mi vigoroso muslo y no permitía que bebieran la negra sangre todas a la vez. Así que se iban acercando una tras otra y cada una de ellas contaba su estirpe.

«A la primera que vi fue a Tiro, nacida de noble padre, la cual dijo ser hija del eximio Salmoneo y esposa de Creteo el Eólida, la que deseó al divino

Enipeo que se desliza sobre la tierra como el más hermoso de los ríos.

Andaba ella paseando junto a la hermosa corriente de Enipeo, cuando el que conduce su carro por la tierra tomó la figura de éste y se acostó junto a ella en los orígenes del voraginoso río. Y los cubrió una ola de púrpura semejante a un monte, encorvada, y escondió al dios y a la mujer mortal. Desató el dios su virginal ceñidor y le infundió sueño y, después que hubo llevado a cabo las obras de amor, la tomó de la mano, le dijo su palabra y la llamó por su nombre: "Alégrate, mujer, por este amor, pues cuando pase un año parirás hermosos hijos, que no son estériles los concúbitos de los inmortales. Por tu parte, cuídate de ellos y nútrelos. Ahora, marcha a casa, contente y no me nombres. Yo soy Poseidón, el que sacude la tierra." Así habló y se sumergió en el ponto lleno de olas. Y ella, grávida, acabó pariendo a Pelias y Neleo, los cuales fueron poderosos servidores de Zeus. Pelias habitaba en Jolcos, rico en ganado, y el otro en la arenosa Pilos. A sus demás hijos los parió de Creteo esta reina entre las mujeres: a Esón, Feres y Mitaón, guerrero ecuestre.

«Después de ésta vi a Antíope, hija de Asopo, que también se gloriaba de haber dormido entre los brazos de Zeus y parió a dos hijos, Anfión y Zeto, quienes fueron los fundadores del reino de Tebas, la de siete puertas, y la dotaron de torres, que sin torres no podían habitar la espaciosa Tebas por muy póderosos que fueran.

«Después de ésta vi a Alcmena, la mujer de Anfitrión, la que parió al invencible Heracles, feroz como león, uniéndose al gran Zeus, entre sus brazos.

«Y a Mégara, la hija del valeroso Creonte, a la que tuvo como esposa el hijo de Anfitrión"', indomable siempre en su valor.

«También vi a la madre de Edipo, la hermosa Epicasta, la que cometió una acción descomedida, por ignorancia de su mente, al casarse con su hijo, quien, después de dar muerte a su padre, se casó con ella (los dioses han divulgado esto rápidamente entre los hombres). Entonces reinaba él sobre los cadmeos sufriendo dolores por la funesta decisión de los dioses en la muy deseable Tebas, pero ella había descendido al Hades, el de puertas poderosamente trabadas, después de atar una alta soga al techo de su elevado palacio, poseída de su furor. Y dejó a Edipo numerosos dolores para el futuro, cuantos llevan a cumplimiento las Erinias de una madre.

«También vi a la hermosísima Cloris, a quien desposó Neleo en otro tiempo por causa de su hermosura, dándole innumerables regalos de esponsales; era la hija menor de Anfión Jásida, el que en otró tiempo imperaba con fuerza en Orcómenos de los Minios. Ella imperaba en Pilos y le dio a luz hijos ínclitos, Néstor y Cromio y el arrogante Periclimeno. Y después de éstos parió a la hermosa Peró, objeto de admiración para los mortales, a quien todos los vecinos pretendían, mas Neleo no sé la daba a quien no hubiera robado de Fílace los cuernitorcidos bueyes carianchos de Ificlo, difíciles de robar. Sólo un irreprochable adivino prometió robarlas, pero lo trabó el pesado Destino de la divinidad y las crueles ligaduras y los boyeros del campo. Cuando ya habían pasado los meses y los días, por dar la vuelta el año, y habían pasado de largo las estaciones, sólo entonces lo desató de nuevo la fuerza de Ificlo cuando le comunicó la palabra de los dioses Y se cumplía la decisión de Zeus.

«También vi a Leda, esposa de Tíndaro, la cual dio a luz dos hijos de poderosos sentimientos, Cástor, domador de caballos, y Polideuces, bueno en el pugilato, a quienes mantiene vivos la tierra nutricia; que incluso bajo tierra son honrados por Zeus y un día viven y otro están muertos, alternativamente, pues tienen por suerte este honor, igual que los dioses.

«Después de ésta vi a Ifimedea, esposa de Alceo, la cual dijo que se había unido a Poseidón y parido dos hijos -aunque de breve vida-, Otón, semejante a los dioses y el ínclito Efialtes. La tierra nutricia los crió los más altos y los más bellos, aunque menos que el ínclito Orión. Éstos vivieron nueve años, su anchura era de nueve codos y su longitud de nueve brazas; amenazaron a los inmortales con establecer en el Olimpo la discordia de una impetuosa guerra; intentaron colocar a Osa sobre Olimpo y sobre Osa al boscoso Pelión, para que el cielo les fuera escalable, y tal vez lo habrían conseguido si hubieran alcanzado la medida de la juventud. Pero los aniquiló el hijo de Zeus, a quien parió Leto, de lindas trenzas, antes de que les floreciera el vello bajo las sienes y su mentón se espesara con bien florecida barba.

«También vi a Fedra, y a Procris, y a la hermosa Ariadna, hija del funesto Minos, a quien en otro tiempo llevóTeseo de Creta al elevado suelo de la sagrada Atenas, pero no la disfrutó, que antes la mató Artemis en Dia, rodeada de corriente, ante la presencia de Dioniso.

«También vi a Mera, y a Climena, y a la odiosa Erifile, la que recibió estimable oro a cambio de su marido.

«No podría enumerar a todas, ni podría nombrar a cuántas esposas vi de héroes y a cuántas hijas. Antes se acabaría la noche inmortal. También es hora de dormir o bien marchando junto a la rápida nave con mis compañeros, o bien aquí. La escolta será cosa vuestra y de los dioses.»

Así dijo Odiseo, todos enmudecieron en medio del silencio, y estaban poseídos como por un hechizo en el sombrío palacio. Y entre ellos comenzó a hablar Arete, de blancos brazos:

«Feacios, ¿cómo os parece este hombre en hermosura y grandeza y en pensamientos bien equilibrados en su interior? Huésped mío es, pero todos vosotros participáis del mismo honor. No os apresuréis a despedirlo ni le privéis de regalos, ya que lo necesita. Muchas cosas buenas tenéis en vuestros palacios por la benignidad de los dioses.»

Y entre ellos habló el anciano héroe Equeneo -él era el más anciano de los feacios-.

«Amigos, las palabras de la prudente reina no han dado lejos del blanco ni de nuestra opinión. Obedecedla, pues. De Alcínoo, aquí presente, depende el obrar y el decir.»

Y Alcínoo le respondió a su vez y dijo:

« Cierto, esta palabra se mantendrá mientras yo viva para mandar sobre los feacios amantes del remo: que el huésped acepte, por mucho que ansíe el regreso, esperar hasta el atardecer, hasta que complete todo mi regalo, y la escolta será cuestión de todos los hombres, y sobre todo de mí, de quien es el poder sobre el pueblo.»

Y respondiendo dijo el magnánimo Odiseo:

«Poderoso Alcínoo, señalado entre todo tu pueblo, si me rogarais permanecer hasta un año incluso, y me dispusierais una escolta y me entregarais espléndidos dones, lo aceptaría y, desde luego, me sería más ventajoso llegar a mi querida patria con las manos más llenas. Así,

también sería más honrado y querido de cuantos hombres me vieran de vuelta en Itaca.»

Y de nuevo le respondió Alcínoo diciendo:

«Odiseo, al mirarte de ningún modo sospechamos que seas impostor y mentiroso como muchos hombres dispersos por todas partes, a quienes alimenta la negra tierra, ensambladores de tales embustes que nadie podría comprobarlos.. Por el contrario, hay en ti una como belleza de palabras y buen juicio, y nos has narrado sabiamente tu historia, como un aedo: todos los tristes dolores de los argivos y los tuyos propios. Pero, vamos, dime -e infórmame con verdad- si viste a alguno de los eximios compañeros que te acompañaron a Ilión y recibieron la muerte allí. La noche esta es larga, interminable, y no es tiempo ya de dormir en el palacio. Sigue contándome estas hazañas dignas de admiración. Aún aguantaría hasta la divina Eos si tú aceptaras contar tus dolores en mi palacio.»

Y respondiéndole habló el muy astuto Odiseo:

«Poderoso Alcínoo, señalado entre todo tu pueblo, hay un tiempo para los largos relatos y un tiempo también para el sueño. Si aún quieres escuchar, no sería yo quien se negara a narrarte otros dolores todavía más luctuosos: las desgracias de mis compañeros, los cuales perecieron después; habían escapado a la luctuosa guerra de los troyanos, pero sucumbieron en el regreso por causa de una mala mujer.

«Después que la casta Perséfone había dispersado aquí y allá las almas de las mujeres, llegó apesadumbrada el alma del Atrida Agamenón y a su alrededor se congregaron otras, cuantas junto con él habían perecido y recibido su destino en casa de Egisto. Reconocióme al pronto, luego que hubo bebido la negra sangre, y lloraba agudamente dejando caer gruesas lágrimas. Y extendía hacía mí sus brazos, deseoso de tocarme, pero ya no tenía una fuerza firme, ni en absoluto fuerza, cual antes había en sus ágiles miembros. Al verlo lloré y lo compadecí en mi ánimo y, dirigiéndome a él, le dije aladas palabras:

«"Noble Atrida, soberano de tu pueblo, Agamenón, ¿qué Ker de la triste muerte te ha domeñado? ¿Es que te sometió en las naves Poseidón levantando inmenso soplo de crueles vientos?, ¿o te hirieron en tierra hombres enemigos por robar bueyes y hermosos rebaños de ovejas o por luchar por tu ciudad y tus mujeres?"

«Así dije, y él, respondiéndome, habló enseguida:

«"Hijo de Laertes, de linaje divino, Odiseo rico en ardides, no me ha sometido Poseidón en las naves levantando inmenso soplo de crueles vientos ni me hirieron en tierra hombres enemigos, sino que Egisto me urdió la muerte y el destino, y me asesinó en compañía de mi funesta esposa, invitándome a entrar en casa, recibiéndome al banquete, como el que mata a un novillo junto al pesebre. Así perecí con la muerte más miserable, y en torno mío eran asesinados cruelmente otros compañeros, como los jabalíes albidenses que son sacrificados en las nupcias de un poderoso o en un banquete a escote o en un abundante festín. Tú has intervenido en la matanza de machos hombres muertos en combate individual o en la poderosa batalla, pero te habrías compadecido mucho más si hubieras visto cómo estábamos tirados en torno a la crátera y las mesas repletas en nuestro palacio, y todo el pavimento humeaba con la sangre. También puede oír la voz desgraciada de la hija de Príamo, de Casandra, a la que estaba matando la tramposa Clitemnestra a mi lado. Yo elevaba mis manos y las batía sobre el suelo, muriendo con la espada clavada, y ella, la de cara de perra, se apartó de mí y no esperó siquiera, aunque ya bajaba a Hades, a cerrarme los ojos ni juntar mis labios con sus manos. Que no hay nada más terrible ni que se parezca más a un perro que una mujer que haya puesto tal crimen en su mente, como ella concibió el asesinato para su inocente marido. ¡Y yo que creía que iba a ser bien recibido por mis hijos y esclavos al llegar a casa! Pero ella, al concebir tamaña maldad, se bañó en la infamia y la ha derramado sobre todas las hembras venideras, incluso sobre las que sean de buen obrar."

«Así habló, y yo me dirigí a él contestándole:

«"¡Ay, ay, mucho odia Zeus, el que ve a lo ancho, a la raza de Atreo por causa de las decisiones de sus mujeres, desde el principio! Por causa de Helena perecimos muchos, y a ti, Clitemnestra te ha peparado una trampa mientras estabas lejos."

«Así dije, y él, respondiéndome, se dirigió a mí:

«"Por eso ya nunca seas ingenuo con una mujer, ni le reveles todas tus intenciones, las que tú te sepas bien, mas dile una cosa y que la otra permanezca oculta. Aunque tú no, Odiseo, tú no tendrás la perdición por causa de una mujer. Muy prudente es y concibe en su mente buenas decisiones la hija de Icario; la prudente Penélope. Era una joven recién casada cuando la dejamos al marchar a la guerra y tenía en su seno un hijo inocente que debe sentarse ya entre el número de los hombres; ¡feliz él! Su padre lo verá al llegar y él abrazará a su padre -ésta es la costumbre-, pero mi esposa no me permitió siquiera saturar mis ojos con la vista de mi hijo, pues me mató antes. Te voy a decir otra cosa que has de poner en tu pecho: dirige la nave a tu tierra patria a ocultas y no abiertamente, pues ya no puede haber fe en las mujeres.

«"Pero vamos, dime -e infórmame con verdad- si has oído que aún vive mi hijo en Orcómenos o en la arenosa Pilos, o junto a Menelao en la ancha Esparta, pues seguro que todavía no está muerto sobre la tierra el divino Orestes."

Así dijo, y yo, respondiendo, me dirigí a él:

«"Atrida, ¿por qué me preguntas esto? Yo no sé si vive él o está muerto, y es cosa mala hablar inútilmente."

«Así nos contestábamos con palabras tristes y estábamos en pie acongojados, derramando gruesas lágrimas. Llegó después el alma del Pelida Aquiles y la de Patroclo, y la del irreprochable Antíloco y la de Ayax, el más hermoso de aspecto y cuerpo entre los dánaos después del irreprochable hijo de Peleo. Reconocióme el alma del Eacida de pies veloces y, lamentándose, me dijo aladas palabras:

«"Hijo de Laertes, de linaje divino, Odiseo rico en ardides, desdichado, ¿qué acción todavía más grande preparas en tu mente? ¿Cómo te has atrevido a descender a Hades, donde habitan los muertos, los que carecen de sentidos, los fantasmas de los mortales que han perecido?"

«Así habló, y yo, respondiéndole, dije:

«"Aquiles, hijo de Peleo, el más excelente de los aqueos, he venido en busca de un vaticinio de Tiresias, por si me revelaba algún plan para poder llegar a la escarpada Itaca; que aún no he llegado cerca de Acaya ni he desembarcado en mi tierra, sino que tengo desgracias continuamente. En cambio, Aquiles, ningún hombre es más feliz que tú, ni de los de antes ni de los que vengan; pues antes, cuando vivo, te honrábamos los argivos igual que a los dioses, y ahora de nuevo imperas poderosamente sobre los muertos aquí abajo. Conque no te entristezcas de haber muerto, Aquiles."

«Así hablé, y él, respondiéndome, dijo:

«"No intentes consolarme de la muerte, noble Odiseo. Preferiría estar sobre la tierra y servir en casa de un hombre pobre, aunque no tuviera gran hacienda, que ser el soberano de todos los cadáveres, de los muertos. Pero, vamos, dime si mi hijo ha marchado a la guerra para ser el primer guerrero o no. Dime también si sabes algo del irreprochable Peleo, si aún conserva sus prerrogativas entre los numerosos mirmidones, o lo desprecian en la Hélade y en Ptía porque la vejez le sujeta las manos y los pies, pues ya no puedo servirle de ayuda bajo los rayos del sol, aunque tuviera el mismo vigor que en otro tiempo, cuando en la amplia Troya mataba a los mejores del ejército defendiendo a los argivos. Si me presentara de tal guisa, aunque fuera por poco tiempo, en casa de mi padre, haría odiosas mis poderosas e invencibles manos a cualquiera de aquellos que le hacen violencia y lo excluyen de sus honores."

«Así habló, y yo, respondiendo, me dirigí a él:

« "En verdad, no he oído nada del ilustre Peleo, pero te voy a decir toda la verdad sobre tu hijo Neoptólemo -ya que me lo mandas-, pues yo mismo lo conduje en mi cóncava y equilibrada nave desde Esciro en busca de los aqueos de hermosas grebas. Desde luego, cuando meditábamos nuestras decisiones en torno a la ciudad de Troya, siempre hablaba el primero y no se equivocaba en sus palabras. Sólo Néstor, igual a un dios, y yo lo superábamos. Y cuando luchábamos los aqueos en la llanura de los troyanos, nunca permanecía entre la muchedumbre de los guerreros ni en las filas, sino que se adelantaba un buen trecho, no cediendo a ninguno en valor. Mató a muchos guerreros en duro combate, pero no te podría decir todos ni nombrar a cuántos del ejército mató defendiendo a los argivos; pero sí cómo mató con el bronce al hijo de Telefo, al héroe Eurípilo, mientras muchos de sus compañeros sucumbían a su alrededor por causa de regalos femeninos. Siempre lo vi el más hermoso, después del divino Memnón. Y cuando ascendíamos al caballo que fabricó Epeo los mejores entre los argivos (a mí se me había encomendado todo: el abrir la bien trabada emboscada o cerrarla), en ese momento los demás jefes de los dánaos y los consejeros se secaban las lágrimas y temblaban los miembros de cada uno, pero a él nunca, vi con mis.ojos ni que le palideciera la hermosa piel, ni que secara las lágrimas de sus mejillas. Y me suplicaba insistentemente que saliéramos del caballo, y apretaba la empuñadura de la espada y la lanza pesada por el bronce, meditando males contra los troyanos. Después, cuando ya habíamos devastado la escarpada ciudad de Príamo, con una buena parte y un buen botín, ascendió a la nave incólume y no herido desde lejos par el agudo bronce, ni de cerca en el cuerpo a cuerpo, como suele suceder a menudo en la guerra, cuando Ares enloquece indistintamente."

«Así. hablé, y el alma del Eácida de pies veloces marchó a grandes pasos a través del prado de asfódelo, alegre porque le había dicho que su hijo era insigne.

«Las demás almas de los difuntos estaban entristecidas y cada una preguntaba por sus cuitas. Sólo el alma de Ayax, el hijo de Telamón, se mantenía apartada a lo lejos, airada por causa de la victoria en la que lo vencí contendiendo en el juicio sobre las armas de Aquiles, junto a las naves. Lo estableció la venerable madre y fueron jueces los hijos de los troyanos y Palas Atenea. ¡Ojalá no hubiera vencido yo en tal certamen! Pues por causa de estas armas la tierra ocultó a un hombre como Ayax, el más excelente de los dánaos en hermosurá y gestas después del irreprochable hijo de Peleo.

«A él me dirigí con dulces palabras:

«"Áyax, hijo del irreprochable Telamón. ¿Ni siquiera muerto vas a olvidar tu cólera contra mí por causa de las armas nefastas? Los dioses proporcionaron a los argivos aquella ceguera, pues pereciste siendo tamaño baluarte para los aqueos. Los aqueos nos dolemos por tu muerte igual que por la vida del hijo de Peleo. Y ningún otro es responsable, sino Zeus, que odiaba al ejército de los belicosos dánaos y a ti te impuso la muerte. Ven aquí, soberano, para escuchar nuestra palabra y nuestras explicaciones. Y domina tu ira y tu generosó ánimo."

«Así dije, pero no me respondió, sino que se dirigió tras las otras almas al Erebo de los muertos. Con todo, me hubiera hablado entonces, aunque airado -o yo a él- pero mi ánimo deseaba dentro de mi pecho ver las almas de los demás difuntos.

«Allí vi - sentado a Minos, el brillante hijo de Zeus, con el cetro de oro impartiendo justicia a los muertos. Ellos exponían sus causas a él, al soberano, sentados o en pie, a lo largo de la mansión de Hades de anchas puertas.

«Y despuës de éste vi al gigante Orión persiguiendo por el prado de asfódelo a las fieras que había matado en los montes desiertos, sosteniendo en sus manos la clava toda de bronce, eternamente irrompible.

«Y vi a Ticio, al hijo de la Tierra augusta, yaciendo en el suelo. Estaba tendido a lo largo de nueve yugadas, y dos águilas posadas a sus costados le roían el hígado, penetrando en sus entrañas. Pero él no conseguía apartarlas con sus manos, pues había violado a Leto, esposa augusta de Zeus, cuando ésta se dirigía a Pito a través del hermoso Panopeo.

«También vi a Tántalo, que soportaba pesados dolores, en pie dentro del lago; éste llegaba a su mentón, pero se le veía siempre sediento y no podía tomar agua para beber, pues cuantas veces se inclinaba el anciano para hacerlo, otras tantas desaparecía el agua absorbida y a sus pies aparecía negra la tierra, pues una divinidad la secaba. También había altos árboles que dejaban caer su fruto desde lo alto -perales, manzanos de hermoso fruto, dulces higueras y verdeantes olivos-, pero cuando el anciano intentaba asirlas con sus manos, el viento las impulsaba hacia las oscuras nubes.

«Y vi a Sísifo, que soportaba pesados dolores, llevando una enorme piedra entre sus brazos. Hacía fuerza apoyándose con manos y pies y empujaba la piedra hacia arriba, hacia la cumbre, pero cuando iba a trasponer la cresta, una poderosa fuerza le hacía volver una y otra vez y rodaba hacia la llanura la desvergonzada piedra. Sin embargo, él la empujaba de nuevo con los músculos en tensión y el sudor se deslizaba por sus miembros y el polvo caía de su cabeza.

«Después de éste vi a la fuerza de Héracles, a su imagen. Éste goza de los banquetes entre los dioses inmortales y tiene como esposa a Hebe de hermosos tobillos, la hija del gran Zeus y de Hera, la de sandalias de oro.

«En torno suyo había un estrépito de cadáveres, como de pájaros, que huían asustados en todas direcciones. Y él estaba allí, semejante a la oscura noche, su arco sosteniendo desnudo y sobre el nervio una flecha, mirando alrededor que daba miedo y como el que está siempre a punto de disparar. Y rodeando su pecho estaba el terrible tahalí, el cinturón de oro en el que había cincelados admirables trabajos osos, salvajes jabalíes, leones de mirada torcida, combates, luchas, matanzas, homicidios. Ni siquiera el artista que puso en este cinturón todo su arte podría realizar otra cosa parecida. Me reconoció al pronto cuando me vio con sus ojos y, llorando, dijo aladas palabras:

« "Hijo de Laertes, de linaje divino, Odiseo rico en ardides, ¡también tú andas arrastrando una existencia desgraciada, como la que yo soportara bajo los rayos del sol! Hijo de Zeus Cronida era yo y, sin embargo, tenía una pesadumbre inacabable. Pues estaba sujeto a un hombre muy inferior a mí que me imponía pesados trabajos. También me envió aquí en cierta ocasión para sacar al Perro, pues pensaba que ninguna otra prueba me sería más difícil. Pero yo me llevé al Perro a la luz y lo saqué de Hades. Y me escoltó Hermes y la de ojos brillantes, Atenea."

«Así habló y se volvió de nuevo a la mansión de Hades. Yo, sin embargo, me quedé allí por si venía alguno de los otros héroes guerreros, los que ya habían perecido. También habría visto a hombres todavía más antiguos a quienes mucho deseaba ver, a Teseo y Pirítoo, hijos gloriosos de los dioses, pero se empezaron a congregar multitudes incontables de muertos con un vocerío sobrenatural y se apoderó de mí el pálido terror, no fuera que la ilustre Perséfone me enviara desde Hades la cabeza de la Gorgona, del terrible monstruo.

«Entonces marché a la nave y ordené a mis compañeros que embarcaran enseguida y soltaran amarras. Y ellos embarcaron rápidamente y se sentaron sobre los remos.

«Y el oleaje llevaba a la nave por el río Océano, primero al impulso de los remos y después se levantó una brisa favorable. »

CANTO XII

LAS SIRENAS ESCILA Y CARIBDIS. LA ISLA DEL SOL. OGIGIA

Cuando la nave abandonó la corriente del río Océano y arribó al oleaje del ponto de vastos caminos y a la isla de Eea, donde se encuentran la mansión y los lugares de danza de Eos y donde sale Helios, la arrastramos por la arena, una vez llegados. Desembarcamos sobre la ribera del mar, y dormidos esperamos a la divina Eos.

«Y cuando se mostró Eos, la que nace de la mañana, la de dedos de rosa, envié a unos compañeros al palacio de Circe para que se trajeran el cadáver del difunto Elpenor. Cortamos enseguida unos leños y lo enterramos apenados, derramando abundante llanto, en el lugar donde la costa sobresalía más. Cuando habían ardido el cadáver y las armas del difunto, erigimos un túmulo y, levantando un mojón, clavamos en lo más alto de la tumba su manejable remo. Y luego nos pusimos a discutir los detalles del regreso.

«Pero no dejó Circe de percatarse que habíamos llegado de Hades y se presentó enseguida para proveernos. Y con ella sus siervas llevaban pan y carne en abundancia y rojo vino. Y colocándose entre nosotros dijo la divina entre las diosas:

«"Desdichados vosotros que habéis descendido vivos a la morada de Hades; seréis dos veces mortales, mientras que los demás hombres mueren sólo uná vez. Pero, vamos, comed esta comida y bebed este vino durante todo el día de hoy y al despuntar la aurora os pondréis a navegar; que yo os mostraré el camino y os aclararé las incidencias para que no tengáis que lamentaros de sufrir desgracias por trampa dolorosa del mar o sobre tierra firme."

«Así dijo, y nuestro valeroso ánimo se dejó persuadir. Así que pasamos todo el día, hasta la puesta del sol, comiendo carne en abundancia y delicioso vino. Y cuando se puso el sol y cayó la oscuridad, mis compañeros se echaron a dormir junto a las amarras de la nave. Pero Circe me tomó de la mano y me hizo sentar lejos de mis compañeros y, echándose a mi lado, me preguntó detalladamente. Yo le conté todo como correspondía y entonces me dijo la soberana Circe:

«"Así es que se ha cumplido todo de esta forma. Escucha ahora tú lo que voy a decirte y lo recordará después el dios mismo.

«"Primero llegarás a las Sirenas, las que hechizan a todos los hombres que se acercan a ellas. Quien acerca su nave sin saberlo y escucha la voz de las Sirenas ya nunca se verá rodeado de su esposa y tiernos hijos, llenos de alegría porque ha vuelto a casa; antes bien, lo hechizan éstas con su sonoro canto sentadas en un prado donde las rodea un gran montón de huesos humanos putrefactos, cubiertos de piel seca. Haz pasar de largo a la nave y, derritiendo cera agradable como la miel, unta los oídos de tus compañeros para que ninguno de ellos las escuche. En cambio, tú, si quieres oírlas, haz que te amarren de pies y manos, firme junto al mástil -que sujeten a éste las amarras-, para que escuches complacido, la voz de las dos Sirenas; y si suplicas a tus compañeros o los ordenas que te desaten, que ellos te sujeten todavía con más cuerdas.

«"Cuando tus compañeros las hayan pasado de largo, ya no te diré cuál de dos caminos será el tuyo; decidelo tú mismo en el ánimo. Pero te voy a decir los dos: a un lado hay unas rocas altísimas, contra las que se estrella el oleaje de la oscura Anfitrite. Los dioses felices las llaman Rocas Errantes. No se les acerca ningún ave, ni siquiera las temblorosas palomas que llevan ambrosía al padre Zeus; que, incluso de éstas, siempre arrebata alguna la lisa piedra, aunque el Padre (Zeus) envía otra para que el número sea completo. Nunca las ha conseguido evitar nave alguna de hombres que haya llegado allí, sino que el oleaje del mar, junto con huracanes de funesto fuego, arrastran maderos de naves y cuerpos de hombres. Sólo consiguió pasar de largo por allí una nave surcadora del ponto, la célebre Argo, cuando navegaba desde el país de Eetes. Incluso entonces la habría arrojado el oleaje contra las gigantescas piedras, pero la hizo pasar de largo Hera, pues Jasón le era querido.

«"En cuanto a los dos escollos, uno llega al vasto cielo con su aguda cresta y le rodea oscura nube. Ésta nunca le abandona, y jamás, ni en invierno ni en verano, rodea su cresta un cielo despejado. No podría escalarlo mortal alguno, ni ponerse sobre él, aunque tuviera veinte manos y veinte pies, pues es piedra lisa, igual que la pulimentada. En medio del escollo hay una oscura gruta vuelta hacia Poniente, que llega hasta el Erebo, por donde vosotros podéis hacer pasar la cóncava nave, ilustre Odiseo. Ni un hombre vigoroso, disparando su flecha desde la cóncava nave, podría alcanzar la hueca gruta. Allí habita Escila, que aúlla que da miedo: su voz es en verdad tan aguda como la de un cachorro recién nacido, y es un monstruo maligno. Nadie se alegraría de verla, ni un dios que le diera cara. Doce son sus pies, todos deformes, y seis sus largos cuellos; en cada uno hay una espantosa cabeza y en ella tres filas de dientes apiñados y espesos, llenos de negra muerte. De la mitad para abajo está escondida en la hueca gruta, pero tiene sus cabezas sobresaliendo fuera del terrible abismo, y allí pesca -explorándolo todo alrededor del escollo-, por si consigue apresar delfines o perros marinos, o incluso algún monstruo mayor de los que cría a miles la gemidora Anfitrite. Nunca se precian los marineros de haberlo pasado de largo incólumes con la nave, pues arrebata con cada cabeza a un hombre de la nave de oscura proa y se lo lleva.

«"También verás, Odiseo, otro escollo más llano -cerca uno de otro-. Harías bien en pasar por él como una flecha. En éste hay un gran cabrahigo cubierto de follaje y debajo de él la divina Caribdis sorbe ruidosamente la negra agua. Tres veces durante el día la suelta y otras tres vuelve a soberla que da miedo. ¡Ojalá no te encuentres allí cuando la está sorbiendo, pues no te libraría de la muerte ni el que sacude la tierra! Conque acércate, más bien, con rapidez al escollo de Escila y haz pasar de largo la nave, porque mejor es echar en falta a seis compañeros que no a todos juntos."

«Así dijo, y yo le contesté y dije:

«"Diosa, vamos, dime con verdad si podré escapar de la funesta Caribdis y rechazar también a Escila cuando trate de dañar a mis compañeros."

«Así dije, y ella al punto me contestó, la divina entre las diosas:

«"Desdichado, en verdad te placen las obras de la guerra y el esfuerzo. ¿Es que no quieres ceder ni siquiera a los dioses inmortales? Porque ella no es mortal, sino un azote inmortal, terrible, doloroso, salvaje e invencible. Y no hay defensa alguna, lo mejor es huir de ella, porque si te entretienes junto a la piedra y vistes tus armas contra ella., mucho me temo que se lance por segunda vez y te

arrebate tantos compañeros como cabezas tiene. Conque conduce tu nave con fuerza e invoca a gritos a Cratais, madre de Escila, que la parió para daño de los mortales. Ésta la impedirá que se lance de nuevo.

«"Luego llegarás a la isla de Trinaquía, donde pastan las muchas vacas y pingües rebaños de ovejas de Helios: siete Tebaños de vacas y otros tantos hermosos apriscos de ovejas con cincuenta animales cada uno, No les nacen crías, pero tampoco mueren nunca. Sus pastoras son diosas, ninfas de lindas trenzas, Faetusa y Lampetía, a las que parió para Helios Hiperiónida la diosa Neera. Nada más de parirlas y criarlas su soberana madre, las llevó a la isla de Trinaquía para que vivieran lejos y pastorearan los apriscos de su padre y las vacas de rotátiles patas.

«"Si dejas incólumés estos rebaños y te ocupas del regreso, aun con mucho sufrir podréis llegar a Itaca, pero si les haces daño, predigo la perdición para la nave y para tus compañeros. Y tú, aunque evites la muerte, llegarás tarde y mal, después de perder a todos tus compañeros."

«Así dijo y, al pronto, llegó Eos, la de trono de oro.

«Ella regresó a través de la isla, la divina entre las diosas, y yo partí hacia la nave y apremié a mis compañeros para que embarcaran y soltaran amarras. Así que embarcaron con presteza y se sentaron sobre los bancos y, sentados en fila, batían el canoso mar con los remos. Y Circe de lindas trenzas, la terrible diosa dotada de voz, envió por detrás de nuestra nave de azuloscura proa, muy cerca, un viento favorable, buen compañero, que hinchaba las velas. Después de disponer todos los aparejos, nos sentamos en la nave y la conducían el viento y el piloto.

«Entonces dije a mis compañeros con corazón acongojado:

«"Amigos, es preciso que todos -y no sólo uno o dos conozcáis las predicciones que me ha hecho Circe, la divina entre las diosas. Así que os las voy a decir para que, después de conocerlas, perezcamos o consigamos escapar evitando la muerte y el destino.

«"Antes que nada me ordenó que evitáramos a las divinas Sirenas y su florido prado. Ordenó que sólo yo escuchara su voz; mas atadme con dolorosas ligaduras para que permanezca firme allí, junto al mástil; que sujeten a éste las amarras, y si os suplico o doy órdenes de que me desatéis, apretadme todavía con más cuerdas."

«Así es como yo explicaba cada detalle a mis compañeros.

«Entretanto la bien fabricada nave llegó velozmente a la isla de las dos Sirenas -pues la impulsaba próspero viento-. Pero enseguida cesó éste y se hizo una bonanza apacible, pues un dios había calmado el oleaje.

«Levantáronse mis compañeros para plegar las velas y las pusieron sobre la cóncava nave y, sentándose al remo, blanqueaban el agua con los pulimentados remos.

«Entonces yo partí en trocitos, con el agudo bronce, un gran pan de cera y lo apreté con mis pesadas manos. Enseguida se calentó la cera -pues la oprimían mi gran fuerza y el brillo del soberano Helios Hiperiónida- y la unté por orden en los oídos de todos mis compañeros. Éstos, a su vez, me ataron igual de manos que de pies, firme junto al mástil -sujetaron a éste las amarras- y, sentándose, batían el canoso mar con los remos.

«Conque, cuando la nave estaba a una distancia en que se oye a un hombre al gritar en nuestra veloz marcha-, no se les ocultó a las Sirenas que se acercaba y entonaron su sonoro canto:

«"Vamos, famoso Odiseo, gran honra de los aqueos, ven aquí y haz detener tu nave para que puedas oír nuestra voz. Que nadie ha pasado de largo con su negra nave sin escuchar la dulce voz de nuestras bocas, sino que ha regresado después de gozar con ella y saber más cosas. Pues sabemos todo cuanto los argivos y troyanos trajinaron en la vasta Troya por voluntad de los dioses. Sabemos cuanto sucede sobre la tierra fecunda."

«Así decían lanzando su hermosa voz. Entonces mi corazón deseó escucharlas y ordené a mis compañeros que me soltaran haciéndoles señas con mis cejas, pero ellos se echaron hacia adelante y remaban, y luego se levantaron Perimedes y Euríloco y me ataron con más cuerdas, apretándome todavía más.

«Cuando por fin las habían pasado de largo y ya no se oía más la voz de las Sirenas ni su canto, se quitaron la cera mis fieles compañeros, la que yo había untado en sus oídos, y a mí me soltaron de las amarras.

«Conque, cuando ya abandonábamos su isla, al pronto comencé a ver vapor y gran oleaje y a oír un estruendo. Como a mis compañeros les entrara el terror, volaron los remos de sus manos y éstos cayeron todos estrepitosamente en la corriente. Así que la nave se detuvo allí mismo, puesto que ya no movían los largos remos con sus manos.

«Entonces iba yo por la nave apremiando a mis compañeros con suaves palabras, poniéndome al lado de cada uno:

«"Amigos, ya no somos inexpertos en desgracias. Este mal que nos acecha no es peor que cuando el Cíclope nos encerró con poderosa fuerza en su cóncava cueva. Pero por mis artes, mi decisión y mi inteligencia logramos escapar de allí -y creo que os acordaréis de ello. Así que también ahora, vamos, obedezcamos todos según yo os indique. Vosotros sentaos en los bancos y batid con los remos la profunda orilla del mar, por si Zeus nos concede huir y evitar esta perdición; y a ti, piloto, esto es lo que te ordeno -ponlo en lo interior, ya que gobiernas el timón de la cóncava nave-: mantén a la nave alejada de ese vapor y oleaje y pégate con cuidado a la roca no sea que se te lance sin darte cuanta hacia el otro lado y nos pongas en medio del peligro."

«Así dije y enseguida obedecieron mis palabras. Todavía no les hablé de Escila, desgracia imposible de combatir, no fuera que por temor dejaran de remar y se me escondieran todos dentro.

«Entonces no hice caso de la penosa recomendación de Circe, pues me ordenó que en ningún caso vistiera mis armas contra ella. Así que vestí mis ínclitas armas y con dos lanzas en mis manos subí a la cubierta de proa, pues esperaba que allí se me apareciera primero la rotosa Escila, la que iba a llevar dolor a mis compañeros. Pero no pude verla por lado alguno y se me cansaron los ojos de otear por todas partes la brumosa roca.

«Así que comenzamos a sortear el estrecho entre lamentos, pues de un lado estaba Escila, y del otro la divina Caribdis sorbía que daba miedo la salada agua del mar. Y es que cuando vomitaba, todo ella borbollaba como un caldero que se agita sobre un gran fuego -la espuma caía desde arriba sobre lo alto de los dos escollos-, y cuando sorbía de nuevo la salada agua del mar, aparecía toda arremolinada por dentro, la roca resonaba espantosamente alrededor y al fondo se veía la tierra con azuloscura arena.

«El terror se apoderó de mis compañeros y, mientras la mirábamos temiendo morir, Escila me arrebató de la cóncava nave seis compañeros, los que eran mejores de brazos y fuerza. Mirando a la rápida nave y siguiendo con los ojos a mis compañeros, logré ver arriba sus pies y manos cuando se elevaban hacia lo alto. Daban voces llamándome por mi nombre, ya por última vez, acongojados en su corazón. Como el pescador en un promontorio, sirviéndose de larga caña, echa comida como cebo a los pececillos (arroja al mar el cuerno de un toro montaraz) y luego tira hacia fuera y los coge palpitantes, así mis compañeros se elevaban palpitantes hacia la roca.

«Escila los devoró en la misma puerta mientras gritaban y tendían sus manos hacia mí en terrible forcejeo. Aquello fue lo más triste que he visto con mis ojos de todo cuanto he sufrido recorriendo los caminos del mar. Cuando conseguimos escapar de la terrible Caribdis y de Escila, llegamos enseguida a la irreprochable isla del dios donde estaban las hermosas carianchas vacas y los numerosos rebaños de ovejas de Helios Hiperión.

«Cuando todavía me encontraba en la negra nave pude oír el mugido de las vacas en sus establos y el balar de las ovejas. Entonces se me vino a las mientes la palabra del adivino ciego, el tebano Tiresias, y de Circe de Eea, quienes me encomendaron encarecidamente evitar la isla de Helios, el que alegra a los mortales.

«Así que dije a mis compañeros acongojado en mi corazón:,

«"Escuchad mis palabras, compañeros que tantas desgracias habéis sufrido, para que os manifieste las predicciones de Tiresias y de Circe de Eea, quienes me encomendaron encarecidamente evitar la isla de Helios, el que alegra a los mortales, pues me dijeron que aquí tendríamos el más terrible mal. Conque conducid la negra nave lejos de la isla."

«Así dije y a ellos se les quebró el corazón.

«Entonces Euriloco me contestó con odiosa palabra:

«"Eres terrible, Odiseo, y no se cansa tu vigor ni tus miembros. En verdad todo lo tienes de hierro si no permites a tus compañeros agotados por el cansancio y por el sueño poner pie a tierra en una isla rodeada de corriente, dónde podríamos prepararnós sabrosa comida. Por el contrario, les ordenas que anden errantes por la rápida noche en el brumoso ponto, alejándose de la isla. De la noche surgen crueles vientos, azote de las naves. ¿Cómo se podría huir del total exterminio si por casualidad se nos viene de repente un huracán de Noto o de Céfixo de soplo violento, que son quienes, sobre todo, destruyen las naves por voluntad de los soberanos dioses? Cedamos, pues, a la negra noche y preparémonos una comida quedándonos junto a la rápida nave. Y al amanecer embarcaremos y lanzaremos la nave al vasto ponto,"

«Así dijo Euríloco y los demás compañeros aprobarón sus palábras, Entonces me di cuenta de que un demón nos preparaba desgracia y, hablándoles, dije aladas palabras:

«"Euríloco, mucho me forzáis, solo como estoy. Pero, vamos, juradme al menos con fuerte juramento que si encontramos una vacada o un gran rebaño de ovejas, nadie, llevado de funesta insensatez, matará vaca u oveja alguna. Antes bien; comed tranquilos el alimento que nos dio la inmortal Circe."

«Así dije y todos juraron al punto tal como les había dicho. Así que cuando habían jurado y completado su juramento, detuvimos en el cóncavo Puerto nuestra bien construida nave, cerca de agua dulce; desembarcaron mi compañeros y se prepararon con habilidad la comida.

«Luego que habían arrojado de sí el deseo de comida y bebida, comenzaron a llorar -pues se acordaron enseguida- por los compañeros a quienes había devorado Escila, arrebatándlos de la cóncava nave; y mientras lloraban, les sobrevino un profundo sueño.

«Cuando terciaba la noche y declinaban los astros, Zeus, el que amontona las nubes, levantó un viento para que soplara en terrible huracán y cubrió de nubes tierra y mar. Y se levantó del cielo la noche.

«Cuando se mostró Eos, la que nace de la mañana, la de dedos de rosa, anclamos la nave arrastrándola hasta una gruta, donde estaba el hermoso lugar de danza de las Ninfas y sus asientos.

«Entonces los convoqué en asamblea y les dije:

«"Amigos, en la rápida nave tenemos comida y bebida; apartémonos de las vacas no sea que nos pase algo malo, que estas vacas y gordas ovejas pertenecen a un dios terrible, a Helios, el que lo ve todo y todo lo oye."

«Así dije y su valeroso ánimo se dejó persuadir.

«Durante todo un mes sopló Noto sin parar y no había ningún otro viento, salvo Euro y Noto. Así que, mientras mis compañeros tuvieron comida y rojo vino, se mantuvieron alejados de las vacas por deseo de vivir; pero cuando se consumieron todos los víveres de la nave, pusiéronse por necesidad a la caza de peces y aves; todo lo que llegaba a sus manos, con curvos anzuelos, pues el hambre retorcía sus estómagos.

«Yo me eché entonces a recorrer la isla para suplicar a los dioses, por si alguno me manifestaba algún camino de vúelta; y, cuando caminando por la isla ya estaba lejos de mis compañeros, lavé mis manos al abrigo del viento y supliqué a todos los dioses que poseen el Olimpo. Y ellos derramaron el dulce sueño sobre mis párpados.

«Entonces Euríloco comenzó a manifestar a mis compañeros esta funesta decisión:

«"Escuchad mis palabras, compañeros que tantos males habéis sufrido. Todas las clases de muerte son odiosas para los desgraciados mortales, pero lo más lamentable es morir de hambre y arrastrar el destino. Conque, vamos, llevémonos las mejores vacas de Helios y sacrifiquémoslas a los inmortales que poseen el vasto cielo. Si llegamos a Itaca, nuestra patria, edificaremos a Helios Hiperión un esplendido templo donde podríamos erigir muchas y excelentes estatuas.

«"Pero si, irritado por sus vacas de alta cornamenta, quiere destruir nuestra nave .-y los demás dioses les acompañan prefiero perder la vida de una vez, de bruces contra una ola, antes que irme consumiendo poco a poco en una isla desierta."

«Así dijo Euríloco y los demás compañeros aprobaron sus palabras. Así que se llevaron enseguida las mejores vacas de Helios, de por allí cerca -pues las hermosas vacas carianchas de rotátiles patas pastaban no lejos de la nave de azuloscura proa. Pusiéronse a su alrededor e hicieron súplica a los dioses, cortando ramas tiernas de una encina de elevada copa -pues no tenían blanca cebada en la nave de buenos bancos. Cuando habían hecho la súplica, degollado y desollado las vacas, cortaron los muslos y los cubrieron de grasa a uno y otro lado y colocaron carne sobre ellos. No tenían vino para libar sobre las víctimas mientras se asaban, pero libaron con agua mientras se quemaban las entrañas. Cuando ya se habían quemado los muslos y probaron las entrañas, cortaron en trozos lo demás y lo ensartaron en pinchos.

«Entonces el profundo sueño desapareció de mis párpados y me puse en camino hacia la rápida nave y la ribera del mar. Y, cuando me hallaba cerca de la curvada nave, me rodeó un agradable olor a grasa. Rompí en lamentos e invoqué a gritos a los dioses inmortales:

«"Padre Zeus y demás dioses felices que vivís siempre; para mi perdición me habéis hecho acostar con funesto sueño, pues mis compañeros han resuelto un tremendo acto mientras estaban aquí."

«En esto llegó Lampetía, de luengo peplo, rápida mensajera a Helios Hiperión, para anunciarle que habíamos matado a sus vacas. Y éste se dirigió al punto a los inmortales acongojado en su corazón:

«"Padre Zeus y los demás dioses felices que vivís siempre, castigad ya a los compañeros de Odiseo Laertíada que me han matado las vacas -¡obra impía!-, con las que yo me complacía al dirigirme hacia el cielo estrellado y al volver de nuevo hacia la tierra desde el cielo. Porque si no me pagan una recompensa equitativa por las vacas, me hundiré en el Hades y brillaré para los muertos."

«Y contestándole dijo Zeus, el que reúne las nubes:

«"Helios, sigue brillando entre los inmortales y los mortales hombres sobre la tierra nutricia, que yo lanzaré mi brillante rayo y quebraré enseguida su nave en el ponto rojo como el vino."

«Esto es lo que yo oí decir a Calipso, de hermoso peplo, y ella decía que se lo había oído a su vez a Hermes.

«Conque, cuando bajé hasta la nave y el mar, los reprendí a unos y otros poniéndome a su lado, pero no podíamos encontrar remedio las vacas estaban ya muertas. Entonces los dioses comenzaron a manifestarles prodigios: las pieles caminaban, la carne mugía en el asador, tanto la cruda como la asada. Así es como las vacas cobraron voz.

«Durante seis días mis fieles compañeros prosiguieron banqueteándose y llevándose las mejores vacas de Helios, pero cuando Zeus Cronida nos trajo el séptimo, dejó el viento de lanzarse huracanado y nosotros embarcamos y empujamos la nave al vasto ponto no sin colocar el mástil y extender las blancas velas.

«Cuando abandonamos la isla y ya no se divisaba tierra alguna sino sólo cielo y mar, el Cronida puso una negra nube sobre la cóncava nave y el mar se oscureció bajo ella. La nave no pudo avanzar mucho tiempo, porque enseguida se presentó el silbante Céfiro lanzándose en huracán y la tempestad de viento quebró los dos cables del mástil. Cayó éste hacia atrás y todos los aparejos se desparramaron bodega abajo. En la misma proa de la nave golpeó el mástil al piloto en la cabeza, rompiendo todos los huesos de su cráneo y, como un volatinero, se precipitó de cabeza contra la cubierta y su valeroso ánimo abandonó los huesos.

«Zeus comenzó a tronar al tiempo que lanzaba un rayo contra la nave, y ésta se revolvió toda, sacudida por el rayo de Zeus, y se llenó de azufre. Mis compañeros cayeron fuera y, semejantes a las cornejas marinas, eran arrastrados por el oleaje en torno a la negra nave. Dios les había arrebatado el regreso.

«Entonces yo iba de un lado a otro de la nave, hasta que el huracán desencajó las paredes de la quilla y el oleaje la arrastraba desnuda. El mástil se partió contra ésta, pero, como había sobre aquél un cable de piel de buey, até juntos quilla y mástil y, sentándome sobre ambos, me dejé llevar de los funestos vientos.

«Entonces Céfiro dejó de lanzarse huracanado y llegó enseguida Noto trayendo dolores a mi ánimo, haciendo que volviera a recorrer de nuevo la funesta Caribdis.

«Dejéme llevar por el oleaje durante toda la noche y al salir el sol llegué al escollo de Escila y a la terrible Caribdis. Ésta comenzó a sorber la salada agua del mar, pero entonces yo me lancé hacia arriba, hacia el elevado cabrahigo y quedé adherido a él como un murciélago. No podía apoyarme en él con los pies para trepar, pues sus raíces estaban muy lejos y sus ramas muy altas -ramas largas y grandes que daban sombra a Caribdis. Así que me mantuve firme hasta que ésta volviera a vomitar el mástil y la quilla, y un rato más tarde me llegaron mientras estaba a la expectativa. Mis maderos aparecieron fuera de Caribdis a la hora en que un hombre se levanta del ágora para ir a comer, después de juzgar numerosas causas de jóvenes litigantes. Dejéme

caer desde arriba de pies y manos y me desplomé ruidosamente sobre el oleaje junto a mis largos maderos, y sentado sobre ellos, comencé a remar con mis brazos. El padre de hombres y dioses no permitió que volviera a ver a Escila, pues no habría conseguido escapar de la ruina total.

«Desde allí me dejé llevar durante nueve días, y en la décima noche los dioses me impulsaron hasta la isla de Ogigia, donde habitaba Calipso de lindas trenzas, la terrible diosa dotada de voz que me entregó su amor y sus cuidados.

«Pero, ¿para qué te voy a contar esto? Ya os lo he narrado ayer a ti y a tu fuerte esposa en el palacio, y me resulta odioso volver a relatar lo que he expuesto detalladamente.»

CANTO XIII

LOS FEACIOS DESPIDEN A ODISEO. LLEGADA A ITACA

Así habló, y todos enmudecieron en el silencio; estaban poseídos como por un hechizo en el sombrío palacio. Entonces Alcínoo le contestó y dijo:

«Odiseo, ya que has llegado a mi palacio de piso de bronce, de elevado techo, creo que no vas a volver a casa errabundo otra vez por mucho que hayas sufrido. En cuanto a vosotros, cuantos acostumbráis a beber en mi palacio el rojo vino de los ancianos escuchando al aedo, os voy a hacer este encargo: el forastero ya tiene, en un arca bien pulimentada, oro bien trabajado y cuantos regalos le han traído los consejeros de los feacios. Démosle también un gran trípode y una caldera cada hombre, que nosotros después os recompensaremos recogiéndolo por el pueblo, pues es doloroso que uno haga dones gratis.»

Así habló Alcínoo y les agradó su palabra. Y se marchó cada uno a su casa con ganas de dormir.

Y cuando se mostró Eos, la que nace de la mañana, la de dedos de rosa, se apresuraron hacia la nave llevando el bronce propio de los guerreros.

Y la sagrada fuerza de Alcínoo, marchando en persona, colocó todo bien bajo los bancos de la nave, no fuera que causaran daño a alguno de los compañeros durante el viaje cuando se apresuraran moviendo los remos.

Luego marcharon al palacio de Alcínoo y dispusieron el almuerzo. La sagrada fuerza de

Alcínoo sacrificó entre ellos un buey en honor de Cronida Zeus, el que oscurece las nubes, el que gobierna a todos. Quemaron los muslos y se repartieron gustosos un magnífico banquete; y entre ellos cantaba el divino aedo, Demódoco, venerado por su pueblo. Pero Odiseo volvía una y otra vez su cabeza hacia el resplandeciente sol, deseando que se pusiera, pues ya pensaba en el regreso. Como cuando un hombre desea vivamente cenar cuando su pareja de bueyes ha estado todo el día arrastrando el bien construido arado por el campo -la luz del sol se pone para él con agrado, ya que se va a cenar, y sus rodillas le duelen al caminar-, así se puso el sol con agrado para Odiseo.

Y volvió a dirigirse a los feacios amantes del remo y, dirigiéndose sobre todo a Alcínoo, dijo su palabra:

«Poderoso Alcínoo, el más ilustre de tu pueblo, haced una libación y devolvedme a casa sin daño. Y a vosotros, ¡salud! Ya se me ha proporcionado lo que mi ánimo deseaba, una escolta y amables regalos que ojalá los dioses, hijos de Urano, hagan prosperar. ¡Que encuentre en casa, al volver, a mi irreprochable esposa junto con los míos sanos y salvos! Vosotros quedaos aquí y seguid llenando de gozo a vuestras esposas legítimas y a vuestros hijos; que los dioses os repartan bienes de todas clases y que ningún mal se instale entre vosotros.»

Así habló y todos aprobaron sus palabras y aconsejaban dar escolta al forastero, porque había hablado como le correspondía. Entonces Alcínoo se dirigió a un heraldo:

« Pontónoo, mezcla una crátera y reparte vino a todos en el palacio, para que demos escolta al forastero hasta su tierra patria después de orar al padre Zeus.»

Así habló, y Pontónoo mezcló el vino que alegra el corazón y se lo repartió a todos, uno tras otro. Y libaron desde sus mismos asientos en honor de los dioses felices, los que poseen el ancho cielo.

El divino Odiseo se puso en pie, colocó una copa de doble asa en manos de Arete y le dijo aladas palabras:

«Sé siempre feliz, reina hasta que te lleguen la vejez y la muerte que andan rondando a los hombres. Yo vuelvo a casa, goza tú en este palacio entre tus hijos, tu pueblo y el rey Alcínoo.»

Así hablando el divino Odiseo traspasó el umbral. Y la fuerza de Alcínoo le envió un heraldo para que le condujera hasta la rápida nave y la ribera del mar. También le envió Arete a sus esclavas, a una con un manto bien lavado y una túnica, a otra le dio un arca adornada para que la llevara y otra portaba trigo y rojo vino.

Cuando arribaron a la nave y al mar, sus ilustres acompañantes colocaron todo en la cóncava nave, la bebida y la comida toda, y para Odiseo extendieron una manta y una sábana en la cubierta de proa, para que durmiera sin despertar. Subió él y se acostó en silencio, y ellos se sentaron en los bancos, cada uno en su sitio, y soltaron el cable de una piedra perforada. Después se inclinaron y batían el mar con el remo.

A Odiseo se le vino un sueño profundo a los párpados, sueño sosegado, delicioso, semejante en todo a la muerte. Y la nave... como los cuadrúpedos caballos se arrancan todos a la vez en la llanura a los golpes del látigo y elevándose velozmente apresuran su marcha, así se elevaba su proa y un gran oleaje de púrpura rompía en el resonante mar. Corría ésta con firmeza, sin estorbos; ni un halcón la habría alcanzado, la más rápida de las aves. Y en su carrera cortaba veloz las olas del mar portando a un hombre de pensamientos semejantes a los de los dioses que había sufrido muchos dolores en su ánimo al probar batallas y dolorosas olas, pero que ya dormía imperturbable, olvidado de todas sus penas.

Y cuando despuntó el más brillante astro, el que avanza anunciando la luz de Eos que nace de la mañana, la nave se acercó para fondear en la isla.

En el pueblo de Itaca hay un puerto, el de Forcis, el viejo del mar, y en él hay dos salientes escarpados que se inclinan hacia el puerto y que dejan fuera el oleaje producido por silbantes vientos; dentro, las naves de buenos bancos permanecen sin amarras cuando llegan al término del fondeadero. Al extremo del puerto hay un olivo de anchas hojas y cerca de éste una gruta sombría y amable consagrada a las ninfas que llaman Náyades. Hay dentro cráteras y ánforas de piedra y también dentro fabrican las abejas sus panales. Hay dentro grandes telares de piedra donde las ninfas tejen sus túnicas con púrpura marina -¡una maravilla para velas!- y también dentro corren las aguas sin cesar. Tiene dos puertas, la una del lado de Bóreas accesible a los hombres; la otra, del lado de Noto, es en cambio sólo para dioses y no entran por ella los hombres, que es camino de inmortales. Hacia allí remaron, pues ya lo conocían de antes, y la nave se apresuró a fondear en tierra firme, como a media altura -¡tales eran las manos de los remeros que la impulsaban! -Éstos descendieron de la nave de buenos bancos y levantando primero a Odiseo de la cóncava nave, le colocaron sobre la arena, rendido por el sueño, junto con su manta y resplandeciente sábana. También sacaron las riquezas que los ilustres feacios le habían donado cuando volvía a casa por voluntad de la magnánima Atenea.

Conque colocaron todo junto, cerca del tronco de olivo, lejos del camino -no fuera que algún caminante cayera sobre ello y lo robara antes de que Odiseo despertase-, y se volvieron a casa.

Pero el que sacude la tierra no se había olvidado de las amenazas que había hecho al divino Odiseo al principio y preguntó la decisión de Zeus:

«Padre Zeus, ya no tendré nunca honores entre los dioses inmortales si los mortales no me honran, los feacios que, además, son de mi propia estirpe. Yo pensaba que Odiseo regresaría a casa después de mucho sufrir -el regreso no se lo había quitado del todo porque tú se lo prometiste desde el principio-, pero los feacios lo han traído durmiendo en rápida nave sobre el ponto y lo han dejado en Itaca. Le han entregado además innumerables regalos, bronce y oro en abundancia y ropa tejida, tantos como jamás habría sacado de Troya si hubiera vuelto incólume con su parte sorteada del botín.»

Y le contestó y dijo el que reúne las nubes, Zeus:

«¡Ay, ay, poderoso dios que sacudes la tierra, qué cosas has dicho! Nunca lo deshonrarán los dioses. Sería difícil despachar sin honores al más antiguo y excelente. Si alguno de los hombres, cediendo a su violencia y poder, no lo honra, tienes y tendrás siempre tu compensación. Obra como desees y sea agradable a tu ánimo.»

Y le contestó Poseidón, el que sacude la tierra:

«Enseguida actuaría, oh tú que oscureces las nubes, como dices, pero estoy siempre acechando tu cólera y procurando evitarla. Con todo, quiero ahora destruir en el brumoso ponto la hermosa nave de los feacios en su viaje de vuelta, para que se contengan y dejen de escoltar a los hombres. Quiero también ocultar su ciudad toda bajo un monte» Y le contestó y dijo el que reúne las nubes, Zeus:

«Amigo mío, creo que lo mejor será que, cuando todo el pueblo esté contemplando desde la ciudad a la nave acercándose, coloques cerca de tierra un peñasco semejante a una rápida nave, para que todos se asombren y puedas ocultar su ciudad bajo un gran monte.»

Luego que oyó esto Poseidón, el que sacude la tierra, se puso en camino hacia Esqueria, donde los feacios nacen, y allí se detuvo. Y la nave surcadora del ponto se acercó en su veloz carrera. El que sacude la tierra se acercó, la convirtió en piedra y la estableció firmemente, como si tuviera raíces, golpeándola con la palma de su mano. Y se alejó de allí. Los feacios de largos remos se dirigían mutuamente aladas palabras, hombres célebres por sus naves, y decía uno así mirando al que tenía al lado:

«Ay de mí, ¿quién ha encadenado en el ponto a la rápida nave en su regreso a casa? Ya se la veía del todo.»

Así decía uno -pues no sabían cómo había sucedido. Entonces Alcínoo habló entre ellos y dijo:

«¡Ay, ay, en verdad ya me ha alcanzado el antiguo presagio de mi padre, quien aseguraba que Poseidón se irritaría con nosotros por ser prósperos acompañantes de todo el mundo! Decía que algún día destruiría en el brumoso ponto una hermosa nave de los feacios al volver de una expedición, y que ocultaría nuestra ciudad bajo un monte. Así decía el anciano y todo se está cumpliendo ahora. Conque, vamos, obedeced todos lo que yo os señale: dejad de acompañar a los mortales cuando alguien llegue a nuestra ciudad. Sacrificaremos a Poseidón doce toros escogidos, por si se compadece y no nos oculta la ciudad bajo un enorme monte.»

Así habló y ellos sintieron miedo y prepararon los toros. Así es que suplicaban al soberano Poseidón los jefes y consejeros de los feacios, en pie, rodeando el altar.

En esto se despertó el divino Odiseo acostado en su tierra patria, pero no la reconoció pues ya llevaba mucho tiempo ausente. La diosa Palas Atenea esparció en torno suyo una nube, la hija de Zeus, para hacerlo irreconocible y contarle todo, no fuera que su esposa, ciudadanos y amigos le reconocieran antes de que los pretendientes pagaran todos sus excesos. Por esto, todo le parecía distinto al soberano, los largos caminos, los puertos de cómodo anclaje, las elevadas rocas y los verdeantes árboles.

Así que se puso en pie de un salto y comenzó a mirar su tierra patria. Dio un grito lastimero, golpeó sus muslos con las palmas de las manos y entre lamentos decía su palabra:

«Ay de mí, ¿a qué tierra de mortales he llegado? ¿Son acaso soberbios, salvajes y carentes de justicia, o amigos de los forasteros y con sentimientos de piedad hacia los dioses?. ¿A dónde llevo tantas riquezas?, ¿por dónde voy a marchar? ¡Ojalá me hubiera quedado junto a los féacios! También podría haberme llegado a otro rey de los muy poderosos y quizá éste me habría recibido como amigo y escoltado de vuelta a casa, porque ahora no sé dónde dejar esto ni voy a dejarlo aquí, no sea que se me convierta en botín de otro. iAy!, ¡ay!, en verdad no eran del todo prudentes ni justos los jefes y consejeros de los feacios, quienes me han traído a otra tierra. Decían que me iban a llevar a Itaca, hermosa al atardecer, pero no lo han cumplido. Que Zeus los castigue, el dios de los suplicantes, el que vigila a todos los hombres y castiga a quien yerra.

«Pero, ea, voy a contar mis riquezas y a contemplarlas, no sea que se marchen llevándose algo en la cóncava nave.»

Así diciendo, se puso a contar los hermosos trípodes y calderos y el oro y la hermosa ropa tejida. Pero no echó nada de menos. Y sentía dolor por su tierra patria caminando por la ribera del resonante mar, en medio de lamentos.

Conque se le acercó Atenea, semejante en su aspecto a un hombre joven, un pastor de rebaños delicado como suelen ser los hijos de los reyes, portando sobre sus hombros un manto doble, bien trabajado. Bajo sus brillantes pies llevaba sandalias y en sus manos un venablo.

Alegróse al verla Odiseo y fue a su encuentro; y hablándole dirigió aladas palabras:

«Amigo, puesto que eres el primero a quien encuentro en este país, ¡salud! No te me acerques con aviesas intenciones, salva esto y sálvame a mí, pues te lo pido como a un dios y me he acercado a tus rodillas. Dime esto en verdad para que yo lo sepa: ¿qué tierra es ésta, qué pueblo, qué hombres viven aquí? ¿Es una isla hermosa al atardecer o la ribera de un continente de fecunda tierra que se inclina hacia el mar?

Y la diosa de ojos brillantes, Atenea, se dirigió a él a su vez:

«Eres tonto, forastero, o vienes de lejos si me preguntas por esta tierra. No carece de nombre, no. La conocen muy muchos, tanto los que habitan hacia la aurora y el sol como los que se orientan hacia la brumosa oscuridad. Cierto que es escarpada y difícil para cabalgar, pero tampoco es excesivamente pobre, aunque no extensa: en ella se produce trigo sin medida y también vino. Siempre tiene lluvia y floreciente rocío; alimenta buenas cabras y buenos toros; hay madera de todas clases y abrevaderos inagotables. Por eso, forastero, el nombre de Itaca ha llegado incluso hasta Troya, que aseguran se encuentra muy lejos de la tierra aquea.»

Así habló, y el sufridor, el divino Odiseo, sintió gozo y alegría por su tierra patria: así se lo había dicho Palas Atenea, la hija de Zeus, el que lleva égida.

Y hablándole le dijo aladas palabras (aunque no la verdad) y, de nuevo, tomó la palabra, controlando continuamente en el pecho su astuto pensamiento:

«He oído sobre Itaca incluso en la extensa Creta, lejos, más allá del Ponto. Y ahora he llegado yo con estas riquezas. He dejado otro tanto a mis hijos y ando huyendo, pues he matado a Ortíloco, hijo de Idomeneo, el que vencía en la extensa Creta a los hombres comerciantes con sus rápidos pies. Quería éste privarme de todo mi botín conseguido en Troya, por el que sufrí dolores probando guerras y dolorosas olas, porque no servía complaciente a su padre en el pueblo de los troyanos, sino que mandaba yo sobre otros compañeros. Y lo alcancé con mi lanza guarnecida de bronce cuando volvía del campo, emboscándome cerca del camino con un amigo. La oscura noche cubría el cielo -nadie nos vio-, y le arranqué la vida a escondidas. Así que, luego de matarlo con el agudo bronce, me dirigí a una nave de ilustres fenicios y les supliqué, entregándoles abundante botín, que me dejaran en Pilos o en la divina Elide, donde dominan los epeos, pero la fuerza del viento los alejó de allí muy contra su voluntad, pues no querían engañarme.

«Así que hemos llegado por la noche después de andar a la deriva. Remamos con vigor hasta el puerto y ninguno de nosotros se acordó de almorzar por más que lo ansiábamos. Conque descendimos todos de la nave y nos acostamos. A mí se me vino un dulce sueño, cansado como estaba, y ellos, sacando mis riquezas de la cóncava nave, las dejaron cerca de donde yo yacía sobre la arena.

«Y embarcando se marcharon a la bien habitada Sidón. Así que yo me quedé atrás con el corazón acongojado.»

Así dijo y sonrió la diosa de ojos brillantes, Atenea, y lo acarició con su mano. Tomó entonces el aspecto de una mujer hermosa y grande, conocedora de labores brillantes, y le habló y dijo aladas palabras:

«Astuto sería y trapacero el que te aventajara en toda clase de engaños, por más que fuera un dios el que tuvieras delante. Desdichado, astuto, que no te hartas de mentir, ¿es que ni siquiera en tu propia tierra vas a poner fin a los engaños y las palabras mentirosas que te son tan queridas? Vamos, no hablemos ya más, pues los dos conocemos la astucia: tú eres el mejor de los mortales todos en el consejo y con la palabra, y yo tengo fama entre los dioses por mi previsión y mis astucias. Pero ¡aun así, no has reconocido a Palas Atenea, la hija de Zeus, la que te asiste y protege en todos tus trabajos, la que te ha hecho querido a todos los feacios! De nuevo he venido a ti para que juntos tramemos un plan para ocultar cuantas riquezas te donaron los ilustres feacios al volver a casa por mi decisión, y para decirte cuántas penas estás destinado a soportar en tu bien edificada morada. Tú has de aguantar por fuerza y no decir a hombre ni mujer, a nadie, que has llegado después de vagar; soporta en silencio numerosos dolores aguantando las violencias de los hombres.»

Y contestándole dijo el muy astuto Odiseo:

«Es difícil, diosa, que un mortal te reconozca si contigo topa, por muy experimentado que sea, pues tomas toda clase de apariencias. Ya sabía yo que siempre me has sido amiga mientras los hijos de los aqueos combatíamos en Troya, pero desde que saqueamos la elevada ciudad de Príamo y nos embarcamos -y un dios dispersó a los aqueos- no lo había vuelto a ver, hija de Zeus. No te vi embarcar en mi nave para protegerme de desgracia alguna, sino que he vagado siempre con el corazón acongojado hasta que los dioses me han librado del mal, hasta que en el rico pueblo de los feacios me animaste con tus palabras y me condujiste en persona hasta la ciudad. Ahora te pido abrazado a tus rodillas (pues no creo que haya llegado a Itaca hermosa al atardecer sino que ando dando vueltas por alguna otra tierra y creo que tú me has dicho esto para burlarte y confundirme), dime si de verdad he llegado a mi patria.»

Y le contestó la diosa de ojos brillantes, Atenea:

«En tu pecho siempre hay la misma cordura. Por esto no puedo abandonarte en el dolor, porque eres discreto, sagaz y sensato. Cualquier otro que llegara después de andar errante, marcharía gustosamente a ver a sus hijos y esposa en el palacio; sólo tú no deseas conocer ni enterarte hasta que hayas puesto a prueba a tu mujer, quien permanece inconmovible en el palacio mientras las noches se le consumen entre dolores y los días entre lágrimas. En verdad, yo jamás desconfié, pues sabía que volverías después de haber perdido a todos sus compañeros, pero no quise enfrentarme con Poseidón, hermano de mi padre, quien había puesto el rencor en su corazón irritado porque le habías cegado a su hijo.

«Pero, vamos, te voy a mostrar el suelo de Itaca para que te convenzas. Este es el puerto de Forcis, el viejo del mar, y éste el olivo de anchas hojas, al extremo del puerto. Cerca de él, la gruta sombría, amable, consagrada a las ninfas que llaman Náyades. Es la cueva amplia y sombría donde tú solías sacrificar a las Ninfas numerosas hecatombes perfectas. Y éste es el monte Nérito, revestido de bosque.»

Así diciendo, la diosa dispersó la nube y apareció el país ante sus ojos. Alegróse entonces el sufridor, el divino Odiseo, y se llenó de gozo por su patria y besó la tierra donadora de grano. Luego suplicó a las Ninfas levantando sus manos:

«Ninfas Náyades, hijas de Zeus, nunca creí que volvería a veros. Alegraos con mi suave súplica, volveré a haceros dones como antes si la hija de Zeus, la diosa Rapaz, me permite benévola que viva y hace crecer a mi hijo.»

Y se dirigió a él la diosa de ojos brillantes, Atenea:

«Cobra ánimo, no te preocupes ahora de esto; coloquemos ahora mismo tus riquezas en lo profundo de la divina gruta a fin de que se conserven intactas y pensemos para que todo salga lo mejor posible.»

Así hablando, la diosa se introdujo en la sombría gruta buscando un escondrijo por ella, mientras Odiseo la seguía de cerca llevando todo, el oro y el sólido bronce y los bien fabricados vestidos que le habían donado los feacios. Conque colocó todo bien y arrimó un peñasco a la entrada Palas Atenea, la hija de Zeus, el que lleva égida. Y sentándose los dos junto al tronco del olivo sagrado, meditaban la muerte para los soberbios pretendientes. La diosa de ojos brillantes, Palas Atenea, comenzó a hablar:

«Hijo de Laertes, de linaje divino, Odiseo, rico en ardides, piensa cómo vas a poner tus manos sobre los desvergonzados pretendientes que llevan ya tres años mandando en tu palacio, cortejando a tu divina esposa y haciéndole regalos de esponsales, aunque ella se lamenta continuamente por tu regreso y da esperanzas a todos y hace promesas a cada uno enviándoles recados, si bien su mente revuelve otros planes.»

Y le contestó y dijo el muy astuto Odiseo:

«¡Ay, ay! ¡Conque he estado a punto de perecer en mi palacio con la vergonzosa muerte del Atrida Agamenón si tú, diosa, no me hubieras revelado todo, como es debido! Vamos, trama un plan para que los haga pagar y asísteme tú misma poniendo dentro de mí el mismo vigor y valentía que cuando destruimos las espesas almenas de Troya. Si tú me socorrieras con el mismo interés, diosa de ojos brillantes, sería capaz de luchar junto a ti contra trescientos hombres, diosa soberana, siempre que me socorrieras benevolente.»

Y la diosa de ojos brillantes, Palas Atenea, le contestó:

«En verdad, estaré a tu lado y no me pasarás desapercibido cuando tengamos que arrostrar este peligro. Conque creo que mancharán con su sangre y sus sesos el maravilloso pavimento los pretendientes que consumen tu hacienda.

«Vamos, te voy a hacer irreconocible para todos: arrugaré la hermosa piel de tus ígiles miembros y haré desaparecer de tu cabeza los rubios cabellos; lo cubriré de harapos que te harán odioso a la vista de cualquier hombre y llenaré de legañas tus antes hermosos ojos, de forma que parezcas desastroso a los pretendientes, a tu esposa y a tu hijo, a quienes dejaste en palacio.

«Llégate en primer lugar al porquero, el que vigila tus cerdos, quien se mantiene fiel y sigue amando a tu hijo y a la prudente Penélope. Lo encontrarás sentado junto a los cerdos; éstos están paciendo junto a la Roca del Cuervo, cerca de la fuente Aretusa, comiendo innumerables bellotas y bebiendo agua negra, cosas que crían en los cerdos abundante grasa. Detente allí, siéntate a su lado y pregúntale por todo, mientras yo voy a Esparta de hermosas mujeres a buscar a tu hijo Telémaco, Odiseo, pues ha marchado a la extensa Lacedemonia junto a Menelao para preguntar noticias sobre ti, por si aún vives.»

Y le contestó y dijo el muy astuto Odiseo:

«¿Por qué no se lo dijiste, si conoces todo en tu interior? ¿Acaso para que también él sufriera penalidades vagando por el estéril ponto mientras los demás consumen mí hacienda?»

Y le contestó la diosa de ojos brillantes, Palas Atenea:

«No te préocupes demasiado por él. Yo misma lo escolté para que cosechara fama de valiente marchando allí. En verdad, no sufre penalidad alguna, está en el palacio del Atrida y tiene de todo a su disposición. Cierto que unos jóvenes le acechan en negra nave con intención de matarlo antes de que regrese a tu tierra, pero no creo que esto suceda antes de que la tierra abrace a alguno de los pretendientes que consumen tu hacienda.»

Hablando así, lo tocó Atenea con su varita: arrugó la hermosa piel de sus ágiles miembros e hizo desaparecer de su cabeza los rubios cabellos; colocó sobre sus miembros la piel de un anciano y llenó de legañas sus antes hermosos ojos. Le cubrió de andrajos miserables y una túnica desgarrada, sucia, ennegrecida por el humo, y le vistió con una gran piel, ya sin pelo, de veloz ciervo; le dio un cayado y un feo zurrón rasgado por muchos sitios y con la correa retorcida.

Así deliberaron y se separaron los dos; y ella marchó luego a la divina Lacedemonia en busca del hijo de Odiseo.

CANTO XIV

ODISEO EN LA MAJADA DE EUMEO

Entonces él se puso en camino desde el puerto a través de un sendero escarpado en lugar boscoso por las cumbres, hacia donde Atenea le había manifestado que encontraría al divino porquero, el que cuidaba de su hacienda más que los demás siervos que el divino Odiseo había adquirido. Y lo encontró sentado en el pórtico, donde tenía edificada una elevada cuadra, hermosa y grande, aislada, en lugar abierto. El porquero mismo la había edificado para los cerdos de su soberano ausente, lejos de su dueña y del anciano Laertes, con piedras de cantera, y lo había coronado de espino; tendió fuera una empalizada completa, espesa y cerrada, sacando estacas de lo negro de una encina.

Dentro de la cuadra había construido doce pocilgas, unas junto a otras, para encamar a las cerdas, y en cada una se encerraban cincuenta cerdas, todas hembras que habían ya parido. Los cerdos dormían fuera y eran muy inferiores en número, pues los habían diezmado los divinos pretendientes con sus banquetes: el porquero les enviaba cada vez el mejor de sus robustos cebones, trescientos sesenta en total.

También dormían a su lado cuatro perros, semejantes a fieras, que alimentaba el porquero, caudillo de hombres.

Este andaba entonces sujetando a sus pies unas sandalias después de cortar una moteada piel de buey. Los demás porqueros, tres en total, habían marchado cada uno por su lado con los cerdos en manada; al cuarto lo había enviado Eumeo a la fuerza a la ciudad para que llevara un cebón a los soberbios pretendientes a fin de que lo sacrificaran y saciaran con la carne su apetito.

De pronto los perros de incesantes ladridos vieron a Odiseo y corrieron hacia él ladrando. Entonces Odiseo se sentó astutamente y el cayado se le escapó de las manos.

Allí, sin duda, en su propia cuadra habría sufrido un dolor vergonzoso, pero el porquero, siguiéndolos con veloces pies, se lanzó a través del portico -la piel cayó de sus manos- y a grandes voces dispersó a los perros en varias direcciones con una espesa pedrea. Y se dirigió al soberano:

«Anciano, por poco te han despedazado los perros en un instante y quizá me habrías culpado a mí. También a mí me han dado los dioses dolores y lamentos, pues sentado lloro a mi divino soberano y cebo cerdos para que se los coman otros. En cambio, él andará errante por pueblos y ciudades extranjeras mendigando comida -si es que vive aún y contempla la luz del sol.

«Pero sígueme, vayamos a mi cabaña, anciano, para que también tú sacies el apetito de comer y beber y me digas de dónde eres y cuántas penas has tenido que sufrir.»

Así diciendo, lo condujo a su cabaña el divino porquero; le hizo entrar y sentarse, extendió maleza espesa y encima tendió la piel de una hirsuta cabra salvaje, su propia yacija, grande y peluda. Alegróse Odiseo porque lo había recibido así y le dijo su palabra llamándolo por su nombre:

«Forastero, ¡que Zeus y los demás dioses inmortales te concedan lo que más vivamente deseas, ya que me has acogido con bondad!»

Y tú le contestaste, porquero Eumeo, diciendo:

«Forastero, no es santo deshonrar a un extraño, ni aunque viniera uno más miserable que tú, que de Zeus son los forasteros y mendigos todos. Nuestros dones son pequeños, pero amistosos, pues la naturaleza de los siervos es tener siempre miedo cuando dominan nuevos soberanos. En verdad, los dioses han impedido el regreso de quien me habría estimado gentilmente y otorgado cuanto un dueño bondadoso suele conceder a su siervo -una casa, un lote de tierra y una esposa solicitada-, cuando éste se esfuerza por él y un dios hace prosperar sus labores, como está haciendo prosperar el trabajo en el que yo me mantengo activo. Por esto me habría beneficiado mucho mi soberano si hubiera envejecido aquí, pero ha muerto -¡así pereciera por completo la raza de Helena, pues aflojó las rodillas de muchos hombres!-, pues también mi soberano marchó por causa del honor de Agamenón a Ilión, de buenos potros, para combatir a los troyanos.»

Hablando así, sujetó enseguida su túnica con el ceñidor y se puso en camino de las pocilgas donde tenía encerradas las manadas de cochinillos. Tomó dos de allí y los sacrificó, quemó, troceó y atravesó con asadores. Y, después de asar todos, se los ofreció a Odiseo calientes en sus mismos asadores -y extendió blanca harina. Después mezcló vino agradable como la miel en su cuenco y se sentó enfrente, y animándole decía:

«Come ahora, forastero, lo que es dado comer a los siervos, cochinillo, que de los cebones se encargan los pretendientes, sin miedo a la venganza divina ni compasión. No aman los dioses felices las acciones impías, sino que honran la justicia y las obras discretas de los hombres. Es cierto que son enemigos y hostiles quienes invaden una tierra ajena, por más que Zeus les conceda el botín, pero cuando vuelven repletos a las naves para regresar a su patria, incluso a éstos les sobreviene un pesado temor a la venganza divina. Sin duda, los pretendientes deben conocer -porque quizá hayan oído la palabra de algún dios- la triste muerte de Odiseo, pues no quieren cortejar con justicia ni volver a sus posesiones, y con gusto devoran entre excesos la hacienda, despreocupadamente. Todas las noches y días que nos manda Zeus sacrifican víctimas, no sólo una ni sólo dos ovejas; y el vino... lo consumen a cántaros, sin mesura. Y es que la fortuna de Odiseo era inmensa; ninguno de los héroes del oscuro continente ni de la misma Itaca poseía tanta. Ni veinte hombres juntos tienen tanta abundancia. Te voy a echar la cuenta: doce rebaños en el continente, otros tantos de ovejas, otros tantos de cerdos y cabras apacientan para él pastores asalariados y sus propios pastores. Aquí se alimentan en total once numerosos rebaños de cabras en el extremo de la isla, pues se las vigilan hombres de bien. Todos los días, sin excepción, cada uno de éstos lleva a los pretendientes un animal, la mejor de sus gordas cabras. Y yo vigilo y protejo estos cerdos y les hago llegar el mejor de ellos, eligiéndolo bien. »

Así habló mientras Odiseo comía la carne y bebía el vino con voracidad, en silencio. Y estaba sembrando la desgracia para los pretendientes.

Cuando acabó de almorzar y saciar su apetito con la comida, le entregó Eumeo un cuenco repleto de vino en el que solía él beber. Aquél lo recibió y se alegró en su interior y, hablando, le dijo aladas palabras:

«Amigo, ¿quién te compró con sus bienes, tan rico y poderoso como dices? Aseguras que ha perecido por causa del honor de Agamenón; dime su nombre por si lo conozco ¡siendo como es! Seguro que Zeus y los demás dioses inmortales saben si te puedo hablar de él porque lo haya visto, pues he vagado mucho.»

Y le contestó el porquero, caudillo de hombres:

«Anciano, ningún caminante que viniera con noticias de él lograría persuadir a su esposa y querido hijo, que los vagabundos suelen mentir por mor del sustento y no gustan de decir verdad.

Todo caminante que llega al pueblo de Itaca se llega a mi dueña para decirle mentiras. Claro que ella lo acoge con amor y le pregunta detalladamente, y las lágrimas se deslizan de sus mejillas lamentándose por él, como es propio de mujer que ha perdido a su marido en tierra extraña.

«Puede que tú también, anciano, inventes cualquier cuento con tal de que alguien te regale una túnica y un manto. Pero seguro que los perros y las veloces aves están tratando de arrancar la piel de sus huesos y su alma le ha abandonado, o puede que lo hayan devorado los peces en el mar y sus huesos anden tirados por tierra, revueltos entre la arena. Así es como ha muerto él, y a todos los suyos, y sobre todo a mí, sólo nos queda tristeza para el futuro. Que no podré nunca encontrar a un soberano tan bueno adonde quiera que vaya, ni aunque vuelva a casa de mi padre y mi madre, donde un día nací y ellos me criaron. Y es que no es tan grande mi dolor por ellos -aunque mucho deseo verlos en mi tierra patria- como es la añoranza que me ha invadido por Odiseo ausente. No me atrevo, forastero, a nombrarlo incluso ausente -¡tanto me estimaba y se preocupaba por mí!-, pero lo llamo amigo aunque se encuentre lejos.»

Y le contestó el sufridor, el divino Odiseo:

«Amigo, puesto que lo niegas por completo y crees que nunca volverá, tu corazón anda ya sin esperanza. Pero yo lo voy a decir -y no a tontas, sino con jurameto- que Odiseo viene de camino hacia acá. Este será el don por mi buena nueva cuando haya llegado él: vestidme con un manto y una túnica hermosas; no antes, pues no te aceptaría por más necesitado que estuviera. Que para mí es más odioso que las puertas de Hades el que por ceder a su pobreza cuenta mentiras. Sea testigo Zeus antes que ningún otro dios y la mesa de hospitalidad y el hogar del irreprochable Odiseo al que acabo de llegar. En verdad todo esto se cumplirá tal como anuncio: dentro de este mismo año llegará Odiseo; cuando acabe este mes y entre otro, volverá a casa y hará pagar a cuantos deshonran a su esposa a ilustre hijo.»

Y contestando le dijiste, porquero Eumeo:

«Anciano, no te voy a conceder ese don por tu buena nueva ni va a regresar ya Odiseo a casa, pero bebe gustoso y volvamos nuestros recuerdos a otro lado; no me traigas esto a la memoria, que mi ánimo se llena de dolor cada vez que alguien me recuerda a mi fiel soberano.

«Dejemos, pues, el juramento, aunque ¡ojalá vuelva Odiséo! como quiero yo y quieren Penélope, el anciano Laertes y Telémaco, semejante a los dioses. También ahora me lamento sin consuelo por el hijo que engendró Odiseo, por Telémaco. Cuando los dioses lo criaron semejante a un retoño, ya decía yo que no sería en nada inferior, entre los hombres, a su querido padre, admirable en cuerpo y aspecto; pero alguno de los inmortales -o quizá de los hombres- debe haberle dañado la bien equilibrada mente, pues ha marchado a la divina Pilos en busca de noticias de su padre, y los ilustres pretendientes lo acechan al volver a casa para que desaparezca sin gloria de Itaca la progenie del divino Arcisio. Pero dejemos a éste, ya sea sorprendido, ya escape porque el Cronida tienda su mano sobre él.

«Vamos, cuéntame ahora, anciano, tus propias desgracias y dime con verdad para que yo lo sepa: ¿quién y de dónde eres entre los hombres? Dónde se encuentran tu ciudad y tus padres? ¿En qué barco has llegado? ¿Cómo te han traído hasta Itaca los marineros y quiénes se preciaban de ser? Porque no creo que hayas llegado aquí a pie».

Y contestándole dijo el muy astuto Odiseo: .

«En verdad, te voy a contestar con exactitud. Ni aunque tuviéramos por mucho tiempo comida y dulce bebida para celebrar un festín dentro de tu cabaña -mientras los demás continúan su labor- podría yo fácilmente, ni siquiera en un año entero, acabar la narración de cuantas penalidades ha soportado mi ánimo por voluntad de los dioses. Mi raza procede de Creta -lo digo bien alto- y soy hijo de un hombre rico. Numerosos hijos legítimos nacieron de su esposa en el palacio y fueron criados, pero a mí me parió una madre comprada, una concubina, aunque mi padre, Cástor Hilácida, de cuya rata me precio de ser, me estimaba igual que a sus legítimos. Como un dios era venerado éste en el pueblo de Creta por su abundancia, riqueza y vigorosos hijos. Pero las Keres de la muerte se lo llevaron a las moradas de Hades y sus magnánimos hijos sortearon la hacienda y se la repartieron, entregándome a mí una nonada y una casa. Caséme con mujer de casa rica por mis muchas virtudes, que no era yo inútil ni temeroso de luchar. Pero ya se ha acabado todo, aunque viendo la caña seca te darás cuenta, pues un gran infortunio me abruma.

«En verdad, Ares y Atenea me concedieron audacia y hombría. Cada vez que elegía para el combate a hombres sobresalientes, sembrando desgracias para el enemigo, jamás mi valeroso corazón puso los ojos en la muerte, sino que, saltando el primero, solía matar con mi lanza a cuantos enemigos no se igualaran a mis pies. Así era yo en el combate.

«En cambio, no me agradaba la labor ni el cuidado de la hacienda que suele criar hijos brillantes: siempre me gustaron las naves remeras, los combates, los bien torneados venablos y las flechas, cosas funestas que suelen causar espanto en los demás. Sin embargo, la divinidad puso en mi alma estos intereses, que cada hombre se complace en un trabajo. Antes de que los hijos de los aqueos desembarcaran en Troya, ya me había puesto nueve veces al frente de hombres y naves de veloces proas contra gentes de otras tierras. Y conseguía mucho botín, del que elegía lo mejor, y también me tocaba mucho en suerte. Así que rápidamente prosperó mi casa y me convertí en un hombre temido y respetado en Creta.

«Pero cuando Zeus, que ve a lo ancho, dispuso la luctuosa expedición que iba a aflojar las rodillas de muchos hombres, nos dieron órdenes a mí y al ilustre Idomeneo de capitanear las naves que marchaban a Ilión. No había medio de negarse, nos lo impedían las duras habladurías del pueblo. Allí combatimos nueve años los hijos de los aqueos, pero al décimo destruimos la ciudad de Príamo y volvimos a casa en las naves; y un dios dispersó a los aqueos. Entonces fue cuando el providence Zeus meditó desgracias contra mí, miserable. Había permanecido sólo un mes complaciéndome con mis hijos y legítima esposa, cuando mi ánimo me impulsó a hacer una expedición a Egipto después de equipar bien mis naves en compañía de mis divinos compañeros.

«Equipé nueve naves y enseguida se congregó la dotación. Durante seis días comieron en mi casa mis leales compañeros; les ofrecí numerosas víctimas para que las sacrificaran en honor de los dioses y prepararan comida para sí. Conque el séptimo día zarpamos tranquilamente de la

313

extensa Creta impulsados por un Bóreas fresco, agradable, como si navegáramos por una corriente. Ninguna nave se me dañó, nosotros estábamos sanos y salvos, y a las naves las dirigían el viento y los pilotos.

«A los cinco días llegamos al Egipto de buena corriente y atraqué mis bien equilibradas naves en este río. Entonces ordené a mis leales compañeros que se quedaran junto a ellas para vigilarlas y envié espías a lugares de observación con orden de que regresaran, pero éstos, cediendo a su ambición y dejándose arrastrar por sus impulsos, saquearon los hermosos campos de los egipcios, se llevaron a las mujeres y niños y mataron a los hombres. Pronto llegó el griterío a la ciudad, así que al escucharlo se presentaron al despuntar la aurora. Llenóse la llanura toda de gentes de pie y a caballo y del estruendo del bronce. Zeus, el que goza con el rayo, indujo a mis compañeros a huir cobardemente y ninguno se atrevió a dar el pecho. Por todas partes nos rodeaba la destrucción; allí mataron con agudo bronce a muchos de mis compañeros y a otros se los llevaron vivos para forzarlos a trabajar sus campos.

«Entonces Zeus puso en mi mente el siguiente plan (¡ojalá hubiera muerto saliendo al encuentro de mi destino allí en Egipto, pues todavía me tenía que tender sus brazos la desgracia!): al punto quité de mi cabeza el bien trabajado yelmo y de mis hombros el escudo y arrojé de mi brazo la lanza. Lleguéme frente al carro del rey y besé sus rodillas. Él me protegió y se compadeció de mí y, sentándome en su carro, me condujo a su palacio con lágrimas en mis ojos. Cierto que muchos trataron de acosarme con sus lamas deseando matarme -pues estaban muy enfurecidos-, pero el rey me protegió por temor a la cólera de Zeus Hospitalario, el que se irrita sobremanera por las obras malvadas.

«Allí mé quedé siete años y conseguí reunir mucha riqueza entre los egipcios pues todos me regalaban. Pero cuando se acercó el octavo año cumpliendo su ciclo llegó un hombre fenicio conocedor de mentiras, un laña que ya había causado perjuicios a muchos hombres. Éste me convenció para marchar a Fenicia, donde tenía su casa y posesiones. Allí permanecí durante un año completo junto a él, pero cuando pasaron meses y días en el ciclo del año y pasaron las estaciones me envió a Libia en una nave surcadora del ponto,

tramando falacias para que llevara con él una mercancía, pero en realidad con intención de venderme y cobrar inmensa fortuna. Le seguía en la nave a la fuerza pues ya barruntaba yo algo. Ésta corría impulsada por un Bóreas fresco, agradable, a la altura del centro de Creta. Y Zeus nos preparaba la perdición.

«Cuando por fin dejamos atrás Creta y no se veía tierra alguna, sino sólo cielo y mar, el Cronida puso una oscura nube sobre la cóncava nave y bajo ella se oscureció el ponto. Y Zeus comenzó a tronar al tiempo que lanzaba un rayo contra la nave. Y esta se revolvió toda sacudida por el rayo de Zeus y se llenó de azufre. Todos cayeron fuera de la nave y, semejantes a las cornejas marinas eran arrastrados por las olas en torno a la nave. Dios les había arrebatado el regreso. En cuanto a mí..., afligido como estaba, el mismo Zeus puso entre mis manos el mástil gigantesco de la nave de azuloscura proa para que escapara una vez más de la perdición. Así que, trabado al mástil, me dejaba llevar de los funestos vientos. Durante nueve días me dejé llevar y al décimo una gran ola rodante me acercó -era noche cerrada- a la tierra de los tesprotos, donde me acogió sin pagar precio el héroe Fidón, el rey de los tesprotos.

«Acercóseme su hijo cuando ya estaba yo agotado por la imtemperie y el cansancio y me llevó a casa sosteniéndome en su brazo hasta que llegó al palacio de su padre, donde me vistió de manto y túnica.

«Allí fue donde supe de Odiseo, pues el rey me dijo que estaba hospedándolo y agasajándolo a punto de volver a su tierra patria. Además, me mostró cuantas riquezas había conseguido Odiseo reunir -bronce y oro y bien trabajado hierro. En verdad, podrían éstas alimentar a otro hombre hasta la décima generación: ¡tantos tesoros tenía depositados en el palacio del rey! Me dijo que Odiseo había marchado a Dodona para escuchar la voluntad de Zeus, el que habla desde la divina encina de elevada copa, para enterarse si debía volver a las claras u ocultamente al próspero pueblo de Itaca, después de tantos años de ausencia. Y juró ante mí, mientras hacía una libación en su palacio, que ya tenía dispuesta una nave y compañeros que lo escoltarían hasta su tierra patria. Pero a mí me despidió antes, pues resultó que una nave de tesprotos estaba a punto de zarpar hacia Duliquia, rica en grano. Les ordenó que me enviaran gentilmente al rey Acasto, pero les agradó más una malvada decisión sobre mi persona, para que aún estuviera más cerca de la perdición. Así que cuando la nave surcadora del ponto se había alejado bastante de tierra urdieron contra mí la esclavitud; me despojaron de túnica y manto y echaron sobre mí miserables andrajos y una mala túnica rasgada, lo que estás viendo ahora con tus ojos.

«Llegaron al atardecer a los campos de Itaca, hermosa al atardecer. Una vez allí, me ataron fuertemente a la nave de buenos bancos con un bien torneado cable y descendiendo precipitadamente a la ribera del mar se dispusieron a cenar. Pero los mismos dioses, sin duda, aflojaron mis ligaduras fácilmente. Cubrí mi cabeza con los andrajos y, deslizándome por el pulido timón hasta dar de pechos en el mar, comencé a nadar con ambos brazos como si fueran remos, y pronto estuve fuera de su alcance. Salí del agua por donde hay un bosque de verdeantes encinas y caí desplomado. Los tesprotos me buscaron aquí y allá, dando grandes gritos, pero como no les interesara molestarse más, embarcaron de nuevo en su cóncava nave. Conque han sido los dioses mismos los que me han ocultado fácilmente y me han hecho llegar al establo de un hombre prudente, pues mi destino es que viva aún.»

Y tú le contestaste, porquero Eumeo, diciendo:

«Ay, desdichado forastero, de verdad que has conmovido mi ánimo al contarme detalladámente tus sufrimientos y vagabundeos, pero no creo que sean razonables tus palabras y no vas a convencerme de cuanto has dicho sobre Odiseo. ¿Por qué tienes que mentir en vano siendo como eres? Yo mismo reconozco el regreso de mi soberano; muy odioso debió de hacerse a los ojos de todos los dioses cuando no lo dejaron morir entre los troyanos ni en brazos de los suyos, una vez que hubo concluido la guerra. Entonces le habría construido una tumba el ejército panaqueo y habría él cobrado gran fama para su hijo, pero ahora se lo han llevado las Harpías sin gloria alguna. Así que yo ando solitario entre mis cerdos y no me acerco a la ciudad, si no me ordena ir la prudente Penélope cuando llega alguna noticia. Entonces todos se sientan a preguntar detalles, tanto los que sienten dolor por la larga ausencia de su soberano como los que se alegran consumiendo su hacienda sin pagar. Pero a mí no me agrada ir allá a preguntar desde que me engañó con sus palabras un etolio que llegó a mi casa, vagabundo de muchas tierras, tras haber dado muerte a un hombre. Yo le agasajé y él me aseguró que lo había visto en casa de Idomeneo, en Creta, reparando las naves que le habían quebrado los vendavales. También me aseguró que volvería para el verano o el otoño con muchas riquezas en compañía de sus divinos compañeros.

«Conque no me halagues con mentiras ni trates de encantarme también tú, anciano sufridor, una vez que la divinidad lo ha traído junto a mí. Si lo respeto y agasajo no es por eso, sino por veneración a Zeus Hospitalario y por compasión hacia ti.»

Y le contestó y dijo el muy astuto Odiseo:

De verdad que tienes un ánimo desconfiado cuando no consigo persuadirte y no logro convencerte ni siquiera con juramento.

«Pero, vamos, hagamos un pacto y que sean testigos los dioses que poseen el Olimpo: si vuelve tu soberano a esta casa, vísteme con manto y túnica y envíame a Duliquio, donde place a mi ánimo; pero si no vuelve tu soberano, como afirmo, ordena a las esclavas que me despeñen desde una gran roca para que todo mendigo se guarde de mentir.»

Y le contestó y dijo el divino porquero:

«Forastero, ¡había yo de tener a los ojos de los hombres buena fama y virtud ahora y para siempre, si después de introducirte en mi cabaña y darte dones de hospitalidad te matara y arrebatara la vida! ¡Con buenos sentimientos iba yo después a dirigir mis plegarias a Zeus Cronida!

«Pero ya es hora de cenar; pronto tendré dentro a mis compañeros para preparar en la cabaña sabrosa comida.»

Esto se decían uno a otro, cuando se acercaron cerdos y porqueros. Los encerraron para que se acostaran por grupos y se levantó un inenarrable estruendo de cerdas acomodándose en las pocilgas.

Después, el divino porquero daba estas órdenes a sus compañeros:

«Traed el mejor cerdo para que se lo sacrifique al forastero de lejanas tierras, que también nosotros tendremos parte, los que ya llevamos tiempo soportando miserias por culpa de los cerdos de blancos dientes, pues otros se comen nuestro esfuerzo sin pagarlo.»

Así diciendo, partió leña con su implacable bronce y ellos metieron un cerdo bien gordo de cinco años, poniéndole junto al hogar. Y el porquero no se olvidó de los inmortales, pues estaba dotado de noble corazón. Así que arrojó al fuego, como primicias, unos pelos de la cabeza del cerdo de blancos dientes y oró a todos los dioses para que volviera el prudence Odiseo a casa.

Luego levantó el cerdo y lo golpeó con una rama de encina que había dejado al hacer leña. Y el alma abandonó a éste. Así que lo degollaron, chamuscaron y trocearon, y el porquero envolvió los trozos en gorda grasa, miembro por miembro, y arrojó algunos al fuego rebozándolos en harina de cebada; después los partieron y atravesaron con pinchos, los asaron con cuidado y sacaron y pusieron sobre la mesa de trinchar. Levantóse el porquero para distribuirlos -pues su corazón conocía la equidad- y dividió todo en siete partes: una la ofreció, al tiempo que oraba, a las Ninfas y a Hermes, el hijo de Maya, y las demás las distribuyó a cada uno. Odiseo recibió contento con el alargado lomo del cerdo de blancos dientes, pues éste fortaleció el ánimo del soberano, y dirigiéndose a Eumeo dijo el prudence Odiseo:

«¡Ojalá, Eumeo, seas tan querido al padre Zeus como lo eres de mí, pues, siendo como soy, me has distinguido con tus bienes.»

Y tú le contestaste, porquero Eumeo, diciendo:

«Come, desdichado forastero, y alégrate con todo lo que tienes a tu alcance, que dios te dará unas cosas y otras las dejará pasar, según le cumpla a su ánimo, pues lo puede todo.»

Así diciendo, ofreció las primicias a los dioses que han nacido para siempre y, luego de libar, puso rojo vino en manos de Odiseo, el destructor de ciudades, que se hallaba sentado junto a su porción.

También les repartió pan Mesaulio, a quien había adquirido el porquero mismo, una vez que se hubo ausentado su soberano y se quedó sólo, lejos de su dueña y del anciano Laertes. Se lo había comprado a los tafios con su propio dinero.

Y ellos echaron mano de los alimentos que tenían delante y, cuando hubieron arrojado de sí el deseo de comer y beber, les retiró Mesaulio el pan y se dispusieron a ir al lecho, saciados de pan y carne.

Y llegó una noche desapacible, noche sin luna, que Zeus estuvo lloviendo toda ella, pues soplaba un fuerte Céfiro que siempre trae lluvia. Entonces se dirigió Odiseo a ellos para poner a prueba al porquero, por ver si se quitaba el manto y se lo entregaba o incitaba a uno de sus compañeros, ya que tanto se preocupaba de él:

«Escuchadme ahora, Eumeo y todos vosotros, compañeros; os voy a decir mi palabra con una súplica, pues me ha impulsado el perturbador vino, el que hace cantar y reír suavemente incluso al más prudente, el que induce a danzar y hace soltar palabras que estarían mejor no dichas. Pero ya que he empezado a hablar, no voy a ocultároslo. ¡Ojalá fuera yo joven y mi vigor no estuviera trabado como cuando marchamos a poner una emboscada junto a Troya! Iban como jefes Odiseo y el Atrida Menelao y junto a ellos mandaba yo como tercero, pues ellos me lo ordenaron. Cuando ya habíamos llegado a la empinada muralla de la ciudad nos apostamos entre espesos espinos, en un cañaveral bajo nuestras armas y se nos vino una noche desapacible, glacial, pues caía el Bóreas. Así que se nos vino de arriba una nieve helada, como escarcha, y el hielo se condensaba en nuestros escudos. Todos tenían mantos y túnicas y dormían apaciblemente cubriendo sus hombros con los escudos, pero yo había dejado al marchar mi manto a unos compañeros por imprevisión, pues no creía que iría a tener frío en absoluto; así que había partido sólo con mi escudo y una escarcela brillante. Cuando ya estaba terciada la noche y los astros declinaban, me dirigí a Odiseo, que estaba a mi lado, tocándolo con mi codo -y él enseguida prestó oídos "Laertiada de linaje divino, Odiseo rico en ardides, ya no me contarás más entre los vivos pues me está doblegando el temporal, que no tengo manto. Un dios me ha engañado para que viniera con una sola túnica y ahora ya no hay escape posible."

«Así dije y él enseguida echó mano a esta treta -¡cómo era el hombre para decidir y combatir!- y hablando en voz baja me dijo su palabra: "Calla, no te oiga alguno de los aqueos." Así diciendo se apoyó sobre el codo y levantando la cabeza dijo su palabra: "Escuchadme, los míos: acaba de venirme un sueño divino mientas dormía. Nos hemos alejado demasiado de las naves, que vaya alguien a decir al Atrida Agamenón, pastor de su pueblo, si ordena que vengan más hombres desde las naves." Así dijo y enseguida se levantó Toante, hijo de Andremón, y dejando su rojo manto echó a correr hacia las naves. Así que yo me acosté con alegría envuelto en su manto y se mostró Eos de trono de oro. ¡Ojalá fuera yo joven y mi vigor no estuviera trabado, pues quizá alguno de los porqueros me daría un manto en esta cuadra tanto por amor como por respeto a un hombre valeroso!, que ahora me desprecian por tener mala ropa sobre mi cuerpo.»

Y tú le contestaste, porquero Eumeo, diciendo:

«Anciano es una irreprochable historia la que has contado y no creo que hayas dicho palabra inútil, fuera de lugar. Por eso no vas a carecer de vestido ni de cosa alguna de la que está bien que tengan los desdichados suplicantes que nos salen al encuentro; pero cuando amanezca sacudirás tus andrajos, pues no hay aquí muchos mantos ni túnicas de recambio para cubrirse, que cada hombre tiene sólo uno. Mas cuando venga el querido hijo de Odiseo, él te dará un manto y una túnica y te enviará a donde tu corazón lo empuje.»

Así diciendo, se levantó y le tendió un camastro cerca del fuego y le puso encima pieles de ovejas y cabras.

Echóse allí Odiseo y sobre él arrojó Eumeo un manto grueso y grande que tenía de repuesto para cuando se levantara terrible temporal.

Así que allí se acostó Odiseo, y los jóvenes a su lado. Pero al porquero no le gustaba dormir lejos de la piara, por lo que se aprestó a salir -y Odiseo se alegró por lo mucho que se cuidaba de su hacienda, aunque él estaba lejos. Primero se echó a los fuertes hombros la aguda espada y luego se vistió un grueso manto que le protegiera del viento; tomó la piel de un cabrón bien gordo y un agudo venablo que le protegiera de perros y hombres; y se puso en camino, deseando dormir, hacia el lugar donde dormían los machos, bajo una cóncava roca, al abrigo del Bóreas.

CANTO XV

TELÉMACO REGRESA A ITACA

Entre tanto había marchado Palas Atenea hacia la extensa Lacedemonia para sugerir el regreso al ilustre hijo del magnánimo Odiseo y ordenarle que regresara.

Y encontró a Telémaco y al brillante hijo de Néstor durmiendo en el pórtico del glorioso Menelao, aunque en verdad sólo al hijo de Néstor dominaba el dulce sueño, que a Telémaco no lo sujetaba el blando sueño y en la noche inmortal agitaba en su interior la angustia por su padre. Se acercó Atenea, la de ojos brillantes y le dijo:

«Telémaco, no está bien vagar más tiempo lejos de casa dejando allí tus bienes y a hombres tan soberbios. ¡Cuidado, no vayan a repartirse y devorarlo todo mientras tú haces un viaje baldío! Vamos, apremia a Menelao, de recia voz guerrera, para que te despida, a fin de que encuentres a tu ilustre madre todavía en casa, que ya su padre y hermanos andan empujándola a que se case con Eurímaco, pues éste aventaja a todos los pretendientes en regalarla y en aumentar su dote. Guárdate de que no se lleve de casa, contra tu voluntad, algún bien. Pues ya sabes cómo es el alma de una mujer: está dispuesta a acrecentar la casa de quien la despose olvidando y despreocupándose de sus primeros hijos y de su esposo, una vez que ha muerto.

«Conque ponte en camino y deja todo en manos de la esclava que te parezca la mejor, hasta que los dioses te den una esposa ilustre.

«Te voy a decir algo más, ponlo en tu interior: los más nobles de los pretendientes te han puesto emboscada en el paso entre Itaca y la escarpada Same, deliberadamente, pues desean matarte antes de que llegues a tu tierra patria. Pero no creo que esto suceda antes de que la tierra abrace a alguno de los pretendientes que se comen tu hacienda. Así que aleja de las islas tu bien construida nave y navega por la noche, pues te enviará viento favorable aquel de los inmortales que te custodia y protege. Tan pronto como hayas llegado a la ribera de Itaca, envía la nave y a tus compañeros a la ciudad y tú marcha primero junto al porquero, el que vigila los cerdos y te es fiel. Pasa allí la noche y envíale a la ciudad para que anuncie a la prudente Penélope que estás a salvo y has llegado de Pilos.»

Hablando así marchó hacia el lejano Olimpo. Despertó Telémaco al hijo de Néstor de su dulce sueño empujándole con el pie y le dijo su palabra:

«Despierta, Pisístrato, hijo de Néstor, unce al carro los caballos de una sola pezuña a fin de apresurar nuestro viaje.»

Y le contestó Pisfstrato, el hijo de Néstor:

«Telémaco, no es posible conducir en la oscura noche, aunque estemos ansiosos de ponernos en camino. Pronto despuntará la aurora. Esperemos a que el héroe Atrida Menelao, ilustre por su lanza, nos traiga sus dones, los ponga en el carro y nos despida con palabras amables; que un huésped se acuerda cada día del hombre que te ha acogido si éste le ha ofrecido su amistad.»

Así habló y al punto apareció Eos de trono de oro.

Y se les acercó Menelao, de recia voz guerrera, levantándose del lecho de junto a Helena de lindas trenzas.

Cuando lo vio el hijo de Odiseo vistió apresuradamente sobre su cuerpo la brillante túnica, echó sobre sus resplandecientes hombros un gran manto y se dirigió a la puerta. Y colocándose a su lado le dijo el querido hijo de Odiseo:

«Atrida Menelao, vástago de Zeus, pastor de tu pueblo, despídeme ya a mi querida patria, pues mi ánimo desea regresar.»

Y le contestó Menelao, de recia voz guerrera:

«Telémaco, no te detendré más tiempo si deseas volver, que también a mí me irrita quien recibe a ún huésped y te ama en exceso o en exceso te aborrece. Todo es mejor si es moderado. La misma bajeza comete quien anima a su huésped a que se vaya, cuando éste no quiere hacerlo, que quien se lo impide cuando lo desea. Hay que agasajar al huésped cuando está en tu casa, pero también despedirlo si lo desea. Mas espera a que traiga mis hermosos dones y los ponga en el carro, dones hermosos -lo verás con tus propios ojos-, y a que diga a las mujeres que preparen en palacio un almuerzo de cuanto aquí abunda. Que es honor y gloria, al tiempo que provecho, el que os marchéis por la tierra inmensa después de almorzar. Si deseas volver por la Hélade y el centro de Argos, para que yo mismo te acompañe, unciré mis caballos y te conduciré por las ciudades de los hombres. Nadie nos despedirá con las manos vacías, sino que nos darán algo para llevarnos -un trípode de buen bronce, un jarrón o dos mulos o una copa de oro.»

Y Telémaco le contestó con sensatez:

«Atrida Menelao, vástago de Zeus, caudillo de tu pueblo, quiero volver ya a mis cosas, pues no he dejado al venir ningún vigilante de mis posesiones; no quiero que por buscar a mi padre vaya a perderme yo, o que me desaparezca del palacio algún tesoro de valor.»

Luego que le oyó Menelao, de recia voz guerrera, ordenó a su esposa y esclavas que preparasen en palacio un almuerzo de cuanto allí abundaba. Acercósele después Eteoneo, hijo de Boeto, tras levantarse de la cama -pues no habitaba lejos-, y le ordenó Menelao, de recia voz guerrera, que encendiera fuego y asara carne. Y aquél no desobedeció.

Menelao ascendió a su perfumado dormitorio, pero no sólo, que junto a él marchaban Helena y Megapentes. Cuando habían llegado adonde tenía sus tesoros el Atrida Menelao, tomó una copa de doble asa y ordenó a su hijo Megapentes que llevara una crátera de plata. Helena habíase detenido junto a sus areas donde tenía peplos multicolores que ella misma había bordado. Tomó uno de éstos y se lo llevó Helena, divina entre las mujeres, el más hermoso por sus adornos y el más grande -brillaba como una estrella y estaba encima de los demás.

Conque atravesaron el palacio hasta que llegaron junto a Telémaco. Y le dijo el rubio Menelao:

«Telémaco, ¡ojalá Zeus, el tronador esposo de Hera, lo lleve a término el regreso tal como tú tu pretendes! En cuanto a los dones..., te voy a entregar el más hermoso y estimable de cuantos tesoros tengo en casa. Te voy a dar una crátera trabajada, toda ella de plata, con los bordes fundidos con oro, obra de Hefesto -me la dió el héroe Fédimo, rey de los sidonios, cuando su palacio me cobijó al regresar yo allí. Esto quiero regalarte a ti.»

Hablando así, puso en sus manos la copa de doble asa el héroe Atrida; luego el vigoroso Megapentes le acercó una crátera de plata. También se le acercó Helena, de lindas mejillas, con el peplo en sus manos, le dijo su palabra y le llamó por su nombre:

«También yo, hijo mío, te entrego este regalo, recuerdo de las manos de Helena, para que se lo lleves a tu esposa en el momento de la deseada boda, y que permanezca junto a tu madre en palacio hasta entonces. Que llegues feliz a tu bien edificada morada y a tu tierra patria.»

Así diciendo lo puso en sus manos y él lo recibió gozoso. Lo tomó después el héroe Pisístrato y lo puso en la caja del carro, no sin admirarlo con toda su alma.

Después el rubio Menelao los condujo hasta el salón y ambos se sentaron en sillas y sillones. Y una esclava derramó sobre fuente de plata el aguamanos que llevaba en hermosa jarra de oro para que se lavaran y a su lado extendió una mesa pulimentada. Y la venerable ama de llaves puso comida sobre ella y añadió abundantes piezas escogidas favoreciéndoles entre los que estaban presentes. El hijo de Boeto repartía la carne y distribuía las porciones, y el hijo del ilustre Menelao escanciaba el vino. Echaron ellos mano de los alimentos que tenían delante y, cuando habían arrojado de sí el deseo de comer y beber, Telémaco y el brillante hijo de Néstor uncieron los caballos, subieron al carro de variados colores y lo condujeron fuera del portico y de la resonante galería. Y el rubio Menelao salió tras ellos llevando en su mano derecha rojo vino en copa de oro, para que marcharan después de hacer libación.

Se colocó delante de los caballos y dijo como despedida:

«¡Salud, muchachos!, y transmitid mis saludos a Néstor, pastor de su pueblo, pues fue conmigo tierno como un padre mientras los hijos de los aqueos combatíamos en Troya.»

Y Telémaco le contestó discretamente:

«Vástago de Zeus, de verdad que al llegar comunicaremos a aquél todo, según nos lo has dicho. ¡Ojalá al volver yo a Itaca encontrara a Odiseo en casa y pudiera decirle que vengo de junto a ti y he ganado toda tu amistad!, pues llevo regalos hermosos y buenos.»

Mientras así hablaba le voló un pájaro por la derecha, un halcón que llevaba entre sus garras a un enorme ganso blanco, doméstico, de algún corral -pues le seguían gritando hombres y mujeres-; y el halcón se acercó a aquéllos y se lanzó por la derecha, frente a los caballos. A1 verlo se llenaron de contento y alegróseles a todos el ánimo.

Y entre ellos comenzó a hablar Pisfstrato, el hijo de Néstor:

«Piensa, Menelao, vástago de Zeus, caudillo de tu pueblo, si es para nosotros o para ti para quien ha mostrado el dios este presagio.»

Así dijo, y Menelao, amado de Ares, se puso a cavilar para poder contestarle oportunamente después de pensarlo.

Pero Helena, de largo peplo, tomándole delantera dijo su palabra:

«Escuchadme, voy a hacer una predicción tal como los inmortales me lo están poniendo en el pecho y como creo que se va a cumplir. Del mismo modo que este halcón ha venido del monte y arrebatado al ganso mientras se alimentaba en la casa donde está su progenie y sus padres, así Odiseo, después de mucho sufrir y mucho vagar, llegará a casa y los hará pagar, o quizá ya está en casa sembrando la muerte para todos los pretendientes.»

Y Telémaco le contestó discretamente:

«¡Ojalá lo disponga así Zeus, el tronante esposo de Hera! En este cáso te invocaría también allí como a una diosa.»

Así dijo y sacudió con el látigo a los caballos. Y éstos se lanzaron velozmente hacia la llanura precipitándose por la ciudad.

Y arrastraron el yugo por ambos lados durance todo el día. Se puso el sol y todos los caminos se llenaron de sombra cuando llegaron a Feras, a casa de Diocles, hijo de Ortíloco, a quien Alfeo engendró. Allí pasaron la noche y éste les entregó dones de hospitalidad.

Cuando se mostró Eos, la que nace de la mañana, la de dedos de rosa, uncieron sus caballos y ascendieron al carro de variados colores y lo condujeron fuera del pórtico y dc la resonante galería. Restalló el látigo para que partieran y los caballos se lanzaron muy a gusto. Por fin llegaron a la elevada ciudad de Pilos y Telémaco se dirigió al hijo de Néstor:

«Hijo de Néstor, ¿podrías cumplir mi palabra si me haces una promesa?, ya que nos preciamos de tener viejos lazos de hospitalidad por el amor de nuestros padres, además de ser de la misma edad, y este viaje nos habrá de unir más. No me lleves más allá de la nave, déjame aquí mismo, no sea que el anciano me retenga contra mi voluntad en su palacio por mor de agasajarme. Y tengo que llegar pronto.»

Así habló y el hijo de Néstor deliberó en su interior cómo cumpliría su palabra, como le correspondía. Mientras así pensaba, parecióle mejor volver sus caballos hacia la rápida nave y la ribera del mar. Así que puso en la popa los hermosísimos dones, vestidos y oro, que Menelao le había dado y apremiándole decía aladas palabras:

«Embarca enseguida y ordénaselo a tus compañeros antes que llegue yo a casa y se lo anuncie al anciano; tal como tiene de irritable el ánimo no lo dejará ir, antes bien vendrá él en persona a buscarte y te aseguro que no volvería de baldío, y se irritaría sobremanera.»

Así hablando torció sus caballos de hermosas crines hacia la ciudad de los Pilios y arribó enseguida a casa.

Entretanto, Telémaco apremiaba a sus compañeros con estas órdenes:

«Poned en orden los aparejos, compañeros, en la negra nave, y embarquemos para acelerar el viaje.»

Así habló y ellos lo escucharon y obedecieron. Conque embarcaron y se sentaron sobre los bancos.

Ocupábase él en esto, así como en orar y hacer sacrificio a Atenea junto a la proa, cuando se le acercó un forastero, uno que había huido de Argos por haber dado muerte a alguien, un adivino. Por linaje era descendiente de Melampo, quien en otro tiempo vivió en Pilos, criadora de ganados, habitando con extrema prosperidad un palacio entre los pilios. Luego marchó a otras tierras huyendo de su patria y del magnánimo Neleo, el más noble de los vivientes, quien le retuvo por la fuerza muchos bienes durante un año completo. Todo este tiempo estuvo en el palacio de Fílaco encadenado con dolorosas ligaduras, padeciendo grandes sufrimientos por causa de la hija de Neleo y la pesada ceguera que puso en su mente Erinis, la diosa horrenda.

Pero consiguió escapar de la muerte y terminó llevándose a Pilos, desde Filace, sus mugidores bueyes. Así que castigó al divino Neleo por su acción indigna y llevó a casa mujer para su hermano. Y marchó luego a otras tierras, a Argos, criadora de caballos, pues su destino era que habitara allí reinando sobre numerosos argivos. Allí tomó mujer y construyó un palacio de elevado techo. Y engendró a Antifates y Mantio, robustos hijos. Antifates engendró al magnánimo Oicleo, y Oicleo a su vez a Anfiarao, salvador de su pueblo, a quien amó de corazón Zeus, portador de égida y Apolo dispensó numerosas pruebas de amistad. Pero no llegó al umbral de la vejez, sino que pereció en Tebas por la traición de una mujer. Y sus hijos fueron Alcmeón y Anfíloco. Mantio, por su parte, engendró a Polífides y a Clito. Pero, ¡ay!, que a Clito se lo llevó Eos, de hermoso trono, por ser tan bello, así que Apolo hizo adivino al magnánimo Polífides, el mejor de los hombres, una vez que hubo muerto Anfiarao. Pero, irritado con su padre, emigró a Hiperesia y, poniendo allí su morada, profetizaba para todos los hombres.

De éste era hijo el que se acercó entonces a Telémaco y su nombre era Teoclímeno. Lo encontró haciendo libación y súplicas sobre la rápida, negra nave, y le dirigió aladas palabras:

«Amigo, ya que te encuentro sacrificando en este lugar, te ruego por las ofrendas y el dios, e incluso por tu propia cabeza y la de los compañeros que te siguen, me digas la verdad y nada ocultes a mis preguntas: ¿de dónde eres? ¿Dónde se encuentran tu ciudad y tus padres?»

Y Telémaco le contestó discretamente:

«En verdad, forastero, te voy a hablar sinceramente. De origen soy itacense y mi padre es Odiseo -si es que alguna vez ha existido; ahora, desde luego, ha perecido con triste muerte. Por esto he tomado compañeros y una negra nave para preguntar por mi padre, largo tiempo ausente.»

Y Teoclímeno, semejante a los dioses, le dijo a su vez:

«Así estoy también yo, huido de mi patria por matar a un hombre de mi propia tribu. Muchos son mis hermanos y parientes en Argos, criadora de caballos, y mucho es su poder sobre los aqueos. Por evitar la muerte y la negra Ker ando huyendo de éstos, que mi destino es vagar entre los hombres. Conque admíteme en tu nave, ya que he llegado a ti como suplicante; cuidado no me maten, pues creo que me andan persiguiendo.»

Y Telémaco a su vez le contestó discretamente:

«No, no te rechazaré de mi equilibrada nave si tanto lo deseas. Conque sígueme, te agasajaremos con lo que tengamos.»

Así hablando, tomó de sus manos la lanza de bronce y la tendió sobre la cubierta de la curvada nave, y también él ascendió a la nave surcadora del ponto. Luego que se hubo sentado en la proa, puso a Teoclímeno a su lado y soltaron amarras. Telémaco ordenó a sus compañeros que se aplicaran a los aparejos y éstos le obedecieron con prontitud. Así que levantaron el mástil de abeto y lo encajaron en el hueco travesaño, lo amarraron con cables y extendieron las blancas velas con correas bien trenzadas de piel de buey. Y la de ojos brillantes, Atenea, les envió un viento favorable, que se abalanzó impetuoso por el éter, para que la nave recorriera rápidamente en su carrera la salada agua del mar.

Pasaron bordeando Crunos y el río Calcis, de hermosa corriente. Se puso el sol y todos los caminos se llenaron de sombra, y la nave dio proa a Feas impulsada por el viento favorable de Zeus y pasó junto a la divina Elide, donde dominan los epeos. Desde allí enfiló Telémaco hacia las Islas Puntiagudas cavilando si conseguiría escapar o sería sorprendido.

Entre tanto, Odiseo y el divino porquero se daban a comer en la cabaña y junto a ellos comían otros hombres. Cuando habían echado de sí el deseo de comer y beber, se dirigió a ellos Odiseo tratando de probar si el porquero aún le seguiría agasajando gentilmente y le ordenaba quedarse en la majada o si le despachaba a la ciudad:

«Escúchame, Eumeo, y también vosotros, todos sus compañeros. Al amanecer deseo ponerme en camino hasta la ciudad para mendigar. No quiero ser ya un peso para ti y los compañeros. Pero dame indicaciones y un buen compañero que me guíe, que me lleve hasta allí. En la ciudad vagaré por mi cuenta, por si alguien me larga un vaso de vino y un mendrugo. También me presentaré en el palacio del divino Odiseo para dar noticias a la prudente Penélope y quizás me acerque a los soberbios pretendientes por si me dan de comer, que tienen alimentos en abundancia. Con diligencia haría yo cuanto quisieran, porque te voy a decir una cosa -y tú ponla en tu mente y escúchame-: por la gracia de Hermes, el mensajero, el que da gracia y honor a las obras de los hombres, ningún hombre podría competir conmigo en habilidad para remejer el fuego y quemar leña seca, para trinchar, asar y escanciar; en fin, para cuanto los plebeyos sirven a los nobles.»

Y tú, porquero Eumeo, le dijiste irritado:

«Ay, forastero, ¿por qué te ha venido a la mente ese proyecto? Lo que tú deseas en verdad es morir allí si pretendes mezclarte con el grupo de los pretendientes, cuya soberbia y violencia han llegado al férreo cielo. No son como tú los que sirven a aquéllos; son jóvenes bien vestidos de manto y túnica, siempre brillantes de cabeza y rostro quienes les sirven. Y las bien pulimentadas mesas están repletas de pan y carne y de vino. Conque quédate aquí. Nadie te va a molestar mientras estés conmigo, ni yo ni los compañeros que tengo. Y cuando llegue el querido hijo de Odiseo te vestirá de manto y túnica y te despedirá a donde tu corazón te empuje.»

Y le contestó a continuación el sufridor, el divino Odiseo:

«¡Ojalá, Eumeo, llegues a ser tan amado del padre Zeus como tu eres de mí por librarme del vagabundeo y de la miseria! Que no hay nada peor para el hombre que ser vagabundo; por culpa del maldito estómago sufren pesares los hombres a quienes les llega el vagar, la desgracia y el dolor. Pero ya que me retienes y aconsejas que aguarde a aquél, háblame de la madre del divino Odiseo y de su padre, a quien aquél abandonó cuando se acercaba al umbral de la vejez; dime si viven aún bajo los rayos del sol o ya han muerto y están en la morada de Hades.»

Y le contestó el porquero, caudillo de hombres:

«En verdad, huésped, te voy a hablar con toda sinceridad. Laertes vive todavía, aunque todos los días le pide a Zeus morir en su palacio, pues se lamenta terriblemente por su ausente hijo y por su prudente esposa que le dejó afligido al morir y le puso en la más cruel vejez. Ella murió de dolor por su ilustre hijo, de muerte cruel -¡que nadie muera así de quienes viviendo aquí conmigo me son amigos y obran como amigos! Mientras ella vivió, aunque entre dolores, me agradaba hablarle y preguntarle, ya que ella me había criado junto con Ctimena de luengo peplo, ilustre hija suya, a quien parió la última de sus hijos. Junto con ésta me crié y poco menos que a ésta me quería su madre. Pero cuando llegamos ambos a la amable juventud, entregaron a Ctimena como esposa a alguien de Same, recibiendo una buena dote, y a mí me vistió de hermosos túnica y manto y, dándome calzado para mis pies, me envió al campo. Y me amaba de corazón. Ahora echo en falta todo aquello, pero con todo, los dioses felices están haciendo prosperar la labor de la que me ocupo. De aquí como y bebo a incluso doy a los necesitados, pero no me es dado oír las palabras ni las obras de mi dueña desde que ha caído sobre el palacio esa peste de hombres soberbios. Y eso que los siervos necesitamos mucho hablar con la dueña y conocer todas las órdenes y comer y beber e, incluso, llevarnos algo al campo; cosas, en fin, que alegran siempre el corazón de los siervos.»

Y contestándole dijo el muy astuto Odiseo:

«¡Ay, ay!, así que ya de pequeño, porquero Eumeo, anduviste errante lejos de tu patria y de tus padres. Vamos, dime –y cuéntame con verdad– si fue devastada la ciudad de amplias calles en que habitaban tu padre y tu venerable madre, o si te capturaron hombres enemigos cuando te hallabas solo junto a tus ovejas o bueyes y te trajeron en sus naves a venderte en casa de este hombre, quien seguro que entregó un precio digno de ti.»

Y a su vez le contestó el porquero, caudillo de hombres:

«Forastero, ya que me preguntas esto e inquieres, escucha en silencio, goza y recuéstate a beber vino. Interminables son estas noches: hay para dormir y para escuchar complacido. No tienes por qué acostarte antes de tiempo, que el mucho dormir es dañino. De los demás, si a alguien le impulsa el corazón, que salga a acostarse y al despuntar la aurora desayúnese y conduzca los cerdos del dueño. Pero nosotros gocemos con nuestras tristes penas, recordándolas mientras bebemos y comemos en mi cabaña, que también un hombre goza con sus penas cuando ya tiene mucho sufrido y mucho trajinado. Así que te voy a contar lo que me preguntas.

«Hay una isla llamada Siría -no sé si la conoces de oídas- por cima de Ortigia, donde el sol da la vuelta; no es excesivamente populosa, pero es buena, cría buenos pastos y buenos animales, abunda en vino y en trigo. La pobreza jamás se acerca al pueblo y las odiosas enfermedades tampoco rondan a los mortales. Sólo cuando envejecen sus habitantes en la ciudad se acerca Apolo, el del arco de plata, junto con Artemis, y los matan acechándolos con sus suaves dardos. Allí hay dos ciudades y todo está repartido entre ellas. Sobre las dos reinaba mi padre, Ktesio Ormenida, semejante a los inmortales.

«Conque un día llegaron allí unos fenicios, célebres por sus naves, unos lañas, llevando en su negra nave muchas maravillas. Mi padre tenía en palacio una mujer fenicia, hermosa y grande, conocedora de labores brillantes. Entonces los muy taimados fenicios la sedujeron. Cuando estaba lavando, un fenicio se unió con ella en amor y lecho junto a la cóncava nave, cosa que trastorna la mente de las hembras, incluso de la que es laboriosa. Luego le preguntó quién era y de dónde procedía, y ella le habló enseguida del palacio de elevado techo de su padre: "Me precio de ser de Sidón, abundante en bronce, y soy hija del poderoso y rico Arybante, pero me raptaron unos piratas de Tafos cuando volvía del campo y me trajeron a casa de este hombre para venderme, y él pagó un precio digno de mí."

«Y le contestó el hombre que se había unido a hurtadillas con ella: "Bien podrías volver con nosotros a casa para que puedas ver el palacio de elevado techo de tu padre y madre y a ellos mismos, que todavía viven y se los llama ricos." Y la mujer se dirigió a él y le contestó con su palabra: "Bien podría ser así, marineros, pero sólo si me queréis asegurar con juramento que me llevaréis intacta a casa." Así dijo y todos juraron como ella les pidió.

«Conque cuando habían concluido su juramento, de nuevo les dijo y contestó con su palabra: "Chitón ahora, que ninguno de vuestros compañeros me dirija la palabra si me encuentra en la calle o junto a la fuente, no sea que alguien vaya a casa y se lo cuente al viejo y éste lo barrunte y me sujete con dolorosas ligaduras y a vosotros os prepare la muerte. Así que retened mis palabras en vuestra mente y apresurad la compra de lo necesario para el viaje. Y cuando la nave se encuentre llena de alimentos, que alguien venga al palacio con rapidez para comunicármelo. Os traeré oro, cuanto halle a mano, y estoy dispuesta a daros otras cosas como pasaje: en efecto, yo cuido en palacio del hijo de este hombre, un crío ya muy despierto, pues corretea conmigo hasta la puerta. Podría llevármelo a la nave y os produciría un buen precio si vais a venderlo a cualquier parte en el extranjero." Así diciendo, marchó al hermoso palacio.

«Los fenicios permanecieron todo el año con nosotros y llenaron su negra nave con bienes mercados. Y cuando su cóncava nave ya estaba cargada para volver, enviaron un mensajero a la mujer para que les diera el recado. Llegó al palacio de mi padre un hombre muy astuto con un collar de oro engastado con electro. Las esclavas del palacio y mi venerable madre lo palpaban con sus manos y lo contemplaban con sus ojos, prometiendo un buen precio. Y él hizo una seña a la mujer sin decir palabra y luego marchó a la cóncava nave. Ella me tomó de la mano y me sacó fuera. Encontró en el pórtico copas y mesas de unos convidados que frecuentaban la casa de mi padre. Habíanse marchado éstos a la asamblea y al lugar de reunión del pueblo, así que escondió tres copas en su regazo y se las llevó y yo en mi inocencia la seguía. Se puso el sol y todos los caminos se llenaron de sombra, cuando, marchando a buen paso, llegamos al ilustre puerto donde estaba la veloz nave de los fenicios.

«Embarcaron haciéndonos subir a los dos y navegaban los húmedos caminos. Y Zeus envió viento favorable.

«Durante seis días navegamos sin parar, día y noche, y cuando el Cronida Zeus nos trajo el séptimo día, Artemis Flechadora alcanzó a la mujer y ésta se desplomó con ruido sobre la sentina como una gaviota del mar. Así que la arrojaron por la borda para que fuera pasto de focas y peces y yo quedé solo acongojado en mi corazón.

«El viento que los llevaba y el agua los impulsaron a Itaca, donde Laertes me compró con su dinero. Así es como llegué a ver con mis ojos esta tierra.»

Y Odiseo, de linaje divino, le contestó con su palabra:

«Eumeo, mucho en verdad has conmovido mi corazón dentro del pecho al contar detalladamente cuánto has sufrido, pero también Zeus te ha puesto un bien al lado de un mal, ya que llegaste -sufriendo mucho- al palacio de un hombre bueno que te proporciona gentilmente comida y bebida, y llevas una existencia agradable.

«En cambio, yo he llegado aquí después de recorrer sin rumbo muchas ciudades de mortales.»

Esto es lo que se contaban mutuamente y se echaron a dormir, pero no mucho tiempo, un poquito sólo, porque enseguida se presentó Eos, de trono de oro.

En esto los compañeros de Telémaco, ya en tierra, desataron las velas, quitaron el mástil rápidamente y se dirigieron luego remando hacia el fondeadero. Arrojaron el ancla y amarraron el cable; luego desembarcaron sobre la ribera del mar, se prepararon el almuerzo y mezclaron rojo vino. Y cuando habían echado de sí el deseo de comer y beber, comenzó Telémaco a hablarles con discreción:

«Llevad vosotros la negra nave a la ciudad, que yo voy a inspeccionar los campos y los pastores. Por la tarde bajaré a la ciudad después de ver mis labores. Y al amanecer os voy a ofrecer un buen banquete de carnes y agradable vino como recompensa por el viaje.»

Y Teoclímeno, semejante a los dioses, se dirigió a él:

«¿Adónde iré yo, hijo mío? ¿A qué palacio voy a ir de los que dominan en la pedregosa Itaca? ¿Acaso marcharé directamente a tu palacio y al de tu madre?»

Y Telémaco le contestó discretamente:

«En otras circunstancias te pediría que fueras a nuestro palacio -y no echarías en falta dones de hospitalidad-, pero será peor para ti, pues yo voy a estar ausente y mi madre no podrá verte, que no se deja ver a menudo en la casa ante los pretendientes, sino que trabaja su telar lejos de éstos en el piso de arriba. Así que te diré de un hombre a cuya casa podrías ir: Eurímaco, hijo brillante del prudente Pólibo, a quien los itacenses miran como a un dios, pues es con mucho el más excelente y quien más ambiciona casar con mi madre y conseguir la dignidad de Odiseo. Pero sólo Zeus Olímpico, el que habita en el éter, sabe si les va a proporcionar antes de las nupcias el día de la destrucción.»

Cuando así hablaba le sobrevoló un pájaro por la derecha, un halcón, veloz mensajero de Apolo. Desplumaba entre sus patas una paloma y las plumas cayeron a tierra entre la nave y el mismo Telémaco.

Conque Teoclímeno, llamándolo aparte, lejos de sus compañeros, le tomó de la mano, le dijo su palabra y le llamó por su nombre:

«Telémaco, este pájaro te ha volado por la derecha no sin la voluntad del dios, pues al verlo de frente me he percatado que era un ave agüeral. Así que no existe otra estirpe más regia que la vuestra en el pueblo de Itaca. Siempre seréis dominadores.»

Y Telémaco le contestó a su vez discretamente:

«Forastero, ¡ojalá se cumpliera esa palabra! Pronto sabrías de mi afecto y mis muchos dones, de forma que cualquiera que te encontrara te llamaría dichoso.»

Dijo, y se dirigió a Pireo, fiel compañero:

«Pireo Clitida, tú eres quien más me has obedecido de estos compañeros en lo demás; lleva también ahora al forastero a tu casa y agasájale gentilmente y respétalo hasta que yo llegue.»

Y Pireo, famoso por su lanza, le contestó:

«Telémaco, aunque te quedes aquí mucho tiempo yo me llevaré a éste y no echará en falta dones de hospitalidad.»

Así diciendo, subió a la nave y apremió a los compañeros para que embarcaran también ellos y soltaran amarras. Conque subieron y se sentaron sobre los bancos. Telémaco ató bajo sus pies hermosas sandalias y tomó su ilustre lanza, aguzada con agudo bronce, de la cubierta del navío. Los compañeros soltaron amarras y echando la nave al mar enfilaron hacia la ciudad como se lo había ordenado Telémaco, el querido hijo del divino Odiseo.

Y sus pies lo llevaban veloz, dando grandes zancadas, hasta que llegó a la majada donde tenía las innumerables cerdas, con las que pasaba la noche el porquero, que era noble, que conocía la bondad hacia sus dueños.

Ejercicios: Capítulo 11-15

1- Haz una lista con los personajes que aparecen en el capítulo:

2- Señala los personajes que consideres más importantes, y explica por qué (excluye aquellos que ya hayas descrito en el capitulo anterior):

_____

_____

_____

_____

_____

_____

_____

_____

324

3- Escribe una breve reseña biográfica acerca de los personajes que consideraste más importantes(excluye aquellos que ya hayas descrito en el capitulo anterior):

4- Describe los sucesos y acontecimientos más importantes del capítulo:

5- Si pudieras aconsejar a los personajes, ¿Qué consejos les darías –y por qué?

_____

_____

_____

_____

_____

_____

_____

6- Haz una lista con los puntos que consideras más importantes:

_____

_____

_____

_____

_____

_____

_____

_____

_____

_____

_____

7- ¿Qué diálogos te parecen más interesantes?

_____

_____

_____

_____

_____

_____

_____

8- ¿Qué palabras tuviste que buscar en el diccionario?

_____
_____
_____
_____
_____

9- ¿De qué manera se relaciona este capítulo con el capitulo anterior?

_____
_____
_____
_____
_____
_____
_____
_____
_____
_____
_____
_____

10- ¿Cuál es tu opinión personal acerca de esta lectura?

_____
_____
_____
_____
_____
_____
_____
_____

TELÉMACO RECONOCE A ODISEO

En esto Odiseo y el divino porquero se preparaban el desayuno al despuntar la aurora dentro de la cabaña, encendiendo fuego -habían despedido a los pastores junto con las manadas de cerdos. Cuando se acercaba Telémaco, no ladraron los perros de incesantes ladridos, sino que meneaban la cola.

Percatóse el divino Odiseo de que los perros meneaban la cola, le vino un ruido de pasos y enseguida dijo a Eumeo aladas palabras:

«Eumeo, sin duda se acerca un compañero o conocido, pues los perros no ladran, sino que menean la cola. Y oigo ruido de pasos.»

No había acabado de decir toda su palabra, cuando su querido hijo puso pie en el umbral. Levantóse sorprendido el porquero y de sus manos cayeron los cuencos con los que se ocupaba de mezclar rojo vino. Salió al encuentro de su señor y besó su rostro, sus dos hermosos ojos y sus manos; y le cayó un llanto abundante. Como un padre acoge con amor a su hijo que vuelve de lejanas tierras después de diez años, a su único hijo amado por quien sufriera indecibles pesares, así el divino porquero besó a Telémaco, semejante a los inmortales, abrazando todo su cuerpo como si hubiera escapado de la muerte. Y, entre lamentos, decía aladas palabras:

«Has venido, Telémaco, como dulce luz. Creía que ya no volvería a verte más cuando marchaste a Pilos con tu nave. Vamos, entra, hijo mío, para que goce mi corazón contemplándote recién llegado de otras tierras. Que no vienes a menudo al campo ni junto a los pastores, sino que te quedas en la ciudad, pues es grato a tu ánimo contemplar el odioso grupo de los pretendientes.»

Y Telémaco le contestó a su vez discretamente:

«Así se hará, abuelo, que yo he venido aquí por ti, para verte con mis ojos y oír de tus labios si mi madre está todavía en palacio o ya la ha desposado algún hombre; que la cama de Odiseo está llena de telarañas por falta de quien se acueste en ella.»

Y se dirigió a él el porquero, caudillo de hombres:

«¡Claro que permanece ella en tu palacio con ánimo paciente! Las noches se le consumen entre dolores y los días entre lágrimas.»

Así diciendo, tomó de sus manos la lanza de bronce. Entonces Telémaco se puso en camino y traspasó el umbral de piedra, y cuando entraba, su padre le cedió el asiento. Pero Telémaco le contuvo y dijo:

«Siéntate, forastero, que ya encontraremos asiento en otra parte de nuestra majada. Aquí está el hombre que nos lo proporcionará.»

Así diciendo, volvió a sentarse. El porquero le extendió ramas verdes y por encima unas pieles, donde fue a sentarse el querido hijo de Odiseo. También les acercó el porquero fuentes de carne asada que habían dejado de la comida del día anterior, amontonó rápidamente pan en canastas y mezcló en un jarro vino agradable. Y luego fue a sentarse frente al divino Odiseo.

Conque echaron mano de los alimentos que tenían delante y cuando habían arrojado de sí el deseo de comer y beber, Telémaco se dirigió al divino porquero:

«Abuelo, ¿de dónde ha llegado este forastero? ¿Cómo le han traído hasta Ítaca los marineros? ¿Quiénes se preciaban de ser? Porque no creo que haya llegado a pie hasta aquí.»

Y tú le contestaste, porquero Eumeo, diciendo:

«En verdad, hijo, te voy a contar toda la verdad. De origen se precia de ser de la vasta Creta y asegura que ha recorrido errante muchas ciudades de mortales. Que así se lo ha hilado el destino. Ahora ha llegado a mi majada huyendo de la nave de unos tesprotos y yo te lo encomiendo a ti; obra como gustes, se precia de ser tu suplicante.»

Y Telémaco le contestó discretamente:

«Eumeo, en verdad has dicho una palabra dolorosa. ¿Cómo voy a recibir en mi casa a este huésped? En cuanto a mí, soy joven y no confío en mis brazos para rechazar a un hombre si alguien lo maltrata. Y en cuanto a mi madre, su ánimo anda cavilando en su interior si permanecerá junto a mí y cuidará de su casa por vergüenza del lecho de su esposo y de las habladurías del pueblo, o si se marchará ya en pos del más excelente de los aqueos que la pretenda y le ofrezca más riquezas.

«Pero ya que ha llegado a tu casa, vestiré al forastero con manto y túnica, hermosos vestidos, y le daré afilada espada y sandalias para sus pies y le enviaré a donde su ánimo y su corazón lo empujen. Pero si quieres, retenlo en la majada y cuídate de él, que yo enviaré ropas y toda clase de comida para que no sea gravoso ni a ti ni a tus compañeros. Sin embargo, yo no la dejaría ir adonde están los pretendientes -pues tienen una insolencia en exceso insensata-, no sea que le ultrajen y a mí me cause una pena terrible; es difícil que un hombre, aunque fuerte, tenga éxito cuando está entre muchos, pues éstos son, en verdad, más poderosos.»

Y le dijo el sufridor, el divino Odiseo:

«Amigo -puesto que me es permitido contestarte-, mucho se me ha desgarrado el corazón al escuchar de vuestros labios cuántas obras insolentes realizan los pretendientes en el palacio contra tu voluntad, siendo como eres. Dime si te dejas dominar de buen grado o es que te odia la gente del pueblo, siguiendo una inspiración de la divinidad, o si tienes algo que reprochar a tus hermanos, en los que un hombre suele confiar cuando surge una disputa por grande que sea. ¡Ojalá fuera yo así de joven -con los impulsos que siento- o fuera hijo del irreprochable Odiseo u Odiseo en persona que vuelve después de andar errante! -pues aún hay una parte de esperanza-. ¡Que me corte la cabeza un extranjero si no me convertía en azote de todos ellos, presentándome en el megaron de Odiseo Laertíada! Pero si me dominaran por su número, solo como estoy, preferiría morir en mi palacio asesinado antes que ver continuamente estas acciones vergonzosas: maltratar a forasteros y arrastrar por el palacio a las esclavas, sacar vino continuamente y comer el pan sin motivo, en vano, para un acto que no va a tener cumplimiento».

Y Telémaco le contestó discretamente:

«Forastero, te voy a hablar sinceramente. No me es hostil todo el pueblo porque me odie, ni tengo nada que reprochar a mis hermanos, en los que un hombre suele confiar cuando surge una disputa, por grande que sea. Que el Cronida siempre dio hijos únicos a nuestra familia: Arcisío engendró a Laertes, hijo único, y a Odiseo lo engendró único su padre; a su vez Odiseo, después de engendrarme sólo a mí, me dejó en el palacio sin poder disfrutarme.

«Ello es que cuantos nobles dominan en las islas, Duliquio, Same y la Boscosa Zante, y cuantos mandan en la escarpada Itaca pretenden a mi madre y arruinan mi hacienda. Ella no se niega a este odioso matrimonio ni es capaz de poner un término, así que los pretendientes consumen mi casa y creo que pronto acabarán incluso conmigo mismo. Pero en verdad esto está en las rodillas de los dioses.

«Abuelo, tú marcha rápido y di a la prudente Penélope que estoy a salvo y he llegado de Pilos. Entre tanto, yo permaneceré aquí y tú vuelve después de darle a ella sola la noticia; que no se entere ninguno de los demás aqueos, pues son muchos los que maquinan la muerte contra mí.»

Y tú le contestaste, porquero Eumeo, diciendo:

«Lo sé, me doy cuenta, se lo ordenas a quien lo comprende. Pero, vamos, vamos, dime -y contéstame con verdad- si hago el mismo camino para anunciárselo al desdichado Laertes, quien mientras tanto ha estado vigilando entre lamentos la labor de Odiseo y comía y bebía con los esclavos cuando su ánimo le empujaba a ello. En cambio, ahora desde que tú marchaste a Pilos con la nave, dicen que ya ni come ni bebe ni vigila la labor, sino que permanece sentado entre llantos y se le seca la piel pegada a los huesos.»

Y Telémaco le contestó discretamente:

«Es triste, pero lo dejaremos aunque nos duela, que si todo dependiera de los mortales, primero elegiríamos el día del regreso del padre. Conque marcha con la noticia y no andes por los campos en busca de Laertes. Ahora bien, dirás a mi madre que envíe a escondidas a la despensera y pronto, pues ésta se lo puede comunicar al anciano.»

Así dijo y apremió al porquero. Tomó éste las sandalias y atándolas a sus pies se dirigió hacia la ciudad. No se le ocultó a Atenea que el porquero Eumeo había salido de la majada y se acercó allí asemejándose a una mujer hermosa y grande, conocedora de labores brillantes.

Se detuvo a la puerta de la cabaña y se le apareció a Odiseo.

Telémaco no la vio ni se percató -pues los dioses no se hacen visibles a todos los mortales-, pero la vieron Odiseo y los perros, aunque no ladraron, sino que huyeron espantados entre gruñidos a otra parte de la majada.

Atenea hizo señas con sus cejas, diose cuenta el divino Odiseo y salió de la habitación junto a la larga pared del patio. Se puso cerca de ella y Atenea le dijo:

«Hijo de Laertes, de linaje divino, Odiseo rico en ardides; manifiesta ya tu palabra a tu hijo y no se la ocultes más, a fin de que preparéis la muerte y Ker para los pretendientes y marchéis a la ínclita ciudad. Tampoco yo estaré mucho tiempo lejos de ellos, pues estoy ansiosa de luchar.»

Así dijo Atenea y lo tocó con su varita de oro. Primero puso en su cuerpo un manto bien limpio y una túnica, y aumentó su estatura y juventud. Luego volvió a tornarse moreno, sus mandíbulas se extendieron y de su mentón nació negra barba.

Cuando hubo realizado esto, marchó Atenea y Odiseo se encaminó a la cabaña. Su hijo se asombró al verlo y volvió la vista a otro lado no fuera un dios, y hablándole dijo aladas palabras:

«Forastero, ahora me pareces distinto de antes; tienes otros vestidos y tu piel no es la misma. En verdad eres un dios de los que poseen el vasto Olimpo. Sé benevolente para que te entregue en agradecimiento objetos sagrados y dones de oro bien trabajado. Cuídate de nosotros.»

Y le contestó el sufridor, el divino Odiseo:

«No soy un dios -¿por qué me comparas con los inmortales?-- sino tu padre por quien sufres dolores sin cuento soportando entre lamentos las acciones violentas de esos hombres.»

Así hablando besó a su hijo y dejó que el llanto cayera a tierra de sus mejillas, pues antes lo estaba conteniendo, siempre inconmovible.

Y Telémaco -aún no podía creer que era su padre-, le dijo de nuevo contestándole:

«Tú no eres Odiseo, mi padre, sino un demón que me hechiza para que me lamente con más dolores todavía, pues un hombre no sería capaz con su propia mente de maquinar esto si un dios en persona no viene y le hate a su gusto y fácilmente joven o viejo. Que tú hace poco eras viejo y vestías ropas desastrosas, en cambio ahora pareces un dios de los que poseen el vasto cielo.»

Y contestándole dijo Odiseo rico en ardides:

« Telémaco, no está bien que no te admires muy mucho ni te alegres de que tu padre esté en casa. Ningún otro Odiseo te vendrá ya aquí, sino éste que soy yo, tal cual soy, sufridor de males, muy asendereado, y he llegado a los veinte años a mi patria. En verdad esto es obra de Atenea la Rapaz que me convierte en el hombre que ella quiere -pues puede-: unas veces semejante a un mendigo y otras a un hombre joven vestido de hermosas ropas, que es fácil para los dioses que poseen el vasto cielo exaltar a un mortal o arruinarlo.»

Así hablando se sentó, y Telémaco, abrazado a su padre, sollozaba derramando lágrimas. A los dos les entró el deseo de llorar y lloraban agudamente, con más intensidad que los pájaros -pigargos o águilas de curvadas garras-, a quienes los campesinos han arrebatado las crías antes de que puedan volar. Así derramaban ellos bajo sus párpados un llanto que daba lástima. Y se hubiera puesto el sol mientras sollozaban, si Telémaco no se hubiera dirigido enseguida a su padre:

«Padre mío, ¿en qué nave te han traído a Itaca los marineros?, ¿quiénes se preciaban de ser?, pues no creo que hayas llegado aquí a pie.»

Y le contestó el sufridor, el divino Odiseo:

«Desde luego, hijo, te voy a decir la verdad. Me han traído los feacios, célebres por sus naves, quienes escoltan también a otros hombres que llegan hasta ellos. Me han traído dormido sobre el ponto en rápida nave y me han depositado en Itaca, no sin entregarme brillantes regalos -bronce, oro en abundancia y ropa tejida-. Todo está en una gruta por la voluntad de los dioses. Así que por fin he llegado aquí por consejo de Atenea, para que decidamos sobre la muerte de mis enemigos. Conque, vamos, enumérame a los pretendientes para que yo vea cuántos y quiénes son, que después de reflexionar en mi irreprochable ánimo te diré si podemos enfrentarnos a ellos nosotros dos sin ayuda, o buscamos a otros.»

Y Telérnaco le contestó discretamente:

«Padre, siempre he oído la fama que tienes de ser buen luchador con las manos y prudente en tus resoluciones, pero has dicho algo extesivamente grande -¡me atenaza la admiración!-, pues no sería posible que dos hombres lucharan contra muchos y aguerridos.

»Respecto a los pretendientes no son una decena ni sólo dos, sino muchas más. Enseguida sabrás su número: de Duliquio son cincuenta y dos jóvenes selectos -y le siguen seis escuderos-; de Same proceden veinticuatro hombres, de Zante veinte hijos de aqueos y de Itaca misma doce, todos excelentes, con quienes están el heraldo Medonte, el divino aedo y dos siervos conocedores de los servicios del banquete. Si nos enfrentáramos a todos ellos mientras están dentro, temo que no podrías castigar -aunque hayas vuelto- sus violencias en forma amarga y terrible.

»Pero si puedes pensar en alguien que nos defienda, dímelo, alguien que con ánimo amigo nos sirva de ayuda.»

Y le contestó el sufridor, el divino Odiseo:

«Te lo diré; ponlo en tu pecho y escúchame. Piensa si Atenea -en unión del padre Zeus- nos pueden defender o tengo que pensar en otro aliado.»

Y Telémaco le contestó discretamente:

«Excelentes en verdad son los dos aliados de que me hablas, pues se apuestan arriba, entre las nubes, y ambos dominan a los hombres y a los dioses inmortales.»

Y le contestó el sufridor, el divino Odiseo:

«Sí, en verdad no estarán mucho tiempo lejos de la fuerte lucha cuando la fuerza de Ares juzgue en mi palacio entre los pretendientes y nosotros. Pero tú marcha a casa al despuntar la aurora y reúnete con los soberbios pretendientes, que a mí me conducirá después el porquero bajo el aspecto de un mendigo miserable y viejo.

«Si me deshonran en el palacio, que tu corazón soporte el que yo reciba malos tratos, aunque me arrastren por los pies hasta la puerta o incluso me arrojen sus dardos. Tú mira y aguanta, pero ordénales, eso sí, que repriman sus insensateces dirigiéndote a epos con palabras dulces. Aunque no te harán caso, pues ya tienen a su lado el día de su destino. Te voy a decir otra cosa que has de poner en tus mientes: cuando Atenea, de muchos pensamientos, lo ponga en mi interior, te haré señas con la cabeza; tú entonces calcula cuántas arenas guerreras hay en el mégaron y sube a depositarlas en lo más profundo de la habitación del piso de arriba. Cuando te pregunten los pretendientes ansiosamente, contéstales con suaves palabras: "Las he retirado del fuego, pues ya no se parecen a las que dejó Odiseo cuando marchó a Troya, que están manchadas hasta donde las llega el aliento del fuego. Además el Cronida ha puesto en mi pecho una razón más importante: no sea que os llenéis de vino y levantando una disputa entre vosotros, lleguéis a heriros mutuamente y a llenar de vergüenza el banquete y vuestras pretensiones de matrimonio; que el hierro por sí sólo arrastra al hombre." Luego deja sólo para nosotros dos un par de espadas y otro de lamas y

dos escudos para nuestros brazos, a fin de que los sorprendamos echándonos sobre ellos. Te voy a decir otra cosa -y tú ponla en tu interior-: si de verdad eres mío y de mi propia sangre, que nadie se entere de que Odiseo está en casa; que no lo sepa Laertes ni el porquero, ni ninguno de los siervos ni siquiera la misma Penélope, sino solos tú y yo. Conozcamos la actitud de las mujeres y pongamos a prueba a los siervos, a ver quién nos honra y quién no se cuida y te deshonra, siendo quien eres.»

Y contestándole dijo su ilustre hijo:

«Padre, creo que de verdad vas a conocer mi coraje -y enseguida-, pues no es precisamente la irreflexión lo que me domina. Pero, con todo, no creo que vayamos a sacar ganancia ninguno de los dos. Te insto a que reflexiones, pues vas a recorrer en vano durante un tiempo los campos para probar a cada hombre, mientras ellos devoran tranquilamente en palacio nuestros bienes, insolentemente y sin cuidarse de nada. Te aconsejo, por el contrario, que trates de conocer a las siervas, las que te deshonran y las que te son inocentes. No me agradaría que fuéramos por las majadas poniendo a prueba a los hombres; ocupémonos después de esto, si es que en verdad conoces algún presagio de Zeus, portador de égida.»

Mientras así hablaban, arribó a Itaca la bien trabajada nave que había traído de Pilos a Telémaco y compañeros.

Cuando éstos entraron en el profundo puerto, empujaron a la negra nave hacia el litoral y sus valientes servidores les llevaron las armas. Luego llevaron a casa de Clitio los hermosos dones y enviaron un heraldo al palacio de Odiseo para comunicar a Penélope que Telémaco estaba en el campo y había ordenado llevar la nave a la ciudad para que la ilustre reina no sintiera temor ni derramara tiernas lágrimas.

Encontráronse el heraldo y el divino porquero para comunicar a la mujer el mismo recado y, cuando ya habían llegado al palacio del divino rey, fue el heraldo quien habló en medio de las esclavas.

«Reina, tu hijo ha llegado.»

Luego el porquero se acercó a Penélope y le dijo lo que su hijo le había ordenado decir. Cuando hubo acabado todo su encargo, se puso en camino hacia los cerdos abandonando los patios y el palacio.

Los pretendientes estaban afligidos y abatidos en su corazón; salieron del mégaron a lo largo de la pared del patio y se sentaron allí mismo, cerca de las puertas. Y Eurímaco, hijo de Pólibo, comenzó a hablar entre ellos:

«Amigos, gran trabajo ha realizado Telémaco con este viaje; ¡y decíamos que no lo llevaría a término! Vamos, botemos una negra nave, la mejor, y reunamos remeros que vayan enseguida a anunciar a aquéllos que ya está de vuelta en casa.»

No había terminado de hablar, cuando Anfínomo volviéndose desde su sitio, vio a la nave dentro del puerto y a los hombres amainando velas o sentados al remo. Y sonriendo suavemente dijo a sus compañeros:

«No enviemos embajada alguna; ya están aquí. O se lo ha manifestado un dios o ellos mismos han visto pasar de largo a la nave y no han podido alcanzarla.»

Así dijo, y ellos se levantaron para encaminarse a la ribera del mar. Enseguida empujaron la negra nave hacia el litoral y sus valientes servidores les llevaron las armas. Marcharon todos juntos a la plaza y no permitieron que nadie, joven o viejo, se sentara a su lado. Y comenzó a hablar entre ellos Antínoo, hijo de Eupites:

«¡Ay, ay, cómo han librado del mal los dioses a este hombre! Durante días nos hemos apostado vigilantes sobre las ventosas cumbres, turnándonos continuamente. Al ponerse el sol, nunca pasábamos la noche en tierra sino en el mar, esperando en la rápida nave a la divina Eos, acechando a Telémaco para sorprenderlo y matarlo. Pero entre tanto un dios le ha conducido a casa.

Con que meditemos una triste muerte para Telémaco aquí mismo y que no se nos escape, pues no creo que mientras él viva consigamos cumplir nuestro propósito, que él es hábil en sus resoluciones y el pueblo no nos apoya del todo.

«Vamos, antes de que reúna a los aqueos en asamblea..., pues no creo que se desentienda, sino que, rebosante de cólera, se pondrá en pie para decir a todo el mundo que le hemos trenzado la muerte y no le hemos alcanzado. Y el pueblo no aprobará estas malas acciones cuando le escuche.

¡Cuidado, no vayan a causarnos daño y nos arrojen de nuestra tierra -y tengamos que marchar a país ajeno-! Conque apresurémonos a matarlo en el campo lejos de la ciudad, o en el camino. Podríamos quedarnos con su bienes y posesiones repartiéndolas a partes iguales entre nosotros y entregar el palacio a su madre y a quien case con ella, para que se lo queden. Pero si estas palabras no os agradan, sino que preferís que él viva y posea todos sus bienes patrios, no volvamos desde ahora a reunirnos aquí para comer sus posesiones; que cada uno pretenda a Penélope asediándola con regalos desde su palacio, y quizá luego case ella con quien le entregue más y le venga destinado. »

Así habló y todos quedaron en silencio. Entonces se levantó y les dijo Anfínomo, ilustre hijo de Niso, el soberano hijo de Aretes (éste era de Duliquio, rica en trigo y pastos, y capitaneaba a los pretendientes; era quien más agradaba a Penélope por sus palabras, pues estaba dotado de buenas mientes)... Con sentimientos de amistad hacia ellos se levantó y dijo:

«Amigos, yo al menos no desearía acabar con Telémaco, pues la raza de los reyes es terrible de matar. Así que conozcamos primero la decisión de los dioses. Si la voluntad del gran Zeus lo aprueba, yo seré el primero en matarlo y os incitaré a los demás, pero si los dioses tratan de impedirlo, os aconsejo que pongáis término.»

Así dijo Anfínomo y les agradó su palabra. Se levantaron al punto y se encaminaron a casa de Odiseo y llegados allí se sentaron en pulidos sillones.

Entonces Penélope decidió mostrarse ante los pretendientes, poseedores de orgullosa insolencia, pues se había enterado de que pretendían matar a su hijo en palacio -se lo había dicho el heraldo Medonte, que conocía su decisión. Se puso en camino hacia el mégaron junto con sus siervas y cuando hubo llegado junto a los pretendientes, la divina entre las mujeres, se detuvo junto a una columna del bien labrado techo, sosteniendo delante de sus mejillas un grueso velo. Censuró a Antínoo, le dijo su palabra y le llamó por su nombre:

«Antínoo, insolente, malvado; dicen en Itaca que eres el mejor entre tus compañeros en pensamiento y palabra, pero no eres tal. ¡Ambicioso!, por qué tramas la muerte y el destino para Telémaco y no prestas atención a los suplicantes, cuyo testigo es Zeus? No es justo tramar la muerte uno contra otro. ¿Es que no recuerdas cuando tu padre vino aquí huyendo por terror al pueblo, pues éste rebosaba de ira porque tu padre, siguiendo a unos piratas de Tafos, había causado daño a los tesprotos que eran nuestros aliados? Querían matarlo y romperle el corazón y comerse su mucha hacienda, pero Odiseo se lo impidió y los contuvo, deseosos como estaban. Ahora tú te comes sin pagar la hacienda de Odiseo, pretendes a su mujer y tratas de matar a su hijo, produciéndome un gran dolor. Te ordeno que pongas fin a esto y se lo aconsejes a los demás.»

Y Eurímaco, hijo de Pólibo, le contestó:

«Hija de Icario, prudente Penélope, cobra ánimos. No te preocupes por esto. No existe ni existirá ni va a nacer hombre que ponga sus manos sobre tu hijo Telémaco, al menos mientras yo viva y vean mis ojos sobre la tierra. Además, te voy a decir otra cosa que se cumplirá: pronto correría la sangre de ése por mi lanza pues también a mí Odiseo, el destructor de ciudades, sentándome muchas veces sobre sus rodillas me ponía en las manos carne asada y me ofrecía rojo vino. Por esto Telémaco es para mí el más querido de los hombres y te ruego que no temas su muerte al menos a manos de los pretendientes; en cuanto a la que procede de los dioses, ésa es imposible evitarla.»

Así habló para animarla, aunque también él tramaba la muerte contra Telémaco.

Entonces Penélope subió al brillante piso de arriba y lloraba a Odiseo, su esposo, hasta que Atenea de ojos brillantes le puso dulce sueño sobre los párpados.

El divino porquero llegó al atardecer junto a Odiseo y su hijo cuando éstos se preparaban la cena, después de sacrificar un cerdo de un año. Entonces Atenea se acercó a Odiseo Laertíada y tocándole con su varita le hizo viejo de nuevo y vistió su cuerpo de tristes ropas, para que el porquero no lo reconociera al verlo de frente y fuera a comunicárselo a la prudente Penélope sin poder guardarlo para sí.

Telémaco fue el primero en dirigirle su palabra:

«Ya has llegado, Eumeo: ¿qué se dice por la ciudad? ¿Han vuelto ya los arrogantes pretendientes de su emboscada, o todavía esperan a que yo vuelva a casa?»

Y tú le contestaste, porquero Eumeo, diciendo:

«No tenía yo que inquirir ni preguntar eso al bajar a la ciudad. Mi ánimo me empujó a comunicar mi recado y volver aquí de nuevo. Pero se encontró conmigo un veloz enviado de tus compañeros, un heraldo que habló a tu madre antes que yo. También sé otra cosa, pues la he visto con mis ojos: al volver para acá había ya atravesado la ciudad -en el lugar donde está el cerro de Hermes- cuando vi entrar en nuestro puerto una veloz nave; había en ella numerosos hombres y estaba cargada de escudos y lanzas de doble punta. Pensé que eran ellos, pero no lo sé con certeza.»

Así habló, y sonrió la sagrada fuerza de Telémaco dirigiendo los ojos a su padre, evitando al porquero. Cuando habían acabado del trajín de preparar la comida, cenaron y su ánimo no se vio privado de un alimento proporcional. Y una vez que habían arrojado de sí el deseo de comer y beber, volvieron su pensamiento al dormir y recibieron el don del sueño.

CANTO XVII

ODISEO MENDIGA ENTRE LOS PRETENDIENTES

Y cuando se mostró Eos, la que nace de la mañana, la de los dedos de rosa, calzó Telémaco bajo sus pies hermosas sandalias, el querido hijo del divino Odiseo, tomó la fuerte lanza que se adaptaba bien a sus manos deseando marchar a la ciudad y dijo a su porquero:

«Abuelo, yo me voy a la ciudad para que me vea mi madre, pues no creo que abandone los tristes lamentos y los sollozos acompañados de lágrimas, hasta que me vea en persona. Así que te voy a encomendar esto: lleva a la ciudad a este desdichado forastero para que mendigue allí su pan -el que quiera le dará un mendrugo y un vaso de vino-, pues yo no puedo hacerme cargo de todos los hombres, afligido como estoy en mi corazón. Y si el forastero se encoleriza, peor para él, que a mí me place decir verdad.»

Y contestándole dijo el astuto Odiseo:

«Amigo, tampoco yo quiero que me retengan. Para un pobre es mejor mendigar por la ciudad que por los campos -y me dará el que quiera-, pues ya no soy de edad para quedarme en las majadas y obedecer en todo a quien da las órdenes y los encargos. Conque, marcha, que a mí me llevará este hombre, a quien has ordenado, una vez que me haya calentado al fuego y haya solana. Tengo unas ropas que son terriblemente malas y temo que me haga daño la escarcha mañanera, pues decís que la ciudad está lejos.»

Así dijo, y Telémaco cruzó la majada dando largas zancadas; iba sembrando la muerte para los pretendientes.

Cuando llegó al palacio, agradable para vivir, dejó la lanza que llevaba junto a una elevada columna y entró en el interior, traspasando el umbral de piedra.

La primera en verlo fue la nodriza Euriclea, que extendía cobertores sobre los bien trabajados sillones y se dirigió llorando hacia él. A su alrededor se congregaron las demás siervas del sufridor Odiseo y acariciándolo besaban su cabeza y hombros.

Salió del dormitorio la prudente Penélope, semejante a Artemis o a la dorada Afrodita, y echó llorando sus brazos a su querido hijo, le besó la cabeza y los dos hermosos ojos y, entre lamentos, decía aladas palabras:

«Has llegado, Telémaco, como dulce luz. Ya no creía que volvería a verte desde que marchaste en la nave a Pilos, a ocultas y contra mi voluntad, en busca de noticias de tu padre. Vamos, cuéntame cómo has conseguido verlo.»

Y Telémaco le contestó discretamente:

«Madre mía, no despiertes mi llanto ni conmuevas mi corazón dentro del pecho, ya que he escapado de una muerte terrible. Conque, báñate, viste tu cuerpo con ropa limpia, sube al piso de arriba con tus esclavas y promete a todos los dioses realizar hecatombes perfectas, por si Zeus quiere llevar a cabo obras de represalia.

«Yo marcharé al ágora para invitar a un forastero que me ha acompañado cuando volvía de allí. Lo he enviado por delante con mis divinos compañeros y he ordenado a Pireo que lo lleve a su casa y lo agasaje gentilmente y honre hasta que yo llegue.»

Así habló, y a Penélope se le quedaron sin alas las palabras. Así que se bañó, vistió su cuerpo con ropa limpia y prometió a todos los dioses realizar hecatombes perfectas por si Zeus quería llevar a cabo obras de represalia.

Entonces Telémaco atravesó el mégaron portando su lanza y le acompañaban dos veloces lebreles. Atenea derramó sobre él la gracia y todo el pueblo se admiraba al verlo marchar. Y los arrogantes pretendientes le rodearon diciéndole buenas palabras, pero en su interior meditaban secretas maldades. Telémaco entonces evitó a la muchedumbre de éstos y fue a sentarse donde se sentaban Méntor, Antifo y Haliterses, quienes desde el principio eran compañeros de su padre. Y éstos le preguntaban por todo. Se les acercó Pireo, célebre por su lanza, llevando al forastero a través de la ciudad hasta la plaza. Entonces Telémaco ya no estuvo mucho tiempo lejos de su huésped, sino que se puso a su lado. Y Pireo le dirigió primero aladas palabras:

«Telémaco, envía pronto unas mujeres a mi casa para que te devuelva los regalos que te hizo Menelao.»

Y Telémaco le contestó discretamente:

«Pireo, en verdad no sabemos cómo resultará todo esto. Si los pretendientes me matan ocultamente en palacio y se reparten todos los bienes de mi padre, prefiero que tú te quedes con los regalos y los goces antes que alguno de ellos. Pero si consigo sembrar para éstos la muerte y Ker, llévalos alegre a mi casa, que yo estaré alegre.»

Así diciendo condujo a casa a su asendereado huésped. Cuando llegaron al palacio agradable para vivir, dejaron sus mantos sobre sillas y sillones y se bañaron en bien pulimentadas bañeras. Después que las esclavas les hubieron bañado, ungido con aceite y puesto mantos de lana y túnicas, salieron de las bañeras y fueron a sentarse en sillas. Y una esclava derramó sobre fuente de plata el aguamanos que llevaba en hermosa jarra de oro para que se lavaran, y a su lado extendió una mesa pulimentada. Y la venerable ama de llaves puso comida sobre ella y añadió abundantes piezas, favoreciéndolas entre los que estaban presentes. Entonces la madre se sentó frente a él, junto a una columna del mégaron, se reclinó en un asiento y revolvía entre sus manos suaves copos de lana. Y ellos echaron mano de los alimentos que tenían delante.

Cuando habían arrojado de sí el deseo de comer y beber, comenzó a hablar entre ellos la prudente Penélope:

«Telémaco, en verdad voy a subir al piso de arriba y acostarme en el lecho que tengo regado de lágrimas desde que Odiseo partió a Ilión con los Atridas. Y es que no has sido capaz, antes de que los arrogantes pretendientes llegaran a esta casa, de hablarme claramente del regreso de tu padre, si es que has oído algo.»

Y Telémaco le contestó discretamente:

«Madre, te voy a contar la verdad. Marchamos a Pilos junto a Néstor, pastor de su pueblo, quien me recibió en su elevado palacio y me agasajó gentilmente, como un padre a su hijo recién llegado de otras tierras después de largo tiempo. Así de amable me recibió junto con sus ilustres hijos. Me dijo que no había oído nunca a ningún humano hablar sobre Odiseo, vivo o muerto, pero me envió junto al Atrida Menelao, famoso por su lanza, con caballos y un carro bien ajustado. Allí vi a la argiva Helena, por quien troyanos y argivos sufrieron mucho por voluntad de los dioses. Enseguida me preguntó Menelao, de recia voz guerrera, qué necesidad me había llevado a la divina Lacedemonia y yo le conté toda la verdad.

«Entonces, contestándome con su palabra, dijo: "¡Ay, ay! ¡Conque querían dormir en el lecho de un hombre intrépido quienes son cobardes! Como una cierva acuesta a sus dos recién nacidos cervatillos en la cueva de un fuerte león y mientras sale a pastar en los hermosos valles, aquél regresa a su guarida y da vergonzosa muerte a ambos, así Odiseo dará vergonzosa muerte a aquéllos. ¡Padre Zeus, Atenea y Apolo, ojalá que siendo como cuando en la bien construida Lesbos se levantó para disputar y luchó con Filomeleides, lo derribó violentamente y todos los aqueos se alegraron! Ojalá que con tal talante se enfrentara Odiseo con los pretendientes: corto el destino de todos sería y amargas sus nupcias. En cuanto a lo que me preguntas y suplicas, no querría apartarme de la verdad y engañarte. Conque no te ocultaré ni guardaré secreto sobre lo que me dijo el veraz anciano del mar. Este dijo que lo había visto sufriendo fuertes dolores en el palacio de la ninfa Calipso, quien lo retenía por la fuerza, y que no podía regresar a su tierra patria porque no tenía naves provistas de remos ni compañeros que le acompañaran por el ancho lomo del mar. Así me dijo el Atrida Menelao, famoso por su lanza, y luego de acabar su relato regresamos. Los inmortales me concedieron un viento favorable y me escoltaron velozmente hasta mi patria.»

Así habló y conmovió el ánimo de Penélope.

Entonces Teoclímeno, semejante a los dioses, comenzó a hablar entre ellos:

«Esposa venerable de Odiseo Laertíada, en verdad él no sabe nada; escucha mi palabra, pues te voy a profetizar con veracidad y no voy a ocultarte nada. ¡Sea testigo Zeus, antes que los demás dioses, y la mesa de hospitalidad y el hogar del irreprochable Odiseo, al que he llegado, de que en verdad Odiseo ya está en su tierra patria, sentado o caminando, sabedor de estas malas acciones y sembrando la muerte para todos los pretendientes. Este es el augurio que yo observé, y me hice oír de Telémaco mientras estaba en la nave de buenos bancos».

Y le contestó la prudente Penélope:

«Forastero, ¡ojalá se cumpliera esta tu palabra! Entonces conocerías mi amistad enseguida y numerosos regalos de mí, hasta el punto de que cualquiera que contigo topara te llamaría dichoso.»

Así hablaban unos con otros.

Los pretendientes, por su parte, se complacían arrojando discos y venablos ante el palacio de Odiseo, en el sólido pavimento donde acostumbraban, llenos de arrogancia. Pero cuando fue la hora de comer y les llegaron de todas partes del campo los animales que les traían los de siempre, se dirigió a ellos Medonte (éste era quien más les agradaba de los heraldos y solía acompañarlos al banquete):

«Mozos, una vez que todos habéis complacido vuestro ánimo con los juegos, dirigíos al palacio para preparar el almuerzo, que no es cosa mala yantar a su tiempo.»

Así habló y ellos se pusieron en pie y marcharon obedeciendo su palabra. Cuando llegaron a la bien edificada morada dejaron sus mantos en sillas y sillones y sacrificaron grandes ovejas y gordas cabras; sacrificaron cebones y un toro del rebaño para preparar su almuerzo.

Entre tanto Odiseo y el divino porquero se disponían a marchar del campo a la ciudad y comenzó a hablar el porquero, caudillo de hombres:

«Forastero, puesto que deseas marchar hoy mismo a la ciudad, como recomendó mi soberano (que yo, desde luego, preferiría dejarte para vigilar la majada, pero tengo respeto por mi amo y temo que me reprenda después y en verdad son duras las reprimendas de los amos), marchemos ya, pues el día está avanzado y quizá sea peor esperar a la tarde.»

Y contestándole dijo el muy astuto Odiseo:

«Lo sé, me doy cuenta, se lo dices a quien lo comprende. Conque marchemos y tú sé mi guía. Dame un bastón -si es que tienes uno cortado-para que me apoye, pues decís que el camino es muy resbaladizo.»

Así dijo y echó a sus hombros el sucio zurrón desgarrado por muchas partes, en el que había una correa retorcida. Entonces Eumeo le dio el deseado bastón y se pusieron los dos en camino, quedando perros y pastores para guardar la majada.

Eumeo condujo hacia la ciudad a su soberano, que se asemejaba a un miserable y viejo mendigo, que se apoyaba en su bastón y cubría su cuerpo con vestidos que daban pena. Cuando en su marcha por el empinado sendero se encontraban cerca de la ciudad y llegaron a una fuente labrada de hermosa corriente, a donde iban por agua los ciudadanos (la habían construido Itaco, Nerito y Políctor en el centro de un bosque de álamos negros que crecían con su agua; era completamente redonda y de lo alto de una piedra caía agua fría, y encima de ella había un altar de las Ninfas, donde solían sacrificar todos los ciudadanos), allí se topó con ellos Melantio, hijo de Dolio, que conducía las cabras, las que sobresalían entre todo el ganado, para festín de los pretendientes; y con él marchaban dos pastores.

Cuando los vio 1es reprendió de palabra y llamándolos por su nombre les dijo algo atroz e inconveniente que hizo saltar el corazón de Odiseo:

«Vaya, vaya, un desgraciado conduce a otro desgraciado; es claro que dios siempre lleva a la gente hacia los de su calaña. ¿Adónde, miserable porquero, llevas a ese gorrón, a ese mendigo pegajoso, a ese aguafiestas? Arrimará los hombros a muchas puertas para rascarse mientras pide mendrugos, que no espadas ni calderos. Si me lo dieras a mí para vigilante de mi majada, para mozo de cuadra y para llevar brezos a mis chivos, quizá bebiendo leche de cabra echaría gordos muslos. Pero ahora que ha aprendido esas malas artes no querrá ponerse a trabajar, que preferirá mendigar por el pueblo y alimentar su insaciable estómago. Conque te voy a decir algo que se va a cumplir: si se acerca a la casa del divino Odiseo, sus tortillas van a romper muchas banquetas que lloverán sobre su cabeza desde las manos de esos hombres, pues va a ser su blanco por la casa.»

Así habló, y al pasar a su lado, el insensato dio una patada a Odiseo en la cadera, aunque no consiguió echarlo fuera del camino, sino que éste se mantuvo firme. Entonces Odiseo dudaba entre arrancarle la vida saltando tras él con el palo o levantarle y tirarle de cabeza contra el suelo, pero se aguantó- y se contuvo. El porquero, en cambio, se encaró con él y le reprendió, y levantando las manor suplicó así:

«Ninfas de la fuente, hijas de Zeus, si alguna vez Odiseo quemó en vuestro honor muslos de corderos o cabritos cubriéndolos con gorda grasa, cumplidme este deseo: que vuelva este hombre conducido por un dios. Seguro que él acabaría con toda la insolencia que ahora pasea por la ciudad, mientras malos pastores acaban con los ganados.»

Y le contestó Melantio, el cabrero:

«¡Ay, ay, qué cosa ha dicho este perro urdidor de intrigas! Me lo voy a llevar algún día lejos de Itaca en negra nave de Buenos bancos para que me entreguen por él un buen precio, porque ¡ojalá Apolo, el de arco de plaza, alcance hoy mismo a Telémaco dentro del palacio o sucumba a manos de los pretendientes, lo mismo que Odiseo ha perdido en tierras lejanas el día de su regreso!»

Así diciendo, los dejó caminando lentamente; en cambio, él se puso en camino y llegó enseguida a la morada del rey. Entró y sentó entre los pretendientes, frente a Eurímaco, pues a éste era a quien más estimaba. Pusieron junto a él una porción de carne los que servían y la venerable ama de llaves le llevó pan y se lo dejó al lado para que lo comiera.

Odiseo y el divino porquero se detuvieron en su caminar; les llegaba el sonido de la sonora lira, pues Femio se había puesto a cantar para ellos. Entonces Odiseo tomó de la mano al porquero y le dijo:

«Eumeo, a lo que parece ésta es la hermosa morada de Odiseo, pues se destaca tanto que se la puede ver fácilmente entre otras muchas. Una estancia sigue a la otra, su patio está cercado con muro y cornisa y sus puertas bien firmes son de doble hoja. Ningún hombre podría rendirla por la fuerza. Me parece que muchos hombres se están banqueteando dentro, pues se levanta un olor a grasa y resuena la lira, a la que los dioses han hecho compañera del banquete.»

Y contestando le dijiste, porquero Eumeo:

«Con facilidad lo has percatado, que no eres sandio tampoco en lo demás. Pero, vamos, pensemos cómo actuar. Entra tú primero en la agradable morada y mézclate con los pretendientes, que yo me quedaré aquí; o, si quieres, quédate tú y entraré yo primero. Pero no te quedes parado mucho tiempo, no sea que te vea alguien fuera y te tire algo o te eche. Esto es to que te aconsejo que consideres.»

Y le contestó luego el sufridor, el divino Odiseo:

«Lo sé, me doy cuenta, se lo dices a quien comprende. Con que marcha tú primero y yo me quedaré aquí, que ya sé lo que son golpes y pedradas. Mi ánimo es paciente, pues he sufrido muchos males en el mar y la guerra; que venga esto después de aquello. Cuando tiene apetito, no es posible acallar al maldito estómago que tantas desgracias suele acarrear a los hombres; por culpa suya incluso las bien entabladas naves se preparan para surcar el estéril mar portando la desgracia a hombres enemigos.»

Así hablaban entre sí. Entonces un perro que estaba tumbado enderezó la cabeza y las orejas, el perro Argos, a quien el sufridor Odiseo había criado, aunque no pudo disfrutar de él, pues antes se marchó a la divina Ilión. Al principio le solían llevar los jóvenes a perseguir cabras montaraces, ciervos y liebres, pero ahora yacía despreciado -una vez que se hubo ausentado Odiseo- entre el estiércol de mulos y vacas que estaba amontonado ante la puerta a fin de que los siervos de Odiseo se lo llevaran para abonar sus extensos campos. Allí estaba tumbado el perro Argos, lleno de pulgas. Cuando vio a Odiseo cerca, entonces sí que movió la cola y dejó caer sus orejas, pero ya no podia acercarse a su amo. Entonces Odiseo, que le vio desde lejos, se enjugó una lágrima sin que se percatara Eumeo y le preguntó:

«Eumeo, es extraño que este perro esté tumbado entre el estiércol. Su cuerpo es hermoso, aunque ignoro si, además de hermoso, era rápido en la carrera o, por el contrario, era como esos perros falderos que crían los señores por lujo.»

Y contestándole dijiste, porquero Eumeo:

«Este perro era de un hombre que ha muerto lejos de aquí. Si su cuerpo y obras fueron como cuando lo dejó Odiseo al marchar a Troya, pronto lo admirarías al contemplar su rapidez y vigor, que nunca salía huyendo de ninguna bestia en la profundidad del espeso bosque cuando la perseguía-pues también era muy diestro en seguir el rastro. Pero ahora lo tiene vencido la desgracia, pues su amo ha perecido lejos de su patria y las mujeres no se cuidan de él; que los siervos, cuando los amos ya no mandan, no quieren hacer los trabajos que les corresponden, pues Zeus, que ve a lo ancho, quita a un hombre la mitad de su valía cuando le alcanza el día de la esclavitud.»

Así diciendo entró en la morada, agradable para vivir, y se fue derecho por el mégaron en busca de los ilustres pretendientes. Y a Argos le arrebató el destino de la negra muerte al ver a Odiseo después de veinte años.

Telémaco, semejante a los dioses, fue el primero en ver al porquero avanzar por la casa y enseguida le hizo señas invitándole a ponerse a su lado. Eumeo echó una ojeada, tomó una banqueta que estaba cerca (donde se solía sentar el trinchante para repartir abundante carne entre los pretendientes cuando se banqueteaban en el palacio) y llevándoselo lo puso junco a la mesa de Telémaco y se sentó. Entonces el heraldo tomó una porción, sacó pan del canasto y se lo ofreció.

Enseguida, detrás de Eumeo, entró en el patio Odiseo semejante a un miserable y viejo mendigo que se apoyaba en su bastón y cubría su cuerpo con ropas que daban pena, sentóse sobre el umbral de madera de fresno dentro de las puertas y se apoyó en la jamba de madera de ciprés que un artesano había pulimentado hábilmente y enderezado con la plomada. Telémaco llamó junto a sí al porquero y le dijo mientras cogía un pan entero del hermoso canasto y cuanta carne le cupo en las manos:

«Lleva esto al forastero y ofréceselo, y aconséjale que vaya recorriendo todos los pretendientes y les pida, que no es buena la vergüenza para el hombre necesitado.»

Así dijo; echó a andar el porquero cuando hubo oído su palabra y, poniéndose cerca, le dijo aladas palabras:

«Forastero, Telémaco te entrega esto y te aconseja que vayas recorriendo todos los pretendientes y les pidas, que dice que no es buena la vergüenza para un hombre necesitado.»

Y contestándole dijo el astuto Odiseo:

«Soberano Zeus, ¡que Telémaco sea próspero entre los hombres y obtenga todo cuanto anhela en su corazón!»

Así dijo; tomólo en sus dos manos y lo puso a sus pies, sobre el sucio zurrón; y lo comió mientras cantaba el aedo en el palacio.

Cuando lo había comido terminó el divino aedo y los pretendientes comenzaron a alborotar en el palacio.

Entonces Atenea se puso cerca de Odiseo Laertíada y lo apremió a que recogiera mendrugos entre los pretendientes y pudiera conocer quiénes eran rectos y quiénes injustos, aunque ni aun así iba a librar a ninguno de la muerte. Así que se puso en marcha para mendigar de izquierda a derecha a cada uno de ellos, extendiendo sus manos a todas partes como si fuera un mendigo de siempre. Los pretendientes le daban compadecidos, se admiraban de él y se preguntaban unos a otros quién podría ser y de dónde vendría. Entonces habló entre ellos Melantio, el cabrero:

«Escuchadme, pretendientes de la ilustre reina, sobre este forastero, pues yo lo he visto ya antes. En realidad lo ha traído aquí el porquero, aunque no sé de cierto de dónde se precia de ser su linaje.»

Así dijo, y Antínoo reprendió al porquero:

«Porquero ilustre, ¿por qué lo has traído a la ciudad? ¿Es que no tenemos suficientes vagabundos, mendigos pegajosos, aguafiestas? ¿O es que te parecen pocos los que se reúnen aquí para comer la hacienda de tu señor y has invitado también a éste?»

Y contestándole dijiste, porquero Eumeo:

«Antínoo, con ser noble no dices palabras justas. Pues ¿quién sale a traer de fuera un forastero como no sea uno de los servidores del pueblo, un adivino, un curador de enfermedades o un trabajador de la madera, o incluso un aedo inspirado que complazca con sus cantos? Estos sí, éstos son los hombres a quienes se invita a venir sobre la extensa tierra, pero nadie invitaría a un vagabundo a que le importune.

«Y es que tú has sido siempre entre todos los pretendientes el más duro para con los siervos de Odiseo, y en especial para conmigo. Ahora que a mí no me importa mientras me viva en el palacio la prudente Penélope y Telémaco, semejante a los dioses.»

Y Telémaco le contestó discretamente:

«Calla, no me contestes a éste con tantas palabras. Antínoo acostumbra a provocar continuamente con palabras duras e incluso incita a los demás.»

Así dijo, y dirigió a Antínoo aladas palabras:

«Antínoo, en verdad tu cuidas de mí como un padre de su hijo al aconsejarme que arroje del palacio al forastero con palabra tajante; que no cumpla dios esto. Toma algo y dáselo; no lo veo con malos ojos, sino que te ordeno que lo hagas. Y no tengas temor por causa de mi madre ni de ninguno de los siervos que hay en la casa del divino Odiseo. Aunque creo que es otro pensamiento el que albergas en tu pecho, pues prefieres comer tú a destajo antes que dárselo a otro.»

Y Antínoo le contestó y dijo:

«¡Telémaco fanfarrón, incapaz de reprimir tu ira, qué cosa has dicho! Si todos los pretendientes le dieran tanto como yo, su casa lo retendría durante tres meses lejos de aquí.»

Así dijo, y tomándolo de debajo de la mesa, le enseñó el escabel sobre el que apoyaba sus brillantes pies mientras se daba al banquete. Pero todos los demás le dieron y llenaron su zurrón de pan y carne. Iba ya Odiseo por el pavimento a probar los regalos de los aqueos, cuando se detuvo junto a Antínoo y le dijo su palabra:

«Dame, amigo, que no me pareces el menos noble de los aqueos, sino el más excelente, pues te asemejas a un rey. Por ello tienes que darme incluso más comida que los demás y yo diré tu nombre por la infinita tierra. También yo habité en otro tiempo en casa rica y daba a menudo a un vagabundo así, de cualquier ralea que fuera y cualquier cosa que llegara precisando. Tenía miles de esclavos y otras muchas cosas con las que los hombres viven bien y se les llama ricos. Pero Zeus Cronida me arruinó -pues debió de quererlo así enviándome con unos errantes piratas a Egipto, camino largo, para que pereciera. Atraqué mis cuvadas naves en el río Egipto. Entonces ordené a mis leales compañeros que se quedaran junto a ellas para vigilarlas y envié espías a puestos de observación con orden de que regresaran, pero éstos, cediendo a su ambición, saquearon los hermosos campos de los egipcios, se llevaron a las mujeres y tiernos niños y mataron a los hombres. Pronto llegó el griterío a la ciudad, así que, al escucharlo, se presentaron al despuntar la aurora: llenóse la llanura toda de gente de a pie y a caballo y del estruendo del bronce. Zeus, el que goza con el rayo, indujo a mis compañeros a huir cobardemente y ninguno se atrevió a dar el pecho. Por todas partes nos rodeaba la destrucción. Allí mataron con agudo bronce a muchos de mis compañeros y a otros se los llevaron vivos para forzarlos a trabajar sus campos, pero a mí me llevaron a Chipre y me entregaron a un forastero que dio con nosotros, a Dmator Jasida, quien gobernaba con fuerza en Chipre. Desde allí he llegado aquí después de sufrir desgracias».

Y Antínoo le contestó y dijo:

«¿Qué dios nos ha traído aquí esta peste, esta ruina del banquete? Quédate ahí en medio, lejos de mi mesa, no sea que tengas que volver enseguida al amargo Egipto y a Chipre, que eres un mendigo audaz y desvergonzado. Te pones ante éstos, uno tras otro, y todos te dan atolondradamente, pues no tienen moderación ni sienten compasión al regalar cosas ajenas que tienen en abundancia a su disposición.»

Y le contestó retirándose el astuto Odiseo:

«¡Ay, ay, que a tu gallardía no se añade también la cordura! En verdad, no darías ni siquiera sal de tu propia hacienda a quien se te acercara si, estando en casa ajena, no has podido tomar un poco de pan para darme, y eso que tienes en abundancia a tu disposición.»

Así habló; Antínoo se irritó más aún en su corazón y mirándole torvamente le dirigió aladas palabras:

«Ahora es cuando creo que no vas a retirarte con bien atravesando el mégaron, ya que estás injuriándome.»

Así habló, y, tomando el escabel, se lo tiró al hombro derecho, acertándole en el extremo de la espalda. Odiseo se mantuvo en pie, firme como una roca, y el golpe de Antínoo no le hizo perder pie, pero movió la cabeza en silencio meditando secretos males.

Se retiró para sentarse en el umbral, dejó el bien lleno zurrón y comenzó a hablar a los pretendientes:

«Escuchadme, pretendientes de la ilustre reina, para que os diga lo que mi ánimo me ordena dentro del pecho. No es grande el dolor en las entrañas ni la pena cuando un hombre es golpeado luchando por sus posesiones, sus toros o sus blancas ovejas. Pero Antínoo me ha golpeado por causa del miserable estómago, el maldito estómago que proporciona males sin cuento a los hombres. Conque, si en verdad existen dioses y Erinis de los mendigos, que el término de la muerte alcance a Antínoo antes de su matrimonio.»

Y Antínoo hijo de Eupites, le replicó:

«Siéntate a comer tranquilo, forastero, o lárgate a otra parte, no sea que los jóvenes te arrastren por el palacio, por lo que dices, asiéndote del pie o del brazo y te llenen todo de arañazos.»

Asi habló, y todos ellos se indignaron sobremanera. Y uno de los jóvenes orgullosos decía así:

«Antínoo, cruel, no has hecho bien en golpear al pobre vagabundo, si es que existe un dios en el cielo. Que los dioses andan recorriendo las ciudades bajo la forma de forasteros de otras tierras y con otros mil aspectos, y vigilan la soberbia de los hombres o su rectitud.»

Así le dijeron los pretendientes, pero él no prestaba atención a sus palabras.

Telémaco hacía crecer en su corazón un gran dolor por su padre golpeado, pero no dejó caer a tierra lágrima alguna de sus párpados, sino que movió la cabeza en silencio, meditando secretos males.

Cuando la prudente Penélope oyó que el forastero había sido golpeado en el palacio dijo a sus siervas:

«¡Ojalá Apolo, de ilustre arco, te alcance también a ti de esta forma!»

Y la despensera Eurínome dijo:

«¡Ojalá se diera cumplimiento a nuestras maldiciones! Ninguno de éstos llegaría vivo hasta la aurora de hermoso trono.»

Y la prudente Penélope le dijo:

«Tata, todos son enemigos, pues maquinan maldades, pero Antínoo sobre todos se asemeja a una negra Ker. Ese pobre forastero vaga por la casa pidiendo a los hombres, pues le obliga la pobreza; todos han llenado su zurrón y le han dado, pero éste le ha alcanzado con un escabel en el hombro derecho.»

Así hablaba ella con sus esclavas, sentada en el dormitorio, mientras comía el divino Odiseo. Entonces llamó junto a sí al divino porquero y le dijo:

«Ve, divino Eumeo, y ordena al forastero que venga para saludarlo y preguntarle si ha oído hablar sobre el sufridor Odiseo o lo ha visto con sus ojos pues parece un hombre muy asendereado. »

Y tú le contestaste, porquero Eumeo, diciendo: «Reina, ojalá se callaran los aqueos; este sí que hechizaría tu corazón con lo que cuenta. Yo lo he tenido tres noches y tres días en mi cabaña (pues fue a mí a quien llegó primero después de huir de una nave), pero todavía no ha terminado de contarme sus desgracias. Como cuando un hombre contempla embelesado a un aedo que canta inspirado por los dioses y conoce versos deseables para los hombres -y éstos desean escucharle sin cesar siempre que se pone a cantar-, así me ha hechizado éste sentado en mi morada. Asegura que es huésped de Odiseo por parte de padre y que habitaba en Creta, donde está el linaje de Minos. Ha llegado de allí sufriendo penalidades, después de mucho rodar, y afirma haber oído sobre Odiseo vivo y cercano, en el rico pueblo de los tesprotos; y trae a casa numerosos tesoros.»

Y le dijo la prudente Penélope:

«Marcha, invítalo a venir aquí para que me lo cuente en persona. Que se diviertan éstos fuera o aquí en la casa, puesto que su ánimo está alegre: y es que sus bienes están intactos en su palacio; se los comen los siervos, en cambio ellos vienen todos los días a nuestro palacio y, sacrificando toros y ovejas y gordas cabras, se banquetean y beben el rojo vino sin mesura. Todo se está perdiendo, pues no hay un hombre como Odiseo para apartar de su casa esta peste. Si Odiseo llegara a su sierra patria haría pagar enseguida, junto con su hijo, las violencias de estos hombres.»

Así habló, y Telémaco lanzó un gran estornudo y toda la casa resonó espantosamente. Rióse Penélope y dirigió a Eumeo aladas palabras:

«Marcha y haz venir frente a mí al forastero. ¿No ves que mi hijo ha estornudado ante mis palabras? Por esto no puede dejar de cumplirse la muerte para todos los pretendientes; nadie podrá alejar de ellos la muerte y las Keres. Voy a decirte otra cosa que has de poner en tu interior: si reconozco

que todo lo que dice es cierto, le vestiré de túnica y manto, hermosos vestidos.»

Así habló; marchó el porquero luego que hubo escuchado su palabra y, poniéndose cerca, le dijo aladas palabras:

«Padre forastero, te llama la prudente Penélope, la madre de Telémaco. Su ánimo la impulsa a preguntarte por su esposo, ya que ha sufrido muchas penas. Y si reconoce que todo lo que le dices es cierto, te vestirá de túnica y manto, cosas que más necesitas. También podrás alimentar tu vientre pidiendo comida por el pueblo, y te dará quien lo desee.»

Y le contestó el sufridor, el divino Odiseo:

«Eumeo, contaría enseguida toda la verdad a la hija de Icario, a la prudente Penélope -pues sé muy bien sobre aquél y hemos recibido un infortunio semejante-, pero temo a la multitud de los terribles pretendientes, cuya soberbia y violencia ha llegado al férreo cielo. Además, cuando ese hombre me hizo daño golpeándome al cruzar el salón -y sin hacer yo nada malo-, ni Telémaco ni ningún otro me protegió. Por esto aconsejo a Penélope que se quede en sus habitaciones -por mucho que desee salir- hasta la puesta del sol. Pregúnteme entonces sobre el día del regreso de su esposo, sentada muy cerca del fuego, pues tengo unos vestidos que dan pena y bien lo sabes tú, que ya te supliqué antes que a nadie.»

Así habló, y marchó el porquero cuando hubo escuchado su palabra. Cuando atravesaba el umbral le dijo Penélope:

« ¿No me lo traes, Eumeo? ¿Qué es lo que ha pensado el vagabundo? ¿Es que tiene mucho miedo de alguien o se avergüenza por otros motivos de cruzar la casa? Malo es un vagabundo vergonzoso.»

Y tú le contestaste, porquero Eumeo, diciendo:

«Ha hablado como le corresponde y dice lo que pensaría cualquier otro que quiere evitar la soberbia de esos hombres altivos. Conque te aconseja que esperes hasta la puesta del sol. Y es que será para ti mucho mejor, reina, que estés sola cuando dirijas tu palabra al forastero o le escuches.»

Y le contestó la prudente Penélope:

«No piensa como insensato el forastero, sea como fuere, pues entre los mortales hombres no hay quienes maquinen semejantes maldades, llenos de arrogancia.»

Así habló ella, y el divino porquero marchó hacia la multitud de los pretendientes, una vez que le hubo manifestado todo. Luego dirigió a Telémaco aladas palabras, manteniendo cerca su cabeza para que no se enteraran los demás:

«Amigo, yo me marcho a vigilar los cerdos y todo aquello, tu sustento y el mío. Ocúpate tú aquí de todo. Antes que nada mira por tu seguridad y piensa la forma de que no te pase nada, que muchos de los aqueos andan meditando males. ¡Ojalá los destruya Zeus antes de que nos llegue la desgracia!»

Y Telémaco le contestó discretamente:

«Así será, abuelo. Márchate después de merendar pero vuelve al amanecer y trae hermosas víctimas, que yo y los inmortales nos cuidaremos de todo esto.»

Así habló; el porquero se sentó de nuevo sobre la bien pulida banqueta y después de saciar su apetito con comida y bebida se puso en marcha hacia los cerdos, abandonando el patio y el mégaron lleno de comensales.

Y éstos gozaban con la danza y el canto, pues ya había caído la tarde.

CANTO XVIII

LOS PRETENDIENTES VEJAN A ODISEO

En esto llegó un mendigo del pueblo que solía pedir por la ciudad de Itaca y sobresalía por su vientre insaciable, por comer y beber sin parar. No tenía vigor ni fortaleza, pero su cuerpo era grande al mirarlo. Su nombre era Arneo, que se lo puso su soberana madre el día de su nacimiento, pero todos los jóvenes le llamaban Iro, porque solía ir de correveidile cuando alguien se lo mandaba. Cuando llegó, empezó a perseguir a Odiseo por su casa y le insultaba diciendo aladas palabras:

«Viejo, sal del pórtico, no sea que te arrastre por el pie. ¿No has oído que todos me hacen guiños incitándome a que te arrastre? Yo, sin embargo, siento vergüenza. Conque levántate, no sea que nuestra disputa llegue a las manos.»

Y mirándole torvamente dijo el muy astuto Odiseo:

«Desgraciado, ni te hago daño alguno ni te dirijo la palabra, y no siento envidia de que alguien te dé, aunque recojas muchas cosas. Este umbral tiene cabida para los dos y no tienes por qué envidiar lo ajeno. Me pareces un vagabundo como yo y son los dioses los que dan fortuna. Pero no me provoques a luchar, no sea que me irrites y, con ser viejo, te empape de sangre el pecho y los labios. Así tendría más tranquilidad para mañana, pues no creo que volvieras por segunda vez al palacio de Odiseo Laertíada.»

Y el vagabundo Iro le contestó airado:

«¡Ay, ay, qué deprisa habla este gorrón que se parece a una vieja ennegrecida por el hollín! Y eso que podría yo pensar en dañarle golpeándolo con las dos manos y arrancar todos los dientes de sus mandíbulas, como los de un cerdo devorador de mieses, y tirarlos al suelo. Ponte el ceñidor para que todos vean que luchamos; aunque ¿cómo podrías luchar con un hombre más joven?»

Así es como se iban encolerizando sobre el pulimentado pavimento, delante de las elevadas puertas. La sagrada fuerza de Antínoo oyó a los dos y sonriendo dulcemente dijo a los pretendientes:

«Amigos, nunca hasta ahora nos había tocado en suerte una diversión como la que dios nos ha traído a esta casa. El forastero e Iro están incitándose mutuamente a llegar a las manos. Así que empujémosles enseguida.»

Así dijo y todos comenzaron a reírse; rodearon a los andrajosos mendigos y les dijo Antínoo, hijo de Eupites:

« Escuchadme, ilustres pretendientes, mientras os hablo. Hay en el fuego unos vientres de cabra, éstos que hemos dejado para la cena llenándolos de grasa y de sangre. El que venza de los dos y resulte más fuerte podrá levantarse él mismo y coger el que quiera. Además, podrá participar siempre de nuestro banquete y no permitiremos que ningún otro mendigo se nos acerque a pedir.»

Así dijo Antínoo y les agradó su palabra. Entonces el astuto Odiseo les dijo con intenciones engañosas:

«Amigos, no es posible que un viejo luche con un hombre más joven, sobre todo si está abrumado por el infortunio, pero el perverso vientre me empuja a que sucumba ante sus golpes. Conque, vamos, juradme todos con firme juramento que nadie prestará ayuda a Iro y me golpeará con mano pesada injustamente, haciéndome sucumbir ante éste por la fuerza.»

Así dijo, y todos juraron como les había pedido. Así que cuando habían completado su juramento dijo entre ellos la sagrada fuerza de Telémaco:

«Forastero, si tu corazón y tu valeroso ánimo te empujan a defenderte de éste, no temas a ninguno de los aqueos, pues tendrá que luchar contra muchos más quien te mate. Yo soy quien te hospeda y los dos reyes Antínoo y Eurímaco, ambos discretos, aprueban mis palabras.»

Así dijo, y todos asintieron. Así que Odiseo ciñó sus miembros con los andrajos y dejó al descubierto unos muslos grandes y hermosos y al descubierto quedaron sus anchos hombros, su torso y sus pesados brazos.

Entonces Atenea se puso a su lado y fortaleció los miembros del pastor de su pueblo. Todos los pretendientes se asombraron muy mucho y uno decía así al que tenía al lado:

«Pronto este Iro va a dejar de ser Iro y tener la desgracia que se ha buscado; ¡menudos muslos deja ver el viejo a través de sus andrajos!»

Así decían, y el corazón le dio un vuelco a Iro de mala manera. Pero aun así los escuderos le ciñeron y arrastraron a la fuerza atemorizado. Y sus carnes le temblaban en todo el cuerpo. Entonces Antínoo le dijo su palabra y le llamó por su nombre:

«¡Ojalá no existieras, fanfarrón, ni hubieras nacido si tanto tiemblas y temes a éste, a un viejo abrumado por el infortunio que le ha alcanzado! Pero te voy a decir algo que se va a cumplir: Si éste te vence y resulta más fuerte, te meteré en negra nave y te enviaré al continente, al rey Equeto, azote de todos los mortales, para que te corte la nariz y las orejas con cruel bronce y arrancando tus miembros se los arroje a los perros para que se los coman crudos.»

Así dijo, el temblor se apoderó todavía más de sus miembros y lo arrastraron hacia el medio. Y los dos extendieron sus brazos.

Entonces, el sufridor, el divino Odiseo, dudó entre derribarlo de forma que su alma le abandonara al caer o derribarlo suavemente y extenderlo en el suelo. Y mientras así dudaba le pareció más ventajoso derribarlo suavemente para que los aqueos no sospecharan nada. Así que levantando ambos los brazos, Iro golpeó a Odiseo en el hombro derecho y Odiseo golpeó el cuello de Iro bajo la oreja y rompió por dentro sus huesos. Al punto bajó por su boca la negra sangre y cayó al suelo gritando. Pateaba contra el suelo y hacía rechinar sus dientes, y los ilustres pretendientes levantaron sus manos y se morían de risa. Entonces Odiseo le asió por el pie y lo arrastró a lo largo del pórtico hasta llegar al patio y las puertas de la galería. Lo dejó sentado contra la cerca del patio, le puso el bastón entre las manos y le dirigió aladas palabras:

«Quédate ahí sentado para espantar a cerdos y perros, y no pretendas ser jefe de forasteros y mendigos, miserable como eres, no sea que te busques un mal todavía mayor.»

Así diciendo echó a sus hombros el sucio zurrón rasgado por muchas partes, en el que había una correa retorcida, volvió al umbral y se sentó. Los pretendientes entraron riéndose suavemente y le felicitaban con sus palabras, y uno de los jóvenes arrogantes decía así:

«Forastero, que Zeus y los demás dioses inmortales te concedan lo que más desees y sea caro a tu corazón, pues has hecho que este insaciable deje de vagabundear por el pueblo. Pronto lo llevaremos al continente, al rey Equeto, azote de todos los mortales.»

Así decían y el divino Odiseo se alegró con el presagio. Entonces Antínoo le puso al lado un gran vientre lleno de grasa y sangre. También Anfínomo puso a su lado dos panes que tomó de la cesta, le ofreció vino en copa de oro y dijo:

«Salud, padre forastero; que seas rico y feliz en el futuro, pues ahora estás envuelto en numerosas desgracias.»

Y contestándole dijo el muy astuto Odiseo:

«Anfínomo, de verdad que me pareces discreto, siendo hijo de tal padre, pues he oído la fama que tiene Niso de Duliquia de ser gallardo y rico. Dicen que eres hijo de éste y pareces hombre discreto. Por eso te voy a decir algo -préstame atención y escúchame-: nada cría la tierra más endeble que el hombre de cuantos seres respiran y caminan por ella. Mientras los dioses le prestan virtud y sus rodillas son ágiles, cree que nunca en el futuro va a recibir desgracias; pero cuando los dioses felices le otorgan miserias, incluso éstas tiene que soportarlas con ánimo paciente contra su voluntad. Pues el pensamiento de los hombres terrenos cambia con cada día que nos trae el padre de hombres y dioses. También en otro tiempo yo estuve a punto de ser rico y feliz entre los hombres, pero cometí numerosas violencias cediendo a mi fuerza y poder por confiar en mi padre y mis hermanos. Por esto ningún hombre debe ser nunca injusto, sino retener en silencio los dones que los dioses le hagan.

«Estoy viendo a los pretendientes maquinar acciones semejantes, trasquilando los bienes y deshonrando a la esposa de un hombre que, te aseguro, no estará ya mucho tiempo lejos de los suyos y su patria, por el contrario, está cerca. Conque ¡ojalá un dios te saque de aquí y lleve a casa para no tener que enfrentarte con aquél el día que regrese a su tierra patria!; que creo no va a ser sin sangre la contienda entre él y los pretendientes, cuando haya entrado en su hogar.»

Así habló, después de hacer libación bebió el delicioso vino y volvió a depositar la copa en manos del conductor de su pueblo. Éste marchó por el palacio acongojado en su corazón moviendo la cabeza, pues ya veía en su interior la perdición. Pero ni aun así consiguió escapar a la muerte, que también a éste sujetó Atenea bajo los brazos de Telémaco para que sucumbiera con fuerza a su lanza.

Y volvió a sentarse en el sillón de donde se había levantado.

Entonces la diosa de ojos brillantes, Atenea, puso en la mente de la hija de Icario, la prudente Penélope, la idea de aparecer ante los pretendientes, a fin de que ensanchara aún más el corazón de éstos y resultara aún más respetable que antes a los ojos de su esposo e hijo. Sonrió sin motivo, dijo su palabra a la despensera y la llamó por su nombre:

«Eurínome, mi ánimo desea, aunque nunca antes lo deseó, mostrarme ante los pretendientes por odiosos que me sigan siendo. Voy a decir a mi hijo una palabra que quizá le resulte provechosa: que no se mezcle con los pretendientes, quienes le hablan bien, pero por detrás le piensan mal.»

Y Eurínome, la despensera, le dirigió su palabra:

«Sí, todo esto lo dices como te corresponde, hija. Conque ve y di a tu hijo tu palabra y nada le ocultes, pero antes lava tu cuerpo y pinta tus mejillas. No vayas con el rostro tan empapado de llanto, que es cosa mala andar siempre entre penas. Tu hijo es ya tan grande como pedías a los inmortales verlo, cubierto de barba.»

Y le contestó la prudente Penélope:

«Eurínome, no digas, por más que te cuides de mí, que lave mi cuerpo y unja mis mejillas con aceite, que los dioses que ocupan el Olimpo me arrebataron la belleza el día que aquél se marchó en las cóncavas naves. Pero dile a Autónoe e Hipodamia que vengan, a fin de que me acompañen por el palacio. No quiero presentarme sola ante hombres, pues siento vergüenza.»

Así dijo, y la anciana atravesó el mégaron para dar el recado a las mujeres y apremiarlas a que marcharan.

Entonces Atenea, la diosa de ojos brillantes, concibió otra idea: derramó sobre la hija de Icario dulce sueño y ésta echóse a dormir en la misma silla y todos los miembros se le aflojaron. Entretanto, la divina entre las diosas le otorgó dones inmortales para que los aqueos se admiraran al verla. En primer lugar limpió su hermoso rostro con la belleza inmortal con que suele adornarse Citerea, de linda corona, cuando comparte el deseable coro de las Gracias. También la hizo más alta y más fuerte a la vista y la hizo más blanca que el marfil tallado. Realizado esto, se alejó la divina entre las diosas y llegaron del mégaron las siervas de blancos brazos, acercándose con vocerío.

Entonces abandonó el sueño a Penélope, frotóse las mejillas con sus manos y dijo:

«¡Qué blando letargo ha cubierto mis sufrimientos! Ojalá la casta Artemis me proporcionara una muerte así de blanda ahora mismo, para no seguir consumiendo mi vida con corazón acongojado en la nostalgia de las muchas virtudes de mi marido, pues era el más excelente de los aqueos.»

Así diciendo, abandonó el brillante piso de arriba, pero no sola, que la acompañaban dos siervas. Cuando llegó junto a los pretendientes la divina entre las mujeres se detuvo junto a una columna del ricamente labrado techo, sosteniendo ante sus mejillas un grueso velo. Y una diligente sierva se colocó a cada lado. Las rodillas de los pretendientes se debilitaron allí mismo -pues había hechizado su corazón con el deseo--- y todos desearon acostarse junto a ella en la cama.

Entonces se dirigió a Telémaco, su querido hijo:

«Telémaco, ya no tienes voluntad ni juicio firmes. Cuando eras niño regías tus intereses aún mejor que ahora; en cambio, ahora que eres grande y has alcanzado la medida de la juventud -y eso que cualquiera pensaría que eres hijo de un hombre rico mirando tu talla y hermosura, un ser de otro sitio-, y no tienes voluntad ni juicio como es debido. ¡Qué acción es esta que se ha producido en el palacio...!, y tú que has permitido que se ultrajara a este forastero... ¿Qué pasaría si un huésped alojado en nuestro palacio recibiera este doloroso trato? Seguro que la vergüenza y el escarnio de las gentes serían para ti.»

Y Telémaco le contestó discretamente:

«Madre mía, no me voy a indignar porque te irrites conmigo, que pienso en mi interior y sé muy bien cada cosa, lo bueno y lo malo, aunque hasta ahora he sido todavía un niño. Pero no puedo pensar en todo con discreción, pues me asustan éstos que se sientan a mi lado maquinando maldades y yo no tengo quien me ayude. El altercado entre el forastero e Iro se ha producido no por voluntad de los pretendientes, sino porque aquél era más vigoroso.

«¡Ojalá -por Zeus padre, Atenea y Apolo- que los pretendientes inclinaran su cabeza vencidos, en el patio los unos, dentro de la casa los otros, y se les aflojaran los miembros de la misma forma que el desdichado Iro está ahora sentado con la cabeza gacha, semejante a un borracho, sin poder tenerse en pie ni volver a casa, pues sus miembros están flojos.»

Así se decían uno a otro. Y Eurímaco se dirigió a Penélope con palabras:

« Hija de Icario, prudente Penélope, si te contemplaran todos los aqueos de Argos de Yaso, serían muchos más los pretendientes que se banquetearan desde el amanecer en vuestro palacio, pues sobresales entre las mujeres por tu forma y talla y por el juicio que tienes dentro bien equilibrado.»

Y le contestó luego la prudente Penélope:

«Eurímaco, en verdad han destruido los inmortales mis cualidades -forma y cuerpo-, el día en que los aqueos se embarcaron para Ilión, y con ellos estaba mi esposo Odiseo. Si al menos viniera él y cuidara mi vida, mayor sería mi gloria y yo más bella, pero estoy afligida, pues son tantos los males que la divinidad ha agitado contra mí. Cuando marchó Odiseo abandonando su tierra patria, me tomó de la mano derecha por la muñeca y me dijo: "Mujer, no creo que vuelvan incólumes de Troya todos los aqueos de buenas grebas, que dicen que los troyanos son buenos luchadores, tanto lanzando el venablo como las flechas o montando en veloces caballos, los cuales pueden decidir rápidamente una gran contienda cuando está equilibrada. Por esto, no sé si va a librarme dios o pereceré en la misma Troya. Cuida tú aquí de todo; presta atención a mis padres en el palacio como ahora, o todavía más, cuando yo esté lejos. Cuando veas que mi hijo ya tiene barba, cásate con quien desees y abandona tu casa." Así dijo aquél y todo se está cumpliendo. Llegará la noche en que el odioso matrimonio salga al encuentro de esta desgraciada a quien Zeus ha quitado la felicidad. Pero me ha llegado al corazón esta terrible aflicción: no suele ser así -al menos antes no lo era- el comportamiento de los pretendientes que quieren cortejar a una mujer noble, hija de un hombre rico, rivalizando entre sí; suelen llevar vacas y rico ganado para festín de los amigos de la novia y entregar a ésta brillantes presentes, pero no comerse sin pagar una hacienda ajena.»

Así habló, y se llenó de alegría el sufridor, el divino Odiseo porque trataba de arrancar regalos y hechizar sus corazones con blandas palabras, mientras su mente revolvía otras intenciones.

Entonces Antínoo, hijo de Eupites, se dirigió a ella:

«Hija de Icario, prudente Penélope, recibe los dones que quieran traerte los aqueos -pues no es bueno rechazar un regalo-, que nosotros no iremos a trabajo ni a parte alguna hasta que te desposes con el mejor de los aqueos.»

Así habló Antínoo y les agradó su palabra. Así que cada uno envió a un heraldo para que trajera presentes. A Antínoo le trajo su heraldo un gran peplo hermoso, bordado y con doce broches todos de oro encajados en sus bien dobladas corchetas. A Eurímaco le trajo enseguida un collar adornado de oro, engarzado con ámbar, como un sol. Sus siervos le llevaron a Euridamente dos pendientes con tres perlas, grandes como moras, que despedían una gracia sin cuento. De casa de Pisandro, el soberano hijo de Políctor, trajo un siervo una gargantilla, hermoso adorno. Cada uno de los aqueos llevó su hermoso regalo. Entonces subió la divina entre las mujeres al piso superior y a su lado las siervas portaban los hermosísimos presentes.

Los pretendientes se entregaron a la danza y al deseable canto y esperaron a que llegara la tarde, y cuando estaban gozando se les echó encima la oscura tarde. Entonces colocaron tres parrillas en el palacio para que les alumbraran, y en ellas madera seca, muy seca, reseca, recién cortada con el bronce, y la mezclaron con teas. Y las siervas del sufridor Odiseo se alternaban para alumbrar. Entonces les dijo el mismo hijo de los dioses, el muy astuto Odiseo:

«Siervas de Odiseo, señor vuestro largo tiempo ausente, marchad a las habitaciones de la venerable reina y moved la rueca junto a ella y divertidla sentadas en su estancia, o cardad copos de lana en vuestras manos, que yo me quedaré aquí para ofrecer luz a todos éstos. Aunque quieran aguardar a Eos, de hermoso trono, no me rendirán, que tengo mucho aguante.»

Así dijo, y ellas se echaron a reír mirándose unas a otras. Entonces empezó a censurarle con palabras de reproche Melanto de lindas mejillas (la había engendrado Dolio, pero la crió Penélope y la cuidaba como a una hija y le daba juguetes, pero ni aun así sentía lástima en su corazón por Penélope, sino que solía acostarse y hacer el amor con Eurímaco). Ésta, pues, reprendió a Odiseo con palabras ultrajantes:

« Desgraciado forastero, estás tocado en tus mientes; no quieres ir a dormir a casa del herrero ni al albergue público, sino que te quedas aquí y hablas mucho con audacia, en medio de tantos hombres, sin sentir miedo en tu corazón. Seguro que el vino se ha apoderado de tus entrañas, o quizá siempre es así tu juicio y dices sandeces. Acaso estás fuera de ti por vencer a Iro, el vagabundo? Cuidado, no se levante contra ti alguien más fuerte que Iro y, golpeándote en la cabeza con pesadas manos, te arrastre fuera del patio manchado de sangre.»

Y mirándola torvamente, le dijo el muy astuto Odiseo:

«Perra, voy a ir a contar a Telémaco lo que estás diciendo, para que te corte en pedazos.»

Así diciendo, espantó a las mujeres con sus palabras y se pusieron en camino por el palacio, y sus miembros estaban flojos por el terror, pues pensaban que había dicho la verdad. Entonces Odiseo se puso junto a las parrillas ardientes para alumbrarlos y dirigía su mirada a todos ellos, pero su corazón revolvía dentro del pecho lo que no iba a quedar sin cumplimiento.

Y Atenea no permitió que los esforzados pretendientes contuvieran del todo los escarnios que laceran el corazón, para que el dolor se hundiera todavía más en el ánimo de Odiseo Laertíada. Así que Eurímaco, hijo de Pólibo, comenzó a hablar ultrajando a Odiseo -y produjo risa a sus compañeros:

«Escuchadme, pretendientes de la famosa reina, mientras os digo lo que mi corazón me ordena dentro del pecho. Este hombre ha llegado a casa de Odiseo no sin la voluntad de los dioses, que me parece que la luz de las antorchas sale de su misma cabeza, pues no le queda ni un solo pelo.»

Así dijo, y luego se dirigió a Odiseo, destructor de ciudades:

«Forastero, ¿querrías servirme como jornalero, si te acepto, en el extremo del campo (y tu jornal será suficiente), para construir cercas y plantar elevados árboles? Te ofrecería comida todo el año y te daría ropa y calzado para tus pies. Aunque ahora que has aprendido malas artes no querrás ponerte al trabajo, sino mendigar por el pueblo para alimentar tu insaciable estómago.»

Y le contestó diciendo el muy astuto Odiseo:

«Eurímaco, si tú y yo rivalizáramos en el trabajo durante el verano, cuando los días son largos, en la siega del heno y yo tuviera una bien curvada hoz y tú otra igual para ponernos al trabajo sin comer hasta el crepúsculo -y hubiera hierba-, o si hubiera dos bueyes que arrear, los mejores bueyes, rojizos y grandes, saciados ambos de heno, de igual edad y peso, nada endebles de fortaleza, y hubiera un campo de cuatro fanegas y cediera el terrón al arado..., entonces verías si soy capaz de tirar un surco bien derecho.

«Lo mismo digo si hoy mismo el Cronida moviera guerra en algún lado y tuviera yo escudo y un par de lanzas y un yelmo de bronce bien ajustado a mis sienes; ibas a verme enzarzado entre los primeros combatientes y no mentarías mi estómago para ultrajarme. Pero eres arrogante y tu corazón es duro. Te crees grande y poderoso porque frecuentas la compañía de gente pequeña y villana, pero si viniera Odiseo de vuelta a su tierra patria, pronto estas puertas, con ser sobremanera anchas, te iban a resultar estrechas cuando trataras de salir huyendo a través del pórtico.»

Así dijo, y Eurímaco se encolerizó más todavía, y mirándole torvamente le dirigió aladas palabras:

«Ah, desgraciado, pronto voy a producirte daño por lo que dices en presencia de tantos hombres sin sentir miedo en tu corazón. Seguro que el vino se ha apoderado de tus entrañas o quizá siempre es así tu juicio y dices sandeces. ¿Acaso estás fuera de ti por haber vencido a Iro, el vagabundo?»

Así diciendo, cogió el escabel, pero Odiseo fue a sentarse junto a las rodillas de Anfínomo de Duliquia por temor a Eurímaco, y éste alcanzó al escanciador en el brazo derecho. La jarra cayó al suelo con estrépito y el copero se desplomó boca arriba gritando.

Los pretendientes alborotaron en el sombrío palacio y uno decía así al que tenía cerca:

«¡Ojalá el forastero éste hubiera muerto en otra parte antes de venir! Así no habría organizado tal alboroto. Ahora, en cambio, estamos peleándonos por culpa de unos mendigos y no habrá placer en el magnífico festín, pues está venciendo lo peor.»

Y la divina fuerza de Telémaco habló entre ellos:

« Desdichados, estáis enloquecidos y ya no podéis ocultar más tiempo los efectos de la comida y bebida. Sin duda os empuja un dios. Conque marchaos a casa a dormir ahora que os habéis banqueteado bien, cuando os lo ordene el ánimo, que yo no empujaré a nadie.»

Así dijo, y todos clavaron los dientes en sus labios y se admiraban de Telémaco porque había hablado audazmente. Entonces Anfínomo, ilustre hijo de Niso, el soberano hijo de Aretes, se levantó entre ellos y dijo:

«Amigos, que nadie se moleste por lo dicho tan justamente, tocándole con palabras contrarias. No maltratéis tampoco al forastero ni a ninguno de los esclavos del palacio del divino Odiseo. Conque, vamos, que el copero haga una primera libación, por orden, en las copas, para que una vez realizada marchemos a casa a dormir. En cuanto al forastero, dejémoslo en el palacio de Odiseo al cuidado de Telémaco, ya que es a su casa donde ha llegado.»

Así dijo y a todos les agradó su palabra. El héroe Mulio, heraldo de Duliquio, mezcló vino en la crátera -era siervo de Anfínomo- y, puesto en pie, repartió vino a todos. Éstos libaron en honor de los dioses felices con delicioso vino y, cuando habían hecho la libación y bebido cuanto quiso su ánimo, se pusieron en camino, cada uno a su casa, para dormir.

CANTO XIX

LA ESCLAVA EURICLEA RECONOCE A ODISEO

En cambio, el divino Odiseo se quedó en el palacio ideando, con la ayuda de Atenea, la muerte contra los pretendientes, y de súbito dijo a Telémaco aladas palabras:

«Telémaco, es preciso que lleves adentro todas las armas y que, cuando los pretendientes las echen de menos y pregunten, los engañes con estas suaves palabras: "Las he retirado del fuego, pues ya no se parecen a las que dejó Odiseo cuando marchó a Troya, que están ennegrecidas hasta donde les ha alcanzado el aliento del fuego. Además, un demón ha puesto en mi interior una razón más poderosa: no sea que os llenéis de vino y, levantando disputa entre vosotros, lleguéis a heriros unos a otros y a llenar de vergüenza el convite y vuestras pretensiones de matrimonio; que el hierro por sí solo arrastra al hombre"».

Así dijo; Telémaco obedeció a su padre, y llamando a su nodriza Euriclea le dijo:

«Tata, reténme a las mujeres dentro de las habitaciones del palacio mientras transporto a la despensa las magníficas armas de mi padre a las que el humo ennegrece, pues están descuidadas por la casa mientras mi padre está ausente; que yo era hasta hoy un niño pequeño, pero ahora quiero transportarlas para que no les llegue el aliento del fuego.»

Y le respondió su nodriza Euriclea:

« Hijo, ¡ojalá hubieras adquirido ya prudencia para cuidarte de la casa y guardar todas tus posesiones! Pero ¿quién portará entonces la luz a tu lado?, pues no dejas salir a las esclavas; quienes podrían alumbrarte.»

Y Telémaco le contestó discretamente:

«El forastero, éste, pues no permitiré que esté ocioso el que toca mi vasija, aunque haya venido de lejos.»

Así dijo, y a ella se le quedaron sin alas las palabras. Así que cerró las puertas de las habitaciones, agradables para vivir.

Entonces se apresuraron Odiseo y su resplandeciente hijo a llevar adentro los cascos y los abollados escudos y las agudas lanzas, y por delante Palas Atenea hacía una luz hermosísima con una lámpara. Y Telémaco dijo de pronto a su padre:

«Padre, es una gran maravilla esto que veo con mis ojos: las paredes del palacio y los hermosos intercolumnios y las vigas de abeto y las columnas que las soportan arriba se muestran a mis ojos como si fueran de fuego encendido. Seguro que algún dios de los que poseen el ancho cielo está dentro.»

Y le respondió y dijo el muy astuto Odiseo:

«Calla y reténlo en tu pensamiento, y no preguntes; ésta es la manera de obrar de los dioses que poseen el Olimpo. Pero acuéstate, que yo me quedaré aquí para provocar todavía más a las esclavas y a tu madre; ella me preguntará sobre cada cosa entre lamentos.»

Así dijo, y Telémaco, iluminado por las brillantes antorchas, se puso en camino a través del palacio hacia el dormitorio donde solía acostarse cuando le llegaba el dulce sueño. También entonces se acostó allí y aguardaba a Eos divina. En cambio el divino Odiseo se quedó en el mégaron ideando, con la ayuda de Atenea, la muerte contra los pretendientes.

Entonces salió de su dormitorio la prudente Penélope semejante a Artemis o a la dorada Afrodita. Le habían colocado junto al hogar el sillón bien labrado con marfil y plata donde solía sentarse. Lo había fabricado en otro tiempo el artífice Icmalio y, unido a él, había puesto para los pies un escabel sobre el que se echaba una gran piel. Allí se sentó la discreta Penélope y llegaron del mégaron las esclavas de blancos brazos; retiraron el abundance pan y las mesas y copas donde bebían los arrogantes varones, y arrojaron al suelo el fuego de las parrillas amontonando sobre él mucha leña para que hubiera luz y para calentar. Entonces Melanto reprendió a Odiseo por segunda vez:

«Forastero, ¿es que incluso ahora, por la noche, vas a importunar dando vueltas por la casa y espiar a las mujeres? Vete afuera, desdichado, y contente con la comida, o vas a salir afuera enseguida, aunque sea alcanzado por un tizón.»

Y mirándola torvamente le dijo el muy astuto Odiseo:

«Desdichada, ¿por qué te diriges contra mí con ánimo irritado? ¿Acaso porque voy sucio y visto mi cuerpo con ropa miserable y pido limosna por el pueblo? La necesidad me empuja; así son los mendigos y los vagabundos. También yo en otro tiempo habitaba feliz mi próspera casa entre los hombres y muchas veces daba a un vagabundo, de cualquier ralea que fuese, cualquier cosa que precisara al llegar. Y eso que tenía innumerables esclavos y muchas otras cosas con las que la gente vive bien y se la llama rica. Pero Zeus Cronida me las arrebató, pues así lo quiso. Por esto, ¿cuidado, mujer!, no sea que algún día también tú pierdas toda la hermosura por la que ahora, desde luego, brillas entre las esclavas: no vaya a ser que tu señora se irrite y enfurezca contigo, o llegue Odiseo, pues aún hay una parte de esperanza. Y si éste ha perecido y no es posible que regrese, sin embargo ya tiene, por voluntad de Apolo, un hijo como Telémaco a quien ninguna de las mujeres del palacio le pasa inadvertida si es insensata, pues ya no es tan joven.»

Así dijo: le escuchó la prudence Penélope y respondió a la esclava, le habló y la llamó por su nombre:

«¡Atrevida, perra desvergonzada!, no se me oculta que cometes una mala acción que pagarás con tu cabeza. Sabías -pues me lo has oído a mí misma- que iba a preguntar al forastero en mis habitaciones acerca de mi esposo, pues estoy afligida intensamente.»

Así dijo, y luego se dirigió a la despensera Eurínome:

«Eurínome, trae ya una silla y sobre ella una piel para que se siente y diga su palabra el forastero y escuche la mía. Quiero interrogarle.»

Así dijo; ésta llevó enseguida una pulimentada silla y sobre ella extendió una piel donde se sentó después el sufridor, el divino Odiseo. Y entre ellos comenzó a hablar la prudente Penélope:

«Forastero, esto es lo primero que quiero preguntarte: ¿quién de los hombres eres y de dónde? ¿Donde están tu ciudad y tus padres?

Y le respondió y dijo el muy astuto Odiseo:

«Mujer, ninguno de los mortales sobre la inmensa tierra podría censurarte, pues en verdad tu gloria llega al ancho cielo como la de un irreprochable rey que, reinando con terror a los dioses sobre muchos y valerosos hombres, sustenta la justicia y produce la negra tierra trigo y cebada y se inclinan los árboles por el fruto, y las ovejas paren robustas y el mar proporciona peces por su buen gobierno, y el pueblo es próspero bajo su cetro. Con todo, hazme cualquier otra pregunta en tu casa, pero no me preguntes por mi linaje y tierra patria, no sea que cargues más mi espíritu de penas con el recuerdo. En verdad soy muy desgraciado, pero no está bien sentarse en casa ajena a gemir y lamentarse -que es cosa mala sufrir siempre sin descanso-, no sea que alguna de las esclavas se enoje contra mí -o tú misma- y diga que derramo lágrimas por tener la mente pesada por el vino.»

Y le respondió la prudente Penélope:

«Forastero, en verdad los inmortales destruyeron mis cualidades -figura y cuerpo- el día en que los argivos se embarcaron para Ilión y entre ellos estaba mi esposo, Odiseo. Si al menos volviera él y cuidara de mi vida, mayor sería mi gloria y yo más bella. Pero ahora estoy afligida, pues son tantos los males que la divinidad ha agitado contra mí; pues cuantos nobles dominan sobre las islas, en Duliquio y Same, y la boscosa Zante, y los que habitan en la misma Itaca, hermosa al atardecer, me pretenden contra mi voluntad y arruinan mi casa. Por esto no me cuido de los huéspedes ni de los suplicantes y tampoco de los heraldos, los ministros públicos, sino que en la nostalgia de Odiseo se consume mi corazón. Éstos tratan de apresurar la boda, pero yo tramo engaños. Un dios me inspiró al principio que me pusiera a tejer un velo, una tela sutil e inacabable, y entonces les dije: "Jóvenes pretendientes míos, puesto que ha muerto el divino Odiseo, aguardad mi boda hasta que acabe un velo -no sea que se me destruyan inútiles los hilos-, un sudario para el héroe Laertes, para cuando le alcance el destino fatal de la muerte de largos lamentos; no vaya a ser que alguna entre el pueblo de las aqueas se irrite contra mí si es enterrado sin sudario el que tanto poseyó." Así les dije, y su ánimo generoso se dejó persuadir. Entonces hilaba sin parar durance el día la gran tela y la deshacía durante la noche, poniendo antorchas a mi lado. Así engañé y persuadí a los aqueos durante tres años, pero cuando llegó el cuarto y se sucedieron las estaciones en el transcurrir de los meses -y pasaron muchos días-, por fin me sorprendieron por culpa de mis esclavas -¡perras, que no se cuidan de mí!- y me reprendieron con sus palabras. Así que tuve que terminar el velo y no voluntariamente, sino por la fuerza.

«Ahora no puedo evitar la boda ni encuentro ya otro ardid. Mis padres me impulsan a casarme y mi hijo se indigna cuando devoran nuestra riqueza, pues se da cuenta, que ya es un hombre muy capaz de guardar su casa y Zeus le da gloria. Pero, con todo, dime tu linaje y de dónde eres, pues seguro que no has nacido de una encina de antigua historia ni de un peñasco.»

Y le respondió y dijo el muy astuto Odiseo:

«Venerable mujer de Odiseo Laertíada, ¿no vas a dejar de preguntarme sobre mi linaje? Te lo voy a contar aunque me vas a hacer un regalo de penas todavía más numerosas que las que me cercan -pues ésta es la costumbre cuando un hombre está ausente de su patria durante tanto tiempo como yo, errante por muchas ciudades de mortales soportando males, pero aun así te voy a contestar a lo que me preguntas e inquieres. Creta es una tierra en medio del ponto, rojo como el vino, hermosa y fértil, rodeada de mar. En ella hay numerosos hombres, innumerables, y noventa ciudades en las que se mezclan unas y otras lenguas. En ellas están los aqueos y los magnánimos eteocretenses, en ellas los cidones y los dorios divididos en tres tribus, y los divinos pelasgos. Entre estas ciudades está Cnossós, una gran urbe donde reinó durante nueve años Minos, confidente del gran Zeus, padre de mi padre el magnánimo Deucalión. Éste nos engendró a mí y al soberano Idomeneo, quien, juntamente con los Atridas, marchó a Ilión en las corvas naves. Mi ilustre nombre es Etón y soy el más joven, que él es mayor y más valiente. Allí fue donde vi a Odiseo y le di los dones de hospitalidad, pues lo había llevado a Creta la fuerza del viento cuando se dirigía hacia Troya, después de apartarlo de las Mareas. Había atracado en Amniso, cerca de donde está la gruta de Ilitia, en un puerto difícil, escapando a duras penas a las tormentas. Enseguida subió a la ciudad y preguntó por Idomeneo, pues decía que era su huésped querido y respetado. Era la décima o la undécima aurora desde que había partido con sus cóncavas naves hacia Ilión. Yo lo llevé a palacio y le procuré digna hospitalidad; le honré gentilmente con la abundancia de cosas que había en la casa y tanto a él como a sus compañeros les di harina a expensas del pueblo y rojo vino que reuní, y bueyes para sacrificar, a fin de que saciaran su apetito.

«Allí permanecieron doce días los divinos aqueos, pues soplaba Bóreas, el viento impetuoso, y no dejaba estar de pie sobre el suelo -algún funesto demón lo había levantado-, pero al decimotercero cayó el viento y se dieron a la mar.»

Amañaba muchas mentiras al hablar, semejantes a verdades, y mientras ella le oía le corrían las lágrimas y se le consumía el cuerpo. Lo mismo que en las altas montañas se derrite la nieve a la que funde Euro después que Céfiro la hace caer -y cuando está fundida los ríos aumentan su curso-, así se fundían sus hermosas mejillas vertiendo lágrimas por su marido, que estaba a su lado.

Odiseo sentía piedad por su mujer cuando sollozaba, pero los ojos se le mantuvieron firmes como si fueran de cuerno o hierro, inmóviles en los párpados. Y ocultaba sus lágrimas con engaño. De nuevo le contestó con palabras y dijo:

«Forastero, ahora quiero probar si de verdad albergaste en tu palacio a mi esposo, como afirmas, junto con sus compañeros, semejantes a los dioses. Dime cómo eran los vestidos que cubrían su cuerpo y cómo era él mismo, y háblame de sus compañeros, los que le seguían.»

Y le respondió y dijo el muy astuto Odiseo:

«Mujer, es difícil decirlo después de tan larga separación, pues ya hace veinte años que marchó de allí y dejó mi patria, pero aun así te lo diré como mi corazón me lo pinta. El divino Odiseo tenía un manto purpúreo de lana, manto doble que sujetaba un broche de oro con agujeros dobles y estaba bordado por delante: un perro sujetaba entre las patas delanteras a un cervatillo moteado y lo miraba fijamente forcejear. Y esto es lo que asombraba a todos, que, siendo de oro, el uno miraba al cervatillo mientras lo ahogaba y el otro, deseando escapar, forcejeaba con los pies. También vi alrededor de su cuerpo una túnica resplandeciente y como binza de cebolla seca; ¡tan suave era y brillante como el sol! Muchas mujeres la contemplaban con admiración. Pero te voy a decir una cosa que has de poner en tu interior: no

sé si Odiseo rodeaba su cuerpo con ellas ya en casa o se las dio, al marchar sobre la veloz nave, alguno de sus compañeros o tal vez incluso algún huésped (ya que Odiseo era amigo para muchos), pues pocos entre los aqueos eran semejantes a él.

«También yo le di una broncínea espada y un manto doble, hermoso, purpúreo, y una túnica orlada, y lo despedí respetuosamente sobre su nave de sólidos bancos. Le acompañaba un heraldo un poco mayor que él, de quien también te voy a decir cómo era exactamente: caído de hombros, negra la tez, rizado el cabello y de nombre Euríbates. Odiseo le honraba por encima de sus otros compañeros porque le concebía pensamientos ajustados.»

Así dijo, y a ella se le levantó aún más el deseo de llorar al reconocer las señales que le había dicho Odiseo con exactitud. Y luego que se hubo saciado del gemido de abundantes lágrimas le respondió con palabras y dijo:

«Forastero, aunque ya antes eras digno de compasión, ahora vas a ser querido y respetado en mi palacio, pues yo misma le di esas vestiduras que dices -las traje dobladas de la despensa y les puse un broche resplandeciente para que fuera un adorno para él; pero ya no lo recibiré nunca de vuelta en casa, pues con funesto destino marchó Odiseo en cóncava nave para ver la maldita Ilión, que no hay que nombrar.»

Y la respondió y dijo el muy astuto Odiseo:

«Mujer venerada de Odiseo Laertíada, ya no desfigures más tu hermoso cuerpo ni consumas tu espíritu lamentando a tu esposo. Aunque en nada te he de reprender, pues cualquier mujer se lamenta de haber perdido a su legítimo esposo con quien ha engendrado hijos uniéndose en amor, aunque sea distinto de Odiseo, de quien dicen que era semejante a los dioses. Pero deja de gemir y atiende a mi palabra, pues te voy a hablar sinceramente y no lo voy a ocultar que ya he oído acerca del regreso de Odiseo, que está cerca y vivo en el rico pueblo de los tesprotos. También trae muchos y maravillosos bienes que ha mendigado por el pueblo, pero ha perdido a sus leales compañeros y la cóncava nave en el ponto, rojo como el vino, cuando venía de la isla de Trinaquía, pues estaban airados contra él Zeus y Helios, porque sus compañeros había matado las vacas de éste. Así que todos ellos perecieron en el alborotado ponto, pero a él lo empujó el oleaje sobre la quilla de su nave hacia tierra firme, hacia la tierra de los feacios, que han nacido cercanos a los dioses. Éstos le honraron de corazón como a un dios y le dieron muchas cosas, y querían llevarlo ellos mismos a su patria sano y salvo. Podría estar aquí Odiseo hace mucho tiempo, pero a su ánimo le pareció más ventajoso marchar por tierra para reunir mucha riqueza. Así es como sobresale Odiseo por su mucha astucia entre los mortales hombres y ningún otro mortal podría rivalizar con él. Así me lo decía Fidón, el rey de los tesprotos, y juró delante de mí mientras hacía libación en su casa, que había echado su nave al mar y estaban dispuestos los compañeros que iban a llevarlo a su tierra patria, pero a mí me envió antes, pues marchaba casualmente una nave de Tesprotos a Duliquio, rica en trigo. Y me mostró cuantas riquezas había reunido Odiseo; podrían alimentar a otro hombre hasta la décima generación: ¡tantos tesoros tenía depositados en el palacio del rey! También me dijo que Odiseo había marchado a Dodona para escuchar la voluntad de Zeus, el que habla desde la divina encina de elevada copa, para enterarse si debía volver a las claras u ocultamente a su tierra patria, después de tantos años de ausencia. Así pues, él está a salvo y vendrá muy pronto, no permaneciendo ya largo tiempo lejos de los suyos y de su tierra patria.

«Sin embargo, te haré un juramento: sea testigo Zeus antes que nadie, el más excelso y poderoso de los dioses, y el Hogar del irreprochable Odiseo, al que he llegado, que todo esto se cumplirá como yo digo; durante este mismo año vendrá Odiseo, cuando se haya acabado este mes y comenzado el siguiente.»

Y se dirigió a él la prudente Penélope:

«Forastero, ¡ojalá llegara a cumplirse esa palabra! Rápidamente conocerías mi amistad y muchos regalos de mi parte, hasta el punto de que cualquiera que contigo topara te llamaría dichoso. Pero mis presentimientos son -y así sucederá precisamente- que ni Odiseo volverá ya a casa ni tú lograrás conseguir una escolta, puesto que no hay en la casa jefes como era Odiseo entre los hombres -si es que alguna vez existió- para dar escolta y recibir a sus venerables huéspedes. Vamos, siervas, lavadlo y ponedle un lecho, mantas y sábanas resplandecientes, y así, bien caliente, le llegue Eos de trono de oro. Al amanecer lavadle y ungidle y que se ocupe de comer sentado en la sala junto a Telémaco. Será doloroso para aquel de los pretendientes que, por envidia, llegara a molestarlo. Ninguna otra acción llevará a cabo aquí dentro, aunque se irrite terriblemente. ¿Cómo podrías saber, forastero, que aventajo a las demás mujeres en inteligencia y consejo si comieras en el palacio sucio, vestido miserablemente? Los hombres son de corta vida; para quien es cruel y tiene sentimientos crueles piden todos los mortales tristezas en el futuro mientras viva, y una vez que está muerto todos le insultan. En cambio, el que es irreprochable y tiene sentimientos irreprochables... la fama de éste la llevan sus huéspedes a todos los hombres. Y muchos lo llaman noble.»

Y le respondió y dijo el muy astuto Odiseo:

«Mujer venerable de Odiseo Laertíada, las mantas y las resplandecientes sábanas me disgustan desde el día en que dejé los nevados montes de Creta marchando sobre la nave de largos remos. Me voy a acostar como antes, cuando dormía noches insomnes, pues ya he descansado muchas noches en lecho miserable aguardando a Eos, de hermoso trono. Tampoco son agradables a mi ánimo los baños de pies; ninguna mujer tocará mi pie de las que te son servidoras en el palacio, si no hay alguna muy anciana y de sentimientos fieles que haya soportado en su ánimo tantas cosas como yo. A ésa no le impediría tocar mis pies.»

Y se dirigió a él la prudente Penélope:

«Huésped, amigo, pues jamás ha llegado a mi casa ningún hombre tan sensato de entre los huéspedes de lejanas tierras; con qué sabiduría dices todo, con qué discreción. Tengo una anciana que alberga en su mente decisiones discretas, la que alimentó y crió a aquel desdichado recibiéndolo en sus brazos cuando lo parió su madre. Ésta te lavará los pies, aunque está muy débil. Conque, vamos, levántate enseguida, prudente Euriclea, y lava al compañero en edad de tu soberano. También estarán así los pies y manos de Odiseo, pues los mortales envejecen enseguida en medio de la desgracia.»

Así dijo; la anciana se ocultaba con las manos el rostro y derramaba calientes lágrimas, y dijo lastimera palabra:

«¡Ay, hijo mío, que no tenga yo remedios para ti...! Con tener el ánimo temeroso de los dioses,

Zeus to ha odiado más que a los demás hombres, que jamás mortal alguno quemó tantos pingües muslos para Zeus, el que se alegra con el rayo, ni excelentes hecatombes como tú le has ofrecido con la súplica de poder llegar a una ancianidad feliz y poder alimentar a un hijo ilustre. En cambio sólo a ti to ha privado del brillante día del regreso. Tal vez se burlen también así de aquél las esclavas de hospedadores de lejanas tierras cuando llegue al magnífico palacio de alguno, como se burlan de ti todas estas perras a las que no permites que te laven para evitar el escarnio y numerosos oprobios. A mí, sin embargo, me lo ordena la hija de Icario, la prudente Penélope, aunque no contra mi voluntad. Por esto te lavaré los pies, por la propia Penélope y a la vez por ti mismo, pues se me conmueve dentro el ánimo con tus penas. Pero, vamos, atiende ahora a una palabra que to voy a decir: muchos forasteros infortunados han venido aquí, pero creo que jamás he visto a ninguno tan parecido a Odiseo en el cuerpo, voz y pies, como tú.»

Y le respondió y dijo el muy astuto Odiseo:

«Anciana, así dicen cuantos nos han visto con sus ojos, que somos parecidos el uno al otro, como tú misma dices dándote cuenta.»

Así dijo; la anciana tomó un caldero reluciente y le lavaba los pies; echó mucha agua fría y sobre ella derramó caliente. Entonces Odiseo se sentó junto al hogar y se volvió rápidamente hacia la oscuridad, pues sospechó enseguida que ésta, al cogerlo, podría reconocer la cicatriz y sus planes se harían manifiestos. La anciana se acercó a su soberano y lo lavaba. Y enseguida reconoció la cicatriz que en otro tiempo le hiciera un jabalí con su blanco colmillo cuando fue al Parnaso en compañía de Autólico y sus hijos, el padre ilustre de su madre, que sobresalía entre los hombres por el hurto y el juramento. Se lo había concedido el dios Hermes, pues en su honor quemaba muslos de corderos y cabritos en agradecimiento y éste le asistía benévolo. Cuando Autólico fue a la opulenta población de Itaca, se encontró a un hijo recién nacido de su hija. Euriclea lo puso sobre sus rodillas cuando había terminado de cenar y le habló y llamó por su nombre:

«Autólico busca tú mismo un nombre para el hijo de tu hija, pues muy deseado es para ti.»

Y a su vez respondió Autólico y dijo:

«Yerno e hija mía, ponedle el nombre que voy a decir. Ya que he llegado hasta aquí enfadado con muchos hombres y mujeres a través de la fértil tierra, que su nombre epónimo sea Odiseo. Y cuando en la plenitud de la juventud llegue a la gran casa materna, al Parnaso donde tengo las riquezas, yo le daré de ellas y lo despediré contento.»

Por esto había marchado Odiseo, para que le diera espléndidos regalos. Autólico y los hijos de Autólico le acogieron cariñosamente con las manos y con dulces palabras. Y la madre de su madre, Anfitea, abrazó a Odiseo y le besó la cabeza y hermosos ojos. Autólico ordenó a sus gloriosos hijos que dispusieran la comida y éstos escucharon al que se lo mandaba. Enseguida llevaron un toro de cinco años, lo desollaron, prepararon y dividieron todo; lo partieron habilidosamente, lo clavaron en asadores y después de asarlo cuidadosamente distribuyeron los panes. Así que comieron durante todo el día, hasta que se puso el sol, y nadie carecía de un bien distribuido alimento. Y cuando el sol se puso y cayó la noche, se acostaron y recibieron el don del sueño.

Tan pronto como se mostró Eos, la hija de la mañana, la de dedos de rosa; salieron de cacería los perros y los mismos hijos de Autólico, y entre ellos iba el divino Odiseo. Ascendieron al elevado monte Parnaso, vestido de selva, y enseguida llegaron a los ventosos valles. El sol caía sobre los campos cultivados recién salido de las plácidas y profundas corrientes de Océano, cuando llegaron los cazadores a un valle. Delante de ellos iban los perros buscando las huellas y detrás los hijos de Autólico, y entre ellos marchaba el divino Odiseo blandiendo, cerca de los perros, su lanza de larga sombra. Un enorme jabalí estaba tumbado en una densa espesura a la que no atravesaba el húmedo soplo de los vientos al agitarse ni golpeaba con sus rayos el resplandeciente Helios ni penetraba la lluvia por completo -¡tan densa era!-, y una gran alfombra de hojas la cubría. Llegó al jabalí el ruido de los pies de hombres y perros cuando marchaban cazando y desde la espesura, erizada la crin y brillando fuego sus ojos, se detuvo frente a ellos. Odiseo fue el primero en acometerlo, levantando la lanza de larga sombra con su robusta mano deseando herirlo. El jabalí se le adélantó y le atacó sobre la rodilla y, lanzándose oblicuamente, desgarró con el colmillo mucha carne, pero no llegó al hueso del mortal. En cambio Odiseo le hirió alcanzándole en la paletilla derecha y la punta de la resplandeciente lanza lo atravesó de parte a parte y cayó en el polvo dando chillidos, y escapó volando su ánimo. Enseguida le rodearon los hijos de Autólico, vendaron sabiamente la herida del irreprochable Odiseo semejante a un dios y con un conjuro retuvieron la negra sangre.

Pronto llegaron a casa de su padre y Autólico y los hijos de Autólico lo curaron bien, le dieron espléndidos regalos y, alegres, lo enviaron contento a su patria Itaca.

Su padre y venerable madre se alegraron al verlo volver y le preguntaban detalladamente por la cicatriz, qué le había pasado. Y él les contó con detalle cómo mientras cazaba, le había herido un jabalí con su blanco colmillo al marchar al Parnaso con los hijos de Autólico.

La anciana tomó entre las palmas de sus manos esta cicatriz y la reconoció después de examinarla. Soltó el pie para que se le cayera y la pierna cayó en el caldero. Resonó el bronce, inclinóse él hacia atrás, hacia el lado opuesto, y el agua se derramó por el suelo. El gozo y el dolor invadieron al mismo tiempo el corazón de la anciana y sus dos ojos se llenaron de lágrimas, y su floreciente voz se le pegaba. Asió de la barba a Odiseo y dijo:

«Sin duda eres Odiseo, hijo mío: no te había reconocido antes de ahora, hasta tocar a todo mi señor.»

Así dijo e hizo señas a Penélope con los ojos queriendo indicar que su esposo estaba dentro. Pero ésta no pudo verla, aunque estaba enfrente, ni comprenderla, pues Atenea le había distraído la atención. Entonces Odiseo acercó sus manos, la asió de la garganta con la derecha y con la otra la atrajo hacia sí diciendo:

«Nodriza, ¿por qué quieres perderme? Tú misma me criaste sobre tus pechos. Ya he llegado a la tierra patria tras sufrir muchas penalidades, a los veinte años. Pero ya que te has dado cuenta y un dios lo ha puesto en tu interior, calla, no vaya a ser que se dé cuenta algún otro en el palacio; porque te voy a decir esto y ciertamente se va a cumplir: si con la ayuda de un dios hiciese sucumbir a los ilustres pretendientes, no te perdo-

naré ni a ti, con ser mi nodriza, cuando mate a las otras esclavas en mi palacio.»

Y le contestó la prudente Euriclea:

«Hijo mío, ¡qué palabra ha escapado del cerco de tus dientes! Sabes que mi ánimo es firme y no domable; me mantendré como una sólida piedra o como el hierro. Te voy a decir otra cosa que has de poner en tu interior: si por tu causa un dios hace sucumbir a los ilustres pretendientes, entonces te hablaré minuciosamenre respecto a las mujeres del palacio, quiénes te deshonran y quiénes son inocentes.»

Y le respondió y dijo el muy astuto Odiseo:

«Nodriza, ¿por qué me las vas a señalar tú? Yo mismo las observaré y conoceré a cada una, pero mantén en silencio tus palabras y confía en los dioses.»

Así dijo, y la anciana marchó a través del mégaron para traer agua de lavar los pies, pues la primera se había derramado toda. Y después que lo lavó y ungió con espeso aceite, de nuevo arrastró Odiseo la silla cerca del fuego para calentarse, y ocultó la cicatriz con los andrajos.

Y la prudente Penélope comenzó a hablar entre ellos:

«Forastero, sólo esto te voy a preguntar, poco más, que va a ser pronto la hora de dormir para aquel de quien el sueño se apodere dulcemente, aun estando afligido. A mí me ha dado un dios una pena inmensa, pues durante el día, aunque me lamente y gima, me complace atender a mis labores y las de las esclavas en el palacio, pero luego que llega la noche y el sueño las invade a todas, yazco en el lecho mientras agudas angustias inquietan sin cesar mi agitado corazón. Como cuando la hija de Pandáreo, el amarillo Aedón, canta hermosamente recién entrada la primavera sobre el tupido follaje de los árboles -cambia a menudo de tono y vierte su voz de múltiples ecos llorando a su hijo Itilo, hijo del rey Zeto, a quien en otro tiempo mató con el bronce sin darse cuenta-, así también mi ánimo vacila entre permanecer junto a mi hijo y guardar todo intacto, mis bienes y esclavas y la casa grande de elevada techumbre, por vergüenza al lecho conyugal y a las habladurías del pueblo, o seguir a aquel de los aqueos que sea el mejor y me pretenda en el palacio entregándome innumerables presentes de boda. Porque mientras mi hijo era todavía pequeño e irreflexivo no me permitía casarme y abandonar la casa de mi esposo, pero ahora que es mayor y ha llegado al límite de la edad juvenil, incluso desea que me marche del palacio, indignado por los bienes que le comen los aqueos.

«Conque, vamos, interprétame este sueño, escucha: veinte gansos comían en mi casa trigo remojado con agua y yo me alegraba contemplándolos, pero vino desde el monte una gran águila de corvo pico y a todos les rompió el cuello y los mató, y ellos quedaron esparcidos por el palacio, todos juntos, mientras el águila ascendía hacia el divino éter. Yo lloraba a gritos, aunque era un sueño, y se reunieron en torno a mí las aqueas de lindas trenzas, mientras me lamentaba quejumbrosamente de que el águila me hubiera matado a los gansos. Entonces volvió ésta y se posó sobre la parte superior del palacio y, llamando con voz humana, dijo: "Cobra ánimos, hija del muy celebrado Icario, que no es un sueño, sino visión real y feliz que habrá de cumplirse. Los gansos son los pretendientes y yo antes era el águila, pero ahora he regresado como esposo tuyo, yo que voy a dar a todos los pretendientes un destino ignominioso." Así dijo y luego me abandonó el dulce sueño. Cuando miré en derredor vi a los gansos en el palacio comiendo trigo junto a la gamella en el mismo sitio de costumbre.»

Y le contestó y dijo el muy astuto Odiseo:

«Mujer, no es posible en modo alguno interpretar el sueño dándole otra intención, después que el mismo Odiseo te ha manifestado cómo lo va a llevar a cabo. Clara parece la muerte para los pretendientes, para todos en verdad; ninguno escapará a la muerte y a las Keres.»

Y le contestó la prudente Penélope:

«Forastero, sin duda se producen sueños inescrutables y de oscuro lenguaje y no todos se cumplen para los hombres. Porque dos son las puertas de los débiles sueños: una construida con cuerno, la otra con marfil. De éstos, unos llegan a través del bruñido marfil, los que engañan portando palabras irrealizables; otros llegan a través de la puerta de pulimentados cuernos, los que anuncian cosas verdaderas cuando llega a verlos uno de los mortales. Y creo que a mí no me ha llegado de aquí el terrible sueño, por grato que fuera para mí y para mi hijo.

«Te voy a decir otra cosa que has de poner en tu interior: esta aurora llegará infausta, pues me va a alejar de la casa de Odiseo. Voy a establecer un certamen, las hachas de combate que aquél colocaba en línea recta como si fueran escoras, doce en total. Él se colocaba muy lejos y hacía pasar el dardo una y otra vez a través de ellas. Ahora voy a establecer este certamen para los pretendientes y el que más fácilmente tienda el arco entre sus manos y haga pasar una flecha por todas las doce hachas, a ése seguiré inmediatamente dejando esta casa legítima, muy hermosa, llena de riquezas. Creo que algún día me acordaré de ella incluso en sueños.»

Y le contestó y dijo el muy astuto Odiseo:

«Mujer venerable de Odiseo Laertíada, no difieras por más tiempo ese certamen en tu casa, pues el muy astuto Odiseo llegará antes de que ellos toquen ese pulido arco, tiendan la cuerda y atraviesen el hierro con la flecha.»

Y le dijo a su vez la prudente Penélope:

«Si quisieras deleitarme, forastero, sentado junto a mí en la sala, no se me vertería el sueño sobre los párpados, pero no es posible que los hombres estén siempre sin dormir, que los inmortales han establecido una porción para cada uno de los mortales sobre la fértil tierra. Así que subiré al piso de arriba y me acostaré en el funesto lecho, siempre regado por mis lágrimas desde que Odiseo marchó a la maldita Ilión que no hay que nombrar. Allí me acostaré; tú acuéstate en esta estancia extendiendo algo por el suelo, o que te pongan una cama.»

Así diciendo, subió al resplandeciente piso superior; mas no sola, que con ella marchaban también las otras esclavas.

Y cuando hubo subido al piso superior con las esclavas, se puso a llorar a Odiseo, su esposo, hasta que la de ojos brillantes le infundió sueño sobre los párpados, Atenea.

CANTO XX

LA ÚLTIMA CENA DE LOS PRETENDIENTES

Entonces el divino Odiseo comenzó a acostarse en el vestíbulo; extendió la piel no curtida de un buey y sobre ella muchas pieles de ovejas que habían sacrificado los aqueos, y Eurínome echó sobre él un manto cuando se hubo acostado.

Y mientras Odiseo yacía allí desvelado, meditando males en su interior contra los pretendientes, salieron del palacio riendo y chanceando unas con otras las mujeres que solían acostarse con éstos. El ánimo de Odiseo se conmovía dentro del pecho y lo meditaba en su mente y en su corazón si se lanzaría detrás y causaría la muerte a cada una, o si todavía las iba a dejar unirse por última y postrera vez con los orgullosos pretendientes. Y su corazón le ladraba dentro. Como la perra que camina alrededor de sus tiernos cachorrillos ladra a un hombre y se lanza a luchar con él si no lo conoce, así también le ladraba dentro el corazón indignado por las malas acciones. Y se golpeó el pecho y reprendió a su corazón con estas razones:

«¡Aguanta, corazón!, que ya en otra ocasión tuviste que soportar algo más desvergonzado, el día en que el Cíclope de furia incontenible comía a mis valerosos compañeros. Tú lo soportaste hasta que, cuandó creías morir, la astucia te sacó de la cueva.»

Así dijo increpando a su corazón y éste se mantuvo sufridor, pero él se revolvía aquí y allá. Como cuando un hombre revuelve sobre abundante fuego un vientre lleno de grasa y sangre, pues desea que se ase deprisa, así se revolvía él a uno y otro lado, meditando cómo pondría las manos sobre los desvergonzados pretendientes, siendo él solo contra muchos. Entonces Atenea bajó del cielo y se llegó a su lado -semejante en su cuerpo a una mujer- y colocándose sobre su cabeza le dijo esta palabra:

«¿Por qué estás desvelado todavía, desdichado, más que ningún mortal? Esta es tu casa y tu mujer está en ella y tu hijo es como cualquiera desearía que fuese su hijo.»

Y le respondió y dijo el muy astuto Odiseo:

«Sí, diosa, todo eso lo dices con razón, pero lo que medita mi espíritu dentro del pecho es cómo pondría mis manos sobre los desvergonzados pretendientes solo como estoy, mientras que ellos están siempre dentro en grupo. También medito esto dentro del pecho, lo más importante: si lograra matarlos por la voluntad de Zeus y de ti misma, ¿a dónde podría refugiarme? Esto es lo que te invito a considerar.»

Y a su vez le dijo la diosa de ojos brillantes, Atenea:

«Desdichado, cualquiera suele seguir el consejo de un compañero peor, aunque éste sea mortal y no conciba muchas ideas, pero yo soy una diosa, la que constantemente te protege en tus dificultades. Te voy a hablar claramente: aunque nos rodearan cincuenta compañías de hombres de voz articulada, deseosos de matar por causa de Ares, incluso a éstos podrías arrebatarles los bueyes y las pingües ovejas. Conque procura coger el sueño; es locura mantenerse en vela y vigilar durante toda la noche cuando ya vas a salir de tus desgracias.»,

Así diciendo, le vertió sueño sobre los párpados y se volvió al Olimpo la divina entre las diosas.

Cuando ya comenzaba a vencerlo el sueño, el que desata las preocupaciones del espíritu y afloja los miembros, despertó su fiel esposa y rompió a llorar sentada en el blando lecho. Y luego que se hubo saciado de llorar la divina entre las mujeres, suplicó en primer lugar a Artemis:

«Artemis, diosa soberana hija de Zeus, ¡ojalá me quitaras la vida ahora mismo arrojando a mi pecho una flecha, o que me arrebatara un huracán y me llevara sobre los brumosos caminos arrojándome en la desembocadura del refluente Océano -como cuando los huracanes se llevaron a las hijas de Pandáreo!. Los dioses aniquilaron a sus padres y ellas quedaron huérfanas en el palacio, pero la divina Afrodita las alimentó con queso y dulce miel y con delicioso vino; Hera les otorgó una belleza y prudencia superior a todas las mujeres; la casta Artemis les concedió gran estatura, y Atenea les enseñó a realizar labores brillantes. Un día que Afrodita había subido al elevado Olimpo a fin de pedir para ellas el cumplimiento de un floreciente matrimonio a Zeus, que goza con el rayo (pues éste conoce todo, tanto la suerte como el infortunio de los mortales hombres), las Harpías arrebataron a las doncellas y se las entregaron a las odiosas Erinias para que fueran sus criadas. ¡Así me mataran los que poseen mansiones en el Olimpo, o me alcanzara con sus flechas Artemis, de lindas trenzas, para hundirme en la odiosa tierra y ver a Odiseo y no tener que satisfacer los designios de un hombre inferior a él! Que la desgracia es soportable cuando uno pasa los días llorando, acongojado en su corazón, si por la noche se apodera de él el sueño (pues éste hace olvidar lo bueno y lo malo cuando cubre los párpados), pero a mí la divinidad incluso me envía malos sueños, pues esta noche ha vuelto a dormir a mi lado un hombre igual a como era Odiseo cuando marchó con el ejército. Con que mi corazón se llenó de alegría, pues no creía que era un sueño, sino realidad.»

Así dijo, y enseguida llegó Eos, de trono de oro. Mientras aquélla lloraba, escuchó su voz el divino Odiseo y, meditando después, se le hacía que ella ya le había reconocido y puesto a su cabecera. Así que recogió el manto y las pieles en que se había acostado y las puso sobre una silla dentro del mégaron, pero la piel de buey se la llevó afuera. Y suplicó a Zeus, levantando sus manos:

«Zeus padre, si por vuestra voluntad me habéis traído a mi patria sobre lo seco y lo húmedo, después de llenarme de males en exceso, que cualquiera de los hombres que se despiertan dentro muestre un presagio, y que fuera se muestre otro prodigio de Zeus.»

Así dijo suplicando y le escuchó Zeus, el que ve a lo ancho. Al punto tronó desde el resplandeciente Olimpo, desde lo alto de las nubes, y se alegró el divino Odiseo. El presagio lo envió una molinera desde la casa, cerca de donde el pastor de su pue- blo tenía las muelas en las que se afanaban doce mujeres en total, fabricando harina de cebada y trigo, médula de los hombres. Las demás mujeres dormían ya, una vez que hubieron molido su trigo pero esta, que era la más débil, todavía no había terminado. Entonces se puso en pie y dijo su palabra, señal para su amo:

«Zeus padre, que reinas sobre dioses y hombres, has tronado fuertemente desde el cielo estrellado -y en ninguna parte hay nubes-. Como señal, sin duda, se lo muestras a alguien. Cúmpleme ahora también a mí, desdichada, la palabra que voy a decirte: que los pretendientes tomen su agradable comida hoy por última y postrera vez en el palacio de Odiseo. Ellos son quienes con el cansado trabajo han hecho flaquear mis rodillas mientras fabricaba harina; que cenen ahora por última vez.»

Así dijo, y se alegró con el presagio el divino Odiseo y con el trueno de Zeus, pues pensaba que castigaría a los culpables.

Entonces se congregaron las esclavas en el hermoso palacio de Odiseo y encendían en el hogar el infatigable fuego. Telémaco se levantó del lecho, mortal igual a un dios, después de vestir sus vestidos, se echó a los hombros la aguda espada, ató a sus relucientes pies hermosas sandalias y, asiendo la fuerte lanza de punta de bronce, se puso sobre el umbral y dijo a Euriclea:

«Tata, ¿habéis honrado al huésped con lecho y comida, o yace descuidado?; pues así es mi madre, aun siendo prudente: honra inconsideradamente al peor de los hombres de voz articulada y, en cambio, al mejor lo despide sin haberlo honrado.»

Y a su vez le dijo la prudente Euriclea:

«Hijo, no vayas ahora a culpar a la inocente, pues mientras él quiso bebió vino y de comida aseguró que ya no le apetecía más, que ella se lo preguntaba. Cuando, finalmente, se acordó del lecho y del sueño, tu madre ordenó a las esclavas preparárselo, pero él no quiso dormir en lecho y colchas, sino en el vestíbulo sobre una piel no curtida de buey y pieles de ovejas, como alguien completamente mísero y desventurado. Y noso- tras le cubrimos con un manto.»

Así dijo; Telémaco salió del mégaron sosteniendo la lanza -a su lado marchaban dos veloces lebreles-, y echó a caminar hacia el ágora junto a los aqueos de hermosas grebas.

Entonces la divina entre las mujeres, Euriclea, hija de Ope Pisenórida, comenzó a dar órdenes a las mujeres:

«Vamos, unas barred diligentes y regad el palacio, y colocad en las labradas sillas tapetes purpúreos; otras fregad con esponjas todas las mesas y limpiad las cráteras y las labradas copas de doble asa; y otras marchad por agua a la fuente y volved enseguida con ella, pues los pretendientes no estarán mucho tiempo lejos del palacio, sino que volverán temprano, que hoy es para todos día de fiesta».

Así dijo, y ellas la escucharon y obedecieron. Unas veinte marcharon hacia la fuente de aguas profundas y otras trabajaban habilidosamente allí mismo, en la casa.

En esto entraron los nobles sirvientes, quienes luego cortaron leña bien y con habilidad. Las mujeres volvieron de la fuente y detrás llegó el porquero conduciendo tres cerdos -los mejores entre todos-; los dejó paciendo en el hermoso cercado y se dirigió a Odiseo con dulces palabras:

«Forastero ¿te ven mejor los aqueos ahora, o te siguen ultrajando en el palacio, como antes?»

Y le respondió y dijo el muy astuto Odiseo:

«¡Ojalá, Eumeo, castigaran ya los dioses el ultraje que éstos infieren con insolencia ejecutando acciones inicuas en casa extraña y sin tener ni parte de vergüenza!»

Esto es lo que se decían uno a otro cuando se les acertó Melantio, e1 cabrero, conduciendo junto con dos pastores las cabras que sobresalían entre todo el rebaño para festín de los pretendientes; las ató bajo el sonoro pórtico y se dirigió a Odiseo con mordaces palabras:

«Forastero, ¿vas a seguir importunando en el palacio pidiendo limosna a los hombres?; ¿es que no vas a salir fuera? Creo que no nos vamos a separar sin que pruebes mis brazos, pues tú no pides como se debe. También hay otros convites entre los aqueos.»

Así dijo, péro a éste no le contestó el muy astuto Odiseo, sino que movió la cabeza en silencio, meditando males. Después de éstos llegó tercero Filetio el caudillo de hombres, llevando una vaca no paridera y pingues cabras para los pretendientes (los habían pasado los barqueros, quienes también transportan a los demás hombres, a cualquiera que les llegue): las ató bajo el sonoro pórtico e interrogaba al porquero poniéndose a su lado:

«Porquero, ¿quién es este forastero recién llegado a nuestra casa?, ¿de qué hombres se precia de ser?, ¿dónde están su familia y su tierra patria? ¡Infeliz!, desde luego parece por su cuerpo un rey soberano. En verdad los dioses abruman con desgracia a los hombres que vagan mucho, cuando incluso a los reyes otorgan infortunio.»

Así dijo y poniéndose a su lado le saludó con la diestra y, hablándole, dijo aladas palabras:

«Bienvenido, padre huésped, ¡ojalá tengas felicidad en el futuro, que lo que es ahora estás sujeto por numerosos males! Padre Zeus, ningún otro de los dioses es más cruel que tú; una vez que crea a los hombres no los compadece de que caigan en el infortunio y los tristes dolores. ¡Cosa singular!, según lo vi los ojos me lloraban, pues me acordé de Odiseo; que también aquél, creo yo, vaga entre los hombres con tales andrajos, si es que de alguna manera vive aún y ve la luz del sol. Porque si ya está muerto y en las mansiones de

Hades... ¡ay de mí, irreprochable Odiseo, el que me puso al frente de las vacas, siendo niño aún en el país de los cefalenios! Ahora éstas son innumerables; de ninguna manera le podría crecer más a un hombre la raza de vacunos de anchas frentes. Pero otros me ordenan traerlas para comérselas ellos y no se cuidan de su hijo en el palacio ni temen la venganza de los dioses, pues desean ya repartirse las posesiones del señor, largo tiempo ausente. Y mi corazón revuelve esto dentro del pecho: es cosa mala marchar mientras vive su hijo al pueblo de otros, emigrando con estas vacas hacia hombres de un país extraño, pero todavía lo es más quedarme aquí guardando las vacas para otros y soportar tristezas. Hace tiempo me habría marchado huyendo junto a otros reyes poderosos, pues esto ya es insoportable, pero aún espero que ese desdichado vuelva de algún sitio y haga dispersarse a los pretendientes en el palacio.»

Y le respondió y dijo el muy astuto Odiseo:

«Boyero, puesto que no pareces cobarde ni insensato -sé bien que la prudencia te ha llegado a la mente-, te diré y juraré un gran juramento: ¡sea testigo Zeus antes que los demás dioses y la hospitalaria mesa y el Hogar de Odiseo al que he llegado!; mientras estés tú mismo aquí dentro, vendrá a casa Odiseo y con tus ojos podrás ver muertos, si quieres, a los pretendientes que aquí mandan.»

Y el boyero le dijo:

«Forastero, ¡ojalá el Cronida cumpliera de verdad esta tu palabra! Conocerías entonces cuál es mi fuerza y qué brazos me acompañan.»

También Eumeo suplicaba a todos los dioses que el prudente Odiseo volviera a casa. Y esto es lo que se decían uno al otro.

Entre tanto los pretendientes preparaban la muerte contra Telémaco. Se les acercó por el lado izquierdo un pájaro, el águila que vuela alto, reteniendo a una temblorosa paloma, y Anfínomo comenzó a hablar entre ellos y dijo:

«Amigos, no nos saldrá bien la decisión de dar muerte a Telémaco, conque pensemos en la comida.»

Así dijo Anfínomo y a ellos les agradó su palabra. Entraron en el palacio del divino Odiseo, pusieron sus mantos sobre sillas y sillones y comenzaron a sacrificar grandes ovejas y pingües cabras, así como gordos cerdos y una vaca del rebaño. Luego asaron las entrañas, las repartieron, mezclaron el vino en las cráteras y el porquero distribuía las copas; Filetio, caudillo de hombres, les distribuía el pan en hermosos canastos y Melantio vertía el vino. Y ellos echaron mano de los alimentos que tenían delante.

Telémaco, pensando astutamente, hizo sentar a Odiseo dentro del bien construido palacio, junto al umbral de piedra, le puso una pobre silla y una mesa pequeña y le colocaba parte de las asaduras y le vertía vino en copa de oro. Y le dijo estas palabras:

«Siéntate aquí con los hombres y bebe vino; yo mismo te libraré de las injurias y de las manos de todos los pretendientes, pues esta casa no es del pueblo, sino de Odiseo, y la adquirió para mí. En cuanto a vosotros, pretendientes, contened vuestras manos para que nadie suscite disputa ni altercado.»

Así habló; todos ellos clavaron los dientes en sus labios y admiraban a Telémaco, porque había hablado audazmente. Y entre ellos habló Antínoo, hijo de Eupites:

«Por más dura que sea, aceptemos, aqueos, la palabra de Telémaco quien mucho nos ha amenazado. No lo quiso Zeus Cronida, si no ya le habríamos parado los pies en el palacio, aunque sea sonoro hablador.»

Así dijo Anfínomo, pero Telémaco no hizo caso de sus palabras.

Los heraldos iban conduciendo a través de la ciudad la sagrada hecatombe de los dioses, mientras los melenudos aqueos se congregaban bajo el sombrío bosque de Apolo, el que hiere de lejos. Y después que hubieron asado la carne de las partes externas, las retiraron, repartieron y celebraban un gran banquete. Y los que servían pusieron junto a Odiseo una porción igual a las que había tocado en suerte a ellos; así lo había ordenado Telémaco, el hijo del divino Odiseo.

Y Atenea no dejaba que los arrogantes pretendientes contuvieran del todo los escarnios que laceran el corazón, para que el dolor se hundiera todavía más en el ánimo de Odiseo Laertíada. Había entre los pretendientes un hombre de pensamientos impíos. Ctesipo era su nombre y en Same habitaba su casa. Éste pretendía a la esposa de Odiseo, largo tiempo ausente, confiado en sus

muchas posesiones. Y decía entonces a los soberbios pretendientes:

«Escuchadme, ilustres pretendientes, lo que voy a deciros. El forastero tiene una parte igual, como es razonable, pues no es decoroso ni justo privar del festín a los huéspedes de Telémaco, cualquiera que llegue a este palacio. Pero también yo voy a darle un regalo de hospitalidad para que él mismo se lo entregue al bañero o a otro de los esclavos que habitan el palacio del divino Odiseo.»

Así diciendo, cogió de una bandeja una pata de buey y se la arrojó con robusta mano. Odiseo inclinó la cabeza ligeramente, la esquivó y sonrió en su ánimo con sonrisa sardónica. La pata dio en el bien construido muro y Telémaco reprendió a Ctesipo con su palabra:

«Ctesipo, lo mejor para tu vida ha sido no alcanzar al forastero, pues él ha evitado el golpe; en caso contrario, yo te habría alcanzado de lleno con la agúda lanza, y en vez de boda, tu padre se habría cuidado de tu funeral. Por esto, que ninguno muestre sus insolencias en mi casa, pues ya comprendo y sé cada cosa, las buenas y las malas. Hace poco aún era niño y toleraba, aun viéndolo, el degüello de ovejas así como el vino que se bebía y la comida, pues es difícil que uno solo contenga a muchos. Conque, vamos, no me causéis ya más daños como si fuerais enemigos, aunque si me queréis matar con el bronce, sería mejor morir que ver continuamente estas obras inicuas: a los huéspedes maltratados y a las esclavas indignamente forzadas en mi hermoso palacio.»

Así dijo y todos ellos enmudecieron en el silencio. Y más tarde dijo Agelao Damastórida:.

«Amigos. ninguno vaya a irritarse contestando con razones contrarias a lo dicho con justicia. No maltratéis al forastero ni a ningún otro de los esclavos que hay en la casa de Odiseo, aunque yo diría una palabra dulce a Telémaco y a su madre, si ésta fuera agradable a su corazón: mientras vuestro ánimo confiaba en que regresaría a casa el prudente Odiseo, no os indignabais porque permanecieran los pretendientes ni por retenerlos en la casa; incluso habría sido lo mejor si Odiseo hubiese regresado a casa. Pero ya es evidente que no ha de volver de ningún modo; conque, vamos, siéntate junto a tu madre y dile que case con quien sea el mejor y le entregue más cosas, para que tú sigas poseyendo con alegría todo lo de tu padre, comiendo y bebiendo, y ella cuide la casa de otro.»

Y le contestó Telémaco discretamente:

«¡No, por Zeus, Agelao, y por las tristezas de mi padre quien puede que haya muerto o ande errante lejos de Itaca! De ninguna manera trato de retrasar el casamiento de mi madre; por el contrario, la exhorto a casarse con el que quiera e incluso le doy regalos innumerables. Pero me avergüenzo de arrojarla del palacio contra su voluntad, con palabra forzosa. ¡No permita la divinidad que esto suceda!»

Así dijo Telémaco, y Palas Atenea levantó una risa inextinguible entre los pretendientes y les trastornó la razón. Reían con mandíbulas ajenas y comían carne sanguinolenta; sus ojos se llenaban de lágrimas y su ánimo presagiaba el llanto. Entonces les habló Teoclímeno, semejante a un dios:

«¡Ah, desdichados!, ¿qué mal es éste que padecéis? En noche están envueltas vuestras cabezas y rostros y de vuestras rodillas abajo. Se enciende el gemido y vuestras mejillas están llenas de lágrimas. Con sangre están rociados los muros y los hermosos intercolumnios y de fantasmas lleno el vestíbulo y lleno está el patio de los que marchan a Erebo bajo la oscuridad. El sol ha desaparecido del cielo y se ha extendido funesta niebla.»

Así dijo, y todos se rieron de él dulcemente. Y Eurímaco, hijo de Pólibo, comenzó a hablar entre ellos:

«Está loco el forastero recién llegado de tierra extraña. Vamos, jóvenes, llevadlo rápidamente fuera de la casa; que marche al ágora, ya que piensa que aquí es de noche.»

Y le contestó Teoclímeno, semejante a un dios:

«Eurímaco, no to he pedido que me des acompañamiento, que tengo ojos, oídos y ambos pies y una razón bien construida en mi pecho, en absoluto incongruente. Con éstos me voy afuera, pues veo claro que la destrucción se os acerca, de la que no va a poder huir ninguno de los pretendientes, los que en la casa de Odiseo, semejante a un dios, insultáis a los hombres y ejecutáis acciones inicuas.»

Así diciendo salió del palacio, agradable vivienda, y marchó a casa de Pireo, quien lo recibió benévolo. Y los pretendientes se miraban unos a otros e irritaban a Telémaco, burlándose de sus huéspedes. Así decía uno de los arrogantes jóvenes:

«Telémaco, nadie es más desafortunado con los huéspedes que tú. Tienes uno como ese mendigo vagabundo necesitado de comida y vino, en absoluto conocedor de hazañas ni de vigor, sino un peso muerto de la tierra, y ese otro que se levantó a vaticinar; si me hicieras caso, lo mejor sería que metiéramos a los forasteros en una nave de muchos bancos y los enviáramos a Sicilia, donde te darían un precio conveniente.»

Así dijeron los pretendientes, pero Telémaco no hacía caso de sus palabras, sino que miraba a su padre en silencio, aguardando siempre cuándo pondría las manos sobre los desvergonzados pretendientes.

Y la hermosa hija de Icario, la prudence Penélope, poniendo su sillón enfrente escuchaba las palabras de cada uno de los hombres en el palacio. Así es como se prepararon, entre risas, un almuerzo dulce y agradable, pues habían sacrificado en abundancia. Pero ninguna otra cena podría ser más desgraciada como la que iban a prepararles más tarde la diosa y el fuerte hombre, pues ellos fueron los primeros en ejecutar acciones indignas.

Ejercicios: Capítulo 16-20

1- Haz una lista con los personajes que aparecen en el capítulo:

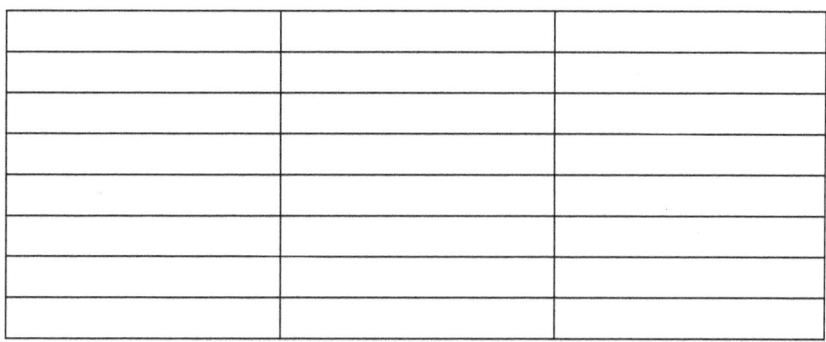

2- Señala los personajes que consideres más importantes, y explica por qué (excluye aquellos que ya hayas descrito en el capitulo anterior):

_____

_____

_____

_____

_____

_____

_____

_____

_____

_____

_____

_____

3- Escribe una breve reseña biográfica acerca de los personajes que consideraste más importantes(excluye aquellos que ya hayas descrito en el capitulo anterior):

_____

_____

_____

_____

_____

_____

_____

_____

_____

_____

_____

_____

_____

_____

_____

_____

_____

_____

4- Describe los sucesos y acontecimientos más importantes del capítulo:

_____

_____

_____

_____

_____

_____

_____

_____

_____

_____

_____

_____

5- Si pudieras aconsejar a los personajes, ¿Qué consejos les darías –y por qué?

_____

_____

_____

_____

_____

_____

_____

6- Haz una lista con los puntos que consideras más importantes:

_____

_____

_____

_____

_____

_____

_____

_____

_____

_____

_____

7- ¿Qué diálogos te parecen más interesantes?

_____

_____

_____

_____

_____

_____

_____

_____

_____

_____

_____

8- ¿Qué palabras tuviste que buscar en el diccionario?

_____

_____

_____

_____

_____

9- ¿De qué manera se relaciona este capítulo con el capitulo anterior?

_____

_____

_____

_____

_____

_____

_____

_____

_____

_____

_____

_____

10- ¿Cuál es tu opinión personal acerca de esta lectura?

_____

_____

_____

_____

_____

_____

_____

_____

_____

EL CERTAMEN DEL ARCO

Entonces Atenea, la diosa de ojos brillantes, inspiró en la mente de la hija de Icario, la prudente Penélope, que dispusiera el arco y el ceniciento hierro en el palacio de Odiseo para los pretendientes, como competición y para comienzo de la matanza. Subió a la alta escalera de su casa y tomando en su vigorosa mano una bien curvada llave, hermosa, de bronce y con mango de marfil, echó a andar con sus esclavas hacia la última habitación donde se hallaban los objetos preciosos del señor -bronce, oro y labrado hierro. Allí estaba también el flexible arco y el carcaj de las flechas con muchos y dolorosos dardos que le había dado como regalo un huésped, Ifito Eurítida, semejante a los inmortales, cuando lo encontró en Lacedemonia. Se encontraron los dos en Mesenia, en casa del prudente Ortíloco. Odiseo había ido por una deuda que le debía todo el pueblo: en efecto, unos mesenios se le habían llevado de Itaca trescientas ovejas, con sus pastores, en naves de muchos bancos. A causa de éstas, Odiseo caminó mucho camino seguido, aunque era joven, pues le habían mandado su padre y otros ancianos. Ifito, por su parte, buscaba unos animales que le habían desaparecido, doce yeguas y mulos pacientes en el trabajo. Éstas serían después muerte y destrucción para él, cuando llegó junto al hijo de Zeus de ánimo esforzado, junto al mortal Heracles concebidor de grandes empresas, quien, aun siendo su huésped, lo mató en su casa. ¡Desdichado!, no temió la venganza de los dioses ni respetó la mesa que le había puesto; y, después de matarlo, retuvo a las yeguas de fuertes pezuñas en el palacio. Cuando buscaba a éstas, se encontró con Odiseo y le dio el arco que usaba el gran Eurito y que había legado a su hijo al morir en su elevado palacio.

Odiseo, por su parte, le entregó aguda espada y fuerte lanza como inicio de una afectuosa amistad, pero no llegaron a sentarse uno a la mesa del otro, pues antes el hijo de Zeus mató a Ifito Eurítida, semejante a los inmortales, quien había dado el arco a Odiseo. Éste lo llevaba en su patria, pero no lo tornó al marchar al combate sobre las negras naves, sino que estaba en el palacio como recuerdo de su huésped.

Cuando hubo llegado a la habitación la divina entre las mujeres y puso el pie sobre el umbral de roble (en otro tiempo lo había pulido sabiamente el artífice, había enderezado con la plomada y levantado las jambas colocando sobre ella las resplandecientes puertas) desató la correa del tirador, introdujo la llave apuntando de frente y corrió los cerrojos de las puertas. Éstas resonarón como el toro que pace en la pradera -¡tanto resonó la hermosa puerta empujada por la llave!- y se le abrieron inmediatamente. Luego ascendió a la hermosa tarima donde estaban las arcas en que yacían los perfumados vestidos. Extendió el brazo, tomó del clavo el arco con su misma funda, el cual resplandecía, y sentada con él sobre sus rodillas, rompió a llorar ruidosamente sin soltar el arco del rey. Luego que se hubo saciado del gemido de muchas lágrimas, echó a andar hacia el mégaron en busca de los ilustres pretendientes con el flexible arco entre sus manos y la aljaba portadora de dardos con muchas y dolorosas saetas; y junto a ella las siervas llevaban un arcón en que había mucho hierro y bronce, ¡los trofeos de un soberano como él!

Cuando llegó a los pretendientes, se detuvo junto a una columna del techo, sólidamente construido, sosteniendo un grueso velo ante sus mejillas; y a uno y a otro lado de ella estaba en pie una fiel doncella.

Al punto se dirigió a los pretendientes y dijo:

«Escuchadme, ilustres pretendientes que hacéis uso de esta casa para comer y beber sin cesar un instante, la de un hombre que lleva ausente largo tiempo. Ningún otro pretexto podéis poner sino que estáis deseosos de casaros conmigo y tomarme por mujer. Conque, vamos, pretendientes, esto es lo que se os muestra como certamen: colocaré el gran arco del divino Odiseo y aquel que lo tense más fácilmente y haga pasar el dardo por las doce hachas, a éste seguiré inmediatamente abandonando esta casa querida, muy hermosa, llena de riqueza, de la que un día, creo, me acordaré incluso en sueños.»

Así dijo y ordenó a Eumeo, el divino porquero, que ofreciera a los pretendientes el arco y el ceniciento hierro. Eumeo lo recibió llorando y lo puso en tierra; y al otro lado lloraba el boyero cuando vio el arco del soberano. Y Antínoo les increpó, les habló y llamó por su nombre:

«Necios campesinos, que sólo pensáis en las cosas del día; cobardes, ¿por qué derramáis lágrimas y conmovéis el ánimo de esta mujer? Dolorida está ya por otras razones, desde que perdió a su esposo. Conque, vamos, sentaos a comer en silencio o marchaos afuera a llorar y dejad ahí mismo el arco, certamen inofensivo para los pretendientes. No creo que se tense fácilmente este bien pulido arco, pues no hay entre todos éstos un hombre como era Odiseo. Le vi -me acuerdo- siendo yo niño pequeño.»

Así dijo, y es que en su interior esperaba tensar el arco y hacer pasar la flecha por el hierro. Pero en verdad el irreprochable Odiseo, a quien entonces deshonraba en el palacio incitaba a sus compañeros-, iba a darle a probar, antes que a nadie, el dardo despedido de sus manos.

Y entre ellos habló la sagrada fuerza de Telémaco:

«No, no me ha hecho muy prudente Zeus, el hijo de Crono; mi madre, prudente como es, me dice que va a seguir a otro dejando esta casa y yo me río y alegro con ánimo insensato. Conque apresuraos, pretendientes, que esta competición os la gane una mujer cual no hay ya en la tierra aquea ni en la sagrada Pilos ni en Argos ni en Micenas ni en la misma Ítaca ni en el oscuro continente. Pero también vosotros lo sabéis, ¿qué necesidad tengo de alabar a mi madre? Así que, vamos, no lo retraséis con pretextos ni esperéis más tiempo a tender el arco para que os veamos. También yo probaré este arco y, si logro tenderlo y traspasar el hierro con la flecha, no dejaría, para dolor mío, esta casa mi venerable madre por seguir a otro, ni me quedaría yo atrás cuando soy capaz de llevarme el hermoso trofeo de mi padre.»

Así dijo, y quitándose el manto purpúreo de los hombros, se puso en pie y descolgó de su hombro la aguda espada. En primer lugar colocó las hachas abriendo para todas un largo surco, las alineó a cuerda y puso tierra alrededor.

El asombro se apoderó de todos los que veían cuán ordenadamente las había colocado -nunca antes lo habían visto. Entonces fue a ponerse sobre el umbral y probar el arco. Tres veces lo movió deseando tenderlo y tres veces desistió de su ímpetu esperando en su interior tender la cuerda y atravesar el hierro con una flecha. Y

quizá lo habría tendido, tirando con fuerza por cuarta vez, pero Odiseo le hizo señas de que no, aunque mucho lo deseaba. Y habló de nuevo entre ellos la sagrada fuerza de Telémaco:

«¡Ay, ay, creo que voy a ser en adelante cobarde y débil!, o quizá es que soy demasiado joven y no puedo confiar en mis brazos para rechazar a un hombre cuando alguien me ataca primero. Pero, vamos; vosotros que sois superiores a mi en fuerzas, probad el arco y acabemos el certamen.»

Así diciendo, dejó el arco en él suelo, lejos de sí, lo apoyó contra las bien ajustadas, bien pulidas puertas y colgó la aguda flecha de una hermosa anilla y volvió a sentarse en la silla de donde se había levantado. Y entre ellos habló Antínoo, hijo de Eupites:

«Compañeros, levantaos todos, uno tras otro, comenzando por la derecha del lugar donde se escancia el vino.»

Así dijo Antínoo, y les agradó su palabra.

Levantóse el primero Leodes, hijo de Enopo, el cual era su arúspice y se sentaba junto a una hermosa crátera, siempre en el rincón más escondido; sólo a él eran odiosas las iniquidades y estaba indignado contra todos los pretendientes. Entonces fue el primero en tomar el arco y el agudo dardo y marchó a ponerse sobre el umbral. Probó el arco y no pudo tenderlo, pues antes se cansó de tirar hacia atrás con sus blandas, no encallecidas manos. Y dijo entre los pretendientes:

«Amigos, yo no puedo tenderlo, que ló coja otro. Este arco privará de la vida y del alma a muchos nobles. Aunque es preferible morir que no conseguir aquello por lo que estamos reunidos siempre aquí, esperando todos los días. Ahora cualquiera espera y desea en su ánimo casarse con Penélope, la esposa de Odiseo, pero una vez que pruebe el arco y lo vea, que pretenda, buscando con regalos de boda, a alguna otra de las aqueas de hermoso peplo, y aquélla rápidamente se casará con quien más cosas le regale y le venga designado por el destino.»

Así diciendo, dejó el arco en el suelo, lejos de sí, lo apoyó contra las bien ajustadas, bien pulidas puertas y colgó la aguda flecha de una hermosa anilla, y volvió a sentarse en la silla de donde se había levantado.

Entonces le increpó Antínoo, le habló y le llamó por su nombre:

«Leodes, ¡qué palabra terrible e inaguantable -me he irritado al escucharla- ha escapado del cerco de tus dientes!; que este arco privará a los pretendientes de la vida y el alma porque tú no puedes tenderlo. No, sólo a ti no te parió tu venerable madre para ser tirador de arco y flechas, pero otros ilustres pretendientes lo tenderán enseguida.»

Así dijo y ordenó a Melantio el cabrero:

«Apresúrate a encender fuego en el palacio, Melantio, y coloca al lado un sillón grande con pieles encima; y trae un gran pan de sebo que hay dentro para que calentemos el arco, lo untemos con grasa y lo probemos, para terminar de una vez el certamen.»

Así dijo; Melantio encendió enseguida un fuego infatigable, acercóle un sillón, con pieles encima y llevó un gran pan de sebo que había dentro. Los jóvenes calentaron el arco y trataron de tenderlo, pero no podían., pues estaban muy faltos de fuerzas. Pero todavía Antínoo estaba a la expectativa y Eurímaco semejante a un diós, jefes de los pretendientes y señaladamente los mejores por su valor. Habían salido del palacio, en mutua compañía, el boyero y el porquero del divino Odiseo. Y les siguió él mismo, el divino Odiseo, desde la casa; y cuando ya estaban fuera de las puertas y del patio les habló con suaves palabras:

«Boyero y tú, porquero, Les diré alguna palabra o mejor la mantendré oculta? El ánimo me ordena decirla. ¿Como seríais para defender a Odiseo si llegara de alguna parte, así de repente, y alguna divinidad lo enviara? ¿Defenderíais a los pretendientes o a Odiseo? Contestad como el corazón y el ánimo os lo ordenen.»

Y el boyero dijo:

«Zeus padre, ¡ojalá cumplieras este deseo mío de que llegue aquel hombre conducido por alguna divinidad! Conocerías cuál es mi fuerza y qué brazos me acompañan.»

Eumeo suplicaba a todos los dioses de la misma manera que regresara a casa el prudente Odiseo.

Y una vez que éste conoció su verdadero pensamiento, de nuevo les contestó con sus palabras y dijo:

«Ya está él dentro; soy yo mismo, que después de pasar muchas calamidades he llegado a los veinte años a la tierra patria. También me doy cuenta que sólo vosotros dos entre los esclavos deseabais mi llegada, que de los otros, a ninguno he oído que suplicara para que yo regresara a casa. Así que a vosotros dos os diré la verdad de lo que va a suceder: si por mi mano la divinidad hace sucumbir a los ilustres pretendientes, os daré a ambos esposa y posesiones, y casas edificadas cerca de la mía; y seréis, además, compañeros y hermanos de mi Telémaco.

Vamos, os voy a mostrar otra señal manifiesfa para que me reconozcáis bien y confiéis en vuestro ánimo, la cicatriz que en otro tiempo me infirió un jabalí con su blanco colmillo, cuando marché al Parnaso con los hijos de Autólico.»

Así diciendo, apartó los andrajos de la gran cicatriz y luego que éstos la vieron y examinaron bien cada parte rompieron en llanto, echaron los brazos alrededor del prudente Odiseo y le besaban y acariciaban la cabeza y los hombros. También él besaba sus cabezas y manos y se les habría puesto la luz del sol mientras lloraban, si no los hubieran calmado y hablado Odiseo mismo:

«Contened el llanto y el gemido, no sea que alguien os vea si sale del pálacio y vaya adentro a decirlo. Entrad uno tras otro, no juntos; primero yo y después vosotros. La señal será la siguiente: todos los demás, cuantos son ilustres pretendientes no dejarán que me sean entregados el arco y el carcaj, pero tú, divino Eumeo, llévalo a través de la habitación para ponerlo en mi mano y di a las mujeres que cierren las puertas del palacio ajustándolas fuertemente. En el caso de que alguna oiga gemido o golpe de hombres entre nuestras paredes que no acuda a la puerta, que se quedc en silenció junto a su labor. En cuanto a ti, divino Filetio, te encargo cerrar con llave las puertas del patio y poner enseguida una cadena.»

Así diciendo, entró en la bien construida casa y se fue a sentar en la silla de donde se había levantado; y después entraron los dos siervos del divino Odiseo.

Eurímaco ya estaba moviendo el arco con las manos hacia uno y otro lado, calentándolo con el brillo del fuego, pero ni aun así podía tenderlo y se afligía grandemente en su noble corazón. Así que suspiró, dijo su palabra, habló y llamó por su nombre:

«¡Ay, ay, en verdad siento pesar por mí mismo y por todos! Y no es que me lamente tanto por la boda, aunque me duela -pues hay muchas otras aqueas, unas en la misma Itaca rodeada de mar y otras en las restantes ciudades-, como porque seamos tan débiles de fuerza comparados con el divino Odiseo, que no podemos tender el arco. ¡Será una vergüenza que se enteren los venideros!»

Y Antínoo, hijo de Eupites, se dirigió luego a él:

«Eurímaco, nó será así -y lo sabes también tú-. Ahora se celebra en el pueblo- la sagrada fiesta del dios. ¿Quién podría tender el arco? Dejadle tranquilamente en el suelo y las hachas de dóble filo dejémoslas ahí puestas, pues no creo que se las lleve nadie que venga al palacio de Odiséo Laertíada. Con que vamos, que el cópero haga una primera ofrenda, por orden, en las copas para que una vez realizada dejemos el curvado arco. Ordenad a Melantió que traiga cabras al amanecer, las que sobresalgan entre todas, para que probemos el arco y terminemos el certamen de una vez, despúes de ofrecer muslos a Apolo, famoso por su arco.»

Así dijo Antínoo, y les agradó su palabra. Así que los heraldos vertieron agua sobre sus manos y unos jóvenes coronaban con vino las cráteras y lo distribuyeron entre todos haciendo una primera ofrenda en las copas. Y despúes que hubieron hecho libación y bebido cuanto quiso su apetito, les dijo meditando engaños el muy astuto Odiseo:

«Escuchadme, pretendientes de la ilustre reina, mientras os digo lo que el corazón me ordena dentro del pecho. Me dirijo principalmente a Eurímaco y Antínoo, semejante a un dios, puésto que él ha dicho oportunamente qué dejéis ahora el arco y os volváis a los dioses, que al amanecer la divinidad dará fuerzas al que quisiere. Vamos, dadme el pulimentado arco para que pueda probar con vosotros mi fuerza y mis brazos, para ver si tengo todavía el vigor cual antes tenía en mis flexibles miembros, o ya me lo han destruido la vida errante y la falta de cuidados.»

Así dijo, y todos ellos se indignaron sobremanera temiendo que lograse tender el pulido arco.

Entonces Antínoo le increpó y llamó por su nombre:

«¡Ah, miserable entre los forasteros, no tienes ni el más mínimo seso! ¿No te contentas con participar tranquilamente del festín con nosotros, los poderosos, y que no se te prive de nada del banquete, e incluso escuchar nuestras palabras y conversación? Ningún otro forastero ni mendigo escucha nuestras palabras. Te trastorna el vino, dulce como la miel, el que daña a quien lo arrebata con avidez y no lo bebe comedidamente. El vino perdió también al ilustre centauro Euritión en el palacio del muy noble Pirítoo cuando marchó al país de los Lapitas. Cuando había dañado su mente con el vino, cometió enloquecido acciones indignas en la casa de Pirítoo, pero la indignación se apoderó de los héroes y se arrojaron sobre él, lo arrastraron afuera a través del vestíbulo y le cortaron orejas y nariz con cruel bronce. Y él, dañado en su mente, se marchó soportando su desgracia con ánimo demente. Por esto se produjo la contienda entre hombres y Centauros, y aquél fue el primero que encontró el mal para sí mismo por haberse cargado de vino.

«También a ti te anuncio una gran desgracia si tiendes el arco, pues no encontrarás afabilidad en nuestro pueblo y te enviaremos en negra nave al rey Equeto, azote de todos los mortales, y de allí no podrás escapar a salvo. Así que bebe tranquito y no trates de rivalizar con hombres más jóvenes»

Y la prudente Penélope se dirigió luego a él:

«Antínoo, no es decoroso ni justo ultrajar a los huéspedes de Telémaco, cualquiera que llegue a este palacio. ¿Crees que si el huésped lograra tender el arco, confiado en sus manos y fuerza, me llevaría a casa y haría su esposa? Ni siquiera él mismo alberga en su pecho tal esperanza. Que ninguno de vosotros coma con corazón acongojado por causa de éste, pues no parece cosa en modo alguno razonable.»

Y Eurímaco, hijo de Pólibo, le contestó: -

«Hija de Icario, prudente Penélope, no creemos que éste te vaya a llevar, ni parece razonable, pero nos llenan de vergüenza las murmuraciones de hombres y mujeres, no sea que alguna vez el peor de los aqueos pueda decir: "En vérdad son hombres muy inferiores los que pretenden a la esposa de un hombre irreprochable, pues no son capaces de tender el pulido arco; en cambio un mendigo cualquiera que llegó errante tendió fácilmente el arco y atravesó el hierro."

«Así dirá y tales reproches serán para nosotros.»

Y la prudente Penélope se dirigió a él:

«Eurímaco, no es posible en modo alguno que tengan buena fama en el pueblo quienes deshonran la casa de un varón principal y se la comen. ¿Por qué os hacéis merecedores de tales oprobios? Este forastero es muy alto y vigoroso y afirma ser hijo de un padre de noble linaje. Vamos, dadle el pulimentado arco, para que veamos. Os diré algo que se va a cumplir: si lograra tenderlo y Apolo le diera gloria, le vestiré de manto y túnica, hermosos vestidos, y le daré un agudo venablo para protección contra perros y hombres y una espada de doble filo; también le daré sandalias para sus pies y le enviaré a donde su corazón le empuje.»

Y Telémaco le habló discretamente:

«Madre mía, ninguno de los aqueos tiene más poder que yo para dar el arco o negárselo a quien yo quiera, ni cuantos gobiernan sobre la áspera Itaca ni cuantos en las islas de junto a la Elide, criadora de caballos. Ninguno de éstos me forzaría contra mi voluntad si yo quisiera de una vez dar este arco al extranjero para llevárselo. Conque, vamos, marcha a tu habitación y ocúpate de las labores que te son propias, el telar y la rueca, y ordena a tus esclavas que se apliquen a las suyas. El arco será cuestión de los hombres y principalmente de mi, de quien es el poder en este palacio»"

Y ella volvió asombrada a su habitación poniendo en su pecho la prudente palabra de su hijo. Y luego que hubo subido al piso superior con sus siervas, rompió a llorar por Odiseo, su esposo, hasta que Atenea, de ojos brillantes, le echó dulce sueño sobre los párpados.

Entonces el divino porquero tomó el curvado arco y se disponía a llevarlo, cuando los pretendientes todos empezaron a amenazarlo en el palacio; y uno de los jóvenes arrogantes decía así:

«¿Adónde llevas el curvado arco, miserable porquero, insensato? Creo que bien pronto te van a comer lejos de aquí los perros, junto a las marranas que tú cuidabas, si Apolo y los demás dioses nos son propicios.»

Así dijeron, y éste dejó el arco en el mismo sitio atemorizado porque todos, le amenazaban en el palacio. Pero Telémaco le dijo entre amenazas desde el otro lado:

«Abuelo, sigue adelante con el arco -no creo que hagas bien en obedecer a todos-, no sea que yo, con ser más joven, te persiga hasta el campo arrojándote piedras, pues soy más fuerte. ¡Ojalá

fuera tan superior en manos y vigor a cuantos pretendientes están en mi casa! Pronto despediría de mi palacio a alguno para que se marchara vergonzosamente, pues maquinan maldades.»

Así dijo y todos los pretendientes se rieron dulcemente de él y abandonaron su terrible cólera contra Telémaco. El porquero llevó el arco por la habitación y poniéndose junto al prudente Odiseo se lo entregó. Luego llamó a la nodriza Euriclea y le dijo:

«Prudente Euriclea, Telémaco ordena que cierres bien las puertas del mégaron y que, si alguna de las siervas oye gemidos o golpes de hombres dentro de nuestras paredes, que no acuda a la puerta, que se quede en silencio junto a su labor.»

Así dijo; a Euriclea se le quedaron sin alas las palabras y cerró enseguida las puertas del mégaron, agradable para habitar.

Filetio salió sigilosamente y cerró enseguida las puertas del bien cercado patio. Había bajo el pórtico el cable de papiro de una curvada nave; con éste sujetó las puertas, entró y fue a sentarse en la silla de la que se, había levantado mirando directamente a Odiseo.

Éste ya estaba manejando el arco, dándole vueltas probándolo por uno y otro lado no fuera que la carcoma hubiera roído el cuerno mientras su dueño estaba ausente.

Y uno de los pretendientes decía así, mirando al que tenía cerca:

«Desde luego es un hombre conocedor y entendido en arcos. Quizá también él tiene de éstos en casa o siente impulsos de construirlos, según lo mueve entre sus manos aquí y allá este vagabundo conocedor de desgracias.»

Y otro de los jóvenes arrogantes decía así:

«íOjalá consiguiera tanto provecho como va a conseguir tender el arco!»

Así decían los pretendientes. Entretanto el muy astuto Odiseo, luego que hubo palpado y examinado por todas partes el gran arco... Como cuando un hombre entendido en liras y canto consigue fácilmente tender la cuerda con una clavija nueva, atando a uno y otro lado la bien retorcida tripa de una oveja, así tendió Odiseo sin esfuerzo el gran arco. Luego lo tomó con su mano derecha, palpó la cuerda y ésta resonó semejante al hermoso trino de una golondrina. Entonces les entró gran pesar a los pretendientes y se les tornó el color. Zeus retumbó con fuerza mostrando una señal y se llenó de alegría el sufridor, el divino Odiseo porque el hijo de Crono, de torcidos pensamientos, le había enviado un prodigio. Y tomó un agudo dardo que tenía suelto sobre la mesa, pues los otros estaban dentro del cóncavo carcaj, los que iban a probar pronto los aqueos. Lo acomodó en la encorvadura, tiró del nervio y de las barbas allí sentado, desde su misma silla, disparó el dardo apuntando de frente y no marró ninguna de las hachas desde el primer agujero, pues la flecha de pesado bronce salió atravesándolas.

Entonces dijo a Telémaco:

«Telémaco, este huésped que tienes sentado en tu palacio no lo cubre de vergüenza, que no he errado el blanco ni me he fatigado tratando de tender el arco. Todavía me queda vigor, no como me echan en cara los pretendientes por deshonrarme. Pero ya es hora de que los aqueos preparen su cena mientras haya luz y que luego se solacen con el canto y la lira, pues éstos son complemento de un banquete.»

Así dijo, e hizo una señal con las cejas. Telémaco se ciñó la aguda espada, el hijo del divino Odiseo; puso su mano sobre la lanza y se quedó en pie junto a su mismo sillón, armado de reluciente bronce.

CANTO XXII

LA VENGANZA

Entonces el muy astuto Odiseo se despojó de sus andrajos, saltó al gran umbral con el arco y el carcaj lleno de flechas y las derramó ante sus pies diciendo a los pretendientes:

«Ya terminó este inofensivo certamen; ahora veré si acierto a otro blanco que no ha alcanzado ningún hombre y Apolo me concede gloria.»

Así dijo, y apuntó la amarga saeta contra Antínoo. Levantaba éste una hermosa copa de oro de doble asa y la tenía en sus manos para beber el vino. La muerte no se le había venido a las mientes, pues ¿quién creería que, entre tantos convidados, uno, por valiente que fuera, iba a causarle funesta muerte y negro destino? Pero Odiseo le acertó en la garganta y le clavó una flecha; la punta le atravesó en línea recta el delicado cuello, se desplomó hacia atrás, la copa se

le cayó de la mano al ser alcanzado y al punto un grueso chorro de humana sangre brotó de su nariz. Rápidamente golpeó con el pie y apartó de sí la mesa, la comida cayó al suelo y se mancharon el pan y la carne asada.

Los pretendientes levantaron gran tumulto en el palacio al verlo caer, se levantaron de sus asientos lanzándose por la sala y miraban por todas las bien construidas paredes, pero no había en ellas escudo ni poderosa lanza que poder coger. E increparon a Odiseo con coléricas palabras:

«Forastero, haces mal en disparar el arco contra los hombres; ya no tendrás que afrontar más certámenes, pues te espera terrible muerte. Has matado a uno que era el más excelente de. los jóvenes de Itaca; te van a comer los buitres aquí mismo.»

Así lo imaginaban todos, porque en verdad creían que lo había matado involuntariamente; los necios no se daban cuenta de que también sobre ellos pendía el extremo de la muerte. Y mirándolos torvamente les dijo el muy astuto Odiseo:

«Perros, no esperabais que volviera del pueblo troyano cuando devastabais mi casa, forzabais a las esclavas y, estando yo vivo tratabais de seducir a mi esposa sin temer a los dioses que habitan el ancho cielo ni venganza alguna de los hombres. Ahora pende sobre vosotros todos el extremo de la muerte.»

Así habló y se apoderó de todos el pálido terror y buscaba cada uno por dónde escapar a la escabrosa muerte. Eurímaco fue el único que le contestó diciendo:

«Si de verdad eres Odiseo de Itaca que ha llegado, tienes razón en hablar así de las atrocidades que han cometido los aqueos en el palacio y en el campo. Pero ya ha caído el causante de todo, Antínoo; fue él quien tomó la iniciativa, no tanto por intentar el matrimonio como por concebir otros proyectos que el Cronida no llevó a cabo: reinar sobre el pueblo de la bien construida Itaca tratando de matar a tu hijo con asechanzas. Ya ha muerto éste por su destino, perdona tú a tus conciudadanos, que nosotros, para aplacarte públicamente, te compensaremos de lo que se ha comido y bebido en el palacio estimándolo en veinte bueyes cada uno por separado, y te devolveremos bronce y oro hasta que tu corazón se satisfaga; antes de ello no se te puede reprochar que estés irritado.»

Y mirándole torvamente le dijo el muy astuto Odiseo:

«Eurímaco, aunque me dierais todos los bienes familiares y añadierais otros, ni aun así contendría mis manos de matar hasta que los pretendientes paguéis toda vuestra insolencia. Ahora sólo os queda luchar conmigo o huir, si es que alguno puede evitar la muerte y las Keres, pero creo que nadie escapará a la escabrosa muerte.

Así habló y las rodillas y el corazón de todos desfallecieron allí mismo. Eurímaco habló otra vez entre ellos y dijo:

«Amigos, no contendrá este hombre sus irresistibles manos, sino que una vez que ha cogido el pulido arco y el carcaj lo disparará desde el pulido umbral hasta matarnos a todos. Pensemos en luchar; sacad las espadas, defendeos con las mesas de los dardos que causan rápida muerte. Unámonos todos contra él por si logramos arrojarlo del umbral y las puertas, vayamos por la ciudad y que se promueva gran alboroto: sería la última vez que manejara el arco.»

Así habló, y sacando la aguda espada de bronce, de doble filo, se lanzó contra él con horribles gritos. Al mismo tiempo le disparó una saeta el divino Odiseo, y acertándole en el pecho, junto a la tetilla, le clavó la veloz flecha en el hígado. Se le cayó de la mano al suelo la espada y doblándose se desplomó sobre la mesa y derribó por tierra los manjares y la copa de doble asa. Golpeó el suelo con su frente, con espíritu conturbado, y sacudió la silla con ambos pies, y una niebla se esparció por sus ojos.

Anfínomo se fue derecho contra el ilustre Odiseo y sacó la aguda espada por si podía arrojarlo de la puerta, pero se le adelantó Telémaco y le clavó por detrás la lanza de bronce entre los hombros y le atravesó el pecho. Cayó con estrépito y dio de bruces en el suelo. Telémaco se retiró dejando su lanza de larga sombra allí, en Anfínomo, por temor a que alguno de los aqueos le clavara la espada mientras él arrancaba la lanza de larga sombra o le hiriera al estar agachado. Echó a correr y llegó enseguida adonde estaba su padre y, poniéndose a su lado, le dirigió aladas palabras: «Padre, voy a traerte un escudo y dos lanzas y un casco todo de bronce que se ajuste a tu cabeza. De paso me pondré yo las armas y daré otras al porquero y al boyero, que es mejor estar armados.»

Y le respondió el muy astuto Odiseo:

«Tráelas corriendo mientras tengo flechas para defenderme, no sea que me arrojen de la puerta al estar solo.»

Así habló, y Telémaco obedeció a su padre. Fue a la estancia donde estaban sus famosas armas y tomó cuatro escudos, ocho lanzas y cuatro cascos de bronce con crines de caballo, los llevó y se puso enseguida al lado de su padre. Primero protegió él su cuerpo con el bronce y, cuando los dos siervos se habían puesto hermosas armaduras, se colocaron todos junto al prudente y astuto Odiseo.

Mientras tuvo flechas para defenderse, fue hiriendo sin interrupción a los pretendientes en su propia casa apuntando bien. Y caían uno tras otro. Pero cuando se le acabaron las flechas al soberano, una vez que las hubo disparado, apoyó el arco contra una columna del bien construido aposento, junto al muro reluciente, y se cubrió los hombros con un escudo de cuatro pieles; en la robusta cabeza se colocó un labrado casco -el penacho de crines de caballo ondeaba terrible en lo alto-, y tomó dos poderosas lanzas guarnecidas con bronce.

Había en la bien construida pared un postigo y en el umbral extremo de la sólida estancia había una salida hacia un corredor y estaba cerrado por batientes bien ajustados. Mandó Odiseo que lo custodiara el divino porquero manteniéndose firme en él, pues era la única. salida. Entonces Agelao les habló a todos con estas palabras:

«Amigos, ¿no habrá nadie que ascienda por el postigo, se lo diga a la gente y se produzca al punto un tumulto? Sería la última vez que éste manejara el arco.»

Y le respondió el cabrero Melantio:

«No es posible, Agelao de linaje divino; está muy cerca la hermosa puerta del patio y es difícil la salida al corredor; un solo hombre, que sea valiente, nos contendría a todos. Pero, vamos, os traeré armas de la despensa, pues creo que allí, y no en otro sitio, las colocaron Odiseo y su ilustre Hijo.»

Así diciendo, subió el cabrero Melantio por una tronera del mégaron a la estancia de Odiseo, de donde tomó doce escudos, otras tantas lanzas e igual número de cascos de bronce con crines de caballo. Fue y se lo entregó rápidamente a los pretendientes. Entonces sí que desfallecieron las rodillas y el corazón de Odiseo cuando vio que se ponían las arenas y blandían en sus manos las largas lanzas, pues ahora la empresa le parecía arriesgada. Y al punto dirigió a Telémaco aladas palabras:

«Telémaco, alguna de las mujeres del palacio, o Melantio, encienden contra nosotros combate funesto.»

Y le respondió Telémaco discretamente:

«Padre, yo tuve la culpa de ello, no hay otro culpable, que dejé abierta la bien ajustada puerta de la habitación, y su espía ha sido más hábil. Pero vete, divino Eumeo, y cierra la puerta de la despensa; y entérate de si quien hace esto es una mujer o Melantio, el hijo de Dolio, como yo creo.»

Mientras así hablaban entre sí, el cabrero Melantio volvió a la estancia para traer hermosas armas, pero se dio cuenta el divino porquero y al punto dijo a Odiseo, que estaba cerca:

«Hijo de Laertes, de linaje divino, Odiseo -rico en ardides, aquel hombre desconocido del que sospechábamos ha vuelto al aposento. Dime claramente si lo debo matar, en caso de vencerlo, o he de traértelo para que pague las muchas insolencias que ha cometido en tu casa.»

Y le respondió el muy astuto Odiseo:

«Yo y Telémaco contendremos en esta sala a los nobles pretendientes, a pesar de su mucho ardor. Vosotros ponedle atrás pies y manos y metedlo en la habitación, cerrad la puerta y echándole una soga trenzada colgadlo de las vigas en lo alto de una columna, para que viva largo tiempo sufriendo fuertes dolores.»

Así habló, y ellos dos le escucharon y obedecieron, y, dirigiéndose a la estancia, le pasaron inadvertidos a Melantio, que estaba dentro. Éste buscaba armas en lo más recóndito de la habitación y ellos montaron guardia a uno y otro lado de las jambas. Cuando atravesaba el umbral el cabrero Melantio, llevando en una mano un hermoso casco y en la otra un ancho escudo viejo, cubierto de moho, que el héroe Laertes solía llevar en su juventud y ahora se hallaba en el suelo con las correas rotas, se le echaron encima y lo arrastraron adentro por los pelos; lo echaron al suelo angustiado en su corazón y, poniéndole atrás pies y manos, se las ataron con doloroso nudo, como había mandado el hijo de Laertes, el divino y sufridor Odiseo; echaron a las vigas, en lo

alto de una columna, la soga trenzada y burlándote le dijiste, porquero Eumeo:

«Ahora velarás toda la noche acostado en esta blanda cama que te mereces, y no te pasará inadvertida la llegada de la que nace de la mañana, de trono de oro, desde las corrientes de Océano, a la hora en que sueles traer las cabras a los pretendientes para preparar el almuerzo.»

Así quedó, suspendido de funesto nudo, y ellos dos se pusieron las arenas, cerraron la brillante puerta y se dirigieron hacia el prudence y astuto Odiseo. Se detuvieron allí respirando ardor y eran cuatro los del umbral y muchos y valientes los de dentro. Y se les unió Atenea, la hija de Zeus, que tomó el aspecto y la voz de Méntor. Odiseo se alegró al verla y le dijo:

«Méntor, aparta de nosotros el infortunio, acuérdate del compañero amado que solía hacerte bien, pues eres de mi edad.»

Así habló, aunque sospechaba que era Atenea, la que empuja al combate. Y los pretendientes le hacían reproches en la sala, siendo Agelao Damastórida el primero en hablar:

«Méntor, que no te convenza Odiseo con sus palabras de luchar contra los pretendientes y ayudarle a él, pues que se cumplirá nuestro intento de esta manera: una vez que hayamos matado a éstos, al padre y al hijo, perecerás tú también por lo que tramas en el palacio y pagarás con tu cabeza. Y cuando seguemos vuestra violencia con el hierro, mezclaremos a los de Odiseo cuantos bienes posees dentro y fuera de tu palacio y no permitiremos que tus hijos ni hijas vivan en el palacio, ni que tu fiel esposa ande por la ciudad de Itaca. .

Así hablo, Atenea se encolerizó más en su corazón y le hizo reproches a Odiseo con airadas palabras:

«Ya no hay en ti, Odiseo, aquel vigor y fuerza de cuando luchabas con los troyanos por Helena de blancos brazos, hija de ilustre padre, durante nueve años seguidos; diste muerte a muchos hombres en combate cruel y por tu consejo se tomó la ciudad de Príamo, de anchas calles. ¿Cómo es que ahora que has llegado a tu casa y posesiones imploras ser valiente contra los pretendientes? Ven aquí, amigo, ponte firme junto a mí y mira mis obras, para que veas cómo es Méntor Alcímida para devolverte los favores entre tus enemigos.»

Así habló, y es que no quería concederle todavía del todo la indecisa victoria antes de probar el vigor.y la fuerza de Odiseo y su ilustre hijo. Conque se lanzó hacia arriba y fue a posarse en una viga de la sala ennegrecida por el fuego, semejante a una golondrina de frente.

Animaban a los contendientes Agelao Damastórida Eurínomo, Anfimedonte, Demoptólemo, Pisandro Polictórida y el prudente Pólibo, pues eran los más valientes de cuantos pretendientes vivían y luchaban por sus vidas. A los demás los había derribado ya el arco y las numerosas flechas. A todos se dirigió Agelao con estas palabras:

«Amigos, ahora contendrá este hombre sus manos indómitas, puesto que se ha ido Méntor tras decirle inútiles fanfarronadas y han quedado solos al pie de las puértas. Conque no lancéis todos a una las largas lanzas; vamos, disparad primero los seis, por si Zeus nos concede de alguna manera que Odiseo sea blanco de los disparos y conseguir gloria. De los otros no habrá cuidado una vez que éste al menos haya caído.»

Así dijo, y dispararon todos como les ordenara, bien atentos, pero Atenea dejó sin efecto todos sus disparos. De éstos, uno alcanzó la columna del bien construido mégaron, otro la puerta sólidamente ajustada. De otro, la lanza de fresno, pesada por el bronce, fue a estrellarse contra el muro. Y una vez que habían esquivado las lanzas de los pretendientes comenzó a hablar entre ellos el sufridor, el divino Odiseo:

«Amigos, también yo ahora quisiera deciros que disparemos contra la turba de los pretendientes, quienes, además de los anteriores males, desean matarnos.»

Así dijo, y todos dispararon las afiladas lanzas apuntando de frente. A Demoptólemo lo mató Odiseo, a Eurfades Telémaco, a Elato el porquerizo y a Pisandro el que estaba al cuidado de los bueyes. Así que luego todos a una mordieron el inmenso suelo mientras los otros pretendientes se retiraron hacia el fondo del mégaron. Y ellos se lanzaron sobre los cadáveres y les quítaron las lanzas.

De nuevo los pretendientes dispararon las afiladas lanzas, bien atentos. Pero Atenea dejó sin efecto todos sus disparos. De ellos, uno alcanzó la columna del bien construido mégaron, otro la puerta sólidamente ajustada. De otro la lanza de fresno, pesada por el bronce, fue a estrellarse contra el muro. Pero esta vez Anfimedonte hirió a Telémaco en la muñeca, levemente, y el bronce le dañó la superficie de la piel; Cresipo rasguñó el hombro de Eumeo con la larga lanza por encima del escudo, y ésta, sobrevolando, cayó a tierra.

De nuevo los que rodeaban al prudente y astuto Odiseo dispararon las afiladas lanzas contra la turba de los pretendientes y de nuevo alcanzó a Euridamante, Odiseo, el destructor de ciudades, a Anfimedonte, Telémaco, y a Pólibo, el porquero, y luego alcanzó en el pecho a Ctesipo el que estaba al cuidado de los bueyes y jactándose le dijo:

«Politérsida, amigo de insultar, no digas nunca nada altanero cediendo a tu insensatez, antes bien cede la palabra a los dioses, puesto que en verdad son mejores con mucho. Este será para ti el don de hospitalidad por la patada que diste a Odiseo, semejante a un dios, cuando mendigaba por el palacio.»

Así dijo el que estaba al cuidado de los cuenitorcidos bueyes. Despúes Odiseo hirió de cerca al Damastórida con su larga lanza y Telémaco hirió de cerca con su lanza en medio de la ijada a Leócrito Evenórida, y el bronce le atravesó de parte a parte. Cayó de cabeza y dio de brutes en el suelo. Entonces Atenea levantó la égida, destructora para los mortales, desde lo alto del techo y sus corazones sintieron pánico. Así que los unos huían por el mégaron como vacas de rebaño a las que persigue el movedizo tábano, lanzándose sobre ellas en la estación de la primavera, cuando los días son largos.

En cambio, los otros, como los buitres de retorcidas uñas y corvo pico bajan de los montes y caen sobre las aves que, asustadas por la llanura, tratan de remontarse hacia las nubes -éstos se lanzan sobre las aves y las matan, ya que no tienen defensa alguna ni posibilidad de huida y se alegran los hombres de la captura-, así golpeaban éstos a los pretendientes corriendo en círculo por la sala.

Y eran horribles los gemidos que se levantaban cuando las cabezas de los pretendientes golpeaban el suelo -y éste humeaba todo con sangre.

Fue entonces cuando Leodes se arrojó a las rodillas de Odiseo y asiéndolas le suplicaba con aladas palabras:

«Te suplico asido a tus rodillas, Odiseo. Respétame y ten compasión de mí. Pues lo aseguro que nunca dije ni hice nada insensato a mujer alguna en el palacio. Por el contrario, solía hacer desistir a cualquiera de los pretendientes que tratara de hacerlas, pero no me obedecían en alejar sus manos de la maldad. Por esto y por sus insensateces han atraído hacia sí un destino indigno y yo, sin haber hecho nada, yaceré con ellos por ser su arúspice, que no hay agradecimiento futuro para los que obran bien.»

Y mirándole torvamente le dijo el muy astuto Odiseo:

«Si te precias de ser el arúspice de éstos, seguro que a menudo estabas pronto a suplicar en el palacio que el fin de mi dulce regreso fuera lejano, para atraer hacia ti a mi querida esposa y que te pariera hijos. Por esto no podrías escapar a la muerte de largos lamentos.»

Así diciendo, tomó con su ancha mano la espada que estaba en el suelo, la que Agelao había dejado caer al sucumbir. Con ella le atravesó el cuello por el centro y mientras todavía hablaba Leodes, su cabeza se mezcló con el polvo.

También el aedo Femio Terpiada trataba de evitar la negra Ker, el que cantaba a la fuerza entre los pretendientes. Estaba de pie sosteniendo entre sus manos la sonora lira junto al portillo, y dudaba entre salir desapercibido del mégaron y sentarse junto al altar del gran Zeus, protector del Hogar, donde Laertes y Odiseo habían quemado muchos muslos de reses, o lanzarse a las rodillas de Odiseo y suplicarle. Y mientras así pensaba, le pareció más ventajoso asirse a las rodillas de Odiseo Laertíada. Así que dejó en el suelo la curvada lira, entre la crátera y el sillón de clavos de plata, y se arrojó a las rodillas de Odiseo. Y asiéndolas, le suplicaba con aladas palabras:

«Te suplico asido a tus rodillas. Odiseo. Respétame y ten compasión de mí. Seguro que tendrás dolor en el futuro si matas a un aedo, a mí, que canto a dioses y hombres. Yo he aprendido por mí mismo, pero un dios ha soplado en mi mente toda clase de cantos. Creo que puedo cantar junto a ti como si fuera un dios. Por esto no trates de cortarme el cuello. También Telémaco, tu querido hijo, podría decirte que yo no venía a tu casa ni de buen grado ni porque lo precisara, para cantar junto a los pretendientes en sus banquetes;

mas ellos me arrastraban por la fuerza por ser más numerosos y fuertes.»

Así dijo, y la sagrada fuerza de Telémaco le oyó; así que luego dijo a su padre que estaba cerca:

«Detente y no hieras con el bronce a este inocente. También salvaremos al heraldo Medonte, que siempre, mientras fui niño, se cuidaba de mí en nuestro palacio, si es que no lo han matado ya Filetio o el porquero, o se ha enfrentado contigo cuando irrumpiste en la sala.»

Así habló, y Medonte, conocedor de pensamientos discretos, le oyó. Estaba tirado bajo.un sillón y le cubría una piel recién cortada de buey, tratando de evitar la negra muerte. Enseguida saltó de debajo del sillón, se despojó de la piel de buey y se arrojó a las rodillas de Telémaco, y asiéndolas le suplicaba con aladas palabras:

«Amigo, ése soy yo; detente y di a tu padre que no me dañe con el agudo bronce, poderoso como es, irritado con los pretendientes quienes le consumieron los bienes en el palacio y no te respetaban a ti, ¡necios!»

Y sonriendo le dijo el muy astuto Odiseo:

«Cobra ánimos, ya que éste te ha protegido y salvado, para que sepas -y se lo digas a cualquier otro- que es mucho mejor una buena acción que una acción malvada. Conque salid del mégaron e id al patio alejándoos de la matanza tú y el afamado aedo, mientras que yo llevo a cabo en la sala lo que es menester.

Así dijo, y ambos salieron del mégaron y fueron a sentarse junto al altar del gran Zeus, mirando asombrados a uno y otro lado, temiendo siempre la muerte.

Entonces Odiseo examinó todo su palacio por si todavía quedaba vivo algún hombre tratando de evitar la negra muerte. Pero los vio a todos derribados entre polvo y sangre, tan numerosos como los peces a los que los pescadores sacan del canoso mar en su red de muchas mallas y depositan en la cóncava orilla -allí están todos sobre la arena añorando las olas del mar y el brillante Helios les arrebata la vida-; así estaban los pretendientes, hacinados uno sobre otro.

Entonces se dirigió a Telémaco el muy astuto Odiseo:

«Telémaco, vamos, llámame a la nodriza Euriclea para que le diga la palabra que tengo en mi interior.»

Así dijo; Telémaco obedeció a su padre y marchando hacia la puerta, dijo a la nodriza Euriclea:

«Ven acá, anciana, tú eres la vigilante de las esclavas en nuestro palacio; ven, te llama mi padre para decirte algo.»

Así dijo, y a ella se le quedó sin alas su palabra; abrió las puertas del mégaron, agradable para habitar, y se puso en camino, y luego la condujo Telémaco.

Encontró a Odiseo entre los cuerpos recién asesinados rociado de sangre ya coagulada, como un león que va de camino luego de haber engullido un toro salvaje --todo su pecho y su cara están manchados de sangre por todas partes y es terrible al mirarlo de frente. Así de manchado estaba Odiseo por sus brazos y piernas. Cuando la nodriza vio los cadáveres y la sangre a borbotones, arrancó a gritar, pues había visto una obra grande, pero Odiseo la contuvo y se lo impidió, por más que lo deseaba, y dirigiéndose a ella le dijo aladas palabras:

«Alégrate, anciana, en lo interior y no grites, que no es santo ufanarse ante hombres muertos. A éstos los ha domeñado la Moira de los dioses y sus obras insensatas, pues no respetaban a ninguno de los terrenos hombres, noble o del pueblo, que se llegara a ellos. Por esto y por sus insensateces han arrastrado hacia sí un destino vergonzoso. Conque, vamos, dime de las mujeres en el palacio quiénes me deshonran y quiénes son inocentes.»

Y al punto le contestó la nodriza Euriclea:

«Desde luego, hijo mío, te diré la verdad. Tienes en el palacio cincuenta esclavas a quienes hemos enseñado a realizar labores, a cardar lana y a soportar su esclavitud. Doce de éstas han incurrido en desvergüenza y no me honran a mí ni a la misma Penélope. Telémaco ha crecido sólo hace poco y su madre no le permitía dar órdenes a las esclavas. Pero voy a subir al piso de arriba para comunicárselo a tu esposa, a quien un dios ha infundido sueño.»

Y contestándole dijo el muy astuto Odiseo:

«No la despiertes todavía. Di a las mujeres que vengan aquí, a las que han realizado obras vergonzosas.»

Así dijo, y la anciana atravesó el mégaron para comunicárselo a las mujeres y ordenarlas que vinieran.

Entonces Odiseo, llamando hacia sí a Telémaco, al boyero y al porquero, les dirigió aladas palabras:

«Comenzad ya a llevar cadáveres y dad órdenes a las mujeres para que luego limpien con agua y agujereadas esponjas los hermosos sillones y las mesas. Cuando hayáis puesto en orden todo el palacio sacad del sólido mégaron a las mujeres y matadlas con largas espadas entre la rotonda y el hermoso cerco del patio, hasta que las arranquéis a todas la vida, para que se olviden de Afrodita, a la que poseían debajo de los pretendientes con quienes se unían en secreto.»

Así diciendo, llegaron las esclavas, todas en grupo, lanzando tristes lamentos y derramando abundantes lágrimas. Primero se llevaron los cadáveres y los pusieron bajo el pórtico del bien cercado patio, apoyándolos bien unos en otros, pues así lo había ordenado Odiseo que las apremiaba en persona. Y ellas los llevaban por la fuerza. Luego limpiaron con agua y agujereadas esponjas los hermosos sillones y las mesas. Entretanto, Telémaco, el boyero y el porquero rasparon bien con espátulas el piso de la bien construida vivienda y las esclavas se lo llevaban y lo ponían fuera. Cuando habían puesto en orden todo el palacio, sacaron del sólido mégaron a las esclavas y las encerraron en un lugar estrecho, entre la rotonda y el hermoso cerco del patio, de donde no había posibilidad de huir.

Entonces, Telémaco comenzó entre ellos a hablar discretamente:

«No podría yo quitar la vida con muerte rápida a éstas que han vertido tanta deshonra sobre mi cabeza y la de mi padre cuando dormían con los pretendientes.»

Así diciendo, ató el cable de una nave de azuloscura proa a una larga columna y rodeó con él la rotonda tensándolo hacia arriba de forma que ninguna llegara al suelo con los pies. Como cuando se precipitan los tordos de largas alas, o las palomas, hacia una red que está puesta en un matorral cuando se dirigen al nido –y en realidad las acoge un odioso lecho-, así las esclavas tenían sus cabezas en fila -y en torno a sus cuellos había lazos-, para que murieran de la forma más lamentable. Estuvieron agitando los pies entre convulsiones un rato, no mucho tiempo.

También sacaron a Melantio al vestíbulo y al patio, cortáronle la nariz y las orejas con cruel bronce, le arrancaron las vergüenzas para que se las comieran crudas los perros, y le cortaron manos y pies con ánimo irritado.

Luego que hubieron lavado sus manos y pies, volvieron al palacio junto a Odiseo, pues su trabajo estaba ya completo. Entonces dijo éste a su nodriza Euriclea:

«Tráeme azufre, anciana, remedio contra el mal, y también fuego, para que rocíe con azufre el mégaron; y luego ordena a Penélope que venga aquí en compañía de sus siervas. Ordena a todas las esclavas del palacio que vengan.»

Y luego le dijo su nodriza Euriclea:

«Sí, hijo mío, todo lo has dicho como te corresponde. Vamos, voy a traerte ropa, una túnica y un manto; no sigas en pie en el palacio

CANTO XXIII

PENÉLOPE RECONOCE A ODISEO

Entonces la anciana subió gozosa al piso de arriba para anunciar a la señora que estaba dentro su esposo, y sus rodillas se llenaban de fuerza y sus pies se levantaban del suelo.

Se detuvo sobre su cabeza y le dijo su palabra:

«Despierta, Penélope, hija mía, para que veas con tus propios ojos lo que esperas todos los días. Ha venido Odiseo, ha llegado a casa por fin, aunque tarde, y ha matado a los ilustres pretendientes, a los que afligían su casa comiéndose los bienes y haciendo de su hijo el objeto de sus violencias.»

Y se dirigió a ella la prudente Penélope:

«Nodriza querida, te han vuelto loca los dioses, los que pueden volver insensato a cualquiera, por muy sensato que sea, y hacer entrar en razón al de mente estúpida. Ellos te han dañado; antes eras equilibrada en tu mente.

«¿Por qué te burlas de mí, si tengo el ánimo quebrantado por el dolor, diciéndome estos extravíos y me despiertas del dulce sueño que me tenía encadenados los párpados? Jamás había dormido de tal modo desde que Odiseo marchó a la madita Ilión que no hay que nombrar.

«Pero vamos, baja ya y vuelve al mégaron. Porque si cualquiera otra de las mujeres que están a mi servicio hubiera venido a anunciarme esto y me hubiera despertado, seguro que la habría hecho

cubriendo con harapos tus anchos hombros. Sería indignante.»

Y contestándole dijo el muy astuto Odiseo:

«Antes que nada he de tener fuego en mi palacio.»

Así dijo, y su nodriza Euriclea no le desobedeció. Llevó azufre y fuego y Odiseo roció por completo el mégaron, la sala y el patio.

Entonces la anciana atravesó el hermoso palacio de Odiseo para comunicárselo a las mujeres e incitarlas a que volvieran. Estas salieron de la estancia llevando una antorcha entre sus manos, rodearon y dieron la bienvenida a Odiseo y abrazándole besaban su cabeza y hombros tomándole de las manos. Y a éste le entró un dulce deseo de llorar y gemir, pues reconocía a todas en su   corazón.

volver al mégaron con palabra violenta. A ti, en cambio, te valdrá la vejez, por lo menos en esto.»

Y le contestó su nodriza Euriclea:

«No me burlo de tí en absoluto, hija mía, que en verdad ha llegado Odiseo, ha vuelto a casa como lo anuncio y es el forastero a quien todos deshonraban en el mégaron. Telémaco sabía hace tiempo que ya estaba dentro, pero ocultó con prudencia los proyectos de su padre para que castigara la violencia de esos hombres altivos.»

Así dijo; invadió a Penélope la alegría y, saltando del lecho, abrazó a la anciana, dejó correr el llanto de sus párpados y hablándole dijo aladas palabras:

«Vamos, nodriza querida, dime la verdad, dime si de verdad ha llegado a casa como anuncias; dime cómo ha puesto sus manos sobre los pretendientes desvergonzados, solo como estaba, mientras que ellos permanecían dentro siempre en grupo.»

Y le contestó su nodriza Euriclea:

«No lo he visto, no me lo han dicho, sólo he oído el ruido de los que caían muertos. Nosotras permanecíamos asustadas en un rincón de la bien construida habitación -y la cerraban bien ajustadas puertas- hasta que tu hijo me llamó desde el mégaron, Telémaco, pues su padre le había mandado que me llamara. Después encontré a Odiseo en pie, entre los cuerpos recién asesinados que cubrían el firme suelo, hacinados unos sobre otros. Habrías gozado en tu ánimo si lo hubieras visto rociado de sangre y polvo como un león. Ahora ya están todos amontonados en la puerta del patio mientas él rocía con azufre la hermosa sala, luego de encender un gran fuego, y me ha mandado que te llame. Vamos, sígueme, para que vuestros corazones alcancen la felicidad después de haber sufrido infinidad de pruebas. Ahora ya se ha cumplido este tu mayor anhelo: él ha llegado vivo y está en su hogar y te ha encontrado a ti y a su hijo en el palacio, y a los que le ultrajaban, a los pretendientes, a todos los ha hecho pagar en su palacio.»

Y le respondió la prudente Penélope:

«Nodriza querida, no eleves todavía tus súplicas ni te alegres en exceso. Sabes bien cuán bienvenido sería en el palacio para todos, y en especial para mí y para nuestro hijo, a quien engendramos, pero no es verdadera esta noticia que me anuncias, sino que uno de los inmortales ha dado muerte a los ilustres pretendientes, irritado por su insolencia dolorosa y sus malvadas acciones; pues no respetaban a ninguno de los hombres que pisan la tierra, ni al del pueblo ni al noble, cualquiera que se llegara a ellos. Por esto, por su maldad, han sufrido la desgracia, que lo que es Odiseo... éste ha perdido su regreso lejos de Acaya y ha perecido.»

Y le contestó su nodriza Euriclea:

«Hija mía, ¡qué palabra ha escapado del cerco de tus dientes! ¡Tú, que dices que no volverá jamás tu esposo, cuando ya está dentro, junto al hogar! Tu corazón ha sido siempre desconfiado, pero te voy a dar otra señal manifiesta: cuando le lavaba vi la herida que una vez le hizo un jabalí con su blanco colmillo; quise decírtelo, pero él me asió la boca con sus manos y no me lo permitió por la astucia de su mente. Vamos, sígueme, que yo misma me ofrezco en prenda y, si te engaño, mátame con la muerte más lamentable.»

Y le contestó la prudente Penélope:

«Nodriza querida, es difícil que tú descubras los designios de los dioses, que han nacido para siempre, por muy astuta que seas. Vayamos, pues, en busca de mi hijo para que yo vea a los pretendientes muertos y a quien los mató.»

Así dijo, y descendió del piso de arriba. Su corazón revolvía una y otra vez si interrogaría a su esposo desde lejos o se colocaría a su lado, le tomaría de las manos y le besaría la cabeza. Y cuando entró y traspasó el umbral de piedra se sentó frente a Odiseo junto al resplandor del fuego, en la pared de enfrente. Él se sentaba junto a una elevada columna con la vista baja esperando que le dijera algo su fuerte esposa cuando lo viera con sus ojos, pero ella permaneció sentada en silencio largo

tiempo -pues el estupor alcanzaba su corazón. Unas veces le miraba fijamente al rostro y otras no lo reconocía por llevar en su cuerpo miserables vestidos.

Entonces Telémaco la reprendió, le dijo su palabra y la llamó por su nombre:

«Madre mía, mala madre, que tienes un corazón tan cruel. ¿Por qué te mantienes tan alejada de mi padre y no te sientas junto a él para interrogarle y enterarte de todo? Ninguna otra mujer se mantendría con ánimo tan tenaz apartada de su marido, cuando éste después de pasar innumerables calamidades llega a su patria a los veinte años. Pero tu corazón es siempre más duro que la piedra.»

Y le contestó la prudente Penélope:

«Hijo mío, tengo el corazón pasmado dentro del pecho y no puedo pronunciar una sola palabra ni interrogarle, ni mirarle siquiera a la cara. Si en verdad es Odiseo y ha llegado a casa, nos reconoceremos mutuamente mejor, pues tenemos señales secretas para los demás que sólo nosotros dos conocemos.»

Así habló y sonrió el sufridor, el divino Odiseo, y al punto dirigió a Telémaco aladas palabras:

«Telémaco, deja a tu madre que me ponga a prueba en el palacio y así lo verá mejor. Como ahora estoy sucio y tengo sobre mi cuerpo vestidos míseros, no me honra y todavía no cree que yo sea aquél. Pero deliberemos antes de modo que resulte todo mejor, pues cualquiera que mata en el pueblo incluso a un hombre que no deja atrás muchos vengadores, se da a la fuga abandonando sus parientes y su tierra patria, pero yo he matado a los defensores de la ciudad, a los más nobles mozos de Itaca. Te invito a que considere esto.»

Y le contestó Telémaco discretamente:

«Considéralo tú mismo, padre mío, pues dicen que tus decisiones son las mejores y ningún otro de los mortales hombres osaría rivalizar contigo. Nosotros te apoyaremos ardorosos y te aseguro que no nos faltará fuerza en cuanto esté de nuestra parte.»

Y le contestó y dijo el muy astuto Odiseo:

«Te voy a decir lo que me parece mejor. En primer lugar, lavaos y vestid vuestras túnicas, y ordenad a las esclavas en el palacio que elijan ropas para ellas mismas. Después, que el divino aedo nos entone una alegre danza con su sonora lira, para que cualquiera piense que hay boda si lo

375

oye desde fuera, ya sea un caminante o uno de nuestros vecinos; que no se extienda por la ciudad la noticia de la muerte de los pretendientes antes de que salgamos en dirección a nuestra finca, abundante en árboles. Una vez allí pensaremos qué cosa de provecho nos va a conceder el Olímpico.»

Así habló, y al punto todos le escucharon y obedecieron. En primer lugar se lavaron y vistieron las túnicas, y las mujeres se adornaron. Luego, el divino aedo tomó su curvada lira y excitó en ellos el deseo del dulce canto y la ilustre danza. Y la gran mansión retumbaba con los pies de los hombres que danzaban y de las mujeres de lindos ceñidores.

Y uno que lo oyó desde fuera del palacio decía así:

Seguro que se ha desposado ya alguien con la muy pretendida reina. ¡Desdichada!, no ha tenido valor para proteger con constancia la gran mansión de su legítimo esposo, hasta que llegara.»

Así decía uno, pero no sabían en verdad qué había pasado.

Después lavó a Odiseo, el de gran corazón, el ama de llaves Eurínome y lo ungió con aceite y puso a su alrededor una hermosa túnica y manto. Entonces derramó Atenea sobre su cabeza abundante gracia para que pareciera más alto y más ancho e hizo que cayeran de su cabeza ensortijados cabellos semejantes a la flor del jacinto. Como cuando derrama oro sobre plata un hombre entendido a quien Hefesto y Palas Atenea han enseñado toda clase de habilidad y lleva a término obras que agradan, así derramó la gracia sobre éste, sobre su cabeza y hombro. Y salió de la bañera semejante en cuerpo a los inmortales.

Fue a sentarse de nuevo en el sillón, del que se había levantado, frente a su esposa, y le dirigió su palabra:

«Querida mía, los que tienen mansiones en el Olimpo te han puesto un corazón más inflexible que a las demás mujeres. Ninguna otra se mantendría con ánimo tan tenaz apartada de su marido cuando éste, después de pasar innumerables calamidades, llega a su patria a los veinte años. Vamos, nodriza, prepárame el lecho para que también yo me acueste, pues ésta tiene un corazón de hierro dentro del pecho.»

Y le contestó la prudente Penélope:

«Querido mío, no me tengo en mucho ni en poco ni me admiro en exceso, pero sé muy bien cómo eras cuando marchaste de Itaca en la nave de largos remos. Vamos, Euriclea, prepara el labrado lecho fuera del sólido tálamo, el que construyó él mismo. Y una vez que hayáis puesto fuera el labrado lecho, disponed la cama pieles, mantas y resplandecientes colchas.»

Así dijo poniendo a prueba a su esposo. Entonces Odiseo se dirigió irritado a su fiel esposa:

«Mujer, esta palabra que has dicho es dolorosa para mi corazón. ¿Quién me ha puesto la cama en otro sitio? Sería difícil incluso para uno muy hábil si no viniera un dios en persona y lo pusiera fácilmente en otro lugar; que de los hombres, ningún mortal viviente, ni aun en la flor de la edad, lo cambiaría fácilmente, pues hay una señal en el labrado lecho, y lo construí yo y nadie más. Había crecido dentro del patio un tronco de olivo de extensas hojas, robusto y floreciente, ancho como una columna. Edifiqué el dormitorio en torno a él, hasta acabarlo, con piedras espesas, y lo cubrí bien con un techo y le añadí puertas bien ajustadas, habilidosamente trabadas. Fue entonces cuando corté el follaje del olivo de extensas hojas; empecé a podar el tronco desde la raíz, lo pulí bien y habilidosamente con el bronce y lo igualé con la plomada, convirtiéndolo en pie de la cama, y luego lo taladré todo con el berbiquí. Comenzando por aquí lo pulimenté, hasta acabarlo, lo adorné con oro, plata y marfil y tensé dentro unas correas de piel de buey que brillaban de púrpura.

«Esta es la señal que te manifiesto, aunque no sé si mi lecho está todavía intacto, mujer, o si ya lo ha puesto algún hombre en otro sitio, cortando la base del olivo.»

Así dijo, y a ella se le aflojaron las rodillas y el corazón al reconocer las señales que le había manifestado claramente Odiseo. Corrió llorando hacia él y echó sus brazos alrededor del cuello de Odiseo; besó su cabeza y dijo:

«No te enojes conmigo, Odiseo, que en lo demás eres más sensato que el resto de los hombres. Los dioses nos han enviado el infortunio, ellos, que envidiaban que gozáramos de la juventud y llegáramos al umbral de la vejez uno al lado del otro. Por esto no te irrites ahora conmigo ni te enojes porque al principio, nada más verse, no te acogiera con amor. Pues continuamente mi corazón se estremecía dentro del pecho por temor a que alguno de los mortales se acercase a mí y me engañara con sus palabras, pues muchos conciben proyectos malvados para su provecho. Ni la argiva

Helena, del linaje de Zeus, se hubiera unido a un extranjero en amor y cama, si hubiera sabido que los belicosos hijos de los aqueos habían de llevarla de nuevo a casa, a su patria. Fue un dios quien la impulsó a ejecutar una acción vergonzosa, que antes no había puesto en su mente esta lamentable ceguera por la que, por primera vez, se llegó a nosotros el dolor.

«Pero ahora que me has manifestado claramente las señales de nuestro lecho, que ningún otro mortal había visto sino sólo tú y yo -y una sola sierva, Actorís, la que me dio mi padre al venir yo aquí, la que nos vigilaba las puertas del labrado dormitorio-, ya tienes convencido a mi corazón, por muy inflexible que sea.»

Así habló, y a él se le levantó todavía más el deseo de llorar y lloraba abrazado a su deseada, a su fiel esposa. Como cuando la tierra aparece deseable a los ojos de los que nadan (a los que Poseidón ha destruido la bien construida nave en el ponto, impulsada por el viento y el recio oleaje; pocos han conseguido escapar del canoso mar nadando hacia el litoral y -cuajada su piel de costras de sal- consiguen llegar a tierra bienvenidos, después de huir de la desgracia), así de bienvenido era el esposo para Penélope, quien no dejaba de mirarlo y no acababa de soltar del todo sus blancos brazos del cuello.

Y se les hubiera aparecido Eos, de dedos de rosa, mientras se lamentaban, si la diosa de ojos brillantes, Atenea, no hubiera concebido otro proyecto: contuvo a la noche en el otro extremo al tiempo que la prolongaba, y a Eos, de trono de oro, la empujó de nuevo hacia Océano y no permitía que unciera sus caballos de veloces pies, los que llevan la luz a los hombres, Lampo y Faetonte, los potros que conducen a Eos.

Entonces se dirigió a su esposa el muy astuto Odiseo:

«Mujer, no hemos llegado todavía a la meta de las pruebas, que aún tendremos un trabajo desmedido y difícil que es preciso que yo acabe del todo. Así me lo vaticinó el alma de Tiresias el día en que descendí a la morada de Hades, para inquirir sobre el regreso de mis compañeros y el mío propio. Pero vayamos a la cama, mujer, para gozar ya del dulce sueño acostados.»

Y le contestó la prudente Penélope:

«Estará en tus manos el acostarte cuando así lo desee tu corazón, ahora que los dioses te han hecho volver a tu bien edificado palacio y a tu tierra patria. Pero puesto que has hecho una consideración -y seguro que un dios la ha puesto en tu mente-, vamos, dime la prueba que te espera, puesto que me voy a enterar después, creo yo, y no es peor que lo sepa ahora mismo.»

Y le contestó y dijo el muy astuto Odiseo:

«Querida mía, ¿por qué me apremias tanto a que te lo diga? En fin, te lo voy a decir y no lo ocultaré, pero tu corazón no se sentirá feliz; tampoco yo me alegro, puesto que me ha ordenado ir a muchas ciudades de mortales con un manejable remo entre mis manos, hasta que llegue a los hombres que no conocen el mar ni comen alimentos aderezados con sal; tampoco conocen estos hombres las naves de rojas mejillas ni los manejables remos que son alas para las naves. Y me dio esta señal que no te voy a ocultar: cuando un caminante, al encontrarse conmigo, diga que llevo un bieldo sobre mi ilustre hombro, me ordenó que en ese momento clavara en tierra el remo, ofreciera hermosos sacrificios al soberano Poseidón -un cabrito, un toro y un verraco semental de cerdas-, que volviera a casa y ofreciera sagradas hecatombes a los dioses inmortales, los que poseen el ancho cielo, a todos por orden. Y me sobrevendrá una muerte dulce, lejos del mar, de tal suerte que me destruya abrumado por la vejez. Y a mi alrededor el pueblo será feliz. Me aseguró que todo esto se va a cumplir.»

Y se dirigió a él la prudente Penélope:

«Si los dioses nos conceden una vejez feliz, hay esperanza de que tendremos medios de escapar a la desgracia.»

Así hablaban el uno con el otro. Entretanto, Eurínome y la nodriza dispusieron la cama con ropa blanda bajo la luz de las antorchas. Luego que hubieron preparado diligentemente el labrado lecho, la anciana se marchó a dormir a su habitación y Eurínome, la camarera, los condujo mientras se dirigían al lecho con una antorcha en sus manos. Luego que los hubo conducido se volvió, y ellos llegaron de buen grado al lugar de su antiguo lecho.

Después Telémaco, el boyero y el porquero hicieron descansar a sus pies de la danza y fueron todos a acostarse por el sombrío palacio.

Y cuando habían gozado del amor placentero, se complacían los dos esposos contándose mutuamente, ella cuánto había soportado en el palacio, la divina entre las mujeres; contemplando la odiosa comparsa de los pretendientes que por causa de ella degollaban en abundancia toros y gordas ovejas y sacaban de las tinajas gran cantidad de vino; por su parte, Odiseo, de linaje divino, le contó cuántas penalidades había causado a los hombres y cuántas había padecido él mismo con fatiga. Penélope gozaba escuchándole y el sueño no cayó sobre sus párpados hasta que le contara todo. Comenzó narrando cómo había sometido a los cicones y llegado después a la fértil tierra de los Lotófagos, y cuánto le hizo al Cíclope y cómo se vengó del castigo de sus ilustres compañeros a quienes aquél se había comido sin compasión, y cómo llegó a Eolo, que lo acogió y despidió afablemente, pero todavía no estaba decidido que llegara a su patria, sino que una tempestad lo arrebató de nuevo y lo llevaba por el ponto, lleno de peces, entre profundos lamentos; y cómo llegó a Telépilo de los Lestrígones, quienes destruyeron sus naves y a todos sus compañeros de buenas grebas. Sólo Odiseo consiguió escapar en la negra nave.

Le contó el engaño y la destreza de Circe y cómo bajó a la sombría mansión de Hades para consultar al alma del tebano Tiresias con su nave de muchas filas de remeros -y vio a todos sus compañeros y a su madre que lo había parido y criado de niño, y cómo oyó el rumor de las Sirenas de dulce canto y llegó a las Rocas Errantes y a la terrible Caribdis y a Escila, a quien jamás han evitado incólumes los hombres. Y cómo sus compañeros mataron las vacas de Helios y cómo Zeus, el que truena arriba, disparó contra la rápida nave su humeante rayo -y todos sus compañeros perecieron juntos, pero él evitó a las funestas Keres. Y cómo llegó a la isla de Ogigia y a la ninfa Calipso, quien lo retuvo en cóncava cueva deseando que fuera su esposo; le alimentó y decía que lo haría inmortal y sin vejez para siempre, pero no persuadió a su corazón. Y cómo después de mucho sufrir llegó a los feacios, quienes le honraron de todo corazón como a un dios y lo condujeron en una nave a su tierra patria, después de regalarle bronce, oro en abundancia y vestidos.

Esta fue la última palabra que dijo cuando el dulce sueño, el que afloja los miembros, le asaltó desatando las preocupaciones de su corazón.

Entonces proyectó otra decisión Atenea, la diosa de ojos brillantes: cuando creyó que Odiseo ya había gozado del lecho de su esposa y del sueño, al punto hizo salir de Océano a la de trono de oro, a la que nace de la mañana, para que llevara la luz a los hombres. Entonces se levantó Odiseo del blando lecho y dirigió la palabra a su esposa:

«Mujer, ya estamos saturados ambos de pruebas inumerables; tú, llorando aquí mi penoso regreso y yo... a mí Zeus y los demás dioses me tenían encadenado con dolores lejos de aquí, de mi tierra patria, pero ahora que los dos hemos llegado al deseable lecho, tú has de cuidarme las riquezas que poseo en el palacio, que en cuanto a las ovejas que los altivos pretendientes me degollaron, muchas se las robaré yo mismo y otras me las darán los aqueos hasta que llenen mis establos. Mas ahora parto hacia la finca de muchos árboles para ver a mi noble padre que me está apenado. A ti, mujer, te encomiendo esto, ya que eres prudente: al levantarse el sol correrá la noticia de la matanza de los pretendientes en el palacio; sube al piso de arriba con las siervas y permanece allí, y no mires a nadie ni preguntes.»

Así dijo y vistió alrededor de sus hombros la hermosa armadura y apremió a Telémaco, al boyero y al porquero, ordenándoles que tomaran en sus manos los instrumentos de guerra. Éstos no le desobedecieron, se vistieron con el bronce, cerraron las puertas y salieron. Y los conducía Odiseo. Ya había luz sobre la tierra, pero Atenea los cubrió con la noche y los condujo rápidamente fuera de la ciudad.

CANTO XXIV

EL PACTO

Y Hermes llamaba a las almas de los pretendientes, el Cilenio, y tenía entre sus manos el hermoso caduceo de oro con el que hechiza los ojos de los hombres que quiere y de nuevo los despierta cuando duermen. Con éste los puso en movimiento y los conducía, y ellas le seguían estridiendo. Como cuando los murciélagos en lo más profundo de una cueva infinita revolotean estridentes cuando se desprende uno de la cadena y cae de la roca -pues se adhieren unos a otros- así iban ellas estridiendo todas juntas y las conducía Hermes, el Benéfico, por los sombríos senderos. Traspusieron las corrientes de Océano y la Roca Leúcade y atravesaron las puertas de Helios y el pueblo de los Sueños, y pronto llegaron a un prado de asfódelo donde habitan las almas, imágenes de los difuntos.

Allí encontraron el alma del Pelida Aquiles y la de Patroclo y la del irreprochable Antíloco y la de Ayáx, el más excelente en aspecto y cuerpo de los dánaos después del irreprochable hijo de Peleo. Todos se iban congregando en torno a éste; acercóse doliente el alma de Agamenón el Atrida y, a su alrededor, las de cuantos murieron con él en casa de Egisto y cumplieron su destino.

A éste se dirigió en primer lugar el alma del Pelida:

«Atrida, estábamos convencidos de que tú eras querido por Zeus, el que goza con el rayo, por encima de los demás héroes puesto que reinabas sobre muchos y fuertes hombres en el pueblo de los troyanos, donde sufrimos penalidades los aqueos. Sin embargo, también se había de poner a tu lado la luctuosa Moira, a la que nadie evita de los que han nacido. ¡Ojalá hubieras obtenido muerte y destino en el pueblo de los troyanos disfrutando de los honores con los que reinabas! Así te hubiera levantado una tumba el ejército panaqueo y habrías cobrado gran gloria también para tu hijo. Sin embargo, te había tocado en suerte perecer con la muerte más lamentable.»

Y le contestó a su vez el alma del Atrida:

«Dichoso hijo de Peleo, semejante a los dioses, Aquiles, tú que pereciste en Troya, lejos de Argos y en torno a ti sucumbían los mejores hijos de troyanos y aquéos luchando por tu cadáver, mientras tú yacías en medio de un torbellino de polvo ocupando un gran espacio, olvidado ya de conducir tu carro. Nosotros luchamos todo el día y no habríamos cesado de luchar en absoluto, si Zeus no te hubiera impedido con una témpestad. Después, cuando te sacamos de la batalla y te llevamos a las naves, te pusimos en un lecho tras limpiar tu hermosa piel con agua tibia y con aceite, y en torno a ti todos los dánaos derramaban muchas, calientes lágrimas y se mesaban los cabellos.

«Entonces llegó tu madre del mar con las inmortales diosas marinas, después de oír la noticia, y un lamento inmenso se levantó sobre el ponto. El temblor se apoderó de todos los aqueos y se habrían levantado para embarcarse en las cóncavas naves, si no los hubiera contenido un hombre sabedor de cosas muchas y antiguas, Néstor, cuyo consejo también antes parecía el mejor. Éste habló con buenos sentimientos hacia ellos y dijo: "Conteneos, argivos, no huyáis, hijos de los aqueos. Esta es su madre y viene del mar con las inmortales diosas marinas pára encontrarse con su hijo muerto." Así habló y ellos contuvieron su huida temerosa.

«Entonces lo rodearon llorando las hijas del viejo del mar y, lamentándose, le pusieron vestidos inmortales. Y las Musas, nueve en total, cantaban alternativamente un canto funerario con hermosa voz. En ese momento no habrías visto a ninguno de los argivos sin lágrimas: ¡tanto los conmovía la sonora Musa!

«Dieciocho noches lo lloramos, e igualmente de día, los dioses inmortales y los mortales hombres. El día décimoctavo lo entregamos al fuego y sacrificamos animales en torno tuyo, bien alimentados rebaños y cuernitorcidos bueyes. Tú ardías envuelto en vestiduras de dioses y en abundante aceite y dulce miel. Muchos héroes aqueos circularon con sus armas alrededor de tu pira mientras ardías, a pie y a caballo, y se levantaba un gran estrépito. Después, cuando te había quemado la llama de Hefesto, al amanecer, recogimos tus blancos huesos, Aquiles, envolviéndolos en vino sin mezcla y en aceite, pues tu madre nos donó una ánfora de oro -decía que era regalo de Dioniso y obra del ilustre Hefesto. En ella están tus blancos huesos, ilustre Aquiles, mezclados con los del cadáver de Patrocio, el hijo de Menetio, y, separados, los de Antíloco a quien honrabas por encima de los demás compañeros, aunque después de Patroclo, muerto también. Y levantamos sobre ellos un monumento grande y perfecto el sagrado ejécito de los guerreros argivos, junto al prominente litoral del vasto Helesponto. Así podrás ser visto de lejos, desde el mar, por los hombres que ahora viven y por los que vivirán después.

«Tu madre, después de pedírselo a los dioses, instituyó un muy hermoso certamen para los mejores de los aqueos en medio de la concurrencia. Ya has asistido al funeral de muchos héroes, cuando al morir un rey los jóvenes se ciñen las armas y se establecen competiciones, pero serla sobre todo al ver aquel cuando habrías quedado estupefacto: ¡qué hermosísimo certamen estableció la diosa en tu honor, la diosa de los pies de plata, Tetis, pues eras muy querido de los dioses. Conque ni aún al morir has perdido tu nombre, sino que tu fama de nobleza llegará siempre a todos los hombres, Aquiles. En cambio a mí...!, ¿qué placer obtuve al concluir la guerra? Zeus me preparó durante el regreso una penosa muerte a manos de Egisto y de mi funesta esposa.»

Esto es lo que decían entre sí.

Y se les acercó el Mensajero, el Argifonte, conduciendo las almas de los pretendientes muertos a manos de Odiseo. Ambos se admiraron al verlos y se fueron derechos a ellos, y el alma de Agamenón, el Atrida, reconoció al querido hijo de Melaneo, el muy ilustre Anfimedonte, pues era huésped suyo cuando habitaba su palacio de Itaca. Así que se dirigió a éste en primer lugar el alma del Atrida:

«Anfimedonte, ¿qué os ha pasado para que os hundáis en la sombría tierra, hombres selectos todos y de la misma edad? Nadie que escogiera en la ciudad a los mejores hombres elegiría de otra manera. ¿Es que os ha sometido Poseidón en las naves levantado crueles vientos y enormes olas?; ¿o acaso os han destruido en tierra firme, en algún sitio, hombres enemigos cuando intentabais llevaros sus bueyes o sus hermosos rebaños de ovejas, o luchando por la ciudad y sus mujeres? Dímelo, puesto que te pregunto y me precio de ser tu huésped. ¿O no te acuerdas cuando llegué a vuestro palacio en compañía del divino Menelao para incitar a Odiseo a que nos acompañara a Ilión sobre las naves de buenos bancos? Durante un mes recorrimos el ancho mar y con dificultad convencimos a Odiseo, el destructor de ciudades».

Y le contestó el alma de Anfimedonte:

«Atrida, el más ilustre soberano de hombres, Agamenón, recuerdo todo eso tal como lo dices. Te voy a narrar cabalmente y con exactitud el funesto término de nuestra muerte, cómo fue urdido.

«Pretendíamos a la esposa de odiseo, largo tiempo ausente, y ella ni se negaba al odiado matrimonio ni lo realizaba –pues meditaba para nosotros la muerte y la negra Ker-, sino que urdió en su interior este otro engaño: puso en el palacio un gran telar e hilaba, telar suave e inacabable. Y nos dijo a continuación: " Jóvenes pretendientes míos, puesto que ha muerto el divino Odiseo, aguardad, aunque deseéis mi boda, hasta que acabe este manto -no sea que se me pierdan los hilos-, este sudario para el héroe Laertes, para cuando le arrebate la luctuosa Moira de la muerte de largos lamentos, no sea que alguna de las aqueas en el pueblo se irrite conmigo si yace sin sudario el que poseyó mucho. Así habló y enseguida se convenció nuestro noble ánimo. Conque allí hilaba su gran telar durante el día y por la noche lo destejía, tras colocar antorchas a su lado. Así que su engaño pasó inadvertido durante tres años y convenció a los aqueos, pero cuando llegó el cuarto año y transcurrteron las estaciones, sucediéndose los meses, y se cumplieron muchos días, nos lo dijo una de las mujeres –ella lo sabía bien- y sorprendimos a ésta destejiendo su brillante tela.

«Así fue como tuvo que acabarla, y no voluntariamente sino por la fuerza. Y cuando nos mostró el manto, tras haber hilado el gran telar, tras haberlo lavado, semejante al sol y a la luna, fue entonces cuando un funesto demón trajo de algún lado a Odiseo hasta los confines del campo donde habitaba su morada el porquero. Allí marchó también el querido hijo del divino Odiseo cuando llegó de vuelta de la arenosa Pilos en negra nave y entre los dos tramaron funesta muerte para los pretendientes. Y llegaron a la muy ilustre ciudad, Odiseo el último, mientras que Telémaco le precedía. El porquero llevó a aquél con miserables vestidos en su cuerpo, semejante a un mendigo miserable y viejo apoyado en su bastón, y rodeaban su cuerpo tristes vestidos. Ninguno de nosotros pudo reconocer que era él al aparecer de repente, ni los que eran más mayores, sino que le maltratábamos con palabras insultantes y con golpes. El entretanto soportaba ser golpeado e injuriado en su propio palacio con ánimo paciente; pero cuando le incitó la voluntad de Zeus, portador de égida, tomó las hermosas armas junto con Telémaco, las ocultó en la despensa y echó los cerrojos; después mandó con mucha astucia a su esposa que entregara a los pretendientes el arco y el ceniciento hierro como competición para nosotros, hombres de triste destino, y comienzo de la matanza.

«Ello fue que ninguno de nosotros pudo tender la cuerda del poderoso arco; que éramos del todo incapaces. Cuando el gran arco llegó a manos de Odiseo, todos nosotros voceábamos al porquero que no se lo entregara ni aunque le rogara insistentemente. Sólo Telémaco le animó y se lo ordenó. Así que le tomó en sus manos el sufridor, el divino Odiseo y tendió el arco con facilidad, hizo pasar la flecha por el hierro, fue a ponerse sobre el umbral y disparaba sus veloces saetas mirando a uno y otro lado que daba miedo. Alcanzó al rey Antínoo y luego iba lanzando sus funestos dardos a los demás, apuntando de frente, y ellos iban cayendo hacinados.

«Era evidente que alguno de los dioses les ayudaba, pues, cediendo a su ímpetu, nos mataban desde uno y otro lado de la sala. Y se levantó un vergonzoso gemido cuando nuestras cabezas golpeaban contra el pavimento y éste todo humeaba con sangre.

«Así perecimos, Agamenón, y nuestros cuerpos yacen aún descuidados en el palacio de Odiseo, pues todavía no lo saben nuestros parientes, quienes lavarían la sangre de nuestras heridas y nos llorarían después de depositarnos, que éste es el honor que se tributa a los que han muerto.»

Y le contestó el alma del Atrida:

«¡Dichoso hijo de Laertes, muy astuto Odiseo, por fin has recuperado a tu esposa con tu gran valor! ¡Así de buenos eran los pensamientos de la irreprochable Penélope, la hija de Icario! ¡Así de bien se acordaba de Odiseo, de su esposo legítimo! Por eso la fama de su virtud no perecerá y los inmortales fabricarán un canto a los terrenos hombres en honor de la prudente Penélope. No preparó acciones malvadas como la hija de Tíndaro que mató a su esposo legítimo y un canto odioso correrá entre los hombres; ha creado una fama funesta para las mujeres, incluso para las que sean de buen obrar».

Esto era lo que hablaban entre sí en la morada de Hades, bajo las cavernas de la tierra.

Entretanto, Odiseo y los suyos bajaron de la ciudad y. enseguida llegaron al hermoso y bien cultivado campo que Laertes mismo había adquirido en otro tiempo, después de haber sufrido mucho. Allí tenía una mansión y, rodeándola por completo, corría un cobertizo en el que comían, descansaban y pasaban la noche los esclavos forzosos que le hacían la labor. También había una mujer, la anciana Sicele que cuidaba gentilmente al anciano en el campo, lejos de la ciudad.

Entonces dijo Odiseo su palabra a los esclavos y a su hijo:

«Vosotros entrad ya en la bien edificada casa y sacrificad para la cena el mejor de los cerdos, que yo, por mi parte, voy a poner a prueba a mi padre, a ver si me reconoce y distingue con sus ojos o no me reconoce por llevar mucho tiempo lejos.»

Así dijo y entregó a los esclavos sus armas, dignas de Ares. Estos entraron rápidamente en la casa, mientras que Odiseo se acercaba a la viña abundante en frutos para probar suerte. Y no encontró a Dolio al descender a la gran huerta ni a ninguno de los esclavos ni de los hijos; habían marchado a recoger piedras para un muro que sirviera de cercado a la viña y los conducía el anciano. Así que encontró solo a su padre acollando un retoño en la bien cultivada viña. Vestía un manto descolorido, zurcido, vergonzoso y alrededor de sus piernas tenía atadas unas mal cosidas grebas para evitar los arañazos; en sus manos tenía unos guantes por causa de las zarzas y sobre su cabeza una gorra de piel de cabra. Y hacía crecer sus dolores.

Cuando el sufridor, el divino Odiseo lo vio doblegado por la vejez y con una gran pena en su interior, se puso bajo un elevado peral y derramaba lágrimas. Después dudó en su interior entre besar y abrazar a su padre, y contarle detalladamente cómo había venido y llegado por fin a su tierra patria, o preguntarle primero y probarle en cada detalle. Y mientras meditaba, le pareció más ventajoso tentarle primero con palabras mordaces; así que se fue derecho hacia él el divino Odiseo. En este mómento el anciano mantenía la cabeza bàja y acollaba un retoño, y poniéndose a su lado le dijo su ilustre hijo:

«Anciano, no eres inexpertó en cultivar el huerto, que tiene un buen cultivo y nada en tu jardín está descuidado, ni la planta ni la higuera ni la vid ni el olivo ni el peral ni la legumbre. Pero te voy a decir otra cosa, no pongas la cólera en tu ánimo: tu propio cuerpo no tiene un buen cultivo, sino una triste vejez al tiempo que estás escuálido y vestido indecorosamente. No, por indolencia al menos no se despreocupa de ti tu dueño y no hay nada de servil que sobresalga en ti al mirar tu forma y estatura, pues más bien te pareces a un rey o a uno que duerme muellemente después que se ha lavado y comido, que ésta es la costumbre de los ancianos. Pero, vamos, dime esto -e infórmame con verdad-: ¿de qué hombre eres esclavo?, ¿de quién es el huerto que cultivas? Respóndeme también a esto con la verdad, para cerciorarme bien si esta tierra, a la que he llegado, es Itaca como me ha dicho ese hombre con quien me he encontrado al venir aquí (y no muy sensato, por cierto, que no se atrevió a darme detalles ni a escuchar mi palabra cuando le preguntaba si mi huésped vive en algún sitio, y aún existe, o ya ha muerto y está en la morada de Hades). Voy a decirte algo, atiende y escúchame: en cierta ocasión acogí en mi tierra a un hombre que había llegado a mí. Jamás otro mortal venido a mi casa desde lejanas tierras me fue más querido que él. Afirmaba con orgullo que su linaje procedía de Itaca y que su padre era Laertes, el hijo de Arcisio. Lo conduje a mi casa y le acogí honrándole gentilmente, pues en ella había abundantes bienes. Le ofrecí dones de hospitalidad, los que le eran propios: le di siete talentos de oro bien trabajados, una crátera de plata adornada con flores, doce cobertores simples, otras tantas alfombras y el mismo número de hermosas túnicas y mantos. Aparte, le entregué cuatro mujeres conocedoras de labores brillantes, muy hermosas, las que él quiso escoger.»

Y le contestó su padre derramando lágrimas:

«Forastero, es cierto que has llegado a la tierra por la que preguntas, pero la dominan hombres insolentes a insensatos. Los dones que le ofreciste, con ser muchos, resultaron vanos, pues si lo hubieras encontrado vivo en el pueblo de Itaca, te habría devuelto a casa después de compensarte bien con regalos y con una buena acogida; pues esto es lo establecido, quienquiera que sea el que empieza.

«Pero vamos, dime a informame con verdad: ¿cuántos años hace que diste hospitalidad a aquel huésped tuyo desgraciado, a mi hijo -si es que existió alguna vez-, al malhadado a quien han devorado los peces en el mar, lejos de los suyos y su tierra patria, o se ha convertido en presa de fieras y aves en tierra firme? Que no lo ha llorado su madre después de amortajarlo ni su padre, los que lo engendramos; ni su esposa de abundante dote, la prudente Penélope, ha llorado como es debido a su esposo junto al lecho después de cerrarle los ojos, pues éste es el honor que se tributa a los que han muerto.

«Dime ahora esto también tú con vérdad para que yo lo sepa: ¿quién eres entre los hombres?, ¿dónde están tu ciudad y tus padres?, ¿dónde está detenida tu rápida nave, la que te ha conducido hasta aquí con tus divinos compañeros?; ¿o acaso has venido como pasajero en nave ajena y ellos se han marchado después de dejarte en tierra?»

Y le contestó y dijo el muy astuto Odiseo:

«Te voy a contar todo con detalle: soy de Alibante donde habito mi ilustre morada, hijo del rey Afidanto, hijo de Polipemón, y mi nombre propio es Epérito. Ello es que un demón me ha hecho llegar hasta aquí, aunque no quería, apartándome de Sicania; mi nave está detenida junto al campo, lejos de la ciudad. Este es el quinto año desde que Odiseo marchó de allí y abandonó mi patria, el malhadado. Desde luego las aves le eran favorables cuando marchó, estaban a la derecha; con ellas yo me alegré y le despedí y él estaba alegre al marchar. Nuestro ánimo confiaba en que volveríamos a reunirnos en hospitalidad y entregarnos espléndidos presentes.»

Así habló y una negra nube de dolor envolvió a Laertes, tomó polvo de cenicienta tierra y lo derramó por su encanecida cabeza mientras gemía agitadamente. Entonces se conmovió el espíritu de Odiseo, le salió por las narices un ímpetu violento al ver a su padre y de un salto le abrazó y besó diciendo:

«Soy yo, padre, aquél por quien preguntas, yo que he llegado a los veinte años a mi tierra patria. Pero contento llanto y lamentos, pues te voy a decir una cosa -y es preciso que nos apresuremos:- ya he matado a los pretendientes en nuestro palacio vengando sus dolorosos ultrajes y sus malvadas acciones.»

Y le contestó Laertes diciendo:

«Si de verdad eres Odiseo, mi hijo, que has llegado aquí, muéstrame una señal clara para que me convenza.»

Y le contestó y dijo el muy astuto Odiseo:

«Contempla con tus ojos, en primer lugar, esta herida que me hizo un jabalí hundiéndome su blanco colmillo cuando fui al Parnaso. Tú y mi venerable madre me enviasteis a Autólico padre de mi madre, para recibir los dones que me prometió al venir aquí afirmándolo con su cabeza. Es más, te voy a señalar los árboles de la bien cultivada huerta que me -regalaste en cierta ocasión. Yo te pedía cada uno de ellos cuando era niño y te seguía por el huerto; íbamos caminando entre ellos y tú me decías el nombre de cada uno. Me diste trece perales, diez manzanos y cuarenta higueras y designaste cincuenta hileras de vides para dármelas, cada una de distinta sazón. Había en ellas racimos de todas clases cuando las estaciones de Zeus caían de lo alto.»

Así habló y se debilitaron las rodillas y el corazón de éste al reconocer las claras señales que Odiseo le había mostrado; echó los brazos alrededor de su hijo, y el sufridor, el divino Odiseo le atrajo hacia sí desmayado. Cuando de nuevo tomó aliento y su ánimo se le congregó dentro, contestó con palabras y dijo:

«Padre Zeus, todavía estáis los dioses en el Olimpo si los pretendientes han pagado de verdad su orgullosa insolencia. Ahora, sin embargo, temo que los itacenses vengan aquí y envíen mensajeros por todas partes a las ciudades de los cefalenios.»

Y le contestó y dijo el muy astuto Odiseo:

«Cobra ánimos, no te preocupes de esto, pero vamos ya a la mansión que está cerca del huerto. Ya he enviado por delante a Telémaco con el boyero y el porquero para que preparen la cena enseguida.»

Así hablando se encaminaron a su hermosa mansión. Cuando llegaron a la casa, agradable para habitar, encontraron a Telémaco con el boyero y el porquero cortando abundantes carnes y mezclando rojo vino. Entre tanto la sierva Sicele lavó al magnánimo Laertes, le ungió con aceite y le puso una hermosa túnica. Entonces Atenea se puso a su lado y aumentó los miembros del pastor de su pueblo e hizo que pareciera más grande y ancho que antes. Salió éste de su baño y se admiró su hijo cuando lo vio frente a sí semejante a los dioses inmortales. Así que le habló dirigiéndole aladas palabras:

«Padre, sin duda uno de los dioses, que han nacido para siempre, lo ha hecho parecer superior en belleza y estatura.»

Y le contestó Laertes discretamente:

«¡Padre Zeus, Atenea y Apolo! ¡Ojalá me hubiera enfrentado ayer con los pretendientes en mi palacio, las armas sobre mis hombros, como cuando me apoderé de la bien edificada ciudadela de Nérito, promontorio del continente acaudillando a los cefalenios! Seguro que habría aflojado las rodillas de muchos de ellos en mi palacio y tú habrías gozado en tu interior.» Esto es lo que se decían uno a otro. Y después que habían terminado de preparar y tenían dispuesta la cena, se sentaron por orden en sillas y sillones y echaron mano de la comida. Entonces se acercó el anciano Dolio y con él sus hijos cansados de trabajar, que los salió a llamar su madre, la vieja Sicele, quien los había alimentado y cuidaba gentilmente al anciano, luego que le hubo alcanzado la vejez.

Cuando vieron a Odiseo y lo reconocieron en su interior, se detuvieron embobados en la habitación. Entonces Odiseo les dijo tocándoles con dulces palabras:

«Anciano, siéntate a la cena y dejad ya de admiraros; que hace tiempo permanecemos en la sala, deseosos de echar mano a los alimentos, por esperaros.»

Así habló; Dolio se fue derecho a él extendiendo sus dos brazos, tomó la mano de Odiseo y se la besó junto a la muñeca. Y se dirigió a él con aladas palabras:

«Amigo, puesto que has vuelto a nosotros que mucho lo deseábamos, aunque no lo acabábamos de creer del todo -y los dioses mismos te han traído-, ¡salud!, seas bienvenido y que los dioses te concedan felicidad. Mas dime con verdad, para que lo sepa, si está enterada la prudente Penélope de tu llegada o le enviamos un mensajero.»

Y le contestó y dijo el muy astuto Odiseo:

«Anciano, ya lo sabe, ¿qué necesidad hay de que tú te ocupes de esto?»

Así dijo y se sentó de nuevo sobre su bien pulimentado asiento. De la misma forma también los hijos de Dolio daban la bienvenida al ilustre Odiseo con sus palabras y le tomaban de la mano, y luego se sentaron por orden junto a Dolio, su padre.

Así es como se ocupaban de comer en la casa, mientras Fama recorría mensajera la ciudad anunciando por todas partes la terrible muerte y Ker de los pretendientes. Luego que la oyeron los ciudadanos, venían cada uno de un sitio con gritos y lamentos ante el palacio de Odiseo, sacaban del palacio los cadáveres y cada uno enterraba a los suyos: en cambio a los de otras ciudades los depositaban en rápidas naves y los mandaban a los pescadores para que llevaran a cada uno a su casa.

Y luego marcharon todos juntos al ágora, acongojado su corazón.

Cuando todos se habían reunido y estaban ya congregados, se levantó entre ellos Eupites para hablar -pues había en su interior un dolor imborrable por su hijo Antínoo, el primero a quien había matado -el divino Odiseo-; derramando lágrimas por él levantó su voz y dijo:

«Amigos, este hombre ha llevado a cabo una gran maldad contra los aqueos: a unos se los llevó en las naves, a muchos y buenos, perdiendo las cóncavas naves y a su pueblo; y a otros los ha matado al llegar; a los mejores con mucho de los cefalenios. Conque, vamos, antes que llegue rápidamente a Pilos o a la divina Elide, donde mandan los epeos, vayamos nosotros, o estaremos avergonzados para siempre, pues esto es un baldón incluso para los venideros si se enteran; porque si no castigamos a los asesinos de nuestros hijos y hermanos, ya no me sería grato vivir, sino que preferiría morir enseguida y tener trato con los muertos. Vamos, que no se nos anticipen a atravesar el mar.»

Así habló derramando lágrimas y la lástima se apoderó de todos los aqueos. Entonces se acercaron Medonte y el divino aedo -pues el sueño les había abandonado-, se detuvieron en medio de ellos y el estupor se apoderó de todos. Y habló entre ellos Medonte, conocedor de consejos discretos:

«Escuchadme ahora a mí, itacenses; Odiseo ha realizado estas acciones no sin la voluntad de los dioses. Yo mismo vi a un dios inmortal apostado junto a Odiseo y era en todo parecido a Méntor. El dios inmortal se mostraba unas veces ante Odiseo para animarle y otras agitaba a los pretendientes y se lanzaba tras ellos por el mégaron, y ellos caían hacinados.»

Así habló y se apoderó de todos el pálido terror.

Entonces se levantó a hablar el anciano héroe Haliterses, hijo de Mástor, pues sólo él veía el presente y el futuro; éste habló con buenos sentimientos hacia ellos y dijo:

«Escuchadme ahora a mí, itacenses, lo que voy a deciros. Para nuestra desgracia se han realizado estos hechos, pues ni a mí hicisteis caso ni a Méntor, pastor de su pueblo, para poner coto a las locuras de vuestros hijos, quienes realizaban una gran maldad con su funesta arrogancia, esquilmando las posesiones y deshonrando a la esposa del hombre más notable, pues creían que ya no regresaría. También ahora sucederá de esta forma, obedeced lo que os digo: no vayamos, no sea que alguien encuentre la desgracia y la atraiga sobre sí.»

Así habló y se levantó con gran tumulto más de la mitad de epos, pero los demás se quedaron allí, pues no agradó a su ánimo la palabra, sino que obedecieron a Eupites. Y poco después se precipitaban en busca de sus armas. Después, cuando habían vestido el brillante bronce sobre su cuerpo, se congregaron delante de la ciudad de amplio espacio, y los capitaneaba Eupites con estupidez: afirmaba que vengaría el asesinato de su hijo y que no iba a volver sino a cumplir allí mismo su destino.

Entonces Atenea se dirigió a Zeus, el hijo de Cronos.

«Padre nuestro Cronida, el más excelso de los poderosos, dime, ya que te pregunto, qué esconde ahora tu mente. ¿Es que vas a levantar otra vez funesta guerra y terrible combate, o vas a establecer la amistad entre ambas partes?»

Y Zeus, el que reúne las nubes, le contestó:

«Hija mía, ¿por qué me preguntas esto? ¿No has concebido tú misma la decisión de que Odiseo se vengara de aquéllos al volver? Obra como quieras, aunque te voy a decir lo que más conviene: una vez que el divino Odiseo ha castigado a los pretendientes, que hagan juramento de fidelidad y que reine él para siempre. Por nuestra parte, hagamos que se olviden del asesinato de sus hijos y hermanos. Que se amen mutuamente y que haya paz y riqueza en abundancia.»

Así hablando, movió a Atenea ya antes deseosa de bajar, y ésta descendió lanzándose de las cumbres del Olimpo.

Y después que habían echado de sí el deseo del dulce alimento, comenzó a hablar entre ellos el sufridor, el divino Odiseo:

«Que salga alguien a ver, no sea que ya vengan cerca.»

Así habló y salió un hijo de Dolio, por cumplir lo mandado, y fue a ponerse sobre el umbral; vio a todos los otros acercarse y dijo enseguida a Odiseo aladas palabras:

«Ya están cerca, armémonos rápidamente.»

Así habló y se levantaron, vistieron sus armaduras los cuatro que iban con Odiseo y los seis hijos de Dolio. También Laertes y Dolio vistieron sus armas, guerreros a la fuerza, aunque ya estaban canosos. Cuando ya habían puesto alrededor de su cuerpo el brillante bronce, abrieron las puertas y salieron afuera, y los capitaneaba Odiseo.

Entonces se les acercó la hija de Zeus, Atenea, semejante a Méntor en cuerpo y voz; al verla se alegró el divino Odiseo y al punto se dirigió a Telémaco, su querido hijo:

«Telémaco, recuerda esto cuando salgas a luchar con los hombres donde se distinguen los mejores: que no deshonres el linaje de tus padres, los que hemos sobresalido por toda la tierra hasta ahora en vigor y hombría.»

Y Telémaco le contestó discretamente:

«Verás si así lo desea tu ánimo, querido padre, que no voy a avergonzar tu linaje, como dices.»

Así habló; Laertes se alegró y dijo su palabra:

«¡Qué día éste para mí, dioses míos! ¡Qué alegría, mi hijo y mi nieto rivalizan en valentía!»

Y poniéndose a su lado le dijo la de ojos brillantes, Atenea:

«Arcisíada, el más amado de todos tus compañeros, suplica a la joven de ojos brillantes y a Zeus, su padre; blande tu lanza de larga sombra y arrójala.»

Así habló y le inculcó un gran valor Palas Atenea. Suplicando después a la hija de Zeus, el Grande, blandió y arrojó su lanza de larga sombra e hirió a Eupites a través del casco de mejillas de bronce. El casco no detuvo a la lanza y ésta atravesó el bronce de lado a lado; cayó aquél con gran estrépito y resonaron las armas sobre él.

Se lanzaron sobre los primeros combatientes Odiseo y su brillante hijo y los golpeaban con sus espadas; y habrían matado a todos y dejádolos sin retorno si Atenea, la hija de Zeus portador de égida, no hubiera gritado con su voz y contenido a todo el pueblo:

«Abandonad, itacenses, la dura contienda, para que os separéis sin derramar sangre».

Así habló Atenea y el pálido terror se apoderó de ellos; volaron las armas de sus manos, aterrorizados como estaban, y cayeron al suelo al lanzar Atenea su voz. Y se volvieron a la ciudad deseosos de vivir.

Gritó horriblemente el sufridor, el divino Odiseo y se lanzó de un brinco como el águila que vuela alto. Entonces el Cronida arrojó ardiente rayo que cayó delante de la de ojos brillantes, la de poderoso padre, y ésta se dirigió a Odiseo:

«Hijo de Laertes, de linaje divino, Odiseo rico en ardides, contente, abandona la lucha igual para todos, no sea que el Cronida se irrite contigo, el que ve a lo ancho, Zeus.»

Así habló Atenea; él obedeció y se alegró en su ánimo. Y Palas Atenea, la hija de Zeus, portador de égida, estableció entre ellos un pacto para el futuro, semejante a Méntor en el cuerpo y en la voz.

FIN

Ejercicios: Capítulo 21-24

1- Haz una lista con los personajes que aparecen en el capítulo:

2- Señala los personajes que consideres más importantes, y explica por qué (excluye aquellos que ya hayas descrito en el capitulo anterior):

_____

_____

_____

_____

_____

_____

_____

_____

_____

_____

_____

_____

_____

_____

_____

3- Escribe una breve reseña biográfica acerca de los personajes que consideraste más importantes(excluye aquellos que ya hayas descrito en el capitulo anterior):

_____

_____

_____

_____

_____

_____

_____

_____

_____

_____

_____

_____

_____

_____

_____

_____

_____

_____

4-   Describe los sucesos y acontecimientos más importantes del capítulo:

_____

_____

_____

_____

_____

_____

_____

_____

_____

_____

_____

_____

5-   Si pudieras aconsejar a los personajes, ¿Qué consejos les darías –y por qué?

_____

_____

_____

_____

_____

_____

_____

6- Haz una lista con los puntos que consideras más importantes:

_____

_____

_____

_____

_____

_____

_____

_____

7- ¿Qué diálogos te parecen más interesantes?

_____

_____

_____

_____

_____

_____

_____

_____

_____

_____

_____

_____

_____

_____

8- ¿Qué palabras tuviste que buscar en el diccionario?

_____

_____

_____

_____

9- ¿De qué manera se relaciona este capítulo con el capitulo anterior?

_____
_____
_____
_____
_____
_____
_____
_____
_____
_____
_____
_____
_____
_____
_____
_____

10- ¿Cuál es tu opinión personal acerca de esta lectura?

_____
_____
_____
_____
_____
_____
_____
_____
_____
_____

Ejercicios finales:

Realiza una reseña acerca de la Ilíada, destaca quienes son los personajes principales y cuáles son los acontecimientos más importantes.

Realiza una reseña acerca de la Odisea, destaca quienes son los personajes principales y cuáles son los acontecimientos más importantes.

Realiza un ensayo donde muestres cuál es la relación entre la Ilíada y la Odisea

Diccionario de la mitología griega

- Adonis
- Agamenón
- Alcínoo
- Las amazonas
- Andrómaca
- Andrómeda
- Anquises
- Anticlea
- Antígona
- Aquiles
- Ariadna
- Asclepios/Esculapio
- Atalanta
- Atlante
- Atreo
- Bóreas
- Cadmo
- Calipso
- Casandra
- Castor
- Circe
- Clitemnestra
- Creonte
- Crono-Saturno
- Dánae
- Dédalo
- Deucalión
- Edipo
- Egeo
- Egisto
- Electra
- Eneas
- Eos
- Epimeteo
- Erifile
- Eros - Cupido
- Estaciones(La Justicia, El Orden Y La Paz)
- Éstige
- Eteocles
- Eurídice
- Europa
- Faetonte /Faetón
- Fedra
- Filoctetes
- Filomela
- Ganimedes
- Gea
- Gracias, Las
- Harmonia
- Hebe
- Héctor
- Helena
- Helio/Sol
- Heracles/Hércules
- Hermafrodito
- Hespérides, Las
- Híades, Las
- Hiperión
- Hipodamía
- Hipólita
- Hipólito
- Hipsípile
- Ícaro
- Ifigenia
- Jasón
- Lábdaco
- Laertes
- Layo
- Leda
- Leto/Latona
- Medea
- Meleagro
- Menelao
- Memnón
- Metis
- Minos
- Minotauro
- Moiras, Las (Cloto, Láquesis, Atropo)
- Musas, Las
- Nausícaa
- Neoptólemo
- Las Nereidas
- Néstor
- Níobe
- Odiseo/Ulises
- Orestes
- Orfeo
- Palamedes
- Pandora
- Paris
- Pasífae
- Patroclo
- Peleo
- Penélope
- Pentesilea
- Perséfone/Proserpina
- Perseo
- Pigmalión
- Pléyades, Las(Alcíone, Celeno, Estérope, Electra, Maya, Mérope, Taigete)
- Polifemo
- Polinices
- Polixena
- Príamo
- Prometeo
- Psique
- Radamantis
- Selene / Luna
- Semele
- Sísifo
- Tántalo
- Telémaco
- Temis
- Tereo
- Teseo
- Tetis
- Tiresias
- Titono
- Urano
- Yocasta

ADONIS

Joven de singular belleza, hijo del rey de Chipre Ciniras y de su incestuosa unión con su hija Mirra. La propia Afrodita-diosa del amor- se enamoró de él pero su vida fue muy efímera, y después de muerto, Zeus dispuso que pasara seis meses del año con Afrodita y los otros seis en los Infiernos, con Perséfone. Su culto estuvo asociado a la vegetación y las cosechas: la flor que lleva su nombre comparte su belleza y corta vida.

AGAMENÓN

Rey de Micenas y jefe supremo de la expedición griega, denominada también como aquea, que fue a combatir Troya. Era el hermano de Menelao, el marido de Helena, la que fue responsable última de la guerra recién mencionada. Cuando Agamenón regresó a Micenas después de diez años de ausencia murió asesinado por su esposa Clitemnestra. El hijo de ambos, Orestes tuvo que

de Atenas Teseo las derrotó cuando invadieron el Ática.

ANDRÓMACA

Esposa del príncipe heredero troyano Héctor. Tras la caída de la ciudad, conoció los desastres de lo que es una guerra que arruina a tantos vencedores como a vencidos. Tuvo que ver la muerte de su marido y de su hijo Astiniacte. El célebre pasaje del canto VI de la Ilíada en el que Héctor- con su tremolante casco- se despide de su mujer y de su hijo para acudir al combate, en el que encontrará la muerte, sigue siendo una escena tan actual como patética.

ANDRÓMEDA

Hija del rey de Etiopía. Poseidón castiga al país con la aparición de un monstruo marino. Andrómeda es encadenada y expuesta a este peligro pero afortunadamente aparece el héroe Perseo, que promete liberarla para luego casarse con ella.

cargar con la obligación moral de vengar la muerte de su padre, acto que ejecuta con la ayuda de su hermana Electra.

ALCÍNOO

Rey de los feacios, pueblo mítico de la Odisea. Su hija Nausícaa descubrió a Odiseo en la playa a la que había llegado como náufrago. Lo condujo a palacio donde su padre lo acogió con los dones de la espiritualidad, facilitándole posteriormente continuar el viaje de regreso a su isla de Ítaca.

LAS AMAZONAS

Legendario pueblo de mujeres belicosas, no en vano eran hijas del dios de la guerra, Ares. Su nombre parece que significa "sin un pecho" o "mujeres luna." Contra ellas combatieron los más célebres guerreros, dada la fama que tenían de invencibles. Uno de los Doce Trabajos de Hércules (Heracles) fue precisamente enfrentar a Hipólita, la reina de las Amazonas. Más tarde, también el rey

Perseo, a su vez, se vale de la cabeza de Medusa para petrificar a sus enemigos. Cuando muere Andrómeda es catasterizada (convertida en estrella) en la constelación que lleva su nombre. Por otra parte, algunos autores han querido ver en este mito el origen de la leyenda de San Jorge y el dragón.

ANQUISES

Afrodita (Venus para los romanos) se enamoró de Anquises con quien tuvo a Eneas, el fundador de Roma. Uno de los escasos ejemplos en que una diosa se unió a un mortal y tuvo un hijo con él. Pero la diosa le había prohibido que lo divulgara. Anquises, sin embargo, se vanaglorió de ello ante sus amigos, por lo que fue castigado con la ceguera. Viejo y ciego, es rescatado de la humeante ciudad de Troya por su hijo Eneas, quien lo traslada en sus espaldas hasta las costas itálicas.

ANTICLEA

Casada con Laertes, reina de Ítaca que antecedió a Penélope. Fue la madre de Odiseo aunque hay versiones que señalan que el padre de Odiseo fue el astuto Sísifo. Anticlea sufrió tanto por la ausencia de su hijo que se suicidó desesperada al ver que éste no regresaba de la expedición que los griegos habían emprendido contra la ciudad de Troya.

ANTÍGONA

Hija y hermanastra de su padre, Edipo, el cual- no pudiendo evitar su destino- tuvo hijos con su propia madre. La joven Antígona fue el lazarillo de su viejo y desolado padre/hermano, a quien acompañó hasta el final de sus días. En el conflicto que suscitaron sus dos hermanos, Eteocles y Polinices, Antígona antepuso sus obligaciones fraternales- que le exigían respetar leyes morales no escritas- a las leyes positivas del tirano Creonte. Se convirtió así en defensora de las verdades morales frente a los preceptos oficiales y, desde este punto de elegante acracia, prefirió morir.

AQUILES

Educado por el centauro/médico Quirón, fue el mayor héroe (porque héroe en puridad es sólo quien conoce su destino adverso y está dispuesto a asumirlo) de los que acudieron a Troya. Hijo de la nereida Tetis y del mortal Peleo. Despechado públicamente por Agamenón en lo más íntimo de su honor, se retira del combate y pone en peligro la expedición de los griegos contra Troya. Sólo la muerte de Patroclo (su sentido de la amistad) lo hace reincorporarse al combate. A sus manos muere Héctor y el mismo, "el de velocísimos pies" encuentra la muerte alcanzado desde lejos por una flecha del cobarde Paris. El disparo le alcanzó en el talón, único punto vulnerable de todo su cuerpo.

ARIADNA

Cuando el príncipe ateniense Teseo acude a Creta para acabar con el voraz Minotauro - al que la ciudad de Atenas debía pagar como tributo anual siete jóvenes y siete muchachas- Ariadna, la hija del rey, se enamora del héroe y le entrega un ovillo que lo ayudaría a salir del laberinto tras haber dado muerte al Minotauro. Ambos emprenden el regreso a Atenas, más Teseo le abandona en la isla de Naxos, donde-según otras versiones- la encontró poco después el dios Dionisio.

ASCLEPIO/ESCULAPIO

Quizás fuera originariamente un mortal que ejerció la medicina con especial acierto. Ascendió pronto a la categoría de héroe y de dios. Apolo, su padre, confió su educación al centauro Quirón, quién le instruyó en la medicina. De entre sus hijos destacaron Macaón y Podalirio (los médicos que aparecen en La Ilíada) así como las personificaciones de Pánace e Higica/Salud. Su santuario más famoso estuvo en la ciudad medicinal de Epidauro, en el Sur de Grecia o Peloponeso. En el arte se le representa con un bastón sobre el que se enroscan unas serpientes.

ATALANTA

Expuesta en el monte, fue amamantada por una osa. Vivía dedicada a la caza, desdeñando a los hombres. Ufana de su superioridad, prometió casarse sólo con quien la venciese en la carrera; en caso contrario, daba muerte con su espada al pretendiente. El joven Hipómenes pidió ayuda a Afrodita, quién le facilitó tres manzanas de oro con las que éste distrajo la atención de Atalanta mientras ambos corrían, consiguiendo así alcanzar la meta antes que ella.

ATLANTE

Uno de los principales titanes, encargado de vigilar

los pilares de la bóveda celeste para impedir que ésta se desplomara. Al frente de los Titanes se rebela contra los dioses Olímpicos. Tras su derrota, es castigado a soportar la bóveda del cielo, postura

en la que fue múltiples veces representado por los artistas posteriores. Intentó engañar a Hércules y traspasarle esta pesada tarea aunque no lo consiguió. Quedó petrificado cuando el héroe Perseo le enseñó la cabeza de Gorgona.

ATREO

Uno de los más famosos personajes de la antigua saga épica. Fue el padre de Agamenón y de Menelao, los dos caudillos griegos que organizaron la expedición griega en contra de Troya. Preparó un banquete a su hermano Tiestes, sirviéndoles la carne de los hijos de éste. Se dice que el sol, horrorizado ante tamaño espectáculo y no queriendo ver, hizo retroceder su curso en el firmamento. Con este incidente se asocia la leyenda de que Atreo sólo llegaría a reinar en la ciudad de Micenas si el sol se ocultaba algún día por el oriente. Murió a manos de su sobrino Egisto.

BÓREAS

Es el viento del Norte, hijo de la Aurora/Eos, al igual que Céfiro y Noto. Según cierta tradición mitográfica, se unió a las yeguas de Erictonio, de las que nacieron velocísimos corceles, tan raudos como su padre, el viento.

CADMO

Mientras buscaba a su hermana Europa, que había sido raptada, llegó al oráculo de ciudad de Delfos. Allí se le vaticinó que fundara una nueva ciudad donde se topara con una vaca echada en el suelo. Así fue como fundó la acrópolis de Tebas. Para conseguir agua tuvo que matar a una serpiente. La diosa Atenea le aconsejó que sembrara los dientes del animal: al hacerlo, vio con asombro que de ellos brotaron un ejército de hombres armados que se pusieron a luchar entre sí. Sólo sobrevivieron cinco, que fueron los antepasados de la nobleza de Tebas. Se casó con Harmonía, la hija de Ares y de Afrodita. Se le atribuye la difusión del alfabeto y el arte de la fundición.

CALIPSO

Reina de la isla de Ogigia, situada en los extremos confines del mar, junto a las Columnas de Hércules. En ella desembarcó Ulises cuando regresaba de Troya. Calipso le retiene durante siete años y le promete la inmortalidad si se queda a vivir con ella. Pero el héroe prefiere partir. La ninfa le ayuda entonces a encontrar su barco. Según ciertas versiones, tuvo varios hijos con Ulises, entre ellos, Ausón, héroe que daría nombre a la tierra latina de Ausonia.

CASANDRA

Princesa troyana, dotada del arte de la adivinación. Hija del rey Príamo y hermano de Héctor y Paris. Apolo se enamoró de ella y le regaló el don de la profecía, mas al no corresponder Casandra a su amor, el dios la castigó a que nadie le creyera, a pesar de que sus vaticinios se iban a cumplir. Una ocasión célebre fue cuando avisó a los troyanos de que no dieran acogida en la ciudad al Caballo de Troya. Tampoco entonces le hicieron caso, y el consiguiente desenlace fue que del interior del caballo salieron los soldados que acabaron con la ciudad.

CASTOR

Junto a su hermano gemelo, Pólux, recibe el nombre de Dioscuros. Según algunas versiones fueron hijos de Zeus y de Leda y por tanto hermanos de Helena y Clitemnestra. Ambos gemelos se asocian con la constelación de Géminis. Cástor participó en varias hazañas colectivas: en la cacería del jabalí de Calidón, en el Viaje de los Argonautas, entre otros.

CIRCE

Famosa hechicera, hija del Sol/Helio, que vive en una isla solitaria a la que llegan Ulises y sus hombres. Utiliza poderes mágicos para transformar en cerdos a los amigos del héroe. El Dios Hermes le había dado al héroe homérico una planta mágica, llamada "moli", con la que Ulises impidió ser transformado en cerdo. Consigue luego que Circe le devuelva a sus compañeros su forma humana. También participa con sus artes en otras aventuras; así en la expedición de los Argonautas, a través de un ritual purifica a Jasón y a Medea.

CLITEMNESTRA

Uno de los caracteres femeninos más dramáticos de la saga griega. Hermana de Helena y esposa de Agamenón, es por tanto reina de la importante ciudad de Micenas. Mientras su marido está en la guerra de Troya, comete adulterio con el primo de éste, Egisto, menor que ella y ambos asesinan alevosamente al marido cuando regresa de Troya. Mas el destino tiene previsto que ella misma muera a manos de su hijo Orestes, que se erige así en vengador de la muerte de su padre.

CREONTE

Hermano de Yocasta, reina de Tebas, madre y esposa de Edipo Cuando aparece la Esfinge. A las puertas de la ciudad, prometió la mano de la reina y el propio gobierno a quien adivinara el acertijo de la "perra cantora" Entonces apareció Edipo quien con su inteligencia logró adivinar el enigma. Más tarde, Creonte ocupó dos veces el trono de Tebas: la primera, después del destierro de Edipo y la segunda vez, después que fallecieron los dos hijos de su hermana Yocasta y su unión con Edipo, los herederos Eteocles y Polinices. A su vez condenó a Antígona, hermana de los mencionados recién, a ser sepultada viva. Diversas obras de tragedias se han realizado sobre la base de este último desgraciado suceso.

CRONO-SATURNO

El más joven de los Titanes. Armado con una hoz emascula a su padre. Urano/El Cielo. Una vez hecho dueño y señor de la situación, devora a sus hijos por temor a ser suplantado en el trono-. Pero su mujer-hermana, Rea, se las ingenia para poner a salvo a su nuevo hijo Zeus, dándole a Crono una piedra envuelta entre pañales. Esconde al niño en la isla de Creta, hasta que éste consigue destronar a su padre. Este mito parece tener origen en tradiciones de Asia Menor y es uno de los que mejor representan la suplantación o desalojo de alguien que está en el poder por quien busca acceder a él.

DÁNAE

El oráculo había vaticinado a su padre, Acrisio, que el hijo de Dánae le mataría. Para evitar su propia muerte, Acrisio manda encerrar a su hija en una cámara de bronce. Pero el enamoradizo Zeus consiguió unirse a ella en forma de lluvia de oro, y así nació Perseo. Son muy abundantes las representaciones pictóricas de estas escenas.

DÉDALO

Famoso escultor y arquitecto ateniense. Construyó el laberinto de Creta para encerrar en él al Minotauro, y facilitó a Ariadna el ovillo con que ésta ayudó a Teseo a salir del laberinto. Encerrado junto con su hijo Ícaro por orden del rey en el laberinto, inventó unas alas para escapar. Él consiguió alcanzar las costas de Sicilia, pero su hijo, elevándose de manera irresponsable a demasiada altura, vio como el calor del sol derretía la cera de sus alas y se precipitó al mar.

DEUCALIÓN

Hijo del célebre titán Prometeo- Es el protagonista de la versión griega del mito del diluvio universal, de posible origen oriental. Construyó para sí y su mujer, Pirra, un arca en la que se guareció hasta que las lluvias cesaron. Después de desembarcar, el oráculo les ordenó que arrojasen sobre sus espaldas los "huesos de su madre", enigmática frase que ellos interpretaron de la siguiente manera: nuestra madre es ahora la tierra, y sus hijos las piedras. De las piedras que arrojó Deucalión iban naciendo hombres, de las lanzadas por Pirra, mujeres. Así fue como volvieron a poblar la tierra.

EDIPO

El oráculo había prohibido a Layo tener hijos. Por eso cuando nació Edipo, el niño fue entregado a unos pastores para que lo expusiera en el monte Citerón, de donde fue recogido por alguien que lo llevó ante el rey de la ciudad de Corinto. El destino de Edipo señalaba que él sería el asesino de su padre y que después sería padre de sus hermanos ya que tendría hijos de su madre.

Para evitar que se cumpliera semejante oráculo, Edipo huyó de Corinto, y de aquellos que creía eran sus padres. El azar lo conduce al cabo de varios años a que en un cruce de caminos mate a su verdadero padre, Layo, desconociendo su verdadera identidad. Así fue como se presentó en la ciudad de Tebas donde acierta a descifrar un enigma de la Esfinge que tenía tiranizada a la ciudadanía de aquel estado. Como mérito a su hazaña desposa la esposa del rey, Yocasta, quién es su verdadera madre. Cuando se descubre la verdadera situación de sus actuales relaciones familiares parte al destierro, ciego, acompañado de su hermana-hija Antígona como lazarillo.

EGEO

Padre putativo de Teseo, acogió en Atenas a Medea, abandonada por su esposo Jasón. Envió a su único hijo Teseo a la isla de Creta para que diera muerte al Minotauro. Padre e hijo habían acordado que cuando la nave regresara a Grecia enarbolaría una vela blanca en señal del triunfo de la expedición de Teseo. Este, con la alegría que obtuvo al tener éxito en su empresa de matar al minotauro, olvidó izar la bandera blanca, por lo que Egeo se arrojó al mar en la creencia de que su hijo había muerto en Creta.

EGISTO

Hijo de Tiestes, primo, por tanto, de los reyes de Micenas, Agamenón y Menelao. Por odio a éstos, sedujo a Clitemnestra en ausencia de su esposo Agamenón durante la guerra de Troya. Después de asesinar con su amante al héroe aqueo fue ultimado por su sobrino Orestes.

ELECTRA

Princesa micénica hija de Agamenón y Clitemnestra. Logró salvar a su hermano Orestes y junto con Pílades, tramaron acabar con la vida de Clitemnestra y Egisto. Se conservan dos piezas dramáticas cuya protagonista es esta heroína trágica descrita por Sófocles y Esquilo.

ENEAS

Famoso personaje troyano, hijo de Anquises y de la diosa Afrodita. Es el único varón de Troya al que aguarda un brillante futuro tras la captura de la ciudad. Abandona los humeantes muros de Troya llevando consigo a su hijo Ascanio, las estatuas de los dioses penates y a su padre, Anquises. Alcanza las costas de Cartago donde conoce a la reina Dido, antes de asentarse definitivamente en la región del Lacio. Virgilio lo hace su protagonista en "La Eneida".

EOS

La representación de la Aurora, "la de los dedos de rosa" y " la del peplo azafranado" como la llama el poeta Homero. Afrodita la condenó a estar eternamente enamorada. Quizás su más famoso y cruel amor fue con Titono. Para poder estar permanentemente juntos, Eos pidió a Zeus la inmortalidad para Titono, pero se le olvidó pedir que lo conservara joven. Eos contemplaba cada mañana como iba envejeciendo cada vez más su querido Titono, hasta verlo convertido en una cigarra de piel arrugada.

EPIMETEO

Titán poco previsor y necio, hermano de Prometeo. Cuando Zeus creó a la primera mujer, Pandora, como castigo para los hombres, Epimeteo la tomó por esposa, a pesar de los consejos que en contra le daba su hermano. Así, la torpeza de Epimeteo resultó ser fuente de desgracias para los mortales.

ERIFILE

Princesa de la ciudad de Argos, casada con el adivino Anfiarao. Depositaria del portentoso collar de Harmonía, regalo que le había hecho el tebano Polinices, con el que obligó a su marido Anfiarao a acudir a luchar a Tebas.

EROS- CUPIDO

Aunque para algunos Eros era un primigenio principio cósmico, en la mitología pasa a ser hijo de

Ares/Marte y Afrodita/ Venus. Representa la atracción física y sexual de los seres vivos. Generalmente voluble y caprichoso, siempre consigue el objeto de su deseo. Pero sobre todo, Eros es dulciamargo. En múltiples representaciones se le hace aparecer con su arco, como personaje alado y ciego.

ESTACIONES (La Justicia, el Orden y la Paz)

Relacionadas con las funciones de la fertilidad o fecundidad de la naturaleza, se las consideraba hijas de Zeus y de la antigua Temis. Como grupo, se las conocía también con el nombre de Horas: individualmente sus denominaciones eran en este caso respectivamente: Tallo, Brote y Fruto. Algunos artistas las han confundido con las Tres Gracias, que también eran tres hermosas doncellas.

ÉSTIGE

Una de las ninfas, hija de Tetis y de Océano, o según otras versiones de Noche y de Erebo. También es el nombre de la Laguna de los Muertos. Las almas de los difuntos deben cruzarla en el barco de Caronte para alcanzar la orilla del otro mundo. Era costumbre de los dioses y de hombres formular sus juramentos por el agua de esta laguna.

ETEOCLES

Uno de los hijos-hermanos de Edipo, rey de Tebas. Tras partir éste al destierro, sus dos hijos, Eteocles y Polinices, acuerdan alternarse en el mando de la ciudad cada uno un año. Comienza el turno Eteocles, pero luego no accede al traspaso del trono a su hermano como correspondía. Polinices acude entonces a la vecina ciudad de Argos para buscar apoyo en su causa. Ambos hermanos se enfrentan en combate y se dan recíproca muerte. El mito enlaza con el de su hermana Antígona.

EURÍDICE

Nombre de una dríade (nombre de las ninfas que habitan los árboles del bosque) que murió al ser mordida por una serpiente. Su marido, Orfeo, célebre cantor que con su música seducía a toda la naturaleza, consiguió rescatarla de los Infiernos.

Sólo debía cumplir el tabú de no volver la vista hacia atrás durante el camino. Ella desobedeció por lo que tuvo que regresar al mundo subterráneo. En este mito se aborda el problema insoluble de la irreversibilidad de la muerte.

EUROPA

Princesa hija del rey de la ciudad de Tiro, de quién se enamoró Zeus. Este se transforma en un apacible toro, a cuyas grupas monta Europa y el Dios la rapta entonces para llevársela a la isla de Creta donde tiene tres hijos: Minos, Radamantis y Sarpedón.

FAETONTE/FAETÓN

Hijo de Helios/Sol a quién pidió, como prueba de su paternidad, que le dejara conducir por un día el carro del sol. Pronto, los fogosos caballos de Helios se percatan de que su nuevo auriga es sumamente inexperto en el manejo de las riendas. Ante los excesos de Faetonte, que en su loca carrera puso en peligro a los habitantes de la tierra, Zeus terminó por fulminarlo y derribarlo sobre las aguas del río Erídano. Sus hermanas, las Helíades, lloraron por él lágrimas de ámbar.

FEDRA

Hija del cretense Minos, fue esposa del rey de Atenas, Teseo. Se enamoró de su hijastro, el casto Hipólito. La leyenda corresponde a lo que se conoce en la literatura como el "caso Putifar": la madrastra que se enamora de su hijastro, éste la desdeña, ella lo calumnia y luego se suicida, provocando el castigo injusto o la muerte de su hijastro.

FILOCTETES

Fue uno de los múltiples pretendientes de Helena. Mordido en el pie por una serpiente, su herida despedía un hedor insoportable, razón por la que sus compañeros lo abandonaron en la isla de Lemnos. Pero el astuto Odiseo supo que Troya no podría caer en manos de los griegos sin la ayuda de Filoctetes, que poseía el arco y las flechas del mismísimo Heracles/Hércules. Finalmente, acudió a Troya, se escondió en el caballo y dio muerte a Paris.

FILOMELA

El rey de Atenas, Pandión, tuvo dos hijas, Procne y Filomela. El cuñado de ésta, Tereo, la violó y le cortó la lengua para evitar que ella lo delatara. Filomela bordó el incidente en una tela para informar a su hermana. Procne castigó cruelmente a su marido sirviéndole en la comida carne de su propio hijo. Los dioses finalmente metamorfosearon a Filomela en una golondrina, a Procne en un ruiseñor y a Tereo en una abubilla.

GANIMEDES

Muchacho de gran belleza, del que se prendó Zeus, quién tras adoptar la forma de un águila lo raptó para destinarlo a ser escanciador y copero de los dioses. Son múltiples las representaciones iconográficas de esta leyenda.

GEA

Denominación de la Tierra, a la que vagamente se considera una divinidad. Desde época muy temprana se la asocia a los juramentos, porque ella conoce todo lo que sucede sobre la faz de la tierra. Unida a Urano engendra a los titanes, más tarde a los Cíclopes de un solo ojo y a los Hecantoquiros, también llamados Centímanos. Gea recibió culto en toda Grecia.

GRACIAS, LAS

Aunque originariamente su número parece ser indefinido, fueron tres las principales y simbolizan la belleza, las diversas artes, y las actividades intelectuales, en general. Participan en las celebraciones y en las fiestas de dioses y hombres. Desde el período helenístico y romano abundaron las representaciones de las Gracias como tres jóvenes desnudas.

HARMONIA

Casada con Cadmo, el rey tebano, a cuyos esponsales acudieron todos los dioses. Hefestos, el dios orfebre de las joyas divinas, le regaló un collar y Atenea un vestido (regalos que luego demostraron ser funestos para todos los que los poseyeron, como por ejemplo, la princesa Erifile).

HEBE

Representa la juventud eterna. Ella misma alimenta a los dioses con néctar y ambrosía y así se mantienen eternamente jóvenes. A la muerte de Heracles, el héroe obtiene a Hebe como compañera en el mundo subterráneo.

HÉCTOR

Principal héroe troyano, digno oponente de Aquiles en el campo de batalla. Se erige como el mayor defensor de su ciudad y cuando muere (la Ilíada concluye con el funeral de Héctor después de que su padre lo rescata del campamento de los griegos) todo el mundo y antes que nadie, su mujer, Andrómaca- comprende que la ruina de Troya es inminente. Héctor mata a Patroclo antes de fallecer a manos de Aquiles. Su padre, el anciano Príamo pacta con Aquiles el rescate del cadáver de su hijo (penúltimo capítulo de "La Ilíada" y quizás el más notable).

HELENA

Hija de Tíndaro- o de Zeus- y de Leda. Pretendida por muchos hombres, al final ella se decidió, sin que sepa claramente las razones, por Helena, que llegó ser rey consorte de Esparta. Tras el Juicio de Paris, Helena marcha a Troya- lo que provoca la guerra- desde cuyas murallas contempla a veces el asedio de los griegos (también llamados aqueos en las obras homéricas). Tras la caída de la ciudad regresa con su marido a Esparta. Hay variantes en la tradición mitográfica y literaria: la más novedosa es una que alude que Helena nunca estuvo en Troya ni fue causante de la guerra, sino que permaneció retirada en Egipto, donde fue localizada por Menelao al regresar de la guerra.

HELIO/SOL

Hijo de Hiperión, pertenece a la generación de los pre-olímpicos. Se le representa conduciendo diariamente su carro por el arco del cielo, de oriente a poniente. Tuvo siete hijos los que pasaron a llamarse los Helíadas. El relato mitológico más conocido es el que lo vincula a su hijo Faetonte.

HERACLES/HÉRCULES

Hijo de Alcmena y de Zeus. Autor de innumerables hazañas y aventuras, como los Doce Trabajos. Considerado como el héroe helénico por antonomasia su primera proeza la realizó al estrangular las dos serpientes que en despecho la diosa Hera, cónyuge de Zeus, enloquecida por la traición de su esposo, envía para que maten al recién nacido. Heracles realizó muchos otros trabajos y tras su muerte casóse con la diosa Hebe, la eterna juventud. La iconografía le suele representar ataviado con la piel de Nemea, su maza, y su formidable arco. Heracles es el símbolo del héroe esforzado, al que en cierta medida se atrajo a su causa el estoicismo posterior.

HERMAFRODITO

Divinidad bisexual. Se enamoró de él la ninfa Salmácide, fusionándose ambos en un solo cuerpo. Se le suele representar con atributos de su doble naturaleza: como un hermoso joven con los pechos desarrollados o como una Afrodita con genitales masculinos.

HESPÉRIDES, LAS

Ninfas de seductora voz que habitan en Occidente junto a un fabuloso jardín. Su número oscila entre tres y siete. Son las guardianas de un árbol de manzanas doradas del que supuestamente procedían las tres manzanas de oro con que Hipómenes consiguió vencer en la carrera a Atalanta. También Heracles tuvo como tarea apoderarse de las manzanas del jardín de las Hespérides.

HÍADES, LAS

Portadoras de la lluvia, son unas estrellas que aparecen en Octubre y en primavera, en las dos épocas más lluviosas del año.

HIPERIÓN

Uno de los Titanes, padre de Helio/ el Sol, Selene/La Luna y Eos/ La Aurora.

HIPODAMÍA

Hija de Enómao, rey de Pisa. Este retaba a los pretendientes de su hija a una carrera de carros por las proximidades de Olimpia. Muchos jóvenes habían encontrado la muerte en el intento. A pesar de tan macabros precedentes, Pélope aceptó el reto. Sobornó primero al auriga de Enómao, Mírtilo, que sustituyó la clavija de las ruedas del carro de su señor por otras de cera y ganó la apuesta. Ambos fueron los padres, entre otros hijos, de Atreo y de Tiestes.

HIPÓLITA

Reina de las Amazonas. Uno de los trabajos de Hércules fue arrebatarle el cinturón que le había regalado Ares. Según una versión, Hipólita atacó el Ática en tiempos de Teseo como represalia por haber sido desposeída del cinturón. Según otros autores, Hipólita murió a manos de Hércules.

HIPÓLITO

Hijo de Teseo, rey de Atenas y de la Amazona Hipólita, de la que heredó su carácter agreste y algo montaraz. Su desprecio por Afrodita y por todo lo que esa diosa representaba fue causa de su ruina. Durante una larga ausencia de Teseo, se despierta en Fedra una violenta pasión por su hijastro, a la que él no corresponde. Al verse despechada, Fedra calumnia a Hipólito ante su padre y luego se suicida. Teseo maldice a su hijo y le causa la muerte. EL joven Hipólito ha desatendido su débito con la diosa del amor, y esto es también imperdonable en un mortal, porque todos los dioses merecen veneración.

HIPSÍPILE

Reina de las mujeres de la isla de Lemnos. La diosa Afrodita, enojada con las mujeres, hizo que éstas despidieran un nauseabundo olor que alejaba a sus maridos. Ellas reaccionaron matando a todos los hombres de la isla, excepto Hipsípile que se compadeció de su padre y le salvó la vida. Más tarde fue descubierta y pretendieron matarla. Tuvo gemelos con Jasón, el jefe de los argonautas.

ÍCARO

Hijo del famoso escultor y arquitecto, Dédalo. Según cierta tradición fue el primer hombre que trabajó la madera. Fue encerrado en el laberinto de Creta junto a su padre, de donde pudieron salir gracias a que éste fabricó para ambos unas alas. Debido al impulso de sus pocos años, Ícaro no pudo sustraerse al vértigo de la velocidad y de poder volar a su antojo por el cielo. Finalmente murió al precipitarse sobre el mar de Icaria.

IFIGENIA

Hija de los reyes de Micenas, Agamenón y Clitemnestra. Cuando la flota de los griegos se encontraba en el puerto de Aulide a la espera de vientos favorables que les condujera a Troya, el oráculo vaticinó que debía ser sacrificada Ifigenia como víctima propiciatoria. Su propio padre la hizo venir, bajo el engaño de que desposaría a Aquiles. La joven Ifigenia descubre la verdad, pero en vez de huir, acepta generosamente brindar su vida por la colectividad aquea y así permitir que los vientos soplaran en contra de los troyanos que hasta ese momento se veían privilegiados por el Olimpo. Al final, los dioses la perdonan y evitan su muerte haciendo que un animal sea la víctima.

JASÓN

Héroe tesalio a quien su tío Pelias había arrebatado el trono de Yolcos. Sin duda su hazaña más famosa fue participar como jefe de la expedición de los Argonautas que fueron a buscar el Vellocino de Oro, empresa casi imposible de realizar y en la que a buen seguro podría encontrar la muerte. Embarcó, pues, en la nave "Argo" tras haber reunido a los más valientes héroes de Grecia. Con ayuda de la maga Medea consigue el Vellocino de Oro y emprende su regreso a Grecia. Se casó con Medea a quien más tarde abandonó aunque ella se resarciría luego de esta afrenta.

LÁBDACO

Fue rey de la ciudad de Tebas. Abuelo de Edipo; de él arranca toda su saga mítica, a través del padre de éste, Layo.

LAERTES

Rey de la isla de Ítaca, padre de Odiseo/Ulises, aunque en alguna otra versión éste pudo haber sido hijo de Sísifo. Su figura aparece nebulosamente en "La Odisea", ya viejo, apenado por ver pasar los días sin esperanzas de vivir para asistir al día del regreso de su hijo. En el intertanto, vive modestamente apartado del palacio.

LAYO

Padre de Edipo. Enamorado de Crisipo, lo raptó y se atrajo así la maldición. No debería tener hijos, pues de lo contrario el destino había dispuesto que muriera a manos de su propio hijo. Layo, desoyendo el oráculo, concibe con Yocasta(o con Euriclea, de acuerdo a otras versiones) a Edipo. Finalmente el oráculo se cumple y Layo muere de manera accidental a manos de Edipo en una encrucijada de caminos cerca de la ciudad de Tebas.

LEDA

Estuvo casada con Tíndaro y fue la madre de Clitemnestra y de Helena Según otras versiones, fue Zeus quien enamorado de Leda se transformó en un cisne (motivo repetido en el arte numerosos veces) e hizo que Leda pusiera un huevo del que nació Helena: también fue la madre de los Dioscuros.

LETO/LATONA

Una de las Titánides. Su leyenda y su culto estuvieron estrechamente vinculados a la isla de Delos. Amada por Zeus, aguardaba el momento en que debían nacer sus dos hijos, los dioses Apolo y Artemis. Pero Hera (la legítima esposa de Zeus) a causa de los celos había ordenado que en ningún lugar de la Tierra se acogiera a Leto cuando le llegara la hora de parir. Zeus hizo surgir desde las profundidades del mar una nueva tierra, la isla de Delos, isla errante para que Hera no pudiera enterarse del nacimiento de sus hijos con Leto.

MEDEA

Princesa de la región de la Cólquide, nieta del Sol y sobrina de la maga Circe. Su destino está unido al del jefe de los Argonautas, Jasón, de quien se había enamorado y a quien con sus artes mágicas ayudó a hacerse del Vellocino de Oro: Despechada por él, degüella a sus hijos y escapa en un carro de fuego. Como hechicera llevó a cabo varios otros prodigios: así, devolvió la juventud a Esón, su suegro, introduciéndolo en un caldero de agua hirviendo con yerbas o drogas medicinales.

MELEAGRO

La diosa Artemis, dolida porque no le habían tributado los honores debidos, hizo aparecer un jabalí salvaje en las proximidades de Calidón. El príncipe Meleagro reunió a los más valerosos jóvenes de la zona, con cuya ayuda cazó a la bestia. Según una tradición, entre los participantes se hallaba Atalanta, de la que se enamoró el héroe. La cacería del jabalí de Calidón inspiró muchos artistas posteriores.

MENELAO

Hermano de Agamenón, hijo del rey Atreo. De todos los pretendientes de Helena fue él quien consiguió casarse con ella. Durante una visita a la isla de Creta, Paris, un pastor que venía de Troya rapta a Helena, episodio que desencadena la guerra de Troya. Menelao promueve con su hermano la expedición en contra los troyanos. Fue uno de los guerreros que se introdujo en el Caballo de Troya y aunque iba dispuesto a matar a Helena, causante de tantas desgracias para los griegos, cuenta la leyenda que al desnudarse ella en su presencia fue incapaz de ajusticiarla.

MEMNÓN

Héroe etíope, hijo de Eos (La Aurora) y de Titorio. Acude en defensa de Príamo, rey de los troyanos, y muere a manos de Aquiles, aunque Zeus lo transformó a continuación en inmortal. Su culto se expandió por Egipto, y las estatuas colosales de Memnón, de las que se decía que entonaban un canto cada mañana al salir la aurora, son buena prueba de su difusión por las tierras del Nilo.

METIS

Una Titánide, representa la prudencia elemental y es la consejera de dioses y mortales. Primera esposa de Zeus. Fue la madre de Atenea, aunque antes de darla a la luz, Zeus engulló a la criatura que estaba a punto de nacer para evitar el destino de ser destronado por uno de sus hijos. Más tarde, Atenea nacerá ya adulta, de la cabeza del propio Zeus.

MINOS

Al pretender el trono de Creta, le promete a Poseidón, el dios del mar sacrificar un toro en su honor. Ante su perjurio, el dios hace que Pasifae, mujer de Minos, se enamore del toro y engendre con él una bestia terrible, el MINOS: Minos encargó al más célebre de los artesanos, Dédalo, que construyera un laberinto para encerrar en él al animal. Minos pasaba por haber sido el inventor de la pederastia así como uno de los jueces de las almas de los muertos.

MINOTAURO

Criatura nacida de Pasifae y el Toro de Creta. El ateniense Teseo le dio muerte, liberando a su ciudad del penoso tributo de tener que enviar cada año a siete jóvenes varones y a siete muchachas para ser devoradas por el Minotauro.

MOIRAS, LAS (Cloto, Láquesis, Atropo)

En su origen son divinidades relacionadas con la vida del hombre. Significan "la que hila", "la que asigna el destino" y "la inflexible" y como tales aparecen representadas por artistas plásticos: la duración de la vida y el destino fijo que corresponde a cada mortal. En el poeta Hesíodo se las considera hijas de Zeus y de Temis, y se las vincula a los momentos de especial felicidad para los mortales. Más tarde su personificación se transforma en abstracción: la Necesidad, el Destino.

MUSAS, LAS

Las ninfas de las aguas, dotadas de virtudes proféticas y de la inspiración poética. Se las denominó también Piérides. El Dios Apolo es el que preside su coro. Su número es variable, según versiones. Corresponden a cada una de ellas las siguientes Bellas Artes: a Urania la Astronomía, a Clío, la Historia, a Talía la Comedia, a Melpómene la Tragedia, a Terpsícore el Drama, a Euterpe la Flauta, a Erato la Lírica, a Polimnia la Pantomima y a Calíope la Épica.

NAUSÍCAA

Princesa hija de Alcínoo, rey de los feacios, a cuya isla llegó Odiseo cuando intentaba regresar a su patria. Fue la propia diosa Atenea la que en sueños indujo a la joven a acercarse a la playa, donde acababa de desembarcar náufrago el astuto Odiseo. Al punto quedó enamorado del héroe, aunque no pudo impedir que éste reemprendiera su viaje de retorno a su amada patria, Ítaca.

NEOPTÓLEMO

Hijo del valeroso Aquiles, había nacido en la isla de Esciros. A la muerte de Aquiles Troya aún no había sido capturada, y según se decía no caería en manos de los griegos sin el concurso del joven Neoptólemo": joven guerrero".

LAS NEREIDAS

Grupo poco individualizado de divinidades marinas. Todas ellas son hijas del viejo señor de los mares, Nereo. Se han catalogado más de setenta. No obstante, algunas generaron ciertos mitos y hazañas propias, por ejemplo, Tetis, la madre de Aquiles, la bella Galatea, compañera del Tosco Polifemo, entre otras.

NÉSTOR

Célebre y venerable anciano que aparece ya en "La Ilíada" y "La Odisea" homéricas como sereno consejero. Su palacio se encontraba en la apacible bahía de Pilo. De joven, intervino en la lucha contra los Centauros, en la cacería del jabalí de Calidón y, ya anciano, en la expedición a Troya.

NÍOBE

Casada con Anfión, tuvo siete hijos y siete hijas, lo que la hizo ufanarse de su prole. Llegó así a considerarse más feliz que la diosa Leto, quien solamente había tenido dos hijos: Apolo y Artemis. Sin embargo, éstos hicieron justicia a su madre, Leto, pues asaetearon sin compasión a los catorce hijos de Níobe. Zeus la transformó finalmente en la roca de Sípilo.

ODISEO/ULISES

Protagonista de "La Odisea", varón provisto de una aguda astucia por excelencia manejaba a su arbitrio decenas de artimañas para combatir la guerra y para su propia sobrevivencia. Es un nuevo tipo de héroe, muy diferente del carácter monolítico de Aquiles, por ejemplo. Participa en la expedición a Troya en tanto que rey de la isla de Ítaca. Sufre mil peripecias y desventuras durante los diez años que tardó en regresar de Troya a Ítaca. Visitó a los legendarios cíclopes, bajó al reino infernal para entrevistarse con el adivino Tiresias, cruzó el mar por donde viven las hechiceras sirenas cantoras, transita entre Escila y Caribdis, entre otros sitios. En fin, mientras duran estos errabundos, su único hijo, Telémaco, ha salido en su busca. Ulises se presenta finalmente en Ítaca disfrazado de mendigo, ya que quiere comprobar quiénes de sus servidores le continúan siendo fieles. Es reconocido por su vieja aya Euriclea, y con la ayuda de su hijo castiga a los pretendientes de su esposa Penélope que en su ausencia aspiran a ser esposos de ésta además de dar de baja gran parte de los bienes de Odiseo.

ORESTES

Hijo del rey de Micenas, Agamenón. Cuando era pequeño su madre Clitemnestra asesinó a Agamenón que acababa de regresar de Troya. Su hermana Electra logra que el niño encuentre refugio en Crisa, donde se hizo amigo de Pílades. Acude al santuario profético de Delfos a preguntar cuál es su deber tras la muerte de su padre. Por orden del oráculo mata a su madre Clitemnestra y a su amante, Egisto, tío en segundo grado suyo con la ayuda de Electra y de su inseparable amigo Pílades. Pero no acaban allí sus problemas. Las diosas de la locura, las siniestras Erinias, le persiguen noche y día. Orestes llega a enloquecer y sólo encontrará el sosiego si resulta absuelto ante el tribunal ateniense del Areópago. Los votos resultan empatados, y sólo la diosa Atenea lo exculpa deshaciendo con su voto de calidad el empate.

ORFEO

Príncipe tracio, famoso poeta y músico. Tocaba la lira, con la que según la tradición atraía a las fieras y encantaba a quien le oía. Inventó o perfeccionó la cítara y participó en la expedición de los Argonautas como timonel de la nave Argo, aunque la leyenda más famosa es la que lo enlaza con su mujer Eurídice, quien mordida por una serpiente, hubo de descender al mundo infernal. De allí la rescata Orfeo, aunque su intento se frustra al final. En torno a su persona se generó toda la teología órfica.

PALAMEDES

Héroe famoso por su astucia y su aguda inteligencia. Comparte (o disputa) con Cadmo el haber inventado las letras del alfabeto. Otros le atribuyen la invención de la balanza, los dados, las medidas y las monedas. Cuando estalló la guerra de Troya, Odiseo se finge loco para no tener que acudir al combate, pero Palamedes descubre su engaño. Más tarde Odiseo lo calumniará diciendo que los troyanos habían pactado con Palamedes. Este muere finalmente lapidado.

PANDORA

Deseoso Zeus de castigar ejemplarmente a los hombres, encarga al dios artesano Hefestos que fabrique una figura de arcilla con forma de mujer. Así nació, según algunas versiones, Pandora. Se la ofreció como esposa al necio titán Epimeteo, hermano del astuto Prometeo. Llevada de su curiosidad destapó una tinaja en la que estaban encerrados todos los males y calamidades, que empezaron a esparcirse sobre la tierra. Sólo permaneció en su interior la preciada ESPERANZA. El arte ha representado esta leyenda con diversas variantes iconográficas.

PARIS

Príncipe troyano, hijo de Príamo y de la reina Hécuba. Fue el protagonista del famoso Juicio que lleva su nombre y en el que se granjeó los odios de la diosa Atenea y Hera. Sedujo a Helena y la raptó-aunque existen algunas versiones que difieren de este hecho- desencadenándose así la guerra de Troya. Aunque su comportamiento como guerrero no es muy brillante fue quien dio muerte finalmente al invencible Aquiles con una flecha insertada en su único sitio vulnerable: su talón.

PASÍFAE

Junto con su hermana Circe y su sobrina Medea es el prototipo de magas y hechiceras. Casada con el rey cretense Minos, concibió una pasión antinatural por el Toro de Creta. Unida a este animal fue como engendró al Minotauro.

PATROCLO

El mejor compañero de Aquiles. Cuando los griegos están sufriendo un serio revés ante los muros de Troya porque Aquiles les ha retirado su apoyo indignado porque Agamenón se apropió de su amante, es entonces cuando Patroclo, viendo lo desesperado de la situación, le solicita a Aquiles que le preste sus armas para acudir a la primera fila de combate con la esperanza de que el enemigo huirá sólo con ver la imagen de "Aquiles" reincorporado a la lucha. Disfrazado con ellas Patroclo se enfrenta a Héctor y muere en combate. Es la muerte de su querido amigo y compañero lo que finalmente decide a Aquiles a incorporarse al combate para ultimar al príncipe heredero de Troya, Héctor. Luego se organizaron unos majestuosos funerales en homenaje a Patroclo.

PELEO

El más justo de los mortales. Obtuvo por ello la mano de la nereida Tetis. Ambos fueron los padres del héroe, Aquiles. Participó en la cacería del jabalí de Calidón y en la expedición de los Argonautas. Después de muerto se volvió a reunir con Tetis, quien consiguió hacerlo inmortal.

PENÉLOPE

Fiel esposa de Odiseo/Ulises, a quien aguarda tejiendo el sudario de Laertes, anciano padre del héroe. Penélope deshace durante la noche la labor tejida durante el día. Mientras transcurren estos veinte largos años de ausencia de su marido es acosada por múltiples pretendientes, cuyos requerimientos desoye. Finalmente regresa Ulises disfrazado de mendigo y tras una famosa escena de reconocimiento ambos se reencuentran.

PENTESILEA

Reina de las Amazonas, que acudió en ayuda de Troya tras la muerte de Héctor. Se enfrentó a Aquiles en cuyas manos muere. La tradición embelleció este trágico encuentro entre estos dos grandes protagonistas.

PERSÉFONE/PROSERPINA

Hija de Zeus y de Deméter. Mientras recogía flores un día acompañada de la ninfa Liana fue raptada por el dios del mundo subterráneo Hades. Su madre la localiza en los Infiernos y suplica a Hades que se la devuelva. Al negarse éste, Perséfone deberá compartir su existencia entre ambos mundos: medio año a la luz del sol y otro medio en el mundo de las sombras. Su culto estuvo asociado a los ciclos de la vegetación y a los Misterios de Eleusis. En Roma se la conoció con el nombre de Proserpina.

PERSEO

Hijo de Dánae, hija del rey Acrisio. Un oráculo había advertido a éste que moriría a manos de un hijo de Dánae, por lo que había advertido a ésta fue encerrada en una cámara de bronce. Mas el enamorado Zeus la visitó en forma de lluvia de oro con la que fecunda a Dánae, de quien nace `Perseo. Arrojadas al mar la madre y el niño por orden de Acrisio, fueron rescatados por el pescador Dictis. Siendo ya joven Perseo consigue cortar la cabeza a la Gorgona Medusa ayudado por la diosa Atenea y rescata a Andrómeda. Lanzando el disco en unos juegos deportivos mata accidentalmente a su abuelo Acrisio, cumpliéndose así el oráculo.

PIGMALIÓN

Enamorado de una estatua de Afrodita que el mismo había fabricado con mucho cariño solicitóle a la diosa que le diera por esposa a una mujer que se asemejara lo más posible a su estatua. Afrodita accedió de una manera singular al ruego de este artista enamorado: insufló vida a la figura que él mismo había modelado. Pigmalión la llamó a partir de entonces Galatea (distinta de la ninfa del mismo nombre, amada por Polifemo.) La literatura y el arte posteriores se hicieron eco repetidas veces de esta hermosa leyenda.

PLÉYADES, LAS (Alcíone, Celeno, Estérope, Electra, Maya, Mérope, Taigete)

Eran hijas de Atlante. Compartieron con la diosa Artemis la afición por la caza y una cierta aversión a los hombres. Orión (otro personaje que aparece vinculado a la astrología, pues él mismo fue transformado en la constelación que lleva su nombre) las persiguió durante cinco años hasta que Zeus las metamorfoseó en constelaciones. En otra versión se convirtieron en palomas.

POLIFEMO

Uno de los Cíclopes, salvajes gigantes de "un solo ojo" que habitan en la isla de Sicilia. Durante su viaje de regreso, Odiseo y sus compañeros se topan con el siniestro Polifemo, que los encierra en el interior de su gruta y va devorando de dos en dos a los hombres de Odiseo hasta que éste consigue, con su astucia, emborracharlo y dejarlo ciego tras haberle clavado el tronco de un inmenso pino en su único ojo. Según otra tradición más erudita, el agraz Polifemo se enamora de la delicada ninfa Galatea.

POLINICES

Uno de los hijos/hermanos de Edipo. Tras haberlo maldecido Edipo, ambos hermanos habían pactado reinar alternativamente cada uno un año sobre la ciudad de Tebas. Habiendo transcurrido el primer mandato de Eteocles, correspondía entonces el reinado a Polinices. Como Eteocles se negara a ceder el poder, Polinices marchó a Argos en busca de ayuda. Ambos hermanos se dieron muerte ante los muros de la ciudad. El nuevo soberano de Tebas, Creonte, tío de los descendientes de Edipo, prohíbe dar sepultura al cadáver de Polinices. Sólo su hermana Antígona se preocupó de darle fraternal sepultura a su cadáver.

POLIXENA

La menor de los hijos de Príamo, rey de Troya, y de Hécuba. En algunas de las versiones posteriores a los poemas épicos de Homero, se la sacrifica en la tumba de Aquiles, probablemente haciéndose eco de una leyenda romántica en la que el héroe se había enamorado de Políxena.

PRÍAMO

Reinaba en la ciudad de Troya cuando ésta fue atacada y destruida por los griegos acaudillados por Agamenón. En los poemas homéricos se nos presenta como un anciano bondadoso, padre de múltiples hijos. Hace gala de una gran humanidad cuando se entrevista con el joven Aquiles, a quién acude para suplicarle el cadáver de su hijo Héctor,

olvidando su rango y prestigio soberano. No sobrevivió a la caída de su querida ciudad.

PROMETEO

Su nombre significa "el previsor". Sin duda fue el Titán más benefactor de la humanidad. Robó a Zeus el fuego de los dioses para regalarlo y distribuirlo a los hombres. Aquí el fuego no es un elemento meramente físico, sino que tras él subyace todo el símbolo de la inteligencia y del progreso (el fuego permite cocinar los alimentos, fundir los metales, cocer el barro de las vasijas en los alfares entre otras cosas). No es de extrañar por tanto que Prometeo fuera el patrono de las artes en el barrio ateniense del Cerámico. Tras el robo del fuego, que por sobretodo simboliza la sabiduría, la inteligencia pura, Zeus quiere castigar espectacularmente a Prometeo por lo que decide encadenarlo en las montañas del Cáucaso, donde un águila roerá a diario el hígado del Titán (hígado que se regenerará en la misma proporción por las noches) hasta que Heracles finalmente lo libere. Para castigar a los hombres, Zeus maquina crear a la primera mujer, Pandora, una suerte de Eva de la mitología griega.

Prometeo es el protagonista de tres obras o de una trilogía de Esquilo de la cual sólo una ha llegado hasta nuestras manos: "Prometeo Encadenado".

PSIQUE

Joven de extraordinaria belleza que despertó los celos de la propia diosa Afrodita. Envió a ésta a su hijo Eros/Cupido para que le disparara con su amoroso arco, y fue él mismo quien cayó presa del amor de Psiche, hasta el extremo de que tuvo que acudir ante Zeus para pedirle que le permitiera casarse con una mortal. Se la representa frecuentemente en arte como una mariposa. Este personaje pertenece más a la tradición latina que a la griega.

RADAMANTIS

Hermano del rey Minos, fue legislador en Creta. Oficia en los Infiernos como juez de las almas de los muertos en Asia y África, mientras que a Éaco corresponden los de Europa, y a Minos aquellos que solicitan una revisión o recurso de su caso.

SELENE/LUNA

Hija del Titán Hiperión y de Tía, hermana por tanto de Helio/ El Sol y Eos/Aurora. Sus rituales eran mágicos. Tuvo amores con Endimión, un mortal que mientras dormía fue raptado y conducido a la Luna.

SEMELE

Hija del rey de Tebas, Cadmo, fue la madre del dios Dionisio. Hacía alardes de mantener relaciones con un dios que la visitaba de incógnito. Fue inducida por Hera a verificar la identidad de su amante supuestamente divino. Apareció el propio Zeus, quién con su rayo fulminó mortalmente a Sémele. Antes de que una nueva tragedia se llevara a efecto, intervino el dios Hermes (Mercurio para los latinos), quién logró salvar al hijo que estaba esperando Sémele y lo trasplantó en el muslo de Zeus. De allí que el hijo de Sémele y de Zeus, Dionisio (o Baco, el dios del vino y de la alegría) lleve el epíteto frecuente de "dos veces nacido".

SÍSIFO

El más astuto de los hombres. Fundador de la ciudad de Corinto y de los juegos Ístmicos que en ella se celebraban. Vio cómo Zeus raptaba y seducía a la ninfa Egina y se lo contó todo al padre de ella, el dios Asopo, a cambio de que ésta hiciera brotar en la rocosa y adusta acrópolis de Corinto un manantial de agua potable. Zeus, encolerizado, le impuso un castigo ejemplar y eterno: empujar una roca hasta la cima de un monte, desde donde continuamente se precipita por la otra ladera. Según algunas versiones fue padre del no menos astuto héroe Odiseo/ Ulises.

TÁNTALO

Reinaba en la región del monte Sípilo, en la región de Lidia. Sometió a prueba la sabiduría de la diosa ofreciéndoles la carne de su hijo Pélope. En otras versiones Tántalo robó a los dioses su divina comida y tras haberla probado el mismo-se la regaló a los mortales. Fue castigado a sufrir eterna sed y hambre. Los dioses lo maniataron con el agua hasta el cuello en un bosque cuyos árboles, cuajados de fruta, alzaban sus ramas cada vez que Tántalo trataba de alcanzarlas; cuando intentaba sorber el agua, ésta se filtraba por la tierra hasta bajar de nivel.

TELÉMACO

Hijo del héroe Odiseo y de Penélope. Viendo que su padre no regresaba cuando ya lo habían hecho otros supervivientes de la guerra de Troya, decide partir en su busca siguiendo los consejos y bajo la protección de la diosa Atenea. Se entrevista con los héroes Néstor y Menelao, quienes le relatan múltiples aventuras de su desaparecido padre. A su regreso a Ítaca tiene que evitar la emboscada que le han tendido los pretendientes de su madre; encuentra a su padre disfrazado de mendigo, se reconocen y entre ambos traman la muerte de aquellos.

TEMIS

Divinidad primitiva relacionada con la diosa de la Tierra, Gea. Algunos relatos la vinculan a la época más antigua de Delfos como sede profética de la adivinación y los oráculos. Más tarde personifica el concepto de la Justicia. Fue madre del astuto Prometeo, así como de las Estaciones, de las Moiras y de las Hespérides (según versiones).

TEREO

Rey de Tracia. Fue transformado en abubilla como castigo por lo que hizo a Procne y Filomela.

TESEO

Rey héroe nacional ateniense, hijo del rey Egeo(o del dios Poseidón). La tradición le hizo amigo y compañero de aventuras de Heracles/Hércules. Una de sus más notables hazañas fue castigar al bandido Procrustes, quien disponía de dos lechos (uno de talla grande y otro de talla pequeña) en los que hacía acostarse a los viajeros que pasaban por sus dominios: a los que eran altos los reducía hasta que cupieran en la cama pequeña, y a los de baja estatura los estiraba hasta ajustarlos a la grande. Teseo lo castigó aplicándole este mismo método. Más tarde acude a Creta, da muerte al Minotauro y se casa con Ariadna. Luchó también contra las Amazonas, y ayudó a Piritoo en su combate contra los Centauros.

TETIS

Nereida de singular belleza, de la que enamoraron tanto Zeus como Poseidón. Quienes sin embargo renunciaron a casarse con ella por temor a que se cumpliera el anuncio del oráculo. Vaticinaba éste que el hijo que de ella naciera sería muy superior a su padre. Dicho vaticinio resultaba muy peligroso para Zeus quien había desalojado del poder a su padre, Crono/Saturno. En compensación Tetis se casó con el más justo de los hombres, Peleo, con quien fue la madre de Aquiles. Por múltiples medios (según algunas versiones) buscó conferir la inmortalidad a su hijo, al que introdujo en las aguas de la laguna Estigia. Sólo el talón de Aquiles quedó sin entrar en contacto con las aguas inmortales. Sólo en esa parte del cuerpo iba a resultar vulnerable el héroe.

TIRESIAS

Adivino tebano, ciego de legendaria fama. Las fuentes antiguas dan como causa de su ceguera diversas versiones: contempló un día a Atenea bañándose desnuda y la diosa lo castigó con la ceguera; según otros, vio un día dos serpientes copulando en el campo, las golpeó con su bastón y se vio transformado en una mujer; al cabo de siete años se repitió el incidente, y ahora fue restituido a su carácter de varón. Por eso era la persona más adecuada para dictaminar si es el hombre o la mujer quien goza más en el acto sexual. Afirmó que era la mujer. La diosa Hera, indignada, lo cegó, aunque Zeus lo compensó con el arte de la adivinación. Padre y abuelo de adivinos famosos, profetizó hasta en el Hades.

TITONO

La Aurora, Eos, enamorada de Titono pidió a Zeus para su amante la inmortalidad, pero olvidó solicitar para el también la juventud. Titono envejeció hasta convertirse en cigarra. El mito refleja como ningún otro la tristeza de la vejez, cuando ésta se hace peor que la muerte.

URANO

Personificación del cielo como primigenio elemento masculino. Fue destronado por su hijo Crono/Saturno, que lo emasculó cortándole los genitales con una hoz gigantesca (en griego drépanon.) Los genitales de Urano fecundaron el mar, de cuya espuma salió la diosa Afrodita.

YOCASTA

Princesa y reina tebana. Su destino estuvo fatalmente vinculado al de su hijo Edipo. Ella es la primera en darse cuenta de que Edipo, su actual marido y padre de sus hijos, era también al mismo tiempo hijo suyo, y más aún, que Edipo es el asesino de su propio padre, Layo. Intenta ayudarle en su tragedia, pero al no conseguir nada, decide suicidarse en el interior del palacio de Tebas.